"神话学文库"编委会

主 编
叶舒宪

编 委
（以姓氏笔画为序）

马昌仪	王孝廉	王明珂	王宪昭
户晓辉	邓 微	田兆元	冯晓立
吕 微	刘东风	齐 红	纪 盛
苏永前	李永平	李继凯	杨庆存
杨利慧	陈岗龙	陈建宪	顾 锋
徐新建	高有鹏	高莉芬	唐启翠
萧 兵	彭兆荣	朝戈金	谭 佳

"神话学文库"学术支持

上海交通大学文学人类学研究中心

上海交通大学神话学研究院

中国社会科学院比较文学研究中心

陕西师范大学人文社会科学高等研究院

上海市社会科学创新研究基地——中华创世神话研究

"十二五""十三五"国家重点图书出版规划项目
第五届、第八届中华优秀出版物奖获奖作品

神话学文库

中国神话学研究前沿

NEW DIRECTIONS IN CHINESE MYTHOLOGICAL STUDIES

叶舒宪 李家宝◎主编
田兆元 孙正国 张维新 韩玺吾◎副主编

陕西师范大学出版总社

图书代号　SK23N1345

图书在版编目(CIP)数据

中国神话学研究前沿／叶舒宪，李家宝主编. —西安：陕西师范大学出版总社有限公司，2023.8
(神话学文库／叶舒宪主编)
ISBN 978-7-5695-3758-1

Ⅰ.①中… Ⅱ.①叶…②李… Ⅲ.①神话—研究—中国 Ⅳ.①B932.2

中国国家版本馆 CIP 数据核字(2023)第 136576 号

中国神话学研究前沿
ZHONGGUO SHENHUAXUE YANJIU QIANYAN

叶舒宪　李家宝　主编
田兆元　孙正国　张维新　韩玺吾　副主编

责任编辑	张旭升
责任校对	雷亚妮
出版发行	陕西师范大学出版总社
	(西安市长安南路199号　邮编710062)
网　　址	http://www.snupg.com
印　　刷	中煤地西安地图制印有限公司
开　　本	720 mm×1020 mm　1/16
印　　张	36
插　　页	4
字　　数	610 千
版　　次	2023 年 8 月第 1 版
印　　次	2023 年 8 月第 1 次印刷
书　　号	ISBN 978-7-5695-3758-1
定　　价	198.00 元

读者购书、书店添货或发现印刷装订问题，请与本公司营销部联系、调换。
电话:(029)85307864　85303629　传真:(029)85303879

《中国神话学研究前沿》编辑委员会

主　任

李家宝

编　委

（以姓氏笔画为序）

田兆元　叶利荣　叶舒宪　孙正国

吴晓华　何世龙　张维新　胡号寰

桑　俊　韩玺吾　舒　干　强　琛

"神话学文库"总序

叶舒宪

神话是文学和文化的源头，也是人类群体的梦。

神话学是研究神话的新兴边缘学科，近一个世纪以来，获得了长足发展，并与哲学、文学、美学、民俗学、文化人类学、宗教学、心理学、精神分析、文化创意产业等领域形成了密切的互动关系。当代思想家中精研神话学知识的学者，如詹姆斯·乔治·弗雷泽、爱德华·泰勒、西格蒙德·弗洛伊德、卡尔·古斯塔夫·荣格、恩斯特·卡西尔、克劳德·列维－斯特劳斯、罗兰·巴特、约瑟夫·坎贝尔等，都对20世纪以来的世界人文学术产生了巨大影响，其研究著述给现代读者带来了深刻的启迪。

进入21世纪，自然资源逐渐枯竭，环境危机日益加剧，人类生活和思想正面临前所未有的大转型。在全球知识精英寻求转变发展方式的探索中，对文化资本的认识和开发正在形成一种国际新潮流。作为文化资本的神话思维和神话题材，成为当今的学术研究和文化产业共同关注的热点。经过《指环王》《哈利·波特》《达·芬奇密码》《纳尼亚传奇》《阿凡达》等一系列新神话作品的"洗礼"，越来越多的当代作家、编剧和导演意识到神话原型的巨大文化号召力和影响力。我们从学术上给这一方兴未艾的创作潮流起名叫"新神话主义"，将其思想背景概括为全球"文化寻根运动"。目前，"新神话主义"和"文化寻根运动"已经成为当代生活中不可缺少的内容，影响到文学艺术、影视、动漫、网络游戏、主题公园、品牌策划、物语营销等各个方面。现代人终于重新发现：在前现代乃至原始时代所产生的神话，原来就是人类生存不可或缺的文化之根和精神本源，是人之所以为人的独特遗产。

可以预期的是，神话在未来社会中还将发挥日益明显的积极作用。大体上讲，在学术价值之外，神话有两大方面的社会作用：

一是让精神紧张、心灵困顿的现代人重新体验灵性的召唤和幻想飞扬的奇妙乐趣；二是为符号经济时代的到来提供深层的文化资本矿藏。

前一方面的作用，可由约瑟夫·坎贝尔一部书的名字精辟概括——"我们赖以生存的神话"（Myths to live by）；后一方面的作用，可以套用布迪厄的一个书名，称为"文化炼金术"。

在 21 世纪迎接神话复兴大潮，首先需要了解世界范围神话学的发展及优秀成果，参悟神话资源在新的知识经济浪潮中所起到的重要符号催化剂作用。在这方面，现行的教育体制和教学内容并没有提供及时的系统知识。本着建设和发展中国神话学的初衷，以及引进神话学著述，拓展中国神话研究视野和领域，传承学术精品，积累丰富的文化成果之目标，上海交通大学文学人类学研究中心、中国社会科学院比较文学研究中心、中国民间文艺家协会神话学专业委员会（简称"中国神话学会"）、中国比较文学学会，与陕西师范大学出版总社达成合作意向，共同编辑出版"神话学文库"。

本文库内容包括：译介国际著名神话学研究成果（包括修订再版者）；推出中国神话学研究的新成果。尤其注重具有跨学科视角的前沿性神话学探索，希望给过去一个世纪中大体局限在民间文学范畴的中国神话研究带来变革和拓展，鼓励将神话作为思想资源和文化的原型编码，促进研究格局的转变，即从寻找和界定"中国神话"，到重新认识和解读"神话中国"的学术范式转变。同时让文献记载之外的材料，如考古文物的图像叙事和民间活态神话传承等，发挥重要作用。

本文库的编辑出版得到编委会同人的鼎力协助，也得到上述机构的大力支持，谨在此鸣谢。

是为序。

神话：从原始法典到当代生活

——《中国神话学研究前沿》代序

陈建宪

自 20 世纪初"神话"概念引入中国，神话学就吸引了众多的研究者。一百多年来，这门新兴学科的发展主要受两股力量牵引：一股力量来自神话学外部，即中国社会的现代化进程与文化思潮的起伏；另一股力量来自神话学内部，即中国神话资料的不断发现与研究方法的不断更新。在这两股力量的共同推动下，学界对中国神话的认识发生着深刻的变化。

神话的本质究竟是什么？神话与当代生活究竟有什么关系？这是神话学者常常思考的问题。

中国自鸦片战争以来，一直进行着艰苦的现代化转型。在这个波澜壮阔的历史运动中，对神话本质的认识，始终与国家民族的文化觉醒相伴随。五四运动时期，一些学者比照西方的现代文学理论，将神话看作文学的源头，建构中国文学史。如胡适的《白话文学史》等，形成了编纂中国文学史的基本模式。嗣后，以顾颉刚为代表的古史辨学派，将神话看作一种特别的史料，他们通过研究古文献中神话人物（如大禹等）的记载，发现中国上古史是一种"层累"式建构起来的伪史，从而引发了对历代所谓"正史"的质疑。新文学史的建构和"疑古"思潮，标志着中国封建圣贤文化走到了末路。正是在这种学术认同的前提下，有了后来国统区以吴文藻为首的一批学者向社会人类学的转向，以及延安文艺座谈会后解放区文化向民间文艺的转向。在对中国传统文化的批判和反思过程中，神话学承担了应尽的责任。

1949 年以后，马克思主义主导整个意识形态，马克思本人关于神话的论断，"任何神话都是用想象和借助想象以征服自然力，支配自然力，把自然力加以形象化；因而，随着这些自然力之实际上被支配，神话也就消失了"①，成为不容怀疑的神圣经典，人们相信：神话是与科学相对立的落后事物，会随着科学的进步而逐步消亡，因此，神话只有文学价值和历史价值。20世纪80年代，学界比较公认的神话定义是《中国大百科全书·外国文学卷》中"神话"条的表述：神话是"生活在原始公社时期的人们，通过他们的原始思维不自觉地把自然界和社会生活加以形象化、人格化而形成的幻想神奇的语言艺术创作"②。

神话学界在很长时期中都没有意识到：这个定义建立在古典进化论的基础之上，将神话视为一种原始公社时期的"文化遗留物"。这样的神话定义，完全抹杀了原始公社以后神话与时俱进的事实。所以1980年代中期，在"文化热"思潮的冲击下，袁珂先生提出了"广义神话论"。他说："广义神话的中心思想，就是认为不仅最初产生神话的原始社会有神话，就是进入阶级社会以后的各个历史时期也有神话。旧有的神话在发展，在演变；新的神话也随着历史的进展在不断地产生。直到今天，旧的神话没有消失，新的神话还在产生。"③

袁珂的广义神话论对狭义神话论提出了正确的批评，但他自己的神话定义，仍将神话看作是科学的一个对应范畴，他的神话定义是："神话是非科学却联系着科学的幻想的虚构，本身具有多学科的性质，它通过幻想的三棱镜反映现实并对现实采取革命的态度。"④ 由于这个定义过于宽泛，所以他将《神笔马良》一类童话作品也看作神话，这种失之谨严的做法，不能得到学界的普遍认同。因此，袁珂的意见没有从根本上动摇狭义神话观在神话学界的主流地位。

今天看来，袁珂先生所作神话定义的局限，主要还是由当时的文化语境所限。因为"文革"以来，所有与超自然相关的事物，统统被称为"迷信"，一律在横扫之列。人们不敢涉入信仰的领域，所以对于神话中的超自然内容，只言其文学表象，不言其信仰内核。

所幸的是，中国开展的多次民间文化抢救和保护行动，为中国神话研究者提供了大量鲜活材料。从20世纪50年代的"大跃进歌谣运动"，80年代《中国民间文学三套集成》的编纂，到近十年来的非物质文化遗产保护活动，文化工

---

①马克思：《〈政治经济学批判〉导言》，见《马克思恩格斯选集》第2卷，人民出版社1972年版，第112—114页。
②中国大百科全书总编辑委员会：《中国大百科全书·外国文学》第2卷，中国大百科全书出版社1982年版，第913页。
③袁珂：《中国神话史》，上海文艺出版社1988年版，第1—2页。
④袁珂：《再论广义神话》，载《民间文学论坛》1984年第3期，第65页。

作者搜集到了大量新的资料，其中许多是来自田野的"活态"神话，它们不仅"活"在传承人的口头，而且在人们的实际生活（如丧葬和祭祀）中，仍然发挥着重要功能。这些发现大大拓展了神话研究者的视野，颠覆了过去那种将神话仅仅看作是书面的文化遗留物的观念。

神话真的仅仅是一种"语言艺术创作"吗？不少学者都对此表示怀疑。

笔者个人对于神话本质的认识，发生过两次大的转变。一次是在1998年，由于笔者出版过一本《玉皇大帝信仰》，被邀请到福建莆田去参加玉皇文化研究会的成立大会。会后参观了不少天公庙（当地称玉皇为"天公"），亲身感受到当代民众对神灵信仰的虔诚。特别是当我在会上谈到马克思的神话思想，说随着自然力被认识和被掌握后宗教最终会消失时，许多听众提出了强烈的质疑。这使我意识到，过去我们将神话仅仅看作是一种文学或历史的认知，是有缺陷的，因为这种判断丢失了神话真正的本质——信仰。

笔者对神话本质认识的再次变化，是在跟踪研究世界著名的洪水再殖型神话十多年之后。我从1990年开始搜集世界各国的这类神话，特别是中国各民族中流传的文本，阅读过上千篇这类故事的异文。最初，笔者关注的是不同文本间形态的相同与相异，主要是运用历史地理方法来划分故事亚型，在地图上标示流传范围。通过文本中的母题组合，以及文本的记录时间，来追寻各个亚型的可能源流。这方面的研究成果，集中在2005年我的博士学位论文《论中国洪水故事圈》中，该文被评为湖北省当年的优秀博士论文。但在博士论文完成后，笔者发现自己的研究存在着重大缺失，主要是没有揭示这个神话为何能在世界各民族中得到广泛流传的原因。要回答世界各地不同民族、不同文化、不同信仰的人们，为什么都愿意接受、认同和传播这样一个神话，形态学分析显然不够，必须从神话的内容本身入手。

一旦从接受者的视角来审视洪水神话，就知道神话并不是脱离实践的玄想，而是为了满足人类生活的现实需求。人类个体是一种短暂的存在物，但他们希望将自己切身的生活经验与沉痛教训，通过神话来告诫后代子孙。生活在不同时空的人，虽有许多差异，但也会面对相同或相似的难题。一代代传讲的神话，成为人类世代祖先的经验载体，对于后来者来说是一笔宝贵的思想财富。以洪水神话为例，这个故事中隐含着不少永恒的真理。如：人类恶行（对同类的强暴、对自然的无知等）会招致毁灭之灾；只有那些善良宽厚、善待陌生者的人，才能成为少数逃脱灭顶之灾者。洪水神话中还常常讲到各民族都是兄弟，出自同一母体（葫芦）或同一祖先。这样的训诫，如果我们看看当今世界上对"非我族类"的偏执，各民族之间的文明冲突与核武器扩散，以及由人类的贪婪与无知而造成的环境污染、生物灭绝和气候变化，是多么令人醍醐灌顶！在人类面临越来越有可能的毁灭之灾时，难道我们不应该听听祖先们在神话里对我们的谆谆告诫吗？

我是谁？从哪里来？到哪里去？这些哲学命题同时也是神话的基本内容。神话不仅以讲故事的方式回答了这些问题，而且以信仰的力量，为人类共同体提供了根本性的价值判断，维系着社会道德秩序在代际更替中稳定地传承。当神话化为信仰内化于个体心灵深处时，就成为他在现实生活中进行选择的指南。由此观之，神话不仅是文学，是史料，更是实践着的人生哲学。

近百年来，神话研究者们对神话本质的认识，从文学源头到珍贵史料，从原始法典到当代生活哲学，一步步深化，他们的努力并非无用之功。在普遍性的信仰缺失、"地上满了强暴"的当代，学者们在充满浮躁和焦虑的生活中点燃心香，从神话的宝库中聆听先祖的教训，将古老智慧在当代延续和传承，他们的工作值得点赞！

《长江大学学报》（社会科学版）"神话学与神话资源转化研究"专栏开办十余年来，为中国神话学和中外神话比较研究搭建了一个良好的学术平台，已经成为中国神话学界推动学科发展、关注当代问题的重要学术阵地。本书凝聚了作者和编辑的心血和智慧，他们的工作也值得点赞！

2017年3月21日于武昌桂子山

目　　录

图腾研究

狼图腾，还是熊图腾
　　——关于中华祖先图腾的辨析与反思 …………………………… 叶舒宪 / 2
中国龙的形成与水神崇拜 ……………………………………………… 向柏松 / 8

神话范畴研究

叙事的神圣发生：为神话正名 …… 凯伦·阿姆斯特朗［著］　叶舒宪［译］/ 20
走出西方神话的阴影
　　——论中国神话学界使用西方现代神话概念的成就与局限 …… 陈连山 / 29

神话史研究

中国神话史研究的若干问题 …………………………………………… 田兆元 / 38
中国神话古史与"国家"传统 ………………………………………… 王亚南 / 46
寻找观象台：《山海经·大荒经》成书地理位置考 ………………… 吴晓东 / 56
顾颉刚与"古史辨"神话学
　　——纪念《古史辨》出版80周年 ………………………………… 刘锡诚 / 64

民族神话研究

中华民族创世神话的典型型式及人文精神 …………………………… 刘亚虎 / 88
我国少数民族神话中的同源共祖现象探微 …………………………… 王宪昭 / 100
葫芦创世神话及其蕴意解析 …………………………………………… 尹荣方 / 109

神的名义与族群意志
　　——南方民族神话对早期社会内部的规范 …………… 刘亚虎 / 120
自然生人神话演化传承研究 ………………………………… 向柏松 / 131
试析人类起源神话中的"生人"母题 ………………………… 王宪昭 / 145

神话比较研究

洪水神话：神话学皇冠上的明珠
　　——全球洪水神话的发现及其研究价值 ……………… 陈建宪 / 156
东北亚月亮阴影神话比较研究
　　——以阿尔泰语系诸民族与阿伊努族事例为中心 …… 那木吉拉 / 172
20世纪后期中希神话比较研究之批评 ……………………… 孙正国 / 184
中日七夕神话的文化比较 …………………………………… 詹桂芬 / 192

方法论研究

图像的威力：由神话读神画，以神画解神话 ……………… 萧　兵 / 200
神话文本研究方法探索：多元的要素扩展分析法
　　——"精卫填海"的扩展研究 ………………………… 田兆元 / 204
玉兔因何捣药月宫中？
　　——利用图像材料对神话传说所做的一种考察 ……… 刘惠萍 / 210

神话资源转化研究

艺术、遗留物和身份技巧 ………… 艾略特·欧林［著］　桑　俊［译］/ 230
魔鬼终结者：对两部电影的神话解读 … 罗伯特·西伽尔［著］　蔡圣勤［译］/ 246
神话与科学之间：作为神的电影明星
　　——一种新的神话视野 …………………………………………………
　　………… 罗伯特·西伽尔［著］　游红霞、叶青云、贾玉洁［译］/ 251
在中西文化比较视野下看神话资源转化的中国实践 ……… 刘锡诚 / 265
神话如何重述 ………………………………………………… 叶舒宪 / 269
神话文本的阅读与神话的当代呈现 ………………………… 万建中 / 273

神话资源转化中的学者立场及其社会实践 …………………… 吕　微 / 275
当代语境下神话资源的"公共空间化" …………………… 孙正国 / 277

学 术 访 谈

神话资源转化必须警惕两种倾向
　　——冯天瑜先生访谈录 …………………………………… 孙正国 / 290
如何阅读世界神话？
　　——日本民族学家大林太良与神话学者吉田敦彦对话录 … 唐　卉［译］/ 299
神话蕴含着一个民族的梦
　　——田兆元先生与王孝廉先生学术对话录 ………… 苏长鸿［整理］/ 314
中国神话学的文化意义
　　——访中国神话学会会长、"神话学文库"主编叶舒宪 ……… 明　江 / 319

综 述 研 究

国外研究中国各族神话概述
　　——《中国各民族神话研究外文论著目录》序 ……… B. Riftin（李福清）/ 326
近十年中国少数民族神话研究概况 …………………………… 刘亚虎 / 344
"龙崇拜起源"研究述评 ………………………………………… 徐永安 / 359
中华民族起源神话考古研究百年回顾 ………………………… 孙正国 / 374
西方心理学派神话研究述论 …………………………………… 田红云 / 381
30年来财神信仰及其研究状况概述 …………………………… 黄景春 / 389
20世纪前期海外学者中国神话传说研究述评 ………………… 毕旭玲 / 398
外来说与本土说：理由与问题
　　——盘古创世神话研究述评 ……………………………… 张开焱 / 405

学 科 动 态

创世神话的价值重估与意义阐释
　　——"中国创世神话比较研究国际学术讨论会"综述 ……… 黄　悦 / 412
"神话学文库"新书发布暨专家研讨会综述 ………………… 夏陆然 / 417

"中国少数民族神话研讨会"会议综述 …………………… 田戌春 / 427
神话定义之争再起波澜
　　——"中国神话研究的当代走向"学术研讨会综述 ………… 胡　咪 / 431
对建立"差异的神话学"的一些意见 ……………………… 郑在书 / 435
继往圣绝学　观生民玄想 …………………………………… 陈建宪 / 437
我想写一部怎样的神话学教科书 …………………………… 杨利慧 / 440
神话学概论读本与神话学学科发展 ………………………… 田兆元 / 444

附录：近十年（2006—2014）中国神话学研究论著索引 … 鄢玉菲［辑］/ 449

图腾研究

狼图腾，还是熊图腾
——关于中华祖先图腾的辨析与反思

叶舒宪

一、狼来了

图腾说在20世纪初进入中国学界，激发起一波不大也不小的研究热潮。李玄伯《中国古代社会新研》以图腾观念来重新诠释古史传说，岑家梧《图腾艺术史》从图腾崇拜观照艺术发展历程，在当时都是令人耳目一新的著作。80年代，文学美学界的图腾批评引入中国时，也迎来了积极的回应。郑元者的《图腾美学与现代人类》[1]、何星亮的《中国图腾文化》[2]，都是一时之选。但是学界对图腾的这次热情因为缺乏理论方面的建树，终究难以为继。

就在中国的图腾批评在学术道路上艰苦跋涉之际，流行歌手齐秦以一首《北方的狼》，唱红了大江南北。这可以说是第一次的"狼来了"。人可以是狼，这样的唱词背后潜伏的远古信仰的迹象，只是被当作艺术语言的比喻修辞，远没有上升到图腾的高度，尽管如此，"北方狼"还是出现在流行话语中。人狼之间隔膜与敌对的坚冰终于被打破，这多少勾起了人们对环境中日渐稀少的狼的记忆。当代创作中的狼主题再现，要数贾平凹的小说《怀念狼》[3]。该作虽然出自文坛大名家之手，却也没有怎么火爆，只不过充当了"引子"，预示着"怀念"从个人蔓延到集体："狼来了"。2004至2005年的国内图书市场，最响亮的书名是《狼图腾》[4]。首印是5万册，随后不断重印。如果算上大街小巷各个地摊上层出不穷的盗版和改版书，根本无法说清这部小说总共发行了几百万册。各出版商们争先恐后跟风推出的《狼道》《狼性经营法则》一类新书铺天盖地，也昭示着狗年的新动向。据《中华读书报》消息，因《狼图腾》引发的关于"狼族精神"的争论在社会各界展开，该书持续高居各大图书榜单前茅，很多教师、家长希望学生、子女也能一读此书。为消除书中因探讨价值观、民族文明方面的深奥问题所造成的阅读障碍，让更多的小读者领略"狼道"精神，出版社与作者又专门为儿童特别打造了《狼图腾》少儿版《小狼小狼》。

小说原本是想象的故事，《狼图腾》却自觉承担起了重要的学术论说功能。作者姜戎先生给自己取的这个笔名本身就有一定的颠覆性，不留心的大多数读者都会忽略这个名称的文化政治内涵，如同前些年一位苗族将军写的书名《我的祖先是蚩尤》，两者对照起来看，其用边缘化的立场挑战华夏文明中根深蒂固的中原中心观，用意还是明确的。小说出版的策划人安波舜在"编者荐言"中不惜拿出耸人听闻的一个标题——"我们是龙的传人还是狼的传人？"显然这部小说已经把文学写作变成了文化史的专题考据。

《狼图腾》考察的结论很明确：中华龙图腾是从草原狼图腾演变而来的。在狼图腾和龙图腾之间，还有一个饕餮图腾的阶段[4](P407)。听起来好像不无道理，但是没有深入调查研究的一般读者，显然是无法判断其虚实的。

小说结尾最后的几行字，充满了今非昔比的感伤："狼群已成为历史，草原已成为回忆，游牧文明彻底终结。"这样的悼词性修辞，很容易让读者联想起《最后的莫西干人》或《最后一个匈奴》之类的名目，不由得会引起对生态环境的反思。再看看书后附加的洋洋数万言的"讲座与对话"，不难体会到作者为中华文明重新寻找文化认同的一片苦心。跟随作者的思路，不少人认可了书中的观点：龙所代表的封建精神，压抑了民族的生命，只有恢复狼的精神，民族的腾飞才有保证。

这种集体性认同或许就是一大批弘扬"狼性"或者"狼道"的跟风出版物能有市场的重要原因。很可惜的是，学界对《狼图腾》的态度似乎是保持沉默。一部小说的超级大流行，演化为一种文化现象。随着小说英文版权的出售，电影改编权卖出100万元的高价，一场重新认识中华图腾的传媒风暴正在到来，这就不能不引起学界、知识界和教育界的关注：中华文化的图腾祖先真的是狼吗？

二、狼图腾，还是熊图腾？

如果要找出中国多民族文化融合过程之中较为普遍的一种崇拜物，龙，无疑是首屈一指的，但众所周知，龙并非现实中实际存在的动物。作为远古神话的虚构生物，龙自然有其神幻意象的来源和基础。最近我国北方的考古学发现不断表明，龙确实来源于现实中的动物。这些动物原型包括猪、鹿和熊，其中熊作为崇拜偶像出现在5500年前牛河梁女神庙之中，尤其引人注目；而且，与神话传说中的华夏民族始祖黄帝直接有关联的，看来也是熊。再参照北方萨满教传承中有关熊的仪式、信仰和观念，可以说熊图腾存在的依据，显然要比狼图腾充分得多，也悠久得多。

《狼图腾》一书中引用了不少史书和学术著述，来证明狼如何受到崇拜，但是那些说法都是有文字记载以来的东西，其年代不会比文字的使用更早。要想证明龙图腾源于狼图腾，那就必须探索史前文化的情况，诉诸非文字的实物资料，或者来自考古发现，或者来自传世的收藏品，等等。蒙古草原上的史前文化，以赤峰为代表的红山诸文化最为突出，那是8000到4000年前，由兴隆洼文化延续至夏家店文化，持续4000年之久的玉器文化。如今要考察北方草原生态下史前人类的图腾究竟为何，则非红山文化的玉器莫属。从现有的红山玉器造型看，可以说狼的形象是罕见的，至少在目前已经正式出版的红山文化书籍中，几乎就没有什么著录，相反，玉雕的熊形象则较为普遍。因此，姜戎把内蒙古三星他拉的玉龙解说为狼首龙，缺乏确实的根据。

2006年4月，笔者和北京大学东方学系的陈岗龙博士（蒙古族）、赤峰学院院长德力格尔教授、赤峰学院红山文化国际研究中心副主任徐子锋教授等一同考察了内蒙古东部和辽宁西部的红山文化区域，在各地的考古现场和旗县博物馆及文物部门，搜集了相关的考古文物资料，经初步分析，熊作为中华北方史前图腾的一条主线，已经较为清晰地呈现出来。

三、熊图腾与史前女神的对应

从整个欧亚美大陆看，考古学家在石器时代造型艺术中发现的众多动物形象中，熊具有特殊的地位。熊和蛙等动物都是作为复活女神的化身而出现的，并不只是代表该种动物本身。换言之，史前人所崇拜的动物神往往不是单纯的自然崇拜。以熊而言，其在史前信仰之中的基本神格便是再生、复活之神。进入文明历史中，熊女神的各种遗留形态依然清晰可见。如古希腊阿尔忒弥斯女神节上，一位女祭司身穿黄袍，将阿尔忒弥斯女神扮演为一只熊。在中国的民间舞傩仪式上也有类似情况：披上熊皮而舞蹈的师公俨然以下凡的熊神自居。

从进化的历程看，熊是数百万年以来猿人狩猎活动的重要对象之一。人对熊的认识和熟悉可以说是非常非常久远的。大约50万年前，人类就大量捕食过熊、野猪等物种。将熊当作宗教崇拜的对象，也是我们迄今所能够看到的人类最初的宗教活动的证据。在生活在10万年前至4万年前的尼安德特人的洞穴中，考古学家发现，在石头摆成的圆圈形祭坛中央，安放着熊的头骨。

北方地区的熊所特有的季节性活动规则，尤其是冬眠的习性，更加容易给初民造成一种能够死而复活的印象，于是熊就在史前信仰之中成为代表生死相互转化观的一个神奇标本，成为被崇拜的神秘和神圣对象，这也就使它充当了图腾观念首选的物种之一。从世界范围看，熊图腾的分布非常广泛，其传承渊源较为古老而且分布地域相对集中的是在整个欧亚大陆的北方地区，以及北美地区。熊图腾的流传，对于处在这一广大地区内的不同民族国家的文化产生了深远的影响，如美洲印第安人和日本阿伊努人的熊祭仪式，韩国的和我国鄂伦春人、赫哲人、蒙古人的熊祖先神话。中国史前的红山文化玉器出现"熊龙"这样的神话生物，并非偶然。

近20年以来的史前考古发现表明，中国境内的北方新石器时代文化将人工制成的熊形象作为神来供奉，已经形成了相当悠久的传统。当时人制作熊神偶像的材料多种多样，有石头的、玉的、蚌壳的、泥塑的等等。更加值得注意的一点是，自8000年前的兴隆洼文化，到5500年前的红山文化，再到4000多年前的小河沿文化，熊神偶像似乎都是作为人形的女神形象的象征对应而出现的。下面举出这三种文化遗存的偶像作为例证。

例证一：林西县博物馆藏石雕卧兽，距今7500年，属于新石器时代兴隆洼文化，长26厘米，高12厘米，宽16.8厘米，红色凝灰岩，质略粗松，外表有一层灰白色土沁。从表面来看，它和红山诸文化所见的同类哺乳动物造型一样，一时难以确定究竟是猪还是熊。[5](P112)稍仔细地考察分析，可以看出其更加近似熊的特征，有三点证明：

其一，该兽在表现上不突出刻画其四肢，而在背部特意刻画出分明的脊骨节，使人想到北方猎熊民族保留熊骨殖的风葬方式。如我国鄂温克人神话《熊风葬仪式的来历》就对这一重视熊骨的现象做出过特有的解释。该神话说："熊对上天提出要求：'人吃我是可以的，但不得乱扔熊的骨头。'上天同意了。所以鄂温克人对熊实行风葬。"[6](P61)这种视骨头为再生之本的观念，是史前人类由来已久的生命观之体现，一直可以上溯到旧石器时代。

其二，石兽身体下方隐约刻画出的是爪，而非蹄。如收录该石兽图片的《红山玉器》一书的说明："兽腹底部隐约可见卧爪。"我们知道猪或者野猪都是只有蹄子而没有爪子的，所以这个细部特征也暗示着兽体下熊爪的存在。

其三，兽头上耳部造型，明显呈现为熊的小耳，不是猪的大耳。

例证二：赤峰博物馆藏蚌雕熊神像，距今4870年，出土于赤峰市翁牛特旗解放营子镇的蛤蟆山，属于新石器时代晚期的小河沿文化。这个造型外观明确没有争议，因此被命名为"熊形蚌饰"。雕刻这一熊偶所使用的材料是利于长久保存的蚌壳。与它同时发现的还有一个蚌雕人形偶像,这就再度呈现出熊神与人形女神像对应存在的关联模式。

例证三:便是80年代具有轰动性的红山文化祭祀遗址——辽宁建平县牛河梁女神庙的发现。它属于新石器时代中期,距今约5500年。庙中除了出土泥塑的女神像之外,还同时发现了真熊的下颚骨,以及泥塑的熊头下部残件。这次考古发现充分表明:熊是作为史前神庙之中的尊神而受到红山先民的特殊礼遇的,而且它还再度有力地证明了女神崇拜与熊神崇拜的统一性、对应性。

综合以上分析,可达成如下认识:在赤峰地区方圆200多平方公里地区的新石器时代文化中,先后三次发现人工塑造的熊神偶像,而且几乎每次都是熊的形象与女神形象对应出现,这就明确提示出中国北方史前女神宗教与北美、西伯利亚、日本北海道和韩国的动物图腾——熊神崇拜之间的文化关联。这种联系与欧亚大陆西端的石器时代熊女神崇拜形成跨文化的呼应对照,值得考古学、宗教学和民俗、神话学者给予关注。

熊女神偶像崇拜在人形与熊形之间的对应,在内蒙古赤峰地区形成了长达数千年的深厚传统。而内蒙古南部地区又与河北、陕西、山西的北部地区毗连,那正是传说中中华始祖神黄帝与炎帝大战的地区(距离内蒙古东南部不远的河北北部有涿鹿县,该地名即是对那场史前大战的纪念)。从伏羲和黄帝等远古祖先的名号中都有"熊"字的现象来推测,中华成文历史在开篇之前就已经延续了数千年之久的女神传统与熊图腾传统,那些圣王、先祖们名号中的"熊"符号只是对那遥远的逝去的远古时代的依稀追忆而已。借助于20世纪后期主要的考古学发现材料,我们可以站在新的高度重新审视汉字书写文明开始以后有关熊图腾、熊崇拜、熊占卜、熊禁忌的种种现象,寻回那失落已久的古文化层。

四、熊龙说与欧亚大陆的熊祖神话

欧亚大陆的熊祖神话故事的核心是确认本族人的祖先与熊这种动物有着血缘上的直接联系。作为族群认同与文化认同的证书,熊祖先神话不只是讲来欣赏的文学故事,它更发挥着实际的社会建构与整合功能。檀君神话与朝鲜人的文化认同,黄帝神话与华夏的认同,背后潜伏着的是同一种熊神祖信仰。

华夏第一图腾动物——龙,从发生学意义上看,与熊有直接关系。红山文化女神庙的发现给龙的起源研究带来新局面。解读女神庙出土的熊与泥塑的蕴涵,提出从熊女神崇拜到熊龙的发生线索,可揭示出在后代父权制的中原文明中失落的女神神话传统。猪龙、熊龙和鹿龙等新的假说,就是建立在出土的玉雕像实物基础上的。这意味着：过去局限在文字训诂和文本窠臼之中的龙起源问题，将由于考古学视角的出现而改观。牛河梁女神庙下方的积石冢就出土有一对玉龙，起初被当作"猪龙"，后来孙守道、郭大顺等考古学者改变看法，又提出"熊龙"说，理由是："这类龙的头形、吻部、眼睛形状，特别是有耳无鬓等主要特征看……都非猪的特征，其短立耳、圆睛却与熊的一些特征相似。这与女神庙中泥塑龙具熊的特征正相吻合。"[7](P61)与双熊龙相对应，牛河梁第十六地点积石冢还出土有双熊首三孔玉器。按照考古学家金芭塔斯的说法，双头或者成双的动物是母神再生产功能的象征。这样就使墓冢中作为葬器的玉熊与庙宇中作为神偶的泥塑熊相互照应起来，成为母神职能的不同体现。女神庙中的女神头像已被考古学家指认为"她是红山人的女祖，也就是中华民族的共祖"（苏秉琦语）。结合至今在北方流传的熊祖神话，以及上古时期楚国君王姓熊的事实，熊龙玉像符号背后的意蕴是，"龙的传人"之中当有重要一部分为"熊的传人"。

参 考 文 献

[1] 郑元者.图腾美学与现代人类[M].上海：学林出版社，1992.
[2] 何星亮.中国图腾文化[M].北京：中国社会科学出版社，1992.
[3] 贾平凹.怀念狼[M].沈阳：春风文艺出版社，2006.
[4] 姜戎.狼图腾[M].武汉：长江文艺出版社，2004.
[5] 于建设.红山玉器[M].北京：远方出版社，2004.
[6] 黄任远.通古斯－满语族神话研究[M].哈尔滨：黑龙江人民出版社，2000.
[7] 郭大顺.龙出辽河源[M].天津：百花文艺出版社，2001.

原载《长江大学学报》（社会科学版）2006年第4期

中国龙的形成与水神崇拜

向柏松

龙是中华民族的象征,是海内外华人一致认同的民族精神的符号。龙的起源至少可以追溯至中华第一龙——河南濮阳西水坡仰韶文化遗址蚌塑龙。在六七千年的风风雨雨中,龙伴随着中华文明的脚步不断成长、丰富、壮大,生生不息,吐故纳新,容纳百川,融入了无比深广的文化内涵。探讨中国龙形成的原因和过程,有利于弘扬龙文化的优良传统,促进古老的龙文化在现代社会的嬗变、更新,也有利于世界人民更好地认识中国龙的特质。

一、龙形成的原因

探讨龙形成的原因,首先要明确龙的形体特征和基本内涵。龙的形体特征表现为龙不是实际存在的动物,而是由两种或多种动物和其他物组合而成的幻想中的动物。龙的内涵尽管博大精深,但基本内涵却很单纯,那就是兴云布雨、司水理水,其他内涵都是在这一基本内涵基础之上的多种引申。明乎此,我们再来看龙的形成,就可以发现组合成龙的动物和其他物,并不是毫无选择的,而大都是表现了特定观念的动物或其他物,那就是兴云布雨、司水理水。也就是说,组合成龙的大多数动物或其他物都是民间信仰中具备兴云布雨或司水理水职司的神灵。由此可见,龙的形成与水神崇拜密切相关。

在农业社会中,人们总是希望风调雨顺、五谷丰登,但是旱灾和洪涝时有发生,人们无法了解自然的奥秘,以为冥冥之中有种种神秘力量的主宰,于是往往将他们看来与水与雨相关的动物和其他物当作司雨司水神灵,这样就形成了多种多样的水神。如动物水神——鱼、鳄、蛇、蛙、牛、河马、蜥蜴、猪等,河川水神——河伯、洛水女神、湘水女神潇湘二妃、洞庭夫妻水神柳毅与龙女、济水仙姑、长江水神奇相、淮河水神无支祁等,气象水神——风伯、雨师、云中君、雷神、虹神等。每当农业生产需要雨水之时或旱灾洪涝发生之时,他们便举行仪式来祈求这些神灵。有时灾情长期不得解除,他们便遍求诸种水神。这种遍求诸神的做法,在基诺族的祈雨仪式中还可以得到证明。张紫晨在

《中国巫术》一书中记载：基诺族久旱不雨就要举行祈雨仪式，仪式在周巴（巫师）门前举行，设祭坛，杀猪祭祀；祭时，周巴头戴草帽，身披用百种树叶做成的蓑衣，象征下雨时戴斗笠披蓑衣的情景，跪在地上，念祈雨词：

> 地神！
> 天神、云神、雾中神！
> 基诺在地上，
> 鬼在天上，
> 月亮出来的时候，它的光朝我射，
> 太阳出来的时候，它的光朝我射。
> 你如不下雨，粮食生不出，
> 钱也找不到，
> 我们杀猪祭你，求你快快下雨来。

念完，周巴做下雨状，然后众人将水塘内淤泥挖出，求雨即告结束。基诺族求雨的对象，有地神、天神、云神、雾中神等多种水神，这就是人们遍求诸神的一种反映。久旱必雨，久雨必晴，水旱之灾往往到一定时间便会自然消解。待到人们遍求诸神到一定时间，灾害终于解除，这本是自然规律使然，但人们却误认为是遍求诸神的结果，以为是诸种水神的合力解除了水旱之灾，久而久之，便产生了对诸种水神合力的崇拜。为了省事，也为了集中众水神神力以迅速见效，人们便同时祭祀多种水神，即将多种水神放在一起祭祀。由于祭祀的对象往往不可能是实物，而多是象征物或图形，因此当人们将多种水神象征物或图形放在一起作为祭祀对象时，就很有可能将他们组装在一起。这种将同类神性动物组合的现象在中国传统文化中不乏其例，如凤凰、麒麟等。多种水神动物和其他物的组合便形成了幻想中的动物——龙。又由于鳄、鱼、水蛇等生活在水中，是水神家族最具水神特征的神灵，所以往往成为龙的原型和基本形体，龙的主体呈长条状也与这些动物有关。很显然，龙由于集中了多种水神的神性，所以成为超乎各种水神之上的神灵。

龙的形成发展过程是不同的水神动物由简单组合到复杂组合的反复组合的历程。在这一漫长的组合过程中，留下了不同的组合体，因而也就形成了千奇百怪的龙，正如古人所谓"龙生百种，种种不一"。古人对龙已经有多种分类。三国时代的张揖《广雅》将龙分成四种："有鳞曰蛟龙，有翼曰应龙，有角曰虬龙，无角曰螭龙。"清《渊鉴类函》引《须弥藏经》将龙分为五种类型："龙有五种：象龙、马龙、鱼龙、虾蟆龙，此四种旁类；蛇龙，五龙之长，是正类。"

今人王大有则做了更为细致的划分:"广义龙有四十几种,分为六大类,即鳄鼍类、蛇类、鱼类、龟鼋类、兽类、鸟类。"其实,历史上出现过的龙可谓纷纭繁杂,无以数计。龙在不断组合新的水神动物和其他物的同时,也在不断淘汰已有的组合对象或已组合对象的局部特征,最终,逐渐形成大致标准的龙的形象,即清代建筑九龙壁上的龙纹。当然,在龙组合的一般规律中,也有个别情况掺杂其间。龙本属动物,但也曾组合进了人的局部形体,这是因为水神的大家族中也有人物水神的存在。不过由于龙终究是一种动物,所以人的局部形体最终为龙所淘汰,这是人的自我意识不断强化的结果,但在龙的历史长廊中,却留下了人面龙身或龙首人身的人形龙。如西安半坡遗址出土的彩陶盆,盆内底部绘有人面鱼身纹,即为人形龙。《山海经》也有关于人形龙的记载。《山海经·大荒北经》载:"有神,人面蛇身而赤,……是烛九阴,是谓烛龙。"烛龙即为人面蛇身之龙。《山海经·中山经》载:"神计蒙处之,其状人身而龙首,恒游于漳渊,出入必有飘风暴雨。"所记为龙首人身的龙。这些人形龙早已化作了历史的陈迹。另外,在龙的形成过程中,一些非水神动物和其他物有时也为龙的组合体所吸收,但这在龙的组合中始终只是特殊或个别现象,并非一般规律。

总之,龙是水神崇拜对象不断融合的产物,是水神崇拜发展到高级阶段的形态。

二、龙的主要组合对象

在龙的漫长组合历程中,下列动物长期以水神的身份参加了龙的组合。

A. 蛇。蛇被奉为水神,主要是因为在蛇的大家族中,有生活于水中的水蛇种类,而且相当大一部分蛇类习水性。龙的基本形态和生态的形成都与蛇有关,龙屈曲盘旋的身躯、蜿蜒浮水的习性,都取自于蛇。当龙形成后,古人还将蛇与龙相提并论,同视为水神。《左传·襄公二十一年》载:"深山大泽,实生龙蛇。"《孟子·滕文公下》:"当尧之时,水逆行,泛滥于中国,蛇龙居之,民无所定。"古人既释龙为水物,也释蛇为水物。《左传·庄公十四年》载:"服虔云:蛇,北方水物。"《左传·昭公二十九年》载:"龙,水物也。"可见,在古人的心目中,蛇与龙都是水族一类,居于水域,既然同属水族,龙、蛇也就有着相同的神性。《尔雅·释鱼》载:"螣,蛇。"郭璞注:"龙类也,能兴云雾而游其中。"《唐书》载:"先天中,明皇以旱亲往龙首池祈祷,有赤蛇自池中而起,应时澍雨。"晋傅休奕《灵蛇铭》载:"嘉兹灵蛇,断而能续。飞不须翼,行不假足,上腾霄雾,下游山岳。进此明珠,预身龙族。"这些材料都说明古人信仰中的蛇神与龙神都具有屈伸腾飞、兴云布雨等神性。

B. 鱼。鱼是水中常见的动物，因而被奉为水神。鱼加入龙的组合，为龙提供了鳞与须。汉代的龙已经用鱼鳞饰身，至宋代则更为普遍。宋罗愿《尔雅翼·释龙》载："龙，……鳞似鱼。"宋陆佃《埤雅广要》载："龙，八十一鳞，具九九之数，九阳也。"明李时珍《本草纲目》载："龙有九似：……鳞似鲤……其脊有八十一鳞，具九九阳数。"典籍又记有鱼龙互化的故事，则明确表现了鱼与龙的演化关系。《太平广记》卷四六六引《三秦记》："龙门山，在河东界，禹凿山断门阔一里余。黄河自中流下，两岸不通车马。每岁季春，有黄鲤鱼，自海及诸川，争来赴之。一岁中，登龙门者，不过七十二。初登龙门，即有云雨随之，天火自后烧其尾，乃化为龙矣。"鱼可化龙，龙也可化鱼。《清异录》载："鲤鱼多是龙化，额上有真书王字者，名'王字鲤'，此尤通神。"鱼龙互化传说，反映了鱼神与龙神之间的演化关系，而这种演化关系的实质是龙神综合了鱼神的部分特征。

C. 鳄。鳄鱼为水陆两栖动物，古人奉为兴云吐雾掌管雨水的神灵。《尔雅翼》卷三一载："鼍，状如守宫而大，长一二丈，灰五色，背尾皆有鳞甲如铠。能吐雾致雨。"鼍，即鳄。《本草纲目》也载：鳄"口内涎有毒，长一丈者能吐气成雾致雨"。鳄鱼以能吐气成雾致雨的水神身份而成为龙的重要种类蛟龙的原型。古人描绘的蛟龙形象与鳄鱼基本一致。晋刘渊林注《文选》左太冲《吴都赋》："鳄鱼，长二丈余，有四足，似鼍，啄长三尺，甚利齿，虎及大鹿渡水，鳄击之，皆中断。"《说文》载："鼍，水虫，……背尾皆有鳞甲如铠。"作为神灵的蛟龙也具备鳄的这些特征：有坚硬的鳞甲、壮实的四脚、噬人等，《淮南子·原道训》高诱注云："蛟，水蛟，其皮有珠。世人以为刀剑之口是也。"《艺文类聚》卷九六引《山海经》："蛟似龙蛇，四脚，而小头细颈。颈有白婴，大者数围。卵生，子如一二斤瓮。能吞人。"可见，在古人心目中，鳄即为蛟，蛟即为鳄。鳄很早就成为龙的原型，河南濮阳西水坡仰韶文化遗址出土的蚌塑龙，即为明证。当然，随着龙的不断发展，鳄鱼的形体特征逐渐退出，但龙始终保留了鳄强壮的四脚的特征，蛟龙类别的龙还保留了鳄坚硬的鳞甲。

D. 蜥蜴。蜥蜴与鳄鱼极其相似，古人视为同一类神灵，以为这类神灵可大可小，大者如鳄鱼，达一两丈，小者如蜥蜴，仅数寸。蜥蜴也被视为水神。古时有向蜥蜴求雨的习俗。《倦游杂录》载："熙宁中，京师久旱，按古法，令坊巷各以大瓮贮水，插柳枝，泛蜴蜥。使青衣小儿环绕呼曰：'蜴蜥蜴蜥，兴云吐雾，降雨滂沱，放汝归去。'"这是以恩威并重的方法向蜥蜴求雨。蜥蜴作为一

中国龙的形成与水神崇拜 | 11

种比鳄鱼更为常见的动物，往往更为直接、经常地成为人们构想龙的原始材料。蜥蜴在过去经常被当作龙的化身，这从人们对蜥蜴的称谓也可看出，如称蜥蜴为"石龙""石龙子""龙子"等。蜥蜴和鳄鱼一道为龙提供了可大可小的特征。

E. 马。最初参加龙的组合的马，并非一般的马，而是河马。河马因为生活在水中而被人们奉为水神，所以为龙组合。神话传说中的龙马便是马与龙组合的雏形。《尚书注》载："伏羲氏王天下，龙马出河。"《汉唐地理书钞》辑《遁甲开山图》："垅西神马山有渊池，龙马所生。"明陈仁锡《潜确类书》引《瑞应图》："龙马者，神马也，河水之精。"马参加龙的组合为龙提供了最重要的部件——龙首，龙首总体形象取自马首。《尔雅·释龙》载："画龙有三停九似之说……；九似者，角似鹿，头似马……"《论衡·龙虚》载："世俗画龙之像，马首蛇尾。由此言之，马，蛇之类也。"头是动物最突出的部分，龙以马首为首，马的特征便十分突出，所以古人有时又笼统地说龙为马形。《礼·礼运》孔颖达疏："龙而形象马。"《太平广记》卷四二五引《录异记·王宗郎》："有群龙出于水上，行入汉江。大者数丈，小者丈余，如五方之色，有如牛马驴羊之形。"在无机动车的时代，马是人类最快捷的行走工具，马能载人飞奔急驰，因此，马被人们赋予了奋发腾飞的精神。马为龙组合，不仅为龙提供重要的部件，而且为龙注入了奋发进取的精神，即所谓龙马精神。

F. 牛。牛被奉为水神，主要是由于野牛和水牛性习水的缘故。牛神崇拜中影响最大的是犀牛崇拜。犀牛是一种头上长着一只角或两只角的凶猛的野牛。古人以为犀牛是水中神兽。犀牛能行于水。犀牛行水时，其巨大的身躯能劈开水面，划起水波，古人便幻想犀牛有劈水功能。唐刘恂《岭表录异》载："岭表所产犀牛，……又有劈水犀。"原注："云此犀行于海，水为之开，置角于雾中，不湿矣。"《渊鉴类函》卷四三〇引《南越志》："海中出离水犀，似牛，其出入有光，水为之开。"在古代，犀牛被当作抑制水灾的镇水神兽。《艺文类聚》卷九五引《蜀王本纪》："江水为害，蜀守李冰作石犀五枚。二枚在府中，一枚在市桥下，二枚在水中，以厌水精。"犀牛以水神的身份参加龙的组合，主要为龙贡献了一只角或一对角。角是雄性动物的标志，也是力量与强悍的象征，龙添上犀牛的角，就显得更富有力量和更加强悍。给龙加角始于商代。商代龙角是多种多样的，但都可以看作是犀牛角的艺术变形，并且多是双角，罕见一只角。至清代，龙的双角仍然大体保留了牛角的形象。龙角取自牛角，也有传说为证。《帝王世纪》载："有神龙首，感女登于常阳，生炎帝，人身牛首。"《孝经援神契》载:"神龙氏蛇身而牛头。"龙头为牛首、牛头,皆因龙头有牛形角。

G.猪。古人以猪为水畜,奉其为水神。《毛传》郑笺:"豕之性能水。"郑氏注《月令》:"豖,水畜也。"由此,猪被奉为雷神之类的水神。唐房千里《投荒杂录》载:"雷公豕首鳞身。"古人将猪神称为猪龙,并向其祈雨。《太平广记》卷四二三引《北梦琐言》:"邛州临汉县内有湫,往往人见牝豕出入,号曰母猪龙湫。唐天夏四年,蜀城大旱,使俾守宰躬往灵迹求雨,于时邑长具牢醴,命邑寮偕往祭之。"猪作为水神,很早就成为龙的组合材料。辽河流域新石器时代的两件龙形玉,就已经有猪的局部特征。一件是三星他拉村出土的龙形玉,细长的龙身弯成C形,龙的首部较长,有闭口吻,鼻端与吻部截平,两端并排两个圆形鼻孔,双眼细长呈突起状,体现了猪首的特征。第二件龙形玉出土于内蒙古翁牛特旗广德公乡黄谷屯,造型与三星他拉村龙形玉基本相同。新石器时代以后的龙,猪首的特征逐渐淡化,但仍有迹可寻,如殷墟妇好墓出土的猪首屈体龙玉器,仍带有猪首的意味。殷商以后,龙的猪首特征仅留残迹,已很难辨认。

H.鸟。雨水降自天空,龙要播撒雨水,必须要具有飞天的本领,于是,天空中飞翔的鸟便成为造龙的材料。龙被装上了鸟的翅膀,也就被赋予了飞翔的本领。鸟能融入龙的形象,也与鸟崇拜的含义有关。古人认为,鸟与雨水有着密切关系。传说中有一种神鸟被称为龙雀,也称飞廉,被视为能纵风雨的风神。汉张平子《东京赋》载:"龙雀蟠蜿,天马半汉。"《注》:"龙雀,飞廉也。"《楚辞·离骚》王逸注:"飞廉,风伯也。"洪兴祖补注:"应劭曰:'飞廉神禽,能致风气。'"传说中的一足鸟也是与降雨有关的神鸟。汉刘向《说苑·辨物》载:"其后齐有飞鸟,一足,来下,止于殿前,舒翅而跳。齐侯大怪之,又使聘问孔子。孔子曰:'此名商羊,急告民,趣治沟渠,天将大雨。'于是如之,天果大雨。"一足鸟能预告雨情,必雨水神灵之属。把鸟与雨水联系起来,可能基于两个方面的原因:其一,鸟是先民可见的天空中唯一的活物,容易被视为在天空中操纵降雨的神灵;其二,某些鸟类随着阴雨的到来会发生某种变化。如燕子在降雨前由于云层密集而低空飞行,甚至飞入人家庭院。商羊鸟正体现了这种特征。由于鸟类这种具有预兆降雨的功能,先民们很容易将其与降雨的原因联系起来,将它们奉为能降雨的神鸟。可以说,鸟能融入龙的造型,与鸟的水神身份有着密切关系。鸟加入龙的组合,使龙插上了双翅,龙便有了飞翔的本领。古人称有翼的龙为应龙。《山海经·大荒东经》郭璞注:"应龙,龙有翼者也。"汉代龙纹,不少带有双翼。河南安阳英庄出土的东汉画像石"应龙图",

中国龙的形成与水神崇拜 | 13

上绘一条蛇躯兽足的巨龙，腾云驾雾凌空而飞，其背部生有一对尖端向前弯曲的翅膀，显示出奋力振翅飞翔的意味。河北定县汉墓出土的金银错狩猎铜车纹饰上的龙纹，也有双翼，翼上根根羽毛飞动飘逸。河南南阳出土的东汉画像石"龙虎斗图"，画面上那遍体鳞纹的龙长有一对尖刀状的翅膀。陕西西安汉城遗址出土的汉代青龙瓦当所绘龙纹似兽而有龙头鳞身，肋间生双翅，翅的形状经过艺术加工，有很强的装饰性。至隋、唐，龙纹仍带有充分艺术化的双翅。江苏丹徒丁卯桥出土的唐代金盒上的龙纹，似兽而鳞身，带有鹰爪的四足，肋间有柳叶状的翅膀，装饰性很强。凡此种种，不一一论及。鸟翅是龙飞天的象征。唐以后，龙的双翅渐渐消失，或演变为抽象的纹饰，翅膀的特征很难辨识，但龙仍然承袭了飞天的神性。这说明，龙一旦借助某种动物的特征而形成某种神性，往往不会因为动物特征的消失而失去神性。这是因为龙的形象虽然易变，但龙的基本信仰观念则有一以贯之的稳定性。

以水神的身份加入龙的组合的动物和其他物还有羊、狗、云、虹、闪电等，它们也都或显或隐地在龙的形象或生态上留下了自己的痕迹。

三、龙的组合历程

龙的组合主要是水神动物的组合，这种组合，经历了由少到多，由简单到复杂，由分散到整合的漫长历程，先是各种水神动物分别相互组合，然后是各种组合逐渐融合，最终形成了融合多种动物形体特征的龙。根据龙的组合物中水神动物的多少，我们将龙的组合物分为简单的组合与复杂的组合。

（一）简单的组合

这类组合，以两种水神动物的组合居多，三种的则较少。这类组合产生了最初的龙。

1. 鱼与其他水神动物的组合

鱼与鸟的组合。这种组合产生了以鱼为主体的鱼身鸟翼的龙。

文鳐鱼。《山海经·西次三经》载："泰器之山。观水出焉，西流注于流沙。是多文鳐鱼，状如鲤鱼，鱼身而鸟翼，苍文而白首赤喙，常行西海，游于东海，以夜飞。其音如鸾鸡，其味酸甘，食之已狂，见则天下大穰。"文鳐鱼的出现能带来天下大穰，说明这种神兽与农业生产所需的风调雨顺有关，属于掌管雨水的神灵。

鳋鱼。《山海经·东次四经》载："子桐之山。子桐之水出焉，而西流注于余如之泽。其中多鳋鱼，其状如鱼而鸟翼，出入有光，其音如鸳鸯，见则天下大旱。"鳙鱼的出现会招致天下大旱，说明鳙鱼为水旱之神。

嬴鱼。《山海经·西次四经》载："濛水出焉，南流注入洋水。其中多黄贝、嬴鱼，鱼身而鸟翼，音如鸳鸯，见则其邑大水。"嬴鱼的出现会使天下大涝，说明这种鱼为水旱之神。

鳛鳛鱼。《山海经·北山经》载："涿光之山。嚣水出焉，而西流注于河。其中多鳛鳛之鱼，其状如鹊而十翼，鳞皆在羽端。其音如鹊，可以御火，食之不瘅。"在古人的观念中，火与旱相通，可以御火的鳛鳛鱼应是具有驱旱神性的水神。

鲐鲐鱼。《山海经·东次三经》载："有鱼焉，其状如鲤而六足，鸟尾，名曰鲐鲐之鱼，其名自叫。"鲐鲐鱼为鱼身鸟尾六足，不取鸟翼而取鸟尾、鸟足，是鱼与鸟组合的变种。

鱼与马的组合。这种组合构成了鱼身马首的龙，如马首鱼。郦道元《水经注·温水》载："有鲜鱼，色黑，身五丈，头如马首，伺人入水，便来为害。"马首鱼，实际上就是马首鱼身的龙。

鱼与牛的组合。晋张华《博物志》卷十载："东海有牛鱼，其形如牛，引其皮悬之，潮水至则毛起，潮退则毛伏。"牛鱼的皮毛与潮起潮落相感应，说明其乃水中神兽。

鱼与龟的组合。蚌鱼即属此类。《山海经·西山经》载："英山……禺水出焉，北流注于招水。其中多蚌鱼，其状如鳖，其音如羊。"郭璞注："音同蚌蛤之蚌。"吴任臣《广注》引《事物绀珠》："蚌鱼如龟、鱼尾、二足，音如羊。"蚌鱼由鱼身、鱼头、鱼尾加龟背组成，由于龟背在蚌鱼形象中占据着显目的位置，所以说"蚌鱼如龟"或"其状如鳖"。

鱼与猪的组合。鱄鱼、鲑父鱼等都是此种组合的产物。鱄鱼身带猪毛。《山海经·南次三经》载："鸡山……黑水出焉，而南流注于海。其中有鱄鱼，其状如鲋而彘毛，其音如豚，见则天下大旱。"鱄鱼出现，天下大旱，显见其水旱之神的身份。鲑父鱼则是鱼首猪身。《山海经·北次三经》载："阳山……留水出焉，而南流注于河。其中有鲑父之鱼，鱼首而彘身，食之已呕。"

鱼与狗的组合。古人奉狗为天神，称天狗，并认为天狗司雨水。古时有杀狗求雨巫术。《尚书·故实》载："舒州灊山下有九井，其实九眼泉也，旱即煞一犬投其中，大雨必降，犬亦流出。"狗为司雨水神，所以与鱼组合成龙，如鮨鱼。《山海经·北山经》载："北岳之山……其中多鮨鱼，鱼身而犬首，其音如婴儿，食之已狂。"

鱼与蛇的组合。鱼与蛇始终是组合成龙的两种基本材料，它们的组合构成了龙的基调：蛇的弯曲圆长的身躯与布满身躯的鱼的鳞纹。鯈鱅即是由鱼与蛇组合而成的初具龙形的神灵。《山海经·东山经》载："独山……末涂之水出焉，而东南流注于沔。其中多鯈鱅，其状如黄蛇，鱼翼，出入有光，见则其邑大旱。"鯈鱅为水旱之神，从形体到内涵都具备了龙的资格。

2. 蛇与其他水神动物的组合

蛇与鸟的组合。这种组合多为蛇身鸟翼，如鸣蛇。《山海经·中次二经》载："鲜山。多金、玉，无草木。鲜水出焉，而北流注于伊水。其中多鸣蛇，其状如蛇而四翼，其音如磬，见则其邑大旱。"鸣蛇能引发旱灾，当属水旱之神。此外如肥遗、酸与、化蛇、飞蛇等也都属于蛇与鸟组合而成的动物。

蛇与龟的组合。蛇与龟都是古人信奉的水神，两者合并一体称玄武。汉代画像石刻所绘玄武为龟蛇相交形象。古籍所记与其一致。《楚辞·远游》洪兴祖补注："说者曰：'玄武为龟蛇，位在北方曰玄，身有鳞甲曰武。'……《文选》注：'龟与蛇交为玄武。'"《后汉书·王梁传》李贤注："玄武，北方之神，龟蛇合体。"玄武由水神组合，仍为水神。《后汉书·王梁传》载："玄武，水神之名。"

蛇与猪的组合，如蛇身而带猪毛的长蛇。《山海经·北山经》载："大咸之山。无草木，其下多玉。是山也，四方，不可以上。有蛇，名曰长蛇，其毛如彘豪，其音如鼓柝。"

3. 其他水神动物的相互组合

马与鸟的组合。马装上鸟的翅膀，便有了飞天的神性，而且被称为龙马。明陈仁锡《潜确类书》卷一一一引用《瑞应图》："龙马者，神马也，河水之精。高八尺五寸，长颈，胳上有翼，旁有垂毛，鸣声九音，有明王则见。"

狐与鸟的组合。《山海经·东次二经》载："姑逢之山。无草木，多金、玉。有兽焉，其状如狐而有翼，其音如鸿雁，其名曰獙獙，见则天下大旱。"獙獙为狐身有翼的神兽，是狐与鸟的结合体，该兽出现便有大旱，说明其为水旱之神。

此外，还有牛、犬、羊等动物的相互组合，也都是龙的雏形。

（二）复杂的组合

多种水神动物的组合，是复杂的组合，此类组合物是渐趋成熟的龙，这是因为，复杂的组合至少使得龙的头、身、脚、纹等分别具有了不同动物的特征，而尽可能融合多种动物的特征主要是水神动物的特征，恰恰是龙成熟的标志。

龙由多种动物组合而成的特征，古人也多有说明。宋罗愿《尔雅翼·释龙》

载：龙，"角似鹿，头似驼，眼似鬼，项似蛇，腹似蜃，鳞似鱼，爪似鹰，掌似虎，耳似牛"。明李时珍《本草纲目》载："其形有九似：头似驼，角似鹿，眼似兔，耳似牛，项似蛇，腹似蜃，鳞似鲤，爪似鹰，掌似虎，是也。"《渊鉴类函》卷四三八引《会编世传》："画龙有三停九似之说，谓自首至膊，膊至腰，腰至尾，相停也；九似者，角似鹿，头似马，眼似鬼，项似蛇，腹似蜃，鳞似鱼，爪似鹰，掌似虎，耳似牛。"实际上，各种水神动物在组合成龙的过程中，也在相互融合，变成你中有我，我中有你。龙的各局部形象，很难说是仅仅取自某种动物，它往往是多种动物同一局部形体混合而成的，如龙头像马、像牛、像驼、像驴又像鳄，龙身像蛇、像鳄、像鱼又像鹿，龙鳞像鱼、像鳄又像蛇，龙之角像牛、像鹿、像羊又像犀，龙之爪像鹰、像鳄又像虎，如此等等，说明龙融合的动物越多，动物之间的混合性就越强，龙就更具幻想性。

由以上对龙的各种组合形态的考察可见，龙是在水神动物信仰基础上产生的，但又不同于一般的水神动物。一般水神动物大多是实际存在的动物，基本上以实有的动物原形为其形象；龙不是实际存在的动物，而是由各种水神动物由少到多组合起来的幻想物。由龙的组合过程也可以看出，龙始终是与农业生产密切相关的司水降雨神灵。可以说，是中国几千年农业文明孕育了中国龙，中国龙伴随着农业文明的发展不断壮大成熟。在当今，中国社会发生重大的转型之际，中国龙在继承传统的同时，也必然发生深刻的变化。

原载《长江大学学报》（社会科学版）2007年第4期

神话范畴研究

叙事的神圣发生：为神话正名[①]

凯伦·阿姆斯特朗 [著]　叶舒宪 [译]

人类从来就是神话制造者。考古学家所发掘的尼安德特人墓葬中不仅有武器、工具，还有献祭动物的骨骼，所有这些都表明他们已经有了某种类似于后来世界中的信仰的东西。尼安德特人已经会彼此讲述关于生命和他们死去的同伴的故事。他们一定也曾思考死亡的问题，而其思考的方式是后人所难以理解的。动物也能直观地看待同类的死亡，但是，动物对死亡不会有更多的考虑。尼安德特人的墓葬显示出，当这些早期的人类意识到他们必死时，他们便创作出某种对抗性的叙事，这样的叙事能够帮助他们面对死亡。尼安德特人小心翼翼地埋葬他们死去的同伴，他们似乎想象到了可见的物质世界并不是唯一的现实。可见，从很早的时候开始，人类就具有想象其日常经验以外事物的能力，并以此而同其他生物区别开来。

人类是寻求意义的生物。我们知道，狗并不会为狗类的状况而担忧，也不会为世上其他地方的狗的苦难境地而操心，更不会换用另一种角度来看它们自身的生命活动。但是，人类就不同了。人类很容易陷入绝望。我们从一开始就发明出一些故事，它们能够让我们把自己的生命放在更宽广的背景之中。它们还揭示出一种潜在的模式，并赋予我们这样的意识：生命是有意义、有价值的。正是这种意识帮助我们对抗所有的沮丧和对立的混乱状况。

人类心灵的另一个特征，就是拥有我们无法给予理性的解释的那种观念和经验的能力。我们拥有想象，那是一种使我们想见当下并不在场的事物的能力，也是我们初次面对并没有客观存在的事物的能力。想象就是那种产生出宗教和神话的能力。如今，神话式的思维已经沦落得声名狼藉了。我们经常蔑视它为

[①] 凯伦·阿姆斯特朗，女，当代英国著名的宗教学家，著有《神的历史》《世界之始》《第一个基督徒：圣保罗对基督教的影响》《佛陀传》《穆罕默德传》《为神而战：原教旨主义的历史》等著作。本文节译自 Karen Armstrong 的 *A Short History of Myth*（Edinburgh：Canongate Books，2005）一书的第1章和第2章。

非理性的和自我放纵的。但是，想象力也是使科学家能够创造新知和发明新技术的能力。正是这些使我们在效率上无与伦比。科学家的想象使我们能到外太空去旅行。走上月球这样的场景以前只有在神话中才可能，神话与科学都拓展了人类的领域。如我们所见到的，神话同科学技术一样，不是要超离这个世界而是要使我们在这个世界中更热情地生活。尼安德特人的墓葬告诉我们有关神话的五个方面的重要情况。第一，神话似乎总是植根于死亡经验和对灭绝的恐惧之中。第二，动物的骨头表明，埋葬行为伴随着献祭牺牲。神话常常与仪式不可分割地联系在一起。脱离了赋予神话以生命的仪式剧，许多神话就失去了意义，放在世俗的背景里甚至变成无法理解的。第三，尼安德特人的神话是在墓葬旁边重新讲述的，也就是在人类生命的边界处讲述的。最有威力的神话是关于极限的，它们迫使我们超出我们的日常经验之外。存在这样一种时刻：我们全都要以这样或那样的方式到一个我们从未见过的地方做我们以前从来没有做过的事。神话讲述未知的内容，讲述人类最初根本没有言辞可以表达的内容。第四，神话不是以它自己为目的而讲述的故事，它揭示我们应该怎样去行动。第五，所有的神话都讲述着存在于我们自己的世界旁边的另一个世界，在某种意义上还支撑着那个世界。信仰这个虽然看不见却更强有力的实在，有时被称作诸神的世界，这正是神话体系的基本主题。它又被称作"永久性的哲学"，因为它在我们的科学的现代性来临之前构成了所有社会的神话体系、仪式和社会组织，至今还影响着更加传统的社会。按照这种永久性的哲学，此一世界所发生的一切事物，我们所能听到，所能看到的一切事物，都会在神圣世界中有其对应物，而且比我们自己的更丰富，更强大，更持久。从这一意义上看，地球上的任何一种实物存在都只不过是其原型即原初模型的一个黯淡的影子。与原型相比，它只是不完美的复制品。必死而虚弱的人类只有真正参与到这种神圣的生活之中，才能发挥出它的潜能。正是神话赋予人们直觉地感触到的那种现实以清晰的形状与形式。神话告诉人们神灵的行为如何，不是出于好奇，也不是因为这些故事有趣，而是要让男人和女人模仿这些强有力的生灵并自己体验到神圣性。

  在我们今日的科学文化中，我们通常只有相当简略的神圣观念。而在古代世界，"神"很少被认为是超自然的生命，或有其个别的个性，过着全然分离的形而上的生活。神话所关注的不是现代意义上的神学，而是人类经验。人们认为神灵、人类、动物和自然是不可分割地联系在一起的，服从于同一种法则，由同一种神圣物质所构成。最初，诸神世界与男人女人的世界之间并没有本体论的鸿沟。当人们讲到神明时，他们通常讲的是世界的一个方面。诸神的确切存在同风雨、海洋、河流等不可分割，或者还和那些强有力的人类情感不可分割——爱、愤怒或性的激情。这些情感似乎能在突然之间把男人和女人提升到另一种存在之中，使他们能用新的眼光看待世界。因此，神话就被设计成帮助我们克服问题，帮助人们发现他们在宇宙之中的位置和真实趋向。我们都要知道我们从哪里来，但是由于我们最初的开端已经迷失在史前期的迷雾之中，我们不得不创造关于我们先祖的神话。虽然它们不是历史，却能帮助我们解释有关我们的环境、邻人及习俗的流行态度。我们还要知道我们正在去向何方，于是我们又发明出故事讲述一种死后的存在，虽然像我们看到的那样，并没有太多的神话讲述人类的不死性。我们还要解释那些崇高的时刻——那时我们好像被转移到我们日常关注的世界之外。诸神有助于解说那种超验性的体验。常青不老的哲学表达了我们天生的感觉：对于人类来说，对于物质世界来说，都有比眼见更多的东西。

今天，"神话"这个词经常用来形容某种并不真实的东西。一位政治家控告某一桩罪过时会说那是一个"神话"，即从来不曾发生过的事。当我们听到神在地面上行走，死人从坟墓中跳出来，或是海水奇迹般的分开，让一队被庇护的行人逃脱敌人的攻击，我们不承认这些故事，认为它们并不可信，完全没有真实性。自从18世纪以来，我们发展起一种科学的历史观，我们只关注那些确实发生的事情。但在前现代世界，每当人们写到过去时，他们更关注事件的意义。一个神话，在某种意义上就是曾发生过一次的事件，同时也是在所有时代都发生的事件。由于我们严格编年的历史观，我们对这样的事件不置一词。而神话还是一种艺术形式，它指向历史以外，指向在人类存在之中无时间的因素，帮助我们超越随机性事件所形成的变动不停的无序状态，让我们窥见现实的内核。

超验性的体验从来就是人类经验的一部分。我们寻求心醉神迷的那一时刻，那时我们的内心深受触动，并且在那一时刻超越我们自身而飞升起来。在那样的时刻，我们感觉好像比平时活得更加充实强烈，激情之火全面燃烧，真正拥有了我们的全部人性。宗教曾是获得心醉神迷狂喜状态的一种最传统的方式，但是如果人们在神庙、圣殿或教堂或修道院中不再能发现它，那么就会到别处去寻找它：在艺术、音乐、诗歌、摇滚、舞蹈、毒品、性或体育运动中去寻找。如同诗歌与音乐那样，神话能够帮助我们进入狂喜状态，即便是面对死亡，或者是在我们面临毁灭之际所感到的绝望之中。如果神话丧失了这样的功能，它就已经死了，变成了毫无用处的空壳。因此，认为神话是一种低劣的思维方式，当人类达到理性的阶段时，便可以抛弃掉，这是完全错误的。神话不是早期的历史尝试，也不宣称它的故事是客观的事实，就像一部小说、一部歌剧或一出芭蕾舞，神话就是虚拟，它是一种游戏，能够让我们破碎的、悲惨的世界得以改观，帮助我们看到新的可能性，靠的就是提出"如果……将如何"的问题。正是这一问题引发了我们在哲学、科学和技术中的某些最为重要的发现。

由此看来，神话是真实的，因为它是有效力的，而不是因为它给了我们事实上的信息。然而，如果它不能给予我们对生活的深层意义以新的洞见，它就失败了。如果它发挥效力，也就是说，它迫使我们改变我们的头脑和心灵，给予我们新的希望，促使我们生活得更加完整，它就是一个有实效的神话。我们只有遵循神话的指引，神话才会改变我们。一个神话在实质上是一种指导，它告诉我们为了生活得更为丰富，我们必须做什么。如果我们不把它运用在我们自己的境况之中，不把神话当成我们自己生命之中的一种现实，那么它就将仍是不可理解的，与我们相距遥远的。

现代人同神话的分离是前所未有的。在前现代世界中，神话是必不可少的，它不仅帮助人们赋予他们的生活以意义，而且还揭示了人类心灵的区域。如果没有神话，这些区域是无法探知的。神话是心理学的一种早期形式，诸神的故事或者英雄们下降阴间、穿越迷宫、征战妖魔的故事揭示了人类心理的隐秘运作，向人们展示如何应对他们自己内心的危机。当弗洛伊德和荣格谈到现代人寻找灵魂时，他们本能地转向古典神话，以此来解释他们的洞察，并且给古老的神话以新的阐释。这样的新阐释其实也不算新奇。对于一则神话而言，永远不会有一种单一的、普遍公认的版本。随着我们境况的变化，我们需要以不同的方式讲述我们的故事，为的是从故事中获得不受时间限制的真理。每一次当人们向前迈出重要的一步时，他们都要重温他们的神话，并让神话面对新的境况说出新的内涵。但是我们也要看到，人类的本性并没有变化多少。许多这样的神话，虽然是由不同的社会设想出的，却没有迥异于我们自己的神话，它们仍然在述说着我们最基本的恐惧和希望。人类完成了他自身的生物进化的那一个时期，是其整个历史中最漫长也最有影响的一个时期。从许多方面看，这都是一个可怕的和绝望的时期。这些早期的人群还没有发明农业，他们不能自己种粮食，只能完全依靠狩猎和采集。神话就像他们的狩猎武器一样，对他们的生存至关重要，其功能就像他们赖以杀死猎物和获取某种程度的对环境的控制的技术那样。

如同尼安德特人那样，旧石器时代的男人和女人们不能给他们的神话留下书写的记录，但是这些片断的故事是如此的关键，对于人类理解他们自己和他们生存的困境是不可或缺的。在后来书面文化的神话里，依旧如此。从卑格米人或者澳大利亚原住民那样的原初人民那里，我们还能够学到早期人类的经验。澳大利亚原住民和旧石器时代人民生活相似，仍然生活在狩猎时代中，还没有经历一场农业的革命。对于这些原住民族来说，以神话和象征的方式思考是自然而然的。民族学家和人类学家告诉我们，他们在日常生活中表现出一种精神层面的高度意识。我们称之为神圣或神性的那种事物的体验，对于今日生活在工业化城市社会中的男人女人来说，已经成为非常遥远的现实，但是对于澳大利亚原住民来说，却不仅是不言自明的现实，而且比物质的世界更为真实。"梦幻时代"——澳洲人在睡眠和幻觉的时刻能够体验到它——是无时不在的，它给日常生活构成了一种坚实的背景，主宰着日常生活、死亡、变动、无穷尽的事件序列和季节的循环。梦幻时代是祖先们居住的，那是一些强大有力的原型的生命。它们教会了人类对他们的生存至关重要的技术，例如，狩猎、战争、性爱、纺织和制造篮子。因而，这些就不是世俗的，而是神圣的活动。这些活动把世俗的男人女人带入到同梦幻时代的接触当中。

原住民们相信，那个精神的世界是一种当下的、令人幸福的现实，过去对于人类来说肯定是易于达到的。在每一种文化中，我们都发现了一种失落的天堂的神话。在那种天堂状态中，人类与神灵生活在更接近、接触更平常的状态。那时的人是不死的，他们彼此之间，与动物之间，与自然之间和谐相处。在那个世界的中央有一棵树、一座山或一根柱子，连接着大地和天空，人们可以爬上它，抵达神界，后来发生了一场大灾难，那座山倒塌了，那棵树被砍伐了，去往天堂变得极为困难。关于黄金时代的故事，一种早期的非常流行的神话，从来不要求成为历史性的，它迸发自一种强烈的神圣体验。该体验对于人类是自然的，而且表达了他们对一种现实的可望而不可即的感觉。那种现实几乎是确实的，只是无法达到。古代社会多数的宗教故事和神话都在诉说着对失去的天堂的向往。该神话并不仅仅为怀旧症的一种沿袭，它的主要目的是向人们揭示他们怎样才能重返那个原型的世界——并不仅仅在于幻觉狂喜的时刻，而且也在他们日常生活的本分之中。

今天，我们把宗教同世俗区分开来，这对于旧石器时代的猎人们来说，是无法理解的。因为对他们而言，没有什么是世俗的，他们看到或体验到的一切事物都是其在神圣世界中的对应物的一种变体。不论是何种事物，都可以体现出神圣。他们所做的一切事情，都是一种圣事，它使他们和神灵相接触。最常见的行为就是仪式。仪式使凡俗的生物加入到无时间的永恒世界。对于现代人而言，一个象征在实质上是同不可见的现实相分离的，它引导我们关注那个现实。但是希腊文中的象征意味着"集合"：两个迄今分离的事物变成了不可分割的，就像一杯鸡尾酒中的杜松子酒和奎宁水一样无法分割，当你注视地上的任何一个物体，你便因此看到了它在天上的对应物。这种参与神圣的感觉对于神话的世界观来说是实质性的：一个神话的目的，是让人更加完整地意识到那个精神的层面，它从四面八方围绕着他们，它就是生命的一个自然部分。

最早的神话教导人们去看穿现实世界背后的另一种现实。那个现实似乎体现着彼岸的事物。但是这并不要求一种信仰的飞跃，因为在这一阶段，似乎还不存在神圣与世俗之间的形而上的鸿沟。当这些早期的人类观看一块石头时，他们并不是在看一块呆滞的、无可期待的岩石——它体现着力量、永久性、坚固和一种生命的绝对样式，该样式与脆弱的人类状况有着很大的不同。它的真切的他者性使它成为神圣的。一块石头就是古代世界中常见的圣物，它体现了神圣的存在。某些非常早期的神话也许可以追溯到旧石器时代，它们与天空相联系。看来正是天空给人们第一次带来神圣的观念。当他们凝望天空时——无穷无尽的，遥远的，与他们微弱的生命毫不相干的一种存在——人们就有了一种宗教的体验。天空高高地在他们头上，巨大得无法想象，无从触及，而且永恒。这正是超越和他者性的实质所在。人类不能做出任何影响它的事情，它所演出的无穷尽的戏剧——雷鸣、日食、月食、风暴、落日、彩虹、流星，讲述着另外的无穷尽的活动。天体的活动有它自己的动态的生命，对天空的沉思使人们充满了畏惧和快乐，充满了敬畏和忧虑。天空吸引着他们，又压迫着他们。按照伟大的宗教史学家鲁道夫·奥托的描述，天空就其本性而言就是超理解的神秘。对它自身而言，没有一种想象中的神灵躲在其后。天空就是巨大的神秘，可怕而迷人。这就向我们引述了一种既是神话的又是宗教意识的实质要素。在我们这个怀疑时代，通常假设人们是宗教性的，因为他们向他们所崇拜的神索取某种东西。他们试图从神那里获得神力，他们祈求长寿，免于疾病，还有永生。他们认为，他们可以说服神赐予他们这些恩惠。但是事实上，早期的显圣表明，崇拜并不必然拥有一个自我满足的议事日程。人们并没有向天空要求任何事物，他们非常清楚地知道他们根本无法影响它。从最早的时期开始，我们就已经体验到我们的世界是一种深沉的神秘。它赋予我们一种敬畏和惊奇的态度，那正是崇拜的实质所在。后来，以色列人民用 qaddosh 这个词来指代神圣。它的意思是"分开，他者"。纯粹的超验的体验就其自身而言就是深刻的满足，它给予人们一种迷狂的体验,让他们意识到一种完全超越于他们自身的存在,并且在情感上和想象上提升他们的想象,超越于他们自己的有限的环境。要让天空被说服,去按照可怜的、软弱的人类的意愿去行事,这完全是不可想象的。

在旧石器时代以后,很长一段时间里,天空都一直是一种神圣的象征。然而,一种非常早的观念表明,如果神话讲述一种过于超验的现实的话,那么神话就失败了。假如有一个神话不能够让人们以某种形式参与到神圣当中,它就变得遥远,并从人们的意识中消退。在某一个时期——我们并不知道确切的年代,世界上不同地区的人们开始把天空人格化。他们开始讲述关于"天神"或"至上神"的故事。它单独地从空无中创造天与地。这种原始的一神教几乎可以肯定地追溯到旧石器时代。世界上许多地方的人们在开始崇拜多神之前,只承认一个至高之神,它创造了世界,在遥远的天上统治着人类的生活。几乎每一种神谱中都有它的天神。人类学家发现,在卑格米人、澳大利亚人和南美火地人这样的部落民族中,也存在天神。天神是万物的第一原因,是天地的统治者,从来不被表现为形象,没有神坛和祭司,因为他的地位过于崇高,非凡人之崇奉可及。人们在祈祷中向他们的至上神倾诉,相信他正在观看着他们,并将惩罚邪恶,然而,他却不出现在他们的日常生活中。部落的人们说他是无法表现的,他与人类的俗世是不相往来的。他们会在危机之中转向他,而他在其他的场合是缺席的。人们总是说"他离开了",或者"消失了"。

古代美索不达米亚人、《吠陀》时代的印度人、古希腊人和迦南人的天神都是这样隐退的。在这些民族的所有神话中,至上神充其量是一个模糊的、没有威力的形象,他在诸神谱系中被边缘化。一些更加活跃的、有趣的和容易把握的神灵,诸如因陀罗、恩利尔和巴尔,则变得重要起来。有这样一些故事解释至上神是如何被抛弃的。例如,希腊的天神乌拉诺斯是被他儿子克洛诺斯阉割的。在一则神话中非常恐怖地展示了这些创造神的无能,他们被排斥在人类的日常生活之外,日益变得无关紧要。至上神可以被降格,但是天空却永远不会失去它的神力,这让人们想到神圣。天顶一直是对神圣的一种神话象征,即旧石器时代精神性的一种遗留物。在神话和神秘主义之中,男人和女人常常触及天空,设计出仪式与出神的技术,以及集中冥想术,使他们能够将升天的故事付诸实践,以便"上升"到意识的某种"高级"状态。圣人们宣称他们一层又一层地登上天顶的世界直到他们到达神的领域。瑜伽练习者据说能够飞跃空中——神秘主义者浮于空气中,先知们登上高山进入一种更为崇高的存在模式。当人们渴望达到由天空所代表的那种超验境界时,他们感到能够从虚弱的俗人境况中解脱出来，达到彼岸世界。这就是为什么山峰在神话中总是神圣的：那是天空与大地之间的中介。它们就是像摩西这样的人能够预示他们的上帝的地方。关于飞行和上升的神话出现在所有的文化当中，表达了一种普遍的寻求超验的愿望，即从人类境况的束缚之中解放出来。这些神话不应从字面上去理解。当我们读到耶稣升天时，我们并不是要想象他飞行穿越大气层。当先知穆罕默德从麦加飞翔到耶路撒冷，然后登上通往神界的梯子时，我们应当理解他已经进入了一种精神丰收的新高度。

学者们相信，第一个关于升天的神话始于旧石器时期，并且同萨满联系在一起，因为他是狩猎社会中主要的宗教实践者。萨满是出神和迷狂的大师，他的幻觉和梦想中都渗透着猎人的气质，并赋予狩猎一种精神性意义。狩猎是高度危险的。有时候狩猎者要离开他们的部落好几天，那时就不得不暂时放弃他们穴居处的安全，冒着生命危险去捕回猎物，养活他们的族人。然而，如同我们将看到的那样，狩猎不是一种纯粹实际的营生，而是同他们的所有活动一样，具有一种超验的维度。萨满也要从事一种探寻的活动，不过不是寻找猎物，而是一种精神性的探险。人们认为他拥有灵魂出窍的能力，并能以灵的形式旅行到天顶世界。当他进入出神状态时，就能飞跃空中，为了他的人民的利益而与神灵沟通。

精神性的飞行并不涉及实际的旅行，所需要的只是迷狂状态，灵魂在该状态中离开身体。如果没有事先下降到大地深处的过程，就不会有上升至高天空的旅程。没有死亡，也就不会有新生。这个原始的精神性的系列主题会反复出现在所有文化中的神秘主义者和瑜伽信徒的精神旅行中。认识到下面这一点是非常重要的：这些有关升天的神话与仪式发源于人类历史上最早的时期。它意味着人性的一个根本性的渴求，即超升到人类状况之上的愿望。一旦人类完成了进化的过程，他们就会发现，一种对超验的追求已被建构到他们的生命状况之中了。

逻各斯与神话思维有很大的不同。不像神话那样诉诸幻想，逻各斯必须对客观事实做出精确的反应。那是一种为我们所使用的智力活动。每当我们要在外部世界发生什么事件时就开启这种智力活动，例如当我们组织我们的社会时，或者是发展技术时。不像神话，它在实质上是很实际的。在神话回溯于神圣原型或失落的天堂的想象世界之际，逻各斯却要快速前行，不断地尝试发现新事物，改进旧的观点，创造惊人的发明，获取对自然环境的更大的控制能力。尽管如此，神话与逻各斯都有其自身的局限。在前现代世界，大多数人意识到神话和理性是互为补充的，每一方都拥有独特的能力。对于人类来说，这两方面的思维方式都是需要的。一个神话不能告诉猎人如何去捕杀猎物或有效地组织远征，但是它却能帮助他平息有关杀戮动物的复杂的情感波涛。逻各斯是有效率的、实际的和理性的，但是它却无法回答有关人类生活的终极价值问题，它也无法抚平人的痛苦与哀伤。因此，从一开始，人科动物就本能地理解到，神话与逻各斯要各司其职。他运用逻各斯去发展新的武器，用神话以及相关的仪式来调节自己面对人生的悲剧事件。如果没有神话和仪式，这样的悲剧事件就会压垮他，让他不能再有效地行动。

原载《长江大学学报》（社会科学版）2008年第5期

走出西方神话的阴影

——论中国神话学界使用西方现代神话概念的成就与局限

陈连山

中国古代历史上曾经出现很多神话作品,但是一直没有产生神话的概念。这是一个值得思考的问题。但是,自从1902年梁启超第一次使用日本学者发明的来于myth的"神话"一词,1903年蒋观云在《新民丛报(谈丛)》发表第一篇神话学论文《神话历史养成之人物》以来,中国现代神话学已经走过了104年的历史进程,而学者们始终没有正面思考上述问题。中国古代为什么没有"神话"概念?现代神话学者为什么接受了西方的神话概念却不考虑中国古代是否存在相应的概念?由此产生的后果是什么?这是本论文关注的核心。为了弄清原委,本文将考察中国现代神话学发展过程中的相关问题。

一、中国现代学者用西方现代神话概念看待中国神话资料

中国现代神话学是顺应所谓"新文化运动"而出现的一门学术。晚清时期,中国遭受了西方的军事入侵和文化挑战。为了救亡图强,为了更新文化,激进的中国知识分子开始兴起西化潮流,大量引入西方文化,其中就包括了神话学,以期建立中国新文化。梁启超和蒋观云都是当时在日本的中国学者。主张新文化的知识分子们大多对神话怀有浓厚兴趣。新诗人郭沫若欣赏神话,反传统的鲁迅利用神话,茅盾为彻底了解欧洲文学而钻研西方古典神话,以顾颉刚为代表的古史辨学派和郑振铎为了给中国史学另辟门户而研究神话。这些学者都是为了建设中国新文化、反对传统文化而开始研究神话的。所以,中国现代神话学是西方文化与中国文化互相碰撞的产物,但这种碰撞是在西强中弱的条件下进行的。这对中国神话学是有着很深影响的。

首先,我大略回顾一下西方神话概念的发展过程。

目前,中国神话学界一般都把神话理解为"神的故事",但是,这个来自西方的神话概念实际上只是现代神话学的一个分析的范畴,而非原生的范畴。在西方,它并非自古皆然,一成不变的。在古代希腊语中,"神话"的意思是关于

神祇和英雄的故事和传说。其实，古代希腊人并不严格区分神话和历史，他们把英雄神话当作"古史"，并且为神话编定系统，为神话人物编定年谱。另外，希腊神话主要依靠荷马史诗保存下来。在荷马史诗中，神灵的故事和英雄的传说也是交织在一起的。在荷马心目中，神话和历史是交织在一起的。当然，在希腊神话故事中，神和人在身份上彼此不能转换，存在着一定的区别。

公元前3世纪，欧赫麦尔认为宙斯是从现实的人被神化为主神的，看来他也没有严格区分神和人的关系。后来的基督教只承认上帝耶和华是神。为了维持这种一神教信仰，打击异教，基督徒引用欧赫麦尔理论贬斥异教神灵都是虚构的，这显示出基督教把神与人的关系做了彻底区分。

18世纪，西方理性主义觉醒，历史学家开始严格区分神话与历史，所以，在西方现代神话学中，myth的意思一般只包括神祇的故事，而删除了古希腊词汇中原有的英雄传说部分。这种做法固然有一定的根据，超自然的神和现实的人之间的确存在差异，但是毕竟过分夸大了希腊神话中神和人之间的差异，同时忽略了古代希腊人把神话看作上古历史的思想。西方现代神话学的神话概念并不能真正反映希腊神话的实际。

现代神话概念与古代希腊社会的神话概念之间的差距，是个十分棘手的问题。德国的希腊神话专家奥托·泽曼在其《希腊罗马神话》中一边承认古希腊神话概念——"神话是讲述古老的、非宗教性质的神和英雄或者半神的诞生及其生平事迹的"，一边却又企图使用现代神话概念，他说："人们默契地达成共识，把叙述神的生平、事迹的称为神话，而把讲述英雄事迹的称作传说。"[1](P1) 他遵循古代希腊的传统，在其著作中同时叙述了神的故事和英雄的故事，但是这些英雄故事时而被他称作"神话"，时而被他称作"传说"。因此，在他的著作中，神话和传说这两个概念之间几乎是一笔糊涂账。其他西方神话学家（例如弗洛伊德、列维-斯特劳斯）偶尔也把希腊英雄传说（例如俄狄浦斯王的传说）当作神话看待，列维-斯特劳斯就认为：神话与历史之间的鸿沟并不是固有的和不可逾越的。

中国学者引入的神话概念通常都只包括"神的故事"，不包括英雄的传说，因此只是西方神话学界主流的一个分析的范畴。只有吕微曾经注意到西方神话学中神话概念的不统一，可惜对此他没有深究。严格地说，中国现代神话学引入的神话概念只是西方启蒙主义运动以后的神话概念，是西方现代神话学根据自己的需要总结古希腊神话作品的结果。

下面，我讨论引入西方现代神话概念之后研究中国古代文献引发的问题。

当中国学者学了西方现代神话概念以后，回头面对中国古代叙事著作的时候，发现中国上古时代的叙事著作主要是历史文献，当时没有荷马史诗那样的叙事文学体裁，自然也没有荷马史诗中那样系统完整的神话叙事。胡适在《白话文学史》中说，中国古代没有荷马史诗那样的叙事诗，这是中国古代缺乏神话的一个重要原因。因此，学者们只能从一些杂史著作和类书（如《山海经》《风俗通义》《艺文类聚》等等）中发现所谓的盘古开天辟地、女娲造人补天等超自然故事，视之为神话，并且给予高度评价，将其置于文学史源头的地位。现代学者们的无数本《中国文学史》无不从远古神话开始讲起，就是模仿西方文学史模式以建立中国新的文学史模式的结果。引入西方现代神话概念，在中国古代文献中发现了神话，使中国人找到了中西方文化的共同点。这对致力于师法西方文化以建设中国新文化的激进知识分子来说是一个巨大鼓励，极大地刺激了新文化运动的发展。

以顾颉刚为代表的古史辨学派的历史学家们也特别关注中国上古历史，他们甚至在正式的历史叙述中也发现了神话。他们发现，正式的上古史中越是远古时代的人物（例如盘古、三皇、尧、舜等等）在历史记录中出现越晚，由此推定他们是后人编造的。而通过与其他文献对比，他们发现这些人物身上往往神性十足，于是推定他们原来都是神话人物，而古人十分崇拜的上古史实际上含有大量神话，是所谓"伪造的古史"。古史辨学派借助于西方现代神话概念，打破了中国传统文化十分神圣的历史观。神话观念的引入，对于中国反对传统文化，建设接近于西方现代文化的中国新文化的影响是非常重大的。

上述两种研究都是以西方文化为标准进行的，其中都隐含着对于中国传统文化的批判和对于以西方文化为榜样建立新文化的努力。在这种情况下，人们无暇反思这个借来的神话概念是否符合希腊神话的事实，在中国使用是否符合中国古代文献的实际，是否需要对概念做什么修正，自然也想不到要在中国古代文化中寻找与神话相应的概念。这是和中国神话学建立的时代背景密切相关的，是西强中弱的现实的反映，也是激进的中国现代知识分子的一种自觉不自觉的文化策略选择。

由于神话概念来自西方，因此中国神话的研究从一开始就是在比较研究的基础上展开的。蒋观云《神话历史养成之人物》非常重视神话比较，他认为：印度神话"深玄"，希腊神话"优美"，而中国神话（如盘古化身宇宙万物）则"最简枯而乏崇大高秀、庄严灵异之致"[2](P18-19)。后来中国神话学也一直非常注重神话比较。据不完全统计，到1999年为止，中国有8部著作、341篇论文专门探讨中外神话的比较问题。其中核心是中国神话与西方神话（古希腊、古罗马神话和北欧神话）的比较。可是，中国的神话比较研究是直接用希腊神话作为标准来展开的，从来没有顾及中国文化的特点；而且，很多学者都是为了反对中国传统文化、建立新文化而研究神话的，所以根本不会顾及尊重中国古代文化特点的问题。中国神话学者最为关注的是：如何让中国古代神话具有和希腊神话同样的形态，既消除西强中弱而引起的民族自卑感，满足民族虚荣心，又建立所谓"新文化"，满足现代生活的需要。从茅盾到袁珂、张振犁、谢选骏都致力于研究中国神话的体系，其中袁珂积数十年努力最终编成了一部自己理解的中国神话的系统故事汇编——《中国神话传说》，成为常年畅销的著作。该著对神话体系的追求对于现代生活具有正面意义，但是它忽略了中国传统文化的独立性。

可以想象，用古代希腊记录在叙事文学体裁（史诗）中的神话直接和中国记录在历史著作中的神话进行比较，其结果的客观性是无法得到保障的。其中最常见的结论有两个：中国神话零散不系统，中国神话经过了历史化改造。由这两个结论生发出来的问题更加严重。胡适从中国神话零散推论出华夏民族生活艰辛，不善于幻想，无法创作出神话，于是引起鲁迅、茅盾的坚决反对。现在，很多的学者大体认为中国古代应该存在很多神话，只是古代知识分子没有尽到认真保存神话的义务，才导致中国古代神话的零散状态。"古史辨"这个历史学派对于中国神话学直接的影响就是关于中国古代神话被"历史化"的结论。现在，中国神话历史化似乎已经成为神话研究的一个确定不移的结论，连法国的马伯乐和美国的杰克·波德都用这个观点解释问题。近年才有神话学者怀疑这个结论。而以孔子为代表的儒家对于神话的"忽视"和"歪曲解释"就使其成为破坏神话的罪人。

中国现代神话学是引进西方现代文化的结果，对于中国神话的研究必然是在"中西比较"的眼光下进行的；而西强中弱的现实则使人们自觉、不自觉地以西方文化为学习的榜样，于是把西方神话概念作为标准来看待中国神话材料，不能以平等的眼光对待西方神话和中国神话。在超过一个世纪的漫长历史中，西方神话及其概念似乎完全笼罩了中国神话学研究。

二、走出西方神话的阴影

西方神话学界的神话概念主要是依据古代希腊神话建立的，而且夸大了希腊神话中人与神之间的区别。准确地说，希腊神话即使严格区分人、神关系，也只是人类各类型神话之中的一种特殊情况,所以,神话就是"神的故事"这个概念远不能概括人类所有的神话作品。

当20世纪人类学的相对主义理论兴起以后,西方中心主义开始受到怀疑和批判。西方学术界开始从其他文化的立场来重新观察非西方神话材料。以结构主义理论家列维-斯特劳斯《神话学》中研究的美洲博罗罗印第安人的神话《水、装饰和葬礼的起源》(代号M2)为例。村长贝托戈戈杀死妻子,结果小儿子变成一只鸟到处寻找母亲,并在贝托戈戈的肩膀上排泄粪便。粪便发芽,长成大树,压得贝托戈戈难以行动,大受羞辱。于是,贝托戈戈离村流浪,每当他停下休息的时候,就会产生江河与湖泊。因为此前大地之上没有水,所以每产生一次水,肩上的树就小一点,直至完全消失。但是,此时贝托戈戈却不愿回到村子去,他把村长职位交给父亲。后来,副村长追随贝托戈戈,他们在流亡中发明了许多服饰、装饰品和工具。二人最后成为文化英雄巴科罗罗和伊图博雷。由于这个故事解释了水、装饰和葬礼的起源,显然属于世界起源和文化起源的神话。其主人公也具有很大的超自然力量,但他却是一个十分普通的人。黑瓦洛印第安人关于日、月和夜鹰的神话更是把日、月都当作远古时代普通的男人。其他土著神话中人神混合的情况还很多,此处不赘。由此可见,神话主人公可以兼具神和人的身份,神性和人性并不是绝对互不相容的。这是区别于西方神话"人神对立"模式的另外一种神话模式——"人神混合"的模式。既然存在两种神话模式,那么根据文化相对主义的立场,就不能援用一种神话模式去要求另外一种神话模式。我们不能假设博罗罗印第安人和黑瓦洛印第安人的神话原来都是完全超自然的神,后来经过了"历史化"。

同样,从中国文化的立场出发,我们发现,中国古代神话实际上属于非西方神话类型之一,其中神和人的关系呈现出和西方神话神人对立关系不同的面目。春秋战国时代文献中出现的黄帝,在《山海经》和《尸子》中呈现出最高神的模样,有四张脸,住在与人世完全隔离的昆仑山。可是,他在蚩尤作乱的时候竟然无法对付风伯、雨师的大风雨,只好请女魃下凡。这分明又像个人间帝王。在《尸子》的记录中,孔子就认为黄帝四面实际上是指黄帝派了四个替身去治理四方。因此,春秋战国时代黄帝身上是同时兼有神、人两种身份的。后来,在《史记》等其他古籍中,黄帝成为远古帝王,人类属性更加突出。至今,陕西桥山还有他的陵墓。盘古神话最早记录于三国时代徐整的《三五历纪》,他起源于混沌,开天辟地。《五运历年记》说他死后变化为宇宙万物。看来,盘古似乎是宇宙大神。但是,在梁代任昉的《述异记》中,盘古死后受到人们纪念，坟墓极大。这也说明，盘古在人们心目中是同时兼有神灵和人类两种属性的。作为反面人物的蚩尤也是这样。他有时候是苗民首领，山东、山西、河北等地至今还有所谓"蚩尤坟"；有时候他却是发明兵器的战神，铜头铁额，吃沙石。相对而言，在时间较晚的记录中，这些神话人物的人类属性似乎增加了，似乎更加"历史化"了，但是，这种所谓"历史化"其实远在商代就开始了，并非是以孔子为代表的儒家所开创的。吕微曾经比较了《吕刑》《汤诰》《非攻》《楚语》《山海经》中记录的蚩尤作乱神话，结果显示："成书于商朝初年、早于《吕刑》近千年的、同样讲述'蚩尤—三后'神话的《汤诰》就已经充分'历史化'了，这提示我们，中国神话的'历史化'性质可能原本就是汉语神话的'本来面目'之一。"[3]的确如此。历史学家钱穆1939年写成的《中国古史大纲》第一章《近代对上古史之探索》对于顾颉刚的方法与结论进行了五个方面的批判。其第一方面是："（某些）古史实经后人层累地遗失而淘汰。"就是说许多上古史已经丢失，时代越早丢失越多。这是对顾颉刚作为主要证据的"越是远古的人物记录越晚"的质疑。因为文献遗失，今天见到的上古史记录不全，所以才被误以为是后人伪造。其第三方面是："神话有起于传说之后者，不能因神话而抹杀传说。"钱穆所谓的"传说"就是历史传说。在中国历史上，有些历史人物的确逐步被人们崇拜为神灵，关羽成为伏魔大帝就是最明显的例证。这些事实的存在，实际上都是中国古代文化特点的表现——不严格区分神和人类，神和人相互转化的情况非常普遍。因此，从中国文化的立场出发，从中国文献的实际出发，而不是从西方现代神话概念出发，就不需要假设所有中国上古史是由神话经过历史化转化而来，也不需要假设中国神话经历了普遍的历史化，因为，中国神话本来就和历史交融在一起，只是历史家强调其人类身份，宗教家和巫师强调其神灵身份，并且各自做了记录而已。

从文化相对主义的立场出发，倡导尊重中国古代文化的独立性，其实可以更好地全面认识人类神话的普遍性，纠正西方现代神话观的片面性；而过去的中国神话学实践却深陷西方现代神话概念之中，以之为唯一标准，这就丧失了利用本国资料修正有关人类神话的普遍理论的机会。[3]

三、中国古代为什么没有神话概念？

按照常理，当人类创造了某种现实，就会塑造相应的概念来指代这种现实。既然中国古代有神话，应该也有相应的神话概念，可是，为什么没有呢？

中国古代文化一直非常注重历史叙事。与其他国家相比，中国的历史叙述即使不是最丰富的，至少也是最丰富中的一个。官修的二十四史自不必说，民间各种野史更是汗牛充栋。不少学者因此把中国文化归结为"史官文化"。这是中国文化的一个特征。孔子阐述自己的主张，不用抽象概念，而是使用历史事实加以论证。一部《春秋》的写作，褒贬寓于文字叙述之中，其中包含了孔子很多的道德评价。于是，《春秋》不仅仅是客观的历史记录，更是儒家神圣的经典，传达着孔子的价值观。由于中国的古代历史著作普遍使用春秋笔法，其中包含着大量的价值观念，因此历史著作在中国古代文化中就不单单是一个客观事实的叙述，而是蕴涵价值观念的神圣叙事。历代朝廷都把持着修史的权力，实际上就是把持这种神圣的叙事权力，为自己政权的合法性进行证明。这和马林诺夫斯基所主张的"神话是社会生活的宪章"非常一致。中国古代社会中历史的社会功能正和其他社会中神话的社会功能相近似。中国古代的历史著作具有替代神话著作的作用。

但是，古人并非不重视神话，他们重视的是和历史交融在一起的那种神话。让我们回到文献现场去了解一下那些记录神话的作者的看法，看看他们如何看待我们今天所说的神话。《尸子》记录的孔子歪曲解释黄帝四面，实际上表明孔子是把神话当作被歪曲的历史看待的，他把神话看作历史。孔子的"歪曲"解释不能证明孔子之前没有兼具神性和人性的黄帝神话——离开了人性的黄帝神话传统，孔子的"历史化"解释如何能够说服其他人？他是一直强调"述而不作"的，不太可能完全独出心裁地做出上述解释。《淮南子》是公认记录神话比较多的著作，其《览冥训》记录女娲补天神话的时候，把这个神话的发生时代称为"往古之时"，就是遥远的古代，其《修务训》记录神农教民播种五谷、品尝百草的时代也是称"古者"。前者是典型的超自然内容，后者是一般的农业起源神话，近似于传说，但是作者对其时代都是泛泛地称为古代，这说明《淮南子》作者并没有严格区分神话和历史。许慎《说文解字》云："娲，古之神圣女，化万物者也。"也是把这个女神看作古代的真实存在。既然古人把神话当作历史的一部分，那么就没有必要单独创造一个"神话"概念来指代这种叙事内容。

在如此重视历史叙事的环境下，完全超自然的和历史无关的神话很难获得希腊神话在希腊社会中享有的那种地位。司马迁是历史学家中反对把超自然内容写进历史的。他认为那些内容"不雅驯"，所以《史记》作为通史，却只从《五帝本纪》开始，其中有关黄帝的超自然内容（见《山海经》）也一概不予记录，对更早的三皇时代则完全付之阙如。这种做法固然符合一般的历史要求，但是，在上古史中完全回避神话，事实上是做不到的，所以，后人就为《史记》补做了《三皇本纪》。司马迁既然把神话视为不雅驯之言，是不好的"历史"，当然也没有必要为神话单独创造一个词汇。

看来，中国古人是把神话当作远古历史看待的，只是有人认为它是好的历史，另外的人则认为它是不好的历史而已。

综上所述，中国现代神话学曾经不加反思地全盘接受了一个"分析的"、相当狭隘的西方现代神话概念，并根据这种概念研究中国神话材料，结果出现了一些似是而非的结论。走出狭隘的现代西方神话概念，站在中国古代文化的立场上，则会发现中国古代并非只有神话而没有神话概念，只不过中国古代人把"神话"称为远古历史而已。他们直接把神话当作历史，用"历史"的概念包括了"神话"的概念。

参 考 文 献

[1] 奥托·泽曼.希腊罗马神话［M］.周惠，译.上海：上海人民出版社，2005.

[2] 马昌仪.中国神话学文论选萃［M］.北京：中国广播电视出版社，1994.

[3] 吕微.现代神话学与经经、古文说：《尚书·吕刑》阐释的案例研究（摘录）［M］//陈泳超.中国民间文化的学术史观照.哈尔滨：黑龙江人民出版社，2004.

原载《长江大学学报》（社会科学版）2006 年第 6 期

神话史研究

中国神话史研究的若干问题

田兆元

一

中国的神话学研究，没有很好地重视神话史研究。有那么多的人从事神话学研究，但是，只有很少人做真正的神话史的研究。一个学科如果没有历史的支撑，结果会怎样呢？假定中国文学没有文学史，那么文学的理论就会是一句空话。目前，我国神话学的研究论文和论著已经可以用汗牛充栋来形容，但是，关于神话史的理论和神话史本身的论述却不是很多。冠以"中国神话史"之名的目前只有袁珂先生的那本《中国神话史》，这与丰富的中国神话的实际是多么不相称！在我们讨论中国神话史的相关范畴和神话史的撰写问题之前，我们还是先看一看我国学者对神话史的撰写情况和对神话史理论的探讨情况。

20世纪前期，中国神话学研究取得了很大的成绩，但是，神话史的撰写并不是很多，众多研究只是在对神话的一般描述中谈到了相关的神话史的问题。其中，茅盾先生的神话研究虽然没有冠以神话史之名，但是，却谈论了许多关于神话发展的问题。

由于茅盾的神话学理论主要来自泰勒、安德鲁·兰一系的进化论人类学学派的学说，因此，他对神话的研究很自然就是历史的视角了。进化论本身就是一种历史主义的学说，重视起源和发展过程，当然这个过程是进化过程。他们会谈到文化起源的"万物有灵论"，然后还会提出文化发展的阶段。泰勒的《原始文化》一书是原始文化的经典著作，也是进化论史学理论的重要著作。他强调，每个阶段都是前一个阶段的产物，并对将来的历史起到很大的推动作用。在泰勒看来，神话本身也是不断发展的，如它曾经转化为历史，在现代文明到来时，神话丧失了文化主流的地位，变成了"遗形"。这是一套比较简洁的学说，清楚地表明了一种文化的历史进程：这就是文化是由低级向高级进化的，神话也要遵循这样的历程。这种观念基本上被茅盾继承了，他还根据中国神话的实际情况作了发挥。除了信奉神话之"遗形"说外，茅盾论述的"几个根本问题"实际上就是研究神话史的前提。其一，神话历史化。这本来不是他的发明，因为泰勒在《原始文化》里用较大的篇幅讨论过这些问题，但是，茅盾在讨论中国神话的历史化过程时，有较为丰富的案例，因此令人信服。其二，演化修改。将质朴的神话文雅化，典型的例子是茅盾对西王母故事的演化分析，体现出明显的历史感。他指出：神话一代一代地传下去，就一代一代地加以修改。茅盾接受的神话学的理论资源是进化论的，其神话学的主要对象是原始社会的神话，流传下来的则是"遗形"，所以，茅盾所研究的神话的范围，整体上便不出秦汉。他在《中国神话研究 ABC》中，注意到各民族的神话以及灾异迷信的内容，但是，他很明确地说，研究时要注意这些变质的神话混入神话里去，把原始的神话弄得不独立。这样的神话观也就决定了神话历史的长度，所以茅盾所论述的神话历史很短，基本局限在原始社会的"遗形"方面，秦汉以下就不在其探讨研究的范围了。[1]

20 世纪前期，还有一位重要的神话学研究者，那就是历史学家顾颉刚。他的神话学研究是把一部分历史还原为神话，而层累地造成古史的观念，本身也是通过过程的分析得出的，这也便是历史的，所以，古史辨在很大程度上成为神话历史的分析。但是，顾颉刚先生的根本目的不是为了神话学研究，而是为了历史学研究，因此，他无意写一部神话史。他对神话学的杰出贡献是他在对历史文化的洞察中做出的。

顾颉刚先生也认为神话被历史化了，但顾颉刚先生对神话史研究的主要贡献是神话专题史研究，其中，他对鲧禹神话的演变研究和孟姜女传说的发展研究具有代表性。

鲧禹神话的分析是古史辨派的一个重要论题。在分析了鲧禹由天神转为伟人之后，他又分析其治水神话的发生。那么这种演变的动力是什么呢？顾先生指出："我们追原鲧禹治水传说的所以改变，实由于战国的时势。在战国的时候，交通四辟，水利大兴，人们为防止水患，就盛行了筑堤的办法；为利便交通，振兴农业，又盛行了疏水灌溉的办法。但是筑堤的害处多而利益少，疏水灌溉则是有利而无弊的事，所以防洪水的典故便渐归了上帝所殛的万恶的鲧，而疏洪水的典故就归了天所兴的万能的禹了。"[2](P164) 现实生活是神话发生和演变的动力，这是顾颉刚先生研究神话专题史的一个基本视点。

孟姜女是顾颉刚先生专题神话史研究的经典代表。自春秋战国至于明清，从杞梁妻到孟姜女，传说从历史演为神话的线索分外明晰。孟姜女的故事虽然所剩只是残篇断简，但在历史学家手里，其演进的轨迹被清晰地勾画出来。虽然顾先生对孟姜女传说的清理十分勤劳，但故事演进历史中还是有很多问题难以回答，如孟姜女怎样和杞梁妻合流，为什么会合流，顾先生自己也感到茫然。但在讨论唐代的哭倒长城的故事时，顾先生认为是唐代繁重的徭役造成了民众的怨声载道，战争造成了男子的死亡，闺中的悲愤借助杞梁妻哭倒长城的故事倾泻出来，这就是唐代杞梁妻故事流行的成因。[3]虽然顾先生的主要精力在搜集各朝各代的杞梁妻和孟姜女的故事文本，但是，他的像对唐代的这样不多的分析试图表明：神话故事的演变是和社会生活密切相关的。

历史研究不是资料长编，而是规律发现。顾颉刚先生的神话专题史研究始终贯穿着这样一个思想：现实生活是神话传说演变的内在动力。顾颉刚先生的学问虽则脱胎于清代疑古派，但是讨论神话问题却视野开阔，在他的头脑中，非历史的故事就是神话和传说。这些故事不是真实的历史，它是特定社会背景下产生出来的，反映了社会的现实和民众的情绪。

20世纪的后半期，也分两个时期，50年代至80年代，是袁珂先生独撑中国神话研究局面。袁珂先生对中国神话学的贡献是多方面的，其中对中国神话史研究的贡献也是很大的。

袁珂先生在神话史上面的最大贡献是提出了对中国神话发展具有重大影响的广义神话论，并撰写了迄今为止唯一一部以《中国神话史》命名的中国神话史著作。袁珂先生是我们讨论中国神话历史撰写必须关注的对象。

关于广义神话学，袁珂先生指出："在混沌状态综合体中和宗教结合紧密具原始性的神话，一般可称之为狭义神话；从混沌状态综合体中脱离出来，走向神话本身固有的文学因素的文学道路以后，我们就可称之为广义神话了。"[4](P32)这样，神话史的描述就会把时间段拉长，突破了局限于原始时代及其"遗形"的狭小范围了。这个广义的神话究竟有多广呢？袁珂先生说，从原始神话以后，顺着两个方向演进：一是文学化，成为神话小说和有神话意味的说唱文学；二是与宗教和民俗结合，成为仙话中的神话和民间神话故事。这种见解，在当时是具有革命意义的。这对神话史的编撰也有重大影响，因为这样可以把神话史一直写到近现代。1988年，袁珂先生写出了第一部《中国神话史》，在上海文艺出版社出版。这是中国神话研究领域里的一件大事。在该书中，仙话得到了很好的阐述，神话的历史得到伸展。迄今为止，这是一部篇幅最大的中国神话史。但是该书认为，神话要体现革命性，因此，在神话的选取方面还是有很大的局限。同时，神话不完全属于文学领域，哲学、宗教、民俗都和神话息息相关，单纯的文学性的神话，还只是神话世界的一角，因此，在神话史领域取得重大拓展的袁珂先生的《中国神话史》，还是存在着局限性。

20世纪80年代以后，中国神话学研究出现了多元的新局面，比较研究、传播研究、结构研究、类型研究、原型研究、心理研究等等新的外来的元素加入了，但是，就像人类学发生变化一样，神话学的研究也由历时性研究主要转为共时性研究，整体上看，对神话史的研究影响有限，但是，这些探讨对于神话史的研究也会带来有益的影响。如，强调传播影响的神话研究，强调原型影响的神话研究，都能够为神话历史的撰写找到其演进的路径，应该受到神话历史研究者的重视。

由于是史学出身，所以本人开始神话学研究是从史学家系列的神话史论述入手的。除了古史辨系列，我还关注了马克思主义史学家系列的神话研究。20世纪的中国史学界，集聚了一大批有才华的史学家。有趣的是，他们虽然号称马克思主义史学家，但在对原始社会的研究方面，其理论资源基本上是来自被恩格斯发展了的进化论人类学的观念，其发展线索为摩尔根的《古代社会》，再到恩格斯的《家庭、私有制和国家的起源》。摩尔根所描画的氏族社会的发展图景，在恩格斯的书中增加了许多希腊神话和悲剧的材料，尤其是在表现母系氏族社会向父系氏族社会转变的时候，神话的材料起到了重要的作用。而在论述部落会议时，荷马史诗的材料也有重要的支撑作用。这样，中国的史学家在论述中国的原始社会时，便学会了用神话材料去论述原始社会的阶段。如说燧人氏是火的发明时期，有巢氏是定居时期，神农氏是农耕时期，神话传说的材料体现了社会发展的阶段。从郭沫若、吕振羽到吴泽，其研究古代社会的思路是一脉相承的。本人师从吴泽先生学习古代史，深受他的一篇论文的影响，即发表在《华东师范大学学报》上的《两周时代的社神崇拜和社祀制度研究》[5]。这篇论文，视野开阔，神的考释和土地制度的密切关联得到了生动的透视，并且典礼仪式在文章中得到了重视，这在当时是很新鲜的。吴先生指出：社祀制度和土地制度是密切相关的。先生接着发表了关于司命、城隍和土地神的系列论文，这些论文的主旨为：宗教神话的世界是现实的倒影，反映了现实生活。这些观点，和涂尔干的学说很接近，但是，他的论点显然是在神话发展的历史本身中得出的。先生以宗教神话反映社会现实的视角勾画了从两周到南北朝时期神话与祭祀的发展历史，这些都是历史学家介入神话研究的重要成果。

本人的博士论文为《中国上古神话史论》，是断代神话史，也对神话史的理论做了探讨。本人发表了一篇《论主流神话与神话史的要素》（《文艺理论研究》1995年第5期），是很少的专题讨论神话史理论的论文。本人的博士论文后来经过三年的修改扩充，出版了《神话与中国社会》一书，其中有专章探讨神话史的一些理论问题。书中重点谈到中国神话史上的主流神话，神话史上的神话冲突与融会，神话史运动的动力等问题。在谈到神话冲突的内涵时，书中认为，民族冲突和阶级冲突是其基本形式。因此，该书的视角便是把神话置于中国历史上的民族冲突与融合，国家与社会的矛盾冲突的社会变革运动中去观照神话的发生与变化。显然，该书的神话研究不再只是神话是社会生活的反映这样一种简单模式，而是将神话看作社会生活的一部分，认为神话参与了社会建构，神话是社会生活本身。它既是一个记录系统，也是一个功能系统。该书实际上是一部没有冠以神话史之名的中国神话通史。[6]

近一个世纪的神话研究中，关于神话史的研究成就，通史方面，一两部而已，有少量的不完整的断代神话史，有若干专题神话历史的研究。这样看，我们的神话历史的研究是远远不够的，是任重道远的。如果没有更深一步的中国神话历史的研究，神话学的研究不可能有所进展。没有历史的学科是苍白无力的学科，也是无根的学科，在众多的学科群里就会没有地位，也不能为其他学科带来任何值得参考的资源。神话历史的研究已经成为制约中国神话学发展的重要因素之一。

二

我们应该关注神话史上的哪些问题呢？这是我们研究神话史首先要面对的。但是，我们一旦开始神话史的考虑，马上就会感到，不仅仅是神话史的理论不够完备，即便是一般神话学的理论也是不够健全的。比如，第一个问题，什么是神话？我们有没有大致的统一的看法呢？当年是有的，主要来自马克思，时代局限于原始社会，内容主要是关于人与自然的关系，特色是想象。但这样的定义是很狭隘的，今天我们撰写神话史，继续沿用这个概念显然不够妥当了。我们究竟应把哪些东西纳入神话史的内容之中呢？许多人就是埋头拉车，不管那么多，反正大致认为这些是神话，就纳入自己的论述之中。比如，上海人民出版社出版了一本美国学者戴维·利明和埃德温·贝尔德的《神话学》，他们干脆不管神话到底是什么，反正我说是什么就是什么。他们既分析埃及神话，也分析代表美国精神的华盛顿和林肯的神话。如果一门学科的对象到了没有边际的时候，这门学科的存在意义就很值得怀疑了。当然，神话学的视野需要拓展确实毫无疑义。我们撰写神话史，将其范围拓展到什么程度呢？是不是像罗兰·巴特那样把一个非洲人凝视着法国国旗也看作神话呢？显然，假如像卡西尔所说的那样的国家的神话我们也不得不关注的话，罗兰·巴特的意见我们就不得不参考了。于是，我觉得对待神话可能应该像对待文化一样，我们给它区分出狭义的神话概念和广义的神话概念是必要的，这也是袁珂先生所主张的。我们不能画地为牢，也不能漫无边际，我们应该给神话一个大的框架。我在《神话与中国社会》里有这样的看法，认为"神话是树立权威或者是毁灭权威的一种充满矛盾的神秘舆论，它依赖一个群体的传扬而存在"。这里主要是强调其社会功能，同时也指出了它的主体及某些特性。之所以用了"舆论"这样一个较为宽泛的词，而不是使用故事，是因为有些神话只是一种理想，一种状态，一种强力规则，用故事可能会限定神话的空间。我强调了神话的矛盾属性，强调了神话的神秘属性，二者都为其功能的发挥起到了重要作用，由其神秘一端生出信仰情绪，发生禁忌，产生一种外在的力量。所以，神话不同程度地表现出一种对个体的强制的精神力量。神话总是有种神力，即便是有些传说比较有现实依据，但是，那些人物，那些事件，都有常人不及的地方。将现实的东西夸张到难以达到，这就进入神话的世界了。

我们在神话史的研究中，区分原生态神话和次生延续的神话很重要，这是我们治史需要首先关注的。原生态的神话不一定是原始社会的神话，反过来说，原始社会的神话也不一定是原生态的神话。如，龙的神话发生十分古远，可能在原始社会就有各种次生型了，而关于地狱的神话却发生在秦汉以后，实际上在南北朝才发育成熟，中国地狱神话的原生形式诞生却这样晚。原生态的神话是一个长期发生的过程，次生型的神话是和某种原生态的神话相关联的，从二者的结合可以看出神话的发生与发展。如，关于五帝的神话在上古时期是原生态的，在秦汉就变成了次生型的了。但是，我们不能以原生还是次生来确定神话的价值。五帝的传说虽然发生在上古，但是，他们对中国文化的广泛影响是通过汉代的强化而发展起来的，所以，汉代的五帝神话比起先秦来就更为重要。有些原生态的东西出来不久就消失了，没有次生延续，如《山海经》里的一些神灵就是这样的。神话的价值在于能否次生延续，而不在于它是否原生。同时，神话的价值也不在于其时代是否久远，而在于它对民众生活的影响。如成熟于南北朝时期的地狱神话对普通民众心灵的影响是许多古老神话远远不及的。原生的和次生的交错发生，甚至二者交融。如关于龙的神话，有上古传下来的次生延续的故事，当佛教的一些神话故事流行时，本来是外来的在中国属于原生的东西，像护法神的龙，结果与中国的传统的龙发生融会，在今天，不是专门研究者，很难将它们区分开来。我们强调上古神话对中国文化发展的意义，但是，决不能忽视后发的神话，它们是原生的新的神话。

现在的问题是，如果像罗兰·巴特提出的那样的神话进入我们的神话史的写作中，我们就会无所适从。我们的神话史的编撰可以先以晚清近代为下限，现代的神话暂时搁置。当我们把古代的神话历史发展认识清楚以后，再来关注后代的神话的演进。

三

中国神话的发展分期，也是我们的神话史研究必须关注的。

中国神话可以分为如下的时期：

1. 中国神话的早期发生和基本成型（远古—西周）。早在新石器时期，各地各族群的图腾崇拜和自然崇拜就遍地发生了。神话与原始宗教交织在一起，催生了原始艺术。我们在岩画、彩陶以及玉器与青铜纹饰上能够看到这些影子。许多后期广泛传说的神话，如日月神话，月兔日乌，在新石器时期的绘画中清晰地表现出来。六七千年的神话和后来一直传诵至今的神话有一脉相承之处。关于龙凤，关于天地祖先，关于昊天上帝，许多根本的神话范畴在这一时期都诞生出来。西周时期建立起来的天神、地祇和人鬼的神灵体系，是中国古神话的第一次系统整理，也是一次大的文化统一。这个原生的神系一直延续发展，直到晚清，那时的有些神话则遗落得不见踪影。

2. 中国神话的扩展与再聚合（东周—秦汉）。东周时期，周天子失势，区域文化大发展，形成了齐鲁三晋系列、楚系列和秦系列三大主要的神话体系。它们起初各自发展，在秦汉统一时此消彼长，最终，齐鲁三晋之五帝传说成为国家历史的法典，秦楚的神话沦为民间信仰，楚与齐鲁的仙道成为统治者个人信仰的最爱。这一时期是整个民族祖先选择和确认的时代，也是国家最高宗教确认的时代，五帝成为祖先，龙图腾既为民间所崇拜，也被当权者所占有，西周的天神地祇人鬼体系再次强化。这是一次新的聚合，也有新的神话的生长，那就是仙道与佛教神话开始露面。

3. 中国神话的新发展与新体系的确立（三国—隋唐）。这一时期，除了三位一体的神系和五帝神系成为各民族加入文化大家庭的标志以外，佛教和道教的神话的成长是这一时期的显著特点。原三位一体的神系与五帝神话成为儒家神系的骨干，佛、道神系作为两翼成为新的民族认同的对象；同时，正统与异端的冲突，也是神话世界里引人注目的话题。

4. 新神话体系的形成与新要素的诞生（宋元—明清）。这一时期，一个朝野皆认同的新神产生出来了，这就是玉皇大帝。这是中国后期神话一统的核心神灵，整个神话被重新整合了。在一统的同时，民间神话和神信仰空前繁荣，国家与社会间既有冲突，更有互动。儒道佛三系被民间任意拆编，为我所用，三教的神话融合的程度加深，新神话和新的族群一起成长。各民族的神话在不同的空间传播，新兴阶级如工商业者创造了丰富多彩的行业神话，民间的大型传说在这一时期蓬勃发展起来。这一时期的中国神话是最富有创造力的神话，也是全面形成中国民族特色的神话。

中国神话的发展分期是和中华民族的形成发展密切联系在一起的。谢林说过，一个民族，只有它在认同其共同的神话时才开始成熟。民族的发展也是和神话的发展联系着的。我们看到，秦汉的统一形成了民族的主体，而神话恰好是那时确立了五帝神话和天地人三位一体神话的骨干体系。宋明时期，民族的新价值观形成，而新的神话体系也就在这一时期被创造出来。所以，神话史的研究与民族文化史的研究必须统一起来。

除了汉语神话，中华民族的神话还有更为丰富的存在。对于这份丰富的遗产，我认为应该另立一门"中华民族神话交流史"来研究。在我们弄清楚其基本结构后，再将其结合到中国神话史的体系中来。

中国神话史的研究是一项长期的艰巨的任务，需要一批人付出辛勤的努力才能有所成就。我们期待各位神话大家和广大的学习者研究者来共同完成这一使命。

参 考 文 献

[1] 茅盾.中国神话研究ABC［M］//马昌仪.中国神话学百年文论选：全2册.西安：陕西师范大学出版总社有限公司，2013.

[2] 顾颉刚，童书业.鲧禹的传说［M］//吕思勉，童书业.古史辨：第七册下编.上海：上海古籍出版社，1982.

[3] 顾颉刚.孟姜女故事的转变［M］//顾颉刚.孟姜女故事研究集.上海：上海古籍出版社，1984.

[4] 袁珂.中国神话通论［M］.成都：巴蜀书社，1993.

[5] 吴泽.两周时代的社神崇拜和社祀制度研究：读王国维《殷卜辞中所见先公先王考》［J］.华东师范大学学报（哲学社会科学版），1986（4）.

[6] 田兆元.神话与中国社会［M］.上海：上海人民出版社，1998.

原载《长江大学学报》（社会科学版）2006年第2期

中国神话古史与"国家"传统

王亚南

在中华国邦之内，古往今来，"国"也就是"家"，称之为"国家"；"民"也就是"族"，称之为"民族"。国与家、民与族混为一谈，构成了一统家国或家天下的深层社会结构，这就是我国历史上从未间断过的隐形体制和固有传统。结果，在整个古代以至近代中国，亲族社会组织与行政社会组织归一，亲族社会层序与行政社会层序归合，亲族社会权力与行政社会权力归同，亲族社会角色与行政社会角色归并，从而构成了堪称政亲合一的天下国家社会体制。

在中华民族久远传承的神话古史和历史传说里，黄帝轩辕氏、帝颛顼高阳氏、帝喾高辛氏、帝尧陶唐氏、帝舜有虞氏血脉亲缘相承，一起被后人尊奉为所谓的五帝。实际说来，中华古史五帝传说里所称"天下为公"的官天下，却正是以血缘亲族关系为基础的远古部族社会，五帝之间所存在的亲缘世系明白昭彰，似乎已经足以表明，那种所谓的"官天下"从一开始便已是家传。帝颛顼为黄帝之孙，帝喾为黄帝曾孙，帝尧为黄帝玄孙，帝舜为黄帝九世孙，司马迁史笔凿凿，早已经为后世记录下了五帝之间的家传世系谱。以后，中华社会历史延续到夏禹、商汤、周文武所谓三王时代。按照《史记·夏本纪》的记载，帝位传子制肇始于夏禹传子，禹之子"启遂即天子之位"。《礼记·礼运》称此为"天下为家"。从此也就是我国古代历史上一以贯之的家天下，中华家国天下初步奠定了基础。特别需要指出，上古夏、商、周三代之所以能够天下为家而家以传子，实则不过是黄帝早已将官天下开始家传的继续。古帝世系十分清楚地表明，夏、商、周三代帝君同样是黄帝世胄，其世系及帝位的传承自然也是亲子一脉相承。

本来，国邦是一种行政社会组织，国民之间保持社会契约关系；而家庭则是一种亲属首属群体，族人之间存在血缘亲属关系。在我国古代历史上，把国之行政组织与家之首属群体联系在一起，将民之契约团体与族之亲缘群落等同为一体，建立起大一统的家国宗法社会体制，诸多史籍都说是肇始于夏禹、商汤、周文武三王时代。上古此三代的嫡子世袭制和庶子分封制，其关键正在于天下国家的所谓宗法社会结构形式，尤其是西周初期的大封建，更进一步推进并强化了这种天下国家的社会组织结构基础,最终完善了一整套基于宗法的家天下社会体制。天下国家向下即层层分封,"天下谓天子之所主,国谓诸侯之国,家谓卿大夫家"(《孟子注疏》注);"家国天下"向上则层层尊奉为宗主,从家室到家邑,再到家国,最后归于家天下之上天元子一人。到头来,国邦与家庭、国民与族人、行政社会与亲族社会、行政权力与亲族权力归并合一。汉语"国家"概念之所以成为中华上古天下的同位语,便与这种天下国家的分封及家国天下的归附不无关系。

汉语中的"国家"一词作为一个独立而完整的概念,最初可见于《尚书·周书·立政》:"其惟吉士,用劢相我国家。"即用来指称西周天下。西周社会宗法制度的本质便在于,以亲缘嫡庶关系表征行政辖属联系,以宗系亲族家法体现国家行政公法,以血缘亲属群体作为国家行政组织的基本构成形式。对此,《孟子·离娄上》早已经明确说过:"人有恒言,皆曰'天下国家'。天下之本在国,国之本在家,家之本在身。"汉语"国家"概念本身就是一个极其富有隐喻意味的表达式,即国也就是家。把家当成了国之象征原型,最鲜明不过地表露出早期中华民族国家融行政社会组织和亲族首属群体为一体的基本特点。这样的一种家国社会体制,即使还不能说是一种严格意义上的单一化的亲属制社会结构网络,但至少也在此方面做了一种具有非常明显的象征意义的借用。概而言之,纵然这个国之组织不完全等于家之结构,但却已经被直截了当地类比为家。

对于古代中华社会融合亲族首属群体与行政社会组织为一体的这一特殊性,先人们早有所悟,《礼记·礼运》便有明言:"故圣人耐以天下为一家,以中国为一人者,非意之也。必知其情,辟于其义,明于其利,达于其患,然后能为之。"我国宗法社会体制的初步形成,固然是在最后完善宗法制度的西周初期封建之际,可是,极为推崇周礼的儒家就此淋漓尽致地加以发挥,创立起一整套宗法家国理论体系。正是在此基础之上,儒家杰出的"家国学说"思想智慧才得以表现出来,儒学逐步成为古代中国系统化了的国家政治伦理的正统意识形态。随后,历朝历代的帝王君主们全都慧眼识珠,强化推行,终于使这种家国天下的社会文化传统得以长期延续,并一再发扬光大,齐家治国平天下也就成了中国传统社会始终一贯的治世良策。

毫无疑问,家是一种亲族社会组织,国则是一种行政社会组织。在本质上,血缘—亲族之家与政治—行政之国有着各自不同的结构和功能。在现代行政法制社会里,社会的最基本构成单位只能是作为公民的个人,个人之间是独立而平等的，法律承认个人的自然权利，即所谓"天赋人权"；而在传统亲族宗法礼俗社会里，社会的最基本构成单位却只会是家庭，个人没有独立的社会人格。换用法律术语来说，行政社会的法律制度承认公民自然人的社会身份，每一个自然人都拥有独立的法律责权；而亲族社会的宗法礼俗却仅仅承认家庭法人的社会地位，家长便成了一个家庭在社会上的当然法人代表，可谓"天赋亲权"。中华传统国家体制恰好在家与国之间做了这样的置换。世界众多民族国家历史上实现社会结构行政化之后，在国家社会生活中，便以行政社会组织完全替代了亲族社会组织，以行政社会权力完全取代了亲族社会权力。中华民族国家偏偏走上了另外的一条历史发展之路，恰恰实现了行政社会组织与亲族社会群体的良好对接，完成了行政社会权力与亲族社会权力的完满整合，建立起一种家国天下一体化的政亲合一宗法社会体制，并且保持长盛不衰，在世界各民族国家历史上几乎可谓独树一帜。

有史以来，中国社会一向异常注重人们之间的亲族关系，在汉语固有的传统当中，由亲属制度联系起来的人群即表述为"族"。《白虎通义·宗族》曰："族者何也？族者，凑也，聚也，谓恩爱相流凑也。……生相亲爱，死相哀痛，有会聚之道，故谓之族。""族"这一概念的本义为集矢成束，引申义则为亲属，尤其指同姓亲属，即《礼记·大传》所称："同姓从宗，合族属。"实际上，亲属姓氏宗系即为我国上古时期社会结构体制的基本参照系，国家的行政社会组织结构也以此为本位。姓氏学应该成为一门很有意义的学问，在一个民族的姓氏系统之中，往往包含丰富的历史文化蕴涵，从中不难看到这一民族的社会历史文化的某些重要方面。姓氏最显著的功能就是作为世系的象征性标志，在长期保持亲族宗法社会结构体制的古老中国，特别是在格外注重宗族世系传统的汉民族中间，姓氏的这一功能显得尤为突出。

据史家声称，最为古老的诸姓都是由人文初始的黄帝而来。《史记·五帝本纪》中早有记载："自黄帝至舜、禹，皆同姓而异其国号，以章明德。"又称："黄帝二十五子，其得姓者十四人。"这也就是《春秋左传·隐公八年》所言："天子建德，因生以赐姓，胙之土以命之氏。诸侯以字为谥，因以为族。官有世功，则有官族。邑亦如之。"《国语·周语》则更进一步具体解释了姓、氏与世系之间的关系："姓者，生也，以此为祖，令之相生，虽不及百世，而此姓不改。族者，属也，享其子孙共相连属，其旁支别属，则各自为氏。"战国以来，"别其子孙"的"氏"的分支越来越多，而"统其祖考"的"姓"也就越来越失去原有的意义，于是人们开始以氏为姓，姓与氏渐渐地合而为一。秦汉以降，更是姓氏不分，或言姓，或言氏，或兼言姓氏。最后，正如顾炎武《日知录·氏族》所说的情况："姓氏之称，自太史公始混而为一。"汉代以来便通称为姓，或者笼而统之概谓之姓氏，而不再加以区分。

在我国，大多数民族久已通用的汉姓素来有"百家姓"之称，实际上已经远远不止于百姓。曾有人做过统计，先后见于古籍文献的姓氏共达五六千之数，但是，在这数千个姓氏里，常见者却仅仅只有二三百个。就在这几百个常见姓氏中，古代"胙土命氏"而来的便占了绝大多数。夏、商、周三代多次分封诸侯国，封国之名大多成了封国诸侯子孙的氏，亦即是后来的姓。历史上有名的战国七雄——齐、楚、燕、韩、赵、魏、秦，其国名多为古今常见姓氏。上古三代前后以封国地名为氏的姓氏将近 200 个，其中大部分均属于后人常见姓氏之列。采邑封地之名也是如此。以邑名为氏的姓氏大都出现于先秦时期，同样差不多有 200 个，其中相当一部分也为世人中所常见。至少在当时的情况下，"胙土"与"命氏"、封国授邑之地域与姓氏宗族之世系是紧密结合在一起的，这在世界诸多民族国家的历史上颇为独特。

在古希腊，公元前509年至前508年实行了克利斯提尼改革，使雅典城邦国家制度最后确定下来，其中最重要的一项措施就是公民不再划分亲缘氏族，而完全以地籍代替了族籍。据英国历史学家乔治·格罗特《希腊史》一书的记述，人们从此便不再使用源于氏族祖先的族姓，而是在人名中仅缀以父名和乡区籍贯。这与中华上古的"胙土命氏"相比，在形式上似乎也有相近之处，但其实质却正好相反。在英国，直到三四百年前，人们才普遍有了固定的姓氏，而欧洲贵族们古老的家庭名称通常也仅仅是家宅的名号，其后起的家系姓氏与采邑封地更无多少联系。在日本，一百多年前普通平民们还没有姓氏，明治维新后强令推广姓氏，短时间内便涌现出将近 20 万种姓氏，其间80%取自地名，但是却不同于古代中华的封土地域名称，毋宁说多为居所地理名称，例如西村、小野、渡边之类，还有一些则为乡村地名，譬如田中、三木等。中华大地上的大量乡村地名与之刚好相反，地名不是人们的姓氏之所本，而是反转过来本于定居于此的人们的亲族宗系的姓氏。中国广大农村地区难以计数的某家村、某庄之类的地名，恰好显示出中华民族国家历史上各族姓宗系世代聚居一地，从而组成地域性亲族社会的情形。

在中华大地上，封国授邑制度如此久远，即便以西周初期为其完备之时来计算，也比欧洲几大古代民族国家早了整整一千五百年以上。采邑世袭制度在法国，于公元 5 世纪到 6 世纪初才建立起来；在德国和意大利，则是公元 6 世纪

中国神话古史与"国家"传统 | 49

实行；在英国，更晚至公元 7 世纪出现。不过，这中间还有一个非常重要的分野，也许更应当引起注意。欧洲民族中古历史上的采邑制与其行政社会的君主制并行，而中华国家上古历史上的分封制却与其亲族社会的宗法制同体。这也就是马克思所言"封建制度"的经典意义与中国传统"封建"概念的古老本义不一致的原因所在。可以说，中华社会自开始建立民族国家政体之初，就把行政社会组织的地域关系同亲族社会组织的宗系关系有机地融合为一体。结果，带有姓氏这一宗系象征符号标记的无数地名遍布我国各地城乡之间，正好体现了中国社会早期宗族世系与行政区划、亲缘与地缘整合为一体的历史状况。其独到的特色就在于，亲族社会结构组织的地域化与行政社会结构组织的亲族化由此成了这同一个过程的两个相辅相成的侧面，行政社会与亲族社会归并而构成"政亲合一"的宗法社会。这与基督教社会和伊斯兰教社会的"政教合一"特征相对照差异迥然。

当然也应该注意到，诸如此类的原始亲族社会组织地域化、原始亲族社会结构行政化的历史过程，在全世界各个现代民族国家的历史上都曾经发生，可以依靠地名学，找出诸多确切无疑的同类史实。印欧语系日耳曼语族系统之内的诸民族国家，有许多地名即为历史上部落定居转入地域性行政社会的结果。比如说，英国第二大城市伯明翰（Birmingham）、诺丁汉郡首府诺丁汉（Nottingham）、伯克郡首府雷丁（Reading）等城市，这些地名均为中古部族名再加上后缀而构成，完全可以意译为某某族人的居住地。再如，德国西部城市埃斯林根（Esslingen）、东部城市迈宁根（Meiningen）、荷兰城市格罗宁根（Groningen），其命名也是这样来的。最有趣的或许莫过于现芬兰首都赫尔辛基（Helsinki）的地名来历。芬兰语属于乌拉尔语系，与印欧语系的日耳曼语族并无语源联系，可是，该城市最初实为瑞典国王葛斯塔夫·瓦萨于 1550 年兴建，其瑞典语名即赫尔辛福（Helsingfor），意为瀑布（fors）附近的赫尔辛吉（Helsingi）部落。随着历史发展和国家版图变迁，赫尔辛基后来归属于芬兰，地名也就改为芬兰语拼写形式，不过依旧遗留下了日耳曼语族北方语支瑞典语命名的历史痕迹。

美国著名的民族学家摩尔根在《古代社会》一书里，也曾提到雅典、罗马古代氏族、部落联合聚居，从而形成乡区、城邦，再组成国家的情况。不过，这些都只是欧洲古代社会的情形，到了后来，欧洲各民族国家早期的亲族社会经历了一次彻底的转型，而代之以完全乡区化、行政化的公民社会。恰如摩尔根论及古代希腊血缘氏族社会向国家行政社会转化时所指出的，在这种情况下，人们必须把个人对于亲族的人身关系转变为对于乡区的地域关系，同时亲族长老的地位也要由乡区行政长官来代替。在很早便已充分行政化了的欧洲民族国家，事情大抵是如此，而在政亲合一的中国传统宗法社会却不尽然，甚至不妨说情况正好相反。在中国古代，虽然早已建立了民族国家的行政社会体制，国家社会肌体却未能挣脱远古亲族社会的胞衣，反而形成了一个家国一体的亲族宗法社会，亲族权与行政权合体而成为宗法权。

周代的田制即为著名的井田制。由出土的甲骨文可知，早在殷商时期，便已经将耕地划分为四方周正的形式，其间有阡陌沟渠纵横，形成"井"字状，所以叫作井田。在井田制度下，土地在名义上为天子所有，各封地、封邑只享有其用益权，实则却已为诸侯、贵族所占有，公田部分则为农村公社集体所领有。井田制及其有关的一系列乡野社会组织形式是中国农村数千年村社制度的源头。上古时期的基层社会曾以乡为社，合称乡社。这一类乡社在史籍中又称里社、邻社、村社等等，在近代以来的著述里则多称土地公社、农村公社等等。历史上有名的所谓亚细亚生产方式，其典型的"农村公社"的所有制经济及其生产方式，最早便出现在这里，中国农村数千年根深蒂固的亲族宗法村社制度最初也在这里植根。

村社原为上古时期村落社会的一种原始公社经济、社会组织，由世代定居、繁衍于乡野一定地域内的一群同宗亲族构成，间或也有很少一部分非同宗家庭混杂其中。人们以亲缘为纽带，以地缘为范围，组成社会、经济生活共同体，并同相应亲族构成联姻集团。村社主要实行土地公有，其余劳动资料则为各家私有。由于村社土地分配给各家耕耘，一般便由各家世袭其用益权。以后，随着私有制逐步取代公有制，这种原始公社的经济形式解体，但其亲族村落社会的基本结构却保留了下来，并长时期继续存在于广大农村地区，成为我国乡里社会的基本组织形式，实则也就是中国数千年宗法社会体制传统的深厚社会基础。在数千年近乎不变的亲族村社制度下，人们之间形成乡亲关系，大量同宗亲族长久定居农耕而造成人们对于亲缘和地缘的依附，再明显不过地表明了这种村社制度基层社会组织的历史作用。这也即为《孟子·滕文公上》所言乡野村社中的人们"死徙无出乡，乡田同井，出入相友，守望相助，疾病相扶持，则百姓亲睦"云云所表达出来的深刻含义，而《国语·齐语》所言乡野村社中人们"少而习焉，其心安焉，不见异物而迁焉"云云，正可以说明为什么农村恰好是中国传统社会稳定和保守的深层基础。

处在这样一种社会结构关系之中，个人对于亲族、地域有着极大的人身依附性。中国户籍制度已经有数千年的历史，最早的记述可见于《周礼·天官·

宫伯》："宫伯掌王宫之士庶子，凡在版者。"《周礼注疏》对此注曰："版，名籍也。以版为之，今时乡户籍谓之'户版'。"到汉代便有了将户籍制度法令化的户律，以后从未间断。在传统的农业社会里，亲属社会网络世世代代地域化，亲缘转化为地缘，人群依附于土地，户籍同时意味着地籍。我国民间俗语把人死叫作"回老家"，这也是亲族社会结构地域性泛化的典型表现。按照传统的原始信仰观念，人死以后灵魂不灭，有一个专供亡灵居住的阴间世界，所以，离体的亡魂需要送回到老家，同祖灵一起安息在阴府，否则离魂游魄会浪荡人间作祟。这也就是中华民族根深蒂固的人死叶落归根的传统观念，即所谓"魂归故土"。人死叶落归根表面上是归于故土，实质是归于先祖，故土就成了先祖的有形的象征，这便是"回老家"一说的由来。本义为祖籍的老家转义为阴间，一方面象征着与久逝祖先们的亲缘联系，另一方面又象征着与祖居地的地缘联系。由此也体现出，时间上的亲缘联系已经实体化了，转化为空间上的地缘联系。定居的传统农耕民族，在各处地方年复一年、世世代代地婚配繁衍，很容易实现亲族社会结构的地域化，从而把时间上延续而来的亲缘网络转化为空间上固定而成的地缘网络；再加上与异姓旁人的世代联姻，姻亲到了下一代便成了血亲，于是整个地域间就构成了一个无所不及的亲族社会结构网络。中华大地就代表着身为黄帝子孙的中华民族，这一点自不用说，传统的亲族村落社会更是亲族社会组织地域化的具体表现。

  从古代一直到现代，在广大的汉族农村地区，在众多的少数民族社会，亲族社会组织与行政社会组织长期共存，亲族社会权力与行政社会权力长期并行，甚至曾经完全融为一体。在那些地方的社会生活里，家族宗法组织或亲族村社组织向来发挥着重大作用。至于在广及城乡百业的整个中国社会，人们之间的血缘亲情联系自不用说，就连亲族社会网络地域化的乡亲身份认同也几乎无处不见，"亲"和"党"成了同义语，我群认同决定着一切。于是，"亲亲为大"（《礼记·中庸》）作为人们之间关系的基本准则长恒不变，亲族伦理即成为一种象征比附，用来规范整个国家行政社会。《孟子·尽心上》的概括极为简明扼要："亲亲，仁也；敬长，义也。无他，达之天下也。"于是，在汉语传统中，源于家长、亲长之"长"用以作为一切尊身权位官职的通用敬语称谓，沿用至今，依然雕琢着国民的文化人格（详见笔者《黄帝神话传说："天赋亲权"之滥觞》一文）。所谓的"亲亲敬长"，核心在于孝。《孝经·三才》就此论述到："夫孝，天之经也，地之义也，民之行也。天地之经，而民是则之。则天之明，因地之利，以顺天下。"

我国自古以来有"礼仪之邦"的美誉，实际只不过是宗法亲族礼仪之"家国"，特别重视亲属群体内部的伦理关系，以忠孝治理天下国家即为理中之事，忠成了孝的类推、放大和变形，即《礼记·文王世子》所谓："父子君臣长幼之道，得而国治。"孝作为中国传统社会规范的基础，对于稳定数千年的中国宗法社会起到重要作用，自有一个方面的历史合理性，但是，以孝为最基本的社会规范，造就出历史上时时可见的愚忠、愚孝思想及其代表人物，把这些忠义、忠孝人物作为社会楷模，更培养出了世世代代只有义务却不知权利的驯良子民。儒学以孝悌导引出父子君臣的基本社会规范，以此为核心来建构自身的整个理论体系，形成了一整套社会政治伦理的家国学说。于是，中国传统社会弥漫着我群主义风气，既乏相互尊重自由的个人主义，又乏相互信守契约的团体主义，由此而来的是对于公理的冷漠和对于他人的冷酷。古往今来，中国社会缺乏平等和民主的社会机制和文化基础，人们普遍只有亲族私德而无社会公德，只有子民意识而无公民意识，恰恰是由于以忠孝治理家国天下所致。对于建立以平等、公正为必要前提的现代市场经济、民主社会和法治国家，对于人们形成与此相适应的健全社会人格和社会信用来说，中华家国社会文化传统恰恰存在着先天不足之处。

在政治领域内，中华地域间的子民在传统上一向是没有发言权的。在中国的古籍经典里，"民主"这一概念最早可见于《尚书·周书·多方》："天惟时求民主。"其本义偏偏如《春秋左传·宣公二年》所言的"民之主也"，即由君王官家来为民做主。于是，历朝历代的世袭天子自然全都号称所谓民主，甚至历朝历代的为官之人也总是习惯于以此类民主自居。结果，在我国历史上，譬如《礼记·表记》所鼓吹的所谓"为民父母""子民如父母"等，成了为君做官的要义。君王官家爱民如子，而天下子民们则尊君敬上，这样一种传统的社会期待和角色意识的渊源正在于家国宗法社会的身份层序结构。在家国社会文化传统的笼罩之下，人民大众一向很难把国与家明确区分开来，往往是用子民意识来代替公民意识。在国家社会生活里，人们总是习惯于以泛亲族关系的角色归属感来代替社会关系中的角色进取性，不常意识到自己独立而平等的国家公民的身份和地位，而更多的是仅仅把自己视为某种泛亲族群体中的一员。在任何时候、任何情况下都如此行事，熏陶出来的只能是彻头彻尾的驯服子民，而绝不会是拥有充分的权利和义务，具有主人翁社会责任感的独立自主的公民。

在经济生活里，天下为家的最大特点就是国家权力对于经济生活高度集中的直接控制。在我国古代历史上，工商业多半属于官营，也即是封建国家所有制，农业也纳入了国家社会超经济统治的轨道。整个国家就如同家庭那样，成为一个大一统的家族经济单位。就这一点也可以说，由于个体家庭尚未从亲族宗法社会体制中彻底独立分化出来，个人权利尚未在社会体制上得以真正确认，在中国的广大地域间，个体家庭的私有制从未完全成熟。古代中国的社会经济体系主要还是一种扩大了的国家私有制，即超经济的封建国家占有，包括整个国家也属于这个家天下的家长所有。在中国这样的社会土壤里，实行行政权力对社会经济生活的直接统一控制，自有其天然适合的社会结构基础，这恰恰也就是如今地方保护、行业垄断这类丑陋现象难以消除的重要原因之一。

在权利观念上，中国社会自古便以家庭法人为本位，从未有过天赋人权即自然权利的平等、自由、民主传统，却偏偏承认天赋老子亲权，这当然是一种自然权力。以亲族权之法代施行政权之职，在天生命定的亲长面前，做子女的人很难有什么独立而平等的自我可言。在泛亲族结构的社会关系中，社会权力实际上已变形为一种准亲族权力。在这片家国土地上，实现以人人生而平等为前提的个人自由和社会民主异常艰难，这不能不说是老子亲权的社会泛化的一种历史后果。怕官畏上更是中国民众的子民心态最为典型的表现。在中国古代，官民关系历来都彻底搞颠倒了；即便在今天，干部与群众之间的关系也同样存在着一些极不正常之处，民众找政府办事难，选民怕公仆，人民怕政府，诸如此类的奇怪现象恰好就是家国社会传统的贻害。

在社会伦理中，中华民族习惯上实则更注重个人私德，因为在亲族社会范围内这才是首要的，而行政公民社会应有的社会公德、社会职责倒在其次。或者说，至少也是把这几个方面混为一谈，仿佛只要有个人私德修养，一切便已万事大吉。在天下为家的泛亲情联系中，仅有个人私德或许也就足够了，然而，一旦离开自家人的范围，在现代公众社会生活里，人们便普遍缺乏社会公德，缺乏社会责任心和正义感。如今，堂堂礼仪之邦缺乏社会公德是有目共睹的。为什么国人自古以来在自己人圈内颇有礼仪之邦的风范，而到陌生人中却毫无社会公德可言？这需要从我们的社会文化传统中去找原因。无论社会怎样变革，文化传统也难以一时断根，一个社会的文化传统就内化在人们的社会人格之中。

总而言之，在中国传统文化里，只有泛亲缘的家国概念，而无真正的国邦概念；只有以父子君臣纲常来齐家治国平天下的亲族关系泛化社会结构，而无以平等和自由为基础来缔结契约关系的公民社会组织；只讲亲族私德，而无社会公德；只有我群意识，这绝非集体意识，只不过是放大的个体意识，而视外人为异类；只驯从我群内天赋亲权的权威，而不尊重他人天赋人权的自然权利，更谈不上尊重构成公众社会的众多他人的权利。简单归结起来，仅仅讲求对我群负责的个人私德完善而毫无社会责任心，这样的子民德行远远不能适应现代行政国家公民社会的起码道德要求。中国长时期的传统宗法社会体制就是这样的。由此形成一种家国天下社会文化传统，滋养出一种家国子民社会角色意识，这正是近代以来中国社会走向现代化进程中的历史重负。

　　悠久的中华文明历史所留下来的社会文化遗产是极其丰富的，但在某些方面同时也是极为沉重的。对此，五四新文化运动着重由思想、道德方面做了历史性的清理，而人民共和国的建立主要在经济、政治方面进行了划时代的清理；然而，在社会的深层组织结构以及由此而来的深层观念意识上，数千年亲族宗法社会的民俗文化遗存却一向未曾受到根本性的触动。新时期的改革从经济入手，逐步开始了较为广泛的清理。社会变迁同时也就意味着文化转型，然而这二者之间并不是同步的。在任何一种社会变革中，社会的上层建筑相对于经济基础，社会的意识形态相对于经济基础和上层建筑，都有可能存在着某些滞后的方面，尤其是在社会底层结构和社会隐形意识的某些方面，诸如久已深入人心的民俗社会传统和民间观念意识等方面，带有历史发展滞后性的种种社会文化遗存总是根深蒂固的。确立市场经济体制，建设民主政治和法治国家，全面实现中国社会的现代化，社会的上层建筑和意识形态的某些深层的滞后方面必须加以彻底改造，使之相适应。要做到这一点，首先就必须对社会文化传统中的陈旧历史遗存有一个清楚的认识。相关学科欲超越草根，进入庙堂，成为一门显学，其研究工作就应当直逼现代发展所面临的重要社会课题。

参 考 文 献

[1] 阮元，校刻.十三经注疏[M].北京：中华书局，1980.

[2] 司马迁.史记[M].北京：中华书局，1982.

[3] 杨金鼎.中国文化史词典[M].杭州：浙江古籍出版社，1987.

[4] 徐俊元，张占军，石玉新.贵姓何来[M].石家庄：河北科学技术出版社，1985.

[5] 马曜，缪鸾和.西双版纳份地制与西周井田制比较研究[M].昆明：云南人民出版社，1989.

[6] 谢维扬.周代家庭形态[M].北京：中国社会科学出版社，1990.

原载《长江大学学报》（社会科学版）2007年第6期

寻找观象台：《山海经·大荒经》成书地理位置考

吴晓东

《山海经》的成书地理位置一直是一个悬而未决的难题。《山海经》由不同部分组成，各部分的关系目前尚未定论。它的成书问题只能一部分一部分地解决，笼统地论证《山海经》的成书地理位置显然有欠严谨。本文只探讨《大荒经》的成书地理位置问题。

一、环形大荒之内有一座观象台

《大荒经》分为《大荒东经》《大荒南经》《大荒西经》和《大荒北经》，其中描写了很多的山，在这诸多的山峦中，有二十八座与众不同，前面被冠以"大荒之中"四个字，而且，均匀分布于四经之中，每经七座。《大荒东经》的七座为大言山、合虚山、明星山、鞠陵于天山、孽摇頵羝山、猗天苏门山、壑明俊疾山；《大荒南经》的七座为衡石山[①]、不庭之山、不姜山、去痓山、融天山、涂之山、天台高山；《大荒西经》的七座为方山、丰沮玉门山、龙山、日月山、鏖鏊钜山、常阳之山、大荒之山；《大荒北经》的七座为不咸山、衡天山、先槛大逢之山、北极天柜山、成都载天山、不句山、融父山。

这二十八座在前面加了"大荒之中"的山与其他的山有什么区别，它们有什么特殊的功用呢？从东边的七座"大荒之中"山被明确说明是"日月所出"之山，而西边的七座"大荒之中"山被明确指出是"日月所入"之山，我们可以知道这是作为坐标来观测日月的。地球赤道与其绕太阳公转的黄道具有一个夹角，这样，地球绕太阳公转时，太阳直射点就会在南回归线与北回归线之间来回移动。在人们看来，每天太阳从东边升起与西边降落的地点都不一样。因

[①] 这一条文在原文中出现在《大荒北经》，为错简，根据行文的对称性移至《大荒南经》，理由详见《占星古籍：从〈大荒经〉中的二十八座山与天空中的二十八星宿对应来解读〈山海经〉》，载《民族艺术》2007 年第 3 期。

此，人们在东西边各选定七座呈线性南北方向排列的山作为坐标，以观测太阳的南北移动，确定季节。太阳直照南回归线的那一天，就是从最南边的两座山升起和降落，这一天在节气上为冬至；太阳直照北回归线的那一天，就是从最北边的两座山升起与降落，这一天在节气上为夏至。太阳一年里在南回归线与北回归线之间往返一次，在人们的视觉中，太阳东升西落的位置也这样南北往返移动一次。同理，月亮绕地球的白道与地球绕太阳的黄道也存在一个夹角，这个夹角比赤道与黄道的夹角大五度多一点，忽略不计的话，月亮的运动同样是在七座坐标山之间来回移动，不同的是，它是一个月一个来回，因此，这七对坐标山也同样是观测月亮东升西落的坐标。

另外，从东边最中间的鞠陵于天山的命名来看，我们可以推断这些东西边的坐标山除了用来观测日月出入之外，也具有观测星辰的作用。鞠是一颗星名，《夏小正》里就有"正月：启蛰。……鞠则见，初昏参中，斗柄县在下"的星象描写，意思是说，正月的时候，鞠星就出现了。鞠星正月出现在哪里，《夏小正》没有明确说明，《大荒经》却明确地告诉我们，是出现在东边七座坐标山最中间的那座山的山顶上，因此这座山被命名为鞠陵于天山，也就是鞠星高挂在天上的意思。因为星辰布满整个星空，而不仅仅是东西两边，为此，人们在南北两边也各选定七座坐标山，与东西两边的七对坐标山相呼应。正因为人们是用二十八座山作为坐标来观测星辰的，夜空四周的星辰才被相应地划为二十八宿。与坐标山相对应，东西南北四边各七宿。

因为东西南北四边的二十八座山是作为观测日月星辰的坐标，这就决定了它们是呈线性排列的。东西两边的坐标山呈南北方向线性排列，而南北两边的坐标山则呈东西方向线性分布。东西南北四周共二十八座线性分布的坐标山正好围成一个环形。需要加以说明的是，这是一个视觉上的环形，无论观测者四周的山如何错落不整，呈方形还是长方形，或别的不规整形状，在视觉上都会呈环形。

所谓的日月所出之山与日月所入之山，只能是相对观测者站在一个固定的位置而言，如果观测者移动位置，那么日月升起与西沉的位置也会发生变化，任何一座山都可以成为日月所出之山和日月所入之山。东西两边各有呈线性南北方向排列的七座坐标山，观测者只可能处于两边最中间的两座坐标山的连线上。同理，南北两边各有七座呈线性东西方向排列的坐标山，观测者也必须处于两边最中间的两座山的连线上。具体来说，东边鞠陵于天山和西边的日月山连线，与南边的去痓山和北边的北极天柜山的连线相交，就是观测者的位置，这里无疑是二十八座坐标山所组成的环形的中心。

至此，我们可以做出这样的想象：观测者站在观象台上遥望四周，无论这个观象台是处于高山之上，还是位于盆地之中，他看到的最远的地方只能是这些坐标山所在之处，坐标山后面的景象他是看不见的。这些坐标山在《大荒经》中被明确地指出是处于"大荒之中"，由此我们可以确定，所谓的大荒，并非我们以前所想象的相对于中原的蛮荒之地，而只是以《大荒经》作者为中心所见到的目所能及之地。大荒之中的二十八座坐标山，在视觉上呈环形，线性分布于观测者的四周。以前的《山海经》注家不明白这个道理，认为"日月所出"与"日月所入"暗示了《大荒经》所描述的山川十分荒远，其实恰好相反，这些坐标山只能处于观测者的视野之内。

那么，《大荒经》的性质是什么呢？观测者身处这么一个特殊的地方，以四周的山为坐标观测日月星辰，目的只能有两个：历法与占星。从文中我们可以看到一些关于历法工作的描述，如《大荒西经》云："有人名曰石夷，来风曰韦，处西北隅，以司日月之长短。"但这只是一小部分，主要的内容都是关于星象与方国的描写，这则是出于占星的目的。观测者观测星象，主要是想从星象的变化来了解四周方国的情况，推断出吉凶祸福，借以判断自己的安危。由于星占在古人看来是关系到国家安危的，所以古时候天文被统治者垄断，严禁民间学习天文星占。《大荒经》《海外经》与星占关系密切，作者故意写得很隐秘，为的就是不让普通人了解真相。所以与《大荒经》是同一性质的《海外经》在前面写道："地之所载，六合之间，四海之内，照之以日月，经之以星辰，纪之以四时，要之以太岁，神灵所生，其物异形，或夭或寿，唯圣人能通其道。"这段话明确指出了文中的内容与日月星辰有关，由此而产生的那些怪物只有"圣人"才能了解真相，可见《大荒经》与《海外经》的神怪是故意所为。

笔者在《环形大荒：〈山海经·大荒经〉的空间关系与叙事方式》一文中论证过，《大荒经》里的山不仅二十八座坐标山呈环形分布，其他的山也是一样呈环形分布，起定位和排序的作用。《大荒经》整篇绝大部分经文都是以大荒中的山峦为坐标来进行叙事的，作者先说某一座山，然后再描述这座山所对应的事物，恰如一个人这样来描述他要讲述的事物："看见了吗？就是那座山，东南角的那座，大言山北边一点的那座，叫波谷山，那个方向在春分的时候对着的是大角星，我们把它叫大人国。"这在《大荒经》里便是："有波谷山者，有大人之国。"波谷山与大人国是一个对应关系，即大人国是在波谷山所处的那个方向，并不在大荒之内这目所能及的弹丸之地。观测者将大荒之中沿线四周的山，对应了他想说的所有方国、星象、历史、传说等等。在叙事顺序上，是先描写东方，然后描写南方，再描写西方，最后描写北方。就每一方而言，又是按逆时针的顺序来描写，比如东方，先说东南角方向，然后往北移动，最后说到东北角方向。南方则是先说西南角，再往东移动，最后描写东南角。如果观测者要叙述大荒以内的事物，则必定利用河流来加以辅助定位，如《大荒西经》里的："西海之南，流沙之滨，赤水之后，黑水之前，有大山名曰昆仑之丘。"总之，《大荒经》里所叙述的事物其方位都特别清楚。所以说，虽然大荒只是《大荒经》作者四周目所能及的山峦，但他所描述的，却远远超出了这个范围，有的是山顶上的星空，有的是山背后的方国。《大荒经》作者的兴趣并不局限于眼前见到的那一点范围，他虽身处弹丸之地，却胸怀世界，仰观天文，把握四周方国吉凶祸福。

二、《大荒经》为写实之作

不难想象，《大荒经》的作者，也就是那位站在观象台观测日月星辰的观测者，他可以看见四周的山峦、大荒之内的所有景物，也可以看见日月星辰，但他看不见大荒之外的那些方国、民族，也看不见历史上曾经发生的事件。那么，《大荒经》所描写的山峦、星象等可见之物是否根据作者见到的实景写成的呢？答案是肯定的。

《大荒南经》云："大荒之中，有不庭之山，荣水穷焉。"目前我们无法理解这句话，比如袁珂注释"荣水穷焉"为"流极于此也"[1](P423)。其实这一注释并没有比原句给出更多的信息，同样都是说水流到这里就没有了。按常识，一条河除非在沙漠里干涸了，或者突然变成了地下河，这条河才可能在某处穷尽，否则河流最终都是流向大海，何以会在某座山就穷尽了呢？如果《大荒经》里仅此一例，尚可找些理由敷衍解释过去，可是《大荒经》里还有好几处地方有类似的句子，且录于此：

> 大荒之中，有不姜之山，黑水穷焉。（《大荒南经》）
> 大荒之中，有山名涂之山，青水穷焉。（《大荒南经》）
> 大荒之中，有山名曰融父山，顺水入焉。（《大荒北经》）

合理的解释只能是，《大荒经》所描写的山川都是真实所见，观测者站在观象台上，极目眺望四野，河流远远近近，有的蜿蜒流来，有的逶迤淌去，流到再也看不见的地方，便消失在某一座山峦的脚下。从上文所列的几个例句可以看出，有的河流所消失的山峦被明确指出是处在"大荒之中"。河流在这里消失,正是因为所谓的大荒是以观测者为中心的视力所穷尽之处,因为视力最远只能看到这些地方,河水才会在这些"大荒之中"的山峦脚下消失。《大荒经》里还有说某某水"出焉"的句子,当然我们不排除这些河流发源于此,但也可能是描述这条河从其他地方流过来,从某一座山那个方位进入了观测者的视线。

目前绝大部分的学者都认为《大荒经》是述图之作,也就是说,有那么一幅古图,后人用文字来描述这幅古图所绘画的情景。那么,是否可能因为《大荒经》是述图之作,大荒图画这些河流的时候,画到这些山就不画了呢?这种可能性不大。第一,《大荒经》是述图之作的可能性不大,因为有一些描述是图所画不出的,比如"帝俊生黑齿,姜姓,黍食","出入水则必风雨……其声如雷","其外有炎火之山,投物则然","开上三嫔于天"等句子。第二,将《大荒经》视为述图之作的主要论据是因为《大荒经》含有一些静态的描写,其实这些静态描写主要来源于作者对星辰的描述,人们常常会将某一颗星想象成一种动物,并描述它正在做什么,这种描述往往让人感到是在描述一幅画。第三,假设《大荒经》是述图之作,那么怎么解释只将河流画到坐标山就不画了呢?如果二十八座坐标山围成的环形不是画的边沿,坐标山之外还有山,就应该将河流继续画下去。

三、观象台在哪里

既然《大荒经》所描述的环形大荒内有一个观象台,作者以四周的山为坐标和顺序来描述天文、方国等事物,那么,只要找到这个观象台在哪里,便可确定《大荒经》成书的地理位置。从文中山川、方国的描述,可以基本确定《大荒经》的成书地点在山东省西南部的山区。观象台必须满足以下地理条件:

第一,济水南岸不远处,北齐的西南方向。

《大荒北经》云:"大荒之中,有山名曰先槛大逢之山,河济所入,海北注焉。"从这一句,我们可以推断观象台是在济水的南面,而且是可以看见济水的地方,因为先槛大逢之山是《大荒北经》的七座坐标山之一,《大荒经》作者站在观象台上可以看见这座坐标山,他能看见济水流经这座山也就是理所当然的事情了。

"河济所入"的"河济"该怎样理解呢?有的注家为古本《大荒经》加注标点的时候,将"河""济"两字用顿号分开,意思成了黄河与济水两条河流。从常理上讲,不可能两条大河同时流经一座山。黄河与济水曾经是两条独立的大河,但在古代,黄河经常改道,占用济水河道,所以济水可能被称为"河济"，今天黄河下游的大多数河道便是古济水的河道。《大荒经》成书的时候济水是否曾经和黄河合二为一，一时难以考证，但《大荒经》作者看到的，只能是济水，或与黄河合并了以后的济水，不可能是济水与黄河两条河流。济水起源于山西王屋山，流经河南、山东，然后入海。《水经·济水篇》记载："济水出河东（郡）垣县东王屋山，为沇水；又东至温县西北，为济水。又东过其县北，屈从县东南流，过隤城西，……又东，过成皋县（今上街）北，又东过荥阳县北，又东至砾溪南，东出过荥泽北。又东过阳武县南，又东过封丘县北，又东过平丘县（今长垣县西南）南，又东过济阳县（今兰考县东北）北，又东过冤朐县（今菏泽市西南）南，又东过定陶县南……又东至乘氏县（今巨野县西南）西，分为二：其一水东南流，其一水从县东北流，入巨野泽。又东北过寿张县西界，安民亭南，汶水从东北来注之。"如果我们将这些地名连线，便会得到古济水的大致路线。在河南一段基本是在如今的黄河以北又紧挨着如今黄河的河道，唯有经过兰考的地段在黄河以南，并从此进入山东，路线还是比较明确的。不过，古济水毕竟不断改道，《山海经》中所提到的济水，其河道未必就是《水经》所记载的济水河道。从《水经》所记载的济水河道看，济水没有经过如今河南的汤阴一带，可是《诗经·邶风·匏有苦叶》却有关于济水的描写："匏有苦叶，济有深涉。深则厉，浅则揭。有弥济盈。有鷕雉鸣。济盈不濡轨，雉鸣求其牡。雝雝鸣雁，旭日始旦。士如归妻，迨冰未泮。招招舟子，人涉卬否。人涉卬否，卬须我友。"这诗写的是：一个秋天的早晨，红彤彤的太阳才升上地平线，照在济水上。一个女子正在岸边徘徊，她惦记着住在河那边的未婚夫，心想：他如果没忘了结婚的事，该趁着河里还不曾结冰，赶快过来迎娶才是。再迟怕来不及了。现在这济水虽然涨高，也不过半车轮子深浅，那迎亲的车子该不难渡过吧？这时耳边传来野鸡和雁鹅叫唤的声音，更触动她的心事。邶是古诸侯国名。据说周武王灭殷以后，便将纣的京都沫（今河南淇县西北）附近地区封给纣的儿子武庚禄父，并将其地分而为三：北为邶（今河南汤阴县东南），南为鄘（今河南汲县东北），东为卫（今河南淇县附近）。武王并派他的三个弟弟管叔、蔡叔、霍叔分别守卫三个地方，以监督武庚，号为"三监"。《匏有苦叶》在《诗经》里属于邶风，描述的是邶地的风情，其中提到济水，那说明济水也曾流经这里，即今河南汤阴东南一带，可能是古济水曾经改道所致。汤阴离《水经》所给出的济水河道还有一段距离，但也不算很远，无论如何，济水所涉及的流域还是比较明晰的。因此，观象台也应该在这一区域里。

《大荒北经》云:"大荒之中,有山名曰衡天。……有北齐之国,姜姓,使虎、豹、熊、罴。"齐国是姜太公受封建立的诸侯国,都城在今天的临淄,齐国姜姓,与这一记载吻合,说明《大荒北经》的记载正是历史上的姜姓齐国。从《大荒经》叙事方式推论,齐国的地点是在观象台东北面坐标山衡天山所对应的方向,因为衡天山是北经七座坐标山中从东向西数的第二座,处在环形大荒的东北边。那么,《大荒经》观象台就得处于临淄的西南方向。古济水河道在山东境内接近海的部分,已经处在临淄的北部,所以,大体上说,从济南一带开始到入海的古济水沿岸,都不符合观象台的地理位置要求。

第二,周王朝都城的东部方向,成汤伐夏桀地点的东北方向。

《大荒西经》云:"有西周之国,姬姓,食谷。有人方耕,名曰叔均。帝俊生后稷,稷降以百谷。稷之曰台玺,生叔均。叔均是代其父及稷播百谷,始作耕。"按照《大荒经》的叙事方式,西周的地点应该是在观象台的西方。从"姬姓""后稷"等判断,这里的西周当是指历史上的周王朝,周始祖弃被称为后稷,姓姬。周分为西周与东周,西周定都镐京(今陕西省西安市西部),自周平王东迁之后,周称为东周,定都洛邑(今天的洛阳)。将周区分为西周与东周是后来的事,这里的"西周"未必就是相对于东周而言的,但无论如何,观象台都应该在西安或洛阳的东边。

另外,《大荒西经》云:"大荒之中,有山名曰常阳之山,日月所入。……有人无首,操戈盾立,名曰夏耕之尸。故成汤伐夏桀于章山,克之,斩耕厥前。"按照《大荒经》的叙事方式,成汤伐夏桀的地点是在常阳之山所对应的方向,常阳之山是观象台西边从南边数的第二座坐标山,也就是说,成汤伐夏桀的地点是在观象台的西南方向。成汤伐夏桀的地望史学界至今未能定论。《尚书》记载商夏两军是在鸣条相遇,在会战之前,汤为了鼓舞士气,召集了参加会战的商军以及前来助商伐夏的诸侯、方国的军队,宣读了一篇伐夏的誓言,即《尚书》里有名的《汤誓》。至于鸣条的地望,有说在今河南的封丘东,有说在今山西运城安邑镇北,难以定论。无论哪一种观点,《大荒经》观象台都应该在这些地方的东北方向。当然,成汤与夏桀的战争,地点有很多,不止鸣条一处。《大荒西经》说是在章山,《海外西经》说是在常羊之山:"刑天与帝(至此)争神,帝断其首,葬之常羊之山,乃以乳为目,以脐为口,操干戚以舞。"章山与常羊山可能是同一座山的不同写法,不过无论它们是否为同一座山,目前我们也都难以断定其具体位置,虽然它们的位置对考证《大荒经》观象台的位置十分具有参考价值。

第三，观象台必须在山区或丘陵地带，地形需要符合大荒之内的地形特点。

《大荒经》中的大荒是观象台四周目所能及的山峦地带，现实中的山峦不会那么规整地呈环形分布于观象台四周，观象台四周一定有很多山，它处在这些山峦之中，作者视觉上的大荒之外一定还有很多山峦。为此，寻找观象台的目光只能放在济水沿岸的山区或丘陵地带。在济水沿岸一带，符合要求的地方必须满足一个条件，就是这里必须是山区或丘陵。

从《大荒经》复原出来的大荒图来看，大荒之内的河流主要是从东北流向西南的，在西南角是一个河流出口。有一条河叫甘水，这条河发源于东南角的甘山，然后向西南角流去，并消失在西南角的成山。另一条河叫赤水，从北部向南流，消失在南边的氾天之山。还有一条河叫黑水，也是从北部向南流，基本上与赤水平行，最后消失在大荒之中的不姜之山，这座山是南边从东往西数的第三座坐标山。还有一条河叫顺水，发源于北边大荒之中的顺山，向西南方向流去，并消失在大荒之中的融父山。

从以上逐渐限定出来的地理范围，只有山东省泰山、蒙山等山脉的西南面一带，地理状况能满足以上条件，具体来说就是汶上、梁山等县。首先这里是山区，能够提供山峦作为坐标山。泰山、蒙山构成了一个分水岭，其西南面的河流主要都是西南方向，能满足《大荒经》里河流西南流的条件。济水也流经此地，也处于齐国的西南方向，洛阳的东部方向。另外，从考古上来说，这里属于大汶口文化区，出土过日月升起的图形，与《大荒经》的天文性质吻合。

参 考 文 献

[1] 袁珂.山海经校注[M].成都：巴蜀书社，1996.

原载《长江大学学报》（社会科学版）2010年第2期

顾颉刚与"古史辨"神话学

——纪念《古史辨》出版80周年

刘锡诚

20世纪10至20年代,在五四新文化运动的影响下,知识界对传统的批判,尤其是对被汉代以来的史家和儒家们伪造的或理想化了的古史的怀疑情绪日增。在这种思潮中,诞生了一个以顾颉刚为代表,以"疑古"和"辨伪"为思想武器的"古史辨"派,他们力求把与历史融为一体的古代神话与历史史实剥离开来。由于"古史辨"派辨伪讨论中的"古史"即神话,所以清理或"破坏"古史的过程,也就是清理或"还原"神话的过程。于是,神话学界又把"古史辨"派延伸为"古史辨派神话学"。"古史辨"派的活跃期,前后持续了三十多年,至杨宽《中国上古史导论》的发表和吕思勉与童书业编的《古史辨》第七册出版,"古史"辨伪浪潮才渐告消歇。"古史辨"派在中国史学建设与发展和中国神话学建设与发展中的作用与影响是十分深远的。

一、"古史辨"派形成的文化背景和学术渊源

在中国文化史上,疑古思潮萌生于战国时期,有着两千余年的悠久传统和漫长历史。到明清两代,疑古辨伪之学走向成熟,出现了被胡适称为"科学的古史家"的崔述的《崔东壁遗书》这样的著作。到20世纪初年,疑古辨伪思潮已发展为一种很有势力的学术潮流。在外国汉学家中,如日本的白鸟库吉,法国的马伯乐,他们都是疑古论者,他们的著作,大都主张中国传统学者的上古史观是靠不住的,中国的上古史实际上是神话传说而非信史。中国学者方面,如康有为、夏曾佑等,都是这个承上启下的转折时代中的疑古学者。钱玄同说:"推倒汉人迂谬不通的经说,是宋儒;推倒秦汉以来传记中靠不住的事实,是崔述;推倒刘歆以来伪造的古文经,是康有为。但是宋儒推倒汉儒,自己取而代之,却仍是'以暴易暴','犹吾大夫崔子'。崔述推倒传记杂说,却又信《尚书》、《左传》之事实为实录。康有为推倒古文经,却又尊信今文经,——甚而

至于尊信纬书。这都未免知二五而不知一十了！"[1](P27)

夏曾佑《中国古代史》于1904年（或1905年，商务印书馆）问世，作者辟出《传疑时代》专章，把炎黄之前的"太古三代"定位为神话而非史实，是一个"传疑时代"，并说那些古史传说都是秦汉间人根据自己的信仰编造出来的。就其古史观而言，夏曾佑无疑是20世纪初的疑古论的先驱者。尽管夏曾佑的疑古思想，特别是在对汉儒的学术思想和纬书的依赖上，还显示出他自身学养和历史环境的局限，并不彻底，甚至被钱玄同、顾颉刚等人批评，但顾颉刚到了晚年在为程憬遗著《中国古代神话研究》一书写的序言中说："从现在看来固然很平常，但在当时的思想界上则无异于霹雳一声的革命爆发，使人们陡然认识了我国的古代史是具有宗教性的，其中有不少神话的成分。"[2]他高度评价了夏曾佑作为我国第一个从古史中探询神话者的先驱作用。

"五四运动"前夕，反传统、反封建、借鉴西方、崇尚科学的浪潮日益高涨，疑古辨伪思潮在一些新思想的学者中以新的姿态兴盛起来。胡适、钱玄同、顾颉刚等北京大学的教授们经常讨论如何审理古史和古书中的真伪问题。他们既承袭并延续了宋代郑樵到清代姚际恒、崔述、章太炎、康有为等人的怀疑古史的思想传统，又接受了民主和科学以及进化论的进步思想，掀起了一个疑古辨伪的新史学运动。

"五四运动"之后，反封建成为社会潮流，人们对于一切事物都持怀疑态度，要求批判接受，终于，顾颉刚在怀疑、批判中产生了推翻古史的动机。他说："因为辑集《诗辨妄》，所以翻读宋以后人的经解很多。对于汉儒的坏处也见到了不少。接着又点读汉儒的《诗》说和《诗经》的本文。到了这个时候再读汉儒的《诗》说，自然触到他们的误谬，我更敢大胆的批抹了。到了这个时候再读《诗经》的本义，我也敢用了数年来在歌谣中得到的见解作比较的研究了。我真大胆，我要把汉学和宋学一起推翻，赤裸裸地看出它的真相来。"[3](P48)顾颉刚读郑樵的《通志》、姚际恒的《九经通论》和崔述的《崔东壁遗书》等书，开始怀疑古史和古书的可信性，而且从怀疑"传""记"，到怀疑"经"，从辨伪书、辨伪事，到辨伪史。

顾颉刚在胡适指导下标点《古今伪书考》时在给胡适写的一封信中写道："中国号称有四千年（有的说五千年）的历史，大家从《纲鉴》上得来的知识，一闭目就有一个完备的三皇五帝的统系，三皇五帝又各有各的事实，这里边真不知藏垢纳污到怎样！若能仔细的同他考一考，教他们涣然消释这个观念，从四千年的历史跌到二千年的历史，这真是一大改造呢！"[4](P13-14)胡适对顾颉刚的这种大胆的疑古思想颇为欣赏，他在回信里这样说明他的古史观："大概我的古史观是：现在先把古史压缩二三千年，从《诗》三百篇做起。将来等到金石学、考古学发达上了科学轨道以后，然后用地底下掘出的史料，慢慢地拉长东周以前的古史。至于东周以下的史料，亦需严密评判，'宁疑古而失之，不可信古而失之'。"[5](P2-23)

顾颉刚的疑古辨伪，经过了一段很长时间的酝酿期。他在《古史辨》第一册《自序》里写道：在"读了《孔子改制考》的第一篇之后，经过了五六年的酝酿，到这时始有推翻古史的明了的意识和清楚的计划"[3](P43)。到1923年5月6日出版的《努力周报》增刊《读书杂志》第9期上刊登了顾颉刚的《与钱玄同先生论古史书》，在学界引起了一场轩然大波，接着该刊发表了刘掞藜、胡堇人的辩驳文章，于是辩论文章相继见诸报端，一个震动中国学术界的、以顾颉刚为代表的"古史辨"学派便在论争中形成了。

从学术渊源上来说，"古史辨"派不是几个杰出思想家们的凭空杜撰，而是中国传统学术史上的前代疑古学者的思想和学术的继承与延续。顾颉刚说："在崔氏信经而重新审查了传、记里的资料的基础上，我们进一步连经书本身也要走姚际恒的路子，去分析它的可信程度。这就是《古史辨》的产生过程。"[6](P9)钱穆说："颉刚史学渊源于东壁之《考信录》，变而过激，乃有《古史辨》之跃起。"[7](P338)胡适说："在中国古史学上，崔述是第一次革命，顾颉刚是第二次革命，这是不须辩证的事实。"[8]钱玄同说："前代学者如司马迁，如王充，如刘知几，如顾炎武，如崔述诸人，都有辨伪的眼光，所以都有特别的见识。可是前代学者的辨伪，都是自己做开山始祖，所以致力甚勤而所获甚少。咱们现在，席前人之成业，更用新眼光来辨伪，便可事半功倍。"[9](P29-30)"古史辨"派之于传统学术，既有继承，又有超越。所谓"超越"，一是"用新的眼光来辨伪"（如引进并运用了进化论的理论与方法，如"用故事的眼光解释古史构成的原因"即比较研究等）。二是辨伪范围的扩大（顾颉刚说他的"所谓辨伪，大约有三方面：一是伪理，二是伪事，三是伪书"[10](P32)）。三是提出了推翻非信史的四项标准，即第一打破民族出于一元的观念，第二打破地域向来一统的观念，第三打破古史人化的观念，第四打破古代为黄金世界的观念。[11](P99-101)

晚清末年，正当中国知识界疑古思潮崛起之时，日本学界有些汉学家也起于风气之先，加入到这个疑古潮流中。神话学家白鸟库吉（1865—1942）就是其中一人。白鸟库吉是日本东洋史学与日本研究中国神话的创始人。① 他于1909年撰有《中国古传说之研究》（原载《东洋时报》第131号，明治四十二年）一文。[12] 此著的主要观点如下：

（1）把古传说视为历史。白鸟氏说："传说仍有其属于历史之一面。不论传说如何荒唐无稽、难以置信，亦无非该国历史之产物，一国传说若离开其历史，即不能存立。凡传说必有其主角，其人是否真如所传，固值怀疑，然而传说用事实与虚构结合而成，其形成之经过，却依然传出事实真相。加之凡国民必有其理想，而古传说又必包含此理想，故欲研究一国国民之历史并论及其精神，必需探讨其国民固有之传说，加以妥当解释。因此传说之历史研究，决不应等闲视之。欲彻底了解中国之哲学宗教，必须考察其古传说。中国传说之背景以儒教为理想，其中包括负起儒教崇拜角色之主人翁。不少传说一直被视为历史事实，无人提出疑问。现在试以别种解释，批判其所谓之人物遗迹，并探讨其由来。"

（2）尧舜禹三王的历史可疑。白鸟氏说："尧舜禹三王之事迹……尧之事业主要关乎天文，舜之事业涉及人事，禹之事业则限于土地……吾人不得不疑尧舜禹三王之历史存在。尧主司天事，司人事者为舜，而彼之德为孝，并不为奇。孝乃百行之本，为中国人道德之基本。不难推知，彼等以舜为其道德理想之人格化。禹之事业与土地有关，已如上述。若尧舜禹三王传说之作者，应是心中先有自太古即存在之天地人三才说，始构成此传说。易言之，尧舜禹之三传说，实非一相继（succeessive，今译历时性）之事，乃一并立（coexistent，今译共时性）之事。因作者眼中存有三才说，故传说整体有不自然及人为之统一"；"尧舜禹乃古之圣王，孔子祖述之，孟子尊崇之，后世儒者之流视为圣贤，言行极受推崇，无人怀疑此等古圣人历史之存在。然而如今检讨研究三王之传说，大有怀疑之理由……尧之至公至明、舜之孝顺笃敬、禹之勤勉力行，即古代中国人对王者之所望，实儒教之理想……三王传说渗入了天地人三才之思想……此种三才思想，不仅见于中国之古籍，亦为北方诸民族间传播之共有思想。蒙古、东北、突厥诸族莫不有此思想，所谓萨满教拜天之根本思想，即此三才思想。故中国此种思想，其来甚久，尧舜禹之传说为其反映，决非偶然"。

（3）儒教控制上层思想，道教支配民间思想。白鸟氏说："就吾人所见，尧

---

① 有关白鸟库吉对中国古代神话的研究，参阅王孝廉《日本学者的中国古代神话研究》，《大陆杂志》（台北）第45卷第1期。

舜禹乃儒教传说，三皇五帝乃易及老庄派之传说，而后者以阴阳五行之说为其根据。故尧舜禹乃表现统领中国上层社会之儒教思想，三皇五帝则主要表现统领民间思想之道教崇拜。据史，三皇五帝早于尧舜禹，然传说成立之顺序决非如是，道教在反对儒教后始整备其形态，表现道教派理想之传说发生于儒教之后，当不言自明。如是，儒教与道教虽为中国哲学思想之两大对立潮流，然二者均朝拜苍苍皇天，有期于天地，实同为一种自然教。其异处唯在儒教发挥人类性质，不与天地瞑合，老庄及从其胚胎之道教，从其脱化之风水说等则灭却人性机能，与天地瞑合。若以佛语为喻，儒教当为自力教，而道教则为他力教。因此之故，前者主要控制中国上层社会思想，后者主要支配民间思想。"白鸟在这段话里明确地指出，在中国的尧舜禹古史传说中掺杂有浓重的儒家思想的印迹，甚至称其为儒教传说。

顾颉刚是否直接受到过白鸟库吉这篇文章的"疑古"思想的影响，笔者没有直接的证据，但在他身后于台北出版的《顾颉刚读书笔记》[13](P2120-2121)第4卷《浪口随笔》(三)里收有《白鸟库吉释梁州名》《匈奴属突厥族或蒙古族问题》二文，都是评论白鸟库吉的中国学论著的短文。故我们有理由认为，顾在发表《古史辨》系列论文的时代，是直接或间接了解白鸟氏的观点的。

时代赋予了顾颉刚以勇气和力量，也赋予了顾颉刚以思想和智慧。五四新文化运动是"古史辨"得以形成的决定性因素。正如顾颉刚本人所说的："予若不处'五四'运动时代，决不敢辨古史；即敢辨矣，亦决无人信，生不出影响也。适宜之环境，与少年之勇气，如此真可宝贵也。"[14](P6616)五四运动以科学和民主的思想启蒙和武装了中国知识界。在学术上，从西方传入了进化论和实用主义，使学术界获得了做学问的利器，而顾颉刚的历史演进说，正主要来自于进化论学说。

二、顾颉刚的层累的神话观

由于古史与神话之间有着难解难分的关系，而"古史即神话"又是"古史辨"派所信奉的一个重要原则，故而神话学界也把"古史辨"派叫作"古史辨神话学"。"古史辨"派最基本的学术理念是顾颉刚提出的"层累地造成的中国古史观"。

"层累地造成的古史观"的内涵是什么呢？顾颉刚写道：

> 我很想做一篇《层累地造成的中国古史》，把传说中的古史的经历详细一说。这有三个意思。第一，可以说明"时代愈后，传说的古史

期愈长"。……周代人心目中最古的人是禹，到孔子时有尧舜，到战国时有黄帝、神农，到秦有三皇，到汉以后有盘古等。第二，可以说明"时代愈后，传说中的中心人物愈放愈大"。如舜，在孔子时只是一个"无为而治"的圣君，到《尧典》就成了一个"家齐而后国治"的圣人，到孟子时就成了一个孝子的模范了。第三，我们在这上，即使不能知道某一事件的真确的状况，但可以知道某一事件在传说中的最早的状况。[15](P60)

"层累"说的根本之点是："时代愈后，传说的古史期愈长"；或曰："时代越后，知道的古史越前；文籍越无征，知道的古史越多。"[15](P65) 禹最早见于西周，春秋时又出现了尧舜，战国时又出现了黄帝、神农，秦时又出现了三皇，汉代又出现了盘古。越是后出现的人神，他们的辈分越高或资格越老。这当然是指见之于载籍的，而不是指原来流传在民众口头上的。没有注意到或没有提到神话的口头原始形态，正是顾颉刚的历史局限之所在。而古史的顺序，则恰恰反过来：盘古最晚出现却辈分最高，资格最为古老（是创世始祖），三皇（天皇、地皇、泰皇）次之，黄帝、神农再次，尧舜更次，禹的辈分最小。顾颉刚遵循他所发现的这个规律，一方面根据神话传说的演化去审视和判断史实，另一方面又反过来根据历史演进去分析神话传说。胡适说："他这个根本观念是颠扑不破的，他这个根本方法是愈用愈见功效的。"他把顾颉刚的方法概括为四种方式：（1）把每一件史事的种种传说，依先后出现的次序，排列起来；（2）研究这件史事在每一个时代有什么样子的传说；（3）研究这件史事的渐渐演进，由简单变为复杂，由陋野变为雅驯，由地方的（局部的）变为全国的，由神变为人，由神话变为史事，由寓言变为事实；（4）遇可能时，解释每一次演变的原因。[16](P192-193)

"尧舜禹的地位问题"是顾颉刚最早对古史产生疑窦的问题，也是顾颉刚研究古史进行辨伪的第一个实验性问题。在尧舜禹的地位问题之中，关键又是古代关于禹的观念及其演变，于是他便把禹的"演进史"作为重点讨论的首选。他从古籍的记载中看到，古代对禹的观念是那样的混乱和矛盾：

（1）《诗经·商颂·长发》："禹敷下土方，……帝立子生商。"顾颉刚说，在《生民》一诗里，"作者的意思为后稷始为种植的人，用不到继续前人之业"，也就是说，"在《长发》之前，还不曾有一个禹的观念"，而到了《商颂》里，作者说，禹是一个"敷下土方"，开天辟地的神。据王国维的考定，《商颂》是西周中叶的作品。

（2）《诗经·鲁颂·閟宫》："是生后稷，……俾民稼穑；……奄有下土，缵禹之绪。"到了《閟宫》，禹已经变成了最古的人，而且是最早的有"天神性"的人王，那个在《生民》里被认为是"始为种植"的后稷，如今不复是"始为种植"者而变成了"缵禹之绪"，继续禹的功业的人物了。

（3）《论语》："禹拜稽首，让于稷契。"把后生的人和缵绪的人都改成了他的同寅。

同样，尧舜的事迹也是照了这个次序：《诗经》和《尚书》（除首数篇）中全没有说到尧舜，似乎不曾知道有他们似的；《论语》中他们出现了，但还没有清楚的事实；到《尧典》中，他们的德行政事才粲然大备了。"因为得了这一个知识，所以在我的意想中觉得禹是西周时就有的，尧舜是到春秋末年才起来的。越是起得后，越是排在前面。等到有了伏羲神农之后，尧舜又成了晚辈，更不必说禹了。我就建立了一个假设：古史是层累地造成的，发生的次序和排列的系统恰是一个反背。"[15](P62)

他从《尧典》中的古史事实与《诗经》中的古史观念之间的冲突中，意识到中枢的人物是禹，对禹在传说中的地位特别加以注意，并从此旁及他种传说，以及西周、东周、战国、秦汉各时代人的历史观念，"不期然而然在我的意想中理出了一个古史成立的系统"[17](P223)，而这个古史系统，概括说来就是"层累地造成的古史"。

在顾颉刚古史观和古史系统的建立中，禹的性质（最早是天神还是人王）、地位（尧舜禹的顺序和系统）和禹的神话是一个很有典型性的个案，解决了禹的性质、地位等问题，也就证明他的"层累地造成的古史观"是成立的了。他说："我以为自西周以至春秋初年，那时人对于古代原没有悠久的推测。《商颂》说，'天命玄鸟，降而生商'。《大雅》说，'民之初生，自土沮漆'；又说，'厥初生民，时维姜嫄'。可见他们只是把本民族形成时的人作为始祖，并没有很远的始祖存在他们的意想之中。他们只是认定一个民族有一个民族的始祖，并没有许多民族公认的始祖。但他们在氏族之外，还有一个'禹'。《商颂·长发》说：'洪水芒芒，禹敷下土方；……帝立子生商。'禹的见于载籍以此为最古。……看这诗的意义，似乎在洪水芒芒之中，上帝叫禹下来布土，而后建商国。然则禹是上帝派下来的神，不是人。"[15](P61-62) 他又写道：

> 就现存的最早的材料看，禹确是一个富于神性的人物，他的故事也因各地的崇奉而传布得很远。至于我们现在所以知道他是一个历史上的人物，乃是由于他的神话性的故事经过了一番历史的安排以后的

种种记载而来。我们只要把《诗》、《书》和彝器铭辞的话放在一边，把战国诸子和史书的话放在另一边，比较看着，自可明白这些历史性质的故事乃是后起的。所以我说禹由神变人是顺着传说的次序说的；刘（棪藜）、冯（友兰）诸先生说禹由人变神，乃是先承认了后起的传说而更把它解释以前的传说的。再有一层，在实际上无论禹是人是神，但在那时人的心目中则他确是一个神性的人物。[3](P64)

尽管在论争辩驳中，有人曾讥笑顾颉刚把禹说成是一条虫，但在今天的我们来看，廓清禹的渊源和性质，把禹认定是商族最古的天神，从后起的周族起才把他认作是最古的人王，至于黄帝、尧舜等，无论商族还是周族，都还一概不知道有这些神话先祖的存在（至少是载籍上还没见踪迹）呢。他对禹最早是上帝派下来的天神，后来逐渐变成了人的论断，对禹的职责是陈山与铺土，禹是南方民族神话中的人物等论断，即对禹的"演进史"的全程描绘，是进化论在中国古史和神话研究上的一个胜利。

尧舜的出现，晚于禹，见于战国时人的《尚书》中的《尧典》和《皋陶谟》。"《诗经》中有若干禹，但尧、舜不曾一见。《尚书》中除了后出的《尧典》、《皋陶谟》，有若干禹，但尧、舜也不曾一见。故尧、舜、禹的传说，禹先起，尧、舜后起，是无疑义的。……尧、舜的传说本来与治水毫没干系，《论语》上如此，《楚辞》上也是如此。自从禹做了他们的臣子之后，于是他们不得不与治水发生关系了。但治水原是禹的大功，口碑载道，尧、舜夺不得的；没有法想，只得请尧做了一时的矇瞳，由他任鲧治水；等到'九年，绩用弗成'，尧没有办法，就做了尧、舜交替的关键，并为舜举禹的地步。如此，禹的功绩既没有减损，而尧举了舜，舜举了禹，成就了这件事，尧、舜也很有间接的功勋，治水的事是他们三人合作的成绩了。"换句话说，"禹是西周中期起来的，尧舜是春秋后期起来的，他们本来没有关系，他们的关系是起于禅让之说上；禅让之说乃是战国学者受了时势的刺激，在想象中构成的乌托邦"。[11](P127、129、133)他还了禹一个本来面貌，把混乱矛盾的尧舜禹的关系给理清楚了，把他们的地位摆正了。

遵照"层累"说来分析古史上其他的古帝王，顾颉刚认为，如黄帝、神农、庖牺、三皇（天皇、地皇、泰皇）以及盘古等，其出现的时间，比起尧舜禹来则更晚，时间大约在战国至西汉间，可是他们都"譬如积薪，后来居上"，在古史上的地位一个比一个更居前，与神话相对照，则"恰是一个反背"。"古人心中原无史实与神话的区别，到汉以后始分了开来。因为历来学者不注意神话，所以史实至今有系统的记载，而神话在记载上就崭然中绝（在实际上，当然至今没有间断过……）。"[18](P215) 经过他的疑古辨伪，追根溯源，初步廓清了古史与神话混淆、人神杂糅的混乱局面，建立起了一个崭新的古史与神话的系统。

三、历史演进法

与"层累"说相适应，顾颉刚也建立了相适应的古史和神话研究方法。胡适把顾颉刚研究古史，同时也是研究神话传说的方法，名之曰"历史演进"法。他概括说："这种见解重在每一种传说的'经历'与演进。这是用历史演进的见解来观察历史上的传说"；"顾先生的主要观点在于研究传说的经历"。

前面已经说过，禹的故事的发生与演进，是顾颉刚建立"层累"说的根基性的证据；同样，也是他开创古史传说研究的"历史演进"法的一个最具典型性的例证。在顾颉刚笔下，禹的神话的历史演进，大致有三个时期：（1）南方民族的祖先神禹传入中原时期；（2）尧舜禹的故事粘连在一起的时期；（3）禹与后稷发生关联的时期。

商周间，在南方崛起的新民族——越族，因"土地卑湿，积水的泛滥"，"有宣泄积水的需要"，[11](P123) 于是禹的神话被创造出来，而且禹被奉为越族的祖先神。禹的神话由越族传至地域毗邻、生存条件相类的楚族。到西周中期，又由楚族传到了交往密切的中原，并为发祥并居住在中原的周族所接受。周穆王末年的《吕刑》始有关于禹的记载。禹虽被周族所接受，却并不是周族的祖先，而是作为周族信仰的天神。如顾颉刚所说："他不是周族的祖先而为周族所称，不是商族的祖先而亦为商族所称"，只有天神的神话才有这样的普遍性。[11](P109) 作为天神，禹的功绩是敷土、甸山、治水。顾颉刚称这个时期的禹是"山川之神"。到西周后期有了社祭，禹的神职延伸了、扩大了，山川之神之外又兼为社神，其神职是治沟洫，事耕稼，《大雅》《小雅》《商颂》《鲁颂》中屡屡出现禹的名字和事迹了。顾颉刚说："流播的地域既广，遂看得禹的平水土是极普遍的；进而至于说土地是禹铺填的，山川是禹陈列的，对于禹有了一个'地王'的观念。"[11](P127)

据顾颉刚的研究，《诗经》中有若干个禹的记载，却没有尧舜的记载；《尚书》中除了后出的《尧典》和《皋陶谟》以外，有若干个禹的记载，却没有尧舜的记载。这说明尧舜禹的神话传说，禹先起（西周中期），尧舜后起（春秋后期）。从《论语》和《楚辞》的记载看，本来与治水毫无关系的尧舜传说，到战国时，与禹的传说粘连起来了，而且本来先起的禹，竟然成了后起的尧舜的臣子。不同的神话传说何以出现这样的粘连呢？顾颉刚说，是战国时的政治背景使然："战国时，各强国的国王都有统一天下的大志，不息的战争攻伐，贵族又是说不尽的豪侈，残伤民命，暴夺民财：人民憔悴于虐政之下，真是创深痛钜。……解决的方法最直截的无过革命，革命的事原有汤武的好例在前，所以他们竭力地骂桀纣，颂汤武。但当时人民对于国王，……虽是疾首痛心到极点，而要自己起来划除他们的势力终是无力的。他们在这般有心无力的境界中，只有把自己的希望构成一种根本解决的想像，做宣传的功夫。根本解决的想像是什么？乃是政治的道德化。……这一种想像就是禅让说"；于是，"尧舜禹的关系就因了禅让说的鼓吹而建筑得很坚固了"。[11](P127-130)

禹神话演进的另一路径，是与后稷神话的粘连。西周人关于后稷的神话，见于《诗经》中的《生民》一诗："厥初生民，时维姜嫄。……载生载育，时维后稷。……诞寘之隘巷，牛羊腓字之。诞寘之平林，会伐平林。诞寘之寒冰，鸟覆翼之。鸟乃去矣，后稷呱矣。……诞后稷之穑，有相之道。……诞降嘉种。"顾颉刚说："在此很可注意的，后稷只是后稷，他没有做帝喾的儿子，没有做禹的辅佐，没有做舜的臣子，也没有做契的同官。"而到《鲁颂·閟宫》诗里，则出现了"是生后稷，……缵禹之绪"的字句，把禹这个外来之神（初为周人的天神或山川之神）与周人的先祖、耕稼之神的后稷联系了起来，而且说后稷是"缵禹之绪"者，那么，禹也就应该是耕稼之神了。顾颉刚说："《閟宫》对于禹的态度和《论语》是一致的，它们看得禹是在后稷之前的一个耕稼的人王，对于治水方面反甚轻忽。"而对于晚出的《尧典》和《皋陶谟》里所说的"禹拜稽首，让于稷契暨皋陶"故事，顾颉刚认为那是《尧典》和《皋陶谟》的作者"称名的惑乱"，其叙述与《生民》和《閟宫》相去甚远，后稷在虞廷做官是晚出的故事。

用胡适所归纳并分列的顾颉刚的研究方法来对照，禹神话的历史演进，符合他拟定的"由简单变为复杂"的规律，尽管顾颉刚所据以分析的材料是古籍的记载，而非禹神话在民众被创造出来并得以流传的最初的口头形态（尽管谈论它的最早的口头形态，不过是一种想象和愿望而已）。对禹神话的演进的分析研究，自然也如胡适所说，同样也适用于尧舜禹的故事、黄帝神农庖牺的故事、汤的故事、后稷的故事、文王的故事、太公的故事、周公的故事等。

但神话的历史演进，不仅仅是由"简单变为复杂"一途，也还有甚至更多的是反向演进的另一途，即由复杂变为简单。胡适没有将由复杂变为简单的演进可能列入他所归纳和分列的四条规律之中，而顾颉刚在后来的研究中，倒是做过一些实际的有成效的分析。例如,他对《周易》卦、爻辞中还依稀可见的五个故事的片断和词句进行考证、比较,还原了这些几乎消失了的古神话故事。这五个故事乃王庆丧牛羊于有易、高宗伐鬼方、帝乙归妹、箕子明夷、唐侯用锡马蕃庶。

王国维在《殷卜辞中所见先公先王考》一文中考出王亥、王恒系殷人的先公:"甲寅岁莫,上虞罗叔言参事撰《殷虚书契考释》,始于卜辞中发见王亥之名。嗣余读《山海经》、《竹书纪年》,乃知王亥为殷之先祖";"又观卜辞,王恒之祀与王亥同,太丁之祀与太乙、太甲同,孝己之祀与祖庚同,知商人兄弟,无论长幼与已立未立,其名号、典礼盖无差别。于是卜辞中人物,其名与礼皆类先王,而史无其人者,与夫父甲、兄乙等名称之浩繁求诸帝系而不可通者,至是理顺冰释。而《世本》、《史记》之为实录,且得于今日证之"[19](P122-123)。

顾颉刚撰《周易卦爻辞中的故事》,在王著的基础上对王亥故事进行补缀阐释,大体上还原了这个失传已久的故事。他写道:

《易·大壮》六五爻辞:"丧羊于易,无悔。"又《旅》上九爻辞:"鸟焚其巢,旅人先笑后号咷,丧牛于易,凶。"这两条爻辞,从来易学大师,不曾懂得。自从甲骨卜辞出土之后,经王静安先生的研究,发现了商的先祖王亥和王恒;都是在汉以来的史书里失传了的。明白了这件事情的大概,再来看《大壮》和《旅》的爻辞,就很清楚了。这里所说的"丧羊"和"丧牛",便是"胡终弊于有扈,牧夫牛羊";也即是"有易杀王亥,取仆牛"。这里所说的"鸟焚其巢,旅人先笑后号咷",便是"干协时舞,何以怀之?平胁曼肤,何以肥之?有扈牧竖,云何而逢?击床先出,其命何从?"也即是"殷王子亥宾于有易而淫焉,有易之君绵臣,杀而放之"。想来他初到有易的时候,曾经过着很安乐的日子,后来家破人亡,一齐失掉了,所以爻辞中有"先笑后号咷"的话。[20]

这个由繁到简几至失传的故事,经过王国维和顾颉刚的考释和阐发,得以还原。顾颉刚文章发表之后,王亥被杀、主甲微假师河伯而伐有易的情节,又有新解。吴其昌写道:

《竹书》云:"殷王子亥宾于有易而淫焉,有易之君绵臣杀而放之。"一若王亥之被杀,完全由于逗奸有易之女子,故《天问》云:"平胁曼肤,何以肥之。"曼,嫚,美,丽也。(《广雅·释古》)"平胁曼肤",女子之容也。今《天问》又云:"眩弟并淫,危害厥兄。"则亥及其弟,同时并淫,而其弟忽"危害厥兄",则是否即为争夺一女子之故,可想见矣。然则王玄之死,乃由与其弟并淫而内讧矣。又《竹书》云:"是故殷主甲微假师河伯以伐有易。"不云主甲微即王玄之子。……主甲微当为王恒之子,不当为王玄之子矣。[21](P360)

王亥的故事,作为殷商先公先王的神话,在他们的时代,应该是十分流行甚至家喻户晓的,但在其漫长的发展演变过程中,随着殷商历史本身被历史烟尘所掩埋而逐渐失传了,而只在甲骨卜辞和《周易》爻辞中保留下来了一鳞片爪,人们再也无法窥见其全貌,更无法得知其构成叙事文本的枝叶和细节。可以确认,王亥的故事乃是古代神话传说由复杂到简单的一个例子。

四、神话的人化与历史化

顾颉刚神话研究的另一功绩在于,他提出并在一定程度上合理地阐述了神话的"人化"和"历史化"的问题。从神话学的原理来说,"人化"和"历史化"这两大问题,既是属于神话范畴内的古史传说部分在其演进过程中的普遍性问题,又是他在中国古史的辨伪中遇到的特殊性问题。任何民族的神话中,除了古史传说的部分外,还应有数量更大的非古史传说部分,如对自然和社会万物的想象与崇拜。世界各地的后进民族保留下来的神话遗产,我国许多少数民族保留下来的或还在口头上流传的神话,已经雄辩地证明了这一点。由于过早地人化和历史化的进程,中国古神话中的非古史传说部分大多被改造了或被遗忘了。这一点,顾颉刚在他的时代还没有可能认识到,所以他并没有谈及,这是历史的局限。

1. "人化"问题

在中国古神话的演变过程中出现的所谓"人化"现象,不外两种情况:一是把神话中的古神和古人"人王化"了,二是把神话中的动物神"人王化"了。顾颉刚说:

> 古人对于神和人原没有界限,所谓历史差不多完全是神话。人与神混的,如后土原是地神,却也是共工氏之子……。人与兽混的,如夔本是九鼎上的罔两,又是做乐正的官;饕餮本是鼎上图案画中的兽,又是缙云氏的不才子。兽与神混的,如秦文公梦见了一条黄蛇,就作祠祭白帝;鲧化为黄熊而为夏郊。此类之事,举不胜举。……自春秋末期以后,诸子奋兴,人性发达,于是把神话中的古神古人都"人化"了。人化固是好事,但在历史上又多了一层的作伪,而反清乱前人的

想像祭祀之实，这是不容掩饰的。[11](P100-101)

在古神话中，古人对于神和人原本是没有界限的，所谓"人神杂糅"是也。正如顾颉刚在上文中指出的，这种人神杂糅的神话思维，大致有三种情况：一是人与神混的，二是人与兽混的，三是兽与神混的。古神话的这种原始口头形态下的思维结构，到了春秋之际，"诸子奋兴，人性发达"，他们便根据自己的政治需要和学说理念，将这些原本属于原始思维的神话构思做了大量的修改，将其中的古神古人都人化了，"淆乱前人的想像祭祀之实"。顾颉刚把这次人化的浪潮叫作"作伪"。应该说，这是原始神话因外力而发生的第一次变异。

顾颉刚又说：

> 我以为禹或是九鼎上铸的一种动物，当时铸鼎象物，奇怪的形状一定很多，禹是鼎上动物的最有力者；或者有敷土的样子，所以就算是开天辟地的人。（伯祥云，禹或即是龙，大禹治水的传说与水神祀龙王事恐相类。）流传到后来，就成了真的人王了。[15](P63)

> 禹本为古代神话所集中的人物，看九鼎、《山海经》、《禹本纪》（《史记》引）诸文物可知。司马迁等虽不信这些东西，但这是用了他们的理性去做量度，他们原是不识得民众社会的神话传衍的本相的。这种神话在书本上流传下来的虽不多，但看《随巢子》有禹化熊的故事，《吴越春秋》又有禹娶九尾白狐的故事，可见在神话中禹与动物原是很接近的。……言禹为虫，就是言禹为动物。看古代的中原民族对于南方民族称为"闽"，称为"蛮"，可见当时看人作虫原无足奇。禹既是神话中的人物，则其形状特异自在意内。例如《山海经》所说"其神鸟身龙首"，"其神人面牛身"，都是想象神为怪物的表征。这些话用了我们的理性看固然要觉得很可怪诧，但是顺了神话的性质看原是极平常的。[17](P225)

这里涉及的是"人化"问题的另一面，即神话的角色是动物（或怪物）的"人王化"衍化趋向。顾颉刚根据相传九鼎上的图像把禹说成是一条虫（蛇），或者有敷土的样子，可以算是个神话中开天辟地的神，因而受到那些守旧而浅薄的学者的讥笑和挖苦，甚至顾自己也一度失去了自信。那毕竟是80年前的事，学术界受到知识的局限，不知道动物作为神话的主角甚至民族祖先者，如印第安民族的美洲豹凯欧蒂、非洲布须曼族的蜘蛛，我国古代的犬戎族和现代的瑶族、畲族等的祖先槃瓠（神犬），等，在世界各地所在多有，并不是什么不光彩的事。蛇的形象在古代的图像中屡见不鲜，如新石器时代的陶器上，如汉画像石上，如马王堆出土的帛书上，蛇、蜥蜴等爬行动物是我们某些或某个民族的神话祖先，大概是不容怀疑的。说禹是一条虫（蛇——龙），是古代陈山敷土的开辟神，原是十分大胆而严肃的一个科学假设。后来，在其衍化过程中，受到包括儒家思想在内的理性思维和文化传统的影响，禹从九鼎上的动物形体——虫，《随巢子》记载的"化熊"的形体，逐渐演变成了一个备受崇敬的"人王"。在顾颉刚看来，禹是虫（蛇，动物），与《山海经》里的那些"鸟身龙首""人面牛身"的神兽一样，没有什么值得大惊小怪的，"顺了神话的性质看原是极平常的"。

顾颉刚认为，查禹的来踪去迹，本是一个地位独立、流传普遍的神话中的天神，一旦被"人化"而变成了"人王"，也就逐渐脱离神话了。他说："西周中期，禹为山川之神；后来有了社祭，又为社神（后土）。其神职全在土地上，故其神迹从全体上说，为铺地，陈列山川，治洪水；从农事上说，为治沟洫，事耕稼。耕稼与后稷的事业混淆，而在事实上必先有了土地然后可兴农事，易引起禹的耕稼先于稷的观念，故《閟宫》有后稷缵禹之绪的话。又因当时神人的界限不甚分清，禹又与周族的祖先并称，故禹的传说渐渐倾向于'人王'方面，而与神话脱离。"[11](P114)

从顾颉刚的论述中可以看出，前后两种情况下的所谓"人化"，其关键都在于"人王化"。而古神话发展的"人王化"趋势，其原因，总的来说，是对春秋末期的诸子以及西汉以降的谶纬家的政治需要和学说理念的适应，是理性对神话的挤压；其结果是使本来地位独立、流传普遍的神话（如禹神话），逐渐与神话脱离而变成了伪史。

2. "历史化"问题

顾颉刚说："凡是没有史料做基础的历史，当然只得收容许多传说。这种传说有真的，也有假的；会自由流行，也会自由改变。改变的缘故，有无意的，也有有意的。中国的历史，就集结于这样的交互错综的状态之中。"[22](P4)古神话传说"改变"的大趋向，大半就是古神话传说的"历史化"。自春秋以降，神话的"历史化"趋势愈演愈烈，使一部中国古史真中有假，假中有真，真假难辨，故反对"历史化"就成为顾颉刚辨伪的矛头所指。"历史化"不是中国才有，古希腊就有，在西方神话学中称"爱凡麦化"①。简言之，"历史化"或"爱凡麦

---

① 爱凡麦（Euhemerus，创作时期公元前 300 年），又译友赫麦鲁斯、欧伊迈罗斯，希腊哲学家。创立了神话即历史、神即历史英雄的著名理论。

化"就是把神话中的人物解释为帝王或英雄。

顾颉刚在《战国秦汉间人的造伪与辨伪》（1934年）一文中对古人（特别是战国秦汉间人）的造伪运动，有一句总结性的断语："战国秦汉之间，造成了两个大偶像：种族的偶像是黄帝，疆域的偶像是禹。"[22](P23)造伪就是把神话传说说成是历史，把神话中的神人说成是人王——帝王或英雄。他指出，在《大戴礼记》的《五帝德》《帝系姓》诸篇中记载的黄帝及其属系，就是把不同的神话"历史化"——造伪的结果。"黄帝生昌意，昌意生颛顼，这是一支；黄帝生玄嚣，玄嚣生蟜极，蟜极生帝喾，这是又一支。靠了这句话，颛顼和帝喾就成了同气连枝的叔侄。二千余年来，大家都以为是黄帝的子孙，原因就在这里"；"他们岂仅把上帝拉做了人王，使神的系统变做了人的系统；而且把四方小种族的祖先排列起来，使横的系统变成了纵的系统"。[22](P20)禹的情况也一样，在古代传说中他本是一个"平地成天"的神人，可是到了秦代，由于秦始皇的统一六国，也不得不逼得这个原本神话中的古帝王所拥有的土地，也必须和秦始皇的疆域一样广阔。在《禹贡》这部书里，当时的境域分为九州，硬叫禹担任了分州的责任，于是禹便成了"疆域的偶像"。中国的上古史就是在这样一种"历史化"的思绪中构成纵的和横的系统的。

法国汉学家马伯乐①在其《书经中的神话》一书中开宗明义地写道："中国学者解释传说从来只用一种方法，就是'爱凡麦'（Euhemerus）派的方法。为了要在神话里找出历史的核心，他们排除了奇异的、不像真的分子，而保存了朴素的残渣。神与英雄于此变为圣王与贤相，妖怪于此变为叛逆的侯王或奸臣。这些穿凿附会的工作所得者，依着玄学的学说（尤其是五行说）所定的年代先后排列起来，便组成中国的起源史。"[23](P1)马伯乐以这样的思想为指导，对《尚书》中的三个神话（羲与和的传说、洪水的传说、重黎绝地天通的传说）进行了辨伪研究，指出这些传说虽有历史之名，实际上却只是传说。《尚书》中充满着这种纯神话的而被误认作历史的传说。而历史家的任务，"不必坚执着在传说的外形下查寻从未存在过的历史的底子，而应该在冒牌历史的记叙中寻求出神话的底子，或通俗故事来"。马伯乐对中国古史研究中的"爱凡麦化"（历史化）倾向的批评，可谓一箭中的，与顾颉刚疑古辨伪的一些见解不谋而合。顾

---

① 马伯乐（M. Henri Maspèro，1883—1945），法国汉学家、敦煌学家、语言学家和史学家，主要研究中国历史，是法国道教研究的奠基者。1921年任法兰西学院汉学讲座教授，1944年任法兰西学院文学部会长。二战中因其子参加爱国抵抗运动被以"恐怖活动嫌疑罪"逮捕，病死于纳粹德国的集中营。主要著作有《古代中国》《中国宗教·历史杂考》等。

颉刚在马伯乐著、冯沅君译《书经中的神话·序》里写道：

>《尚书》中所有的神话并不止马先生所举的几条（这一点马先生自己也知道），如《尧典》"胤子朱启明"一语，就包含着一个神话。考《山海经·海内西经》云："海南昆仑之墟……帝之下都，……面有九门，门有开明兽守之。昆仑南渊深三百仞，开明兽身大类虎而九首皆人面，东响立昆仑上。"
>
>它说昆仑山上有一种神兽，叫作开明，守着昆仑山的九门。开明兽是一种身体大到像老虎，长着九个脑袋和人的面孔的怪物。案"开""启"古音同，"启明"实在就是"开明"的变文。"朱"呢？《尧典》下文又云："益拜稽首，让于朱、虎、熊、黑。"
>
>可见"朱"也是同"虎、熊、黑"差不多的一种大兽之名。《尧典》的作者把"朱"与"开明"连在一起，把"朱"说成了人，把"开明"作为"朱"的表德，这是不是一种"爱凡麦"式的历史解释法的例证？
>
>《尧典》又云："舜……辟四门，明四目，达四聪。"
>
>前人把这两句话解作"广致众贤"，"广视听于四方"（《尚书·伪孔安国传》），自是合于《尧典》作者的原意。但是这句话里却也包含着几种神话的素质。考《天问》云："昆仑县圃，其尻安在？……四方之门，其谁从焉？西北辟启，何气通焉？"
>
>这是说昆仑山上有四方之门，只有西北方的门开启着。《尧典》的"辟四门""达四聪"，我以为就是从这里来的。在战国时，上帝的传说往往化成尧舜的传说，如上帝殛鲧，变成尧舜的殛鲧；上帝"遏绝苗民"，变成尧舜的放伐苗民等。昆仑山是"帝之下都"，它是上帝传说里的一个地名，所以会与舜发生关系。又舜有重华之号，又有"目重瞳子"的传说，这种传说的原始，或许是说舜长着四只眼睛，所以《尧典》又有"明四目"的记载。例如战国时传说"黄帝四面"，这本来是说他一个脖子上长着四张脸，但是《太平御览》七十九引《尸子》载："子贡问于孔子曰：'古者黄帝四面，信乎？'孔子曰：'黄帝取合己者四人，使治四方，不谋而亲，不约而成，大有成功，此之谓四面也。'"
>
>经此一解，"四面"的神话就成了"四人治四方"的人事了。这与舜"明四目"的传说的演变何异？这是不是又是一件"爱凡麦"式的

历史解释法的例证？

  《尧典》同《皋陶谟》中又有夔的记载："帝曰：'夔，命汝典乐！……'夔曰：於！予击石拊石，百兽率舞。"（《尧典》）"夔曰：'戛击鸣球，搏拊琴瑟以咏，祖考来格；……笙镛以间，鸟兽跄跄；箫韶九成，凤皇来仪。"（《皋陶谟》）这位夔能使"百兽率舞"、"鸟兽跄跄"、"凤皇来仪"，本领真大极了！但考《山海经·大荒东经》云："有兽状如牛，苍身而无角，一足，出入水则必风雨，其光如日月，其声如雷，其名曰'夔'。黄帝得之，以其皮为鼓，橛以雷兽之骨，声闻五百里，以威天下。"原来"夔"就是这么一个怪物，怪不得他与鸟兽这样关切哩！因为有了这"雷声鼓"的传说，于是讹传"夔"为乐官，仍说这位乐官是一足。有人觉得不合理，替它解释道：

  鲁哀公问于孔子曰："乐正夔一足，信乎？"孔子曰："昔者舜欲以乐传教于天下，乃令重黎举夔于草莽之中而进之，舜以为乐正。夔于是正六律，和五声，以通八风，而天下大服。重黎又欲益求人。舜曰：'夫乐，天地之精也，得失之节也，故惟圣人为能和乐之本也；夔能和之以平天下，若夔者一而足矣！'故曰'夔一足'，非'一足'也。"（《吕氏春秋·察传》）

  经此一解，"一只脚"就成了"一个就够了"。这是不是又是一件"爱凡麦"式的历史解释法的例证？[23](P3-4)

中国古史上何以出现和盛行"历史化"或曰"爱凡麦化"呢？顾颉刚认为有下列原因：

  第一，古人没有历史观念，只有致用观念。孔子"只拿了致用的观念来看夏殷，而不拿历史观念来看夏殷"，"在这种观念之下，与周有关的尚可仅凭传说，而与周无关的自然更不妨让它澌灭了"；"古时虽以孔子之圣知，也曾起过'文献不足'的感叹，但究竟受时代的束缚，惟有宛转迁就于致用的观念之下而已"。[22](P7-9)

  第二，儒家和墨家的提倡。顾颉刚说："孔子的思想最为平实，他不愿讲'怪、力、乱、神'，所以我们翻开《论语》来，除了'凤鸟不至，河不出图'二语以外，毫无神话色彩。其实那时的社会最多神话。试看《左传》，神降于莘，赐虢公土田（庄三十二年），太子申生缢死之后，狐突白日见他（僖十年），河神向楚子玉强索琼弁玉缨（僖二十八年），夏后相夺卫康叔之享（僖三十一年），真可谓'民神杂糅'。历史传说是社会情状的反映，所以那时的古史可以断定一半是神话，可惜没有系统的著作流传下来。流传下来的，以《楚辞》中的《天问》为最能表现那时人的历史观，但已是战国初期的了。……在《天问》中，禹是一个上天下地，移山倒海的神人，鲧是给上帝禁压在山里的。洪水是开辟时所有；平治水土不是人的力量，乃是神和怪物合作的成绩。有了这个了解，再去看《诗》、《书》，那么，玄鸟生商的故事，履帝武生稷的故事，'洪水芒芒，禹敷下土方'之句，'殛鲧于羽山'之文，均不必曲为解释而自然发现了它们的真相。"[22](P9-10)

在顾颉刚看来，在战国之前，中国古史的性质，大体是宗教的、神话的，所谓"历史化"的过程开始于战国时代。前面提到的顾颉刚给马伯乐《书经中的神话》序里提到的孔子对"黄帝四面""夔一足"的解释，以及顾颉刚在此前所写的《战国秦汉间人的造伪与辨伪》一文中提到的"黄帝三百年"的解释，如顾颉刚所说："出发点虽在辨伪，但是结果则反而成了造伪：造了孔子的假话和古代的伪史来破除神话。"[22](P44)

顾颉刚认为，墨子的"尚贤""尚同"的政治主张，对社会制度的变化发生了重大影响，连与他势不两立的儒家也不能不采取他的学说，而"社会组织的大变动，当然对于思想学术有剧烈的影响，古史传说遂更换了一种面目"[22](P11-12)。最明显的一个例子是，在墨子的尚贤主义影响之下，出现了尧舜的禅让故事。尧舜禅让故事是神话"历史化"的一个典型案例。

第三，阴阳五行说的影响。阴阳五行说用了阴阳五行的交互错综所引起的变化，来说明自然界的状况和社会的状态。战国邹衍和西汉刘歆先后创立的五德始终说，不仅对社会政治制度的变革，而且对神话传说的系统化、历史化起了重要作用。顾颉刚说："到了西汉的末叶，刘歆作《世经》，又另创了一种五德始终说，从伏羲的木德为始，以五行相生说为次：木生火，故炎帝以火德继；火生土，故黄帝以土德继；土生金，故少皞以金德继；金生水，故颛顼以水德继；水又生木，故帝喾以木德继；木又生火，故帝尧以火德继；火又生土，故帝舜以土德继；……这样排下去，从伏羲到汉，这五德的系统共转了两次半，比较邹衍的原说，丰富多了。因为中国一切学问都是到东汉时才凝固的，所以他的话非常占势力，所有讲古史的书不提伏羲则已，一提到则未有不说他'以木德王'的。"[22](P33-34) 阴阳五行说及其衍生的五德始终说，一旦被创立出来，由于适合于帝王们的政治需要，故而很快便大行其道，不仅严重地掩盖了史实的真相，同样也以一种新的神话系统和政治逻辑，严重地改变了神话传说的本意。

五、小结

顾颉刚是著名的历史学家，同时又是杰出的神话学家。他在古史"辨伪"的名义下所进行的古史学术探索和论争中，阐述了自己完整的神话理论和神话研究方法，创立了一套神话学学术体系，并在他的带动和影响下，逐渐形成了一个中国神话研究上的学派——"古史辨"派神话学。先后属于这个神话学派的有杨宽、童书业等。从更大的范围来看，对于这个学派的神话学的形成发生过重要作用或影响的，前期还有对顾颉刚发生过重大影响的胡适和钱玄同，后期还有追随顾颉刚古史辨治史思路的吕思勉等。杨宽曾经这样描述过"古史辨"派对中国神话研究的影响："国人之治神话学者，如沈雁冰《中国神话研究ABC》，冯承钧《中国古神话研究》（见《国闻周报》）等无不以为古史传说出于神话之演变。迩来国内史学者，信古史传说出于神话者亦渐众，如姜亮夫《夏殷民族考》以禹为夏之宗神，舜为殷之宗神，近人著《中国社会与中国革命》者又云：'商有水土之神为禹，周有农神为后稷，秦有物神白帝、黄帝、炎帝及青帝，东夷有战神称蚩尤。'"[24](P119)从此也可见出这个学派在中国现代神话学的建立与发展中起过多么重要的作用。

概括一下"古史辨"派史学家们的神话研究活动及其理论原则：

第一，这个学派的代表人物在20年代至40年代的三十年间，以顾颉刚的《与钱玄同先生论古史书》为起点，陆续发表和出版了相当数量的、内容坚实的、有着广泛影响的讨论古史和神话的研究著述，其主要论文和大量书信收辑在先后问世的七册《古史辨》中。

第二，"古史辨"派神话学学派以疑古、辨伪、释古作为共同的学术理念，在古史和神话的研究上所做的，可以概括为：（1）"古史的破坏"；（2）"神话的还原"。顾颉刚于1923年2月在《与钱玄同先生论古史书》中第一次提出了"层累地造成的中国古史"观与"时代愈后，传说的古史期愈长"[16](P191)的古史神话传说"演变说"。之后，杨宽于1928年1月在《中国上古史导论》中提出了神话的"自然演变分化说"与"东西民族神话系统"融合说。[24](P106、113)继而，童书业于1940年8月在《〈古史辨〉第七册序》里阐述了"分化"说与"层累"说之间的关系："分化说是累层说的因，累层说则是分化说的果。"[25](P6)杨宽和童书业等进一步发展和完善了顾颉刚的神话研究理念，使"古史辨"神话学派得以最终形成。从神话学的角度而言，如果说顾颉刚所做的主要是"古史的破坏"，那么，杨宽和童书业等人所做的，则主要是"神话的还原"了。

第三，这个学派逐渐形成和完善了自己独特的神话研究方法。顾颉刚把这个方法系统做了如下表述："用新式的话说为分析、归纳、分类、比较、科学方法，或者用旧式的话说为考据、思辨、博贯、综核、实事求是。"[26]换言之，即"求真的精神，客观的态度，丰富的材料，博洽的论辨"[3](P51)。"求真的精神，客观的态度，丰富的材料，博洽的论辨"，本来是顾颉刚对罗振玉和王国维的研究方法的评价，但他说"这是以前的史学家所梦想不到的，他们正为我们开出一条研究的大路，我们只应对于他们表示尊敬和感谢"，故也是他所遵循的。胡适在评价顾颉刚提出的"层累地造成的古史观"时说："顾先生的这个见解，我想叫他做'剥皮主义'。……顾先生的主要观点在于研究传说的经历。"[16](P192)他正是遵循这些原则，把实事求是的态度和分析、归纳、分类、比较等科学的方法引进了神话学研究的领域，从而开创了中国神话学实证研究的传统。

第四，古史辨神话学家们在辨伪的同时，在"古史即神话"的理念下，"把古今的神话与传说作为系统的叙述"[3](P61)，即对古今神话与传说资料进行了认真的辨伪和考释，为古史神话的进一步研究提供了可资信赖的文献资料。这既是他们对中国神话研究的贡献，又反证了他们所采取的研究方法的可取。

第五，古史辨神话学派作为我国现代第一个神话研究流派，以"层累"和"演变"的理论与坚实的辨伪和考据的实践，成为中国现代民间文艺学史上"神话研究的开拓者"[27](P325)，为中国现代神话学的学科建设奠定了坚实的基础。

随着考古文物和文献的大量出土，某些曾经被怀疑是"神话传说"的人物或事件，被证实确系真实的历史，"走出疑古时代"的一派向"疑古""辨伪"学派提出了新的挑战。

参 考 文 献

[1] 钱玄同.玄同先生与适之先生书［M］//顾颉刚.古史辨：第一册.上海：上海古籍出版社，1982年.

[2] 顾颉刚.程憬《中国古代神话研究》序［J］.博览群书，1993（11）.

[3] 顾颉刚.《古史辨》第一册自序［M］//顾颉刚.古史辨：第一册.上海：上海古籍出版社，1982.

[4] 顾颉刚.告拟作《伪书考》文书［M］//顾颉刚.古史辨：第一册.上海：上海古籍出版社，1982.

[5] 胡适.自述古史观[M]//顾颉刚.古史辨：第一册.上海：上海古籍出版社，1982.

[6] 顾颉刚.我是怎样编写《古史辨》的？[M]//顾颉刚.古史辨：第一册.上海：上海古籍出版社，1982.

[7] 钱穆.八十忆双亲·师友杂忆[M].长沙：岳麓书社，1986.

[8] 胡适.介绍几部新出的史学书[M]//顾颉刚.古史辨：第二册下编.上海：上海古籍出版社，1982.

[9] 钱玄同.论今古文经学及《辨伪丛书》书[M]//顾颉刚.古史辨：第一册.上海：上海古籍出版社，1982.

[10] 顾颉刚.答编录《辨伪丛刊》书[M]//顾颉刚.古史辨：第一册.上海：上海古籍出版社，1982.

[11] 顾颉刚.讨论古史答刘胡两先生书[M]//顾颉刚.古史辨：第一册.上海：上海古籍出版社，1982.

[12] 刘俊文.日本学者研究中国史论著选译：第一卷[M].北京：中华书局，1992.

[13] 顾颉刚.顾颉刚读书笔记：卷四[M].台北：联经出版事业公司，1990.

[14] 顾颉刚.顾颉刚读书笔记：卷九[M].台北：联经出版事业公司，1990.

[15] 顾颉刚.与钱玄同先生论古史书[M]//顾颉刚.古史辨：第一册.上海：上海古籍出版社，1982.

[16] 胡适.古史讨论的读后感[M]//顾颉刚.古史辨：第一册.上海：上海古籍出版社，1982.

[17] 顾颉刚.答柳翼谋先生[M]//顾颉刚.古史辨：第一册.上海：上海古籍出版社，1982.

[18] 顾颉刚.我的研究古史的计划[M]//顾颉刚.古史辨：第一册.上海：上海古籍出版社，1982.

[19] 王国维.殷卜辞中所见先公先王考[M]//干春松，孟彦弘.王国维学术经典集：下卷.南昌：江西人民出版社，1997.

[20] 顾颉刚.周易卦爻辞中的故事[J].燕京学报，1929（6）.

[21] 吴其昌.卜辞所见殷先公先王三续考[M]//顾颉刚.古史辨：第一册.上海：上海古籍出版社，1982.

[22] 顾颉刚.战国秦汉间人的造伪与辨伪[M]//顾颉刚.古史辨：第七册上编.上海：上海古籍出版社，1982年影印本.

[23] 马伯乐.书经中的神话[M].冯沅君，译.国立北平研究院史学研究会出版，商务印书馆发行，1937.

[24] 杨宽.中国上古史导论[M]//顾颉刚.古史辨：第七册上编.上海：上海古籍出版社，1982.

[25] 童书业.《古史辨》第七册序[M]//顾颉刚.古史辨：第七册.上海：上海古籍出版

社，1982.
[26] 顾颉刚.孟姜女故事研究的第二次开头［M］//顾颉刚.孟姜女故事研究集.上海：上海古籍出版社，1984.
[27] 王孝廉.中原民族的神话与信仰：中国的神话世界（下编）［M］台北：时报文化出版企业有限公司，1992.

原载《长江大学学报》（社会科学版）2006 年第 4 期

民族神话研究

中华民族创世神话的典型型式及人文精神

刘亚虎

根据古籍记载,中华民族的祖先与世界其他民族一样,对"世界"的结构及其创造也充满着浓厚的兴趣。例如,两千多年以前,屈原著名的《天问》就有这么一个问题:"圜则九重,孰营度之?惟兹何功,孰初作之?""圜",在汉文古籍中,即为天体,即所谓"天圆地方"之圆天。《说文解字》卷六口部:"圜,天体也。"整个四句话是屈原在发问:圆圆的天,分为九层,是谁规划设计的呢?这是何等宏伟的工程啊,是谁开启创造的呢?

有这么浓厚的兴趣,按照人类发展的规律,在中华民族的童年时代,应该产生丰富的创世神话。带着这样的想法,我们来做一点历史的追溯。

一

中华民族创世神话,也许可以按内容追溯到很古很古;但从历史学的角度来看,可以作为准确年代判断依据的只有文物和古籍,故我们的追溯还是以这两者为序,从这两者的标示或记载中去勾勒中国创世神话的形貌和轨迹。首先从已发现的中国最早的文字——殷墟甲骨文开始。

殷墟甲骨文是殷商王室记录向"帝"或"上帝"问卜之事而刻(或写)在龟甲及兽骨上的文字,卜问的范围包括风雨、渔猎、农事、征伐、祭祀等,如"帝令雨""帝不令风""伐邛方,帝受我又"等。从神话学的角度来讲,甲骨文卜辞最引人注目的是出现了至上神"帝"或"上帝"。从卜问范围来看,他不仅主宰自然,支配气象,而且担负起许多社会的功能,具有至上神的种种特征。然而,我们在面世的甲骨文卜辞里,并没有发现关于"帝"创世的叙述。就是说,单从甲骨文卜辞来看,还不能证明"帝"是以创世者的身份获得主宰世界的最高权力的。

那么,"帝"从何而来?或者说,"帝"的原型是什么?还是回到卜辞里。我们注意两点:其一,卜辞有殷人死去的祖先"宾于帝"即客居于帝处的记载,起码说明，帝与殷人的祖先有直接的联系，而查南方一些少数民族流传至今的丧葬风俗及《送魂经》，送死者灵魂前往安息的地方正是始祖居住的地方；顺着这条路，其二，卜辞所问者多称帝，有时也称高祖夋，如"贞于高祖夋""求禾于夋"等，更显示两者的联系。姑且不管这里帝与殷人高祖夋是否同一人，起码可以说明，夋跟帝具有同样的主宰世界的权威。

再把目光集中到殷人高祖夋。夋即《山海经》里的帝俊，这在学界已近乎共识。我们在《山海经》里，发现两条关于夋的似乎与创世有关的记载：

妻羲和，生十日。（《大荒南经》）

妻常羲，生月十有二。（《大荒西经》）

这两条记载，似乎与生育创世型神话有关，如成立，当为中华民族创世神话型式之一；同时也隐约透露出，殷人可能有祖先神生育创世型神话。殷人获得中土的最高权力后，祖先神被尊为帝或取得与帝同等的地位，亦即世界的主宰者。

中国现存最古老的两部著作——《尚书》和《周易》出现在代殷商而起的周。《尚书》是记述夏、商、周三代君王或圣贤言行的一本典籍，其中《周书》十九篇一般认为比较可靠。根据此书记载，周立国之初亦敬祈"帝"（至于其"帝"的内涵当与商有所不同），以后，逐渐更多地祭祀"天"，以"天"代"帝"称至上神；而且，逐渐使至上神"天"摆脱祖先神的身份走向超越，获得一种价值理性的品格，具体就是提出了"德"的观念。例如，他们提出，他们的文王"明德慎罚"，因而"天乃大命文王"灭殷（《尚书·康诰》），可见"皇天无亲，惟德是辅"（《尚书·蔡仲之命》）。究其缘由，可能因为周是在方国的拥戴下而灭殷商的，或许是在与殷对峙之际出于团结他族的考虑，或许是夺得政权后作为成功的经验，而有此举。只是，在"天"摆脱祖先神的身份而逐渐走向超越以后，"天"的人格神的色彩也逐渐淡化，叙述人格神"帝"或"天"以某种创世者的身份获得支配世界权力的创世神话，也逐渐式微。

春秋时期，周王室作为"共主"的地位削弱，诸侯国离心，中国古代的知识界——"士"阶层出现一种"百家争鸣"的格局；与此相联系，"天"的主宰地位也发生动摇，遭到怀疑，而其作为有灵性、有人格的神的意识进一步消退，进一步向终极性价值源头等靠拢。不同境遇的"士"都有志于建构自己的一套论说以立世，其中不少论说涉及世界及其创造，它们的底本应该或多或少包含积淀下来的各种创世神话。

春秋末年，周朝礼仪制度崩溃，社会动荡。一生学习周礼的孔子于此时提出"仁"的范畴，并以此建立起儒家学派的道德理想和治国理想；而在论述发挥人的主观努力"从仁"时,谈到了人之外的主宰力量——"命"或"天命"。《论语·宪问》记述,有一个叫公孙寮的人毁谤孔子的主张,有人将这件事告诉孔子,孔子坦然地说:"道之将行也与,命也;道之将废也与,命也。公伯寮其如命何!"这里的命,大概有"时命""天命"两种意义。"时命"决定于时势、时运,"天命"则决定于"天"。这里的"天",形象更加模糊,更多只是体现周以来被赋予的道德的、价值的品格及其终极的支配意义。

儒家以外,先秦时期另一个影响巨大的学派是道家。道家学派的创始人是老子,思想的核心范畴是"道"。"道"的本意指道路,后来被引申为规律或规范。老子把"道"抽离出来,作为一个形而上的范畴加以系统论述。在关于道的论述中他描绘了道创生万物的过程:

> 道生一,一生二,二生三,三生万物。万物负阴而抱阳,冲气以为和。(《老子》第四十二章)

这段话以数代义的地方有三处,根据后两句"阴""阳""气"等字眼以及作者的其他论述分析,这里的"一",大概是指混沌未分之气;"二",分化了的阴阳二气;"三",阴阳二气结合所成的和气。整段话阐明了道通过层层变化到有形有质,最后形成万物的过程,已经呈现出了中华民族关于世界"气本"到"气化"的叙事梗概。

中华民族关于世界的"气本说",大概起源很早。《国语·周语》记载当时阳伯甫解释地震,就说出"天地之气,不失其序"的话,说明其时"气本说"已经流传。"气化说"最具独特意义的是阴阳二气的运行。阴阳之分,最初应为先民基于农耕生产观察天象而形成的观念,大概还是以生活中的日落、背阴为阴,日出、向阳为阳。如《诗经·公刘》记载周人祖先公刘率部迁徙到新的地方以后,"既景乃冈,相其阴阳"。意为在山冈上观测日影,确定向阳和背阴的方位。以后,逐渐抽象化。如天地运行以气说,出现阳气、阴气。前述《国语·周语》所载阳伯甫解释地震说出"天地之气,不失其序",其后就是"阳伏而不能出,阴迫而不能烝,于是有地震";再后,在气为万物本原观念的基础上,阴气阳气运动成为万物生成的环节。如前述《老子》第四十二章所载"万物负阴而抱阳"之说。

老子的"道"又可以称为"太一"(《庄子·天下》称,老子的学说"主之以太一"),其所生在先秦时期似乎还有更多的开展。1993年,在湖北郭店出土了大量战国时期的竹书,其中一篇《太一生水》有这么一段论述:"太一生水。水反辅太一,是以成天。天反辅太一,是以成地。"这里,"太一"或"道"首先生出水，水生成后反过来辅助太一，从而产生天；天生成后反过来辅助太一，从而产生地。由此并结合《管子·水地》所谓水为"万物之本原"等论述可见，中华民族古代于"尚气说"之外，还有一个"尚水说"。

秦时，统治者依法家思想建国治国。法家统治理论以法为本，法、术、势结合，助秦灭六国并建立起中国历史上第一个中央集权制的王朝。但这套理论建基于"皆挟自为心"（《韩非子·外储说左上》），即"每个人都自利、为己"的人性论。从君主立场看人性的自利性，意味着人人不可信任，这一切使得君臣、臣民关系极度紧张，终于爆发为战争，导致了秦王朝的败亡。西汉初，一些文人分析了秦亡的缘由。他们认为，法家以天然给定的人的性情为"好利恶害"，并以人为的方式依理性规则立法来制导天然性情，如此，"人"与"天"是对置的，秦王朝的暴政恰恰表现了"人"的有限性，秦王朝的灭亡则恰恰说明了依"人"依理性立法的有限性。[1]（P193-216）于是，回到"天""天道"，回到信仰，成为汉初热衷的话题，这导致了汉代《淮南子》《山海经》等包含不少创世神话核心情节的著作的编纂。

《淮南子》由西汉初淮南王刘安与门客集体编纂。《汉书·刘安传》称刘安"欲以行阴德，……流名誉，招致宾客方术之士数千人，作为《内书》二十一篇，……言神仙黄白之术"。因而，此书搜集不少流传下来的神话资料，其中，包含创世神话核心情节的片断如《天文训》："宇宙生气，气有涯垠，清阳者薄靡而为天，重浊者凝滞而为地。"气态本源如何形成天地，第一次有了清晰的图景。《精神训》："古未有天地之时，惟像无形，……有二神混生，经天营地，……乃别为阴阳，离为八极，刚柔相成，万物乃形。烦气为虫，精气为人。"气态本源形成天地的叙事，第一次出现主体——创世的神。《览冥篇》："往古之时，四极废，九州裂……于是女娲炼五色石以补苍天，断鳌足以立四极，杀黑龙以济冀州，积芦灰以止淫水。"其中，"积芦灰以止淫水"，"断鳌足以立四极"，包含水态本源创世神话中取土在水上造地、立极等核心情节。至此，中华民族创世神话典型型式已初露端倪。

《山海经》各篇成书非一时，作者非一人，但全书编定者为西汉刘秀（歆）。《山海经》所搜集的神话资料中，《海内经》里所言鲧"窃帝之息壤以堙洪水"也包含水态本源创世神话取土造地的核心情节。至三国时吴国人徐整《五运历年记》所载盘古"肢体化解创世型"神话："首生盘古，垂死化身，气成风云，声为雷霆，左眼为目，右眼为月，四肢五体为四极五岳……"中华民族创世神话典型型式已大致显现。如果殷人隐约显现的生育创世型神话由于情节过于简单、出现也不多而暂时忽略的话，古来以农为本的中华民族创世神话比较典型的型式大致有这么几种：原初形态气态或忽略，气态运动，创世者出，先分开，后整治天地；原初形态水态或气态水态，气态或水态运动，创世者出，取土造地，捉兽负地；原初形态气态或水态或忽略，气态或水态运动，创世者出，以动物或自身躯体化生天地万物。

这些比较典型的型式，如果说，在汉文古籍中由于华夏/汉族文明发展较早而只剩下粗略的叙述的话，在很多与华夏/汉族有千丝万缕联系的少数民族那里，却因为种种环境、社会等因素而以比较完整的活形态流传，它们为我们认识中华民族创世神话提供了具有独特价值的范本。把两者缀合在一起加以分析，可以比较完整地展示中华民族创世神话的全貌。

二

中华大地上华夏/汉族与各少数民族的关系，从整个历史发展状况来看，大致上是"多元一体"或"你中有我，我中有你"。中华民族传统文化特别是创世神话一类的早期产物，也多为现代各民族先民共同创造而以不同形式传承，彼此间精神实质多有相通或一致之处。

根据相关资料，远古进入父权制时代，中华大地上有黄帝与炎帝、太昊与少昊、三苗等大的部落集团。相传黄帝经历五十五战，而天下大服；其中，与炎帝战于阪泉之野，与两昊蚩尤战于冀州、涿鹿，都获得胜利，从而取得炎黄两昊各部落集团共主地位。其后，黄帝一系的尧、舜、禹经历长期战争，又战胜三苗，在黄河中下游及江汉平原间结成更大的联盟，在此基础上形成夏、商、周三族；同时，各部落集团又都有一部分按照原有传统发展，形成夏、商、周三代的氐羌、北狄、东夷与南蛮等。周朝建立以后，分封同姓与异姓诸侯，同称为夏，号为诸夏，由此构成了华夏民族的雏形。再经过秦汉以后与周边族群的不断融合，逐渐形成为一个统一的民族——汉族。与此同时，各部落集团按照原有传统发展的周边族群也经过复杂的分化组合过程，逐渐形成为现在的少数民族。他们大都居住在边疆山地、草原等地区，从事山地农耕、草原畜牧等活动。与汉族比较起来，各少数民族在文化方面突出的特点是较长时期地保留神巫文化、群体文化传统。

神巫文化或称巫风是产生和流传神话的土壤和氛围，它始于远古，曾经盛行于殷商。周代以后，统治者以殷商为鉴，鬼神意识逐渐淡漠，而周边族群由于环境、社会等种种原因并没有受到多少影响，各种社会组织中祭祀事务的管理者仍始终居于重要地位。例如，南方哈尼族古歌《窝果策尼果·直琵爵》叙述，哈尼先民早期社会是头人、"贝玛"（祭司或巫师）、工匠三位一体的体制，其中，头人管政治事务，贝玛管宗教文化，工匠管生产技术。[2](P253-291)这样一种体制，在一些地方延续到20世纪50年代初。直至20世纪50年代初，各少数民族分别处于各种社会形态，但大都以某种形式长期延续着氏族时代形成的群体文化特质，群体成员尊崇共同的图腾、共同的始祖或天神、共同的发祥地和归宿地、共同的文化传统，并经常参与一些群体性的活动，如群体祭祀、群体歌舞等，这些，为以独特方式体现族群意识的神话等的流传提供了重要的精神氛围和人文环境。

因而，以20世纪50年代为基准，流传在很多地方尤其是南方山地农耕民族中的创世神话，还在民族生活中延续着它的比较原始的功能，还在祭祀创世始祖或天神的仪式等神圣场合吟唱，传承下比较完整的活形态。这些形态，不但有比较完整的叙事，还有比较完整的祭祀程序与带巫术意味的活动，等等，它们是中华民族古老的创世神话形态的活化石。这些，对我们认识早期创世神话的传播方式，以及蕴涵在其中的人们创造神话的深层心理动机和人文精神，具有重要的意义。

例如，云南梁河县阿昌族在每年农历正月民族最盛大的传统节日"窝罗"节上，祭祀民族创世始祖遮帕麻和遮米麻，请"活袍"（祭司）唱述民族创世神话古歌《遮帕麻和遮米麻》。《遮帕麻和遮米麻》叙述了他们俩织天造地，捏金沙为日捏银沙为月，射下魔王腊訇所造的假太阳并生下葫芦籽孕育九个民族的事迹。届时，在"窝罗"场的中心台坊中央，矗立着两块牌坊，左牌坊顶部描绘太阳，右牌坊顶部描绘月亮，两牌坊之下分别是男子、女子彩图，分别代表遮帕麻和遮米麻，并标示两人造出太阳月亮；两牌坊顶端中间高高耸立一把巨大的弓箭，称为神箭，标示遮帕麻用箭射落魔王腊訇所造的假太阳，让自己所造的太阳重新照耀大地。阿昌族"窝罗"节唱述这些神话，意欲凭借始祖创世的权威及所造的太阳，高扬始祖的精神，主宰气象变化，使未来的一年阳光充沛均匀，不涝不旱。[3](P53-54)

以上创世神话形态的活化石，或许首先展现了较早进入农耕时期的中华各民族先民创造创世神话的深层心理动机，即塑造一个或多个凝聚族类支配自然、立足社会的理想和愿望的形象，依靠他们来影响气象，驾驭自然。因而，先民从与农耕直接相关的祭祀、巫术的需要出发，创作了一系列这类形象孕育或创造世界万物（从而可以主宰整个自然界），以及自己族类乃至人类（从而可以认同）的神话。由此我们不难理解，先民这一类形象大多带有农耕时期族群首领的品性，或者说直接身份就是族类的始祖。

了解了这一点，或许就可以比较容易地进入中华民族创世神话各种型式的各种形态，触摸先民创造创世神话的初衷，把握他们叙事的脉络。我们从第一种开始吧。

第一种：原初形态气态或忽略，气态运动，创世者出，先分开，后整治天地。

汉文古籍中，这种型式的叙事即前述《淮南子·天文训》里的"宇宙生气，气有涯垠"，《精神训》里的"二神混生，经天营地"等。少数民族此种型式的神话，也多首先叙述随着原初气态的自身运动，民族的创世始祖或其他形象逐渐形成。例如：

壮族《布洛陀与姆洛甲》说，混沌时代，宇宙中旋转着一团大气，这团大气渐渐地越转越急，越转越快，形成一个蛋的样子。后来蛋爆裂开，分为三片，一片飞到上边变为天空，一片飞到底下变为水，留在中间的一片变为大地。突然，大地上长出一朵花，中间长出一个女人来，她就是始祖姆洛甲[4](P603-604)。

瑶族神话史诗《密洛陀》说，很久很久以前的时候，"下没有土地，上没有青天"，"阴风吹了一岁又一岁，阳气流了一年又一年"，"风停吹了，气停流了，有位密姥（大妈）在风里，有位女人在气中"，她就是始祖神福华赊·发华风[5](P12-13)。

中华各民族宇宙原初形态多气态说，当与各民族栖息的自然环境有关。远古时代，各民族先民多傍水逐阳而居，所居地区水气重，阳光足，水气在阳光的照射下受热上升，常形成气流；遇冷下降，又形成雾露。气流风吹时旋转运动，雾露散去后现出天地人物，此当为"大气急速旋转分为天地、生出人物"神话的生活基础。同时，各民族先民大多较早进入定居农耕，世世代代在这片土地上辛勤耕耘，熔铸了朴实、坚韧的民族性格。与此相联系，他们创造的神奇形象更贴近这片土地，贴近这片土地上的人们，此当也是这些形象大都随着原初气态的运动与天地一起形成的原因。

同样的缘由，此类神话里以农耕时期族群首领等为原型的主人公造天造地，大都主要依靠稍显朴实的劳动，较少随心所欲无所不能的"超人"本领。同时，各民族创世主体具体操作又各带不同的特点，如一位学者所指出，地处高原峡谷的氐羌系统的彝等民族的操作"细腻"，丘陵百越系统的壮等民族的操作"自然"，山地苗蛮系统的苗等民族的操作"艰辛"。尽管有不同的特点，但各系统典型的这种型式的创世神话，一般都有初创天地、拉天缩地、补天补地、撑天撑地、造化万物、除害消灾等程序，即分开天地，创立雏形；把天弄大、地弄小，使天能盖住地；修补天地的缝隙和窟窿；用各种材料撑天地，把摇晃的天地稳住；造万物，完成创世任务；斗各种自然灾害的象征，最后掌握大自然主宰权。

这些，"细腻"的氐羌系统的彝族神话史诗《梅葛》[6]最典范，另外阿昌族神话史诗《遮帕麻和遮米麻》[7]、拉祜族神话史诗《牡帕密帕》[8]，以及苗蛮系统的《苗族古歌》[9]等，也都有丰富的叙事。试以这些作品为例子，依着上述的程序，逐层展示一下少数民族这种型式创世神话的风貌。

初造天地：《苗族古歌》叙述，天地由云雾生成以后，天"像个大撮箕"，"地像张大晒席"，而且还"相叠在一起"，于是巨人剖帕用斧头把天地劈开。

彝族《梅葛》叙述，格滋天神要造天，他放下九个金果，变成九个儿子，其中五个来造天；格滋天神要造地，他放下七个银果，变成七个姑娘，其中四个来造地。弟兄五个天天吃喝玩乐，一天一天混过去；姊妹四个勤勤恳恳造地，一点一滴造成。

拉天缩地：彝族《梅葛》叙述，请飞蛾来量天，请蜻蜓来量地，天造小了，地造大了，天盖不合地。请阿夫的三个儿子，抓住天边往下拉，把天拉得大又凹。放三对麻蛇来缩地，麻蛇围着地边箍拢来，地面分出了高低。放三对蚂蚁咬地边，放三对野猪、大象来拱地，天拉大了，地缩小了，天地相合啦。

中华民族传统观念"天圆地方"，也许在这里有一个神话的解释。

补天补地：彝族《梅葛》叙述，打雷来试天，地震来试地，试天天开裂，试地地通洞。用松毛做针，蜘蛛网做线，云彩做补丁，把天补起来。用老虎草做针，酸绞藤做线，地公叶子做补丁，把地补起来。

撑天撑地：拉祜族《牡帕密帕》叙述，"厄莎搓下脚手汗，做了四棵柱子"，"又做了四条大鱼"，"柱子支在鱼背上"，"从此天地分开"。

造化万物：阿昌族《遮帕麻和遮米麻》叙述，"遮帕麻在手心里捏泥团，用闪闪的银沙造月亮，拿灿灿的金沙造太阳"。

除害消灾：阿昌族《遮帕麻和遮米麻》叙述，遮帕麻与造假太阳的魔王腊訇几次相斗，先以花桃树为目标念咒语斗法（看谁能使花桃树花开叶绿），再斗梦（看谁能做上好梦），结果都是遮帕麻赢了。最后，遮帕麻用毒菌治死魔王，射下魔王所造的假太阳，让自己所捏的太阳重新居于天上。

这种型式创世神话的叙事，源于各民族先民原始农耕的各种实践，也源于他们带神秘性质的各种祭仪、巫术。创世主体原型古代族群首领本来就常常又兼祭司、巫师，故神话情节朴实、淳厚，却又充满奇特的想象、诡谲的色彩，显现了中华民族先民既讲求实际，又超迈脱俗的民族性格。

第二种：原初形态水态或气态，气态或水态运动，创世者出，取土造地，捉兽负地。

汉文古籍中包含此种型式创世神话的叙事，为《淮南子·览冥篇》所载女娲"断鳌足以立四极""积芦灰以止淫水"，以及《山海经·海内经》里所言鲧"窃帝之息壤以堙洪水"等，它们尽管不是直言创世而以治水形式出现，却包含水态本源创世神话取土造地的核心情节。考虑到汉文古籍记载神话的支离破碎性，言其为此种型式创世神话似乎亦能成立。

少数民族这种型式的神话直接表现创世情景，在南方山地农耕民族这种型式神话中，创世主体不少也与宇宙的原初形态一起变幻，一起诞生。例如：

傣族神话史诗《巴塔麻嘎捧尚罗》说，远古时候，没有天地，没有万物，"只有烟雾在滚动，只有气浪在升腾，只有大风在逞能，只有大水在晃荡"。大风把烟雾气浪搅拌，三样东西"互相裹卷，互相拥抱"，慢慢聚集在一起，"冷风使它渐渐凝结"，生出太空第一神——英叭。[10](P2-6)

创世的过程也有特色，如《巴塔麻嘎捧尚罗》叙述，英叭生出后，想利用海上泡沫渣滓和自己身上污垢捏拢做成"污垢大果"定在水面。他"伸开一双手，用力搓污垢"，又"来回扫渣滓，来回刮泡沫"，然后"左手捧泡沫，右手捧渣滓，糊上污垢果，相互来黏结，浑然成一体"，在茫茫水面上造出了果状大地。

这种型式比较完整的叙事形态也广泛存在于北方各民族神话里。例如满族《天神创世》叙述，原来没有地，天连着水，水连着天，天神阿布卡恩都里用土做了一个很大的地，把地放在水面上，又命令三条大鱼驮着它。[11](P225-227) 柯尔克孜等突厥系统各民族以及蒙古族也有相似的叙事。这种以水为原初形态的创世型式在北方民族神话中较多显现，可能与其先民早期放牧、逐水草而居的生活有关，也与女娲神话等北方神话传统相连。

第三种：原初形态气态或水态或忽略，气态或水态运动，创世者出，以动物或自身躯体化生天地万物。

汉文古籍《五运历年记》记载了"首生盘古，垂死化身"的以自身躯体化生的神话。根据另一部古籍《三五历记》所载关于盘古的另一则神话"天地混沌如鸡子，盘古生其中"可知，盘古当随气态运动而出。随水态运动而出的有南方基诺族神话《阿嫫小贝》("造地的母亲")里的阿嫫,这则神话说,远古时候只有茫茫的水,水中出现巨人阿嫫。[12](P879)

汉文古籍中未见记载以动物躯体化生的故事,少数民族神话有这方面完整的叙事。以动物躯体化生天地万物的故事,其物质生活基础可能与早期人们狩猎、渔捞等劳动有关,一些民族这类神话的主人公就是猎人、渔夫。如普米族神话古歌《吉赛叽》(杀鹿歌)叙述,以前没有大地没有蓝天,一位年轻的猎人得到菩萨的帮助,射死一头马鹿;他把鹿头变成蓝天,鹿牙变成星辰,鹿眼变成日月,鹿体变成大地,鹿心鹿肝鹿肺变成群山丛谷,鹿肠变成江河道路,鹿骨架变成地脉,鹿血变成龙潭湖海,鹿毛变成草木,鹿皮变成草坝,鹿皮斑点变成畜群,鹿尾变成祭天神的青松树。[13](P24-26)

然而,以潜移默化的形式直接影响人们创造这类神话的,则可能是他们在祭祀天神的仪式上以动物作为牺牲。哈尼族《天、地、人的传说》似乎印证了这一点。这个故事说,从鱼的脊背里出来的人塔婆用一头牛慰劳改天换地的神们,神们得牛后并没有杀吃,而是用它的眼光变成闪电,用它的气变成云,用它的各种器官变成天地万物。[14](P380-382)动物作为祭神的牺牲而具有了某种神圣性,这种神圣性启发了人们关于以其创世的想象。一直到现在,哈尼族在他们的三大节日之一"苦扎扎"(六月年)活动中,还主要以牛为牺牲祭献天神。

宇宙原初水态神话里,也有以水中动物躯体化生天地的故事。前述基诺族《阿嫫小贝》叙述:远古时候只有茫茫的水,水里有一个庞然大物"胞布"(蛤蟆)。女巨人阿嫫跳进胞布的口里,用力一撑,胞布躯体爆裂,一只眼珠变成太阳,一只眼珠变成月亮。阿嫫把水中的散裂物拢成地,空中的散裂物拼成天,搓下身上的污垢变成草木、动物和人,吹气成风,挥汗成雨。

以人自身躯体化生天地万物故事的形成,可能也与在祭仪上以人作为牺牲的启发有关,但更多的启发可能来自对有贡献的前辈首领有意识的丧葬,与神秘的灵魂观念有密切的联系。有意识的丧葬起于对"逝去的祖先还有灵魂,这灵魂需要安抚"的认识。由于有意识丧葬,先民会注意到祖先灵魂何去何从的问题。他们看见祖先的躯体与大地连在一起,可能认为其躯体已化成某些自然物,其灵魂便依附在这些自然物上,久而久之,这样的思维积淀起来,逐渐形成祖先躯体化生万物的故事,因而此类故事主人公常为垂死化身或死后化身。《五运历年记》所载的盘古是"垂死化身",布依族《力嘎撑天》里的力嘎是死后化身。这个故事说,古时,天地只有三尺三寸三分之隔,巨人力嘎带领众人把天顶上去，把地蹬下去，但天地不稳，力嘎拔牙把天钉牢，牙齿变成满天星斗，拔牙淌的血变成彩霞；又挖出两只眼睛挂在天边，右眼为日，左眼为月；最后，精疲力竭而死，身上的各个部位变成了万物。[15](P653-655)

流传到现在的以人自身躯体化生天地万物故事，大多已经融化入其他型式的创世神话里，成为这些神话里创世主体创世活动的组成部分，如上述布依族《力嘎撑天》神话。这些神话里主人公的形象往往体现出一种自我牺牲的精神，闪耀着原始氏族时代集体主义道德的光辉。

中华民族创世神话，并不是如某些人所说，"有一些创世神话的因素，但没有形成系统的形态"[16](P37)，而是具有丰富的形象系统、叙事结构以至与祭仪、巫术相结合的活的形态，具有广阔厚实的外延和内涵。它们是古来以农为本的中华民族极其珍贵的传统文化遗产。

中华民族创世神话体现了天、地、人的紧密联系。神话里，原初气态水态运动生成了天地的雏形，也生成了人；造天让天更高，日月正常运行，造地让地更厚，万物正常生长……由此可以说一开始天道就与人道相通，自然就与人事统一。中华民族创世神话从叙事上开启了中国传统"天人合一"的观念，它们当与《庄子》所谓"天地与我并生，而万物与我为一"，《易传》所谓"与天地合其德，与日月合其明，与四时合其序，与鬼神合其吉凶"等共同开辟了人生最高的理想境界。

中华民族创世神话凝聚了中华民族的美好品格、奋斗精神。各民族尤其是处于山地农耕状态的南方民族创世主体大都带族群首领的品性，主要依靠扎实的劳动创造世界。他们乐于艰苦，甘愿牺牲，如所造之天自强不息，如所造之地厚德载物。关于他们创世的叙事彰显了民族脚踏实地、积极进取的人生态度，又展示了超越的意识、丰富的想象力，它们的价值永恒！

参 考 文 献

[1] 冯达文，郭齐勇.新编中国哲学史 [M].北京：人民出版社，2004.

[2] 西双版纳傣族自治州民族事务委员会.哈尼族古歌 [M].昆明：云南民族出版社，1992.

[3] 攸延春.阿昌族文学简史 [M].昆明：云南民族出版社，1995.

[4] 吕大吉，何耀华.中国各民族原始宗教资料集成：土家族卷·瑶族卷·壮族卷·黎族卷 [M].北京：中国社会科学出版社，1999.

[5] 蒙冠雄，蒙海清，蒙松毅，搜集翻译整理.密洛陀 [M].南宁：广西民族出版社，1999.

[6] 云南省民族民间文学楚雄调查队，搜集翻译整理.梅葛 [M].昆明：云南人民出版

社，1959.

[7] 赵安贤，唱.杨叶生，译.兰克，杨智辉，整理.遮帕麻和遮米麻[M].昆明：云南人民出版社，1983.

[8] 扎莫，李扎儿，唱.李娜儿，李玉琼，等译.刘辉豪，整理.牡帕密帕[M].昆明：云南人民出版社，1979.

[9] 贵州省民间文学组，整理.田兵，编选.苗族古歌[M].贵阳：贵州人民出版社，1979.

[10] 岩温扁，译.巴塔麻嘎捧尚罗[M].昆明：云南人民出版社，1989.

[11] 傅英仁，讲述.余金，整理.天神创世[M]//陶立璠，赵桂芳，吴肃民，等.中国少数民族神话汇编·开天辟地篇.中央民族学院少数民族古籍整理出版规划领导小组办公室印，1982.

[12] 吕大吉，何耀华.中国各民族原始宗教资料集成：彝族卷·白族卷·基诺族卷[M].北京：中国社会科学出版社，1999.

[13] 杨照辉.普米族文学简史[M].昆明：云南民族出版社，1996.

[14] 朱小和，讲述.芦朝贵，杨笛，直心，整理.天、地、人的传说[M]//谷德明.中国少数民族神话选.西北民族学院研究所印，1983.

[15] 王燕，春甫，班告爷，等，讲述.力嘎撑天[M]//谷德明.中国少数民族神话选.西北民族学院研究所印，1983.

[16] 浦安迪，讲演.中国叙事学[M].北京：北京大学出版社，1996.

原载《长江大学学报》（社会科学版）2008年第4期

我国少数民族神话中的同源共祖现象探微

王宪昭

民族起源神话，也称为"族源神话"，是人类起源神话中一种常见的类型，主要讲述民族（或氏族）的来历及其某一始祖的出生。因为"民族"这一概念属于历史的范畴，是一个动态的概念，若用今天"民族"的概念框定神话中所叙述的"民族"，难免有削足适履之嫌，因此，神话中的"民族"实际包括了现代民族以及民族的最初形式，即氏族、部落、部族，民族起源神话也包含了氏族起源、民族支系起源、民族起源等类型。从笔者目前搜集到的我国少数民族1223篇人类起源神话看，含有多民族同源共祖母题的作品占有相当高的比例，这是一个值得思考和探究的问题。

一、少数民族同源共祖神话的分布

我国是一个由56个民族组成的多元一体的大家庭，任何一个民族的文化都不是封闭和孤立的。神话作为人类文化的早期成果，不仅流传久远，而且在人们的生产生活和日常交往中占有重要位置，特别是在我国少数民族地区，人类起源神话更具有神圣性，承载着多种文化功能，其中神话中出现的同源共祖母题也表现出明显的地域特征。

1. 分布情况

神话的产生与传播虽然会受到社会形态、语言文字、宗教信仰等多种因素的影响，但从地域上观察却是易于发现共性和个性的便捷方法。本文参照一些已有的民族区域划分①，并根据我国民族的地理方位，同时兼顾到某些民族的特殊文化关系，把我国55个少数民族大致定位为北方地区民族、西北地区民族、西南地区

---

① 参见马学良、梁庭望、张公瑾主编：《中国少数民族文学史》（修订本），中央民族大学出版社2001年版；陶阳、牟钟秀：《中国创世神话》，上海人民出版社2006年版；郝时远主编：《中国少数民族分布图集》，中国地图出版社2002年版；《中国政区大典》，浙江人民出版社2003年版；国家民委编写组编：《中国少数民族》，人民出版社1984年版。

民族、华南地区民族、中东南地区民族等 5 个板块。从目前笔者搜集到的我国少数民族 200 篇同源共祖神话看，各民族情况如下（同一地区民族按音序排列）。

（1）北方地区：朝鲜族 0 篇、达斡尔族 0 篇、鄂伦春族 0 篇、鄂温克族 2 篇、赫哲族 0 篇、满族 1 篇、蒙古族 2 篇。

（2）西北地区：保安族 0 篇、东乡族 0 篇、俄罗斯族 0 篇、哈萨克族 0 篇、回族 0 篇、柯尔克孜族 1 篇、撒拉族 0 篇、塔吉克族 0 篇、塔塔尔族 0 篇、土族 0 篇、裕固族 0 篇、维吾尔族 1 篇、乌孜别克族 0 篇、锡伯族 0 篇。

（3）西南地区：阿昌族 2 篇、白族 1 篇、布朗族 15 篇、傣族 1 篇、德昂族 4 篇、独龙族 8 篇、仡佬族 6 篇、哈尼族 13 篇、基诺族 8 篇、景颇族 6 篇、拉祜族 5 篇、傈僳族 10 篇、珞巴族 5 篇、纳西族 8 篇、怒族 11 篇、门巴族 0 篇、羌族 0 篇、普米族 3 篇、佤族 5 篇、彝族 20 篇、藏族 1 篇。

（4）华南地区：布依族 2 篇、侗族 9 篇、京族 0 篇、黎族 14 篇、毛南族 1 篇、仫佬族 0 篇、水族 0 篇、土家族 6 篇、壮族 2 篇。

（5）中东南地区：高山族 5 篇、苗族 7 篇、畲族 0 篇、瑶族 10 篇。

2. 分布特点

各民族同源共祖神话数量多，流传地区广，叙事形态多，表现出一些明显的特点。

（1）各地区分布不平衡。通过上面各地区民族同源共祖神话的数量统计数据，我们发现，同源共祖神话在各个区域的流传情况不尽相同。北方地区 7 个民族共有同源共祖神话 5 篇，占全部搜集神话数量的 2.5%，4 个民族笔者没有搜集到相关神话。西北地区 14 个民族共有 2 篇，占全部搜集神话数量的 1%，有 12 个民族笔者没有搜集到相关神话。西南地区 21 个民族共有 133 篇，占全部搜集神话数量的 66.5%，有 2 个民族没有搜集到相关神话。华南地区 9 个民族共有 38 篇，占全部搜集神话数量的 19%，有 3 个民族没有搜集到相关神话。中东南地区 4 个民族共有 22 篇，占全部搜集神话数量的 11%，有 1 个民族没有搜集到相关神话。显然，南方地区特别是西南地区少数民族的同源共祖神话数量占有相当高的比例，北方地区、西北地区相对较少。

（2）具有较为典型的叙事结构。在 200 篇同源共祖神话中，以洪水后人类再生为背景的神话有 135 篇，占搜集神话总数的 67.5%；有兄妹婚再生人类母题的神话有 104 篇，占总数的 52%。在叙事结构上，一个典型特征就是，在表述多民族同源共祖时，把洪水母题和兄妹婚母题结合起来。如独龙族在不同地区或不同时期共搜集到 8 篇叙述多民族同源共祖神话，都属于洪水人类再生神话，都包含兄妹婚母题，都是生9男9女，然后繁衍出不同民族。彝族20篇叙述民族同源关系的神话中，18篇属于洪水人类再生神话，并包含兄妹婚母题，只有2篇属于其他类型。土家族6篇叙述民族同源关系的神话，全部为洪水后人类再生神话，只有1篇没有明确指出结婚的双方是兄妹。

从同源共祖的各民族主客体关系分析叙事结构，也有两个特点：一是少数民族同源共祖神话结论中，多与汉族发生联系，这类作品共计132篇，占神话总数的66%；二是发生同源共祖关系的一般是周边民族，如西南地区民族的神话中很难找到与北方民族发生同源关系之处，而北方地区民族的同源共祖神话也很少涉及南方民族。

此外，叙事过程中一个民族的神话也会出现诸多异文或变体，产生"同源多流""多源同流""相邻互通""地域差异"等情况。

（3）同源共祖神话概念混用情况较多。虽然大多数神话的结论中同源共祖的若干民族与今天所讲的民族名称是一致的，但也有一些神话中"民族"与"民族支系"混称，这反映出神话流传过程中的实用性与真实性。如壮族神话说，姆洛甲生12崽女，让12对兄妹分家，成为壮人、猎人、汉人、傣、渔人、苗人，种甘蔗的汉人，布农人（壮）、侗人、瑶人等。[1](P5-6)这里把民族名称与职业性称谓混为一谈。彝族神话说，格滋天神撒雪，造第一批独脚人，被太阳晒死；第二把雪造的第二代独眼人，被蒸死；第三把雪变成四只眼的竖眼人，不爱惜粮食，被淹掉。从洪水中葫芦里出来的兄妹成婚，生汉、掸、倮罗、傈僳、苗、吐蕃、白佤、回族、骆越9个民族。[2](P33)这些神话中所出现的"民族"，都是一些混杂的概念。

二、少数民族同源共祖神话的基本类型

从目前搜集到的同源共祖神话内容看，这类神话的产生时间应晚于单一型人类起源神话，是人类社会组织发展到一定程度，原始宗教教义和仪式相对稳定，且族群意识相当明确之后的产物。尽管各民族表现民族同源的内容和形式多种多样，但若从产生民族的形式和主体的角度观察，主要有如下基本类型。

1. 造人时形成的民族同源共祖

这种情况还会出现不同的造人主体，如瑶族神话说，女神密洛陀用蜜柚、冬瓜、筷子等做人，放入四个箱子中，守候270日，第一代人问世，第一箱马蜂子生10对男女为汉族，第二箱黄蜂子生壮族，第三箱蜜蜂子生苗族，第四箱古蜂子生瑶族。[3](P54)这强调的是天神造人。基诺族神话说，远古只有水，从炸

开的两片冰中生阿媜晓白,阿媜晓白用泥垢造人,成了基诺、傣、汉、布朗族。[4](P297)这里成了女始祖造人。此外,还有男神造人、文化英雄造人、宗教人物造人等情形。

2. 生人或化生人类时形成的民族同源共祖

这类神话的同源共祖强调的是几个民族来源于一个共同的母体。如哈尼族神话说,天神塔婆生百人,天神模米生千人,全身生人;一说头生皇帝,肩生丞相,手腕生铁匠等,又说是傣族从脚趾生,瑶从鬓发生,彝从手臂生,哈尼从肚皮生,苗从髀骨生。[5]这描述的是神生人类。德昂族神话说,一天暴风雨,劈开的葫芦中出现动植物和汉、傣、回、傈僳、景颇、阿昌、白等族祖先。[6](P105-106)这则神话说的是同一个植物生出不同民族。高山族神话说,神人的肠截断,投入海中,成为汉人的祖先;神再把骨头投入海中,骨头变成凶猛而强悍的泰雅人。[7]这强调的是神自身的化生。还有的神话说,从人的某些肢体化生或出生物的变形而形成民族的同源共祖,如侗族神话叙述洪水后匠良、匠美兄妹结婚,生肉球,肉变侗,骨变苗,肠变汉,肝变瑶。[4](P135)

3. 婚姻关系产生的民族同源共祖

有的是神的婚姻产生几个民族同源,如傣族神话说,大地被火烧之后,下凡的36个神住在大地上,他们之间产生了感情,从而生男育女,产生了百种民族。[8]有的是人与动物婚生出几个民族,如蒙古族神话说,人与鸡变的姑娘婚配生南方汉族的祖先,人与羊变的姑娘婚配成为蒙古人的祖先。[9](P38)有的是正常婚生,如鄂温克族神话说,一对夫妇生活洞中,生7男1女,后来7男变成鄂温克、蒙古等7个民族。[10](P243)还有一些奇特的婚生,如傈僳族神话说,神匠造木偶,木偶在山林中与猿猴交配,产生了包括傈僳族在内的各种人群。[11](P419)

4. 人类再生形成的民族同源共祖

人类再生型神话一般以洪水、天塌地陷、天火、干旱、瘟疫等为背景,其中,以洪水后人类再生的神话居多,占到灾难型人类再生神话的70%以上。此类神话在我国南方地区广泛流传,在北方也有一定数量,以兄妹(姐弟)结婚繁衍多个民族的母题最为典型。如布朗族神话说,洪水后,一对兄妹同螃蟹等结婚,生4子,成为彝、哈尼、傣和布朗族的祖先。[6](P205-206)哈尼族神话说,大火与洪水后,兄妹婚生77个小娃,后来成为傈僳、傣、布孔(哈尼支系)、路别(彝支系)、卡别、民家(白)、阿哈(汉)族。[12]这类神话一般在兄妹(姐弟)结婚前设有难题考验,反映的是人类进入文明时代之后,新的婚姻道德观念对传统血缘婚的否定。

5. 感生背景下的多民族同源共祖

哈尼族神话说，天地分开时，塔婆然被狂风吹而孕，生下老虎、野猪、麻蛇、泥鳅等动物和 77 个小娃娃，小娃娃分别成为哈尼族、彝族、白族、汉族等。[13]

此外，在多民族同源共祖神话的演述中，还经常出现多种母题的糅合。如阿昌族神话说，开天辟地时，遮帕麻与遮米麻兄妹滚磨成婚，生葫芦籽，长成葫芦后破开跑出许多人，成了后来的百家姓，并变成傣、汉、景颇、傈僳、阿昌、德昂等 9 种蛮夷。[6](P183-184) 这则神话不但产生人类的过程复杂，而且把百家姓与民族族源问题联系起来。又如瑶族神话说，一个女子吃了老人给的 12 粒黄豆，生 12 个孩子，洪水后，最小的刘三哥和刘三妹逃生，兄妹结婚后生冬瓜，瓜肉成瑶人，瓜子成汉人。[14](P72-74) 在这些神话中，故事情节曲折，往往把婚生、感生、变形等多个母题黏合在一起，表达出较为复杂的创作情感和思想内容。

三、形成民族同源现象的原因

神话中的多民族同源共祖作为一种文化现象，既有一果多因的情况，也有一因多果的表现。有的可能是一个民族借鉴了其他民族的神话母题，有的可能是神话母题自身的演化，还有的可能在漫长的流传中受到多种因素的影响。一般而论，有以下几个因素值得关注。

1. 固有的同源关系

从远古时代起，中华民族就劳动和生息在中国这块广大的土地上。中国众多的民族，经过数千年的融合，形成了现在的多元一体。中华民族中的许多民族不仅在理念上是同源共祖，而且有不少民族本身就存在客观的血缘关系。文献中见到的历史上具有同源关系的民族很多，如在中国南方、中南半岛广大地区，夏、商、西周时期就已经出现了越族的族称，并在特殊的地理环境中形成了以稻作农耕经济为主要生活来源的古老族群——百越民族群体。随着历史的发展，这个百越民族群体在内外诸多因素的作用下，经过融合、分化与重新组合，形成了现代壮侗语诸族和傣泰民族。又如氐羌族作为中国上古的一个民族系统，是许多民族的通称。属于古代氐羌系统的民族分布非常广泛，现在我国出自氐羌系统的民族除汉族外，还有藏、羌、彝、白、纳西、哈尼、景颇、普米、独龙、怒、门巴、珞巴、傈僳、拉祜、基诺、阿昌、土家族等民族。这些民族语系上以氐羌语为原始母语，属于汉藏语系藏缅语族。北方的阿尔泰语系诸民族也是如此,如关于鄂伦春人的族源问题,有研究者指出:"十四世纪以后,居住在明辽东边墙外的女真人中,又一次分化出新的先进者——建州、海西诸部。十六世纪下半期,在努尔哈赤的领导下,建州女真统一了女真各部,并以此为核心吸收其他族人出现了满族。也还有部分女真部落处在边远地区,未完全纳入满族共同体,他们就是今日鄂温克(埃文基)、鄂伦春、赫哲(那乃)等民族的祖先","鄂伦春人和满人的祖先都应是女真人"。[15]客观地说,同汉民族一样,我国许多少数民族在其孕育形成和发展的历史过程中出现"多源多流""源流交错""你中有我""我中有你"的现象十分正常,这对同源共祖神话的影响是直接的。

2. 频繁的交往关系

我国各民族的交往远在茶马古道或丝绸之路之前就源远流长。为了生存而形成的人口流动和迁徙,为了发展而形成的简单商品交换,等等,早在原始社会就已非常频繁,这种情况深深影响到神话,其中不少民族中流传的一些共同的文化始祖就是很好的说明。仅以西南地区少数民族人类起源神话为例,据笔者目前统计,"伏羲"出现9处,"女娲"出现15处。如仡佬族神话说,洪水后,伏羲兄妹结婚,繁衍不同姓氏;彝族神话说,洪水泛滥时,伏羲、女娲兄妹相配成婚,生育彝、藏、汉三族的祖先。即使有汉族之祖称谓的"黄帝"也并非汉族祖先的专利,少数民族中与黄帝有渊源文化交流的史证也不少。如《史记·五帝本纪》载:"黄帝生二子,其后皆有天下:其一曰玄嚣,是为青阳,……其二曰昌意……娶蜀山氏女。"《国语·晋语》又说,黄帝生有25个儿子,并有传说是4母所生,其中有14个儿子得其姓(即以直接的血缘关系繁衍),并形成12个胞族,即姬、酉、祁、己、滕、葴、任、荀、僖、姞、儇、依。后来《路史》中又将"黄帝之宗"扩充到43个。由此,黄帝被追溯为中国汉族和众多少数民族的先祖。应该说,这些记载在当时是有过流传并得到认同的。再如南方的壮族在民间有关于尧舜的唱词、布依族崇拜大禹,等等,都非无本之木。虽然上述胞族或民族之间是否客观存在血缘关系已难于考证,但起码可以说明,若没有民族间的频繁交往,绝不可能出现这些记载。

3. 长期的融合关系

各民族先民经过较长历史时期的融合形成了各民族普遍认同的中华民族整体观。中国各民族先民的融合可追溯至夏、商、周三代或更早。如处在文明社会前夜的尧舜禹时代,黄河中下游地区已经发展成为一个文明程度高于周边地区且具有一定凝聚力的核心。夏启废"禅让"而"家天下",文献中的商又被称作"中商"或"中土",把四方诸侯称东土、南土、西土、北土。至西周,如《诗经·北山》所描写的:"溥天之下,莫非王土;率土之滨,莫非王臣。"这里的"天下"就是当时的"四方"或"万邦",标明了华夷一统的民族关系。事实上,周人虽自称夏人,但它起于戎狄间,夏商统一了黄河中下游东西两大文化区,促进了部族间的融合与文化的交流,在原夏人、商人、周人的基础上,吸收其他部族集团的成分,形成了华夏民族的雏形。随着秦汉统一的多民族国家的建立,经过两汉四百年的统一,"华夷一统"的大一统思想进一步明确,汉族与少数民族、内地与边疆民族地区逐渐发展成为不可分割的统一整体,特别是东汉以后,匈奴、鲜卑、羯、氐、羌等边疆民族大规模内迁,大一统思想为内迁各少数民族所接受,增强了各民族在政治、文化上的认同性。魏晋南北朝民族大融合,隋唐的空前统一与强盛,辽、西夏、金的汉化与认同,加强了中华民族文化的内在统一,发展了"华夷一体""共为中华"的思想,经过元、明、清的民族政策,民族融合进一步加强。因此,在神话形成和积淀的漫长过程中,设定的"民族同源共祖"母题也许就是各民族长期融合状态下"华夷一体"观的积极反映。

4. 友好的居住关系

"大杂居,小聚居"的居住情况,也是造成我国各民族神话民族同源认可的一个重要因素。不仅古代民族交往具有多种渠道,即使在当今,民族的交往仍然促进着母题的交流。笔者对云南民族地区的实地田野调查也发现了这个问题。目前云南有彝、白、哈尼、壮、傣、苗、傈僳、回、拉祜、佤、纳西、瑶、藏、景颇、布朗、普米、怒、阿昌、德昂、基诺、水、蒙古、布依、独龙、满等25个少数民族,其中傣、佤、拉祜、白、纳西等15个民族又是云南所特有,无论在语言上,还是生活习惯上,许多民族都表现出极强的民族认同性。从今天的生活生产及居住情况看,几个民族之间呈现出小聚居大杂居状况,甚至小聚居的情况也正向杂居转变,不管是较为封闭的民族自治区、县,还是更小一些的乡镇、村寨,都不是单一的民族独居状态。如位于滇西南较为封闭的澜沧拉祜族自治县,该县在8807平方公里的范围内,共有新城、东河、大山、糯扎渡、酒井、东回、勐朗、竹塘、拉巴、上允、木戛、东朗等22个乡镇,包括157个自然村,少数民族占该县总人口的77%。从居住情况看,拉祜族、汉族、佤族、哈尼族、彝族、傣族等6个民族分散于各个乡镇,而村与村之间又是不同的民族交叉,即使是一个村的每一户人家,也往往不是单一的民族成分,这是历史交往自然形成的事实,也是民族繁衍生息的客观规律的要求。各民族间杂居通婚又进一步促成了不同文化的交流和认同，因而把这种认同感作为神话中"民族同源共祖"的素材是非常自然的。这种民族杂居的生活生产方式，使得他们在解释自身族体起源时，也要对周边已经有所接触的各个民族的来源一并做出解释，于是问题集中在怎样来解释各民族共生共存的问题上，必须为之找出一个共同生活的原因。试想在表达人际间的密切关系时，又有哪种情况能比"兄弟"关系更能说明问题？至于这"兄弟"，究竟是真正血缘关系背景下的"兄弟"关系，还是后来交往与友谊背景下的"兄弟"，他们并没有必要去做出无谓的争议。据此也能看出，西南地区与北方地区相比，之所以同源共祖神话所占比例较高，也与多民族的杂居程度有关。

5. 人为的创作关系

民族概念的界定是近代的事情，从我国全国范围内规范的民族识别来看，是在新中国成立后才开始进行民族成分的系统识别的，而民族识别的标准主要是依据斯大林提出的"共同语言、共同地域、共同经济生活以及表现于共同文化的共同心理素质"这"四个共同"的标准进行的。从1953年中央民委派调查组进行畲族识别开始，第一批确定了37个少数民族；1954年到1965年，又先后确认了17个民族；至1979年确定"基诺"为独立民族名称为止，加上汉族共有56个民族。那么，在神话中出现的一些民族名称，并不是原生态神话中原来就有的，而是后来根据现实生活中对民族的"再认识"，由讲述人或神话搜集整理者加上去的产物。我们在分析具体神话时还会发现，有的民族是以语言来解释民族划分的，如傈僳族神话说，兄妹结婚后，生三个男孩，因为听到烧竹竿的声音，才开始会说汉、彝、傈僳族三种语言。[16](P7-11) 彝族神话也说，洪水后伏羲兄妹生三个娃，分别说苗话、汉话和彝话。[17](P1324-1325) 这些情形也应该是后来附加的结果。从这些同源共祖母题的创作目的看，常常表现出三种倾向：一是弘扬本民族的自豪感，寻求本民族产生的神圣依据；二是设立理想中的民族间和谐理念，借以促进民族间的平等交往和友好相处；三是通过神话叙事以证实本民族对某一区域的土地占有权或生产生活特征。

参 考 文 献

[1] 钟歌义.中国民间故事集成：广西卷[M].北京：中国ISBN中心，2001.

[2] 高明强.创世的神话和传说[M].上海：生活·读书·新知三联书店，1988.

[3] 刘江华.中国神话故事：天、地、人物卷[M].北京：中国世界语出版社，1999.

[4] 中央民族学院少数民族文艺研究所.中国民族民间文学[M].北京：中央民族学院出版

社，1987.

[5] 刘辉豪，白章富，整理.奥色密色[J].山茶，1980（3）.

[6] 钟歌义.中国民间故事集成：云南卷[M].北京：中国ISBN中心，2003.

[7] 鹿忆鹿.台湾原住民与大陆南方民族的洪水神话比较[J].民间文学论坛，1997（1）.

[8] 华林.傣文历史谱牒档案研究[J].思想战线，1996（4）.

[9] 谷德明.中国少数民族神话[M].北京：中国民间文艺出版社，1987.

[10] 内蒙古自治区编写组.鄂温克族社会历史调查[M].呼和浩特：内蒙古人民出版社，1986.

[11] 袁珂.中国神话史[M].上海：上海文艺出版社，1988.

[12] 王定均.豪尼人的祖先[J].山茶，1986（3）.

[13] 陈布勤.始祖塔婆然[J].山茶，1986（6）.

[14] 瑶族民间传说故事选[M].刻印本（内部发行），1980.

[15] 赵光远.鄂伦春人的萨满观[J].中国社会科学院研究生院学报，1995（2）.

[16] 祝发清.傈僳族民间故事选[M].上海：上海文艺出版社，1985.

[17] 钟歌义.中国民间故事集成：四川卷[M].北京：中国ISBN中心，1998.

原载《长江大学学报》（社会科学版）2007年第6期

葫芦创世神话及其蕴意解析

尹荣方

洪水神话中，葫芦等避水工具的存在，似乎是神话创作者刻意强调的对象。闻一多先生分析了49则洪水神话后认为，葫芦既是大多数故事中兄妹避水的工具，也是造人的素材。他还认为，其他的避水工具如鼓、桶、臼、床、舟似乎说得更为合理，但却是后来陆续修正的结果，造人故事在前，洪水故事是后来黏合上去的，洪水故事中本无葫芦，在造人故事兼并洪水故事的过程中，葫芦才以它的渡船作用，巧妙地做了缀合两个故事的连锁。总之，没有造人素材的葫芦，便没有避水根据的葫芦，造人的主题是比洪水来得重要，而葫芦则正做了造人故事的核心。[1](P64-65)王孝廉不同意闻一多"洪水故事中本无葫芦"的意见，他认为："我们从旧约《创世纪》等所见的洪水神话的内容上，知道葫芦是如同避水的方舟或是苇船，都是洪水神话不可缺少的基型要素，这个基型要素未必一定要和造人的要素互相结合。我们认为，即使造人的素材不是葫芦，但洪水神话中的葫芦式的方舟也仍然存在，因为在洪水神话中出现的葫芦、苇船、箱舟、方舟等工具除了是避水的工具以外，同时也是人类再生的契机。"[2](P435)王孝廉的说法是有道理的，各民族的洪水神话中都曾出现避水之物，虽然避水之物不一定是葫芦。现代学者大多将葫芦等避水工具看作洪水神话中不可缺少的基型要素，并着力于对洪水神话中葫芦的诠释。他们的解释大体说来，有图腾说、山洞说、中华民族的母体崇拜说、子宫说等多种。图腾说现在已少有人相信，母体崇拜与子宫说有相通之处，为不少人所认同，但也有学者对这样的解释不以为然，如有学者批评子宫说时坦率地指出："古人没有解剖学知识，他如何知道子宫长得像葫芦？"[3](P102)鹿忆鹿以为，葫芦强调的只是作为避水工具的避水功能而已。她对葫芦的诸多象征说表示不满："不管葫芦象征什么，葫芦当避水工具的原有避水功能似乎退居不重要的位置。"她将避水工具分为自然性与神圣性两种："自然性的避水工具与日常生活有关，是身边习见的事物；而神圣性的避水工具则与宗教性、咒术性与神秘性有关。中国南方民族与台湾少数民族的神话中的避水工具应大多属于自然性的，葫芦、瓜、木鼓或木臼、织布机胴，都是舟船的替代物，有的后来慢慢出现神圣信仰的情形，如葫芦、木鼓的信仰；石龟、石狮是不能漂浮的，在中原洪水神话中石龟、石狮却当避水工具，因为是属于神圣性的，是人文化的叙述性神话，因此石龟、石狮也扮演洪水来临前的预告者角色，这一切原是神的安排，是有神圣信仰的。……大部分的避水工具应是自然的联想，而不必作为神圣性信仰的思考。"[3](P91-92)但有意思的是，鹿先生似乎又对葫芦等避水工具仅是自然的联想有所保留，她发问说："直接以船当避水工具不是较顺理成章？挪亚方舟或印度的洪水神话不就是以船当避水工具最典型的例子？"[3](P92)如果用葫芦等避水工具是先民自然联想的产物，那他们为何不自然地联想到船呢？毕竟用船作为避水工具是最自然的。因此，自然联想说大约也并不能成立。

一、上古月令系统中的葫芦纪时

我们认为，洪水神话中葫芦等避水工具，并非纯然的毫无意义的工具性存在，神话传说中的洪水乃是混沌的象征，葫芦等避水工具具有克服洪水的功能，则葫芦等避水工具应是先民在克服混沌的过程中，发挥过重要的甚至是决定性作用的对象，所以人们才会在神话、传说中赋予它们如此重要的地位，才会有后来出现的对它们的神圣信仰。混沌的克服，天地的再造，常以历法的制定作为标志。古印度梵天创世神话说，创世之时什么也没有，只有那烟波浩渺无边无际的水，混沌初开，水是最先创造出来的；尔后，水生火，由于火的热力，水中冒出一个金黄色的蛋；这个蛋，在水里漂流了很久很久，最后从中诞生万物的始祖——大梵天；这位始祖在水中开辟了大陆，确定了东南西北的方向，奠定了年月日时的概念，宇宙就这么形成了。巴比伦创世神话《埃努玛·艾里什》以楔形文字刻写在七块泥版之上，其中第五块泥版上的叙述说到了马杜克构造宇宙的情节，他首先注意的事情是制定历法，这正是巴比伦君主最主要的职责。马杜克依照月亮的变化规则确定了年和月的秩序，同时确定了三条天体之道：北方是风神恩利尔之道，天顶是天神安努之道，南方是水神埃阿之道。我国大禹治水神话，在《山海经》等古籍中，也是以禹完成大地的测量工作来加以表述的，治水意味着治理混沌。那么，葫芦等避水工具，是否在先民们分隔时节、制定历法的过程中，发挥过重要的作用呢？答案是肯定的。

葫芦在古汉语中，写作瓠、匏、匏瓜、瓠瓜、壶等。我国最早的历书《夏小正》中已明确将葫芦等瓜果类的生长、成熟时期作为物候纪时："五月，参则见，浮游有殷，鴂则鸣，时有养日，乃瓜。"卢辨注："乃者，急瓜之辞也。瓜也者，始食瓜也。"《夏小正》又有"八月，剥瓜"的记载，卢辨注："畜瓜之时也。"《礼记·月令》："孟夏之月……王瓜生，苦菜秀"，"仲冬之月……行秋令，则天时雨汁，瓜瓠不成"。《逸周书·时训解》也说"王瓜不生，困于百姓"。可见，瓜瓠的成熟与否，是关乎国计民生的。葫芦又叫匏瓜，《论语·阳货》载孔子言："吾岂匏瓜也哉，焉能系而不食。"《诗经·豳风·七月》也有："七月食瓜，八月断壶。"《毛传》："壶，瓠也。"王先谦《诗三家义集疏》云："壶，瓠也。楚南人谓之瓠瓜，古食瓠叶，亦断壶为菹。"[4](P520)孔颖达《毛诗正义》云："以壶与食瓜连文，则是可食之物，故知壶为瓠，谓甘瓠，可食，就蔓断取而食之。"[5](P504)用瓜类成长、成熟之时纪时，多见于古代典籍，《左传·庄公八年》："齐侯使连称、管至父戍葵丘。瓜时而往，曰及瓜而代。"服虔注："瓜时，七月。"这样的纪时在后代的民俗中时有留存，如五月黄河大汛，称瓜蔓水，正瓜蔓之时，故有此称。

古人不仅用瓜类成熟之期纪时，同时用匏瓜等瓜果祭祀祖先神灵。《诗经·小雅·信南山》云："中田有庐，疆场有瓜，是剥是菹，献之皇祖。曾孙寿考，受天之祐。"不仅匏瓜，瓠叶也是祭祀用物，《小雅·瓠叶》云："幡幡瓠叶，采之烹之。"此诗《小序》谓："大夫刺幽王也，上弃礼而不能行，虽有牲牢饔饩，不肯用也。故思古之人，不以微薄废礼也。"《周礼·地官·场人》云："凡祭祀、宾客，共其果蓏，享亦如之。"古人祭天，器用陶匏，《礼记·郊特牲》："天子适四方，先柴郊之祭也。器用陶匏，以象天地之性也。"如用匏为爵，叫匏爵，据《新唐书·礼乐志上》载，唐王朝行郊祀礼，相承仍用匏爵。可见，古人对葫芦类植物的珍视，或是我们今人所无法想象的，这是由于葫芦类植物在上古人们的生活中的重要作用所致。李时珍的《本草纲目》概括葫芦的名状及其用途说："长瓠、悬瓠、壶卢、匏瓜、蒲卢，名状不一，其实一类各色也。处处有之，但有迟早之殊。陶氏言瓠与冬瓜气类同辈，苏氏言瓠与瓠瓠全非类例，皆未可凭。数种并以正二月下种，生苗引蔓延缘。其叶似冬瓜叶而稍团，有柔毛，嫩时可食。故《诗》云：'幡幡瓠叶，采之烹之。'五六月开白花，结实白色，大小长短，各有种色。瓤中之子，齿列而长，为之瓠犀。窃谓壶匏之属，既可烹晒，又可为器。大者可为瓮盎，小者可为瓢樽，为舟可以浮水，为笙可以奏乐，肤瓤可以养豕，犀瓣可以浇烛，其利博矣。"[6](P1693)在可资利用的植物资源相对较少的上古时代，作为具有广泛使用价值的葫芦，人们自然会对它格外垂青与关注，从而对其季节性生长、成熟的过程也会了解掌握得

葫芦创世神话及其蕴意解析 | 111

更多些，慢慢地就会形成将葫芦的生长、成熟时期等作为季节的物候标志的文化。由于祭祀总是在特定的节日举行，将葫芦之叶及成熟之果实作为祭品的礼俗，又强化了葫芦作为季节标志的认知，于是葫芦等瓜类就成了古代《夏小正》等历书中的纪时之物了。葫芦的这种特性，还使古人将它与天上的星宿相联系。《史记·天官书》："瓟瓜，有青黑星守之。"《索隐》引《荆州占》云："瓟瓜，一名天鸡，在河鼓东。"瓟瓜星的"天鸡"之名意味深长，因为在传统文化中，鸡正是知时之鸟，可见我们的先民是同时将知时的特性赋予葫芦的。郑玄注《礼记·月令》仲冬"仲冬行夏令……瓜瓠不成"时说："虚、危，内有瓜瓠。"孔颖达《正义》云："按《天文志》：'瓜瓠四星在危东。'"这是一条重要的材料。瓜瓠星就是瓟瓜星，瓜瓠星处于北宫玄武的主星虚、危之中，虚、危属于北维。《国语·周语下》："星与日辰之位，皆在北维。"《史记·律书》："虚者，能实能虚。言阳气冬则宛藏于虚，日冬至，则一阳下藏，一阴上舒，故曰虚。"司马迁用阴阳气候的变化来说明虚的来历，必有根据，然则瓜瓠星也是与冬至这个最重要的节气有联系的星辰了。《国语·楚语》："先君庄王为瓟居之台，高不过望国氛。"望国氛的瓟居之台是观测天文的天文台，这样的台以瓟居命名，也并不偶然。

距今六七千年前的仰韶文化，曾发现许多葫芦形彩陶瓶。葫芦瓶模拟葫芦形造型，中间部位向内凹陷便于系带携带，有的葫芦瓶又增加两耳。彩陶器皿有钵、盆、壶、罐等许多不同的造型。这些造型有的是取葫芦形的一部分，有的则是葫芦形一部分的变体形态。老官台文化绘有宽带纹的彩陶钵，是彩陶的萌芽。这类圆底钵外壁有一层绳纹印痕，它的底部为葫芦的圆底形，就是以葫芦为模具脱胎而来的。这类造型的发展，形成后来的圆底盆、罐等不同的器皿造型。先民不同的使用要求，又使彩陶出现了平底器、尖底器等不同造型，但都以葫芦形为其最基本的形态。[7](P259) 葫芦形作为彩陶的主要造型，可见葫芦作为农作物的重要与其被栽培历史的久远，同时反映出葫芦作为器具（日常生活器具和祭祀用具）的历史的悠久和使用区域的广泛。在我们的先民生产陶器器皿的同时，天然葫芦仍是他们生活中不可缺少的用品。

我们可以设想，在历法错乱的混沌时代，也就是一个氏族或民族的首领阶层颁布的历法与实际天象、时节不符的时代，这个氏族或民族的人民将何以处之呢？如按错误、错乱的历法去从事播种、祭祀等活动，带来的舛误损害可想而知。由于岁差的存在，天上的星象也不可恃。陷入历法错乱的混沌时代，往往正是人们不明岁差所致。在这种情况下，亏得有葫芦这样的指时的植物的存在。人们可以根据它们的生长、成熟等作为季节的参照，合理地安排农事包括祭祀等活动，同时制定或修订符合天象、季节实际的历法，从而实现再造天地、地平天成的目的。葫芦在洪水神话中扮演了渡水工具的角色，其现实内面的根据应该就在这里，当然葫芦可以作舟渡水也是其因素之一。由于葫芦等瓜类纪时早就退出各民族的民俗传统，所以葫芦曾经承担过的这样的文化角色也就隐匿深藏，不为人们所知了。

当然，上古的纪时系统不单单是靠物候维持的，所谓观象授时，同时也包括对日月星辰等天象的观测，以及通过圭表对日影作测量等，从而确定冬至、夏至、春分、秋分等这些重要的节气。这些工作，有迹象表明，往往是在作为天地中心的圣地，也就是社坛之中完成的。葫芦等植物虽然具有一定的指时的功能，但它们毕竟不能承当完整的造历任务，对混沌的最后的真正的克服还是由昆仑山、宇宙树等这样的神山、神树、神圣中心来承担的。这在神话中也多有反映。宇宙树所在之地就是宇宙山、神山或天柱，它们处于世界的中心。世界上很多民族，都有宇宙山、宇宙树的信仰与神话。如满族神话说：在大地的肚脐上，宇宙之中心耸立着一棵最大的枞树，树梢上住着天神。这种世界树也常被画在萨满的神鼓鼓面上。关于宇宙树信仰与神话的来源，可能与先民通过对树等植物的生长周期的观察来确定季节，包括用特定的树或树立特定的木表来对日影进行观测，从而与制定历法有关。我们的先民早就认识到，寒暑的变化，伴随着正午太阳位置的高低变化而来。夏季，树木、房屋投下的阴影很短；到了隆冬，影子则变得很长。投影的长短变化，是随着季节的变化而变化的。这启示了人们，在地上树立一根标杆，看它午时投影的长短变化来指示季节。就全年说，夏天的中午，太阳位置高，影子也短；冬天的太阳较低，中午的影子则较长。中午影子最长的那天是冬至，最短的那天即夏至，古代分别称为"日南至"和"日北至"，春分、秋分日的投影则介乎其中。测影的标木，则称表。在我国，至迟在殷商时期，人们就懂得用表来测日影定季节了。用表来测定太阳位置，确定季节、方向，当有一个发生、发展并不断完善的过程。在远古时代，人们可能利用天然的表，如特定的高大的树木来观测日影。于是，各民族的神话中，就不乏特定的大树或神树与天上的日、月，与分别季节的历法密切关联的故事。如纳西族东巴神话说，有一棵神树，叫含英包达树，远古时，上面的声音和下面的气交合，出现了一股白云和白风，白云白风交合，产生一滴白露，白露变化，出现了米利达吉海，海中长出了含英包达树。这棵大树长出十二片叶、十二根枝杈，开出十二朵花，于是阴阳十二月由此产生，天地十二属由此产生。可惜的是葫芦神话与昆仑山及其他山、石、树等神圣之物纠结的信息，似并未引起学者们的关注，然而我们认为，这却是这类神话中同样非常值得注意的地方。

二、兄妹殖人与神圣中心

早期的兄妹婚神话，以伏羲、女娲神话为代表。值得注意的是，他们造人的地点是昆仑山，如唐代李冗的《独异志》上说：

> 昔宇宙初开之时，只有女娲兄妹二人在昆仑山，而天下未有人民，议以为夫妇，又自羞耻。兄即与妹上昆仑山，咒曰："天若遣我兄妹二人为夫妻而烟悉合；若不使烟散。"于是烟即合。其妹即来就兄，乃结草为扇，以障其面。今时人取妇执扇，象其事也。

钟敬文、袁珂等很多学者已经指出，这个兄妹婚神话，缺少了洪水母题。他们的说法无疑是有道理的，如苗族古歌《伏哥伏妹治人烟》说：

> 黄河涨水涨到了天上，"天底下无人烟"，只有伏羲兄妹坐在大葫芦里幸免于难。水消退后，兄妹二人落在昆仑山上，四下里的人都淹死了，兄妹二人都找不到对象做夫妻；为了传人烟，只好兄妹成了一夜亲。三年后，伏妹生了一个冬瓜样的肉团，伏哥将它切成无数块抛到四面八方，第二天就变成了一户户人家。从此，人类又开始繁衍起来了。[8](P138)

创世神话与造人神话，二者不可分离。或者说，混沌开辟，造人、造万物等是构成创世神话整体的不可分割的部分，但在讲述、传述特别是书面记载的过程中，只讲述、传述或只记载神话的部分内容是完全有可能的，甚至是经常性的。所以《独异志》中的女娲兄妹造人故事，学者们认定它缺少洪水为灾、陷入混沌的母题。根据一些类似的神话，我们可以推断，《独异志》中的女娲兄妹是洪水遗民，他们在昆仑山繁衍人类，说明他们的创世、造人活动关乎昆仑山，而昆仑山正是一座宇宙山，昆仑山上有所谓扶桑、建木等世界树，是一个神圣中心，然则这个故事是关于神圣中心或曰宇宙山的神话了。

葫芦神话中，有不少是关乎山、石和树这些神圣中心的象征物的。对这样的母题，学者们似乎较少关注，更不要说深入地加以阐述了。我们认为，葫芦神话的深层意蕴或许由此可以得到彰显。佤族神话说，洪水滔天时，从远方漂来一只大葫芦，后来，葫芦沉入水中，变成了一座大山葫芦山，尔后从山洞里出来了人。德昂族的《葫芦与人》神话说，相传，天王曾到天宫去寻找粮食种子。他从天上带回苞谷、稻子、大豆、小麦、瓜果、葫芦等种子，分别种在地上、山坡上和海边。种在海边的葫芦,它的藤却长在海中心,后来结出一个葫芦,浮在海面中央。它长得如大山,里面还有人在闹。有一天,突然来了一阵暴雨,电闪雷鸣,劈开了这个葫芦,里面一共有103人,有男有女,此外还有一些动物。这些人乘葫芦来到陆地后便各奔东西,他们便是汉、傣、回、傈僳、景颇、阿昌、白等民族的祖先。[9](P60)这则神话中的海水显然是洪水的置换,而葫芦的藤"长在海中心",结出的葫芦"浮在海面中央",强调的正是中心、中央的观念,让人容易联想起神话中的宇宙山、神圣中心和世界树。纳西东巴神话说,洪水泛滥之初,崇仁利恩受米利董神的启示,将自己所藏身的皮囊用绳索捆绑在高山顶柏树上,故而逃过灾难,劫后余生,充分表现出了柏树的神力,因而其在后来被用作神木。《日仲格孟土迪空》则别有讲述,柏树之所以为神木,是因为它是众神建造居那什罗神山后在其上所栽种者。[10](P96)这个神话中的柏树作为世界树的意蕴尤为分明。西双版纳傣族《山神的故事》说,洪水泛滥,没有人烟,后来迁入的人们不得不共同居住在一棵大树上。人口不断增多,树上住不下,就分别住在附近的山洞里。另一个彝族神话故事《葫芦里出来的人》说:

> 天神时代,有一家人家,老大和他的媳妇懒惰成性,老二又太粗暴,他们对变形为白胡子老汉的天神不好,只有老三对他既诚实,又热情。天神给老三一颗葫芦籽,要他种在土里,并预告他将要发大水,世间要遭劫难,嘱他种下葫芦籽,五天即可成熟,发大水时,可躲在葫芦里避过劫难。事情正如老人所说的发生了。老三躲在葫芦里,随水漂流。葫芦停在了一片岩石边。那里生着一蓬尖刀草、一蓬细毛竹和一棵青松栗树。得到了蛇、小老鼠、小米雀、尖刀草、细毛竹和老栗树的帮助,葫芦才得以停留在岩石边。老三走出葫芦,遵照天神的嘱咐,向对他有救命之恩的、快要冻死的蛇、小老鼠、小谷雀、尖刀草、细毛竹、老栗树表示感谢。他把小老鼠放在火堆旁烤了一阵,小老鼠活过来了,对他说:"不是我把葫芦啃开,你早已闷死在葫芦里了。"老三感谢老鼠说:"小老鼠,谢谢你,以后我种粮食养活你。"从此,彝家种出粮食,首先是小老鼠尝新。[11](P122-123)

葫芦得以停留在岩石边,是靠了一些动植物的帮助,植物包括尖刀草、细毛竹、老栗树。我们知道,栗树特别是那些高大的老栗树,常常是彝族村寨的通天的寨神和社树。

彝族支系撒尼人《阿霹刹、洪水和人的祖先》的神话故事,也有三兄弟的情节，但避水的工具变成了三只箱子。洪水来时，老大、老二分别在金箱子和银箱子里被淹死，只有老三带着妹妹在木箱子里没有沉入水底，后来这个箱子"漂到一座石山尖上，山上生着一丛野茅竹，几株青枫树。他们便攀着野茅竹和青枫树，带着小鸡，跳上石山尖，在那里住下来。这时，洪水渐渐退了，三弟和小妹妹便对着野茅竹和青枫树说：'多谢你们搭救了我们兄妹两个，我们世世代代都会把你们当神主来供。'"[12](P96-97) 这个神话的意蕴就更明显了，除了箱舟，帮助他们克服洪水灾害的还有野茅竹和青枫树，也就是后来他们世世代代祭祀的神树、神林。

江流儿神话，应该也是洪水为灾、遗民造人的创世神话的一种类型，《华阳国志·南中志》云：

> 永昌郡，古哀牢国。哀牢，山名也。其先有一妇人，名曰沙壶，依哀牢山下居，以捕鱼自给。忽于水中触一沉木，遂感而有娠。度十月，产子男十人。后沉木化为龙，出谓沙壶曰："若为我生子，今在乎？"而九子惊走。惟一小子不能去，陪龙坐。龙就而舐之。沙壶与言语。以龙与陪坐，因名曰元隆，犹汉言陪坐也。沙壶将元隆居龙山下，元隆长大才武。后九兄曰："元隆能与龙言，而黠有智，天所贵也。"共推以为王。时哀牢山下复有一夫一妇，产十女，元隆兄弟妻之，由是始有人民。

这个元隆，《后汉书·西南夷传》作"九隆"。哀牢语谓背为九，坐为隆，因名九隆。"沙壶"，不就是葫芦吗？从沙壶碰触水中之树产下十个儿子，且树是龙的化身的情节看，这里的树是具有创世的宇宙树性质的神树。这样的神树，在西南少数民族那里，是常被称为龙树的。

洪水神话中另一避水工具木鼓，似乎更令人费解。芮逸夫先生曾记载英人赫微特氏转述的花苗洪水故事说：

> 一日，有兄弟二人同犁了一丘田，到次日去看时，只见犁过的田已经复原，且更平坦，就像没有动过一样。这样经过四次。他们很奇怪，决定再犁一次，以便坐观其变。等到半夜，见一老妇从天而降，手里持一木板，先把田土拨使还原，再用板压平。兄大声唤弟，叫帮他把毁坏田土的老妇杀死。但弟的意思却要先问明这老妇，究竟为什么要来这样恶作剧。所以他们就问那老妇，为什么要使他们这样徒费辛苦。她告诉他们道："洪水快要泛滥世界，犁田是没有用的，不过徒费光阴罢了。"她并劝那弟弟预备一个大木鼓，以避水灾；因为他曾阻

止他的哥哥杀她。他就砍一段树，挖空中心，口上钉上一张皮。她又劝哥哥做一个铁鼓；因为他是要杀她的。洪水来时，兄弟二人各到他们的鼓里安身去了。

当水涨时，弟弟请他的妹妹同到鼓内去避难，妹妹便跟他爬入鼓中。哥哥在铁鼓内已为水淹殁，弟妹在木鼓内则安然无恙。水势高涨及于半天，弟妹二人在树中也随水升高。他们在水中流来流去，后为天上神魔所见。神魔以为是一个巨型动物，生着许许多多的角，因为树有许多丫枝。他很惊骇地说道："我也不过有十二个角，这个东西有那么许多，我怎么办呢？"因此他就招呼龙、蜥蜴、蝌蚪、鳗鳝前来清除河道，窜成孔穴，使洪水退去。这样他才能脱离了这多角怪物。[2](P389)

这个神话中的木鼓，其实就是树。一则基诺族神话也说，女神阿嫫腰波分开了天与地，创造了日月星辰、山川原野、树木花草、飞禽走兽和人。洪水滔天时，为了保留人种，她用苦果子树做成牛皮木鼓，将一对孪生兄妹放在鼓里，对他们说："敲鼓敲出声响的时候，你们才可以破鼓而出。"兄妹俩不时地敲着，漂在水里，敲鼓无声，终于敲出响亮的鼓点，洪水已退，兄妹走出鼓来。他们正在一座山下，这山就是基诺山。兄妹俩成婚，他们的后代就是基诺人的祖先。

木鼓是南方很多民族宗教祭祀活动中的重要器具。佤族的木鼓安置在神圣的木鼓房里，一共两个，一公一母。佤族人过去每年都要举行盛大的拉木鼓仪式，猎人头以祭祀木鼓。现在不少人认为，木鼓是一般的通神之器，是祭祀用的乐鼓，但有迹象表明，这并非木鼓的原始意义，研究者已经发现，佤族木鼓代表木依吉：

木依吉最原始的神格是树鬼（神），虽然随着木依吉地位的上升，岁月的推移，这层意义从木依吉的神格里剥落了，然在另一些地方，其树鬼的本性依然清晰可见。佤族每年三至四月，举行一种叫"薄由"的宗教活动，内容是用一只白鸡、三串鱼拴在竹竿上，然后把竹竿栽在固定的一片小树林中，祭祀木依吉。他们说："这小树林是鬼地方，叫木依吉。"在此，木依吉似乎是和树林等同在一起了。此外，佤族认为在人头桩上也有木依吉鬼。人头桩是用树木做成，阔35厘米，高1米，顶端掏空。在砍牛尾巴节时，把旧的人头骨送入树孔中。这些例证都不是孤立的或偶然的，它说明木依吉与树有着密切的渊源关系。树是木依吉具体的、可见的一种表现形式。发现了木依吉的神格，树、木鼓、木依吉之间的断点就被找到了。木鼓的原始形式是一对实心的树干，木依吉的原始神格则为树鬼。佤族有一个关于木鼓的传说：佤族到大格浪时才有了木鼓，那时由达女恩、大垒兄弟二人做了一对木鼓。当时拉木鼓只是拉一对树干，中间不掏空，用竹筒敲打，声音由竹筒里发出。

佤族认为木依吉管的事情很多，刮风、下雨、打雷，以及人的生死都是他管的，谷子长得好坏也是他的事。[13]

然则木鼓就是西南少数民族中的神林、龙树林、龙树，也就是神社的化身了。克服混沌需要回到宇宙中心，回到世界山，需要重新规天划地，制定新的历法，以便更有效地同天地神灵沟通。这同大禹时代洪水滔天，大禹在昆仑山（社坛）治理洪水，使地平天成的叙述与蕴意，并无什么两样。洪水故事中不约而同出现的把树、山等作为克服洪水的重要对象的情节，作为历史记忆的指向，还是清晰分明，并没有多少错讹与走样的。

我国洪水神话中的葫芦，大量地作为避水工具出现，绝不是偶然的，除了葫芦可以做舟浮人的因素，更深层的原因在于，它在远古时代的纪时、祭祀等活动中扮演着重要角色。洪水是混沌的象征，混沌的克服，实际上是以历法的创制作为标志的。对混沌世界的最终克服，有赖于回到宇宙山、世界树这些人类创世活动开始的中心圣地。葫芦神话中出现的避水葫芦后来变成葫芦山，或兄妹两人在葫芦中出来后到了昆仑山、基诺山，或出葫芦后得到野茅竹和青枫树的帮助等，显然反映了这样的意蕴。木鼓等避水工具反映的也是世界树对混沌的克服。宇宙山、世界树等神圣中心是创世活动开始的地方，同样也是人类形成的地方。创世活动包括天地开辟，也包括人类的创造，如美索不达米亚神话说，人类是在世界中心点，即在地球的肚脐上形成的，由肉、黏合剂、土地三者接合而成。人类的诞生地是 Dur-an-ki，那里是天地的会合点。[14](P32)伏羲兄妹从昆仑山诞生或在葫芦山、基诺山繁衍人类，反映的都是回到神圣中心创世造人的神话意蕴。

参 考 文 献

[1] 闻一多.神话与诗［M］.上海：华东师范大学出版社，1997.
[2] 马昌仪.中国神话学文论选萃［M］.北京：中国广播电视出版社，1994.
[3] 陈泳超.中国民间文化的学术史观照［M］.哈尔滨：黑龙江人民出版社，2004.
[4] 王先谦.诗三家义集疏［M］.北京：中华书局，1987.

[5] 孔颖达.毛诗正义［M］.北京：北京大学出版社，1999.
[6] 李时珍.本草纲目：校点本［M］.北京：人民卫生出版社，1985.
[7] 蒋书庆.破译天书：远古彩陶花纹揭秘［M］.上海：上海文化出版社，2001.
[8] 颜恩泉.云南苗族传统文化的变迁［M］.昆明：云南人民出版社，1993.
[9] 向柏松.神话与民间信仰研究［M］.北京：人民出版社，2010.
[10] 白庚胜.东巴神话象征论［M］.昆明：云南人民出版社，1998.
[11] 刘锡诚.象征：对一种民间文化模式的考察［M］.北京：学苑出版社，2002.
[12] 中国作家协会云南分会.云南民族民间故事选［M］.昆明：云南人民出版社，1982.
[13] 朱霞.涵盖万有的生命意识：论佤族猎头祭的象征意义［J］.民间文学论坛，1990（2）.
[14] 朱狄.信仰时代的文明：中西文化的趋同与差异［M］.武汉：武汉大学出版社，2008.

原载《长江大学学报》（社会科学版）2014年第5期

神的名义与族群意志
——南方民族神话对早期社会内部的规范

刘亚虎

"神不歆其非类,民不祀其非族。"这段记载于《左传·僖公十年》的话,清楚地表明,早在两千六百多年以前,人们就已经认识到了神与族群的关系。中国南方民族活形态神话,更具体展示了神与族群千丝万缕的联系。这就是,从根源上说,南方民族先民树立的体现自己愿望的神灵形象,源于他们的物欲、权欲,也源于他们对"群"的依附欲求;因而,这些形象不仅寄托着人们支配自然的愿望,也担负着社会的责任,担负着对内凝聚族群意志,对外确立族群地位的功能。在那个万物有灵的时代,从关系族群生存的大事,到涉及族员利益的小事,都只有在神的名义下才有可能进行。因而,人们所创造的关于这些神灵的神话,不仅叙述了他们如何开天辟地,如何战胜灾害性天气,如何确立族类在大自然中的地位,也叙述了他们对族群社会结构,对族群成员行为的规范,以及如何确立自己族群在各族群之间的地位。这里仅谈一下神话对族群社会结构、成员行为的规范。

古代氏族首领利用神的形象和神话对氏族内部进行规范的情况,在傣文典籍《谈寨神勐神的由来》中有具体的描述。书中说:

(氏族首领)叭桑木底的智慧和功劳,之所以受到千人歌颂、万人称赞,正是因为他不仅为傣族设计了房屋,盖出了房子,指出了耕种,划分了田地,安定了住居,而且凭着他的智慧才华和对人类各种动态的观察力,创造了神圣的"蛇曼蛇勐"(即"寨神勐神")。同时在猎狩的规矩方面,原样继承和维护了沙罗的规矩,保持着"猎神殿"和"猎神王",获得众人对他的拥护。

说到叭桑木底的智慧和办法时,《叭塔麻戛》(创世纪)说:"在房子盖成后宣布建寨的那天,叭桑木底集聚了上百上千人,宣传他的'盖房建寨,定居种瓜'的主张,并领着祖先们用红石头栽在寨子中央，周围插上十根木柱，立为'寨心'，表示人类的'定心柱'。接着在寨子旁边，选了一片树木高大的森林，在这片森林中央的大树下，搭起长方形的木架子，用奇形怪状的石头和树根支在上面，分别称他们为'白勒'（风火神）、'批派'（女鬼）、'巴夏等'（地基鬼）和'麻哈夏栽'（管林、水、地的鬼官）。完了，就宣告'寨神勐神'诞生。接着叭桑木底就宣布'寨神勐神'的规矩，宣布万物都'有魂有鬼'。一切鬼、魂服从于'寨神勐神'，谁不服从'寨神勐神'的统管，无论他是人、是鬼还是动物野兽，都会遭到无情的雷打死、水淹死、火烧死、跌跤死、吊树死。死后统统变成'批烘'（野外鬼），受不到'寨神勐神'的保护。并把设立'寨神勐神'的森林命名为'竜曼竜勐'即'寨神勐神林地'，规定每年到建寨的这一天，全寨祭'寨神勐神'一次，一年祭一次'寨心'。从此分散游猎的祖先，就在'寨神勐神'的附近平地处先后盖起房子，建立起村寨。各寨又设自己的猎王殿和寨神，统一在叭桑木底寨神勐神保护下生存。接着叭桑木底就划地盘、分山水，开始了男的打猎、女的种瓜和饲养。祖先从此定居，建寨建勐就这样形成。"①

这段文字描述了傣族先民从游动狩猎过渡到定居农耕时期时，氏族首领桑木底利用神的形象和神话带领人们建房建寨的情形。傣族历史上刚开始建寨的时候，先民可能因为过惯了游猎生活，不习惯定居，还是到处东奔西跑，跑远了则不回来。传说中的氏族首领桑木底就埋石竖"寨心"，创"寨神勐神"的神话，设"寨神勐神"的规矩，让大伙围着寨心盖房子，不再东奔西跑，慢慢定居下来。此为古代氏族首领利用神的形象和神话规范内部的一个传说。据说这以后，建寨、定居以及寨心建构就作为神的规范流传下来。这种现象，在南方一些民族那里一直延续到近现代。

神话对族群内部的社会性功能，或者说对族群内部的神圣性规范，还表现在自然关系、社会体制、信仰风俗、婚姻关系、伦理道德、经济形态等很多方面。

---

① 引文出自祜巴勐著、岩温扁译《论傣族诗歌》（中国民间文学出版社1981年版，第109—110页）。这部书的真实性曾引起一些学者的怀疑，主要起因是他们认为其中一些语言过于现代化。笔者于2006年10月在参加"中国西双版纳·傣—泰国际学术研讨会"期间请教了云南师范大学教授伍雄武以及多名傣族学者（其时此书译者岩温扁已去世），他们认为此书的真实性还是基本上可以肯定的，一些现代化的语言当为翻译的问题。故本书仍把它作为有重要价值的资料加以引用。

一、神话对族群内部的社会性功能——与自然关系

在南方民族先民所创造的神话里，南方民族先民力图让自己所树立的寄托自己愿望的形象，通过创造性的劳动，以及与其他自然物的较量，在自然界或某一领域居于主宰的地位，以达到自己的功利目的。具体地说，他们从与农耕生产直接相关的祭祀、巫术的需要出发，创作了一系列天神或巨人造天（从而可以主宰气象）、造地（从而可以主宰林木庄稼）、造万物（从而可以主宰禽兽）、与自然物较量（从而可以主宰自然）以及射日（从而可以战胜旱灾）、斗雷（从而可以震慑雷神）等神话，意欲凭借这一类形象，通过相关的祭祀仪式、巫术等影响气象、驾驭自然、战胜灾害，以求取一年的风调雨顺、五谷丰登、六畜兴旺。这是一个方面。另一方面，南方民族先民还通过这一类形象和神话，表现人类与大自然的亲密关系，体现了一种与大自然和谐共处的思想，以制约人类内部某些过度的行为，保护自己生存的自然环境。

先民树立形象创造神话，如果从功利目的来说，就是索取于自然，但过度的索取，往往会带来灾难。在这种情况下，神话除了发挥在幻想中支配自然的功能以外，还发挥协调与自然关系的作用。这方面最突出的例子，是纳西族关于"署"的神话。

纳西族"署"的神话形象地反映了与大自然和谐共处或对大自然补偿的思想。这个神话说，远古时期，天发洪水，淹没一切，最后只剩下一个叫从忍利恩的人。他经过艰苦的历程，上天娶了两个仙女。第一个仙女生出一个儿子，就是人类赖以生存的大自然的精灵"署"；第二个仙女也生下一个儿子，就是纳西族的祖先。这样，人类和自然是同父异母的兄弟。兄弟俩长大后分家，人类分得田地和牲畜，"署"分得山、川、林、兽，两兄弟和睦相处。后来，人类欲望膨胀，不断侵占"署"也就是大自然的领地，比如开山劈石、乱砍树木、乱捕野兽、污染水源等等，于是"署"震怒了，剥夺了人类的生存环境。人类只好到天上请大神丁巴什罗来调解。后来经过大神丁巴什罗的裁定，双方达成协议：人类在土地不够耕种时可以上山开荒，家畜不够吃时可以上山打猎，但不能到特定的神地神林去胡乱开发，不能到井泉冒水处杀兽见血、捕杀蛇和蛙，每年还要举行一次仪式祭祀"署"，检讨人们这方面的不周。从此，这些规定就成为神的意志而延续下来。[1](P22)由此，纳西族普遍珍视自然环境，不准随便开垦荒地、砍伐森林、捕捉动物，很多山区特别是"圣山""圣林"常常是树木葱茏，禽兽成群，充满了勃勃生机。

二、神话对族群内部的社会性功能——社会体制

例如，大约在公元前3世纪，哈尼族先民已经脱离诸羌族群这一母体，发展成为以"和夷"作为统一称谓的独立的民族，并由游牧为主转向定居农耕。其时，哈尼族先民已经告别石器时代，进入金属时代，那些掌握冶炼技术、制造金属工具的人物自然享有殊荣，并逐渐发展为一个特殊的社会阶层；同时，农耕生产对大自然的依赖程度更大，农业祭祀活动更多，那些通晓人神交通仪式和驱魔祈福手段的人物的社会地位也迅速上升。这样，哈尼族社会组织核心逐渐形成原来的头人、贝玛（祭司或巫师）、工匠"三位一体"的结构。其中，头人管政治事务，贝玛管宗教文化，工匠管生产技术。这样一种体制，在哈尼族社会里是通过神话将它神圣化并加以规范的。

在相关的神话里，这三类人的出身被披上神的光芒，他们各自的职能被说成是神的意志，不尊重将会给社会造成灾难。一则神话说，很久以前，在"三咪"地方有三个神奇的蛋：白蛋、花蛋、红蛋。经过白天太阳抱，晚上月亮抱，终于孵出三种人：白蛋生的是头人，为人调解纠纷；花蛋生的是贝玛，为人驱鬼治病；红蛋生的是工匠，为人打造锄和刀。[2](P124)

另一则载于《窝果策尼果》（古歌十二调）的神话说，远古时代，天神烟沙在三块大田栽出三种种子，吃下第一种的人就变成头人，吃下第二种的人就变成贝玛，吃下第三种的人就变成工匠。三种能人问世后，天神派他们来到人间主事。他们各司其职，头人主事断案，贝玛驱鬼祛病，工匠打制工具，整个社会一片和谐。但一些人嫉妒他们，想取而代之，把他们排挤走了。三种能人被排挤走以后，哈尼社会大动乱，头人走了，村寨无人管理，人们骨肉相残；贝玛走了，魔鬼乘虚而入，疾病丛生；工匠走了，工具匮乏，生产荒废。人们认识到三种能人的威力，重新请回他们。[3](P253-291) 从此，这样一种体制就延续下来，在一些地区一直延续到20世纪50年代初。人们说这是天神定的，必须遵循。由此可见神话的社会能量。

还如，前面已经讲到，云南西双版纳基诺族村寨有一个宗教组织系统，由村寨长老卓巴、卓色和"白腊泡"（高级祭司或巫师）、"莫裴"（祭司或巫师）以及铁匠组成。后面这三种人的资格有一个神圣的程序，即首先被鬼神爱上，继而与鬼神结婚，才能当上这三种人。基诺族神话对此也有规范。在基诺族年节时以男女对唱形式演述的《巫师神女》（基诺语称《门嫫米者》，也可译为《巫师鬼女》），就叙述了巫师产生的神圣程序。

《巫师神女》首先叙述女主人公对男主人公的追求：打猎时赐给恋人以源源不断的成双的鸟类、鼠类、兽类，刀耕火种时赐给恋人以非凡的丰收，最后是变成一个海贝进入恋人的烟盒和饭包，等等。男主人公得到这些求爱的表示以后，心领神会，得到贝壳以后，就把神女作为妻子了。这实际上是巫师产生的第一个过程：巫师得到神女求爱后两人相爱。两人相爱年余，男方得了相思病，经过传统的叫魂仪式、拴线仪式均不见好。最后，巫师米卜（三次抓米都成双数）、贝卜（三次贝壳都竖起来），证实为巫师神女求爱。这是巫师产生的第二个过程：男子得相思病后经巫师占卜确定其与神女有缘。男主人公在寨老的主持下与神女举行了订婚仪式和隆重的结婚仪式，病不治而愈，从此成为一名巫师。这是巫师产生的第三个过程：在巫师和寨老主持下男主人公与神女举行盛大婚礼。整部作品从它最初的目的来看，无非是想说明，巫师所以具有人神之间使者的身份，原因就在于他与神女的奇缘。现实生活中，基诺族巫师按照程序与神女举行婚礼时，也要在竹楼梁上设精巧的神女房，这同时成为巫师的标志。

《巫师神女》的内容在未来巫师取得资格的仪式上作为神圣经典由巫师念诵，也可以作为人鬼间的情歌在年节活动中由男女歌手演唱。正因为如此，一部神圣的经典被演绎得充满绵绵情思，凸显审美形态的特点。这已是题外话了。

作品所叙述的当事人如此的"艳遇"，在基诺族生活里究竟有没有？当然不虚。根据云南学者杜玉亭20世纪70年代末80年代初的实地调查，50年代以前基诺族的巫师大都有这类经历：有三次见到贝壳，贝壳又不胫而走的；有一次夹住一对老鼠并一次抓住一对斑鸠、一次抓住一对白鹇的……他们经巫师米卜确定为巫师神女求爱后，都举行了婚礼仪式而成为巫师。[4](P251-263)资料亦真亦幻，只有人们自己去思考了。

三、神话对族群内部的社会性功能——信仰风俗

在南方民族先民的社会生活中，各种祭祀等带神秘性质的活动占据重要的地位，它们更通过"神示"的方式得以规范。南方民族不少神话是祭祀仪式上的"经典"，其中不少篇幅叙述相关仪式的起因和最初的情况。云南阿佤山佤族《司岗里》叙述了佤族先民供头祭神的由来：有一年洪水很大，要淹人，木依吉神说，如果佤族砍头就不让洪水涨，如果不砍头，就五年涨一次水，从此，佤族先民就砍头、供头，"谷子才长得好，小米也长得好"。[5](P191-193)

前面已经讲到，根据云南学者李子贤、赵泽洪等人的考察，佤族供头祭神

的主要对象是天神（鬼）或最大的神（鬼）木依吉和谷神（谷子鬼）司欧布，主要目的是祈求谷物丰收，主要根据是头的生长象征和血的活力象征。在《司岗里》经典的规范下，阿佤山中心区佤族猎头供头习俗从古代一直延续到公元1957年，才在人民政府的引导和帮助下彻底革除。

云南纳西族神话史诗《创世纪》叙述了纳西族先民祭天的起因和第一次祭天的情形：从忍利恩和衬红褒白结婚从天上回到地下以后，衬红一连生了三个孩子，"利恩望儿快长大，衬红望儿快讲话，不料三年过去了，还不会喊爹妈"。后来，他们派蝙蝠上天，偷听到天神子劳阿普的让孩子说话的"秘方"："栗树要两枝，柏树用一枝，他们的儿子要说话，一定要祭天。"于是，"利恩砍了两枝栗树枝，衬红砍了一枝柏树枝，为了让儿子会说话，他们虔诚地在祭天"，祭着祭着孩子就说出话来了。[6](P88-94)

中华民族祭天习俗源远流长，在《诗经·生民》中，就有关于周人先祖"后稷肇祀"的记载，所祀即为天。同属古代氐羌族群的纳西族祭天习俗当从古代延续至今。元代李京《云南志略·诸夷风俗》记载，纳西族先民摩些人"正月十五登山祭天，极严洁，男女动数百，各执其手团旋歌舞以为乐"。明代景泰年间《云南志·丽江风俗》也载，摩些蛮"每年正月五日，具猪羊酒饭，极其严洁，登山祭天，以祈丰禳灾"。一直到近几年，丽江一些边远山区的纳西族还在自发祭天，布置还是祭坛左右两边各插一枝黄栗青冈树（象征天神子劳阿普和地祇翠恒翠兹），正中插一枝柏树（象征中央许神美汝柯西柯洛，为恶神），这些当都与神话经典的"神圣规范"有关联。

四、神话对族群内部的社会性功能——婚姻关系

南方各民族有多种婚姻方面的习惯法，它们大都通过神话得以神圣化。云南德宏地区景颇族在婚礼上唱诵的神话史诗《目瑙斋瓦》，就以回顾洪水后景颇族祖先定的规矩的方式宣示了民族婚姻习惯法。《目瑙斋瓦》谈到，远古时代洪水过后，仅存的一对兄妹在天神的安排下结了婚，生下一个肉团。肉团被他们砍成八块变成四男四女，形成各民族祖先。其中老四是景颇族祖先，他定下规矩：景颇分姓氏，并分出"丈人种"和"姑爷种"；同姓不婚，"姑爷种"氏族的男子可以娶"丈人种"氏族的女子为妻，"丈人种"氏族的男子严禁娶"姑爷种"氏族的女子。这样，在追溯祖先神圣婚姻的同时，以讲述祖训的方式申明了"同姓不婚，氏族外婚，单方姑舅表婚"的婚姻习惯法。[7]

南方各民族相关神话另一个重要的内容是宣示氏族外婚制。云南西盟佤族

《司岗里》提到，远古时，由于雷神与其姐妹性交，造成天气大变，风雨交加，人们地种不好，田也种不好，人神共怒，"鹰去啄他的嘴"，人们殴打他，抄他的家，并把他逐出氏族，对违反氏族外婚制的行为给予最严厉的惩罚，雷神只得跑到天上。[5](P175-178)

五、神话对族群内部的社会性功能——伦理道德

规范伦理道德，是南方各民族神话普遍的功能。例如，在壮族关于始祖布洛陀的系列神话中，几乎所有的家庭、村寨、社会的道德准则，个人为人处世的道理，例如爱护山林水源、爱护禾苗庄稼、孝敬父母、尊老爱幼、勤奋劳动、勤俭持家、勇敢正直、乐于助人等等，都是布洛陀教诲的。如果不按布洛陀的教诲去做，不但不光彩，而且各种天灾人祸还会降临于他。神话的神圣性就体现在这个地方。

在南方民族这一类神话中，与家庭伦理道德规范相关的故事似乎尤多。家庭古（有了家庭以后）和今都是社会最基本的单元，一个人生涯的大部分在家庭度过，与之相关的故事多当不足为奇。华夏神话传说里家庭伦理道德的典范是既是神又是人间帝王的舜，他处理与家庭成员关系时体现出来的孝行与爱心感染着历代的人。

关于舜孝行的故事，早期形态记录最完整的是西汉司马迁《史记·五帝本纪》，这个形态富于普通生活情趣。故事说："舜父瞽叟盲，而舜母死，瞽叟更娶妻而生象，象傲。瞽叟爱后妻子，常欲杀舜，舜避逃；及有小过，则受罪。舜事父及后母弟，日以笃谨，匪有懈。"这样，"舜年二十以孝闻，三十而帝尧问可用者，四岳咸荐虞舜，曰可。于是尧乃以二女妻舜"，还赐给他衣服、琴、牛羊，并为他修筑仓廪。但是，瞽叟还想杀死舜，"使舜上涂廪，瞽叟从下纵火焚廪"，舜却依靠"两笠"落到地上，逃过一劫；"瞽叟又使舜穿井"，舜这回留了一个心眼，"穿井为匿空旁出"，"舜即入深，瞽叟与象共下土实井"，舜却"从匿空出"，又逃过一劫；瞽叟与象做完这些事以后，以为舜已死，象就想得到舜的妻尧二女以及琴，把牛羊、仓廪留给父母，"象乃止舜宫居，鼓其琴。舜往见之。象鄂不怿，曰：'我思舜正郁陶！'舜曰：'然，尔其庶矣！'舜复事瞽叟爱弟弥谨"。其孝行感动了帝尧，帝尧最终把王位禅让给了他。

这则故事树立起了一个家庭伦理的人格楷模。也许以现代人的眼光看来，一个人在遭受了这样一而再的陷害以后仍能如此，似乎难以理解，但这正是舜的超群之处，也正是舜的神圣之处。故事并以此说明，一个人只有首先在家庭

伦理上优秀，才能负起国之大任。中华民族称国为"国家"，国与家两者不可分，意在于此。

关于舜的这则故事的原型，有人认为是作为猎手形象的舜在天女帮助下征服野象的神话。[8](P151)从《吕氏春秋·仲夏纪·古乐》"商人服象"等记载来看，此说有一定依据。但流传更广的则是关于"服弟"的叙述，在其后刘向《列女传》、五代时敦煌变文《舜子变》等均有所及。这些记载中增加改变了一些情节，迫害者的主角也逐渐向舜的后母转化。如《舜子变》里多出了一个后母"摘桃伤足"的事件：后母设计，命舜摘桃，她也跟到树下，拔金钗刺足自伤，却反诬舜树下埋刺，致她足伤。但情节几经变异，故事旨意始终如一，即宣扬舜的孝心，规范家庭道德伦理。此故事并流传到南方壮族地区，经壮族师公改造后取名《唱舜儿》载入师公唱本里，成为师公在丧葬仪式上弘扬孝道的材料。

在壮族师公唱本里，舜已经变成了壮家人，故事发生地也改成壮族地区，生活场面也是壮乡风俗，但主要故事情节与汉文古籍有关记载，特别是敦煌变文有关作品大致相同，只是细节有差异。例如：后娘焚仓后是"老天送雨救儿郎"，后娘命舜摘桃后拔金钗刺足自伤变成"娘插荆刺在下边"阻舜下树，然后是"天差仙鹤救儿郎"，后娘填井是龙王"开道救儿郎"。在唱词的最后，为了突出舜的孝心，增加了这样一个情节：舜脱险后，在舅家的帮助下，到一座大山上垦荒，过上饱足生活，他对后娘不咎既往，接她去享受天伦之乐；但后娘不改前非，又一次对舜下毒手，却由于心慌，反而把亲生儿子特象害死，后娘受到雷王的惩罚，舜为弟弟立庙祭祀。[9](P271-341)

壮族师公唱本继承了舜故事弘扬孝道的基本旨意，又似乎逐渐加重了另一面的分量，即更多地鞭挞了对非亲生儿的偏心。这两者轻重的逐渐变化，在贵州布依族具有相似主题的神话古歌《安王与祖王》里，表现得更加明显。

布依族《安王与祖王》主要人物处境与舜似乎完全相同：盘果王与鱼女结婚，生下安王；鱼女因故走后，盘果又娶了后妻，生下祖王；安王是盘果王的长子，是氏族首领的天然继承人；祖王长大后，见人办喜事要先找安王，打官司也要先找安王，就向其母问缘故；母亲告诉他，只有杀了安王，才能掌印（权力），于是，对安王的种种阴谋开始了。在这些事件中，安王处处宽容，处处忍让，显示出一个家庭伦理道德人格楷模的风范。开始，继母虐待他，给祖王"吃米饭下鱼肉，蜂籽下粽粑"，而给他"吃的小米下东南菜"。他不计较，甚至在弟弟祖王埋怨妈妈这种做法时，还制止弟弟说"别在背后骂父母"。当后来祖王听了母亲的挑唆欲杀兄夺权时，他没有利用权势先下手为强，却忍气吞声地哀求：

> 弟弟呀弟弟！你不要制造冤仇，不要用鞭子赶我。留我打鱼时替你扛网，种小米时给你带种，走路我先走，在前面挡露水，吃完饭我来收拾碗筷。

直到祖王义断恩绝，与后母数次欲加害于己，他才由忍让转而为反抗。接着便是他上天做痢疾、天花、痧子、雀鸟、害虫、黑暗、干旱、响雷、大雨、十几个太阳等，与祖王相斗，取得胜利。这时候，他仍宽宏大量，接受了祖王的再三求情，分予他管理下方的权力。[10](P109-110) 神话对家庭伦理道德的规范，就这样通过具体形象的叙事显示出来了。

六、神话对族群内部的社会性功能——经济形态

在南方民族先民早期的生活中，经济形态一般都带有原始公有制的特点，他们的神话也大都以不同的形式维护这类制度，尤其是当它面临着某种挑战的时候，更是如此。

先看一部神话古歌，就是云南澜沧拉祜族的《扎努扎别》。

这部神话古歌可能经过后人的改编，但基本情节保留下来了。长诗叙述，一天，天神厄莎来到地上，要人们鲜瓜鲜果让他先吃，新米新酒让他先尝。一位叫扎努扎别的青年认为："每颗饭都是汗水换来"，"别人休想把它拿走"。他一样东西也不给厄莎。厄莎前来责问，扎努扎别回答："天下万物是我们创造，天下万事是我们去做，你只动嘴不动手脚，你每天不干一点活。"厄莎加以报复，首先"把太阳拿来挂在树梢，赶走了天上所有的云朵"，但扎努扎别不慌不忙，"摘来十片笋叶，做成篾帽遮住阳光"。厄莎又"从天上泼下倾盆大雨，想把人们统统淹死"，但"扎努扎别又想办法，砍来竹子扎成竹筏"。厄莎再把太阳藏起，把月亮藏起，使天地变黑，但扎努扎别"把松明绑在水牛脚上，又把蜂蜡绑在黄牛角上，点着火把去犁地薅秧"。就这样，扎努扎别一次又一次挫败了厄莎，但最后，扎努扎别却踩在厄莎撒下的带毒牛屎虫上，就这样丧了命。[11](P151-171)

开始看这部神话古歌的时候，可能认为这是一部歌颂正义、反对剥削的作品，认为扎努扎别是一位反抗英雄；但如果到云南澜沧拉祜族自治县做田野调查，却会发现，扎努扎别在拉祜族群众心目中的地位不高，与人们想象中的形象不是一回事。拉祜族群众认为，这部古歌的真实含义是：扎努扎别再大，也大不过厄莎。他们解释说，古歌里厄莎与扎努扎别关于交不交贡品的冲突，反

映了大家庭公社内部公有制和新起的小家庭私有观念的对立。拉祜族实行大家庭公社经济，由于是刀耕火种，土地轮流耕歇。就是今年耕这块地，歇那块地，明年耕那块地，歇这块地，所以耕种的人往往在耕地处另建临时住所，于是，逐渐产生了小家庭生产。《扎努扎别》里，厄莎是父系大家庭家长的形象，扎努扎别是从事小家庭生产者的形象。按照传统习惯法，作为父系大家庭家长的厄莎统一分配给各小家庭耕牛、种子，而各小家庭回供厄莎收获物，但扎努扎别冲破了这一规定，拒绝回供厄莎小家庭生产的收获物。这样，由于传统观念中原始公有制经济形态的神圣性，在这部神话古歌里，尽管扎努扎别看起来一次又一次赢了，但最后仍脱离不了灭亡的下场。实际上，这部神话古歌是从另一个角度，以神圣的名义，维护传统的大家庭公社公有制。这是神话规范经济形态的例子。

然而，也许后期流传中由于经济形态的变迁带来的人们感情的变化，也许由于人们同情弱者的思想，古歌里扎努扎别的斗争过程超越了他失败的命运而给人们更深的印象。《扎努扎别》以神话的形式反映了原始氏族社会内部的矛盾，反映了小家庭生产者形象与父系大家庭家长形象的纠纷。与反映人类英雄与灾害性天气象征斗争的神话（例如争夺气象主宰权的射日、斗雷神话）相似，这一则神话里围绕着收获物这一客体，扎努扎别与厄莎形成了"客体—主体—对手"的人物关系；叙事方面也与反映人类英雄与灾害性天气象征斗争的神话相似，扎努扎别与厄莎展开了几个回合的较量，只是前者人类英雄是胜利者，后者扎努扎别是失败者，从某种意义上说，是一位悲剧英雄，一位为新起的生产关系而牺牲的英雄。因而，关于他的叙事也形成了一个与前者相似又有所不同的故事情节结构：扎努扎别几次小胜，最后却因自己致命点（脚板被带毒牛屎虫戳破）而完败。

通过以上几个方面对神话的分析可以看出，这一类神话，对内确实起了凝聚族类意识、调理人际关系、维系社会秩序的作用。维系内部一定的社会组织、制度和习惯法，规范伦理道德，调理人际关系，用我们当前一句时髦的话来说，体现了一种建立和谐社会的理想。我们南方民族先民那时候就想到了。

参 考 文 献

[1] 吕大吉，何耀华.中国各民族原始宗教资料集成：纳西族卷·羌族卷·独龙族卷·傈僳族卷·怒族卷［M］.北京：中国社会科学出版社，1999.
[2] 史军超.哈尼族文化大观［M］.昆明：云南民族出版社，1999.

[3] 朱小和，演唱.史军超，杨叔孔，采录.卢朝贵，翻译.史军超，整理注释.窝果策尼果[M]//西双版纳傣族自治州民族事务委员会.哈尼族古歌.昆明：云南民族出版社，1992.

[4] 杜玉亭.基诺族文学简史[M].昆明：云南民族出版社，1996.

[5] 艾扫，讲述.邱锷锋，聂锡珍，等，记录翻译整理.司岗里[M]//《民族问题五种丛书》云南省编辑委员会.佤族社会历史调查：二.昆明：云南人民出版社，1983.

[6] 云南省民族民间文学丽江调查队，搜集翻译整理.创世纪：纳百族民间史诗[M].昆明：云南人民出版社，1978.

[7] 阿南.从创世神话的社会作用看神话的本质特征[M]//刘魁立，马昌仪，程蔷.神话新论.上海：上海文艺出版社，1987.

[8] 袁珂.神话论文集[M].上海：上海古籍出版社，1982.

[9] 张元生，梁庭望，韦星朗.古壮字文献选注[M].天津：天津古籍出版社，1992.

[10] 祜巴勐.论傣族诗歌[M].岩温扁，译.北京：中国民间文学出版社，1991.

[11] 扎祝，演唱.扎约，记录.扎努扎别[M]//澜沧县文化局.拉祜民间诗歌集成.昆明：云南民族出版社，1989.

原载《长江大学学报》（社会科学版）2007年第3期

自然生人神话演化传承研究

向柏松

人类的起源问题始终是人类自身一直关注的问题。早期人类以天真而怪诞的想象来解答这个问题，创造出了多种多样的释源神话，自然生人神话便是其中一种。自然生人神话产生于早期人类的自然崇拜，自然崇拜源于早期人类对自然的依赖性。费尔巴哈指出："人的依赖感是宗教的基础；而这种依赖感的对象，亦即是人所依靠并且人也自己感觉到依靠的那个东西，本来不是别的，就是自然。自然是宗教最初的原始对象。这一点是一切宗教和一切民族的历史所充分证明的。"[1](P1-2)正是出于对自然的依赖，早期人类将人的起源说成是自然所为，自然被认作人类生命的源头。自然生人神话包括自然物生人、动植物生人、自然现象生人。我国影响较大的自然生人神话主要有水生人、石生人、洞穴生人、蛋生人、竹生人、葫芦生人、树生人。随着人类自我意识的觉醒，自然生人神话大都与女子生人神话相结合，发展成为感生神话。

一、自然生人神话

原始的自然生人神话，只是简单讲述自然孕育生出人类的事件，情节单纯，观念单一，反映出早期人类对自然的虔诚崇拜。

（一）水生人

水生人神话，即讲述水生出人类或形成人类的神话，包括水的各种存在形式如江、河、湖、海、井、泉等与各种变形形式如雨、雪、水气、雾露等分别生出或形成人类的神话。

哀牢山哈尼族聚居区流传的哈尼族史诗《哈尼阿培聪坡坡》开篇就讲述了哈尼族祖先在水中诞生的情形，"大水里有七十七种动物生长；先祖的诞生也经过七十七万年"，又说，"先祖的人种在大水里，天晴的日子，他们骑着水波到处漂荡"。[2]接下来叙述像螺蛳、蜗牛一样的人种在水中爬行，经过23次换爹换娘，才变成塔婆始祖。神话展现了人类在水中诞生的过程，所谓最初的人种，其实还不是真正意义上的人，只是可以变成人的水生动物。由于哈尼族认为人是由这类水生动物变化而来的，所以将其称为人种。

黔东南苗族神话说，美女神娘阿莎为水井所生，实际上说她为水井中的水所生。

雨水能滋润万物生长，这在原始采集经济时代就应当已经为人们所认识。由雨水的滋润万物生长的功能又推衍出了雨水生人的神话。怒族创世神话说："在很古的时候，天神创造了万物，但惟独没有创造出人类。地神常常为此感到忧伤。天神落下了两滴同情的泪水，泪水变成了雨水。雨水落到地上，一滴变成一个男子，叫闷有西，一滴变成了一个女子，叫闷有娣，他俩就是怒族的祖先。"[3](P129)将雨水说成是天神的眼泪，是对雨水的神秘化，这则神话实际上反映了雨水生人的观念。

基诺族的《阿嫫腰白》讲述创世女神阿嫫腰白为大海所生。神话说：远古之时，宇宙间是一片汪洋大海，阿嫫腰白第一个来到世界上，开始创造一切。

雪或者雪水在雪山地区，往往是水之源，所以也被视为生命的起源。彝族史诗《梅葛》说：格兹天神在天地造成之后，见地上没有人，就从"天上撒下三把雪，落地变成三代人"，从此，地上就有了人烟。彝族史诗《勒俄特依》讲述了雪子12支的故事：天上降下桐树来，霉烂三年后，喷出三股雾，升上天空，降下三场红雪，在地上化了九天九夜，并开始化成人类。"结冰成骨头，下雪成肌肉，吹风采微气，下雨来做血，星星做眼珠，变成雪族的种类。"逐渐形成所谓雪族12种。雪族12种，既包括了动物、植物等，也包括了人类，即所谓"有血的六种，无血的六种"。无血的六种是黑头草、白杨树、杉树、毕子树、铁灯草和勒洪藤，有血的六种是蛙、蛇、鹰、熊、猴和人类。后来雪族12种又繁衍出更多的动植物和人类。

水与生命密切相关，人的生命须臾离不开水，早期的农业生产更是特别倚重于雨水，因此，在人类的信仰世界，很早就出现了水崇拜。正是基于对水的生命力崇拜，早期的人类创造了多种多样的水生人神话。

（二）石生人神话

石生人神话是讲述石头裂开而生人的神话。石生人神话的产生可能与女性生殖器崇拜和男性生殖器崇拜有关。在一些民族，石穴、石凹、石坑等被当作女性生殖器的象征而受到人们崇拜；同样，形似男性生殖器的长形石柱也受到人们崇拜。人们崇拜这些象征男女生殖器的石头，是因为他们相信，这些石头与所代表的男女生殖器一样是人类生命的源泉，对之顶礼膜拜，就可以求得子孙绵绵。

汉族典籍中有石生人神话的零星记载。《墨子间诂·墨子后语》："禹产于昆石，启生于石。"《淮南子·修务训》："禹生于石。"《艺文类聚》卷六引《随巢子》："禹产于昆石。"《路史》引《郡国志》："禹生于石。"这些记载，保留了石生禹神话的残存记忆。我国少数民族多有石生人神话的原始形态。泰雅人神话说，其始祖发祥于冰斯怕卡安（巨石迸裂处），那里有块巨石，一日突然爆裂，生出男女二人。他们自相婚配，繁衍出泰雅人。鲁凯人神话说，太古之时，有两块巨石，即嘎巴达喃与玛德其昂，石头裂开，生下玻洛干与玛卡伊兄妹。卑南人崇拜巨石巴那巴那扬，其神话说，巴那巴那扬生下了女人拉里根，拉里根与沙嘎郎结婚，繁衍后代。泰雅人石生人神话加入了鸟的辅助作用：太古之时，西勒鸟将南朝天山一巨石推下海，石迸裂，生泰雅人始祖一男一女。泰雅人另一则石生人神话也涉及鸟的作用：宾斯巴干一巨石迸裂，从裂缝处可见内有一男一女，比勒雅克鸟将他们一一衔出，放于地上，两人长大后相婚配，繁衍人类。两则石生人神话都与鸟有关，说明泰雅人石生人神话在流传过程中，渗入了鸟崇拜文化因子。

（三）洞穴生人神话

洞穴生人，即是说最早的人类是由洞穴所出或所生。洞穴生人神话的产生，与人类早期居住洞穴时留下的历史记忆有关，也与洞穴形似母腹，或形似女阴，容易使人联想到女子生人有关。

佤族创世神话《司岗里》说，大神木依吉创造了动物、植物及人类。他将造好的人放在石洞里。小米雀将石洞啄开，老鼠调走蹲在洞口的豹子，人才从石洞中走出。台湾布农人神话说，太古之时，尚无人类，那勒哈勒虫把粪团成团，并推入敏兜昂两洞穴内，洞穴遂诞生男女二人，自相婚配，繁衍后人。

范晔《后汉书·南蛮西南夷列传》记载："巴郡南郡蛮，本有五姓：巴氏、樊氏、瞫氏、相氏、郑氏，皆出于武落钟离山。其山有赤、黑二穴，巴氏之子生于赤穴，四姓之子皆生黑穴。"在此，巴氏生赤穴、四姓生黑穴之说，应该理解为一种神话式的说法，而不能简单地解释为巴氏居住赤穴，四姓居住黑穴。所谓"生"，毫无疑义应理解为出生或诞生之义。结合全句理解，应为，巴氏为赤穴所生，四姓皆为黑穴所生。赤穴、黑穴与佤族名叫司岗里的出人洞有着同类性质，洞穴多为石洞，此类神话与石生人神话又常常发生关联，如在民间信仰中，人们将向石头祈子与向洞穴祈子相结合，形成了向洞穴中的石头祈子的习俗。

（四）蛋生人神话

蛋生人神话，即卵生人神话，属于自然形成型神话中的动物生人神话类别，应该是狩猎时代的产物。原始人在狩猎过程中，发现各种卵类，如鸟卵、蛇卵、鳄卵等孵出新的生命，并由此类推出人的生命也是由卵所生，不仅如此，还推及天地万物，皆由卵生。

蛋生人神话在我国少数民族多有流传。纳西族《东巴经》说：人类是从地孵抱的蛋里生出来的，最初从蛋中孵出的是气体，气变成了六滴露珠，一滴落入海里，海失海忍出来了。[4](P223) 海失海忍就是最早的人类。在这里，蛋最初孵出的还不是直接的人，只是一个生命体，由这个生命体的泪滴与海水作用，才诞生了人类。显然，这一诞生过程表现了原始人对于蛋中生命逐渐成形过程的观察，同时，神话还融入了水生人神话的观念。

台湾排湾人神话说，太古之时，太阳神在洛帕宁家屋檐下生两卵，两卵生出帕洛朗、扎摩珠洛兄妹，结为夫妻，生子女二人，眼睛长在脚拇指上。兄妹婚配，又生兄妹，眼睛长在膝盖上。到了第三代，眼睛才长在脸上。神话还掺入了古人朴素的进化思想，人是由相关生命体逐渐进化而来的。

海南岛黎族《黎母山》说，在海南岛思河，有一座高山，常年云雾缭绕。古老的时候，这里没有人烟。一天，雷公经过这里，带来一枚蛇蛋，放在山中。随后，雷公将蛇卵轰破，蛇卵中跳出一女孩。雷公给她取名叫黎母。后来，大陆有个年轻人渡海来岛上采沉香，遇见黎母，便一起劳动生活，并结婚繁衍后人。黎母的子孙将这座高山称为黎母山，并自称黎人。[5](P162) 此则神话在清人陆次云《峒溪纤志》卷上已有记载。

水族卵生神话《十二个仙蛋》则追溯了蛋的来历：风神与牙巫相配生出了十二个仙蛋，孵化出人与雷、龙、虎、蛇、熊、猴、牛、马、猪、狗及凤凰。神话中的蛋不仅能孵出人类，还能孵化出神与众多动物，蛋的创世范围得到扩大。

（五）竹生人神话

竹生人神话讲述从竹的空心中诞生人的故事，主要产生在南方多竹地区。陶阳、钟秀指出："原始先民们所以会想象竹生人，除了受生命一体化这一普遍观念支配外，还因为竹子本身有它的特点，如竹笋生长神速、竹子空心等。生长神速是生命力旺盛的表现，空心又易引起可以容人和母腹的想象。"[4](P219)

彝族有竹生人族源神话：太古时代，一条河上漂来一节楠竹筒，漂到岸边爆裂，从中爆出个人来，称名阿槎，他与一女子婚配，繁衍成彝族。广西彝族也有类似的神话:"远古时,有一株金竹突然爆开,飞出一对有手脚有眼睛的人来。后来这一对人生下四兄弟,其中之一便是彝族的祖先。"[6](P61)台湾少数民族多竹生人神话。卑南人神话说:卑南与槟榔两村的始祖,原是海外巴那巴那扬的竹子所生,成人后下海,遭遇台风,才漂到台湾定居。另外一则卑南人神话则将竹生人与其他因素相联系:巴那巴那扬的鲁奴勒神拿一根翠竹插到地里,霎时,青竹的第一节生出个小伙子,叫布古玛莱,第二节生出漂亮女孩,叫帕古姆西,二人结为夫妻,繁衍人类。[7](P439)在神话中,神与土地对于竹生人起到了一定的作用,显然是神话在流传过程中附会上的成分,但神与土地并没有构成致孕因素,没有导致竹生人神话发生根本性变化,因此该神话仍属原生态竹生人神话。雅美族神话说,天神降临兰屿岛,他触动不巴特山的巨石,从巨石里走出尼摩达兹罗里男神。天神走到树林里,触动了一根大竹,从竹子里走出尼摩达兹洛卡瓦里男神。一天,两个男子膝盖发痒,他们用手去摸,从膝盖里就各生一堆男女。从此,兰屿岛就有了雅美人。[8](P1-2)

排湾人神话说:古代有一女神,右手投石块,从石头里生出了马兰始祖,左手植竹,从竹中生出了卑南祖先。

贵州威宁马街的彝族中自称青彝的一支有神话说:"古时候,有个人在山上耕牧,在岩脚边避雨,见几筒竹子从山洪中漂来,取一竹划开,内有五个孩子,他如数收养为子。五人长大后,一个务农,子孙繁衍成白彝;一人铸铁制铧犁口,子孙发展为红彝;一人制竹器,子孙发展为后来的青彝。因竹子从水中取出是青色的,故名曰青彝。"[9]竹生人神话在我国南部、西南部以至东南沿海一些地方和毗邻国家都有分布,形成了一个以我国西南部为中心的竹生人神话文化圈。

(六) 葫芦生人神话

葫芦生人神话最早产生于采集经济时代的葫芦崇拜。原始人崇拜葫芦,主要是因为人们在长期食用葫芦、以葫芦为器皿的过程中,观察到葫芦多籽,而且形似母腹。多籽,就能有更多的繁衍,原始人便认为葫芦具有旺盛的生命力,而且希望人类也具有这样的生命力,于是对其产生了崇拜。葫芦形似母腹,使原始人将其当作了母腹来加以崇拜。隆起的母腹是怀孕的形象,所以成为原始生育力崇拜的对象。母腹崇拜可能产生于母系氏族社会早期。世界许多母系氏族社会遗址出土过大量的凸显母腹的女神像,就是明证。我国红山文化遗址也出土过女神雕像,那些雕像也突出表现了其孕育生命的腹部。正是基于对葫芦多籽的生命力崇拜和形似母腹的生命力崇拜,原始人创造了葫芦生人神话。我

自然生人神话演化传承研究 | 135

国许多民族都有葫芦生人神话，如汉、彝、傣、怒、白、苗、瑶、畲、黎、水、侗、壮、哈尼、布朗、布依、土家、仫佬、仡佬、毛南、德昂、纳西、拉祜、基诺、佤等民族以及台湾少数民族。

布朗族神话说：远古之时，有一大葫芦，装满了人，一天，来了一只天鹅，啄开葫芦，人就出来了。[10](P321)不少葫芦生人神话还黏附上了其他神话因子，但葫芦还是生人的主体。傣族神话说，大神英叭派他所创造的一对夫妻神到人间创造人类，交给这对夫妻一个葫芦，并说："一切活的生命都在葫芦里面。"两神下到人间，打开葫芦，将葫芦里的生命洒向大地。霎时，大地便有了花草树木、飞禽走兽及各种生命。葫芦籽用完了，就是没有人类，两人只好用泥巴造出人类。[11](P15-16)在神话中，神说"一切活的生命都在葫芦里面"，为什么唯独没有人呢？这是葫芦生人与泥土造人神话相黏合时所造成的情节的置换与矛盾，葫芦生人被说成了泥土所造。拉祜族葫芦生人神话被附会上了更多情节：天神厄莎种了一棵葫芦，野牛踩断藤，葫芦滚到海里；螃蟹将葫芦夹上岸，葫芦上半截被螃蟹夹成了细脖子，下半截被海水泡得又圆又大；厄莎将葫芦搬回家，77天后，葫芦里发出人声；厄莎叫两只老鼠啃葫芦，啃了三天三夜，啃出两个洞，一男一女从洞里爬出，男的叫扎笛女的叫那笛，两人结为夫妻，繁衍人类。[12](P88)

葫芦生人神话在我国有着广泛的传承，产生了深远的影响，以至于有学者将神话中的葫芦称之为中华创世葫芦。

（七）树生人神话

树生人神话包括树木生人神话与树叶变人神话。树生人神话的产生有多种因素：果树能结成累累果实，树根能蔓延生长且能破土而出，树因此被人们认为有强大的繁殖力；树上的裂口、洞穴与有些树叶形似女阴，容易与女性生殖崇拜相联系；树是大地母神社神的象征；等等。由此种种，便导致了树生人神话的产生。

德昂族创世史诗《达古达楞格莱标》说，当大地一片混沌时候，美丽的天上到处都是茂盛的茶树。茶树是万物的阿祖，天上的日月星辰，都是由茶叶的精灵化出。为了改变大地凄凉冷清的状况，万能之神掀起狂风，撕碎小茶树的身子，使102片叶子飘飘下凡。这些叶子在狂风中发生了奇妙的变化，竟然变成男人和女人："单数叶变成51个精干的小伙子，双数叶化为25对半美丽的姑娘。"茶叶众兄妹割下自己的皮肉，搓碎后，使它们变成大地上的树木花草，并把自己鲜美的颜色洒给白花。从此，这些姑娘和小伙子便在大地上生息繁衍人类。[13]台湾阿眉斯人（阿美人）神话说：祖先原是阿拉巴奈的一棵参天大树，一日，狂风暴雨、电闪雷鸣，一个霹雳将树干劈开，从中出来男女二人，他们就是阿眉斯人的祖先。[14]泰雅尔人（泰雅人）神话说：里基阿嘎玻帕大树的树干生出一男，该男生男女二人，自相婚配，繁衍出泰雅尔人。还有一则泰雅尔人神话说，泰雅尔人始祖为大地怀抱里盘曲交错的树干所生。

自然生人还包括花生人、风生人、云生人、虫草变人等，但最主要的是以上类别。费尔巴哈指出："自然不仅是宗教最初的原始对象，而且还是宗教的不变基础、宗教的潜伏而永久的背景。"[1](P10)据此可知，自然生人神话作为自然崇拜的组成部分，是人们宗教信仰的永久性的基础之一，具有顽强的生命力。上述七类自然生人神话，在我国自然生人神话乃至人类起源神话中，占据着十分重要的地位。这些神话都包含了最具影响力的神话母题。这些神话母题，在历史的长河中不断被复制，并与其他神话母题相组合形成新的神话，从而对传统文化产生了深远的影响。

二、自然生人神话的发展（感生神话）

随着自然崇拜人格化的演变，人们对生育现象认识的发展，特别是女子生人神话的产生，自然生人神话就必然与女子生人神话相结合，从而产生了女子与自然物发生感应而怀孕生子的神话。在这类神话中，虽然生人已是女子的行为，但导致女子怀孕的因素仍然是自然物，自然在女子怀孕生子的过程中仍起决定性作用，因此，我们可以将此类神话看作自然生人神话的演变形式，即自然感生神话。在自然感生神话中，女子对自然物感应的形式，有身体外部的接触、吞食、意念涉及、目光触及、梦中接触等。

（一）感水神话

感水神话即女子身体触水或饮水而怀孕生子的神话。《山海经·海外西经》说："女子国在巫咸北，两女子居，水周之。一曰居一门中。"郭璞注："有黄池，妇人入浴，出即怀妊矣。若生男子，三岁辄死。"[15](P208)同类的记载还见于《梁书·东夷传》："扶桑东千余里有女国，容貌端正，色甚洁白，身体有毛，发长委地。至二三月，竞入水则妊娠，六七月产子。女人胸前无乳，项后生毛，根白，毛中有汁，以乳子。一百日能行，三四年则成人矣。"[16](P809)《太平御览》卷三九五也记载了同类神话："方江之上，暑湿，生男子三岁而死。有黄水，妇人入浴，出则乳矣。"[17](P1626)《太平广记》卷八一《梁四公》载："勃律山之西有女国，方百里，山出台虺之水，女子浴之而有孕。"[18](P520-521)女子沐浴怀孕生子，意味着女子通过与水的接触而获得了水的生殖力量。《淮南子·地形训》称，三十六国之一国为女子民。《三国志·魏志·东夷传》则说:"有一国亦在海中,纯女无男。"女子国无男,繁衍后代的方式为女子沐浴。女子国神话是典型的女子感水生子神话。

女子饮水而怀孕生子,更为直接地表现出了水的感生功能。独龙族神话《马葛棒》说,很久很久以前,有个女子去竹林采笋,回家途中很渴,喝了大象脚印中积留的水,不久就怀孕了。五个月后,生下一个儿子,取名叫马葛棒。生下第一天就能吃一碗饭,两天就能说话,三天就会走路,四天就会跑,五天就长得跟大人一样,会上山砍柴打猎。神话明确表现了饮水与致孕的因果关系,揭示了水的致孕功能。不过,致孕之水出自大象脚迹,又暗示了女子怀孕与大象有关。这是女子感水生子神话黏附上大象生殖崇拜的结果,与独龙族崇拜大象有关。

珞巴族的《麦冬海依》神话讲道,天的女儿麦冬海依成天在河里洗澡游玩。一天,她口干舌燥,捧起天河里的水喝了几口。从那以后,麦冬海依的肚子渐渐大了起来。又过了些日子,麦冬海依生下了一个男孩。

(二)感石神话

女子感石生子神话多有变化,或掺入了其他情节,如涂山氏化为石而生子神话,将女子与感生对象石合成一体,可视为一种变异的感生形式。清马骕《绎史》卷十二引《随巢子》:"禹娶涂山,治鸿水通轘辕山,化为熊。涂山氏见之,惭而去。至嵩山下,化为石。禹曰:'归我子!'石破北方而生启。"

阿美人石生人神话已和兄妹婚神话融合。神话说,兄妹成婚生白石。兄亡,妹守白石度日。后白石膨胀迸裂,生两对男女,相互婚配,繁衍后人。神话讲述妹与石相伴因而怀孕生子,即女子感石生子。

台湾卑南人感生神话将感石与感竹联结在一起:一天女从天飘下,右手握石,左手持竹,降落在巴那巴那扬。女神右手投石,石裂,生阿眉斯人始祖;左手插竹,上节裂开,生帕古埃瑟洛女神,下节裂开,生帕古玛里男神,他们是卑南人始祖。满族还保留了比较原始的女子感石生子神话:一女子梦与石头结婚,三年后生一子。

(三)感蛋卵神话

女子感蛋生子神话表现为吞食蛋卵或蛋卵的替代形式——卵形物体。此类神话典型代表为简狄吞卵生子神话。《史记·殷本纪》载:"殷契,母曰简狄,有娀之女,为帝喾次妃。三人行浴,见玄鸟堕其卵。简狄取吞之,因孕生契。"薏苡,卵形植物果实。脩己吞薏苡神话说:"禹母脩己,吞薏苡而生禹,因姓苡氏。而契姓子氏者,亦以其母吞乙子而生。"此外,女子所感赤珠、朱果、月精都是卵形物体,感此类物体生子神话都属于感蛋卵生子神话。含始吞赤珠神话说："执嘉妻含始游洛池，赤珠出，刻曰：玉英吞此者为王客。以其年生刘季，为汉皇。注曰：为王客者，为王者所宾客。"女狄吞月精神话："女狄暮汲石纽山下泉，水中得月精，如鸡子。受而含之，不觉而吞，遂有娠。十四月，生夏禹。"（《太平御览》卷四引《遁甲开山图荣氏解》）满族天女吞朱果生子神话，在《皇清开国方略》《满洲实录》《满洲源流考》中均有记载，比较详细的见于《清太祖高皇帝实录》："先世发祥于长白山，是山高二百余里。……山之东有布库里山。山下有池曰布尔湖里。相传有天女三，曰恩古伦，次正古伦，次佛库伦，浴于池。浴毕，有神鹊衔朱果置季女衣。季女爱之，不忍置诸地，含口中。甫被衣，忽已入腹，遂有身。"

（四）感竹神话

女子感竹生子神话即是著名的夜郎王诞生神话。《后汉书·南蛮西南夷列传》："西南夷者，在蜀郡徼外。有夜郎国。……夜郎者，初有女子浣于遁水，有三节大竹流入足间，闻其中有号声，剖竹视之，得一男儿，归而养之。及长，有才武，自立为夜郎侯。以竹为姓。"在此，夜郎侯不是产于母腹，而是产于竹节。女子与所感之物的感孕角色实现了对换。显然，这是女子触水生人神话与竹生人神话融合时的一种置换变形，但其间所包含的女子触水生子神话原型仍清晰可辨。独龙族感竹生子神话更接近感生神话的标准形态，神话说，四位姑娘因接触竹筒而怀孕，从而生出了民族的祖先。

（五）感树神话

此类神话讲述女子身体与树相接触而导致怀孕生子。《华阳国志·南中志》说："哀牢国。……其先有一妇人，名曰沙壶，依哀牢山下居，以捕鱼自给。忽于水中触一沉木，遂感而有娠。度十月，产子男十人。"珞巴族的《冬尼和卡让辛》神话与此有着十分密切的关系。传说天地诞生之初，大地上除了河流、山脉、森林以外，什么都没有。天神便把太阳的女儿冬尼派到大地上。冬尼来到大地上，感到浑身发痒，便在森林中倚靠着一棵叫作卡让辛的树上挠痒，不知不觉便怀了孕，生下了第一个人，从此大地上才有了人类。台湾高山族神话说：一少女在河里拿到一木棒，即怀孕产一男。

由上述可见，前述七类代表性的自然生人神话中的五类，都分别与女子生人神话相结合，发展成为感生神话，这是自然崇拜及自然神话演化的必然趋势，但是，其中的葫芦生人神话与洞穴生人神话为什么没有发展成为感生神话呢？这主要是因为葫芦与洞穴形似母腹，已经包含了女性生殖崇拜的内容，所以不需再与女子生人神话相结合。

三、自然生人神话在民俗中的仪式传承

自然生人神话及其演化形式不仅以故事文本（包括文字文本与口头文本）的形式长期传承，而且以仪式的形式在我国民俗生活中广泛持久地传承，以至于使得神话中的自然物成为我国各民族传统文化中的一些关键性符号。

（一）水生人神话仪式

水生神话在南方广有分布，所以水成为南方民族一些婚俗和乞子习俗中用于乞求生育的灵物。用水乞子的习俗有浴水、饮水、泼水、喷水等形式。云南永宁纳西族有女子浴水、饮水乞子仪式。久婚不育的妇女要在巫师、丈夫和伴娘的陪同下，来到有水的山洞举行乞子仪式。先是由巫师作法，然后乞子妇和伴娘跳进洞中水池沐浴。浴毕，乞子妇还要来到一种叫作久木鲁的石头旁喝水。久木鲁为乞子石之意，尖端有凹坑，坑内积满了水。巫师拿来一根上下穿通的竹管，插入水中，让乞子妇吸饮石坑内的水，吸饮三次方告结束。据说，经过如此洗浴、饮水的妇女，就能怀孕生子。苗族有一种乞子活动，是在祭祖节祭祀枫树心里出来的始祖蝴蝶妈妈时举行的，叫浴水花竹或淋花竹。主要的活动是：一中年男子和一乞子妇女到河边，用带叶子的竹枝挑水相淋。浴水花竹的名称就是由此而来的，认为这样淋水可以使妇女怀孕。淋水其实就是象征性的浴水。

（二）石生人神话仪式

在神话中，人从石出。在民俗中，石是许多民族婚俗和祈子习俗中普遍运用的祈子物，那些以石为祈子物的习俗，则体现了石的生育力象征意义。《渊鉴类函》卷二十六引《郡国志》说："乞子石在马湖南岸，东石腹中出一小石，西石腹中怀一小石，故僰人乞子于此，有验。"怀抱小石的东石和西石，象征母腹。这种乞子物是石生殖崇拜与母腹生殖崇拜相结合的产物。云南峨山县太和村彝族信奉石的生育力量，每家楼上皆搭有一个供石神的土台供案，上供石头一块，称为金米路，在其后面插着三个枝丫的松枝，以象征人丁兴旺。这块石头十分神圣，不能触犯，否则将人丁不旺。贵州雷山县苗族地区的一些岩石被视为生育之神，不育妇女前往叩拜，乞求生子。广西环江县下南圩对面的马峰山上有座丈来高的大石头，相传它是圣母的化身。圣母石的中部有个洞，被认为是圣母的肚脐。洞里有棵桃树，年年开花结果，被称为仙桃。当地毛南族视此石为生育之神，无子或不孕妇女常前往祭祀乞子。每逢桃树结果的时候，妇女们便带上红鸡蛋、粽子等祭品前往祭祀跪拜，并摘桃子吃以乞子。

（三）洞穴生人神话仪式

云南永宁纳西族有女子浴水、饮水乞子仪式，可谓洞穴生人神话的活态传承。在云南纳西族就有这类乞子仪式。久婚不育的妇女须由巫师、丈夫和伴娘陪同，来到有水的山洞乞子。在乞子过程中，乞子妇要到洞中水池洗浴，还要到洞旁叫久木鲁的石头旁，吸饮石凹中的水。当地习俗认为，妇女由此可以怀孕生子。

（四）蛋生人神话仪式

纳西、苗、瑶、侗、黎、土家等民族都有蛋生人神话，所以这些民族的婚俗和乞子习俗中常常用到蛋。蛋被其视为一种生育力的象征物。在桂黔交界的瑶族，有埋蛋择婿婚俗。该习俗已包含为未来的新人乞子之义。瑶族姑娘成人后，如果求婚的人很多，姑娘的父母就要采取埋蛋择婿的方法。煮好十个鸡蛋，做上记号，悄悄埋在指定的山坡，让前来求婚的小伙子寻找。谁寻得的鸡蛋最多，谁就被选中为婿。这实际上意味着，得蛋多者便会获得比他人更强的生育力，将来一定多子多福，是当之无愧的乘龙快婿。广西壮族三月三歌圩中有青年男女碰蛋择偶的婚俗。事先，青年男女把鸡蛋煮熟，染成红色。届时，男女各提着鲜红的鸡蛋来参加歌圩活动，当物色到意中人时，便会拿自己手中的蛋去碰对方手中的蛋。对方若不中意，便会用手护住蛋，不让碰着；若对方有情意，便会主动让蛋碰破。碰蛋后，两人便会走到偏僻的地方去谈情说爱。为什么碰破蛋会成为男女双方缔结婚姻关系的重要前提条件呢？这是因为蛋破才能诞生新的生命，碰蛋具有祈愿意中人生殖力强的意义。侗族有抢红喜蛋的习俗。女方家的嫁妆随新娘送到男方家后，当抖开花被时，男女老少都要争抢放在花被里用糯米裹着的红蛋。据说，抢到红喜蛋者，不孕妇女可以生育，老人能长寿，儿童可以健康成长。云南金平县境内的哈尼族结婚时，新人要吃红喜蛋。新娘到男方家时，要带两个糯米煮成的饭包，其中一个要放进一个煮熟的鸡蛋。由邻居中的老年妇女将饭包打开，再由老年男子将鸡蛋剖成两半，在两个饭包上各放一半，再让新郎新娘前来吃饭包。吃前，还有一道仪式，将新郎面前饭包上的半个鸡蛋取来，叠放在新娘面前饭包上的半个鸡蛋上，让两半鸡蛋重新合为一体，然后由新娘吃掉。这样做，象征着两性结合而生儿育女。移蛋合蛋的过程，象征着两性合为一体。该习俗已融入了男女结合生子的意义，然而，新娘吃掉完整的鸡蛋的行为，仍蕴含着蛋的生殖力信仰。

（五）竹生人神话仪式

南方流传竹生人神话的民族，都有以竹为祖灵的习俗。布依族认为，人死以后要魂归灵竹，所以死者的亲人要在门前插一棵数丈高的带叶楠竹，供酒、大米、鸡鸭等于底部，由布摩安排孝子跪拜，然后还要到村外砍牛砍马祭祖。布摩口中念念有词："请你从水竹口来，请你从楠竹口来，来享儿孙酒，来吃子孙鱼。"[19](P164-165)

江口县的仡佬族人家将一件4尺长，内装一副小竹卦的竹筒作为祖灵，平时藏于屋中，春节祭祖时插于火塘边以祭祀。上山打猎时，也要插于火塘边祭祀，求祖灵保佑平安。苗族有枫树妈妈的神话，枫树便成为苗族的女始祖。台湾少数泰雅人有枣树生人神话，所以北溪上游白石山中一棵枣树便被奉为祖灵。不少南方民族以竹为生命力的象征物，认为它能护佑新生儿成长，保护人们的生命。部分流传竹生人神话的苗族视竹为生命的保护神，在盖房屋时，要在新房附近插两三根完整的竹子，竹子上拴许多棉条、米袋、竹花（竹编）和一些纸人，竹下放一小木凳，用河光石固定凳脚。据说，这种做法能保家宅平安，子孙繁衍，孩子安康。[20]

贵阳市花溪区金竹镇一带的布依族在小孩出生满三朝时，要举行栽花竹仪式。仪式由布摩（巫师）主持，先祭神，再栽竹。生男孩，栽金竹蓬；生女孩，则栽水竹两棵，意为"让竹神与儿做伴，护儿生长"[21]。

（六）葫芦生人神话仪式

在民俗活动中，葫芦既是民族始祖神的象征，也是家族祖灵的象征。在彝族，葫芦与祖先完全同义，都称为"阿普"。一些彝族家庭供奉的祖灵，即是葫芦。在他们的民俗活动中，葫芦常被用作护佑新生儿生命的灵物，行医济世的法宝。滇西巍山县的彝族妇女怀孕后，她的母亲要送一个葫芦给她，悬挂在床头上方的墙壁上。她要与这个葫芦终身相伴。据说其意义在于葫芦能保护新生儿健康成长。旧时中医诊所或药店往往要在门口的招牌上悬挂葫芦或绘葫芦图纹，有的还要在门楣上悬挂书有"悬壶济世"字样的横匾。其中所包含的正是葫芦生命力信仰，其用意显然是要借葫芦的神力来驱除病魔，让病人早日恢复健康。直到当代，彝族仍有祭祀葫芦以驱魔治病的习俗。

（七）树生人神话仪式

各类树木生人神话表现了对各类树木生命力的崇拜，与民俗仪式保持一致。古代祭祀社神，以树为对象，意为树象征大地母亲社神的生育能力。这与古老的树生人神话密切相关。许慎《说文解字》："地可观者，莫可观于树。"是说只有树可以作为大地的象征。设社，必置树，祭社，即祭树。祭祀的目的无非是祈求农作物的丰产与人类的繁殖。《墨子·明鬼》："宋之有桑林，楚之有云梦也，此男女之所属而观也。"在桑林中举行男女交合仪式，既为祈求丰年，也为祈求生殖繁衍，表现了男女交合与树的生命力相互感应的意义。有些地方的苗族视枫木为生命的保护神。他们在村寨四周种植枫树，以此来保障全村寨人的安宁；在桥头种植枫树，以此保障人们顺利过桥；在田边种植枫树，意在促农作物丰收。家里有人生病，便给枫树烧香，叩头，挂红，请求驱除病魔。在修建房屋时，常常用枫木做中柱，认为枫木能给房子的主人带来生命力，住了这种房子，子孙兴旺，全家多福。

自然崇拜向人神崇拜演化，是原始宗教传承发展的必然趋势。在这一过程中，产生于自然崇拜基础之上的自然生人神话也必然随之发生演化，这样就产生了女子感自然物生子的神话。自然生人神话的演化使其保持了传承的活力，从而也为相关仪式的长久传承发展提供了内在动力，从而形成了具有古老民族特色的文化元素。这些特色鲜明的文化元素，彰显了民族文化鲜明的特色，同时也成为联结原始人与现代人的精神纽带。

参 考 文 献

[1] 费尔巴哈.宗教的本质［M］.王太庆，译.北京：人民出版社，1999.
[2] 史军超，杨树孔，芦朝贵.哈尼阿培聪坡坡［J］.山茶，1983（4）.
[3] 惠西成，石子.中国民俗大观（下）［M］.广州：广东旅游出版社，1988.
[4] 陶阳，年钟秀.中国创世神话［M］.上海：上海人民出版社，1989.
[5] 谷德明.中国少数民族神话选［M］.北京：中国民间文艺出版社，1987.
[6] 广西壮族自治区编写组.广西彝族、仫佬族、水族社会历史调查［M］.南宁：广西民族出版社，1987.
[7] 施联朱，许良国.台湾民族历史与文化［M］.北京：中央民族学院出版社，1987.
[8] 陈国均.兰屿雅美族［M］.台北：台北出版社，1956.
[9] 何耀华.彝族的图腾与宗教起源［J］.思想战线，1981（1）.
[10] 袁珂.中国民族神话辞典［M］.成都：四川省社会科学院出版社，1989.
[11] 祜巴勐.论傣族诗歌［M］.岩温扁，译.北京：中国民间文艺出版社，1981.
[12] 马学良，梁庭望，张公瑾.中国少数民族文学史：上册［M］.北京：中央民族大学出版社，2001.
[13] 陈志鹏.达古达楞格莱标［J］.山茶，1981（2）.
[14] 思奇.高山族人类始祖神话初探［J］.民族文学研究，1986（4）.
[15] 袁珂.山海经全译［M］.贵阳：贵州人民出版社，1991.
[16] 姚思廉.梁书［M］.北京：中华书局，1973.

[17] 李昉, 等. 太平御览 [M]. 北京: 中华书局, 1960.
[18] 李昉, 等. 太平广记 [M]. 北京: 中华书局, 1961.
[19] 肖万源. 中国少数民族哲学史 [M]. 合肥: 安徽人民出版社, 1992.
[20] 宋兆麟. 雷山苗族的招龙仪式 [J]. 世界经济研究, 1983 (3).
[21] 伍文义. "濮越人"与牂牁、夜郎关系考 [J]. 贵州民族研究, 1989 (3).

原载《长江大学学报》(社会科学版) 2014 年第 7 期

试析人类起源神话中的"生人"母题

王宪昭

人类起源问题,是人类有史以来众多学科广泛关注的难解之谜。神话作为人类早期的百科全书,自然不能回避关于人类起源的解释。其中,"生人"母题在人类起源神话中最为常见。本文的"生人"母题有些涉及感生,但一般不涉及"婚配生人"的因素。从"生"的主体上看,主要指特定的主体在没有婚配的状态下生出人或人类。这类母题类型繁多,且具有复杂的文化内涵。

一、"生人"母题常见的类型

从笔者目前搜集到的我国各民族756篇包含"生人"母题的人类起源神话看,"生人"母题分布广泛,尤其以我国西南地区和中东南地区较多。依据生人主体的差异,大致可以划分为以下几种类型。

1. 神或神性人物生人。包括神或神性人物直接从体内生育出人类和感生两种情况。其中,"神生人"母题中的"神"范围广泛,可以是天神、地神,也可以是人神、动植物神、自然神、宗教神等。如满族《天神创世》中说,水神从出水的毛孔中生出人类;哈尼族《奥色密色》中说,天神塔婆生出百人,天神模米生出千人;汉族《玉人和玉姐》中说,地上的人都是树神的子孙。这类神话涉及的生人主体,具有明确的"神"的身份。所谓神性人物,主要包括文化始祖、文化英雄、半神半人、天女仙女、巨人怪人以及精灵妖魔等。如侗族《古老和盘古》中说,古老和盘古生人王9兄弟;汉族《北斗七星》中说,天地刚分开时,女娲生了一男一女;满族《天鹅仙女》中说,仙女生爱新觉罗·布库里雍顺;仡佬族《兄弟赶山》中说,仙体凡人生人;等等。这些"神性人物生人"与"神生人"创作目的相同,手法相似,可谓同工异曲。

2. 人生人。该类型较为常见的是人类的第一个母亲或处女型生人。如壮族《姆洛甲》中说,世上出现的第一个女人姆洛甲繁衍了壮族;汉族《伏羲降生》中说,一个没有名字的女子踩了大脚印孕生伏羲。有时,生人者还可以具有特殊的体征，如汉族《双性人》中说，男女同体的双性人，自己繁衍了许多孩子；佤族《司岗里》中说，男人在膝盖上怀孕生娃娃；汉族《山海经》中说"鲧复（腹）生禹"。这类母题中生人的"人"虽然带有一些神性或人的特殊性，但本质上强调的是"人"的身份。

3. 动物生人。日常见到的动物在神话中都有可能作为生人的主体。与动物的分类相对应，我们可以看到名目繁多的动物生人。（1）哺乳动物生人。如白族神话说，白族的始祖是雄性白虎[1]；珞巴族神话说，祖先达尼是老虎冬日的儿子[2]；古突厥神话说，突厥先祖的一支，狼所生也[3]；藏族神话说，猕猴生的人成为藏族祖先[4](P44)；珞巴族神话说，剖开母猪肚子，猪肚子里面出来了好多人，后来成了珞巴人[5](P160-161)。（2）鸟类生人。如满族神话说，天地初开时，水中小洲有鸟生蛋，蛋生六兄弟，为人类始祖[6]；哈尼族《三个神蛋》中说，先祖莫元时代，天神摩咪让神鸟到人间生下三个蛋，蛋生不同的人；汉族《鸟族和虎族》中说，从前有两个族，鸟族的祖先是鸟。（3）水中动物生人。赫哲族神话说，鱼的嘴中跳出人类[7](P45)；侗族《龟婆孵蛋》中说，四个龟婆从蛋中孵出女始祖松桑和男始祖松恩。（4）爬行、两栖或昆虫生人。这类神话以蛇、蛙、蜥蜴、蜘蛛"生人"为母题。如鄂温克族神话说，大湖中有长着两只犄角的大蛇，因遇上留辫子的人而孕，生的儿女，繁衍了索伦人[8](P68)。（5）神话动物生人。如汉族《盘古》中说，昆仑山变成五条巨龙，龙吐鲜血，孕出盘古。

4. 植物生人。植物"生人"母题以树、葫芦、瓜生人居多。（1）树与乔木生人。如柯尔克孜族《神树》中说，人类繁衍于一棵繁茂的白杨树；苗族《古歌》中说，从枫树心中孕育出人和雷公、龙和牛、象、虎、蜈蚣等动物；德昂族《藤篾腰箍》中说，一阵狂风刮下102片茶树叶变成人；彝族《勒俄特依》中说，一棵梧桐树繁衍出人类和各种动植物。高山族《树生泰雅人兄妹始祖》中说，大树生出飞鸟走兽及人类兄妹始祖；拉祜族《人类起源》中说，一个女人把神树烧光，树根冒出一男一女；彝族神话说，洪水冲来几筒竹子，剖开得竹中之子，即是白彝、红彝、青彝等族群之始祖[9]。（2）瓜果生人。瓜果生人以葫芦生人最为典型，如德昂族《葫芦与人》中说，海边的葫芦劈开后出现103人，这些人成为汉、傣、回、傈僳、景颇、阿昌等民族的祖先；基诺族《阿妣欧》中说，葫芦中生出彝族、汉族、傣族、基诺族。此外，还有一些葫芦生人的变体，如高山族排湾人神话说，葫芦状的植物生一个男人，壶状的物体生一个女人[10](P61)。（3）花草生人。花草"生人"母题以花生人最为典型，如壮族《姆六甲》中说，花里长出人类始祖姆六甲；汉族《莲生伏羲女娲》中说，盘古开天地后，湖生两朵莲花，莲花中生出始人类祖伏羲、女娲。

5.自然物或无生命物生人。(1)天降地生。如朝鲜族《赫居世》中说，古时朝鲜遗民的六部之祖是从天而降的神人。布朗族《人是从天上漏下来的》中说，一场狂风暴雨使天上漏下四胎五人。"地生人"母题，如拉祜族《扎努扎别》中说，从地下钻出来一个人；苗族《八寨黑苗的传说》中说，大地上生出龙身人首的鸟基（始祖名）和人首龙身的代基（始祖名）。(2)特定自然物生人。这类生人主体几乎涉及风雨雷电、山川河流等人们见到的自然现象和无生命物。如苗族《制造天地万物》中说，创世大神雄讲公公是风生的；哈尼族《天、地、人和万物的起源》中说，天上掉下三个大石头中生出人；纳西族《人类迁徙记》中说，人类祖先从大海中生；佤族《司岗里》中说，山洞中出来佤人、汉人和拉祜人。一些特殊的现象也可以作为生人的主体，如高山族泰雅人说，太古时世上无人，两块猪粪生了两个女人；[11](P75)哈尼族《天与地》中说，古时候，白气分成的12道白光中生出神、魂、水、树、草和人。(3)人造物生人。人造物生人可以看作是无生命物生人的亚型，这类人造物一般与容器有关，如基诺族《阿嫫尧白造天地》中说，祖先是从大鼓里出来的；高山族鲁凯人神话说，祖先从两个陶壶中生出；[12]傈僳族《木筒里出来的人》中说，祖先从金沙江里捞出木筒，劈开后出现一个男孩。(4)其他特殊的物中生人。如汉族《五挡神、洪钧老祖和托骨佛》中说，世界没人时，骨棒子中出现能人托骨佛和洪钧老祖；普米族《斯端若达祖》中说，妻子被丈夫打的头上的血泡中生出一个男孩。

此外，卵生可以作为动物生人或无生命物（容器）生人的特殊情况。如土族《混沌周末歌》中说，混沌中孕育的石卵中生出盘古；傣族《变扎贡帕》中说，天神造的宝石蛋中孵出八个神人；黎族《黎母山》中说，蛇卵生出的女孩是黎人的始祖——黎母；藏族《朗氏家族》中说，金、木、水、土之精华聚成的卵，衍生出朗氏家族。

二、"生人"母题的成因及叙事特征

如果从不同类型人类起源神话的产生时间推测，"生人"母题产生的时间相对较早。这类神话应该是人类已经发现生命是从某个特定的母体生出，并产生相应类比联想的产物，诸如鸟生蛋、兽生仔之类。但这里有一个明显的逻辑悖论，即当时人们既然能看到鸟生蛋、兽生仔等现象，却为什么对人类自身的分娩却视而不见，甚至对"人生人"母题避而不谈？这与神话作为文化创造的特质有关。

首先,"生人"母题的产生,往往基于人类自识或族体认同的需要。人进行自我定位的一个非常重要的途径就是对"祖先"或"族源"的认知。在族体凝聚力的形成和民族关系的处理方面,"祖先"形象具有其他神灵或形象不可取代的地位。尽管"物生人"的"物"体现的是广义或模糊的"祖先"或"族源"意识,并不影响人类自我定位的叙事主旨,特别是在科学尚不发达的阶段,神话往往与宗教结合在一起,承担着建构民众信仰的重要作用,诸如族群从哪里来,如何繁衍,以及与周边族体的关系,等等,都在一定程度上体现了人类对自身和族体的认知诉求。人类历史上曾经历不知父母、模糊的母亲、只知其母不知其父、模糊的父亲、特定的父亲以及明确的父母子女关系等不同阶段,其中一些阶段具有交叉关系。与这些史实相比,人类早期通过塑造没有任何婚配关系的"生人"母题,同样能实现族群祖先认同的目的。如包含"动物生人"母题的神话几乎在世界大多数民族中都有流传,这种叙事一般会把"生人"的动物塑造成某个族体始祖,像古代犬戎族神话中以犬为始祖,古代突厥以狼为始祖,哈萨克族以白天鹅为始祖等,都是典型的族源神话。值得注意的是,生人神话在结论中经常会出现多个氏族或民族同源共祖的情况,如基诺族《玛黑、玛妞和葫芦里的人》中说,一棵葫芦秧生长出的不同葫芦分别生出布朗族、基诺族、傣族等民族;傈僳族《天地开辟》中说,天神种的瓜里生出的两兄妹繁衍出说22种语言的娃娃,后来成了22个民族。既然不同的民族从同一个母体中产生,那么在神话理念上,就暗示了这些民族名称的识别与关系认同。在此我们可以体察到此类神话产生的真正原因。

其次,"生人"母题叙事中类比、想象等思维方式的应用。一般而言,生人神话是早期人类从自己的经验出发而产生的一种联想的结果,他们看到地上会长出花草树木,水中会生出鱼鳖虾蟹,卵可孵出小鸟,茧可钻出飞蛾等大自然中生生不息的现象,自然会想到,最初的人类也是由这种最自然的方式生出来的。自然生人的观念,是人类初期朴素唯物主义萌芽思想的一种表现,不管是天地生人、雾露生人、动植物生人,还是巨石生人、水生人,都说明这些母题已经联想到人与这些物象外在的形似或某些内在的关联性。以卵生人为例,该类母题源于原始初民们对鸟类和其他动物蛋(龟蛋、蛇蛋等)的一种类比。鸟蛋可以孵出小鸟,这在原始初民们看来是非常神秘的,因而由此也联想到卵生人,甚至会想到卵生天地。像盘古神话所说的"天地混沌如鸡子,盘古生其中",实际上把盘古看成了卵生的产物。南方民族广泛流传的葫芦生人、竹生人神话母题亦然。这与人们以竹储水、储粮的生活生产经验有关,把它与容器或母腹通过联想或类比联系起来。

再次，与"生人"母题相关的母题链，在传承中表现出向理性演变的趋势。通过对"生人"母题类型体系的解构可以发现，生人神话叙事会在漫长的流传过程中不断趋于理性化，一些明显违背自然规律的母题会得到修改，"生人"母题的关联叙事也会不断丰富，特别是有些神话文本叙事主题会更加多元化，有时会由单一的"生人"母题演变为几种母题的组合。其比较典型的组合形态包括多种生人主体的组合，如"天降人"与"地生人"母题的组合，汉族《女娲和伏羲》中说，女娲是从天上掉下来的，伏羲是从地下拱出来的，二人结合生出人类；纳西族《东巴经》也认为，人类是从自然的天地中孕育出来的。此外，还有动物生人与植物生人组合，动物生人与卵生组合，植物生人与无生命物生人组合，植物生人与植物生人组合，无生命生人与植物生人组合，以及动物生人、植物生人与卵生组合，动物生人、植物生人与无生命物生人组合等许多更为复杂的内容。如高山族排湾人神话说，神在石头上种的竹子被雷劈开后，生出一个女人；雷把石头劈开又生出一条龙，龙把女人吞到肚里后，生出一男一女，这对男女成为排湾人的祖先。[13]诸如此类的情形，只是从母题分析的角度对生人神话的不同文本进行不完全归纳，从概率的角度推算实际存在的组合，会有一百余种。这种多母题组合现象，不仅是神话流传中人为加工的结果，很大程度上，也反映出不同民族对人类起源问题的带有个性化的理性探索。

此外，"生人"母题创作中还表现出明显的区域文化特征。从不同民族生人神话母题的具体内容看，多数属于就地取材，这也从另一个方面说明，各地神话母题的产生，都可能具有原创性。同时也应看到，随着人类的发展和文明程度的提高，"生人"的特定物或者被称之为"祖先"的图腾与人类自身的关系会被逐渐淡化，特别是随着交媾婚配与怀胎生殖的关系渐渐被人们所认识，人、物（主要是动物）交合婚娶之说，便成为动物"生人"母题之后更容易被接受的形式，如畲族、瑶族等的神犬盘瓠娶帝女衍生后代的传说，鄂伦春族、鄂温克族、朝鲜族等的人熊结婚繁衍后代，等等，都是动物"生人"母题弱化的典型表现。

三、"生人"母题的文化功能

神话在许多民族中具有神圣叙事的功能。之所以把神话作为神圣叙事，不仅仅因为神话在人类早期生活中是一种解释世界万物、生产生活的教科书，同时也与人类的宗教信仰、人生教化以及行为规范等生存理念有着密不可分的关系。

1. "生人"母题的图腾标示功能。图腾作为一个复杂的文化心理现象，不仅是一个族体的重要标志，有时还带有祖先性质，认为族体与其具有血缘关系。特别是生产形态尚不发达的人类早期，这一心理表现为对周围自然界和特定信仰物的高度依赖：一方面认为那些能给自己带来慰藉的"物"具有大大超过自己的能力；另一方面，则会把自己的某些希望或理想寄托在图腾物身上。图腾崇拜物的产生，在民族文化建构中有重要作用。神话中的原始时代氏族或部落认为自己的始祖不是人，而是某种动物、植物、无生物或自然现象，所有的成员都由它生育繁衍而来，并在生产生活习俗中以极为尊崇的态度，对待这些作为始祖的"物"。这些所选择的"物"虽然源于自然界中的动物、植物和无生命物，但其本质并不是某一种具体的动物、植物和无生命物的个体，而是某种动物或植物的整体意象，或称之为抽象的"物"，或者说只是借用了这个"物"的名称。正如许慎《说文解字》中对处于我国四方的族体所做出的解释："羌，西戎，羊种也。从羊儿，羊亦声。""蛮，南蛮，蛇种。从虫，䜌声。""狄，北狄也，本犬种。……从犬，亦省声。""貉，北方貉，豸种也。从豸，各声。"无论是从汉语训诂学的义训还是声训简单解释，都会得出与神话本质叙事相左的结论，因为在实际的神话语境中，"羊种""蛇种""犬种""豸种"并不是说"羊生羌""蛇生蛮""犬生狄""豸生貉"，其本来的神话含义强调的是以"羊"为名称（或图腾物）族体繁衍或演变成叫作"羌"的族群。依此类推，我们只能把繁衍族体的"动物"看作历史上族体的特定标记或抽象的"物"，而不能把它与具象的"物"混为一谈。由于族群的划分必须有相应的命名，在当时特定的文化语境中，用一种物（动物、植物或无生命物）作为本族的标志，是非常必要的，也是正常的。这种图腾名称会在族群的交往中成为一个族的标记，以及到后来强调同一图腾的族体不能通婚，也是族体通过自我名称识别而保证生殖健康的有力证明。

2. "生人"母题的信仰建构功能。与上面所谈及的图腾标示功能相一致，"生人"母题的塑造，又体现出一个族体的群体性信仰的确立与建构。如"生人"的主体会自然赋予"祖先"的身份。"对共同始祖的信仰，使群体成员之间产生了一种基于共同血缘关系上的亲和力，以及对所属群体的自豪感、归属感和认同感，从而造成群体内部的凝聚力。这一信仰观念及行为的周期性巩固、强化，又使凝聚力不断得以维系、加强，从而有利于群体的完整与和谐统一。"[14](P178)之所以出现许多不同类型的"生人"母题，一个重要的原因是，这些关于"生人"的叙事与民族的信仰的构建密切相关。即使当人们发现神话中那些能生人的动植物或无生命物并不能真正生出人之后,也不会对这些神话母题简单地加以否定,而是从理性的角度,将这些形象及情结抽象升华为一种带有信仰性质的民族心理。如一些民族对葫芦的处理,就是有意识强调"葫芦生人"母题文化功能的例子。据彝族毕摩口传历史和一些民俗调查资料显示,以前滇、川、黔绝大多数地区彝族都曾用葫芦作为祖先灵位,保留了彝族原来奉葫芦为祖灵的历史传统,有的地区彝语中,把"葫芦"与"祖先"这两个词语完全等同起来,都叫作"阿普"。云南澜沧县一带的拉祜族不但认为人类源于葫芦,现实生活中,还把葫芦的形象融入建筑、服饰之中,成为民族特定的印记。一些汉族地区结婚时也要贺以"合卺之禧",指的是新婚夫妇用剖为两半的葫芦喝交欢酒,也是象征人类的生育繁衍与葫芦有关。同样,与人类起源有关的葫芦,也可能成为一个民族的其他神圣信仰,如满族五月初五有在门口挂葫芦的风俗,传说古代神谕说门口挂葫芦可以免灾,那些挂了葫芦的人家安然无恙,未挂葫芦的人家全被山洪卷走。这些叙事,也许能从某个侧面反映出,一些与"生人"有关的特定的物在信仰建构方面的作用。

3. "生人"母题的文化符号功能。神话作为当今人类可以追溯的最早的语言艺术,在人类文化的演进中,发挥着重要的原型作用。从一定意义上讲,"神话作为初民智慧的表述,代表着文化的基因。后世出现的文、史、哲等学科划分,都不足以涵盖整体性的神话。作为神圣叙事的神话与史前宗教信仰和仪式活动共生,是文史哲的共同源头"[15]。针对当今文化传统研究而言,神话承载着不可再生的史前文明信息。众多无文字民族口传的以及生存于民俗中的神话,成为人类文化的"大传统"的主体部分,相对而言,长期以来占据绝对统治地位的汉字书写传统,只能作为"小传统",而"大传统"对"小传统"的作用与影响,一般可以从文化符号的传递中得到验证。神话中"生人"母题的文化符号功能,就是典型的实例。以"蛙"的符号特征为例,目前能见到的关于蛙直接生人的神话不是太多,但仍然可以找出不少旁证,如哈尼族神话《青蛙造天地》中说,青蛙生一双巨人纳得和阿依兄妹,后来青蛙的儿子纳得怀孕,从肛门里掉下的一碗东西,转眼变成了娃娃。若从音训的角度观察,作为生育人类的女始祖或称大母神的女娲也与蛙关系密切。许慎《说文解字》中解释:"娲,古之神圣女,化万物者也,从女,呙声,古蛙切。"我们从中可以隐约看出,生育万物的女娲与蛙具有本义方面的关联性。再如布朗族认为,他们的祖先是半人半蛙的形象;壮族神话传说《青蛙仙子》中说,人类面临着绝种时,黑青蛙变成人与人成婚,繁衍下了后代;傈僳族神话《戈叶缠的故事》中说,一个姑娘因为摸青蛙而怀孕;等等。上述神话叙事,都应用了"蛙"的符号功能。作为动物的蛙产卵量大,具有旺盛的繁殖能力,这自然与多子多孙多福文化寓意关联起来,蛙在人们生活中也就积淀为与生育有关的特定文化符号,不仅出土的不同历史时期彩陶或器皿上绘制有蛙的形象或蛙纹,民间有关蛙的绘画或剪纸,许多地区的妇女往往把蛙作为生育之神祭拜,祈求蛙神降福赐子,即使作为当下文学创作中的"蛙",也往往会与这个符号意义有所照应,如莫言《蛙》中的借"蛙"写"娃",凸显出蛙的符号功能。

"生人"母题的文化符号功能,还表现在其象征符号的传承中。在与植物生人相关的神话中,这种象征符号意义尤为明显。以"树生人"母题演化出的象征意义为例,许多民族根据树木花草的强盛的繁殖力,也常常赋予其特定的象征意义。如维吾尔族神话说,在维吾尔人居住的土拉河与色楞格河交汇的地方,并排长着两棵大树,大树长出的树瘿孕育出五个孩子,其中一个后来被拥立为汗王,成为维吾尔人的祖先。[16](P475-476)满族神话说,女真天母阿布卡赫赫的女阴变成了柳叶,落到人间,生育了人类万物。[17](P95)在神话资料中,不仅有很多神树生子的记述,而且历史上一些特定的人物的出生,也与树发生联系。诸如司马贞的《史记正义》中说,孔子"生于空桑";《吕氏春秋·本味》记载的"有侁氏女子采桑得婴儿于空桑";等等。1986年出土于四川广汉三星堆遗址二号祭祀坑的青铜神树,既反映出对树的生命力的尊崇,也说明树作为特定的象征符号,在商代晚期已广泛应用于墓葬中。即使在当今,仍可以见到树作为特定象征的影子,如山东泰安一带,求子者要把石块放在斗母宫及灵岩寺周围的松柏树叉上,祈树神允生得孕;[18](P173)新疆墨玉乌尔奇乡,民间认为有两棵胡柏树管孕育,不育女子可以在夜晚向树神祈诉赐子;贵州仁怀苗族群众求生育,要向杉树、柏树刻成的"花杆"做祈子祭仪等。上述现象足以说明,"树"已经成为与生育相关的象征符号。

参 考 文 献

[1] 张旭.白族的原始图腾虎与鸡 [J].大理文化,1979 (4).

[2] 于乃昌.珞巴族三大史诗 [J].民族文学研究,1998 (4).

[3] 令狐德棻,等.周书 [M].北京:中华书局,1971.

[4] 陶阳,牟钟秀.中国创世神话 [M].上海:上海人民出版社,2006.

[5] 于乃昌.珞巴族文学史 [M].拉萨:西藏人民出版社,南京:江苏教育出版社,2001.

[6] 富育光.论萨满教的天穹观［J］.世界宗教研究，1987（4）.

[7] 徐昌翰，黄任远.赫哲族文学［M］.哈尔滨：北方文艺出版社，1991.

[8] 乌云达赉.鄂温克族的起源［M］.呼和浩特：内蒙古大学出版社，1998.

[9] 芮逸夫.苗族的洪水故事与伏羲女娲的传说［J］.人类学集刊，1938（1）.

[10] 陈国钧.台湾土著社会始祖传说［M］.台北：幼狮出版社，1964.

[11] 李福清.神话与鬼话：台湾原住民神话故事比较研究：增订本［M］.北京：社会科学文献出版社，2001.

[12] 任先民.台湾排湾族的古陶壶［J］.民族学研究所集刊，1960（9）.

[13] 龙宝麒.排湾族的创始神话［J］.边政学报，1964（3）.

[14] 杨利慧.女娲的神话与信仰［M］.北京：中国社会科学出版社，1997.

[15] 叶舒宪.中国的神话历史：从"中国神话"到"神话中国"［J］.百色学院学报，2009（1）.

[16] 张碧波，董国尧.中国古代北方民族文化史：上［M］.哈尔滨：黑龙江人民出版社，2001.

[17] 杨俊峰.图腾崇拜文化［M］.北京：大众文艺出版社，2000.

[18] 山曼，李万鹏，姜文华，等.山东民俗［M］.济南：山东友谊书社，1988.

原载《长江大学学报》（社会科学版）2014年第3期

神话比较研究

洪水神话：神话学皇冠上的明珠

——全球洪水神话的发现及其研究价值

陈建宪

自从人类诞生于这个星球以来，不知道有多少人丧生于洪水之中。那些在灾难中侥幸逃生的人，将洪水事件代代传讲，形成了一种独特的集体记忆，这就是洪水神话。经过长期的口头传承，洪水神话形成了一种特殊的故事模式。它主要由两个情节序列组成：一是在世界大洪水中只有极少数遗民幸存，一是洪水后幸存的遗民重新繁衍出新的人类。由于故事中心主题是人类的毁灭与再生，所以研究者又称其为"洪水再殖型故事"。

洪水神话是世界上流传最广泛的口承故事之一。据马克·埃萨克（Mark Isaak）2002年在网上发布的《世界各地洪水故事》，世界上已有181个国家和民族有洪水故事发现。[1]在中国，仅笔者目前所见到的"洪水再殖型故事"文本，就有568篇，涉及41个民族。要将这些故事的来龙去脉弄清楚，不可能不进行跨文化的比较研究，因此，了解世界各地洪水神话的发现及其特点，就是一个必不可少的研究环节。

一、小人物的大发现

洪水神话研究价值的发现过程，本身就像是一个神话。

1872年，英国伦敦大英博物馆的研究人员乔治·史密斯（George Smith，1840—1876），从美索不达米亚尼尼微遗址出土的古巴比伦楔形文字泥版上，识读出了一个与《圣经·创世纪》中的挪亚方舟非常相似的洪水故事。对于生活在基督教文化中的他来说，这个发现太惊人了，以至于他无论如何也难以控制心中的狂喜。在绕着一个粗大的工作台发狂地奔跑、蹦跳后，他竟将自己剥得一丝不挂，全身赤裸地双拳向天大声喊叫："我是阅读这些被湮没了两千年的文字的第一人啊！"

史密斯的兴奋与他的艰辛学术之路是相关的。他没有受过正规大学教育，

14岁时进一家商行当学徒，学习钞票雕版技术。他几乎将所有业余时间都泡在伦敦博物馆。1861年，由于雕版技术对复制楔形文字泥版有用，他终于在大英博物馆谋得一个"修补员"职位，主要工作是检查这些破碎的泥版，看其中是否有些可以拼接起来。1871年，由于多年的勤奋钻研，史密斯出版了一本23页的小册子《楔形文字的语音学价值》。这一研究成果表明，当时31岁的史密斯，已经成为世界上少数能识读楔形文字的顶尖学者之一。

1872年12月3日是一个在学术史上值得纪念的日子。这一天，史密斯在圣经考古学协会宣读了题为《加勒底人的洪水故事》的论文。这篇论文就像一枚重磅核弹，不仅在当时引起了国际学术界的一场大地震，而且直到今天，人们还能感受到它的巨大冲击波。

史密斯在论文中这样描述了他所做的工作：

> 最近，我一直在考察和区分一些含有神话和类似神话内容的泥版，我找到了许多这类泥版，形成了一组常见的传说系列，其中包括一个洪水故事的文本。为了找到这些残缺不全的文献，我研究了所有搜集到的残片上的铭文，拼组了数千块碎片，最终再现了该传说的八十多块片断；通过这些片断，我能够恢复洪水铭文的几乎全部内容及其它传说的相当一部分。这批泥版最初至少有12块，构成一个故事或一组传说，洪水故事属于其中第11块泥版。[2](P31)

史密斯将上述楔形文字泥版上的洪水故事逐字译出，指出它与《圣经》挪亚故事在许多细节上一致，如洪水灭世，制作长宽相等的方舟，保存所有生命的种子，放鸽子、乌鸦打探水势，水退后设立祭坛，等等，同时也指明了二者间的不同，最后得出结论：

> 在结束时，我要特别指出，这个洪水故事为我们探究《圣经》历史的早期部分，打开了一个新的领域。人们常常问到这样的问题："大洪水前时代的故事，以及那时人们生活的时间，超过了最长的人的寿命多少倍，其源起是什么呢？人类第一对父母居住的伊甸园在什么地方？洪水、方舟和鸟儿们的故事是从什么时候开始的？"对这些重要的问题，人们给予各种相互矛盾的解答，而在希腊时期以前，关于这些问题的证据完全没有。现在，泥版文书铭文给这些问题带来了一种新的阐释，并为将来解决这些问题提供了材料。……我相信，所有这些故事，连同古代神话中一些值得考虑的部分一起，都有一个共同的起源，即加勒底平原。[2](P47-48)

在《圣经》还处在科学禁区的19世纪，可以想见这篇论文在读者中会引起怎样的轰动，我们甚至可以想象得到当年人们激烈争论的样子。由于泥版文书不全，在读者强烈要求下，只过了一个月，即1873年1月，伦敦《每日电讯》就安排史密斯去尼尼微遗址寻找洪水故事的其他残片。该报老板提供了一千畿尼（旧英国金币）资助这次考察，大英博物馆资助史密斯六个月假期。令人难以置信的是，命运再一次垂青这个青年学者，史密斯居然真的发现了另一些残片（下面我们将看到，它们属于洪水神话的另一异文），凯旋回英国。此后，史密斯又进行了两次田野考察，可惜在后一次考察中染上了热症，于1876年8月19日死于叙利亚的阿勒颇（Aleppo），成为学术界一个伟大的殉道者。

一个没有受过任何学历教育的学徒工，居然将人类失去了几千年的故事重新找了回来，这个既充满偶然性其实又有必然性的过程，可以说与洪水故事一样充满了神奇的色彩。史密斯的发现有力地证明了《圣经》并非"天书"，而是人类精神遗产的传承。对此，恩格斯在《反杜林论》一书中曾做出了高度评价："由于史密斯关于亚述的发现，这个原始犹太人原来是原始闪米特人，而圣经上全部有关创世和洪水的故事，都被证实是犹太人同巴比伦人、加勒底人和亚述人所共有的一段古代异教的宗教传说。"[3](P112)

史密斯的发现使国际学术界对洪水故事的搜寻、研究形成至今不衰的热潮。在他之前，人们就已经知道一些别的民族和地区有洪水神话流传，但那时人们只简单地把它们看作是挪亚方舟故事在流传过程中的变体。自从1872年以后，人们就开始怀着巨大的兴趣，带着明确的目的在世界各地广泛搜求，记录和发表了数量多得难以统计的洪水神话文本。这些文本分布于世界各地，构成了地中海、印度、东南亚、大洋洲、美洲、非洲等大大小小的故事圈。

二、地中海洪水故事圈

洪水神话的一些早期文本，大多出现在地中海周围地区的一些民族中，其中最早的无疑要追溯到美索不达米亚。

"美索不达米亚"一词出自希腊文，意为"两河之间的地区"，即亚洲西南部的底格里斯河和幼发拉底河两河流域，在今天的叙利亚东部和伊拉克境内。这里是人类文明的最早发祥地之一，早在公元前5000年，这里就有以泥砖建造的村落和神庙，并出现了金属器。约在公元前3500年，苏美尔人已创造出世界上最古老的文字之一——楔形文字。1786年，法国人米考克斯（A. Michaux）将第一块楔形文字石块带到欧洲，引起了人们对美索不达米亚文明的兴趣，他们从古代遗址中发掘到了大量楔形文字泥版文书。1857年，罗林森（Sir Henry Creswicke Rawlinson，1810—1895）、兴克斯（Edward Hincks，1792—1866）和欧佩尔特（Jules Oppert，1825—1905）三人同时翻译了同一块泥版上的楔形文字，宣告这种古老"天书"的破译。[①]而乔治·史密斯在泥版文书中发现了洪水故事，更掀起了世界性的搜集研究洪水故事的热潮。

一百多年来，人们在美索不达米亚地区已找到了好些关于洪水的故事，其中最主要的文本有：

（1）乔治·史密斯发现的楔形文字史诗《吉尔伽美什》。该诗号称是人类发现的最早史诗，共载于12块泥版，洪水故事是第11块泥版的一部分。[②]故事说的是乌尔城国王吉尔伽美什去见祖先乌特纳皮什提姆（Utanapishtim，意即"长寿"），询问他是如何获得永生的。乌特纳皮什提姆告诉吉尔伽美什，从前，他住在舒鲁帕克[③]的一个芦苇棚里。有天他听到神对芦苇棚喊叫，说是洪水将临，叫他毁掉房子，建造"宽度必须和深度一致"的船，"将一切活物的物种运进船中"，后来果然六天六夜狂风暴雨，洪水灭世，乌特纳皮什提姆的船停在尼尼尔山顶。在第七天，他分别放出鸽子、燕子和乌鸦探查水情。得知水退后，他下船来向诸神献祭。主神恩利尔来到船上，为乌特纳皮什提姆和他的妻子赐福，使他们得到了永生，并让他们在诸河入海口永久居住。

（2）史密斯在库云基克找到的第二个洪水传说泥版，史称《阿特拉西斯史诗》，[④]也是一个珍贵的异文。这个文本中的主角被称作阿特拉西斯或大智者。诗中说，人被创造之前，神像人一样劳动。由于神不愿做工，就用泥土和一个被杀死的神的血肉创造出人类来替代。但人类的人口增长很快，又喜欢吵闹，使众神无法入睡。众神发动瘟疫，遭来旱灾、饥荒和土壤盐碱，都不能解决问题。最后，他们决定发动洪水摧毁人类。计划遭到了地狱之神恩基的反对。他让阿特拉西斯建造了一艘方舟，逃过了浩劫。阿特拉西斯向众神献祭，众神都来吃。在洪水之后的新世界，众神创造了不生育的妇女和受禁忌的妇女，同时派出名叫帕西图的恶魔专门从母亲膝上夺走婴儿，解决了人口增长过快的问题。

---

① 参见于殿利、郑殿华：《巴比伦古文化探研》，江西人民出版社1998年版。
② 参见《吉尔伽美什：巴比伦史诗与神话》中译本，赵乐甡译，辽宁人民出版社1981年版。
③ 舒鲁帕克（Shuruppak），是美索不达米亚的古城。一译"什尔巴克"。此处采用杨慧玫译《钱伯斯世界历史地图》（生活·读书·新知三联书店1981年版）的译法。
④ 金（L. W. King）：《巴比伦泥版的楔形文字文本》（"Cuneiform Texts from Babyloninn Tablets"），载于《大英博物馆》（*The British Museum*）第15卷（伦敦1902年）第49页。

(3) 希拓本。发现于尼普尔遗址的一块巴比伦泥版上，由 H. V. 希尔普里特拓印。[①] 泥版虽只有 11 行可释读，但其中有建造方舟的命令，大鸟兽将被带上方舟逃命等，并且方舟被命名为"生命保存者号"（Preserver of Life）。这块泥版属于巴比伦第一王朝，年代大约是公元前 1844 年到前 1505 年这段时期。

(4) 埃利特抄本。写在西巴尔遗址出土的一块巴比伦泥版上。[②] 在这块长 439 行的泥版上，洪水故事有 8 处，共 46 行。该书扉页记载了这个传说的抄写人叫埃利特－艾雅（Euit－Aya），一个小书吏。抄写年代是安米萨都加王在位的第 11 年。当代历史学家对安米萨都加王的生活年代说法不一。"长派"年代学学者认为他在位的时间是公元前 1702 年到前 1682 年。[③]"短派"年代学学者则认为他在位的时间是公元前 1582 年到前 1562 年。[④] 故事里从洪水中唯一得救的人叫阿特拉姆西斯（Atramhasis），而不是阿特拉西斯（Atrahasis）。

(5) 费城大学藏本。[⑤] 这是一个苏美尔文本，载于一块来自尼普尔的泥版残片上，由波贝尔发现于费城大学博物馆，上面有 90 行可以释读。故事的主角是国王兼祭司朱苏拉（Ziusudra，意为"长寿"），当时他在雕刻并膜拜一尊木头神像，又祈问了神谕。神谕告诉他一个众神的庄严决定："我们将亲手遣下一场洪水，使人类灭种。"大难临头时，主人公躲进一艘船中逃生。七天之后他打开舱盖，太阳神乌图出现了。朱苏拉以一头牛和一头羊献祭，向阿努和恩利尔鞠躬，这样他在迪尔门（Dilmun，意为"太阳升起的地方"）获得了永生。

(6) 贝罗萨斯本。贝罗萨斯是巴比伦城的马尔都克大祭司，安提奥居一世（公元前 281—前 260 年）的同时代人。他用希腊文写下了他的国家的历史，名为《巴比伦尼亚》。这部于约公元前 275 年在爱琴群岛科斯岛写成的作品虽已亡佚，但其中一些重要段落因由不少历史学家引用而闻名。在楔形文字泥版发现以前，贝罗萨斯的洪水故事是唯一为人所知的美索不达米亚洪水传说。贝罗萨

---

① 希尔普里特（H. V. Hilprecht）：《最早的巴比伦洪水故事异文与尼普尔寺庙图书馆》（"The Earliest Version of the Babylonian Deluge Story and the Temple Library of Nippur"），载于《宾州大学巴比伦探险队·巴比伦探险》（*The Babylonian Expedition of Pennsylvania*: *the Babylonian Expedition*）D 篇，第 5 卷第 1 部分（费城，1910 年），第 1—65 页。

② A. T - Clay, Babylonian Records in the Pierpont Morgan Library, New Haven, Conn. , 1923.

③ F. Thureau-Dangin, "La chronologie de la premiere dynastie babylonienne", MEMOIRES DE L'ACADEMIE, Tome 43 Part 2 (1942), pp. 229 – 258.

④ 奥布赖特（W. F. Albright）：《东方研究美国学派会刊》（*Bulletin of the American Schods of Oriental Research*），第 88 号，1942 年 12 月第 32 页。

⑤ 阿尔诺·波贝尔（Arno Poebel）：《历史文献》（"Historical Texts"），载于《大学博物馆，巴比伦资料的出版》（*The University Museum*, *Publications of the Babylonian Section*），第 4 卷，第 1 号，第 9—70 页。

斯的记载从创世开始,记述了 10 位洪水前长寿的国王,并指出第 10 位国王希苏罗斯是洪水故事的主人公。希苏罗斯得到洪水即将到来的神示,神命令他准备一条船以拯救他的家人与朋友,以及动物。他得救后,船搁浅在亚美尼亚的一座山上。他拜过众神之后,和妻子、女儿以及船夫离开人类成为神祇。弗雷泽从科里的古代残卷中获得了贝罗萨斯所记述的洪水故事,[4](P56) 其中也有放鸟儿探洪水、洪水后的献祭等细节,并说这条船停留的地点是在亚美尼亚。在科里残卷中还发现有另一个异文。

上述文本显然不是美索不达米亚地区全部的洪水故事,但它们在几千年后重见天日,却无疑向我们传达了这样的信息:在这个人类文明史上最早射出曙光的地区,洪水故事就已产生,它们几乎伴随了整个人类文明史,一直到现代仍保持着活力,这不啻是文化史上的一个奇迹。在这一事实的背后,一定蕴藏着某种与人类本质关联至深的东西。

除了鲜为人知的美索不达米亚洪水故事外,古希腊神话中的皮拉和丢卡利翁在大洪水后丢石头造人的故事,《圣经·创世纪》中的挪亚故事,《古兰经》中的努哈洪水故事,都是我们所熟悉的文本。需要说明的是,无论是希腊人、希伯来人还是阿拉伯人中,洪水故事都有不少口头文本存在。这些文献的和口头的文本我们在后面还将论及。

三、印度洪水故事圈

古印度是一块神秘的土地。大约 70 万年前,印度河谷就有石器时代的定居点,公元前 7000 年已有用泥砖建造的小城出现,并能驯养牲畜和种植谷物。公元前 2600 年左右出现的哈拉帕文明,具有高度发达的供水和排水系统,并有大规模的贸易活动。在公元前 1800 年至前 600 年间,印度教文化留下了《吠陀本集》和各种梵书、森林书、奥义书等古老文献。公元前 500 年以后,佛教兴起。前 4 世纪印度进入孔雀王朝时期,建立起幅员广大的统一国家。① 从公元前 400 年至公元 400 年间,是印度两大史诗《摩诃婆罗多》和《罗摩衍那》逐步定型和广泛流传的时代,同时,沿用史诗格律创作的《往世书》也很流行。目前所知古印度的洪水故事,一是以摩奴创世为主题的古文献,二是一些非印度教部落的口头传说。其中重要的文本有:

---

① 关于印度早期历史,参见(美)布朗主编《古印度:神秘的土地》,李旭影译,华夏出版社 2002 年版。

(1)《百道梵书》(Satapatha Brahmana)。据称是印度最早的洪水故事，约产生于公元前 10 世纪前后。①故事说摩奴在水池洗手，一条鱼忽然跳到他手中，开口对他说："好好照料我，我将保佑你。"并告诉他洪水将至。摩奴将鱼养在陶钵，并随其长大而移至沟中，最后放入大海。后来在洪水来临时，摩奴登舟，将舟系于鱼角，鱼将其拉到北山，那里后来被称为"摩奴登陆处"。摩奴登陆后以黄油和牛奶、乳清、凝乳向神祭祀，从祭品中出现一个女人，她自称是摩奴之女，后来与摩奴一起繁衍出他们的子孙。

(2)《摩诃婆罗多·森林篇》第 18 章中的洪水故事。[5](P13-16) 该故事与上述文本不同的是，摩奴的身份是太阳神毗婆薮的儿子，一个苦行者。洪水中与他同时登船的还有 7 位仙人，船上有各式各样的种子。鱼儿的真实身份是大梵天，他告诉众仙世界将由摩奴重新创造。摩奴靠苦修重新创造了各种生物。

(3)《摩奴法典》，故事与《摩诃婆罗多》基本一致。

(4)《鱼往世书》[6](P86-95)，是古印度《摩诃往世书》中的一种，总计 291 章，内容是关于毗湿奴化身为鱼的故事，传为广博仙人作，通过其弟子斯塔得以流传。其中洪水故事的基本内容与上两个文本差别不大，但全书的基本框架为师徒对话式。人们认为这些《往世书》是行吟诗人中世代流传的东西，斯塔则是其中的代表人物之一。

(5)穆里亚人创世故事。②上古时候，蚯蚓把大地吃掉了，世界只剩下水。所有人都淹死了，只有两个孩子幸存。神将他们藏在一个葫芦里，葫芦的蔓藤从水中长出一直伸到天上。蚯蚓排出泥土后，摩诃普卢勃摘下葫芦，发现了里面的孩子。他派乌鸦去找大地，看到林果与他的弟兄们正在海上推犁耙，犁过的地方都变成了陆地，这两个孩子于是被送到陆地生活。摩诃普卢勃要两个孩子结婚，但他们说自己是兄妹，拒绝了。天花女神又将二人分开，让他们得天花脸上布满疤痕，彼此不相识，这才结婚。但二人又不懂性事，后来神给二人吃了性药，他们才开始交媾，并在第二天早上就生出了孩子。由于女人吃药多，所以性欲比男人更强。

---

① 参见叶舒宪《文学人类学探索》，广西师范大学出版社 1998 年版，第 263 页。该故事的英文译本见 George Smith，*The Chaldean Account of the Deluge*，London：Macmillan and Co.，1923，p. 79。这里的梗概由笔者直接从英文本译出，与叶著所引内容有些不同。

② 穆里亚人是印度中部孟买和加尔各答之间巴斯塔尔省的一个部落。参见（美）雷蒙德·范·奥弗编《太阳之歌——世界各地创世神话》，毛天祐译，中国人民大学出版社 1989 年版，第 292—293 页。

(6) 比尔人（Bhil）洪水故事之一。① 巴格万（Bhagwan）用土创造了两个洗衣者，一男一女，人类就是这对兄妹生的。女的去提水并带了些饭喂鱼。很长一段时间后，一条叫罗（Ro）的鱼告诉妹妹："水要把地球颠倒过来，你带上点儿南瓜子，做一个笼子，然后你和你哥哥一定要躲进笼子里，别忘了还要带上一只公鸡。"后来果然大雨如注，天地如同连成一片。巴格万知道因为泄密还有人在洪水中存活，于是割掉了鱼的舌头，割下的舌头变成了蚂蟥。巴格万把女孩的脸转向西方，把男孩的脸转向东方，他又让他们转过身来面对面。他问男的："这是谁？"男的答道："她是我的妻子。"巴格万又问女孩："这是谁？"女孩答道："他是我丈夫。"于是神让他们成了夫妻，就这样他们成了人类的祖先。

(7) 比尔人洪水故事之二。② 很久以前，整个世界都在水底下，唯有两座山露在水面。一座叫帕万顿伽尔（Pawan dungar），另一座叫马塔芬（Mata phen）。这两座山随着洪水的上涨而升高，更高的那座山上有一个竹篮。神看见这个篮子就走上前问道："你们是谁？"里面答道："我们是巴拉希斯人（Balahis），兄妹俩。"他们在与神说话时转过身来互相端详对方。神说："看着对方，再说一次你们是谁？"他们互相看着说："我们是男人和妻子。"故事结尾有两种说法，一种说他们都朝地上吐痰，从唾液中生出了另一个人；另一种说他俩把一点汗泥撮在一起，从这里形成了另一个人。

四、东南亚洪水故事圈

东南亚位于印度与中国的交汇处，深受中印两大文明影响，但这个地区的土著文化也有着自己独特的个性。大约1万年前最后一纪冰川期结束时，海水上升使印度尼西亚与东南亚大陆分离，石器时代的人们就沿着新的海岸线在海边和丛林中寻找食物，这里成为世界上最早栽培水稻的地区。许多研究表明：洪水故事是东南亚地区各国共同拥有的一个故事类型。这里举几个例子。

---

① 比尔人住在印度中部西北方，温迪亚（Vindhya）山脉和萨特普拉（Satpura）山脉西支，有100万或150万人，操印度雅利安语。参见 Wilhe koppers，"Bhagwan, the Supreme Deity of the Bhils: A Contribution to the History of Indian and Indo-European Religions", *Athropos*, Vol. 35/36（1940–1941）: 265–325。这篇异文是 Wilhelm Koppers 以两个文本合成的。

② 这个故事由威廉·科珀斯（Wilhelm Koppers，1886—1961）于1938—1939年间在比尔人中采录，出处同上引文。值得特别注意的是，这个故事是在婚礼仪式上由媒人庄重地讲述的，故事后他还要宣布如果谁提出离婚必须拿出多少财物作为惩罚。

(1) 菲律宾伊富高人（Ifugaos）。①有一次发生大旱灾，老人们建议挖掘河床底下，找河的精魂。挖了三天后，一股很大的泉水突然喷涌出来，将许多来不及从坑中逃出来的人淹死了。伊富高人举行盛宴庆祝得到水，正当兴高采烈之时，天突然变黑，大雨倾盆，河水迅猛上涨，原来是河神发怒了。所有的人都被淹死，只剩下一对兄妹维甘（Wigan）和布甘（Bugan）幸存。他们分别住在阿穆崾（Amuyao）和卡拉维坦（Kalawitan）山顶。水将大地全部淹没，仅剩下这两个山顶。洪水淹没了大地六个月。大水退后，兄妹重逢，住在一起。一天，布甘发现自己怀了孩子，羞愧之中，她离开了自己的屋子溯河而去。后来马克龙甘（Maknongan）神以一个慈祥的白胡子老人形象出现在她面前，告诉她是神要通过他们重新繁衍人类。

(2) 马来西亚 Johor 州土著部落 Benua-Jakun 人。② 大地是一块盖在茫茫大水之上的外壳。在远古的时候，大神 Pirman 打破了这块外壳，世界被大洪水淹灭。但 Pirman 创造了一个男人和一个女人，将他们放在一条以 Pulai 木做成的船上，这条船完全被封着，没有打开。两人在船中漂浮颠簸了一段时间后，船终于停了下来。两人从船侧一点一点地弄开条通道来到陆地。起初只有黑暗，既没有早晨也没有夜晚，因为太阳还未创造出来。当有了光线时，他们看见了七个杜鹃花灌木丛和七块草地。他们说："哎呀！我们的处境多么悲惨啊，既没有孩子又没有孙子。"但不久后这女人的两条小腿都怀孕了，从她右腿中生出一个男孩，从左腿中生下一个女孩。这就是为什么从同一个子宫生下来的后代不能结婚的原因。所有人类都是这第一对男女的孩子的后裔。

(3) 缅甸 Chingpaws 或 Singphos 人。洪水来到时，PawPaw Nan-chaung 和他的姐妹 Chang-hko 在一条大船中得救。他们带了九只公鸡和九只针。暴风雨过后，他们每天将一只公鸡和一口针扔出船外，看水是否退去。直到第九天，他们才听到了鸡的叫声和针落在岩石上的声响。不久，兄妹俩离开船，到处流浪。后来他们碰到两个住在岩洞中的精灵（仙人，或 nats），一男一女。他们邀请兄妹俩住下，让兄妹俩做些打扫住所、耕种土地、伐木、汲水的活。不久后妹妹生了个孩子。每当孩子的父母出去干活时，孩子就由女精灵看护。这老精灵是

---

① H. Otley Beyer, "Origin Myths Among the Mountain Peoples of the Philippines" 1, *Journal of Science*, No. 8 (April 1913): 212–213.

② George Smith, *The Chaldean Account of the Deluge*, London: Macmillan and Co., 1923, pp. 82–83.

个巫婆。有一天,在孩子啼哭时,老巫婆在狂怒中攫住他,将他带到九条路的交叉路口,把他砍成了碎片。她将他的血泼掉,把他的碎尸撒播得到处都是。晚上,孩子的母亲干完活回家后找不到孩子。巫婆恶毒地回答说:"我已经将他吃了。"女人跑出屋外,在交叉路口大声号哭,呼唤大神。大神出现对她说:"我不能将你孩子的碎片收拢拼合。不过,我可以让你成为人类所有民族的母亲。"大神说完,从一条路上突然跳跃起了掸人(Shans),从另外的各条路上分别跳出了中国人、缅甸人、孟加拉人等各个民族。这位妈妈将他们都称为自己的孩子,因为他们全都来自她那被杀孩子的被撒播的身体碎片。

(4)越南Bahnars族。从前,鸢与蟹争吵起来。鸢猛啄蟹的甲壳,在上面啄出了个洞。蟹为了报仇使大海和河流猛涨起来,一直涨到天上,所有生物全被淹死。只有兄妹俩在一个巨大的箱子中幸存。他们将每种动物都带一对进箱子里,紧紧关上箱盖,在水面漂浮了七天七夜。后来哥哥听到一只公鸡在外面叫,这是神来让我们的祖先知道洪水已经退去,他们可以从箱子中走出来了。于是哥哥首先放出所有的鸟,然后放出所有野兽,最后他和他的妹妹一起来到干地上。他们不知道靠什么维持生活,因为他们储存在箱子中的谷物已经吃完。不过,一只黑蚂蚁为他们送来了两颗谷种,哥哥将谷粒种下,第二天早晨就收获了很多粮食。这样,兄妹俩就又得救了。

(5)泰国西北部拉瓦人。[①]世界之初,洪水淹没大地,只有一对兄妹活着。一只鸟告诉他们应该结婚。妹妹起初不同意,考虑到人类要断子绝孙,才答应做了哥哥的妻子。后来怀孕十年,生下一个葫芦。有天,妹妹用手指捅破了葫芦,从里面出来了拉瓦人,还有泰国人、中国人、欧洲人等。

(6)泰国北部克穆(Kammu)人。[②] 有两兄妹想把一只竹鼠挖出来,竹鼠一个劲儿往深处钻,最后它回过身来说:"嘿!你们挖我干什么呀?大水马上要涨起来淹没村子和土地。我们必须挖一个很深的洞,越深越好。你们也应该为自己准备一个好的藏身之处。"竹鼠教他们做一个木鼓,爬进去用蜡把鼓口封

---

① 日本学者大林太良和其助手桧垣1963年记录的文本。参见大林太良《神话学入门》,林相泰、贾福水译,中国民间文艺出版社1988年版,第1—2页。

② 瑞典学者克里斯蒂娜·林德尔(Kristina Lindell)、哈克·兰德斯充(Hakan Lundstrom)、简-奥罗弗·斯宛特森(Jan-Olof Svantesson)和 达姆隆·泰安尼(Damrong Tayanin)在泰国记录了三个口头文本,这是其中第一个。见他们合著的 "The Flood: Three Northern Kannu Versinlns Lof the story of Creatiln", *Acta Orientalia*, Vol. 37 (1976): 183–200。

住。洪水来了后，人统统淹死了，整个大地上只剩下这兄妹俩，两人到处走，找不到一个人。一只布谷鸟对他们唱起来："哥哥和妹妹，一起拥抱吧！"他们终于睡在一起并有了一个孩子。孩子怀了七年，生下来是个葫芦，他俩把它搁在屋子后头。过了很久，他们听见葫芦里有说话声。男的烧红了一根铁棒，在葫芦上烧了一个洞。罗密特人（Rmeet）走了出来，[1] 随后出来的是克穆人、泰国人、西方人和中国人。故事后面还有他们如何学说话和文字，以及分香蕉、分甘蔗、分大象的情节。

东南亚地区洪水故事数量很大，它们与中国洪水故事之间存在着密切的关系，我们在下面的分析中还会常常涉及。

五、美洲印第安洪水故事圈

洪水故事在地球东半球广为传播，在西半球同样大量存在。一般认为，西半球的第一批居民来自亚洲，他们在最后一次冰川期经过当时尚存的陆桥穿过白令海，来到美洲。到公元前12000年，他们的足迹已到达南美。[2] 15世纪末哥伦布发现美洲后，西方国家大量向美洲殖民，土著印第安人遭到肆意掠夺和残害。他们中保存完好的原始文化形态，受到西方人类学家仔细的调查与研究。这些研究表明，南北美洲土著都有大量的洪水故事。如墨西哥人类学家弗尔南多·赫卡斯塔斯（Fernando Horcasitas）1953年所撰的硕士论文《中美洲洪水神话分析》，就对63篇文本进行了分析，将其分为五个类型。这里介绍几个比较重要的文本。

（1）大约1580年在基多记录的南美洲文本。[3] 洪水毁灭人类后只有一对兄弟幸存。起初，他们只吃树根和野草，但过了段时间，他们每天干活回来都有人给他们准备好了食物。哥哥偷偷藏起来看那个神秘的管家是谁，他发现两只金

---

[1] 罗密特人（Rmeet）居住在老挝北部紧靠克穆人的地方。在西方文献中他们通常被称为拉棉人（Lamet）。他们的语言和克穆人的语言相近，但两种语言之间却不易相互交流。有这样一种观念：罗密特人的肤色之所以比其他人种黑，是因为他们擦上了灼热铁棒留在洞口的烟灰。白肤色在社会上拥有更多的特权，讲故事者把最先出来的罗密特人置于社会天平中比克穆人低一等的位置。费拉斯博士（Dr. Ferlus）强调克穆人也是第一批出来的人（见上引第280页），根据这里提供的所有记录，这种说法是不正确的。

[2] 参见戴尔·布朗主编《北美洲：筑丘人和崖居者》（张黎新等译）和《印加人：黄金和荣耀的主人》（段长城译），广西人民出版社2002年版。

[3] Cristobal de Molina, *Ritos Y Fabulas de Los Incas*, Buenos Aires: Futuro, 1947, pp. 31-33.

刚鹦鹉进了屋子，脱掉它们的翅膀，料理家务。这个男人从藏身之处出来，把鸟吓飞了。但他还是抓住了一只。他和这只雌鸟结了婚，生了六个孩子，再殖了世界。另一个记录于1613—1653年间的异文在结尾处有点不同：两个鹦鹉姑娘都留了下来，成为兄弟俩的妻子。他们的子孙还在瓦卡依纳山上建了一座神庙，将鹦鹉敬奉为主神。①

（2）中美洲惠乔尔人（Lumholtz）人。②一个人发现他砍下的树一夜之间又长了出来。他偷看到原来是老祖母纳卡维（Nakawe）干的。她告诉他不久将有一场洪水毁灭世界。她指示他用树造一个箱子，装上谷粒、豆子和火具，还有五块压料的树根做燃料，还要带上一只黑母狗。箱子在洪水中飘了五年。洪水退后箱子落在一座小山上。这个人像洪水没来之前那样回去干活。每天他回到自己住的山洞时，都发现有人已经给他准备好了玉米面饼。他暗中窥探才知道是母狗做的。她脱下皮变成女人给他磨谷子。他把她的皮扔进火里，于是她悲嗥不止。他用尼塔玛水（nixtamal）为她洗浴，二人重新繁衍出了人类。

（3）加拿大印第安人。③很久以前，由于人太多，不同部落的人为争夺狩猎地盘争吵不休。一些先知梦到洪水将淹灭世界，他们商量将独木舟联在一起，形成一个巨大的木排。洪水来后，不相信梦的人被淹死，先知和他们的家人在木排上幸存。水退后，他们只得重建家园。后来人数又多起来，他们最终决定分开，迁徙到世界各地。

（4）太平洋西北岸印第安人。④大神对塔克荷马山上的人和动物相互算计很恼怒，他叫一个好人往云端射了一箭，然后再向这箭的箭杆底部射第二箭，就这样一箭一箭地连成一条箭绳。大神叫好人与他的妻儿带着好动物爬上箭绳，登上云端。当他看到许多坏动物也爬在箭绳上时，就取下离他最近的箭，使坏动物跌到地下。大神开始不断下雨，洪水上涨一直淹到塔克荷马山最高的雪线，所有坏人和坏动物都淹死了。大神于是将好人和他的家人及好动物重新放回

---

① 贝尔纳贝·科波《新大陆的历史》，转引自（美）《印第安神话和传说》，阿平译，中国民间文艺出版社1985年版，第128—129页。
② Carl Lumholtz, *El Mexico Desconocido*, Mexico City: Publicaciones Herrerias, 1945, Vol. II, pp. 189–191.
③ Ella Elizabeth Clark, *Indian Legends of Canada*, McClelland and Stewart Limited, 1960.
④ Ella E. Clark, *Indian Legends of the Pacific Northwest*, Berkeley: University of California Press, 1953, pp. 31–32.

地面。

六、其他地区的洪水故事

除了上述地区外，世界其他地方，如大洋洲、非洲，也有许多洪水故事发现。下面列举几个非常有意思的文本。

（1）新几内亚瓦曼斯人（Valmans）。[4](P89)一天，有个大善人的妻子见到一条大鱼游进了港湾，告诉了她的丈夫。大善人嘱咐自己的一个儿子和两个女儿不要捕食这条鱼。其他人捉住这条鱼拖到岸上，善人劝大家不要吃这鱼，大家不听，将鱼分吃了。善人忙将各种动物的一对赶到树上，与家人一起爬上了椰子树。洪水从地下迅猛而至，所有人和动物皆被淹死。水退后，善人一家从树上下来，重建家园。

（2）澳大利亚文本1。[7](P11-12)伊奈提纳在海边用鱼叉刺伤了一个蛤蜊人，蛤蜊人与他争吵，他一气之下用一大块珊瑚将蛤蜊人砸得粉碎。蛤蜊人的血不断喷出，将海水染红，变为雾状，漫向陆地，淹死了所有的人与动物，只有两兄妹活了下来。神要他们结婚，以免整个部落灭绝。于是他们结为夫妻，成为强大的尤德瓦德部落的祖先。

（3）澳大利亚文本2。[7](P21)远古时候，地球上住的是些老迈的神。大洪水来了，将这些神大多淹死，少数神被卷上天空变成星星。水退后，大神庞德吉尔的儿子贝沃兰德和女儿卡拉罗克返回世间，成为人类的始祖。

（4）非洲喀麦隆雅温得（Yaounde）卡卡族（kaka）。[2](P249)一天下午，某个村庄只有一个小女孩和她哥哥在家。女孩在屋外磨磨，一只公羊跑来舔她磨的粉。她赶走了它，但它很快又回来了。女孩于是让它吃个够。它吃饱后，对女孩说："我要告诉你一件重要的事，今天将有一场大洪水，因为你对我很好，我才告诉你，我建议你和你哥哥赶快跑到另一个地方去。"兄妹俩于是收拾了一些能带走的东西逃出村子，在他们逃跑时，回头看到一片洪水淹没了他们的村庄。他们住了好多年也没有找到人，后来羊又出现了，告诉他们可以结婚，尽管他们是兄妹，不过，他们必须打破一个陶罐底，并把它挂在屋顶的尖顶部位，而且还得在它上面安上一个没头的锄柄，这表示他们曾是亲戚。这就是现在近亲结婚的时候，夫妇为什么要在屋顶上挂上一个破底罐和一个锄柄的原因。

七、神话学皇冠上的明珠

1918 年，英国著名学者弗雷泽（James George Frazer, 1854—1941）在《旧约中的民间传说》一书中，在对世界各地洪水故事进行了充分的介绍后，对其地理分布做出了如下概括：

> 从亚洲开始，我们已经在巴比伦、巴勒斯坦、叙利亚、弗吉尼亚、古代印度和现代印度、缅甸、交趾支那、马来半岛和堪察加半岛发现了例证。因此，大概地说来，这个传说普遍地盛行于南亚，在东亚、中亚和北亚则明显缺乏。……
>
> 在欧洲本土，洪水传说比在亚洲稀少得多。但它们在古希腊被发现，在威尔士、立陶宛、特兰西瓦尼亚山脉（即南喀尔巴阡山脉）的吉普赛人和东俄罗斯的沃古尔人被报告。冰岛故事中一个巨人的血流或泛滥洪水的，几乎不能属于这个基本类型。
>
> 在非洲，包括埃及，有关大洪水的地区性传说特别缺乏；的确，还没有一个清楚的例证被报告出来。在印度洋群岛，我们在苏门答腊岛、婆罗洲、和西里伯斯岛等大岛屿和一些较小的岛屿如尼亚斯、恩加诺、塞兰海、罗地岛和弗洛勒斯岛上发现了大洪水的传说。同类的故事，在菲律宾岛和福摩萨岛（即台湾岛——译者注）上的土著部落，以及在孟加拉湾的与世隔绝的安达曼群岛上被报道。
>
> 在新几内亚和澳大利亚的大岛，或大洲上，我们遇见到一些大洪水的故事，同类的传说也发生于边缘子岛，如美拉尼西亚，它以一个弧形延绵环绕于新几内亚和澳大利亚的东北部。
>
> 我们仍旧向东进入太平洋，在那里我们发现大洪水的传统广泛地流传于波利尼西亚人之中，他们占据着这些分散在大洋中的大部分小岛，从北部的夏威夷到南部的新西兰。在密克罗尼西亚人中，有一个洪水传说被记录于帕劳群岛。
>
> 在美洲，南美、中美和北美，洪水传说非常流行。它们被发现于从南部的火地岛直到北部的阿拉斯加，从东向西横贯于整个大陆。它们不是仅仅在印第安部落中流传，它们的异文，从阿拉斯加西部的爱斯基摩人，到东部格陵兰，都有过报道。[4](P132)

从弗雷泽发表他的统计之后，人们对洪水研究的兴趣与日俱长，笔者1999年曾以"FLOOD MYTH"为主题词在Alta Vista引擎上检索，结果显示出的网页竟达589 400多个；2005年3月25日，笔者在HotBot搜索引擎上以"FLOOD MYTH"为主题词查询，得到的网页是748 000个；以"FLOOD STORY"搜询，得到632 000个。即使去掉大量可能的重复，这样庞大的资料线索，也令人叹为观止。考虑到这还只是英语涉及这个主题的数量，如果将世界上其他文字中有关这个主题的网页加起来的话，恐怕会是天文数字了。一个口承故事在历史上传承了如此长的时间，在世界上扩布到这样大的范围，受到来自那么多学科的关注与研究，我们将它誉为神话学皇冠上的明珠，应该说是毫不过分的。

洪水神话的跨文化研究有着巨大的学术价值。既然洪水神话出现于人类几乎所有最古老的文献，而在地理上扩布得又如此之普遍，人们不禁要问：这些文本在发生学上有关联吗？它们来自一个共同源头，还是各自独立起源于世界上不同的地方？如果它们的起源不是一元的，为什么它们的情节结构乃至许多细节都那么相似？如果是一元的，那么它们的最早源头又在何处？是通过什么途径传播到世界各地的呢？还有，地球究竟有没有过一场全球性的大洪水？如果有，是什么时候由什么原因引起的？如果没有，为什么世界上如此广泛地流传着洪水故事？……显然，洪水神话既与人类某种本质属性有着紧密的联系，又蕴藏着许多与各民族独特历史文化息息相关的信息。世界各地洪水神话的同一故事圈之内和不同的故事圈之间，存在着千丝万缕的联系，这些联系是人类各民族各地区古代文化发展与交流的结果，它将成为引导我们解读人类文化迷宫的阿里阿德尼之线，这才是使得100多年来许多国家的许多学者，为了揭开这个迷宫的秘密而殚精竭虑、义无反顾的根本原因。

参 考 文 献

[1] Mark Isaak. Flood stories from around the world [EB/OL]. http：//www.talkorigins.org/faqs/flood-myths.html.

[2] Alan Dundes ed. The flood myth [M]. Berkeley：University of California Press，1988.

[3] 恩格斯.反杜林论 [M] //中共中央马克思恩格斯列宁斯大林著作编译局编译.马克思恩格斯全集：第三卷.北京：人民出版社，1998.

[4] James George Frazer. Folk-lore in the old testament：studies in comparative religion，legend and

law [M]. London：Macmillan and Co，1923.

[5] 赵国华.东方神话：印度古代神话［M］.北京：知识出版社，1993.

[6] 岩村忍，等.东方奇书55［M］.李涌泉，王宝荣，尚卫东，译.西安：三秦出版社，1989.

[7] A.W.里德，等.澳洲土著神话传说［M］.史昆，选译.北京：中国民间文艺出版社，1988.

原载《长江大学学报》（社会科学版）2006年第2期

东北亚月亮阴影神话比较研究
——以阿尔泰语系诸民族与阿伊努族事例为中心

那木吉拉

在我国东北黑龙江下游地区、俄罗斯境内的阿木尔－撒哈林以及西伯利亚一些地区分布的阿尔泰语系突厥语族、蒙古语族、满－通古斯语族的一些民族的月亮阴影神话称,月亮里的阴影就是一个手提水桶的小姑娘或小媳妇(少数变体中则为少女)的影子,神话还讲述了小姑娘或小媳妇如何飞上月亮的故事。与之同类的神话又流传于同一地区的阿伊努人当中。我们把这些神话分为"祈求型""攫取型"和"惩罚型"等三个类型。阿尔泰语系诸民族的月亮阴影神话大致容括于"祈求型"和"攫取型"两个类型当中,而阿伊努族月亮阴影神话则用"惩罚型"来概括。本文主要运用类型和母题研究的方法,探讨上述地区分布的阿尔泰语系某些民族以及阿伊努等民族的月亮阴影神话,探讨诸民族同类神话共同特点和各自独立的特点,并试图触及神话原型及其变异的轨迹。

一

东北亚一些民族中流传的月亮阴影神话称,小媳妇(少数变体谓少女)被婆婆虐待,不堪忍受,晚上汲水时,祈求月亮把自己带到天上。月亮可怜小媳妇,把她连同水桶接到天上去,小媳妇及其水桶化为月亮里的阴影。此类神话可称之为"祈求型"月亮阴影神话。该类型神话主要分布于阿尔泰语系满－通古斯语族的赫哲、艾温基、由卡基如等民族和突厥语族的柯尔克孜、雅库特族中,在我国赫哲族中流传4则。

黑龙江省同江、桦川、饶江一带赫哲族中流传的神话《月亮里的姑娘》说:小媳妇受婆婆虐待,白天干活受苦受累,晚上还要到江边挑水。一天晚上,她又去挑水,看见水里自己的倒影,瘦得不像人样,伤心地哭了起来。她对月亮请求:"如果你真有灵,就把我搭救到天上去吧!"月亮里的大树,伸下长长的树枝,一直伸到她跟前。她抓住树枝飘飘悠悠地上了天,从此她便居住在月亮里了。她那对桦皮水桶也就变成了月亮里的阴影。[1](P19-20)隋书金于1958年从饶河县采集到上述神话的一个变体《月亮的故事》中,同样是婆婆给儿媳妇气受,小媳妇晚上到江边挑水,祈求月亮把她带到月亮上。月亮降一块白布,将小媳妇带到天上,小媳妇和她扯的老柳树、挑着的一对桦树皮水桶成为月亮的阴影。[2](P16)赫哲族的另一则神话变体《月亮里的小媳妇》[3](P306-308)称,虐待小媳妇的除了婆婆之外,还有她的公公,甚至她的丈夫也参与到欺凌其媳妇的行列中来。

婆婆虐待媳妇是"祈求型"月亮阴影神话的主要母题之一。这个母题在神话中出现有其社会根源。婆婆与媳妇之间的矛盾,是人类婚姻制度完全确立和巩固之后,家庭关系中出现的一种特殊现象。在父系制度下的封建社会家庭里,相对来说,只有媳妇是"外人"。婆婆原本也是"外人",但她在这个家庭里生儿育女,从"外人"逐渐变成了"内人",也就是从被欺负的地位走向了它的反面。尤其在旧式家庭中,婆婆和媳妇的关系是微妙的:一方面,因为家庭中新媳妇的出现,婆婆无意识中生怕失去了亲生儿子的爱而嫉妒甚至是憎恨媳妇;另一方面,家庭中繁杂的家务以及生儿育女等诸多问题把婆婆和媳妇紧紧连在一起。所以,在家庭关系中,婆婆和媳妇之间出现矛盾的概率比起其他成员之间更高一些。而一旦出现矛盾,婆婆依仗传统道德观念的势力,往往处于有利的地位,所以,媳妇尤其是新媳妇总是处在被虐待和被欺负的境地。而婆婆和媳妇的对立,是典型的内地汉人式农业家庭关系的一种反映,在古代北方游猎民族家庭出现这种现象的概率非常低,所以在赫哲族神话中出现这一母题,显然是文化传播的结果,是较晚近发生的。同样是月亮阴影神话,七八十年前俄罗斯学者洛帕金在黑龙江下游的戈尔德-那乃人中采集的实例中没有这种母题,这说明上述判断是正确的。

神话中出现婆婆虐待媳妇等情节母题,重点突出了软弱无能的"外人"小媳妇受气受累的窘境,人们更加同情可怜小媳妇,引申出小媳妇向月亮求救以及月亮可怜小媳妇并把她接到天上的合理性。有的神话变体里也出现了婆婆、公公及丈夫悔恨虐待小媳妇的情节母题,进一步加强了神话的故事性和戏剧性。另外,该类型神话中都说,月亮并不亲自下凡,而是通过它的神奇仙术功能把小媳妇接到天上。这一切都说明,神话正在失去其原初形态,有向民间故事转化的趋势。

总之,从我国赫哲族搜集的"祈求型"的月亮阴影神话已经发生变异,其故事性和戏剧性增加了,原始神话的那种古朴幼稚的观念有所淡化,表现出神话向"人话"转化的进程,而且阿尔泰语系其他一些民族"祈求型"月亮阴影神话中婆婆虐待媳妇被置换为后娘等欺负少女的母题。满-通古斯语族的由卡基如族的神话《姑娘和月亮》说:

  少女的父母去世,亲戚家领养。亲戚经常虐待少女,让她累死累活地干活。一个寒冷的夜晚,亲戚让她去河边汲水。孤女到封冻的河面上用桦皮桶从冰窟窿里汲水。此时的她向着月亮诉苦说:"月亮啊!月亮啊!我经常受虐待,谁都不保护我。在你那里肯定是光明而且温暖,请求你救救我,把我带到你的身边吧!"月亮非常可怜孤女,亲自下到地上,领着少女一起飞向天空。从此孤女和她的水桶成了月亮的阴影。后来,有人议论说,因为少女是惰怠,所以让她到月亮上去的;也有人说,要是地上生活幸福,孤女能和月亮一起到天上去吗

  这里小媳妇已经变为孤女,而虐待她的是她的亲戚。神话中的亲戚虐待孤女和婆婆虐待媳妇母题的性质是相同的,都是属于家庭里"内人"欺凌"外人"的范畴,而下面引述的神话中虐待孤女的则是使唤她的富人或领主。如,柯尔克孜族的神话《月光神和汲水小女孩》说,巴依(突厥语,富人)虐待欺负所使唤的小女孩,让她不停地干活。一天半夜,巴依让小女孩去河边挑水。小姑娘又饿又累,想起自己的苦难身世,非常伤心。她抬起头来祈求月亮把自己带到身边去。于是月亮从天而降,将小姑娘连同她手里的水桶一起带到天上。小姑娘和水桶成为月亮里的阴影。[5](P82-83) 雅库特族的《月亮阴影的由来》[6](P123-124)和艾温基族的《月亮的斑点》[6](P260-261)等两则神话与上述《月光神和汲水小女孩》主要的情节母题相似,其中都说,富人或领主虐待使唤的孤儿少女,少女祈求月亮将其带到天上去,月亮应允把少女带到自己身边。

  上述神话中领主或富人虐待所使唤的少女的母题同样是较晚近的产物。自从贫富差异出现,富人雇用穷人是社会中的普遍的现象,而雇用者和被雇用者的地位是不平等的,所以,被雇用者经常处于被欺凌和虐待的境地。这种社会现象以故事的形式在民间传说和故事中频繁登场。神话中出现这样的母题,显然标识着神话的故事化倾向。

  综上所述,"祈求型"诸神话的故事化倾向显而易见,尤其是赫哲族的月亮阴影神话中,夹杂了其周围民族特别是汉人社会文化的影响。当然神话中的月亮带走少女,日月争抢少女和少女及其水桶成为月亮阴影等等情节母题则接近神话的原初形态。

二

东北亚地区流传的一些月亮阴影神话的主要情节是：父母让少女（有的变体为"小孩"）去汲水，少女贪玩不归，父母（有的变体为"后娘"）诅咒："月亮把她带走吧！"月亮应咒而至，攫取少女。手提水桶的少女成为月亮里的阴影。我们称之为"攫取型"月亮阴影神话。该类型神话主要传承于阿尔泰语系满－通古斯语族的艾温基族和戈尔德－那乃族以及喀尔喀蒙古、布里亚特人中。该类型神话大都篇幅短小、情节简单，保存了原始神话古朴、幼稚的特点，而且这些神话大都是较早期搜集整理的。下面对该类型神话进行内容介绍和母题分析。

七八十年前俄罗斯学者洛帕金在黑龙江下游的戈尔德－那乃人中采集到的一则故事说：

> 晚上妈妈叫女儿到江边挑水，女儿贪玩，好久也不回来。妈妈气得咒她："让月亮比阿（赫哲语，'月亮'之意）把她抓走算了！"月亮比阿果然应咒而至，一把攫取了姑娘，她连两只水桶也未来得及放下，比阿至今还同姑娘住在天上，那对桶成了月亮里的阴影。[7](P330)

喀尔喀蒙古族中流传的神话《月亮里的小孩》讲：

> 晚上，父母让小孩去河边汲水。小孩贪玩，久久不归。父母跑出帐幕去叫孩子的名字喊："你的这边是太阳，你的那边是月亮！"意思是"你不快点回来，太阳和月亮就把你带走了"。月亮听见了，马上下凡，把小孩连同水桶一起带到天上去。月亮里的阴影就是那小孩子和他（她）的水桶。

据说当地有一个习惯，人们叫在河边汲水的小孩时，不说他的真实名字，而称"狗噎了（nohai hahala）"。[8](P39-40)与此相关的一则神话《月亮里的少女》（原题《狗噎》）称，从前，一个小姑娘晚上提着小桶汲水时，月亮把她带走了。传说那个手提小桶的小姑娘在月亮上面。所以，人们不愿意明月当空的晚上让小孩子去汲水。小孩去汲水而迟迟不归，也不能叫他的名字，而是喊"狗噎住了！"

上述两则蒙古神话中的有些意象是模糊不清的，如，前者神话主人公的性别不清，也没有交代是父母中哪一方让小孩去汲水的；后者中主人公的性别清楚，但是她飞向月亮的过程的描写阙如。如果把这两则神话相互阐发，并参照其他民族同类神话来解读蒙古民间流行的与神话相关的禁忌，可以推定神话原来形态中，前者主人公是少女，后者少女是被月亮攫取的。

艾温基族中也流传着同类神话。《被月亮攫取的姑娘》说，傍晚，母亲让女儿去海边汲水，女儿贪玩不回家，母亲生气，叫女儿的名字："魔鬼来了！"海神应声而至，欲抢走少女。少女想挣脱，与海神搏斗起来，此时月亮升起在海面上，并靠近姑娘。姑娘伸手抓住月亮里的草丛，月亮升空而上把少女带到天上自己身边，成为月亮里的阴影。通古斯人中也流传忌讳叫刚从水里出来的少女真实名字的习俗。[6](P53-54) 此与蒙古族的相同习俗是同源的。

布里亚特的"攫取型"月亮阴影神话大致与上述同，只是"婆婆虐待媳妇"母题被"继母虐待孤女"的母题所替代。《月亮姑娘》中说：

后娘虐待少女，让她累死累活地干活。一天少女去汲水，沉重的担子把她压得喘不过气来，她把水桶放在地上歇息一会，后娘发现了非常生气，诅咒少女："太阳和月亮带走她吧！"太阳和月亮应咒而至。少女吓得赶忙抓住身边的杞柳。日月争抢少女，最后月亮说服了太阳，把少女连同水桶和杞柳一起带到天上。少女和水桶、杞柳成为月亮的阴影。[9](P44-45)

布里亚特的另一个神话变体《月亮的阴影》说：

后娘虐待兄妹俩。一天后娘让他们俩到河边挑水。孩子们出去很久不归。后娘生气，诅咒道："太阳和月亮把这些坏孩子带走吧！"太阳和月亮听到诅咒，马上从天而降，接近兄妹俩。哥哥飞快地躲藏到河边的一个羊皮底下，太阳没有发现哥哥。月亮向妹妹跑过来，想带走。而小姑娘紧紧抓住身边的柳条丛不放，另一只手还提着满桶水呢。月亮把姑娘连水桶和柳条丛一起带到天上。从此，少女成为月亮的阴影。[10](P18)

笔者认为，阿尔泰语系诸民族"攫取型"月亮阴影神话比起上述"祈求型"，更多地保留了月亮阴影神话较早期的部分情节母题。如，神话中出现的"母亲或后娘诅咒汲水少女""月亮应咒攫取少女"等两个母题包含着人类社会较早期才可能发生的标识性观念。

上述神话中月亮应咒攫取女孩的母题情节的产生也与初民对月亮这一天体的原始认知有关。在许多民族神话中，月亮通常是女性本原的象征符号，如日月是姐妹，月亮是一个女性形象，但有时也以男性神灵形象登场。最近的资料显示，在阿尔泰语系诸民族哈萨克、柯尔克孜、蒙古、鄂伦春、满、赫哲等民族神话中的月亮为女性形象，而这可能是相当晚近的观念。在古代阿尔泰语系诸民族神话中的月亮是男性的象征。在古突厥乌古斯汗传说中,乌古斯汗为三个儿子分别起名为 kün(太阳)、Aj(月亮)和 jultuz(星星)。[11](P357)这说明古代突厥人把日月星这三个天体象征为男性。古代维吾尔人也把月亮作为男性来象征。据《蒙古秘史》第 238 节记载,维吾尔族的亦都兀派使臣对成吉思汗说:耳闻您的大名,仿佛看到了"额客纳阑"(Eeke naran,意即"母日")一样高兴。[12](P604)据 14 世纪蒙译古突厥文献记载,突厥人仍称太阳为 Eeke naran(额客纳阑)。[13](P438)可见当时维吾尔人认为太阳是母亲。以此类推,他们可能认为月亮是父亲。因而太阳是女性的象征,月亮是男性的象征。突厥语族民族中阿尔泰人也认为太阳是母亲,月亮是父亲。[14](P35)

13 世纪时踏上蒙古草原的约翰·普兰诺·加宾尼(Jon of plano Carpini)在他的游记《蒙古史》中说,蒙古人称"月亮是大皇帝,并向它下跪祈祷。他们并且说太阳是月亮的母亲,因为月亮是从太阳那里得到它的光辉的"[15](P12)。由此可知,在古代蒙古人的神话观念中,月亮的男性象征是比较明显的。据了解,在蒙古族历史上没有一位女性大汗,在蒙古神话、民间传说、民间故事以及英雄史诗中也几乎没有女性大汗的形象,因此至少是 13 世纪以前的很长一段时期内,蒙古人神话观念中的月亮是男性形象。上述月亮阴影神话中太阳和月亮争抢少女,应当说,此处太阳和月亮都是男人的象征。赫哲族较早期的民间流传的神话中月亮是男性的象征。20 世纪初,俄国学者洛帕金在黑龙江下游采集到的一则戈尔德人(那乃人)的神话说,太阳西乌是一个女人,月亮比阿是一个男人。俄国学者 B.K.阿尔谢尼耶夫采集的一则那乃族吉利喀拉的故事说,太阳和月亮在太空中不断地绕行是因为"男人比阿在天空追逐女人西乌,但总是追不上,只有到新月未生之前月亮不出现的那个短暂的夜晚,才是比阿追上了西乌的时候。那个夜晚天空之所以漆黑一片,是因为比阿不愿让人们看见他怎样同西乌交合"[16](P46)。

总之,从古代文献记载以及较早采集和整理的神话内容来分析,古代阿尔泰语系相关民族神话中的月亮是男性形象。此外,上述月亮阴影神话变体中的月亮确实男性味颇浓,他从天而降,攫取小女孩或小媳妇。这个故事象征着天上月亮男子与地上的女子结合,是氏族社会婚俗的生动写照。换言之,月亮攫取小女孩是原始社会部族间抢婚遗风在神话中的反映。因此,上述"攫取型"月亮阴影神话中的月亮攫取小女孩或小媳妇的母题来源是非常古老的。

三

阿伊努人的月亮阴影神话主要是在日本北海道地区采集的。所谓"惩罚型"

月亮阴影神话是父母让少年（少数变体称少女）去汲水，少年不愿意，敲打炉边说："炉边多好啊！你从来不汲水，整天在那里待着，羡慕死了！"少年汲水去了，但久久不回，父母（大多变体称"母亲"）担心出去找，鲑鱼告诉他们，神为了惩罚懒惰孩子，带到月亮上去罚站。父母往天空一望，果真孩子提着水桶和勺子站立在月亮当中，成为月亮里的阴影。我们将此类神话称为"惩罚型"。

阿部敏夫等编《日本传说大系》（第1卷）一书中以《月亮中的人的起源》为题收录了阿伊努的该类型神话。[17](P231-232) "日本民话会"编辑的《世界民话》一书以《月亮中的少年》为题，收录该类型神话的一个变体，并附简单解释。[18](P187-188) 稻田浩二等编集的《日本昔话通观》一书以《懒惰的少年被送到月亮》为题收录了阿伊努人的该类型神话及其12个变体。[19] 日本学者久保寺逸彦最近编译的《阿伊努神谣》一书以《月亮中的人的起源故事》为题翻译收录了该神话的一些文本。[20](P238-240) 阿伊努的该类型神话是以阿伊努族的讲述神话、传说和民间故事的特殊的一种体裁神谣（Kamui-yukar）的形式传承下来的。阿伊努神谣一般都是用第一人称叙述的叙事诗。在这里首先抄录《月亮中的人的起源》的一个变体：

（我）让小孩去汲水，他不愿意去。小孩边用捣火筷子敲打、磨蹭炉边上的台木，边说："很羡慕啊，因为你是台木，不用汲水什么的。"说着又一边敲打、磨蹭炉边："很羡慕啊，因为你是炉边，所以你不用汲水什么的！"他又到门口磨蹭、敲打门口的柱子，说："很羡慕啊，因为你是门口的柱子，不用汲水什么的。"他走到大门厢房那里，说："大门厢房的柱子真让人羡慕啊！它不用汲水什么的！"说着又敲打柱子。

但是小孩自从沿着河边走下去之后，便不回来了。我出去沿着河岸走下去找，没有发现他的影子。我沿着河岸走下去，正好碰上了依托乌鱼群，便问："你们见到我孩子了吗？"依托乌鱼说："我们知道孩子在什么地方，但是不告诉你。这是因为，每当我们到人那里，人们总是说我们是'大嘴！大嘴！'的，心里很不舒服。所以我们不告诉你！"我又往下走，饴鳟鱼群走过来了，我问它们："见到我的孩子了吗？"饴鳟鱼说："每当我们到人那里去，他们总是说我们是'卡塔斯基！卡塔斯基！'让我们心里很不舒服。所以，我们不告诉你孩子在什么地方！"饴鳟鱼这样说着把我扔在一边，顺河往下游过去了。我仍沿着河往下走。这次见到了鳟鱼群，我便问："你们见到我的孩子了吗？"鳟鱼们说："每当我们到人那里，他们总是说我们是'烂肉！烂肉！'的，我们知道孩子在的地方，但是不告诉你！"它们说着又把我扔一边过去了。

我仍沿着河岸继续往下走，碰见了鲑鱼群，我问："你们见到我的孩子了吗？"鲑鱼说："每当我们到人那里去，他们总是叫我们'神鱼！神鱼！'的，好让人高兴！所以告诉你孩子去向吧！你的孩子惰怠，所以受神的惩罚，让他手提水桶永远站在月神那里！看在那儿！"我抬头一看，果然像它们说的那样孩子手里提着水桶站立在月亮当中呢。[20](P238-240)

这是比较典型的阿伊努人月亮阴影神话，其他变体的故事情节也是依这样的顺序展开的。但是变体之间也有细节的差异。有的变体中的主人公是个少女，如《月亮中的人的起源》的一个变体是这样的：

从前有一个懒姑娘。母亲吩咐她去挑水，她生起气来，用小刀刻伤了炉边，说："因为你是炉边，所以，一年四季后背上满载烤熟的食品玩耍，不汲水什么的也可以，所以，你真舒服啊。"她是这样嘟嘟囔囔说着手提水桶（桦树皮水桶）满不情愿地出去时，这回用水桶碰碰房子的柱子，说："你是个柱子，所以什么事都不做，每天交叉双手，竟是房子外围转圈，你真是舒服极了！"这样说着用小刀刻伤了柱子。她嘟嘟囔囔嘴里说着什么，挥舞着水桶，向着河流走过去。但她这样一走，就不回来了。母亲担心出去找她，只发现河滩上的一双木屐，哪里也看不到女儿的影子。母亲沿着河岸而上，到河上游去找，路上碰见红肚子乌古依（鲰）鱼群。我向它们问，见到我孩子没有。它们说："那孩子总是骂我们尽是骨头，难吃的东西。所以，我们知道她去哪里，但不告诉你。"说着吹着泡泡过去了。我没有办法，继续沿着河岸往上走，遇见了依托乌鱼群，我向它们询问。它们说："你们猎捕我们，但还说我们是没有长肉的家伙，把我们挂在树枝上，草草处理了事，所以不告诉你女儿的去向。"我正在发愁之际，看见了鳟鱼群游过来。它们也说："我们逆流而上来的时候，你们很关心我们，但成了老鱼之后就不珍惜了，乱扔完事，因此我们能告诉你女儿的去向吗？"母亲正在无可奈何的时候，从那里鲑鱼群上来了。鲑鱼说："你们很稀罕我们，说我们是'神鱼！神鱼！'，连我们的骨头都不随便处理，所以告诉你吧。你的姑娘来到河边,望着月亮说,月亮好啊,什么都不干,静悄悄地待着就可以,而我不停地被人使唤。于是,月亮把懒惰的她攫取到月亮当中,占为己有。"母亲眼含泪水,往天空一望,看见了月亮当中手提水桶的小孩的影子。[20](P238-240)

笔者认为,少女被月亮抢去,没有来得及放下水桶,成为月亮的阴影,这接近于月亮阴影神话的原型。但是在阿伊努神话的绝大多数变体中,这个中心母题已经发生了本质的变异,神话主人公性别被置换,首先没去了神话原型的男性月亮攫取少女或小媳妇的意象,人们永远也不会从这些神话变体当中联想到原始社会特殊婚俗的痕迹。

此外,在阿伊努月亮阴影神话当中颇让人关注的是鲑鱼协助人的母题。神话中鲑鱼这样做是因为人类尊重它,誉称它们是"神鱼",连骨头都不随便处置,甚至是不愿汲水的懒小孩也尊鲑鱼为"神鱼"。这个母题从根本上来说,反映了阿伊努人对鲑鱼这一动物的信赖感和崇敬之情。

在古代阿伊努人的居住区有着非常丰富的鲑鱼资源,鲑鱼在他们的生活中起着无可替代的作用。每年固定的时间段里必定有大的鲑鱼群逆流而上,使得以此为食的阿伊努人的生活格外安定。所以,阿伊努人家家户户大概都沿河岸并排而落,而鲑鱼大群逆流而上的上限,恰好到达他们居住村户的最上的边缘。既然鲑鱼在阿伊努人生活中是如此重要,所以,在阿伊努语中称"且浦"(鱼),是指"鲑鱼",如果称"卡母依·且浦"(神鱼),便是最高指数的敬称了。[21](P14-17)有的神话变体中鲑鱼更加神奇。有一则神话说:有一懒少年,不听从父母盼咐,不愿汲水,敲打柱子:"柱子不挑水,真让人羡慕。"少年见到河鱼便说:"河鱼好啊,不汲水!真让人羡慕啊!"当少年到河边时,鲑鱼把少年抓起来,送到天上的月亮里。[19](P228)这里的鲑鱼显然是超自然的存在。

其次,惩罚母题是阿伊努月亮阴影神话的重要标记,也是贯穿整个神话的红线。而这惩罚母题有两种,一是(有的变体称"火神"或"水神")作为惩罚,神把懒小孩送到月亮上无休止地站立;另一个是仅把不愿意汲水的少年送到月亮上,而且"不管他怎么叫苦,命令他用无底水勺永远汲水"[19](P229),以此惩治其懒怠。

阿伊努人"惩罚型"月亮阴影神话中的怠惰少年(少数变体中是少女)不愿劳动,不听从甚至抵制父母的盼咐,这是他被惩罚的原因之一,另外还有一个主要原因就是少年的违禁背约。神话中父母让少年去汲水,但他不想去,而且见到什么便敲打,以此发泄不满。资料显示,古代阿伊努人社会盛行"万物有灵"观念,每个社会成员都处在神灵世界里,人们在日常生活中无时无处不接触神灵,柱有柱神、炉有炉神。少年敲打、磨蹭它们,显然是对神圣不可侵犯的神灵的挑衅。有一则神话变体说:母亲向鲑鱼询问孩子的下落,鲑鱼告诉她:"你的孩子殴打了无罪无辜的炉神、案板神、柱子神和河滩石头神,所以,火神和水神生气,作为惩罚,把他送到天上去的。"[19](P231-232)

在阿伊努人的信仰生活中,火神扮演着重要角色,他高高在上,居于谷物神、食物神、水神、大自然神和太阳神等众多重要神灵之首。[22](P162)阿伊努人相信火神居于炉子里,"炉子是阿伊努人日常生活当中最贴身的神灵——'火媪神Ape-huchi-kamui-huchi'经常镇居之所。'火媪神'在炉子的正中,在燃烧着的火焰底下建立黄金房屋 konkani-chise 而居"[20](P283)。神话中,少年敲打、磨蹭炉边,显然是对神圣场所及其神灵的蔑视和侵犯,所以他必然被送到月亮上去受惩罚。

总之,将阿伊努人和阿尔泰语系诸民族月亮阴影神话相比较,可知前者已经发生了很大变化,其故事化倾向非常明显,越来越贴近民众的日常生活、审美意识,成为教育人们,尤其是警戒青少年的训诫故事。所以阿伊努月亮阴影神话往往以"从今往后的人们啊!不要忘记这个教训。贪图安逸、吝惜付出辛苦是取不得的"[20](P238-240)等训语结尾。

综观上述,可以得出如下结论:月亮阴影神话的这三个类型当中,最靠近原型的是"攫取型",因为其中出现母亲诅咒女儿——远古人的语言信仰,即语言魔力的信仰;人格化并表征男性象征的月亮攫取人间少女——原始社会抢婚习俗的反映;少女及其水桶等成为月亮阴影——古人对月亮阴影或阴影的猜想等相关母题链。笔者认为这些比较接近月亮阴影神话原型。当然"祈求型"也保留了一些古老的神话母题,但它可能受到晚近思想观念的影响,从而神话母题复杂化、故事化甚至是戏剧化,显示神话向民间故事转化的趋势。"惩罚型"月亮阴影神话也一定程度上保留了神话原型的某些要素,但它发生了较大的变异,主要表现在对神话主题的改变。月亮抢少女,男性象征的月亮和人间少女婚媾这个主题被置换为惩治懒惰、警示后人的主题,而且其中又以阿伊努人的信仰生活内容为增饰。

总之,本文所论述的月亮阴影神话在传承过程中发生各自的变化,这些变化带有浓厚的民族文化特色,当我们剥离这些外衣寻根追底时,不难发现上述三个神话类型都不同程度地保留了月亮阴影神话的核心母题。首先,"攫取型"是最接近原型的神话类型;"祈求型"是从"攫取型"脱胎而出的新近类型;

"惩罚型"的惩罚少年的母题,可能是从"攫取型"中的攫取少女母题演化而来。对多数类型来说,这些演化已经完成,而有的变体中这些演化还没有完成。如,以少女为主人公的变体中,少女到河边眺望月亮,向月亮诉苦,表达愿和月亮在一起的愿望,月亮获悉来自少女的信息之后,亲自下凡攫取少女。这些神话母题显然与月亮阴影神话"祈求型"和"攫取型"的核心母题相一致,所以三者来自同一个原始神话类型。阿尔泰语系诸民族与日本阿伊努月亮阴影神话的这三个类型之间除了核心母题之外,还有一些附件是相近的,如,由卡基如族神话《姑娘和月亮》结尾部分用议论的口气说,那女孩子是个惰怠者,由于她懒怠,才到月亮上去的。[4](P116)这就是说,神话中的少女懒惰,所以月亮作为惩罚,把她带到月亮上去了。这些附件恰好与阿伊努族月亮阴影神话相吻合,证明了三者之间的密切关系。

参 考 文 献

[1] 王士媛,马名超,黄任远.赫哲族民间故事选[M].上海:上海文艺出版社,1986.

[2] 隋书金,搜集整理.天鹅姑娘的传说:东北少数民族民间故事选[M].沈阳:春风文艺出版社,1982.

[3] 黄任远.赫哲那乃阿伊努原始宗教研究[M].哈尔滨:黑龙江人民出版社,2003.

[4] 荻原真子.東北アジアの神話伝説[M].東京:東方書店,1995.

[5] 满都呼.中国阿尔泰语系诸民族神话故事[M].北京:民族出版社,1997.

[6] 松村武雄,编.シベリアの神話伝説[Z]//世界神話伝説大系.名著普及会,1929.

[7] 洛帕金.戈尔德人[M].符拉迪沃斯托克,1922.

[8] 浩·桑皮勒登德布.蒙古神话传说大观:蒙古文[M].北京:民族出版社,2002.

[9] 郝苏民,薛守邦,译编.布里亚特蒙古民间故事集[M].北京:中国民间文艺出版社,1984.

[10] 中国民间文学集成内蒙古分卷编委会.蒙古民间故事集成:蒙古文[M].海拉尔:内蒙古文化出版社,2000.

[11] 阿巴拉嘎兹.蒙古诸王朝史纲:蒙古文[M].策登道尔吉,译.海拉尔:内蒙古文化出版社,1999.

[12] 额尔登泰,乌云达赉,校勘.蒙古秘史[M].海拉尔:内蒙古文化出版社,1980.

[13] 道布,整理转写、注释.回鹘式蒙古文文献汇编[M].巴·巴根,校.北京:民族出版社,1983.

[14] 阿·伊南.萨满教今昔[M].姚国民,曾宪英,译.北京:中国社会科学院民族研究所,1979.

[15] 道森,编.周良霄,注.出使蒙古记[M].吕浦,译.北京:中国社会科学出版社,1983.
[16] 徐昌翰,黄任远.赫哲族文学[M].哈尔滨:北方文艺出版社,1991.
[17] 阿部敏夫,渋谷道夫,成田守,等,編.日本伝説大系:第1卷[M].東京:みずうみ書房,昭和六十年.
[18] 日本民話会,編.世界の民話[M].東京:講談社,昭和六十三年.
[19] 稲田浩二,小澤俊夫.日本昔話通観(第1卷)[M].京都:同朋社,1989.
[20] 久保寺逸彦,編訳.アイヌの神謡[M].東京:草風館,2004.
[21] 本多勝一.アイヌ民族[M].東京:朝日新聞社,1993.
[22] 遠丸立.永遠と不老不死[M].東京:春秋社,1996.

原载《长江大学学报》(社会科学版)2006年第6期

20 世纪后期中希神话比较研究之批评

孙正国

  神话作为氏族时期人类认识与征服自然、祭拜与祈求祖宗、展示与拓演社会的文化形态，其于讲述和传承的氏族具有真实性与神圣性，每一族民都必得坚信并维护本族神话的真实与神圣。而神话讲述则为氏族最神圣最宏大的事件，讲述者必为先定的唯一的神圣使者，即兼任神使（祭司）、首领、族民而一身三任的氏族酋长，讲述时间、地点与方式皆有神圣的规程和仪式，一旦违反既定之程式与礼仪，将导致威胁整个氏族生存延续的大灾难。神话绝非随意讲述的故事，而是以真实而神圣的实体形式，成为氏族社会最具代表性的精神象征，其传承与祭演的行为是以祭司为中心铺展的整个氏族参与的社会文化运动。

  基于此，中国神话与希腊神话的比较方有意义。中希神话比较，本质上乃跨文化之比较。跨文化比较研究有两类：一为宽泛，凡文化语境不同的现象比较，皆属此列；一为狭义，仅当现象之间存在文化史系列与文化传统之异，比较方可成立。本文以后者为基本范畴。跨文化比较研究（cross-cultural comparative studies/cross-cultural comparison）为文化人类学的重要任务。默多克（G. P. Murdock）的《社会结构》堪称 20 世纪跨文化比较研究之典范。他"以全世界 250 个民族社会的民族志资料为基础，运用统计手段，采用比较方法，论述了他的亲属理论。……他为了进一步完善跨文化比较研究法，还提出了选择信赖度高的民族志资料和克服样本片面性的方案"[1]。中国学者李亦园曾就跨文化比较之重要性做出简洁说明："（跨）文化比较研究法的基本前提是利用全世界各种不同文化为样本，以其资料做比较研究，以便验证对人类行为的假设。这一前提并非仅仅是由于人类学家着眼于全人类不管是原始或文明的文化之偏好，而是有其理论上的重要意义。"[2](P277-289)在跨文化视野下，我们检视 20 世纪后期的学术史，将中希神话的比较剔取出来，期望更好地理解中希神话所依托的文化传统之差异，尝试从中发现面对当下文化转型的方式与知识，以及反思现代、后现代之后人类是否仍旧具备某些属性。

一

中希神话比较始自五四新文化运动，茅盾、鲁迅、蒋观云等皆有相关论述，并就它们的形态与影响做出比较，认为中国古典神话匮乏且断片化，原因有二：中国先民"颇乏天惠"，缺乏想象力；中国历史化运动过早。此论（因与果）几乎成为20世纪后期中希神话比较的理论前提。纵观近20年的研究，以此为基础而展开的比较数以百计，大致集中在神的品格、神话情节、神话谱系、神话观念、神话背景、神话影响、神话传承等方面，研究方法以简单列举的对比为主，理论先入，于是结论也就不证自明。下文就主要结论做简要回顾。

以神的品格而言，"中国神话的神性描写中，有显著的善恶观。希腊神话的神性复杂，既不存在只行善事的神祇，也难找到只做恶事的大神"[3]。中国神多群像化，精神先于形象，没有脸谱，背影融化在宏大事件之中，神性丰满，为救世主品格典型。希腊神多个体化，形象先于精神，具象化，神神、神人串联于琐细生活之间，神性收缩，为世俗化品格典型。中国神话善恶分明而希腊神话善恶同源，中国神话以善主美而希腊神话以美主善。[4]

以神话情节而言，希腊神话叙事性强，情节丰富多彩，跌宕起伏，洋洋大观。"和希腊神话相比较，中国神话的仅存零星，也许可以看成是神的幸运：他们被后代统治者改造得比较少一些，因而较多地保存了原始神话在道德上的纯粹性。……因而恰恰相反提供了一种尺度，可用以衡量其他神话在流传、衍变中加工的状况，这可能是中国神话对世界文学的一项特殊贡献。"[5]而更多学者的接受与研究则以前者为艺术之宝库，后者为不幸的历史遭遇。也有学者从神造人、神谕、神织、神医、神箭、神罚等方面进行比较，探讨神话魅力，在具体对象中思考人类文化源头的异同。[6]有的学者从叙事角度入手，认为中国古代神话的叙事性不强，叙述粗疏且不完整，这主要是因为"中国美学的原动力里缺乏一种要求头、身、尾连贯的结构原型"[7](P41-42)，"非叙事性和空间化乃是中国古代神话的特有原型"[7](P46)。此论直切要旨，可谓在情节与叙事之间看出了机关所在。

以神话英雄论，二者都是被神化了的杰出的部落领袖，"英雄之所以被奉为英雄，在很大程度上是因为他们具有英雄的命运——悲剧的结局，这在中西方都是一致的。蚩尤与黄帝部族拼死相争，共工怒触不周山，夸父与日逐走，皆以失败终。在希腊神话中，萨耳珀冬在特洛亚战争中与特洛克罗斯对阵时，注定要被杀；宙斯的另一个儿子赫拉克勒斯虽然建了十二件奇功，但最终遭马人暗算；俄狄浦斯尚未出世，神谕就注定了他杀父娶母的命运。这些英雄的毁灭为古老的神话谱写了一曲曲可歌可泣的悲歌，汇成了撼人心魄的生命旋律"；不同的是，"中国神话英雄之所以有着如此悲惨的命运，主要是他们面临着十分艰辛的自然的和社会的生活环境，他们的死亡是由外在环境所决定的，与他们个人的性格、命运毫无关系。而希腊神话中的悲剧来源于先天的命运，来源于不可抗拒的神谕，悲剧对他们来说是必然的，无论你是面对它还是躲避它"[8]。其实，从本质上看，它们的差异更在于后者着眼于人，前者着眼于神（人的理想）。神话英雄的着眼点不同，却有着伟大悲剧的底色。希腊神话把伟大的悲剧还原于人，而中国神话则从人的理想出发，将历史的英雄升华为悲剧的神灵。两种不同的悲剧指向，决定了前者是个人英雄，后者是民族英雄。

以神话谱系而论，希腊神话神系清晰，女性神数量多，地位高；而中国神话神系零散，女性神少且地位低下。[9]宙斯构建了希腊神话的神族大厦，谱系完整，依赖于神或人与宙斯的血缘或亲缘关系。"炎黄、帝俊帝喾、颛顼祝融这三大集团的部族首领逐渐被神化后，成了三个集团分别崇拜的上帝和祖先……中国古代神话就是在这三大神话系统的基础上建立起来的，中华民族核心神话是龙凤合一的神话、五帝的神话、创世神话与皇天后土的神话。"[10]这一结论明显带着先有谱系思想再求材料的思考痕迹。研究者多认为中国神话的炎黄二帝，已经处于神话与仙话的分水岭上，谱系松散势所必然；而有学者认为："中国性别神话的完形结构是，两个女人（或者更多）加一个男人，便和谐，即以解构女性自我来建构男性世界。西方性别神话的完形结构是，一个女人对一个男人。前者导因于孝、家、族与和谐的男权精神。后者则源于个人英雄主义。"[11]这一新的谱系学解释也是理论大于材料的。从根源上讲，"造成两类神话差别的主要原因有二。第一，两类神话创造的历史阶段各不相同。我国远古神话创造于原始社会早期（这从神话的内容本身可以看出）。相比之下，这一时期社会生产力的水平更为低下，他们对许多自然现象的认识更为肤浅。因而，这一时期的神话具有更多的自然属性，甚至在结构上显得较为散乱。第二，从民族心理来看，黄河流域中华民族的祖先有着勤劳、坦诚、朴实的美德，但却并不擅长想象。他们生活在温带与寒带之间，天然的供给少之又少，自然环境异常险恶，他们需要时时和大自然做斗争，不能像生活在温暖湿润的地中海式气候条件下的古代希腊民族那样，可以相对轻松地欢庆丰收。所以，我国远古时期的神话很难发展成为完备的神话体系"[4]。这一分析，其实也可看作中希神话所有比较研究的基本结论。

以神话观念而论，希腊神话的悲剧性极为深刻，"对命运的恐惧和惶惑正是古希腊人抗争命运反为命运所厄、推动历史进程却又违反人类自身道德规范、悲壮而又忧烦不解的现实生活和思想情感的体现，……希腊神话那种对人性的肯定，对个性自由的追求，对开拓冒险精神的描写，以及对人类心理的探索，对人类情感的宣泄等，也都随着人类前进的脚步不断得到了张扬并形成了西方独特的文学艺术风格"[12]，而中国神话的喜剧性更为显著。这一比较坚持了西方美学理论关于悲喜剧的界定，本质上仍是西方中心主义。

以神话传播而言，"希腊神话向中国的传播主要由于亚历山大的东征、游牧民族的接受与传播，尤其是19世纪以来东西文化交流加速发展的必然结果"[13]。这一路向是单向强势的传播。中国知识界最先接受希腊神话，并十分敏感地与中国神话对应起来，发现了在希腊神话参照下的中国神话的卑弱与简陋。中国神话在西方的传播则极其有限，除了少量古代神话，更多的则是道教传说与仙话，所谓的中国神话，基本上是中国神话在后世演化的传说。因此，中西神话比较的理论前提是希腊神话意义上的比较，很难建立一个相对统一的理论框架。

综上所引，这些研究有两个总的特征：一是宏观立论，把论证放在两大神话系统的整体背景上，感性超越理性，以点带面，宏观把握，在文学化的希腊神话传统中找寻中国神话的位置，尴尬而千篇一词；二是求证相因，自"五四"以来，茅盾、鲁迅等人的结论成了公理，原本需要论证的，却以前人的观点为其证据，一一相因，承袭太重，许多问题仍未有令人信服的结论。

二

可喜的是，中西神话比较也有深入的研究，其成就有三：母题理论的运用，文化史语境的强调，史诗传统与仙话传统之差异化认识。后两者其实就是文化传统的开掘问题。

母题理论的建构与运用是我国神话学界近20年来的重要收获。中国神话母题理论是在美国民俗学家史蒂斯·汤普森（Stith Thompson，1885—1970）的民间文学母题分类方法基础上发展而来的，《神话解读》[14]是我国母题理论的集大成者。著作全面、系统地研究史蒂斯·汤普森的代表性巨著《民间文学母题索引》中的神话母题，认为母题不仅是神话分类的一项准则，而且它首要的是神话的基本元素，是"神话之核"，对于研究神话而言具有独特的意义。从母题的性质看，凡是有文化传统的地方，就有母题存在，因为文化传统是"围绕人类的不同活动领域而形成的代代相传的行事方式，是一种对社会行为具有规范作用和道德感召力的文化力量，同时也是人类在历史长河中的创造性想象的积淀"[14]。文化传统的因子一旦产生，就会在所属的文化群体中不断复制和再现，并伴随历史的延伸代代相传，这些文化因子就是"母题"。而神话母题作为各种文化母题中最古老、最引人注目的核心母题，是各个民族文化传统的源头。因此，由母题着眼可以更科学、更有效地进行神话研究。"神话母题是构成神话作品的基本元素。这些元素能在文化传统中独立存在，不断复制；它们的数量是有限的，但通过不同的排列组合，可以构成无数的作品，并能组合入各种文学体裁及其他文化形式之中；它们表现了一个人类共同体（氏族、民族、国家乃至全人类）的集体意识，其中一些母题由于悠久的历史性和高度的典型性而常常成为该群体的文化标识。"[14]这一定义较前者而言，有了两大发展：一是神话母题对于其他文化母题的根源意义，一是神话母题对于一个人类共同体的文化象征意义。

《神话解读》从微观与宏观两个维度论析神话母题的表现形态，在世界神话体系下以相似比较来讨论神话母题，既说明人类文化传承中神话母题形态客观存在的丰富性，也充分揭示出不同文化传统的个性及其神话母题的独特形态。

文化传统的开掘侧重两方面：文化史语境与神话传承方式。前者既指文化地理语境，也指人文社会语境。"神话中的民族精神，可以说是不同民族的精神生活个性的流露，这种特殊性首先取决于每个民族所处的生存环境和社会条件的差异。"[15](P94)就文化地理语境而言，希腊神话中，以奥林匹斯山为中心的神就生活在三面环海的希腊半岛上，得天独厚的地理条件和优裕的自然环境，使希腊人过着田园游牧生活，有利于培养孤独的幽思、奔放的梦想和炽烈的情感，并助长了希腊人的自由精神。这种由环境而熏陶出来的自由精神和我行我素的鲜明的个性意识，充分地体现在希腊诸神的故事中。人神同形、同性，是古希腊神话有别于其他民族的一个突出特点。[16]而中国神话所依附的文化地理语境则相反，环境险恶，责任重大，人们塑造的神也以征服自然，为民造福为要义，大多神圣庄严，哪能去满足个人的私情和欲望呢？这些神，"不仅满足了原始初民逃避死亡和对永恒的无限追求，而且也在美化他们的同时，摒弃了人的七情六欲，使之成为不食人间烟火的楷模"[16]。由此我们看到，大海既开阔了希腊人的眼界，也滋长了希腊人的扩张意识，有关他们的主题"无一例外都是冒险、掠夺和征服"[17](P69)。另一方面，被高山大海森林戈壁包围在亚洲腹地的中国人，则在封闭的环境中走着自我完善的道路。神话中具有威望的大神，都把自己投放于造福人类的伟大事业中。天崩地裂之时，女娲"炼五石以补苍天，断鳌足以立四极，杀黑龙以济冀州，积芦灰以止淫水"。烈日烧灼大地，以致"焦禾稼，杀草木，而民无所食"之际，后羿出，仰射太阳，消除灾害。洪水泛滥时，鲧甘冒杀身之祸，"窃帝之息壤以堙洪水"，即使被上帝派来的火神杀死，三年后又"鲧腹生禹"，以子承父业，终解民难。食物不足，后稷教人耕田种地，栽种五谷，"民皆法则之"。人们饱受疾病折磨之时，"神农尝百草之滋味，一日而遇七十毒"[18](P80)。凡受到人们颂扬的中国神，都为民历尽艰辛，这种忧患国家、关怀民众的情操，历世代而内化为民族文化心理，成为中国人永远讴歌的精神楷模。中华民族与生俱来的社会使命感，对自己民族与祖国的忧患意识，成为中国神话哺育中华民族最为可贵的入世精神与整体意识。

从人文地理环境来看，商业文化与城市经济成为希腊神话的文化史特质，而农业文化与自足式经济则成为中国神话的文化史特质。这一差异使希腊神话更亲近人性，充分展示人的七情六欲，规模宏大地呈现人类社会的重大事件。而中国神话则亲近自然性，关注人与自然的和谐与现状，把人的智慧与伦理融于自然与人类的多层面的深刻关系之中，混沌而简朴。这种差异，直接导致希腊神话的文学接受与中国神话的伦理接受之别。

从神话结构与延展的情形出发，我们有显著的印象，那就是中国神话没有西方神话发达，尤其是谱系神话。有学者认为，这主要是因为中国再生神话的不发达。从文化的角度看，中国再生神话不发达，其因有三："一是中国强烈的现世精神，一是大型口头叙事作品特别是史诗的缺乏，一是原始宗教的不发达。另一方面，中国的仙话却比西方发达得多，其原因主要在于中国仙话创作环境的自由宽松，以及中国人普遍幻想，甚至相信、追求长生不老的仙话创作氛围。"[19] 这一论析可谓高屋建瓴，鞭辟入里，独到而极富启发，在中西神话比较研究中把握了文化传统与神话传播方式的本质差异，中肯而不存偏见，为我们提供了难得的思考与观察中西神话之发达与否的有效视角。就中国神话的不发达，前辈学者公认的结论是历史化与实际环境的恶劣所致，其实深层次的原因主要在于上述论析之中，现世精神制约了想象，大型口头叙事作品尤其是史诗的不发达，加之中国仙话系统的分离与繁富，综合影响了中国神话（狭义）的发达。而传播方式中，希腊神话既有悠久而稳定的口头传统承继，又有文学艺术、哲学思想等文人传统的大肆渲染，而且随着西方文化的世界扩张，希腊神话在世界上得到了十分广泛而深刻的传播。中国神话相对而言，传播方式有限，更缺少世界性的传播历史，倒是其仙话化的形态在中国民间传统中有着极为深厚的影响力。

三

西方神话研究可分为古希腊时代、科学神话时代、20世纪三个主要时期。古希腊时代的神话研究集中在对神话的起源、定义和本质上。18世纪以后的科学神话研究用宗教学、民族学、民间学的观点涉及创造和传承神话的民族经历和心态。20世纪的神话研究吸取了人类学、心理学、结构主义的研究成果，更深入地步入到现代人的精神领域和神话的叙事结构。早期的希腊民族是一个想象丰富、崇尚英雄、畏惧神力的民族。当时代表性的观点是"寓意说"和"欧赫美尔主义"。[20]中国神话研究的一百年，宏观立论上都是以希腊神话为坐标的，方法论上大多也以西方神话流派的理论为基础。也就是说，跨文化语境的比较并未坚持文化对话原则，相异比较优于相似比较，西方中心主义的学术意识形态已经深入到神话比较的元命题中，这是非常值得我们反省的问题。

另外，跨文化语境中，探讨中西神话异同的成因时，一般主要分析神话产生的心理基础、社会基础与人类社会发展的具体条件。也有学者认为中西神话的地理文化意识影响了二者的差异。中国神话属于大陆地理文化，侧重于农业生产，而希腊神话则属于海洋文化，侧重于商业文化，由此形成了不同的神话品格：前者重集体精神，后者重个人品格；前者重勤奋与奉献，后者重智慧与获取。[21]这些比较都有一个跨文化比较的宏观视野。然而，这一视野下的比较，缺乏细致精当的对文化史传统的深刻把握，于是，失去了坚实的史料支撑；相反，总体比较所掩盖的文化细部的丰富性和生动性，所压制的不同文化传统交流之间的复杂性和互动性，被简单的精神归纳所取消。因此，在跨文化比较中，最需要"辩证理解，得失相继，各兼其长"[22]的对话观念，坚持文化史与神话对应的原则，如此比较，文化寓意的开掘及其神话本身的理解将获得更多的可能性途径。

尽管大多比较在理论上普遍失效，但从中希神话的跨文化比较中仍然可以看出一些趋势，主要包括宗教层面、艺术层面和神话结构层面等方面的深入思考。宗教意义的重申、艺术原创力的找寻和神话结构的叙事学批评，成为中希神话比较研究的重要领域。

参 考 文 献

[1] 包智明.论民族学的跨文化比较研究法 [J].世界民族，1997（3）.

[2] 李亦园.文化比较研究法探究［J］.思与言,1976,13（5）.

[3] 何文祯.神话的启示［J］.天津文学,1994（6）.

[4] 杨绍华.中西神话的历史差异与文学的进步［J］.求索,1998（1）.

[5] 周天.中西神话同异论［J］.中国比较文学,1997（2）.

[6] 廖练迪.神话的魅力：中国神话与希腊神话之比较［J］.嘉应大学学报,1995（2）.

[7] 浦安迪,讲演.中国叙事学［M］.北京：北京大学出版社,1996.

[8] 缑广飞.尽显英雄本色：中西神话英雄形象比较［J］.中州学刊,1999（1）.

[9] 张淑英.人类童年时代的两块瑰宝：古希腊神话和中国远古神话之比较［J］.齐齐哈尔师范学院学报（哲学社会科学版）,1997（4）.

[10] 田兆元.论中华民族神话系统的构成及其来源［J］.史林,1996（2）.

[11] 彭兆荣.和谐与冲突：中西神话原型中的"二女一男"［J］.中国比较文学,1994（2）.

[12] 何文祯.中西神话与中西文化传统［J］.河北大学学报（哲学社会科学版）,1994（2）.

[13] 李永平.西方神话在中国古代的传播与影响［J］.丝绸之路,1999（1）.

[14] 陈建宪.神话解读：解题分析方法探索［M］.武汉：湖北教育出版社,1997.

[15] 於贤德.民族审美心理学［M］.海口：三环出版社,1989.

[16] 刘长.从中西神话之异看文学民族特色的历史渊源［J］.云南民族学院学报（哲学社会科学版）,2001（6）.

[17] 谢选骏.神话与民族精神：几个文化圈的比较［M］.济南：山东文艺出版社,1986.

[18] 袁珂.古神话选释［M］.北京：人民文学出版社,1979.

[19] 赵炎秋.中西神话仙话比较研究［J］.中国文学研究,2001（3）.

[20] 何江胜.西方神话研究综述［J］.西安外国语学院学报,1999（4）.

[21] 王湘云.中国希腊古代神话对比研究［M］.济南：山东大学出版社,2000.

[22] 赵沛霖.先秦神话思想史论［M］.北京：学苑出版社,1992.

原载《长江大学学报》（社会科学版）2007年第3期

中日七夕神话的文化比较

詹桂芬

农历七月七日，是中国的传统节日七夕，也称之为乞巧节。据《太平御览》记载："七月黍熟，七日为阳数，故以糜为珍。""七"与"吉"谐音，"七七"有双吉之意，是个吉利的日子，故人们把它作为一个庆贺秋收的日子。随着时代的变迁，七夕节习俗渐渐与流传甚久的牛郎织女的故事相融合，充满了浪漫主义色彩，从而形成了今天丰富多彩的七夕节庆祝习俗，其中尤以牛郎织女的爱情故事最为人们喜爱，数千年来一直为人们所传颂。近年来，由于人们对于传统文化的重视和商家的策划，一度衰落的七夕节，又作为中国的情人节而悄然兴起。而在一海之隔的日本，七夕自奈良时代流传过去，经历从贵族习俗到民间习俗的演变，已经成为该国一个重要的传统文化节日。虽经西方文明的剧烈冲击，日本七夕传统习俗仍得到了极大的保护和发展，现已成为日本夏季一个非常重要的活动。不管是中国还是日本，七夕神话故事在其民俗活动中都起到了非常重要的作用，寄托了各自民族悠远的情感。本文拟通过对中日两国七夕故事进行比较分析，揭示中日七夕传说的民族文化差异，以及两国七夕节日当代发展差异背后的民族心理差异。

一、中国的七夕传说

中国的七夕传说（牛郎织女传说）依据时代、民族和地区的不同，有着众多不同的版本。早在汉代就已形成了牛郎织女故事的轮廓，《古诗十九首》之一写道："迢迢牵牛星，皎皎河汉女。纤纤擢素手，札札弄机杼。终日不成章，泣涕零如雨。河汉清且浅，相去复几许？盈盈一水间，脉脉不得语。"而最早的较为完整的牛郎织女传说可见于南北朝时期任昉的《述异记》，其中记载说：

> 大河之东，有美女丽人，乃天帝之子，机杼女工，年年劳役，织成云雾绢缣之衣，辛苦殊无欢悦，容貌不暇整理，天帝怜其独处，嫁与河西牵牛为妻，自此即废织纴之功，贪欢不归。帝怒，责归河东，

一年一度相会。

这一神话故事历经千年在民间的发展，现在演变为一般流传的故事：

> 从前有一个年轻人，父母死后，受兄嫂虐待，分家时，只分到一头老牛，和老牛一起住在山上的茅草棚里，被称作牛郎。有一天，老牛开口对牛郎说，天上仙女下凡洗澡，让牛郎偷走七仙女的衣服。牛郎依言而行。七仙女没有衣服，不能飞回天上，便嫁给牛郎。夫妻俩恩恩爱爱，生得一双儿女。天上的王母娘娘知道后，派天将把七仙女捉回天上。老牛临死前嘱咐牛郎用其皮制衣可升天。牛郎于是披着牛皮，挑着一双儿女追到天上。王母娘娘拔出头上簪子在天上一划，就变成了波涛汹涌的天河，隔开了牛郎与织女。每年只有七月初七日织女才能够踏鹊桥来与牛郎相会。

二、日本的七夕传说

日本最初的关于七夕牛郎织女的传说见于日本最古老的诗歌集《万叶集》。日本明治大学教授大久間喜一郎在《七夕説話伝承考——明治大学教養論集》中写道："万葉集にみえる七夕歌は、題詞に明記してあるものだけを数えて一二三首ある。"（《万叶集》里可见的七夕歌，仅仅在题词里就明确有七夕的就有123首）[1](P1-22) 其代表性的七夕诗歌，有山上臣忆良的《七夕の歌十二首》。以下为其代表性的一首：[2](P331-332)

> 牛郎与织女，开天辟地起。天河从中隔，对望两相泣。
> 相思心难安，叹息心亦苦。波浪碍眼目，云遮泪涸枯。
> 如此长叹息？如此相思苦？愿有涂朱船，扁舟嵌良橹。
> 早潮操楫行，晚潮摇桨渡。飞去天河岸，将伊披肩展。
> 愿交两玉臂，夜夜相伴眠。有缘常相会，何必到秋天。

原注为：

> 天平元年（729）七月七日夜，忆良仰望银河赋此。

七夕传说在日本经文人及民间数世纪的传播和丰富，在现代各地流传着诸多版本，各种传说大体情节相似，现取《決定版まんが日本昔ばなし》[3]中的七夕传说为例，来看看其在日本的演变：

> 很久以前，在一个村子里，住着一个年轻人。有一天，在干完农活回家的途中，他捡到一件美丽的衣服。这件衣服，就是来到人间洗澡的仙女（たなばた—织女）的羽衣。织女请求年轻人把衣服还给自

中日七夕神话的文化比较 | 193

己，但是年轻人根本就不理她。无法返回天上的织女只好来到了年轻人家里，和他结成了夫妻，和睦地生活着。有一天，年轻人到地里干活去了，织女在房梁间发现了羽衣，于是穿上羽衣，并在临走前对年轻人说道："如果你想我的话，就编织一千双草鞋，埋在竹子四周，那么我们肯定还能再见面。"年轻人于是不分昼夜地编织草鞋，终于有一天草鞋编好了，埋到了竹子四周。刚埋下去，竹子就不断地长高了，年轻人就开始沿着竹子往上爬，结果在离天上一点点的地方竹子不长了。原来年轻人只编织了九百九十九双草鞋。于是他大声呼喊，听到声音的织女就过来把年轻人拉上去了，夫妻二人愉快地重逢。织女的父亲看到了，就让年轻人播种。当按照吩咐播种后，织女的父亲却说田弄错了，要重播。在妻子的帮助下重播后，年轻人又被要求去看三天瓜田。织女告诉年轻人田里的瓜不能吃，但是渴得不得了的年轻人还是吃了。结果从瓜里面涌出了滔滔大水，成了一条大河，把织女和年轻人隔开了。隔河相望的两人就成了牵牛星和织女星，只有在每年的七月七日晚上，织女的父亲才允许两人相会。

三、中日七夕传说体现的中日文化特色

文化的传播过程，是一个不断学习和与本土文化相结合的过程，七夕传说在日本的变异就是一个典型的案例。

（一）中日七夕传说的不同起源

在早期的中日两国的七夕传说中，我们会发现其各自产生的社会根源不同。中国古籍中有诸多牵牛星和织女星的记载。《诗经·小雅·大东》中有这样的句子："维天有汉，鉴亦有光。跂彼织女，终日七襄。虽则七襄，不成服章。睆彼牵牛，不认服箱。"《史记·天官书》释牵牛星为："牵牛为牺牲，其比河鼓。"《汉书·天文志》曰："织女，天帝孙也。"由此可见，在中国古代，人们很早就对天上的星辰进行了观察，并且根据当时的社会形态（男耕女织）进行了命名，在之后的演变中，经过民间的不断丰富想象，与七夕节俗相结合，最终形成了牛郎织女这样的爱情故事。而日本古代天文学发展较为缓慢，除了对太阳和月亮的描述外，极少有星宿的记载，所以有日本学者考证道："万葉の七夕歌などを除けば、「たなばたつめ」」に関わる伝承は、星を殆ど意識していないという特色がある。"（《万叶集》中除了七夕歌以外，关于织女的传承，基本上没有星宿意识）[1] 相反的，从日本《万叶集》中山上臣忆良的《七夕の歌十二首》

中织女たなばたつめ，即棚机津女的发音由来，我们可以窥见其本土神道教信仰的痕迹。棚机津女，即在水边纺织神衣等待天神临幸的少女。古代日本，农历七月十五是水神下凡的日子。这一天，在河、海、池塘的边上，人们会准备一个织布的棚子，被村子选出来的圣洁的少女在棚中织布并献给水神。人们希望通过少女对水神的一夜侍奉，为村子驱除瘟疫和灾害。《日本书纪》中也有天孙降临，在海边上看到美女吾田鹿苇津姬并与之结婚的记载。日本人认为这个美女就是棚机津女。正因为如此，日本的七夕的发音不是音读的しちせき，而是たなばた。所以棚机津女的故事被认为是日本本土化的七夕传说。因此，日本学者认为，《万叶集》中的七夕传说即是中国的七夕传说与日本古代的棚机津女（たなばたつめ）的结合。[4]七夕故事和本国宗教的结合，对七夕习俗从日本贵族阶层向普通民众的传播起到了重大的作用。

（二）中日七夕传说的不同婚俗

中国的牛郎织女传说中，织女由于被王母发现而被迫离开了牛郎，天河是王母阻碍他们夫妻在一起的屏障。牛郎织女相爱为什么要被惩罚？有研究者认为，从人类婚俗演变的历史来说，当时正处于母系社会向父系社会转型的初期，女方开始到男方家里住，所生子女也开始属于男方家庭（或家族、氏族、部落），这种变化遭到母系社会统治者的强烈反对和抗拒，并对那些愿意嫁到男方的本族女子采取了严厉的惩罚措施。对此，已经实施父系社会制的人，采取的对策则是抢婚，即用强制力把别族的女子娶过来。在牛郎织女故事里，所谓织女衣服被偷的情节，实际上暗示的正是抢婚习俗。[5]也有研究者认为，织女被抓走，是当时社会女子地位低下，无法主宰自己婚姻的反映。[6]

而在日本的传说中，仙女则是自己选择了离开，为此，日本人在《万叶集》中对于牛郎织女故事的描述，多是抒发牛郎对妻子的思念。七夕传入日本是在奈良时代，日本尚处于母系社会，实行的是妻问婚的婚姻制度。妻问婚是指在日本母系社会时期，夫妻分居，丈夫到妻子家中走婚的习俗。而传说中男人来到天上，依照岳父母的要求，完成了他们安排的农活任务的情节，可以认为正是之后的大化改新到平安时代过渡时期的前婿取婚的反映。大化改新以后，土地由共有开始向私有过渡，这个时代产生了庄园制。随着生产力的增强，男性劳动力的需求不断增加，这时尤其是农村的长者阶层，为了确保劳力，利用妻问婚让女儿和下人的丈夫由走婚向同居转换，从而产生了婿取婚，这个时期就被称之为前婿取婚。[7]

其次，中国传说中多美好姻缘遭遇挫折的惋惜，因此中国人把七夕节作为一个浪漫的爱情的日子来看待，今天更大有演变成中国情人节的趋势。而日本传说似乎能够窥探出现实生活中作为单一民族国家的日本对于异类通婚的本能排斥，更愿意把七夕节作为一个具有宗教含义的祈求幸福的节日来继承。

（三）七夕传说中蕴含的不同的生殖崇拜

中国的牛郎织女故事中，一个非常重要的存在是老牛，老牛既是牛郎姓名的由来，也是牛郎得以娶妻以及后面升天的重要推力，是整个故事得以发展的主要因素。有研究者认为，之所以牛郎织女的故事中塑造了老牛，主要是因为牛在中国民俗中代表了祖先崇拜，整个牛郎织女的婚姻故事隐含了生殖崇拜的意义在里面。[8]而在日本的传说中，则根本看不到牛的影子，主人公得以升天的重要工具是竹。日本人自古就对竹的奇异的生长力、神秘的空洞、一起开花、地下茎的永生能力等不可思议的现象，进行了细致的观察和认真的思考。日本人惊讶于神秘的竹笋一夜之间冒出，将其视为男根的象征，代表旺盛的生命力和较强的繁殖力。[9]所以在这个故事中选择竹子作为登天的阶梯，是这个故事日本本土化的有力证明。

（四）从七夕传说中主人公的姓名可以看出的不同社会状况

中国的故事中，明确主人公的名字为牛郎和织女，反映了当时农耕社会男耕女织的社会形态特征。而日本的传说中，对于男方的称呼，多为年轻人，到故事的末尾才说其最后成为牛郎星；对于女方则用了たなばた这个名字（前文已经提到，たなばた是棚机的发音，也是今天的七夕的发音）。另外，据日本学者统计研究，在日本一些地区的七夕传说中，男方也是有明确的职业身份的。他统计的12个地区男方的身份有着不同的版本：其中有的为渔夫，有的为樵夫，有的为猎人，此外还有烧炭人、种花人、商人等等，甚至还有一个身份是养狗人。[10]渔夫、樵夫及猎人的出现，体现了日本作为岛国，四面环海，河川众多，同时山地占其国土面积的三分之一，森林覆盖率较高的自然特点，非常符合日本的自然状况，而养狗人则可以理解为日本人将中国的养牛人结合其狩猎生活中养狗演化而来。日本传说中一直没有牛郎应该是由于当时稻作文化还没有兴起的缘故。

（五）鹊桥和木舟折射的不同地理环境对民族心理的影响

早期的七夕故事中，中日两国还有一个非常重要的不同，即在七夕相会这一天，中国的牛郎织女相会，利用的是鹊桥，甚至有织女过河去看牛郎的说法；而日本则是牛郎去看望天河彼岸的妻子，划的是木舟，划桨的时候溅起的水滴落到人间就是下雨，所以日本的七夕节有一个重要的目的是祈雨。

面对天河，作为不谙水性的陆地国家的中国，一座架在水面之上的桥似乎更显可靠。其次，喜鹊在中国作为一种瑞鸟而存在，两只鹊儿面对面叫喜相逢。因此，在中国牛郎织女故事中鹊桥会之说更添喜相逢的色彩。而木舟被公认是日本在神代的神仙们的交通工具，同时日本本身作为岛国，大海环绕，河川密布，木舟亦是日常生活中常用的交通工具。由这种从桥到舟的转变，可以看出地理环境特征对于民族文化心理的影响。

（六）七夕传说的不同约束机制

有意思的是中日有关天河的产生的描述。中国的传说是由于王母这个外来因素造成的，认为这样的悲剧是由于外界因素造成的。而日本的传说中则是由于男子不听从妻子的建议而导致的，这与日本众多的异类通婚故事多有相通之处。如鹤の恩返し、蛇女房等等，其中，大部分都是因不听从配偶的要求而导致别离，即日语中所说的禁忌。这一变化反映了中日不同民族约束机制的差异。当时的中国社会，儒家文化已经占据统治地位，人们的行为多受各种社会约束，外部的皇权、宗族等势力形成强大的管制力量，最终酿成了牛郎织女的婚姻悲剧。而日本社会其时尚处于较为原始落后的时代，由于对自然力量的敬畏，从而在长期生活中形成了诸多自然禁忌，因此，日本传说中便出现了触犯禁忌而招致神秘的自然力量惩罚的后果的说法。

（七）七夕传说日化体现出的日本的审美情趣

中国的神话传说多喜剧结尾，七夕传说是少数的以悲剧收场的故事。牛郎织女故事的这种悲剧性结局，却恰恰符合了日本人的悲剧审美情趣。这种对悲剧美的欣赏是日本审美文化的特征之一，日本人把这种特点称之为"別れの美"，即离别之美。[11] 正是因为牛郎织女故事的离别之美，才得以在日本得到了广泛流传和发展，并且成为日本诸多类似故事如羽衣传说、天人女房的创作来源。

四、结语

中国七夕传说的悲剧性结局，契合了日本人的悲剧审美情趣。牛郎织女故事的离别之美，使得它得以在日本得到了广泛的流传和发展。但是，中日两国不同的社会历史条件，不同的民族心理，以及不同的自然环境状况等，造就了中日两国不同的七夕故事版本。

通过对中日七夕神话的比较剖析，我们也可以看出，文化的发展传播过程是一个不断与本土文化融合的过程。不同的时代、不同的民族对同一事物的诠释和理解有着极大的差异。不光是日本，在朝鲜半岛、越南等很多我们的周边国家，都有不同版本的牛郎织女传说。[12]但是不管如何，对美好事物的向往，是所有民族的共同心愿，这也是七夕故事能够在很多国家得到流传的根本原因。

参 考 文 献

[1] 大久间喜一郎.七夕説話伝承考：明治大学教養論集[M].東京：明治大学教養論集刊行会，1972.

[2] 赵乐甡.万叶集选[M].南京：译林出版社，2009.

[3] 川内彩友美.決定版まんが日本昔ばなし[M].東京：講談社，1997.

[4] 内藤湖南.日本文化史研究[M].北京：商务印书馆，1997.

[5] 王红旗."七夕"与炎黄两族的融合[J].文史杂志，2003（4）.

[6] 李平."七夕节"产生的社会根源探析[J].吉林工程技术师范学院学报，2008（8）.

[7] 高群逸枝.日本婚姻史：第6卷[M].東京：至文堂，1963.

[8] 张明远.中国の七夕祭と中元祭―先祖崇拝の比較研究―[J].比較民俗研究，1994（9）.

[9] 毕雪飞.日本竹文化符号及其内核特征的研究[J].沈阳农业大学学报（社会科学版），2007（6）.

[10] 関敬吾.日本昔話大成[M].東京：角川書店，1978.

[11] 河合隼雄.昔話と日本人の心[M].東京：岩波書店，1982.

[12] 杉本妙子.七夕伝説の比較文化：中国、日本、韓国朝鮮、ベトナムの比較－コミュニケーション学科論集[C].茨城大学人文学部紀要（No. 19），2006.

方法论研究

图像的威力：由神话读神画，以神画解神话

萧 兵

相传秦始皇在海中建造石桥，海神为他树立桥桩。始皇请求与他见面。海神说："我的样子丑陋，不要描画我，就可以相见。"始皇帝入海四十里，见到海神。其左右臣属果然不动手。有个画工——民间传说即鲁班——偷偷用脚画了神的形状。海神大怒道："皇帝违约——赶快走开！"始皇险些遇难，画工淹死。（参见《水经·濡水注》引《三齐略记》等）海神为什么害怕凡人描绘他的样子呢？绝不仅仅因为海神长得难看。初民或认为：形象是生物的一重生命，一副灵魂，一种本性；描画了形象就会损害主体的性命或"灵力"（mana）——因为他们往往不去区别"符号"（例如名讳）与"本体"；再现或者描画或者言说"符号"，简直等于掌握本体。有时，神话的"讲述"，也有这样重"巫术语言"或"暴力语言"的性质。神话实在也在解构着神，威胁着神。符号（包括语言、文字、图像等等）对神秘世界是非常危险的。符号是人类的一种经验或创造，它对抗着超验。所以，名字（符号）不能随便被人知道，被人叫唤，必须避讳，否则就会危害名字的主人（本体）。原始造型艺术或含巫术目的：借助"描画"来控制（渔猎）对象——有的理论家就用它来诠释某些原始艺术品的起源或功能。这是海神反对凡人描绘它的形状的重要的巫术心理原因，这就是图像的一种威力。

高级宗教更进一步。唯一神之基督教，上帝耶和华严禁世人塑造他的形象，表面上是反对低俗的偶像崇拜，其实还有更深层的原因：任何形象对神都是一种亵渎，一种轻慢，一种威胁。"你们不可描画我的形象！"如果把大神描写成人，神人同形可能导致神人同质，神变成与人一样的生命体，就丧失了他的神圣性、神秘性、神奇性，世俗化就是庸俗化，人间化就是平凡化；而如果把大神描绘成动物或植物的样子，那不是比人还要低下？所以严格的基督教（天主教）是无艺术或反艺术的。隆盛的基督教时代（例如所谓"黑暗的中世纪"）是极少造型艺术，特别是神像艺术的，发育的只是相对抽象或精神性的建筑艺

术和音乐，以适应宣传教义的需要，部分满足信徒的审美需求。后世出现的耶和华像（通常是严肃而慈祥的老人），严格说是亵慢神灵，违背教义的。

异教或者所谓多神教，特别是像古代希腊和中国荆楚那样倾于审美的多神或泛神的宗教，则完全不同。它们吸取并发扬原始性自然宗教的多样化特色，大肆描画人（形）化或物（形）化的神灵，不仅不畏避神人同形/神人同质，而且公然艺术地再现兽/神混形或神/兽组合——所以有人称之为"艺术的宗教"或"审美的宗教"：多神教或异教本质上就是艺术性、人间性乃至世俗性的。所以它们孪生大量的神话，并且成为艺术和文学的土壤。

在所谓异教艺术或神话艺术里，那一层描画等于控制巫术心态是否不起作用了呢？不是的，至多是削弱而不是消失，更重要的是被转化了。审美的宗教不大忌讳神的人性，神的人化。不论是希腊的把神当成人，还是中国的把人当成神，神都带着人格、人性、人情或者人形。当然神要比人神秘、神圣、神奇，但本质上还是人，是人在天上、地下神秘世界的映像。异教思想家们当然会由此得到叛逆性的理论：不是神创造人，而是人创造神——这种异端是应该由宗教裁判处付诸火刑的。所以，多神教为我们创造了许多杰出的艺术作品，包括次生态、再生态的神话和精美绝伦的神像雕塑和绘画。"文艺复兴"运动所复兴的就是这种古典的、异教的、审美的文化和艺术，从而解构了一神教及其世俗机构的神圣、专制和权威，为人类精神或思想的解放开启了先路或者生机。

"文艺复兴"艺术家，较早期描绘的仍然多是神的形象，但越来越多地渗进人性、人情和人味。他们喜欢描写新教题材、耶稣的圣家族，充满世俗家庭的温馨。圣母玛利亚是美丽、温柔、优雅的少女，也是挚爱、快乐、善良的母亲或者妻子。圣子更是滚圆溜胖，健康、漂亮、活泼乃至调皮，是十分好玩可爱的婴儿。那个时代的艺术家最喜欢再现希腊罗马神话的人物和故事。女神，尤其是爱与美的女神阿弗洛狄忒（维纳斯），战争与智慧女神之神雅典娜、阿尔忒弥斯（黛安娜），更被上百次、上千次地描画塑造（这样他们就可以肆无忌惮地重现女人艳冶性感的裸体）；神话题材，除了战争，就是爱情故事，被淋漓尽致地大画特画，大塑特塑——神圣世界完全被颠覆，被改造，被戏弄。图像再一次显示出它特有的巫术兼艺术的威力与魅力。神性被剥夺，灵力被削弱。因此，"文艺复兴"也可以说是神话的复兴，神话艺术的复兴。

饮食男女是人和人性的高扬与胜利。艺术的本质是自由，艺术是本质地反专制和天然地非宗教的。神话之所以是"神话"——神的故事和神圣性、神秘性、神奇性的象征讲述——就因为它本质上是语言艺术，是审美的信仰。神话，当然有"神"有"话"（此词由日语转译"myth"而来，"话"是说话、话本，即故事的意思）；无"神"当然不是"神话"；但无"话"就更不是"神话"而只是宗教，或者缺乏神话特有趣味的宗教故事——"话"在解构着神，转变着神，艺术化着神。由这个角度看，神话实在是人对神灵世界的一种审美选择，也可以说是人对超验世界的一种审美判断。而神话意象，是由远古、上古直到中古、近世传留下来的多种形质、多种样态、多种趣向的神话艺术遗产。广义的神画（包括雕塑等）是立体化、空间化的神话，是神话研究极其珍贵的对象或题材。

说了半天，好不容易转到正题上来，神话之神画，或者说，神话题材的造型艺术，绝不应该像前些年那样为民俗神话学家所漠视。考古学或（原始）艺术学的许多论著，特别是艺术考古或考古人类学、艺术人类学的一些论著，比民俗神话学界更重视、更多接触神画题材。以神话为主题的，我购置到的只有陈覆生《神画主神研究》（主要限于汉画），叶舒宪《高唐神女与维纳斯》（插图较多），陆思贤《神话考古》（这本书谬误太多），寥寥几种而已。西方和日本学者似乎更喜欢研究（或者说利用）神话（造型）艺术，这不仅因为他们出版条件较好——现在已进入所谓读图时代，出版家们很欢迎图文并茂、雅俗共赏，高质量、高水平、"高票房"价值的神话艺术研究著作，可惜民俗神话学家提供得太少。叶舒宪曾借给我坎贝尔的《神话意象》（*Myth Image*），便有许多罕见和精美的插图，却至今无人翻译。近年出版的汉译《神话史》（彩图本），图版大都漂亮，可惜碍于体例，只能走马观花般介绍一下各民族神话，显得简单。《神话史》利用的插图较多，但同样语焉不详。《世界神话百科全书》稍觉精详，插图又嫌简陋模糊。其他亦多属文胜于图，甚至图文都不怎么茂。当然这只是就闭塞浅陋，如鄙人所能购置到的几种而言。在内地，有关苏美尔、巴比伦、古代埃及、古代印度、古代希腊以及中国的神话文化画册，倒是出了好多种，可是极少有神话学家的参与，所以相关的解释与说明比较单薄，研究就更不谈了。学科的超越、学者的协作、题材的互动，刚刚起步，不免步履维艰，但已不是空谷足音。

理想的办法是把神话文学与神话艺术融通起来，结合起来研究。它们是不可分的整体，整体大于部分之和。至少在操作上，可以神话读神画，以神画解神话，在研究领域发挥图像的威力。只举一个例子。河南濮阳西水坡仰韶文化遗址发现的蚌塑龙、虎夹侍墓主人的龙虎葬，引起了世界瞩目，诠释纷纭，争议极大。主流化的"动物伙伴协助大巫升天"的张光直教授的泛萨满理论，已被我们证明为误谬（三蹻云云，更是误会，古老文献如《抱朴子》根本没有"鹿蹻"）。龙虎分列左右，夹卫主人，首先是为了突出墓主人（巫酋或 preist king）的中心话语地位。这幅巨大的以神画为中心象征系统与永恒回归（eternal return）的神话，提供了丰富的意象或形象证明。可以用汉镜铭文为辅证：

尚方御竟（镜）大毋伤，

左龙右虎辟不祥，

朱鸟玄武顺阴阳，

子孙备具居中央。①

原来左龙右虎（后来加上前乌后龟）是为了显示中央的圣俗权威性或政治合法性。而葬具或融入宇宙中心，不仅可能升天、成神或者再生，可能"子孙备具"，后嗣繁昌；而且可能跟宇宙的运作同步，"与天地分同寿，与日月分齐光"，得造化的精华，参世界之化育，与天人之际会。大量这类关乎宇宙与历史相交错、相融通的永恒回归神话，以及埃利亚德（Mircea Eliade）们的神话诠释，为解读西水坡龙虎葬等神画，提供了决定性的基础或背景。如果再用汉代神画常见的西王母左龙右虎侍中央的意象为佐证，那么，神话／神画的互动、互证或互文性构造就更加明白。

当然就整体研究而言，这是牛刀初试，却可能未中綮要。近年，我和我的合作者，除了着力于我们的《中国文化的人类学破译》系列（已出约 10 种）之外，还不揣冒昧，筹划了几种有图有文的《神话艺术》互证的科普著作，例如叶舒宪的《圣经比喻》《千面女神》和《猫头鹰的文化史》，我的《避邪》《蝴蝶梦》《美人鱼》和《神妓》《仙药》《破瓜》等等，有的已出，有的将出。有关的单篇论文，则主要发表在《民族艺术》《东南文化》《考古与文物》上。敝帚自珍，为的是抛砖引玉。我们还很愿意与考古学家、艺术学家合作。例如与汤惠生合著，从民俗神话学或文化人类学角度研究斯基泰文化的《野兽艺术》等等。在这里向同行们汇报，也算是一种广告吧。我们的意图始终是由神话读神画，以神画解神话。销路不差，有的印刷过万，有的重印数次。但我们更渴望同行的批评，专家的指导和读者的表彰。

原载《长江大学学报》（社会科学版）2006 年第 1 期

---

① 传世新莽铜镜铭文，参见日本学者林巳奈夫《汉代诸神》。

神话文本研究方法探索：多元的要素扩展分析法
——"精卫填海"的扩展研究

田兆元

一

神话的研究主要是指对于神话的文本的研究。神话文本的文化内涵是丰富的，我们该怎样去挖掘其文化内涵？这首先是在对神话文本所含要素分析的基础上去展开。神话的要素性质各异，故我们需要多元的视角。

但是，神话文本，尤其是中国早期神话文本，很多都是较为简短的，它的内容虽然丰富复杂，但对于每一要素而言，它的文化含量到底有多大？显然，它本身只是一个文化本体的入口，就像露在外部的茎叶，地下的果实是要顺着茎叶往下挖掘才能得其所有，于是，对于要素必须扩展开去。

这就是我们所说的神话文本的要素扩展分析。下面，我们试举一例以明之：

> 又北二百里，曰发鸠之山，其上多柘木。有鸟焉，其状如乌，文首、白喙、赤足，名曰精卫，其鸣自詨。是炎帝之少女，名曰女娃。女娃游于东海，溺而不返，故为精卫。常衔西山之木石，以堙于东海。
> ——《山海经·北山经》

这就是人们最为熟悉的神话"精卫填海"的经典文本。

我们先看看以往的分析。朱东润先生主编的《中国历代文学作品选》将其选为古代神话的第一篇，其"解题"这样写道："这个故事可能产生在沿海的部落。由于那里大海经常吞没人的生命，女娲化鸟、口衔木石以填平大海的斗争，反映了远古人民征服自然的愿望。"[1](P281)这种解释，显然与马克思对于神话的解释有关。马克思在《〈政治经济学批判〉导言》中指出："任何神话都是用想象和借助想象以征服自然力，支配自然力，把自然力加以形象化。"这一论断，曾经长期影响中国的神话研究，主要体现在把神话看做人与自然的抗争。如该书选录 4 篇神话文本，分别是"精卫填海""夸父逐日""鲧禹治水"和"黄帝擒蚩尤",前三篇都被视为人类与自然搏斗的崇高精神的体现。该书还有附录"女娲补天""后羿射日""共工怒触不周山",同样都被解释为改造自然的英雄业绩。与此相同的诸多文学史也大体是这样的解释模式。

这样的解释,我们可以视为一种选取片段要素,诠释外来理论的做法。首先,他们只是取用了神话文本的部分要素,其余就作为残骸不予解释抛弃了,如对于精卫填海,他们实际上只是解释了后面"女娃游于东海,溺而不返。故为精卫,常衔西山之木石,以堙于东海"的部分内容,前面部分在这个解释系统里没有意义,后面部分也只是女娃溺死于海,化为鸟,衔木石堙海,东与西的方位也是没有太大的意义的。显然,神话文本资源在这样的解释中被浪费。尽管我们的解释不可能也没有必要穷尽其意蕴,但是这样的单一解释在纯粹的文本阅读的导读中只是掘出这样一点点,实在很可惜。

袁珂先生也认为,精卫填海"表现了遭受自然灾害的原始人类征服自然的渴望";在肯定征服自然的同时,袁珂先生认为"这个神话带着母权制氏族社会的痕迹"[2](P26)。这个增益的解释源于恩格斯和摩尔根的传入中国的古代社会的学说,解释了"是炎帝之少女,名曰女娃"这一要素的部分内容:少女,女娃。至于她是炎帝的少女还是黄帝的少女,都是没有关系的,其中一种重大的文化要素——炎帝,几乎处在被忽视的状态。

对于这个古神话,古人也十分重视,著名的就是陶渊明,他的《读山海经》中的诗句"精卫衔微木,将以填沧海"让这个神话故事产生了很大的影响。我国现代神话学的先驱茅盾先生在《中国神话研究 ABC》一书中也引述了这则神话,将其视为鸟兽虫鱼草木的神话,同时认为精卫鸟的壮志很可佩服;在进一步列举了刑天神话后,茅盾先生说:"精卫与刑天,属于同型的神话,都是描写象征那百折不回的毅力和意志的。这是属于道德意识的鸟兽的神话。"[3](P57)茅盾先生的解释,主要来自陶潜的影响,主要崇尚一种精神,比与自然抗争更为抽象,不仅不必顾及时间空间,对于神的身份,弱小者身份的反抗形象可能是受到重视的,但他关心的是这个鸟,关心的是自然神话的一个类属的例证,至于炎帝少女的身份,也未予重视。

于是,我们发现,对于这样一则重要的神话,拘于有限的理论工具和思路,几乎没有办法写成一篇论文,甚至写成一段稍长的文字也很难办到。是不是神话本身的意蕴不深,文化含量不够,没有办法挖掘?应该说不是的,我们要反思的,是方法问题。前辈的开拓工作甚为不易,我们对于他们的成果抱着尊重的态度,也力图有所探索。

过去神话研究的问题之一在于:必须依傍已有的某种学说,对于神话进行有限的局部的表面阐述，缺少独立的发现能力，神话文本的要素没有被读透；此外，解释过程仅仅局限在文本本身，没有对神话的要素进行扩展性思考。这样，神话研究的意义变得很有限。这种作风一直影响着中国神话的研究，如果说我们有什么发现，那也不是从神话本身发现出来的，而是拿来另外一种已经形成的思路和学说，往神话文本上面套一下"发现"出来的。如果说有什么意义的话，那就是另外一种理论学说的注脚，另外一种方法的实验工具。我们常常听到说，现在的研究不能深入，就是因为某著作没有翻译过来，我们要等待翻译出版后，那就有办法了。这似乎不是中国神话研究的道路。

吸收神话学本身的成果毫无疑问是明智的，我们还要学习吸收其他各种理论学说及其知识，掌握更多的解释工具，我们要做的是：不要所有的工具都是他人的。

二

神话要素是一个大于母题的概念。母题是要素的一种，它是可以拆分出来，并复制再生到其他的神话中去的那种，母题主要关注的是在神话内部流动的要素。神话要素，除了那些母题之类可以在神话内部流动的元素之外，我们还更关心它与神话之外的交流。实际上我们关心的要素，是那些可以和外界交流的文化触须，它们是扎在文化土壤上面的根，是神话的文化内涵的营养导管。因此，神话要素是可以在内部，也可以从神话内部延伸到外部的文化成分。各族要素的水乳交融构造了神话的整体系统，当然这种构造也许是随机的，神话结构并不是每一个都是结构紧密的，它也可能是松散的，或者就是碎片的。我们既可以通过要素从整体上考察一个神话的文化内涵，也可以就一个视角或者多个视角，从神话完整结构或者碎片中窥见文化的某些方面的奥秘。

我们可以把精卫的形象解析出来："其状如鸟，文首、白喙、赤足，名曰精卫，其鸣自詨。"

我们可以通过这种描述去做寻找精卫鸟的生物依据的努力，因为这种外形的描述很具体，借助生物学史的知识，我们可以努力找到这种鸟的原型，而精卫自己呼唤名字的叫声精卫，也是寻找该鸟的原型的依据之一，只是有趣的是：这个鸟是用何种方言的拟音叫出"精卫"的声音来的。如果我们通过辛勤的努力，找到了这样一种鸟的原型，通过对于鸟的习性分析，就可以判断这则神话的价值观念。或许这是很难的课题，但我们为什么没有通过努力就简单推断说这行不通？尽管《山海经》中多神话，但我们就有足够的理由说这些描述就是完全的虚构吗？我们还没有这样做过呢！这难道不是研究精卫填海的课题吗？

假如我们没有办法找到这种鸟，假如我们认为这是虚构的，那么虚构的是随意的吗？它有什么文化意义？比如为什么要将其说成是"如乌"？这就肯定是一个文化命题，这当然可以从文化上得到解释。"乌"这一要素是母题类的要素，在神话中有广泛的再生性，是一个具有很深厚内涵的神话母题。乌是太阳鸟，这是常识，而本文的主人是炎帝的少女，而炎帝则是太阳神。《白虎通·五行》："炎帝者，太阳也。"联系到精卫化鸟，这个太阳族系列的鸟崇拜，在这个如"乌"的形象中就得到认知了，再联系到那个山叫发鸠山，这个鸟的崇拜的性质就更加清楚了。

我们再看她的"赤足"。这个赤乃炎帝之色，炎帝又叫赤帝，"赤"的要素与"乌"相伴，它既是一个母题性质的要素，也是向外伸展的一个文化要素。小小的颜色要素可以成为族群识别的标志，我们怎么可以忽视这些基本的文化要素呢？

或许，她的文首，白喙，与赤足构成的一份灿烂的形象，是当时人们的审美观念的表达，表达对于这位逝者的怀念，对于这位不屈不挠的英雄的敬仰。这个诸要素构成的整体形象是否有特有的象征？这是我们需要解答的问题。

总之，我们是不应该忽视哪怕是外貌描写的诸要素的，它们构成了一副我们识别精卫文化身份的外衣。应该说，我们对于这一段外貌描写的要素分析还是不够完备的，还有更多的开拓空间。

我们可以解析精卫的死去："是炎帝之少女，名曰女娃。女娃游于东海，溺而不返。"

这里的描述，文化含量很丰富，第一是精卫的身份的明确记述——她是炎帝的少女，第二是她不幸溺死了。对此的解释，一是自然灾害的表现，二是按照寓言学派的观念。这里我们可以挖掘出两个要素：一个是火，一个是水。这是不是水火不容的自然规律的一种寓言性表达？神话是一种哲学的表达，这个中国的神话与中国的五行学说如此关联密切，是偶然的吗？其他问题要我们在扩展中解读了。

我们再就其死后所变及其行为加以分析："故为精卫，常衔西山之木石，以堙于东海。"

在我们将其解释为英雄行为之外，我们发现了两组对立的因素：西山，东海；木石（土），东海（水）。我们可以在此继续寓言学的解释，东西矛盾，土水矛盾。我们似乎是在搞结构主义的一些教条，但我们可能应该从更深的社会背景上去解释。

至于化鸟的要素，则是神话母题的一个大宗内容，与其结合起来研究，自有一片天地。

当我们初步将该神话文本析为数段，我们从其外貌组合，牺牲组合以及复仇组合来看，内涵显然比过去要宽要深一些。寓言观的解释也提供一些新的开掘的可能，但是，我们这里的解释主要拘于母题类的要素，真正对于该神话的意蕴的深入展开还做不到，而这些解释还很空泛，可是我们过去大概也就到此为止了。

三

这时，我们就应该进行扩展性的要素分析。

我们要去抓那些不仅仅是活动在神话内的要素，而且要把那些神话的文化触须细加分析，深入到社会历史与文化的深处去探索。这些看起来是历史学家的事，可我们神话研究者不能像那位医治箭伤的外科医生，仅仅只减掉外面的部分，而把肉里的箭头交给内科。

我们有没有想过，炎帝少女怎么会到东海来呢？她为什么要衔西山之木石，而不就地取自南方的木石呢？炎帝本来在哪里？这是历史命题，当然也是神话的命题。

炎帝起自西部，神农氏为最初领袖，这几乎是一个共识了。当他们向东迁移，与东部的蚩尤氏相处时，蚩尤氏便夺取了炎帝的地位，自己号称炎帝。《路史·后记四·蚩尤传》称，蚩尤是炎帝后裔，"兴封禅，号炎帝"。于是炎帝有神农氏、蚩尤氏两大部族。蚩尤取得联盟的主导权，也就让东部的一大片区域加入了炎帝文化圈。那么，这个游于东海被溺死的是神农氏的少女，还是蚩尤氏的少女？

这需要判断。如果说是蚩尤氏的少女，比较符合实际，我们就要认同该神话具有写实成分，因为东海一带，神农氏似乎没有到达，而蚩尤氏活跃在海滨于史有载。

如果说是神农氏少女，则具有象征成分，那么这个故事也就是一个寓言，它是神农氏东进遭到失败，而产生对于东部的一种心理对抗。东西的矛盾就不一定是哲学范畴，而是一个实际的社会文化范畴，甚至我们可以把这种东西的文化冲突说成是两个炎帝的冲突。

这需要很大篇幅来阐述。我最近在《华东师范大学学报》上发表有一篇论文，[4] 谈论了东西的两个炎帝的冲突。在汉代，这种冲突为这个"衔西山之木石以埋东海"的情绪性表达提供了很好的注脚。

炎帝蚩尤氏后来为黄帝和炎帝神农氏的联军击败，但是，东部的人们及其部众都很怀念他，一直祭祀着他，如齐地八神，蚩尤居天地之后，为第三位大神，地位不可谓不显要。当我们看到那个斩白蛇的赤帝子刘邦的神话故事时，感到那个赤帝还是蚩尤氏，因为刘邦起义时在沛县祭祀了黄帝和蚩尤，这也就是当地人认可的黄帝炎帝。这批东方的人最后跑到西边统治天下了，所以汉初尚赤，刘邦还把蚩尤祠立到长安，这是公然带去自己的保护神，明显置老炎帝神农氏于不顾。在强大的政治权威之下，汉初也是炎帝蚩尤氏为文化主流。

这种情况到了汉武帝时期发生了改变。汉武帝要凸现自我，要改掉汉代的文化形象，要以黄帝为宗，文人们开始打压蚩尤氏，于是蚩尤氏变成了坏蛋被大加打击，而神农氏恢复了作为炎帝的身份；但为了适应人们攻击炎帝造成的炎帝的坏影响，神农氏有时作为独立的好人形象出现。蚩尤氏的废弃实际上是东部文化一部分的被废弃，应该看作是西部文化持续坚持最后恢复自我的一种努力。这个故事是不是这个文化背景下的一种情绪写照呢？炎帝神农氏的东进失败是败在蚩尤氏手下，就相当一次溺水，化为精卫鸟表达炎帝部落失败后还保持自己的精神理想，填海表达一种复仇对抗的情绪。

是耶非耶？那么有别的解释吗？说它跟这个文化背景无关，有充分的理由吗？

这便是我们把"东"与"西"这两个要素展开，进行一番清理后得出的假说。这时，我们发现，神话本身只是文化营养生长出来的枝叶，它只是某些文化体征，只有深入到文化背景的深处，这些症候的奥秘才可得到揭示。

把神话文本的要素剖开，进行拓展性分析解读，我们就会发现，精卫填海既可以进行抽象的解读，也是可以进行具体的历史的解读的，而具体的解读才是关键的。假如离开了这个背景去谈论神话，就可能制造出新的神话来了。

参 考 文 献

[1] 朱东润.中国历代文学作品选：上编第 1 册［M］.上海：上海古籍出版社，1979.
[2] 袁珂.中国神话史［M］.上海：上海文艺出版社，1988.
[3] 玄珠.中国神话研究 ABC［M］.上海：世界书局，1929.
[4] 田兆元，明亮.论炎帝称谓的诸种模式与两汉文化逻辑［J］.华东师范大学学报（哲学社会科学版），2007（3）.

原载《长江大学学报》（社会科学版）2007 年第 5 期

玉兔因何捣药月宫中？
——利用图像材料对神话传说所做的一种考察

刘惠萍

日、月可能是人类最容易观察到的自然天体，仰则能见。其中，月虽不若太阳般灿烂夺目而充满能量，然其宁静阴柔的形象，朔望盈亏的变化，往往更能激起人们无限的想象。因此，与月亮有关的神话传说，普遍地存在于世界上许多民族之中，也有不少古老的宗教与信仰常以月亮为主。在中国，嫦娥奔月、玉兔捣药与吴刚伐桂，更是家喻户晓的神话传说。由于自古以来的人们普遍相信月中住着捣药的玉兔，因此，历来文士便经常以其为歌咏的对象。如晋人傅玄的《拟天问》中便有这样的诗句："月中何有？白兔捣药。"[1](P1721)而欧阳修的《白兔》诗中也有"天冥冥，云蒙蒙，白兔捣药姮娥宫"[2](P3760)之句。除了诗词歌赋的吟咏外，更由于月中有捣药玉兔的传说为大家耳熟能详，因此，后来的神魔小说《西游记》中，甚至还利用此一传说演义成这样一个故事：唐僧师徒在前往西天取经的途中，遇到月宫里的白兔下界为妖，用捣药杵大战孙悟空。此时的捣药玉兔，已成了月宫中举足轻重的代表人物。

月中的捣药玉兔，除了有文人诗词小说的咏叹衍绎外，在许多的传统中秋民俗中，其似乎也扮演着举足轻重的角色。据明人刘侗、于奕正合著的《帝京景物略》所载：明人拜月时用的月光纸，上面除绘有月偏照菩萨外，并绘有一月轮桂殿，中有一捣药玉兔人立于其中。[3](P104)到了清代，据富察敦崇的《燕京岁时记》所载：月光纸已改称为月光马，"月光马者，以纸为之，上绘太阴星君，如菩萨像，下绘月宫及捣药之兔，人立而执杵。藻彩精致，金碧辉煌，市肆间多卖之者。……向月而供之。焚香行礼，祭毕，与千张、元宝等一并焚之"[4](P78)。此外，至晚到了明代，人们更塑造了一种中秋应景的泥塑——兔儿爷。据明人纪坤《戏题》诗小序所云："京师中秋节，多以泥抟兔形，衣冠踞坐如人状,儿女祀而拜之。"[5](P18)至清,此俗则大盛,如清人蒋士铨《京师乐府词十六首》中即有一首专咏兔儿爷的:"月中不闻杵臼声,捣药使者功暂停。酬庸特许享时祭,抟泥范作千万形。居然人身兔斯首,士农工商无不有。就中簪缨窃绅黻,不道衣冠藏土偶。持钱入市儿喧哗,担头争买兔儿爷。"[6](P708)诗中虽不乏借物抒怀的成分,但其中对当时京师制作、买卖、供玩兔儿爷的习俗,以及兔儿爷的形貌,可谓描写得淋漓尽致。而兔儿爷之俗的流行,按清人杨静亭编《都门杂咏》所述:每逢中秋,民众竞相购买兔儿爷,兔儿爷摊之盛,已到了"满街争摆兔儿山"之境地。[7](P295)直至民国年间,北京地区仍保持着中秋供玩兔儿爷的习俗。老舍在其《四世同堂》中便有这样的描述:日本人占领北京时的一个中秋节,街上没有像样的兔儿爷卖,祁老爷因不能买兔儿爷给孙女妞妞玩,而大有感喟。[8](P146-148)由此可见,捣药玉兔似已成为中国人对月之想象的一种象征。

虽然中国人普遍相信月中有玉兔捣药,然而月中为何有兔,为何玉兔要在月宫中捣药,一直以来似乎是个谜。固然,神话或许是人类童年时期心灵的幻想,往往有许多荒诞不经的内容,是无法以科学的方式去理解的。而随着科学的进步,人类也早已成功登陆月球,证明了月中根本没有生物的存在,更遑论嫦娥、捣药玉兔及伐桂的吴刚。然而,一则神话传说的产生与流播,必定有其产生的人类社会文化与心理机制,像玉兔捣药这样一个影响民族心灵深远的神话传说,其中是否蕴藏着过去中国人的民族心理与社会期待,则是值得一探究竟的。唯考诸文献载籍,却未见任何相关的讨论。

诚然,神话传说多产生于人类的蒙昧时期,本即有许多无法解释之处。而中国古代神话的内容,又由于典籍文献资料的零碎、缺佚等各种原因,更使得许多相关的说法出现了严重的遗落与断裂,尤以民间叙事中的许多原始内容,往往又因其"不雅驯"而经文人润饰,以致或变形或散佚。然而,这些不为史籍所备载,缙绅之士所不言的说法,是否就没有任何的文献或材料能探得其一二?幸而历史并非只是有文字书写权力者的历史,更是一般庶民大众生活的历史。因此,除了文献载籍之外,更有许多非文字的材料可以供我们作为考察之用。近一世纪来,随着中国各地许多考古文物的不断发掘与成功释读,其除了已使得许多过去各学科所做的推测,得到了进一步的验证外,同时还为我们提供了不少的研究那些已流失、散佚说法的重要参考资材。其中，出土于汉代墓葬中的帛画、壁画、画像砖石等材料中，更有许多刻绘了东王公、西王母、伏羲、女娲、羲和、常羲、雷公、河伯、蚩尤、女魃、后羿射日、嫦娥奔月等中国古典神话内容的图像。这些图像内容丰富，形象生动，有时其中所透露的讯息，更远远地超过了文献中对于相关神话的描述，实为我们研究中国古典神话，提供了一最佳的参考文本。① 有许多流传于民间的神话传说，在传播的过程中，由于各种主客观的因素，以致造成严重的缺佚与变形，而图像具有做成之后较不易被改动的特点，因此这些借由汉画像所保留的当时社会上一般人所熟知喜好的故事图像②，有时反而能为我们保留下当时民间的一些逸闻与观念。近年来，许多研究者更提出了以图像文献、考古文物治思想史的研究方法。他们认为，这些图像及考古文献的材料，实可以作为文献资料的补充；[9]甚至于有些图像中所透露出的讯息，是在文字史料中看不到的。[10](P141)因此，这些以神话传说为内容的汉画像，将可成为我们研究中国古代神话的另一珍贵材料。

故本文拟利用汉代画像中丰富的图像材料，追索月中玉兔捣药此一神话传说产生的源起与发展、演化脉络，尤其是月中的兔何以成了捣药玉兔的演变过程与原因，希望能借此以探讨神话传说因社会文化的变迁而产生的变异，以及神话传说在流播的过程中，如何去借用与复合其他神话传说的人物或情节，以使该神话传说更能符合社会群体期待的现象，并进一步证明神话传说与社会文化、宗教信仰之间互动互生、相互反馈的作用。

一、关于月中兔：本为"奔兔"而非"捣药兔"

关于月中有兔之说，普遍流传于世界上许多原始民族的神话传说中，而在中国，目前可见最早关于月中有兔的说法，可能是战国时期屈原在其《天问》中所提到的"顾菟"："夜光何德，死则又育？厥利维何，而顾菟在腹？"虽然，

---

① 这些汉代的墓室画像不仅能以其鲜明的形象和构图，生动地再现汉代社会生产、生活等各方面，更能为我们提供许多与历史文献相平行，且更为直观和丰富的实物线索，因而被翦伯赞誉为"一部绣像的汉代史"。参见翦伯赞：《秦汉史》，北京大学出版社1983年版，第5页。
② 汉画像的墓主身份，可考者多是二千石以下的地方官员，这些官员墓葬中画像的题材，若不是墓主及其家属所喜好的，就是工匠们所熟悉的。因此，汉画像中的题材，应颇能反映当时流传于民间的知识与观念以及思想与信仰。

历代注家学者对于其中的"顾菟"一词是否指兔,偶有不同的见解。① 更有 W. F. 梅耶斯、日人藤田丰八、苏雪林、季羡林等先生甚至主张,中国月中有兔的说法,是受印度月兔故事的影响。然从近年来考古出土的一些文物,如 20 世纪于湖南长沙发现的年代属于西汉早期的马王堆一号汉墓帛画②、三号汉墓帛画及山东临沂金雀山九号汉墓帛画这三件墓葬艺术中,都不约而同地在左上方的弯月上出现了兔和蟾蜍的形象来看,至迟到了西汉前期,或更早在战国早、中期③,兔的形象应已与月亮产生了联系。因此,月中有兔之说在中国的起源可能甚古。

事实上,以为月中有兔之说,普遍流传于世界上许多民族的神话传说中。如南美的阿兹特克印第安人神话中说:在混沌初开的时候,天地一片昏暗,于是众神聚集,推派一位叫乔吉卡特利的神祇,和另一位叫纳纳华冈的神去把宇宙照亮,因而其成了太阳和月亮;本来太阳和月亮是一样明亮的,为了让它们各自放射不同的光芒,于是一位头脑灵巧的神便把一只兔子扔在乔吉卡特利的脸上,从此月亮上就有了兔影。[11](P188-190) 此外,在墨西哥的神话中,也有神拿兔子来擦月亮的脸的说法。[12](P54) 而在北美的易洛魁人甚至认为兔子本身就是月

---

① 早期的注家多认为"顾菟"或"菟"就是月中之兔。如王逸把"菟"释为"兔","顾"释为"顾望"。参见《楚辞章句》,台北艺文印书馆 1974 年版,第 118 页。洪兴祖《楚辞补注》也认为:"菟与兔同。"参见《楚辞补注》,台北广文书局 1962 年版,第 36 页。朱熹《楚辞辨证》云:"顾菟在腹,此言兔在月中,则顾菟但为兔之名号耳。"参见《楚辞辨证》,台北世界书局 1981 年版,第 1 页。清人毛奇龄则认为"顾菟"仅指月中玉兔。参见《天问补注》,此据《续修四库全书》,上海古籍出版社 1997 年版。直至近世学者闻一多提出"顾菟"是"蟾蜍"而不是兔子,月中之兔乃"蟾蜍"之"蜍"讹变为"兔"所致的说法后,遂使得月中有兔之说产生动摇。参见闻一多:《天问释天》,《闻一多全集(二)·古典新义》,台北里仁书局 1993 年版,第 328—333 页。其后,姜亮夫及孙作云都赞同闻一多的说法。参见姜亮夫:《楚辞通故》,云南人民出版社 1999 年版,第 544—545 页;孙作云:《天问研究》,中华书局 1989 年版,第 124—125 页。钟敬文在其《马王堆汉墓帛书的神话意义》一文中,亦赞同闻一多的说法。参见《马王堆汉墓帛画的神话史意义》,载《中华文史论丛》1979 年第 2 辑。而汤炳正、何新、黎子耀等先生则认为,月有兔之说,实来自月中有虎之神话。参见汤炳正:《屈赋新探》,齐鲁书社 1984 年版,第 261—270 页;何新:《诸神的起源》,台北木铎出版社,1987 年版,第 243—248;吴泽:《王国维学术研究论集(二)》,华东师范大学出版社 1987 年版,第 12 页。

② 关于长沙马王堆一号汉墓帛画的图像结构,有两种看法:多数学者认为画面分为三个部分,但也有学者认为应可分为四个部分。然基本上,各家学者皆以为华盖以上代表天界,有日、月、升龙及天门。而代表天界的最上层部分,右上方绘一太阳,日中有金乌;左上方则是一弯镰刀形的白色月亮,月上绘有一只大蟾蜍和一只体积较小的兔子,两旁缭绕着云气。

③ 1978 年在湖北随县(今随州)擂鼓墩出土的一座战国中期的大型木椁墓,墓中有一漆箱盖上绘有图像,其中有两组图像基本相同,均为两株大树,一树顶上有鸟,另一树顶上有兽。根据郭维德先生的考证,有鸟的树是扶桑树,树上的鸟是代表太阳的鸟;另一株树代表月,树上的兽则是兔。而"从兽的形象看,面部有些似虎,而身上像兔,尾亦似兔很短",故可能是所谓的"於菟",也就是月中的兔。参见《江汉考古》,1981 年第 1 期。

亮。另外如非洲祖鲁人则说月亮是由兔子哥祖鲁带来的。[13](P27-28)而在印度也有兔子舍身入月的传说。① 此外，中国的瑶族则有雅拉与尼娥夫妻将织有桂树、白兔、白羊和自己形象的锦毯，射向怪月，以蒙遮怪月的神话。[14](P132-135) 由此可见，在过去，确实有不少民族，曾有过认为月表有兔影的想象，兔与月之间可能有着某种密切联系的想象。② 然而，特别值得注意的是，无论是从世界各民族的月中有兔神话传说来看，或是由长沙马王堆一号、三号墓及山东临沂金雀山九号墓帛画所绘弯月上的兔形象来观察，都可以发现：月中的兔子都只是一般的兔，并没有中国人印象中的捣药玉兔。

同样的，在许多较早期的汉代墓室壁画及画像石中，也经常可以看到月中兔做奔跑状的形象。例如在属西汉中期的洛阳西郊浅井头墓室顶脊壁画上所绘女娲手捧的圆月中，即是一只蟾蜍和一做奔跑状的兔子。另外，在同属西汉时期的洛阳烧沟 61 号西汉墓壁画，以及西安交通大学附小墓室天井壁画上，月中的兔子也都是做奔跑状。此外，在时代属新莽时期的江苏盱眙汉墓的棺盖顶板所出现的日月图中，其右方的月中也是一蟾蜍和奔兔。到了东汉时期，如东汉前期的山东长清县（今长清区）孝堂山郭氏石祠隔梁底面的画像石，在南段的圆轮中刻有一金乌；而其相对应的北段则亦刻一圆轮，轮中有一做奔跑状的兔子及一只蟾蜍。由于此画像石在祠堂内正处于屋顶的正中部位，应是天象图的象征，故此二圆轮自然代表日与月。另外，如同属天象图的东汉早期山东枣庄出土画像石，其构图也与山东孝堂山石祠画像石相近，左格为日轮，内刻一三足乌及一犬；右格为月轮，内刻一蟾蜍及一只奔跑的兔。至于像在河南南阳卧龙区阮堂出土的一画像石，画面下方刻有一龙形象，旁辅以七个圆点。学者认为，此即代表以角、亢、氐、房、心、尾、箕七星为主要星宿的东宫苍龙。而苍龙星座的上方则刻绘有一圆轮，轮内同样刻有一蟾蜍和一奔跑的兔子。此外，

---

① 《一切经音义》："月中兔者，佛昔作兔王，为一仙人投身入火，以肉施彼，天帝取其体骨置于月中，使得清凉，又令地上众生，见而发意。"

② 关于月中为何有兔，过去相关的研究者对于此一问题，除了闻一多的月中动物实本为蟾蜍，兔乃"蟾蜍"之"蜍"讹变所致之说，及有学者以为此说乃"域外移入"，受印度或中亚神话传说的影响外，还有学者以月的晦盈周期与兔的产育周期（29 天）相一致，故而人们容易将兔与月做联想，来解释月兔神话的模拟理由。参见尹荣方：《月中兔探源》，载《民间文学论坛》1988 年第 3 期。另也有学者从月与生殖崇拜相关的角度进行剖析。参见叶舒宪：《月兔，还是月蟾——比较文化视野中的文学寻根》，载《寻根》2001 年第 3 期；张剑：《月亮神话中蛙兔之变动因考》，载《江汉大学学报》（人文科学版）2004 年第 3 期。亦有学者主张，这类神话传说的产生，可能是由于月球的表面有着明显的黑影现象，而源于对此一黑影形象形似的联想，原始初民以为月表的阴影是"兔影"，而以为月中有兔。参见冯天瑜：《上古神话纵横谈》，上海文艺出版社 1985 年版，第 159 页。

在山东、江苏、河南、山西、陕北等地的出土图像材料中，也经常可以看到月中的兔子是奔跑状的形象。以下兹就汉代画像的月图像中出现奔兔者列表，见表1。

由表1可以发现：大约在东汉中期以前的图像材料中，月中的兔几乎都是做奔跑状的，月亮中并没有捣药的玉兔。

二、月宫中捣药玉兔的出现

然而，大约是到了东汉中期以后，诸多画像材料中的月中兔开始出现了捣药玉兔的形象。例如出土于安徽淮北的汉画像石，其构图与前述山东孝堂山郭氏墓石祠的日月画像石相近，应也是一种天象图的代表；但不同的是，其月中的兔已不再是做奔跑状的兔子，而变成了持杵捣药的兔子。此外，另有四块于淮北市时村出土的东汉画像石，其中一块圆月中的兔子亦做持杵捣药状，下为蟾蜍，蟾蜍、玉兔的上方有五颗星辰。而两块现藏于淮北市博物馆的汉画像石，则一石画面上的月中左边为蟾蜍，蟾蜍头对着石碓；右边为玉兔捣药。另一石则上为玉兔捣药，下为蟾蜍，但画上不见石碓。而于淮北市孟大园出土的一块日月图中，也是日中有金乌，月中有玉兔与蟾蜍共同捣药。这些于淮北地区出土的汉画像石上的月中兔，都不再做奔跑状，而变成了捣药玉兔的形象。

由于淮北地区出土画像石并无明确年代，无法由这些图像判断月中出现捣药玉兔的确切时代；然而，从属东汉晚期的山东安丘汉墓中室封顶石画像中，我们却可以寻得一点相关的线索。此一画像亦类似天象图的形式：右端有由直线形云纹构成的菱格纹，格内刻一日轮，内有三足乌、九尾狐；右端刻穿壁纹，格内为一月轮，内有玉兔和蟾蜍执杵捣药。此外，在山东滕州市官桥镇大康留庄出土的东汉晚期画像，也是一日月星图。在此画像石上，我们也可以看到上方的月轮内刻的是蟾蜍和捣药玉兔。由此或可推论，至迟到了东汉晚期，已有捣药玉兔取代奔兔，成为月中象征物的现象了。因此，自东汉以后，直至魏晋南北朝，许多墓葬艺术所刻绘的月中兔也开始以捣药玉兔的形象出现。以下就所见汉魏晋南北朝画像材料中出现月中兔为捣药玉兔者列表2。

借由以上的观察，我们可以发现，至少在东汉中期以前，兔虽然已成为月的一种象征，但月中的兔几乎都是做奔跑之状的形象，并没有后世所谓的捣药玉兔；而大约到了东汉中晚期，月中才开始出现捣药玉兔。

表 1　汉画像月中奔兔分布一览表

年代	地域及名称	年代	位置	形象	出处
西汉	湖南长沙马王堆一号墓帛画	西汉初（前193—145）	覆于棺上	T形帛画，右上为日中金乌；左边最上层则为一弯月，月中有蟾蜍、奔兔	《长沙马王堆一号汉墓》
	马王堆三号帛画	西汉	覆于棺上	T形帛画，右上为日中金乌；左边最上层则为一弯月，月中有蟾蜍、奔兔	《文物》1974(7)：40-44
	山东临沂金雀山M9汉墓	西汉	覆于棺上	帛画的右上为有金乌的日轮，左上则为内有蟾蜍、奔兔的月轮图像	《文物》1977(11)：24-27
	西安理工大学1号墓西汉壁画墓	西汉	主室顶	一天象图，布满日、月、朱雀、翼龙、仙鹤和云气纹样。日中有金乌，月中有蟾蜍、奔兔	《文物》2006(5)：18
	西安交通大学西汉壁画墓	西汉	墓室顶	色彩斑斓的圆形天文图，外圈为具有图像的二十八星宿，内圈有流云、日、月，日中有金乌，月中有蟾蜍、奔兔	《西安交通大学西汉壁画墓》第24页
	洛阳烧沟M61壁画墓	西汉	墓脊顶	以无连线的星点和云气纹表现天文现象，其中左边第一幅为一黑色日轮，内有金乌；第七幅则为一月轮，轮内有蟾蜍、奔兔	《考古学报》1964(2)：113
	洛阳浅井头壁画墓	西汉后期	墓脊顶	伏羲戴冠，人身蛇尾上翘，前有日轮，内有一金乌；女娲高髻垂发，人身蛇尾，前有月轮，内有蟾蜍、奔兔	《文物》1993(5)：80，图二八
	甘肃武威磨嘴子西汉帛画	西汉		日、月，月中有蟾蜍、玉兔	《考古》1960(9)：5-28
	江苏盱眙汉墓	新莽时期（9—23）	棺盖顶板	左方为阳乌负日，周围分布比较小的圆日，上方刻一人疾奔。右方为月、蟾蜍、奔兔	《考古》1979(5)：412-426

续表

年代	地域及名称	年代	位置	形象	出处
新莽	山东省枣庄市山亭区西集镇出土	东汉早期		此图为线刻。画面两格：左格为太阳，内刻一三足乌及一狗；右格为月亮，内刻一奔兔、一蟾蜍	《中国画像石全集2：山东汉画像石》图145
	山东梁山后银山汉墓	东汉中期	覆斗室顶墓室室顶	有象征日月的金乌、玉兔图案（已脱落），周围有流云	《文物参考资料》1955（5）：43-50
	山东孝堂山石祠	东汉章帝	隔梁底	日月星图像。分为南北二段，南段刻一日轮，日中有金乌。日轮外侧有相连的南斗六星及一小星。北段刻一月轮，轮中有奔兔和蟾蜍	《中国画像石全集1：山东汉画像石》图47
	江苏铜山苗山墓	东汉	前室前壁墓门	门东侧上方刻阳鸟旭日，一旁有熊首人身有羽翼神人；右上方刻一月，月中有做奔跑状玉兔、蟾蜍，月旁一神人，头戴斗笠，身披蓑，左手牵凤，右手持耒耜；图下方刻神牛衔草	《中国汉画像石全集4：江苏、安徽、浙江汉画像石》图51
	河南南阳阮堂画像石	东汉		画面下方刻有一龙形象，代表角、亢、氐、房、心、尾、箕七星为主要星宿的东宫苍龙。而苍龙星座的上方则刻绘有一圆轮，轮内同样刻有一蟾蜍和奔跑的兔子	《中国画像石全集6：河南汉画像石》，图110
	陕北绥德刘家沟	东汉		中为西王母；左有一圆月，月中有蟾蜍及奔兔	《陕北汉代画像石》，图442

玉兔因何捣药月宫中？ | 217

表 2　汉魏画像月中捣药玉兔分布一览表

年代	地域及名称	年代	位置	形象	出处
东汉	安徽淮北	东汉（AD25—220）	墓室顶盖	日、月双轮并列,日轮内一只金乌,月轮内有蟾蜍、玉兔捣药	《中国汉画像石全集4：江苏、安徽、浙江汉画像石》图188
	安徽淮北时村画像石	东汉（AD25—220）		月轮中,上为玉兔捣药；左上有五颗星辰；下为蟾蜍	《淮北汉画像石》第176页
	安徽淮北	东汉（AD25—220）		月轮中,上为玉兔,做捣药状,但不见药臼；下为蟾蜍	《淮北汉画像石》第178页
	安徽淮北孟大园	东汉（AD25—220）		日、月双轮并列,日轮内一只有金乌,月轮内有蟾蜍、玉兔捣药	《淮北汉画像石》第178页
	山东省安丘市董家庄	东汉	中室封顶	画像自右至左分为五组。第四组,中刻一月轮,内有玉兔和蟾蜍执杵捣药	《中国画像石全集1：山东汉画像石》图153
	山东临沂白庄	东汉		左右边栏各一道。画面上部是女娲执矩,腹部刻月轮,内有玉兔做捣药状和蟾蜍	《中国画像石全集3：山东汉画像石》图23
	山东滕州官桥镇大康留出土	东汉晚期		画面上刻一月轮,月中有蟾蜍、捣药玉兔,月轮外绕一龙,两侧为伏羲、女娲饲一大鸟,鸟背负日轮,内刻一三足乌	《中国画像石全集2：山东汉画像石》图165
	陕北靖边寨山村汉画像墓	东汉	门楣	画面为车骑出行和狩猎图,其两端上部为日、月,之下分别为阳乌和捣药玉兔	《中国画像石全集5：陕西、山西汉画像石》图231

续表

年代	地域及名称	年代	位置	形象	出处
魏晋南北朝	河南洛阳出土北魏石棺画像	北魏	石棺盖	图中刻银河,两旁刻人蛇身伏羲女娲,伏羲手托日轮,内有金乌;女娲手托月轮,内有蟾蜍、桂树和玉兔捣药	《中国画像石全集8:石刻线画》图88
	江苏丹阳金家村南朝墓	南朝	甬道顶部	太阳和月亮,太阳中有三足乌;月亮中有桂树和捣药玉兔,侧面有"小日""小月"砖文	《文物》1980(2)
	北周匹娄欢石棺线刻画	北周		伏羲捧日轮,女娲捧月轮,日中有三足乌;月中有蟾蜍、捣药玉兔	《中国古代石刻画像选集》第6页,图版七(1)

不过,就目前个人所见的图像材料显示,在汉画像中,月中有捣药玉兔的图像似乎多出现在山东、淮北地区。这是否受到地域子传统或当地信仰风尚的影响,是一值得注意的问题。自20世纪80年代以降,如王恺、信立祥、郭晓川等诸位学者,便将苏、鲁、豫、皖交界处,视为一个不可分割的画像石分布区域。而在曾蓝莹的研究中也发现:鲁东安丘和鲁南滕县、苏北邳州和徐州,以及豫东永城等地的石刻传统关系密切。[15] 青、徐等地本为中国原始道教的源起地,加以到了东汉期间,道教在黄河下游地区蓬勃发展,汉画像中的月中奔兔为捣药玉兔所取代,是否因受到当时此一区域神仙思想盛行的影响,而有了这样的转变,则是有待他日进一步做深入探讨的重要问题,目前受材料及时间之限制,于此暂不予讨论。

但须特别一提的是,至晚到了东汉时期,捣药玉兔虽已与月产生了联结,但二者的结合似乎并没有在所有的地区固定下来。从画像石反映的现象来看,以地域来讲,在有的地区,如河南南阳及四川等地,笔者都尚未发现这样的图像。甚至在有些地方,这两种兔的形象也会同时出现在一个画面上,如在陕北绥德县军刘家沟及陕北米脂出土的画像石中,便出现了同一画面有一或二玉兔捣药,而左端的月轮中又有奔兔与挥舞细棍状物蟾蜍的情景。这固然可能与当地工匠制作画像时已有固定的模板有关,但从年代同属东汉时期的武威磨嘴子23号墓铭旌及54号墓铭旌上端两角的日、月图像中,月中的兔都是一副四足腾空、向前狂奔的奔兔模样来看,可能月中有捣药玉兔的说法,在东汉时期还不是非常稳定。大约是要到了魏晋南北朝以后,月中有捣药玉兔的现象才愈趋显著。如北魏洛阳出土石棺及北周匹娄欢石棺的伏羲女娲画像中,女娲所捧之月里面的兔子,便都是捣药玉兔。依目前可见的材料,可能要到了唐代,月中的兔子为捣药玉兔的说法才逐渐稳定下来。

三、汉画像中的捣药兔:象征神仙世界的一种母题

综上可知,在中国古代的神话中,月中本来是没有捣药玉兔的,捣药玉兔是到了东汉以后的发展。然而,捣药玉兔是如何进入月宫的?过去,有些学者曾试图从不同的角度去为其诠说,但大抵不脱西王母为月神,掌不死之药,而捣药玉兔所捣的正是不死药,因不死药而使得捣药玉兔进入月宫这样的说法。① 确实,从汉乐府《相和歌辞·董逃行》中就有"采取神药若木端,白兔长跪捣药虾蟆丸"[16](P4155)这样的诗句来看,汉代可能已流行有玉兔捣的是不死之药的说法。而据《淮南子·览冥训》"羿请不死之药于西王母"的记载也可推知,在神话传说中,西王母是不死药的掌管者。然而,西王母是否就是所谓的"月精""月神"②,而捣药玉兔是否乃因要捣炼西王母的不死之药而进入月宫,这可能都是有待商榷的。事实上,从前面的讨论可以发现:关于月中有兔的说法,是为先出,可能与原始初民的神话思维有关;而月中有捣药玉兔的说法,是到了东汉中晚期以后的变化,实乃后出。因此,如欲探求月中出现捣药兔的原因,或不能以文献中的蛛丝马迹自圆其说,而必须从找寻捣药兔究竟从何而来,以及月中的兔为何从奔兔一变而为捣药玉兔入手。

两汉时期汉画像材料所透露的讯息显示,在早期的时候,捣药兔可能是属

---

① 如李淞认为,从引申意义看,兔的这两种含义虽然来源不同,却有两点重合之处,即兔代表月亮,月亮的阴晴圆缺和周而复始现象代表生生不息的循环,代表天界的永恒,姮娥窃取不死之药后所奔之处亦为月,月即西王母的永生象征,这种性质使得唯有兔才具备神圣的捣药资格。参见李淞:《论汉代艺术中的西王母图像》,湖南教育出版社2000年版,第254页。

② 丁山在《中国古代宗教与神话考》一书中,认为西王母即月精。他说:"西王母藏有不死的灵药,……而姮娥服了灵药,即成月精,也无异说西王母本是月精了。"他又引了丁谦《穆天子传地理考证》进一步确认,"西王母者,古加勒底国之月神也"。然西王母为古加勒底国之月神,实缺乏足够的根据。参见《中国古代宗教与神话考》,上海文艺出版社1988年版,第71页。但可能是因为受了丁山先生的影响,如李立、李淞等学者,亦赞同西王母是月神的说法。参见《文化嬗变与汉代自然神话演变》,汕头大学出版社1999年版,第42—76页。

于西王母与神仙世界的。在许多的汉代画像中，我们经常可以在西王母的图像中看到捣药的兔子。在这些画像中，捣药兔时而单独、时而成双地出现在西王母的两侧或座下；在更多的时候，它们也会与蟾蜍、九尾狐、三足乌或其他的仙人及神禽瑞兽，一同出现在西王母的神仙世界里。其形象或跪或立，常做持杵捣药状，但有时也做对臼调药状。

兔与西王母开始产生关联，李淞认为，最早出现在西汉后期的卜千秋墓室顶部壁画中。壁画的内容主要是描绘天堂的景象和壮观的升天场面，其中第四和第五块砖画面有一组较特殊的图像，右上方为一女子乘三头鸟，右下方为一男子持弓乘蛇，二人面向左方前进，左上方云端坐一女子，三人间有兔、蟾蜍和有硕大尾巴的动物。但因坐在云中的女性的头饰并不具有西王母"胜"的特征，故各家学者对其身份的解释有分歧，或以为是仙女，或以为是西王母的侍女，或以为是西王母。① 至于现已知较明确的捣药兔与西王母的组合，则出现在新莽时期的偃师辛村汉墓壁画中。此墓壁画计有八幅，而在中、后室之间的横额正中便绘有一幅西王母壁画。画面上部，两条黑色缎带束扎的紫色帷幔下祥云腾升，西王母端坐云端，头戴胜。其右侧为玉兔捣药。玉兔背生双翼，双腿直立，做持杵捣药状。下部绘祥云笼罩着一蟾蜍和一背生双翼似九尾狐的动物。除了墓中壁画外，同样在新莽时期的一规矩镜上，亦出现有西王母与捣药兔的图像。而大约在西汉末至东汉初期的河南郑州新通桥出土画像砖上，也发现有西王母与捣药兔的图像。图中，西王母戴胜拱手，踞坐于悬圃上，左侧有一双腿直立的兔子，持杵做捣药状，前有一圆筒形药钵。由此可见，至少在新莽时期或更早，捣药兔已与西王母产生了关联，且时间可能要比出现于月中更早些。而大约到了东汉中期以后，西王母伴随着捣药玉兔的图像，开始大量出现在山东、徐州、河南、四川、陕北等各地的画像砖、石等墓葬装饰艺术中。这似乎已成为一种定式，如山东沂南汉墓门西立柱上，这类西王母旁伴随着捣药玉兔的图像组合，便经常出现在如山东、陕北等地的墓室门柱上，作为神仙世界的象征。

由于在今已知的可见的各地汉代画像石、砖中，大量发现有西王母与捣药玉兔共同出现于同一画面的图像材料，因此，李淞便将捣药玉兔视为西王母图

---

① 孙作云认为，坐在云中的女性是西王母的侍女，是西王母派来迎接墓主人的。参见孙作云：《洛阳西汉卜千秋壁画墓发掘简报》，载《文物》1977年第6期。巫鸿则认为，乘鸟和蛇的男女为墓主，坐在云端的为西王母。参见《"阴阳理论"与汉代西王母东王公形象的塑造——山东武梁祠山墙画像研究》，载《西北美术》1997年第3期。

像的"核心图像",并且以为:"在一幅表现西王母的图像中,如果其中的图像组合减至最低因素,那么就是西王母配玉兔捣药;如果再减掉玉兔图像,则使西王母的可识别性受损。在这层意义上可以认为,捣药兔是西王母的标志。"然而,根据笔者的考察,在许多的汉代画像中,捣药玉兔与西王母未必形成一种固定的组合关系。在一些汉画像中,为西王母捣药的未必是兔子。如在徐州沛县栖山石椁画像中,楼台内所坐女子戴胜,这是西王母的重要特征;而楼台外立有四持笏板者,应是前来拜谒西王母者;但楼台外另有二捣药女子,似是正在为西王母捣炼不死之药。由此可见,这些所谓的捣药者,在西王母图像中的功能,可能只是为了要确认西王母掌有不死之药的一种符号而已,并没有特定的身份限制。因此,在一些西王母的画像中,没有捣药玉兔,亦能表现出西王母的神仙世界。如在东汉晚期的四川彭山一号石棺画像石上,正中的西王母端坐龙虎座上,其左侧有三足乌、九尾狐;右侧有蟾蜍直立而舞,画面右侧则有一吹奏乐器女子,一抚琴女子,以及一双手捧物的女子,三女子中间有一几,上置耳杯等物。图像中完全没有出现捣药兔,但亦能表现西王母神仙世界的欢乐美好。

另一方面,捣药兔也不一定要从属于西王母。例如在山东嘉祥洪山村出土的东汉早期的画像石,以及山东嘉祥宋山出土的画像石中,西王母都出现在三层画面中的上层,应是天上神仙世界的象征。其中洪山村画像石的西王母,左右的侍者是二跽坐的持仙草者,最左又有一跪拜者;其右半部则有立姿蟾蜍、鸟首人身持笏板跪坐者,以及金乌、二捣药玉兔及蹲坐九尾狐。另外,在山东宋山小石祠西壁的汉画像石中,侍立西王母两侧的是持三珠果的羽人;其右边则有玉兔、蟾蜍共同捣药,上方有卷云纹。在这些图像中,捣药玉兔与西王母似乎并未形成必然的从属关系,捣药玉兔反而常与蟾蜍、金乌及九尾狐成一组合。此外,在许多画像石中,捣药兔不仅是西王母的侍者,随着后来东王公形象的出现与流行,它也常常会出现在东王公的两侧。如在山东临沂汽车技校出土的画像石,以及临沂白庄出土的一阴线刻双半圆门楣画像石上,都刻有东王公旁侍立捣药兔的图像。而在山东莒县东莞镇东莞村出土的画像石中,东王公与西王母分别出现在相对应的门柱位置上,但捣药兔却出现在东王公的身旁。

由以上的例子可以发现,捣药玉兔无论是否与西王母共同出现,它在图像中可能都具有其独立的意义。按图像学的原理,图像的游离可能有两种情形:一是图像意义空间存留于原处环境中,分离后单独存在(作为失忆的图像),或通过与其他图像构成新的组合而获得另一种含义;第二种情形则是原处图像组合由相对各具独立意义的单位图像构成，是一种分与合的关系。从捣药兔图像与西王母图像的分合现象来看，捣药兔在汉画像中本来可能确实是西王母的侍者，但从许多画像石中的捣药玉兔甚至于可与西王母处于对等的位置，以及可单独与蟾蜍、九尾狐、仙人或其他众仙界神灵刻绘于同一画面中，用以象征神仙世界的现象来看，可能到了东汉以后，捣药兔的形象已日趋成熟丰富，象征意涵也日益扩大，因而成了一具独立意义的单位图像，即神仙世界的一种象征母题，或是一种类似于邢义田所说的神仙世界格套里的构成单元。

设若捣药兔真是汉代人心目中一种神仙世界象征的母题或构成单元，那么它就不一定要配属于西王母，甚至可以随意地与东王公，或如三足乌、九尾狐、蟾蜍，以及如羽人、持仙草嘉禾或灵芝者等任何汉代人心目中具神仙世界象征者构成单元，做有机的组合，以构拟汉代人心目中理想的神仙世界图像。所以，在河南南阳熊营画像石、山东莒县大店出土画像石、山东沂南任家庄出土画像石以及徐州睢宁张圩画像石中，捣药兔便分别与东王公、西王母、凤凰、骑仙鹿者、二交龙、举树仙人、持仙草女子等不同的母题做组合。至于陕北王得元墓室西壁门左、右立柱及徐州铜山汉王乡东沿村出土画像石的捣药兔，甚至被刻绘于画面的中央，两旁则是充满了代表神仙世界的羽人与异兽。由此看来，在汉代人的心目中，除了西王母与东王公之外，捣药兔应也可以作为神仙世界的标识之一。

四、玉兔因何捣药月宫中？——关于母题的混同与借用

承上可知，捣药兔在汉画像中可能是一种象征神仙世界的母题或构成单元。而据邢义田对汉画像的研究发现：汉画基本上是由许多套装的主题内容和一定的构图方式的格套组合而成，工匠在运用格套和模板时有其灵活性，可将图像元件或格套做不同拆分、组装，以获取不同意义和效果，甚至可以将格套的元件分割拆散，安置在画面的不同部位。[17] 另据张欣对陕北画像石的考察，陕北汉画像石的工匠应有一模板库，制作画像石时，工匠会根据当时当地的流行风尚、丧家的意愿和选择，加上工匠的自主处理，从模板库中取图样，拼合配置于不同位置，以表现不同的主题。换句话说，汉画像的工匠可根据个人的理解或丧家的需求，将各种符合该画面意义的单元母题，做不同的组合或置换。因此，从目前出土的许多汉画像中，可以发现这样的现象：即使是同样表现某一概念或意义的画像，其构图与图像组合也并不是一套单一、固定不变的形式框架，它可能因概念、时地、丧家和工匠的择取，而存在形式上的差异和内容上的调整。

此外，从相关的研究中也发现，许多画像石的工匠可能并不识字，因此许多刻画图像的工匠，常常只依据口耳相传的故事或作坊粉本从事制作。有时，工匠在选拼模板时，也常因出于特定目的或缺乏知识，而打破既有格套。[18]另一方面，巫鸿和包华石的研究也指出，在汉代画像石墓的建造过程中，墓主、丧家会与工匠沟通。因此，以墓主可考者多是二千石以下的地方官员的身份来看，这些墓葬中所刻画的故事，除了必须是工匠所熟知的题材外，更是墓主及其家属所爱好的题材。是故汉画像中的题材，往往反映着时人的价值观与一般的知识水平。因此，这些汉墓画像中的题材，极有可能随着作坊内工匠们的口耳相传，或受墓主及其家属的主观认知的影响，而产生内容或情节上的变异；更有可能其会随着在不同时间不同地域的传衍，在形式共通的情形之下，互相取法，相互影响。美国学者F.C.巴特利特曾于1932年做过一个实验：他给学生读一篇印第安人的故事，连读两遍，过了15分钟，再记下他们的回忆复述。由这个实验他发现：故事的重大线索保留了，而细节有的遗落了；故事的表述方式，换成了复述者惯用的说法；故事变得更加连贯，更加合理，成了适合美国人口味的故事。[19](P339-363)而美国的民俗学者汤普森和阿尔奈在其《民间故事概论》一书中，也列举了民间故事变异的15种情形，其中包括有：把一般的事务特殊化，用另一个故事的材料来替换原故事中的材料，讲述者用他熟悉的事物取代他不熟悉的事物，用当时的时代特点取代古老过时的时代特点等。[20](P523-524)因此，相关的文本在传承过程中，便常常会出现牵连附会的情形，有时候，彼此的某些相似之处，就作了附会的媒介；或本来并无关联或关联不大的人物、事件、情节或母题等等，在流传中却发生了混同或借用，甚至是密切地结为一体的现象。同样的，作为一种汉代民间丧葬文化产物的汉画像，亦极有可能如口头叙事一般，因为某些质素的相似，或神话思维的类比现象，而产生将情节置换成复述者惯用的说法，合乎其民族口味的故事，或用另一个故事的材料来替换原故事中的材料，讲述者用他熟悉的事物取代他不熟悉的事物，讲述者用当时的时代特点取代古老过时的时代特点等现象。

这样的现象，可以在陕北米脂党家沟出土的一块画像石中得到证明。其画面中楼阁内的男女主角分坐于一株仙草两旁，背生双翼，角脊上停立象征日、月的金乌、蟾蜍，楼堂外则有九尾狐、捣药玉兔。背生两翼是为西王母象征，而金乌、玉兔捣药、九尾狐等也常与西王母一同出现，然楼内的女子并未戴胜，与西王母的基本形象不符，因此相关的研究者认为，楼阁内的男女应是墓主。

而这些原属西王母的元素，之所以被置于墓主的图像中，如果不是工匠的错误，那便可能是这些元素是可以弹性使用和置换的，是工匠将墓主和神仙两类图像中的元素混同，或墓主图像借用了西王母图像中的元素所致。此外，陈履生也注意到山东某些地区的西王母构图形式与墓主像有共通之处[21](P29)，郑岩及李淞更认为汉画像中的正面墓主像多是受西王母画像的影响[22](P458-459)。而从图像的材料显示，其时兔早已出现在月宫中，至少在西王母的神话流行以前，只是其做奔跑状。但由于捣药玉兔与奔兔在形象上相似，在民间思维里，极有可能将它们当作同一事物。加以后来随着西王母信仰的盛行，捣药兔的形象大量地出现在汉画像中，且深植人心，所以二者很有可能因此产生意义上的牵连附会或彼此互用的情形，并表现为意义的混同与构图、形象或元件上的借用。因此，到了东汉中晚期以后，便逐渐出现了将二者合二为一的现象，并使得捣药兔从西王母的世界或神仙世界的图像，进入月的图像中。

事实上，从汉代的画像来看，在西王母的图像志中，不只捣药兔进入了月的图像中，另如原属西王母图像志中的三足乌，后来也进入了日的图像中，与日中的金乌相混。[23]甚至在有些汉画像的日图像中，还出现了西王母图像志中的九尾狐。因此，月中出现捣药玉兔的缘由，可能并不是因为西王母为月神而使其侍者捣药兔进入了月宫，而是因为月中兔与西王母图像志中的捣药兔发生了混同与借用的情形，加之以后世人不察，以讹传讹，遂改变了中国原有的月神话传说内容，更因此而形成一种定式，影响着千百年来中国人对于月宫奇幻世界的想象。正如张光直先生所言：

> 神话是文化的一部分，与文化生活的其余部分密切联系在一起；它不是人们空闲遐想之际造出来的虚无飘缈的无根梦话。在一个神话产生的当时，也许是根据一件历史事件，或凭空杜撰的事件，来说明当时的文化或代表当时的观念。文化社会改变以后，神话也跟着变；纵使事件的内容仍旧，其看法与事件之间的关系与叙述方式，则随时"跟着时代走"。因此，从神看社会文化，首先看到的是说述这件神话的当时人们的文化社会，而不是神话发生时代的文化社会。[24](P44-45)

神话传说中的人物、情节、内容等，往往会在社会文化沟通及对话的过程中，不停地转化其原有的意涵，或扩大其原有文化范围所赋予的意义范围。同样的，神话传说中各种神灵、各个细节的相互交织，彼此联系，其延伸出的意涵与功能，往往也不会只是单纯的混同与借用而已。因此，月中的奔兔之所以变成捣药玉兔，其中可能不只牵涉形式上单纯的混淆。正如劳弗在谈及汉武梁祠石刻画像时，曾不忘提醒我们的："在解释汉代石刻所表现的主题和题材的时候，总是有必要将它们与中国人的观念相联系，因为它们的灵感来自中国历史或神话传说。我们必须紧密联系当地传统来理解它们，切不可将其从培育它们的文化土壤里分离出来。"因此，捣药玉兔的进入月宫，可能也与东汉以后神仙道教的兴盛，以及社会上弥漫着一股追求长生不死的风尚有关。尤其，捣药玉兔所捣的正是长生不死药，这在求仙之风盛行的汉代人心目中，更符合他们企求灵魂不死，飞升仙界的想象。① 而因阴影等因素所形成的原始奔兔形象，已不再能满足汉代人心中的向往。所以，捣药玉兔遂逐渐取代了月中的奔兔，成为月中兔的代表，并从此长驻月宫中。所以，这种将奔兔和捣药玉兔两种图像整合后，可能也衍生出新的意义，即表达对月中兔能捣炼不死药的企求。其背后应也反映了汉代人某种层面上的心理需求，即希望死后进入一种长生不死的境界。

五、结语

神话是原始人类认识世界的方法之一，同时更是一种现实生活的折射，其演变与发展，往往能展现历代人们心灵活动的过程。列维－斯特劳斯在其《结构人类学》一书中，曾经这样论述神话的发展、演变原则：

> 神话本身是变化的。这些变化——同一个神话从一种变体到另一种变体，从一个神话到另一个神话，相同的或不同的神话从一个社会到另一个社会——有时影响架构，有时影响代码，有时则与神话的寓意有关，但它本身并未消亡。因此，这些变化遵循一种神话素材的保存原则，按照这原则，任何一个神话永远可以产生于另一个神话。[25](P259)

当代的神话研究也认为，神话虽说是集体的思想，它更应该是社会脉络中的口语艺术表达。它的再生产允许创造的空间，叙述者利用其所掌握的各种资源建构论述，因此，神话往往会随着叙述者的生活经验变异。也就是说，神话并非稳定不变的，其内容往往会在社会文化沟通及对话的脉络中，不停地转化其原有意涵，或扩大其原有文化范围所赋予的意义范围。[26]因此，如欲考察神话

---

① 日月图在汉画像中是一常见的母题，而在汉代墓室中，日月图经常被绘制于墓室的顶部或最上方，用以作为天象的代表；但到了东汉时期，天界和仙可能已有混淆的情形。参见庄蕙芷：《汉代墓室天文图像研究》，"国立"台南艺术学院艺术史与艺术评论研究所硕士论文，2004年。

传说演化的脉络，或不能徒以断简残编中的蛛丝马迹为据，必须结合更多的实物线索。正如米歇尔·福柯所言：

> 简而言之，就其传统形式而言，历史从事于"记录"过去的重大遗迹，把它们转变为文献，并使这些印迹说话，而印迹本身常常是吐露不出任何东西的，或者它们无声地讲述着与它们所讲的是风马牛不相及的事情。在今天，历史则将文献转变成重大遗迹，并且在那些人们曾辨识前人遗留的印迹的地方，在人们曾试图辨识这些印迹是什么样的地方，历史便展示出大量的素材以供人们区分、组合，寻找合理性，建立联系，构成整体。[27](P7)

月与玉兔捣药，二者本风马牛不相及，但借着对汉画像的月中奔兔与捣药玉兔图像之间的区分组合，并试图在其中寻一可能的演变脉络，似乎可能在月与玉兔捣药之间建立起某种联系。因此，除了载之于文献典籍中的文字史料外，图像的文本，也可视为一种历史，所以，它将为神话传说的研究，提供更多相关的讯息。

参 考 文 献

[1] 严可均,校辑.全上古三代秦汉三国六朝文：全四册[M].北京：中华书局,1958.

[2] 北京大学古文献研究所,傅璇琮,倪其心,等.全宋诗[M].北京：北京大学出版社,1991.

[3] 刘侗,于奕正.帝京景物略[M].崔瞿,校注.上海：上海古籍出版社,2001.

[4] 新兴书局.笔记小说大观[M].台北：新兴书局,1983.

[5] 丛书集成初编[M].北京：中华书局,1985.

[6] 蒋士铨.忠雅堂集校笺[M].邵海清,校.李梦生,笺.上海：上海古籍出版社,1993.

[7] 张智.中国风土志丛刊[M].扬州：广陵书社,2003.

[8] 老舍.四世同堂[M].台北：时报出版,2001.

[9] 葛兆光.思想史研究视野中的图像[J].中国社会科学,2002(4).

[10] 葛兆光.思想史研究课堂讲录[M].北京：生活·读书·新知三联书店,2005.

[11] 萧风,编译.印第安神话故事[M].北京：宗教文化出版社,1998.

[12] 王孝廉.中国的神话世界[M].台北：时报文化出版企业有限公司,1992.

[13] 李永彩.东方神话传说：第3卷[M].北京：北京大学出版社,1999.

[14] 谷德明.中国少数民族神话[M].北京：中国民间文艺出版社,1987.

[15] 曾蓝莹.作坊、格套与地域子传统：从山东安丘董家庄汉墓的制作痕迹谈起[J]."国立"台湾大学美术史研究集刊,2000(3).

[16] 李昉,等.太平御览[M].台北:"商务印书馆",1968.
[17] 邢义田.汉代画像中的"射爵射侯图"[J]."中央研究院"历史语言研究所集刊,2000(3).
[18] 邢义田.第三届国际汉学会议论文集:中世纪以前的地域文化、宗教与艺术[C].台北:"中央研究院"历史语言研究所,2002.
[19] 阿兰·邓迪斯.世界民俗学[M].陈建宪,彭海斌,译.郑凡,译校.上海:上海文艺出版社,1990.
[20] 斯蒂·汤普森.世界民间故事分类学[M].郑海,等,译.上海:上海文艺出版社,1991.
[21] 陈履生.神画主神研究[M].北京:紫禁城出版社,1987.
[22] 山东大学考古学系.刘敦愿先生纪念文集[M].济南:山东大学出版社,1998.
[23] 刘惠萍.太阳与神鸟:"日中三足乌"神话探析[J].民间文学年刊(增刊),2009(2).
[24] 张光直.中国创世神话的古史分析[M]//马昌仪.中国神话学文论选萃:下编.北京:中国广播电视出版社,1994.
[25] 克劳德·列维-斯特劳斯.结构人类学[M].陆晓禾,黄锡光,等,译.北京:文化艺术出版社,1987.
[26] 李亦园,王秋桂.中国神话与传说学术研讨会论文集[M].台北:汉学研究中心,1996.
[27] 米歇尔·福柯.知识考古学[M].谢强,马月,译.北京:生活·读书·新知三联书店,1999.

原载《长江大学学报》(社会科学版)2014年第11期

神话资源
转化研究

艺术、遗留物和身份技巧

艾略特·欧林 [著]　桑　俊 [译]

20世纪70年代以前，身份这个术语还不常出现在民俗学家们的论文中。它最早出现在《美国民俗杂志》一篇论文的标题——理查德·鲍曼的《身份差异和民俗的社会基础》中。从那以后，这个术语就不断出现在各种论文、会议和著作的标题中。在1973年的年会上，还没有一篇文章谈及它，而在1993年美国民俗学会的年会上，7个分会都在标题中提及它。1983年，阿兰·邓迪斯曾正确指出"很少有民俗学家注意到了身份这个概念"，在自己的论文《从民俗看身份的定义》中，他开始更正自己以往对它的忽视（1983：236）。

事实上，最近谈到"身份"的文献总是采用一种最明白、最不言而喻的方式。"身份"的定义不是完全没有就是含混不清。它的含糊甚至连那些明确反对它的人都已注意到（比如Erikson 1959：102；Kakar 1979：ix-xi；Royce 1982：17）。① 含糊和烦琐的概念不是由于懒惰或疏于思考，人们常常用含糊和烦琐表明了这个原始概念的存在。这个概念对思考和探讨来说是非常重要的。它的内涵变化无常却又被广泛使用，而且人们常逃避对它的解释，这种状况早就该被取代——被精确地定义。②

然而，勾勒一下这个概念的轮廓还是值得的，尽管仍然很含糊，但也可表明它在与它有关的民俗学家心目中的位置。实际上，这个概念可以分成三个相互关联的部分——个体身份、个人身份和集体身份。③ 对个体身份，笔者把它和

---

①身份和许多概念——自己、自笔者、个人、角色、性格、个性——有联系，但它们之间的联系很模糊，还在研究中（de levita 1965：157 – 167；Fogelson 1982：92；Whittaker 1992：198 – 201）。

②西格蒙·弗洛伊德毕生致力于揭示大脑无意识的活动，但他从未在心理学著作中使用过概念化的身份这一术语。他只在致信圣约之子会成员时，使用过"内在身份"这一术语表达一种意识，该意识伴随着强大的、充满感情的、把他和犹太民族及犹太人社区连在一起的力量（Erikson 1959：101 – 102；S. Freud 1959：273 – 274），该力量是"黑暗的""无法分析的"（E. Freud 1960：367，428）。

③尽管笔者所做的区分早就引起了人们的注意，但这些概念的术语是变化的，同一术语可用于不同的概念（Whittaker 1992：198 – 201）。

时空联在一起,包括状态、想法和过去的行动——这种理解能让笔者认识到写这篇文章的实体和把这篇文章拿去发表的实体是同一个。

个人身份依赖并有助于个体的延续,它涉及特殊的智力性情和心理,并不仅仅只和延续性有关。它来源于记忆、资历和个体批判、想法以及不断变化的经历等,但不是不可辨别的,所有这些也可用来构成和分辨一个人。个人身份意义可以被天真地理解为"他是谁",但只有和一些客观描述连在一起时它才能够被分析,即他是谁,他在世界上的位置(lynd 1961:14-15;Montefiore 1993:213)。它也和"价值、目标或意义"连在一起(Thorat 1979:66)。个人身份不仅仅是生命的事实,也是生命的特殊的品质(Erikson 1959:23)。

个人身份不仅形成于个体群的共通性,也形成于个体的独特经历。在心理学上,它叫"社会心理"(Erikson 1959:101)。集体身份指的是个人身份中那些来源于经历和表现集体共通性的方面。它承认个人身份的这种集体性,这种集体性能带来别人的认同感——同类意识(Thorat 1979:66)。集体身份只有当它指涉诸多个人身份的交合时才有意义,离开了这些特殊个体的精神,它便无法存在。然而,为了便于分析和讨论,它可以从概念上加以区分。这样做也许很重要,因为很多个人身份是在大众和集体的内心形象的基础上建立起来的。

诚然,这种讨论既粗糙又不完整,笔者在这里描述的目的是要提供在使用"身份"这个术语时可能暗含的一些很含糊的常识。有一些要点值得注意。第一,关于身份有一些学科上的补充分类。笔者所说的个体身份主要是一些哲学家对之感兴趣,也许心理学家也如此。个人身份多已成为心理学家和一些人类学家、民俗学家关注的领域。集体身份则主要受到民俗学家和人类学家的关心,也许还有一些心理学家[1]。第二,身份不是一种行为、表现或经历,也不是行为、表现或经历的集合,尽管这些都对身份的形成有影响。身份在某种程度上"处于经历之后"。它根植于个体的精神内核中,用行为或经历无法描述。因此,带有"文化身份"印记的集体身份与文化不一致,也不是文化的子集。它有不同的程序,尽管它也可以通过文化行为来理解,但它和他们不同。以拉舍林(Russellian)的观点来看,文化身份是不同的逻辑类型,和文化本身不能混为

---

[1] 爱瑞克·爱瑞森在写作他的论文《美国身份的反思》时,用美国民俗来勾勒身份的轮廓(Erikson 1963:297-306)。

一体。①

现在笔者要声明的是,最近民俗学家对身份问题的表面的觉醒具有欺骗性,尽管在早期的论文中它相对缺失,但却一直是民俗事项的中心。事实上,对术语"民俗"定义所做的努力已经超过了与身份概念有关的一系列的物质文化的特权。看来在过去的 250 年中,民俗学家曾有过一个统一的话题和一些共同的目的,就是身份的概念和它的变迁能够被人清楚地理解。如果民俗学家想要弄明白他们是谁、做了什么,他们就必须把身份概念放在他们话语的中心。

把民俗学家和身份联系在一起有几种情况。在笔者所谓的艺术、遗留物及身份技巧之下,每个术语都代表了所谓的民俗和身份之间联系的概念化。笔者是在考古学意义上使用遗留物这个术语的,不仅是把它当作某种人造的东西,而且是超越了时空和地点的物品,且使用这个术语不仅仅是想说它是物质的。这个术语涉及任何脱离了它原先产生、使用的时间和生活条件而存在的物质的、口头的行为方式。对艺术,笔者所指的是有组织的创造性过程——很大程度上是无意识的——由于有了它,世界得以美化。技巧用来指制造的想法:此过程是深思熟虑的,可控制的,绝对可复现的和有益的。下面笔者将提及民俗围绕身份概念的几种方式:在过去的几个世纪中怎样努力定义它的主题,民俗已经被认为是艺术、遗留物或身份技巧。

某种程度上,是约翰·哥特弗莱德·海德(Johann Gottfried von Herder)介绍了民俗的人为模式。海德(Herder)在社会组织的中心重新定义了"共同利益"这个术语。这些利益被认为是建立在一些契约性的安排上——这些安排是志愿的、互惠的,基本上是实用的。海德怀疑社会政治生活的这种相当机械的概念。他认为自然是一般的,社会政治组织是特殊的,操作起来是有机的而不是机械的。自然的社会不是粘在一起——它们是发展的(Barnard 1965:31),尽管这种发展受到环境和物质条件的影响,有机体不可避免是它先前状况的结果,就像自然人的成年是童年和青年的结果一样。发展史在某种程度上重述了个体发生学。每个历史时期的每个社会都建立在它的过去的基础之上(Clark 1955:190,194)。

这样,对海德来说,自然团体的联系就是遗传的(尽管不是生物学上的)。

---

① 注意爱德华·史派斯所做的区分:"一个身份系统因独立于那些过程之外而发展起来。经过那些过程,一整套文化模式,即形成某种生活方式的一系列特定的风俗和信仰得以维持。"然而,还是有可能造成混淆,参见 Alan Dundes 和 William Lockwood 的讨论(Floor Discussion 1984:233)。

它的成员继承了语言、文学和风俗，而正是这些把他们和前人及相互之间连接在一起（Barnard 1965：70）。把这些团体紧紧连在一起的不是共同的利益，而是意识、共同特征和特别的目的（Barnard 1965：57-61）。

一个民族的特征和意识在民谣中很容易被把握——诗意构成了它的"全部生活宝库；教条、历史、法律、道德、痴迷、欢乐和安慰"（Herder，转引自Clark 1955：253），而且它是"民族缺点和优点的反映；是情感的镜子，是它所能激发的最大热情的反映"（Herder，转引自Wilson 1973：825）。民谣是诗，贴近自然，是精髓的表达，同样也是民族精神品质的塑造者（Clark 1955：253）。个人和人性，都必须和这种精神保持一致。海德认识到，民族历史的每个阶段都能产生真正的民间诗歌，但是，一个民族不能和自己失去联系。一个深受外国影响，热衷于模仿他人的民族可能会在诗似的作品中，在那些纯粹的民族表达中重新发现自己的身份（Schutze 1922：378）。这些作品可能会在贴近自然的人们的口头被发现，而这些作品与祖先的行为、风俗也是一致的。

海德在过去的作品中建构身份，其他人可能会想象到对那些作品进行艰苦重构和对过去的重塑所负的重大责任。雅格布（Jakob）和威廉·格林（Wilhelm Grimm）着手记录和描述德国的神话。传说和童话被认为是古代神话的碎片，是节日，是游戏，历法风俗是古异教徒礼拜的遗留。格林兄弟的任务就是要揭示这些已湮没在基督信仰中的神话①，叙述它们，把它们和邻国的神话区别开来（Grimm 1966：xxiv-xxxiv）。如果古代神话的重构本身就是一种巨大努力，那么格林兄弟也没有忽视神话背后的身份问题。雅格布·格林自己也提出过问题："日耳曼神话的真正的基本特征是什么？"（Grimm 1966：xlvii）尽管他自己对这个问题的答案是试探性的、不完整的——当然是和描述重构过的神话数量相比较而言的——但他还能尝试。他写道，日耳曼神话是"狂热的"而不是"平淡的"（Grimm 1966：xvi），天然但简单，粗糙但真挚；它强调"父系权威"，对"妇女的敬畏"，"谦虚和美德"，表达了"在可见形象中展现无限内涵"的艰难，揭示出"虔诚的思想"，没有空虚，它指向高尚（Grimm 1966：xlvii-1）。但如果古代作品是揭示德国可信身份的最直接的方式的话，那么身份就是几个世纪以来塑造德国文化和历史的强有力的力量。雅格布·格林甚至在日耳曼神话中看见了"德国基督教的整个细胞"和改革最早在德国出现的必要性（Grimm

---

① 但是，雅格布·格林非常清楚基督教在保存古代异教徒惯例方面做出的巨大的努力（Grimm 1966：xxxv - xlvii）。

1966：1-1i）。如果身份能通过对作品的详细考察而把握的话，那么身份本身就不是作品而是强大的力量。

  1846 年，威廉·托姆斯（William Thoms）用"民俗"取代了"通俗的古代遗物"。他希望像雅格布·格林整理德国神话所取得的成就那样，在英国诗的整理中有人也能有如此的成就（Thomas 1965：4 - 6）。17 世纪的英国古物研究者们相信过去的合法价值（de Caro 1972：41）。在他们看来，当代的惯例受古代先例的制约。他们努力寻找各种政治、宗教制度和特权的古代先例，他们的目的非常实用（de Caro 1972：42 - 49），但是，他们的研究认为可信制度反映的是古代惯例和风俗。到 18 世纪末，古物收藏家们的实践作用论让位给理论倾向说，即古代文物能揭示"古代浪漫和诗意的简朴"，并是"一个民族大众性格的最忠实的记录"（Thomas Burgess，引自 de Caro 1972：57）。到托姆斯时，古物研究者们的观点已经被吸收，并在某种意义上超过了格林兄弟。人们相信在神话和迷信中可以追溯"民族的最初形态，它们的身份或类似物，它们的变迁和民族性格的本质结构，比其他任何情况都深沉，甚至对语言本身"（Wright 1969：237，补充强调)①。

  托姆斯（Thoms）在他的民俗概念和民俗研究中吸收了海德 - 格林（Herder-Grimm）的把民俗定义为民族遗留物的观点，但也受到了泰勒的科学的进化观的影响。1871 年，爱德华·莫莱特·泰勒（Edward Murnett Tylor）在他的作品《原始文化》中声称，文化是泛人类野蛮过去的结果，文化的发展可以由一些"遗留物"——风俗和思想的事实来证明，这些风俗和思想只有在它们产生的原始环境下才有意义（Tylor 1958：1：16），而环境很大程度上与现代野蛮部落的条件是一致的（Tylor 1958，1：21）。尽管泰勒相信人类心理的一致性并将文明归功于野蛮祖先，但对民俗学家来说，野蛮和文明却被认为是两个截然不同的阶段（Bronner 1986：29）。野蛮和文明的区分被看作是遗传的和不可克服的，"农民和未受教育的"不能被归为文明的另一面（Edwin Sidney Hartland，引自 Dorson 1968a，1：234，243）。泰勒在过去只注意到"英国农民和非洲黑人之间的微小差异"（Tylor 1958，1：7），但对民俗学家来说，这不是随意的类比而是基本原理。泰勒的进化论改变了过去话语的性质。第一，以前认为民俗作为遗留物是野蛮人类的远古过去，不仅仅是民族学定义的民俗的古昔时

---

  ① 海德和格林兄弟认为国家身份的基本表达可以在语言中发现。现在，所谓的"民俗"是符合这种优势的。

代；第二，民俗（即残存物）是文明发展中被遗忘而不是被珍惜或挽救的东西（Tylor 1958，2：539）①；最后，海德和格林兄弟对民族的最初定义和区分是由血统路线决定的——也就是，沿着民族之线——而英国的遗留物民族学家则沿着"等级"之线②。民俗学家想要掌握游离于文化之外的这个阶层的心理状况，他们的知识是口头相传，他们的风俗是地域性的、丰富的，不是上面强加的（Alfred Nutt，在 Dorson 1968a：261）。

对残存主义者来说，如海德和格林兄弟，民俗就是遗留物，它是继承而来而非创造（Mason 1891：98）。民俗学家的任务就是要把握其精神实质，他们不会按"科学和文化的规律行动"（Mason 1891：97）。民俗是文化的内部方面——民族观念和想法的集合——不只是惯有行为的简单堆积（Mason 1891：103）。风俗是身份的遗留物，因为通过风俗，人们能够形成和辨别那些不像是自己的潜在的大众性格。今天，如果遗留物民族学家所做的努力不能用所关心的身份问题打动笔者们，那是因为这些遗留物主义者试图描绘没有共同历史的民族的身份，他们没有社会组织规则的约束，没有心理意识。当自觉的文明要用产生它的野性方式来自笔者定义时，野性无法想象，更不用说定义它自己了。野性存留在文明社会成员的内心③。

海德和格林兄弟的观点在英国和欧洲有不同的阐述。对欧洲国家来说，民族原则是主要的。亨利克·珀生（Henrik Gabriel Porthan 1739—1803）相信，在芬兰的民间诗歌中可以找到一种"清冽的、未受污染的源泉"，人们可以借此"辨别芬兰人民的真正的古老的精神"（Porthan，引 Wilson 1976：20）。他的学生克里斯汀（Christian Lencqvist）声称"芬兰异教徒的信仰和迷信"依然保留在可从民间收集的诗歌中（Lencqvist，转引自 Wilson 1976：22）。1817 年，卡

---

① 这不是说民俗学家们认为原始文化完全没有价值或是文明进程中的遗留物。在此观点上，他们和海德、格林兄弟的浪漫主义观点相同。

② 1899 年阿尔弗雷特·拉特写道："笔者们收集并研究他们的知识，基本上是人类的这样的一部分，他们一直与大地母亲处于最亲密的接触之中；是这样一个阶级，他们的双肩被压上了使土地生长食物，并做人类的繁重的和肮脏的工作的任务。……不管研究有多不完美，方法有多不全面，但所有这些都是研究其对生死的态度，发现其是在什么概念的压力作用下规范自己行为的，学习其从何处，如何挖掘美与恐惧以及魅力的元素，全人类都试图使用这些元素来改变和暂时地美化被无尽的辛劳折磨扭曲的生活。"（转引自 Dorson 1968a，1：260）

③ 但是，遗留物主义者把他们的讨论和种族、地区、团体联系起来。英国的政治制度源于罗马的或是盎格鲁-撒克逊的争论中。劳伦斯·戈姆认为，因为相同的远古民主集会在雅利安各民族中都能找到，它们应追溯到更古老的凯尔特时代（de Caro 1972：206–216）。欧第斯·马森承认"地区、种族或民族"可能会产生特殊的"民俗地区"（1891：102）。

尔·戈特兰德（Carl Axel Gottlund）号召收集芬兰民间诗歌。"什么是诗歌，"他写道，"除了能反映民族特性的精华，产生民族最初的情感之源也奔涌到表面。"（Gottlund，引自 Wilson 1976：33）1835 年，爱丽斯·朗洛特（Elisa Lonnrot）响应戈特兰德（Gottlund）的号召编辑了第一版《卡勒瓦拉》。

许多人认为朗洛特在编辑和排版民间诗歌的过程中只保存了《卡勒瓦拉》的原始面貌，另一些人则怀疑它是否是单一的、统一的史诗。1885 年，朱利叶斯·科隆（Julius Krohn）断言，构成《卡勒瓦拉》的元素根本不是来源于芬兰的，而是汲取了许多民族共同的因素。

民俗是身份的遗留物，是产生了品质、精神和民族情感的古代神话的遗迹，它总是依赖于另一个前提，即口头传达的渠道。16 世纪的英国就已经有了关于口头传统的真实性的争论，当时格林兄弟从不研究这些问题，雅格布惊叹传统的忠诚以及"普通大众怎样准确抓住神话的本质特征并把它传递给后代子孙"（Grimm 1966：xiii）。在《儿童与家庭童话集》的前言中，他们不辞劳苦地描写威曼夫人在同一叙述中的热情以及她在纠正错误时的迅速（Peppard 1971：61 - 62），但是，他们也认为在口传的过程中，产生变化很难避免。他们宁愿把《儿童与家庭童话集》和文本结合起来，紧凑情节结构，改变一些熟语，以便它们能够在某种程度上更接近先前的完整（Peppard 1971：69 - 71）。

如果《卡勒瓦拉》没有忠实地保存古代的元素和独特的芬兰身份，那么在何种程度上它被认为是芬兰的？朱利叶斯·科隆争辩说，尽管构成史诗的最初元素很明显不是芬兰的，但芬兰人民把它和自己的民族史诗连在一起却是绝对的，因为在共同的传统之河中，芬兰人民已经形成了自己独特的风格。尽管《卡勒瓦拉》有借鉴的痕迹，科隆认为那也是"比较独特地重塑"，并且它反映的是"纯粹的芬兰品格和精神"（Krohn，引自 Wilson 1976：55）。

在科隆的术语学中，在"艺术的改变"中，芬兰人民的品格和精神可以这样地被掌握（Krohn 1971：15）：只有在艺术的改变过程中有明显烙印时，民俗才能反映精神和品格。

民俗作为艺术，而不是作为遗留物，它的重新定义也被运用到英美民俗知识的传统中。弗朗西斯·格姆（Frances B. Gummere）的民谣理论假定那些民谣是远古诗意的遗留物。格姆认为，那些诗歌不是诗人个人的作品而是群体的作品①。事实上，格姆的诗歌共同创作原理试图使格林兄弟的声名不佳的民间歌谣（das volk dichtet）创作特点理性化。按格姆的观点，民歌有共同创作的痕迹，因为它特殊的特征——客观性、重复性、匿名性，但这种诗歌创作只能在原始条件下才能产生，而口头传统是这种诗歌的敌人。因而，对格姆来说，有两种即兴创作："一种是群体歌、舞中的韵文即兴创作"，在这时是民歌创作（Gummere：1959：22）；但也有另一种"口头传统的重要因素……使这种共同歌曲的因素一再产生"（Gummere：1959：62）。歌谣的这种特征对它的原生性和真实声音是一个威胁，因此按格姆的观点，如果"歌谣能够反映原始生活方式"的话，它也只是"很微弱、很遥远的声音"（Gummere：1959：15，63，338，344）。

格姆努力想要在集体创作的基础上区分民间歌谣，但遭到一些以不同前提为基础的民俗学家的反对。乔治·莱曼·基特里奇（George Lyman Kittredge）尽管在很多情况下支持格姆的观点，但他想当然地认为歌谣应该有很多种创作方式。塞西尔·夏普（Cecil Sharp），作为一个达尔文进化论者（如泰勒，但他的追随者不是），认为口头传播不是民歌保存的过程，而是民歌得以"发展和创造的过程"（Sharp 1907：10）。对夏普来说，民歌不是自生的而是创造的。个体的变化，就像生物的变异一样，使民歌的发展成为可能，但个体的变化，也像生物的变异一样，是注定要灭亡的，只有那些有适应性优势的变异才最终生存下来，只有那些反映了共同的品味和情感的歌谣变化才最终永存（Sharp 1907：11-12）。共同性在民歌的最初可能没有作用，但在民歌的选择和构造方面却意义重大。夏普写道："民族特性最终决定了不同民族歌谣的特殊品性。"（1907：29）

从起源研究到传统和传播研究的转变不只是揭示了这样一个事实，即故事和歌谣的形式改变了。民俗的改变绝不是世纪转换中民俗学家们的发现，但在20世纪，民俗学家们重新定义转变的关系时把它转向了对身份的描述。改变的事实再也不能证实重构土著形态时身份的状况，如果民俗能反映身份的话，那么身份也能通过传统过程在民俗中得到运用。

---

① 事实上，戈特兰德对朗洛特的成功并不满意。第一，戈特兰德希望自己能获得抢救芬兰民间诗歌使它免于湮灭的荣誉。第二，朗洛特获得了戈特兰德申请的芬兰语言文学教授职位。第三，朗洛特在《卡勒瓦拉》的导言中声称没人考虑过把那一首首诗歌编辑成巨大的史诗，而之前，戈特兰德已对此发表过言论（Anttila 1931：35，1：242-244，2：104-115；Hautala 1954：95-101，119，148-149）。

由朱利叶斯·科隆阐明，卡尔·科隆（Kaarle Krohn）精心阐述和编辑的历史—地理学派或芬兰学派一直就是鲁布·金伯格（Rube Goldberg）民俗研究中的方法。尽管它在20世纪初具有重要的影响①，但它要求精心的阐述和辛苦的努力，从而在不太确定的条件下推导出结果。当然，作为一种方法，它关心的是在国家和大陆的范围内追溯民俗形式的流变，这看来与身份问题是对立的。它关心的重点是民俗的类型而不是民族的性格。这种方法是想恢复远古芬兰民族的最初形式以及探询诗歌的源头，在这当中，芬兰身份得到了遵守。朱利叶斯·科隆运用此方法的目的就是要证明卡勒瓦拉的独特性，但他没有成功（Krohn 1971：14），他被迫在别的地方寻找芬兰身份——在传统的过程中②。换句话说，这种方法的发展和身份事项紧密联系在一起③。

对芬兰方法的抨击是有益的，因为人们认为它的研究偏离了身份。卡尔·凡·塞都（Carl von Sydow）批评这种"纲要性"的方法忽视了生活过程中民俗的地点（von Sydow 1948：44）。凡·塞都引入了许多概念——比如主动和被动的传统接受者和地方类型（oicotype）——把传统定义成有机过程。地方类型一再被当代民俗学家认为是有益的概念，这很有意义（Dundes 1989：72-73），因为地方类型使民俗学家回到身份问题，但凡·塞都自己认识到，地方类型打上了"独特性格"的传统，这种独特性格可能是"国家的、省区的或教区的"（von Sydow 1948：16，243）。罗杰·艾布拉罕姆斯（Roger Abrahams）和阿兰·邓迪斯一再提及这个概念，他们强调它在说明群体的"生活态度和倾向"时的潜在意义（Abrahams 1979：399），它的"局部意识形态和世界观倾向"（Dundes 11989：73），因此，他们重新把历史—地理方法和身份问题联系起来④。

如果术语地方类型化（oicotypication）还很少被民俗学家使用的话，那么这个术语定义的过程已经成为民俗研究的中心。对理查德·多尔逊（Richard M. Dorson）来说，取自国际形态宝库中的材料却染上了"民族特性和历史条件"

---

① 格姆在他的《通俗民谣》的末尾写下他的体会，即"民谣不仅是表达他个人的想法、希望、害怕"。他借用海德的观点，认为民歌是"民族之声"（Gummere 1959：344）。
② 但只有35部专论依赖于这种方法，参见 Goldberg 1984：16。
③ 就《卡勒瓦拉》的发展，卡尔·科隆追随他父亲的思路，但在1918年他的《卡勒瓦拉的问题》中，他改变了观点。他坚持认为该诗歌没有被借鉴，它们作为一个整体产生，在后来却被片段化，而且是在异教徒时代而不是基督教时代（Wilson 1976：81）。
④ 如果仅仅只考虑民俗和身份的关系，那么证明民俗超越民族或其他团体界限最终必须面对身份问题。比如，因为灵歌的特征可以追溯到欧洲和非洲的歌曲传统，导致了它们本质上是白人的或是黑人的争论。换句话说，这场争论也就是：这些歌曲属于谁，它们反映谁的"心声""渴望"和"天才"？参见沃格斯（Wilgus）的争论纲要（1959：345-364）。

的色彩。如果美国民俗展示了"独特品质"的话，那是因为美国人在旧的世界知识中标上了"他们经历的新鲜事物"（Dorson 1946：3）①。历史—地理方法只有通过"比较"才可能描绘独特的国家和地区形式，这对多尔逊来说才是重要的。在比较研究的基础上，多尔逊声称美国幽默的独特性——事实上，这种幽默构成了美国的"喜剧神话"（Dorson 1939：xv）———最终取决于此。多尔逊乐意尽力描绘美国的地方类型，即使他自己从不使用该术语。他特别欣赏斯坦利·埃德加·海曼（Stanley Edar Hyman）的论文《美国童谣》（Hyman 1957），因为它把那些英格兰和苏格兰歌曲进行改变而代之以"美国精神，否定死亡，反对悲惨经历，性压抑，践踏虔诚，和它对理性主义的疯狂强调，不合逻辑和乐观精神"（Dorson 1978a：105）。

传统变化中的身份定位是重新定义民俗和身份之间关系的重要标志。身份以某种方式和过去相连的观念始终无法根除，但过去的意义改变了，"过去"不是时间上的某个特殊时刻，这时的民间是整体的、纯净的，而是时间上必要的延续，足以让某个群体在他们的民俗体系中留下他们身份的特殊标记（Ben-Amos 1971：7）。最初，人们认为这要几代人才能完成（von Sydow 1948：242；Dorson 1952：7），而且，这一改变需要群体共同参与。民俗的变化不是质朴风俗恶化的标记，而是真实性的代表（Dorson 1945：215）。变化表明，民俗曾经经过了转型，不管它的源头是什么，民族总是在不断地创造民俗②。

人们总面对这样一个问题：一个群体的身份怎样和不同时刻中由于其他原因在完全不同的条件下形成的传统联系起来？（Abrahams 1971：26）即使是多尔逊也认为，美国民俗和它所反映的"主要目标及渴望"也是不断变化的，美国民俗产生的"动力"——宗教，民主，经济和人性——伴随着社会历史条件的每一次变化而轻率地改变了（Dorson 1973：1）。③ 因此，民俗学家着手减轻民俗中传统的负担（Ben-Amos 1971：8－9）。他们使用的方法就是重新定义民俗。

---

① 蒂莫西·科克瑞不明白为什么民俗学者没有更多地使用他们公开倡导的地方类型化这个概念（1987：48）。答案似乎是，民俗学家已简单假定他们所研究的传统和传统所属团体之间存在独特的关系，因为当代民俗学者是研究大量的歌曲和故事，而不是研究一首歌或一个故事类型，因此这种假定具有合理性，但最终宣称它的独特性比证明它的独特性要容易得多。

② 威廉·威尔逊注意到多尔逊试图定义、描写美国民俗和新兴欧洲国家浪漫—民族主义事项之间的联系（1989：35－42）。

③ 这种变异，不是口头性本身，事实上被当作真正民俗的试金石。"多种存在的一个结果就是变异……每个人（最终每个社会）通过有意识或无意识地在民俗中打上自己的印记从而使民俗具有了他自己的特色。"（Dundes 和 Pagter 1975：xvii）

艺术、遗留物和身份技巧 | 239

民俗定义为"口头艺术"（Bascom 1955）、"小团体中的艺术交流"（Ben-Amos 1971：13）、"表演"（Bauman 1975：290）、"法令"（Abrahams 1977：84–85）、"日常生活中的美学"（Kirshenblatt-Gimblett 1983：234），所有这些，都是为了消除民俗和过去的必要联系①。相反，民俗在美学"活动"中诞生了艺术，活动只有在此时此刻（Bauman 1971a：v，1977：123）②，把"过程、物品和语境"联合起来才能被掌握。民俗不是延续而是某个时刻的重现。事实上，每个民俗都涉及即兴创作冲动中的群体的"唱歌跳舞"③。

表演方法研究倾向于以表演者和观众的角色为核心形成的"小群体"范围，而不是地区的、种族的或职业的角色。民俗研究中的这种导向从来没有失去和身份的联系。艺术仅仅成为身份的试金石，因为艺术是基本的，不是民俗的"附属"品质（Ben-Amos 1971：13）。艺术包含了"文化的最重要的表达"，并且是"价值体系、自信和渴望的关键"（Abrahams 1977：79，1971：28）。事实上，转向艺术只是一种回归，就像海德在两百多年前就已经把身份融进了艺术一样。对海德来说，只有艺术才是自发的、自然的、无意识的，它们能反映一个民族的真实身份。表演法研究强调责任（Bauman 1975：293）、遗留物（Abahams 1971：18）和自笔者意识（Abrahmas 1977：89），这些对身份的展示都是基本的。艺术，在它把普通的、日常的阐述成非凡的、前所未有的过程中被想象成一种个人和群体在解释他们是谁和他们做什么的"记忆"（Abrahams 1977：89）。它是一个"故事……（人们讲述的）关于他们自己的"（Geertz 1973：448）④。"表演的创造、储存和传播身份的力量"在于它"反映的本质"。艺术能够"转向并专心于反映"一个群体在形成特定自笔者时的各种成分（Victor Turner，转引自 Fine 和 Speer 1992：8）。

---

① 多尔逊必须再构造他的民俗概念。它被当作"民族文化……处于官方文明的阴影下"（Dorson 1968b：37），而不是按照口头传统来定义。自然，这种非官方文化也是传统的，由从父母和同龄人那里吸收来的"古老知识"（Dorson 1968b：37）构成，但定义上民俗不附属于传统，也不附属于任何团体。当笔者们没有按照笔者们的"官方"角色及能力行为时，笔者们都是富于表现力的文化的携带者和传承者（Dorson 1978b：267）。

② 一些现代理论家很不愿意放弃传统这个概念，参见 Abrahams 1971：30 和 Kirshenblatt-Gimblett 1983：208–213。

③ 当代民俗研究中的现实主义导向很大程度上受到功能主义的共时性观点的影响，但值得注意的是，民俗研究中的功能主义几乎一成不变的都是源自马林诺夫斯基的思想，即注重心理上的表达而非社会结构上的实用性（Abrahams 1971；Bascom 1954）。

④ 历史为表演理论证实了一个具体的问题，它能解决文化的生产而不是再生产（Bauman 和 Briggs 1990：79）。

如果表演强调民俗创造中的美学特征并转向诗学，它就从来不会被认为是超越了它的表演范围，和它的身份创造者紧密相连的"有特色的符号形式"的艺术交流（Bauman 1977：126－127）[①]。理查德·鲍曼研究的猎熊犬商人，他们努力地想要建立自己的信誉，总是采用暗中建构他们身份的故事讲述形式。比如，爱德·贝尔（Ed Bell）修饰和扩展他的故事使得他以"大众故事人"的身份出现（Bauman 1986：31）。在新墨西哥科尔多瓦的老墨西哥人讲述的宝藏故事中，查尔斯·布里格斯（Charles Briggs）发现"很多道德准则有了辩证的演变"，涉及"过去的"和"现在的"价值时，故事讲述者总是使自己和某一范围内的价值观统一起来（Briggs 1985：309），在每一次的开始，故事讲述者总是要努力定义和策划某一身份。换句话说，也就是进一步致力于描述个人的和文化的身份，而不是代替它们，因此，表演"理论"绝不是舍弃对身份的关注。[②]当身份意义再不能根植于古代遗留物或传统过程中时，它就应该重新根植在艺术作品中——在那种被假定为能在个人和群体的深厚关系中拥有优先权的表达方式中。[③]

1950 年，理查德·多尔逊创制了术语"伪民俗"来描述那些"伪造的、人工的"商业产品，这些商业产品不是在传统形成的过程中被锻造而成的，而好像他们是被杜撰的一样（Dorson 1971：9）。多尔逊认为，民俗学家应该检查这些遗留物，不是把它当作自卫的策略——作为"大众文化和民俗形式关系"的研究（1959：211）。他不打算验证这种民俗产品。有些人认为民俗和伪民俗的界限是真实存在的、重要的，有人认为身份必须和文化工业的遗留物开战，以捍卫自己的真实性（Fox 1980；Limon 1983）；但另一些人认为伪民俗不得不被承认是民俗的一部分（Bausinger 1968：126），毕竟，大众文化的遗留物也能体现民族的价值和态度（Dunlop 1975：375；Hobsbawm 1983：263，307；Abrahams，Kalcik 1978：224；Rihtman-Augustin 1978：167），而且，大众文化比曾有过的任何一种民俗都更为大部分人所分享（Dunlop 1975：375），如果人们承认这些人为的创造，认为它们是民俗，把它们当作民俗来运用，那在某种程度上它

[①] 格尔兹的观点被亚伯拉罕所特别引用（1977：94）。
[②] 这里的问题不是民俗是否产生于分享或不分享身份的个体中，而是身份是否被想象成生产和民俗意义的中心。
[③] 所谓的表演理论事实上是研究策略。表演理论没有解释什么，它只是告诉人们在哪里寻求解释。

们不就成为民俗了吗？（Degh 1984：188）① 按照这种观点，身份不取决于他的祖先是谁，他从他们那里继承了什么，甚至可以依赖那种想象的行为（Abrahams, Kalcik 1978：228）。过去对身份的意义就是扮演了现在构成的角色（Handler, Linnekin 1984）。

民俗不只是研究古物，也研究口头传统或艺术，尽管每一个概念都是民俗研究的中心话题。身份不是民俗研究中新的导向或关心问题，它一直就处于中心——事实上，这个领域的中心。民俗的定义依赖于身份概念。也就是说，当笔者们定义和重新定义民俗时，他们也在概念化和重新概念化一系列个体和群体身份的特殊关系。当身份处于那些纯正的、一致的过去时，民俗被想象成古物和遗物，因为过去的遗留物能够揭示真正的身份。当身份在选择和重新创造的过程中被证明时，民俗被定义成在口头传统中形成的物质。当身份不再处于过去时，它自己也被运用到了创造性的表演中，民俗就被定义为审美的交流。当身份被认为是想象性的建构时，民俗学者开始转向研究那些虚构身份的所有文化产品。

不可避免地会产生一些问题：为什么民俗以前对身份的关心不明显？一种答复是，民俗的大部分历史都只关心身份遗留物的发现、收集和保存，而不关心身份本质；另一个答案是，笔者们不用这个术语时也就没有意识到对身份问题的关心，而且，主要关心集体身份的民俗学家在某种程度上不得不使用了可能掩盖了这种关心的分析模式。下面笔者"随机选择"了两个民俗学家的作品来证明笔者的观点。

当芭芭拉·克什布莱特－吉姆布莱特（Barbara Kirshenblatt-Gimblett）分析大量的油画和刺绣作品时（它们是德系犹太人典籍律法的包扎物），她做了如下这些观察：这些包扎物都是男性婴儿在割礼时所垫的布做成的；它们上面都绣有孩子的名字、出生日期和十二宫图符号；它们在孩子第一次参加犹太人集会时被示之于众，并在那种场合和孩子的成年仪礼时用来包裹圣经。她对这些装饰性物品的分析集中于表达概念的字符、单词的数字法、花形和动物形的字符以及字母的图标价值等等。芭芭拉·克什布莱特－吉姆布莱特认为，所有这一

---

① 桑德拉·杜比·斯塔哈把个人经验叙事当作民俗类型的个案研究很有启示意义。她的早期研究为证明这些故事的"传统性"采用了大量策略，最后，她发现这些故事的讲述者属于"参照群体"，他们的"共同态度"已在个人经验故事中被表达出来，因此，她试图按他们集体身份的表达方式使这些故事合理化（Stahl 1977：22），后来她放弃了这种计划，把个人经验叙事当作表达"故事讲述者'内心'的艺术构建，并认为它能传达讲述者和听众最关心的'价值观'"（Dolby-stahl 1985：47，50）。

切都指向词语的中心，不仅仅是单词，而且是有创造性的单词，它们带来了生命，把生命和整体连接在一起，把个体的生命和集体的生命连接在一起，于是生命和圣经就成了同一体——一个是另一个的补充和说明（Kirshenblatt-Gimblett 1982：136 – 146）。但是，这些包扎物不仅仅是芭芭拉·克什布莱特 – 吉姆布莱特所声称的仪式行为的"刺激物"和"向导"，它们反映和要求个体和集体之间的肯定，展现了一个宗教情节浓厚的犹太人的所有情感，是犹太人身份的表现方式。

亨利·格莱西（Henry Glassie）发现，土耳其的民间艺术可以明确为三种"类型"。如果实用形式在作品中占主要的话，那么它们就是 sade 或纯洁的——假如他们的自然物质能得以展现的话。如果它们是自发的，有浓烈色彩的并有意想不到的结果时，那么它们就是 canli 或精神的。第三种风格是 ciddi，它是严肃的，有约束的。它通过耐心的、精巧的掌握而得以实现，形式是对称的、不断重复的。这三种类型 sade、canli 和 ciddi 都不只是具有形式和技巧的特征，它们是精神的证明，虔诚的形式。人们认为，尽管它们在工艺中可明显看得见，但它们更深地隐藏在平常的和不那么平常的行为中，是"动力本质"（Glassie 1993：73）——这些人是谁和什么的方面。

格莱西和芭芭拉·克什布莱特 – 吉姆布莱特在他们的论文中都没有谈及身份术语，但他们在对艺术和艺术性质的论述中还是谈到和身份相类似的东西，因为许多民俗学家在研究身份时必要地把它当作"符号学的构成"（Ewing 1990：256）。因为许多讨论都停留在符号的水平上，笔者们也倾向于把它当作是符号的讨论。笔者们无法记下推动这场讨论的代名词，但当民俗学家分析他们收集到的民俗时，他们总是会提及潜在的"态度"（Stahl 1977：21）、"想法"（Dundes 1971：95）、"前提"（Dundes 1971：95）、"价值"（Kirshenblatt-Gimblett 1983：183）、"价值中心"（Wilson 1983：160）、"情感核"（Kotkin, Zeitlin 1983：98）、"目的"（Benedict 1959：46）、"冲突"（Oring 1981：129）、"主题"（Opler 1945：198）、"肯定"（Opler 1945：198；Spicer 1971：796）、"愿望"（Seitel 1980：22）、"想象"（Dorson 1961：14）、"偏见"（Dorson 1969：229）、"热情"（Dorson 1973：1）、"焦虑"（Abrahams 1971：19）、"心理"（Bausinger 1990：3），这些都涉及所展示的深层事项。

即使民俗学家的研究和论述没有直接或间接地涉及身份，但身份一直都是民俗研究中的潜在动力。民俗一直被认为是跨学科的。在一种意义上，民俗学家所进行的物质研究可以通过其他一些学科的概念和方法来进行。但民俗是跨学科的，也就是说，某种意义上，民俗研究的中心事项也可说是存在于一个或另一个学科中。① 民俗研究被交替地认为是艺术、社会、历史、通讯和心理等研究。有许多民俗学家声称，其中的一项就是民俗研究事业的中心。民俗学家轻易地在这些事项中变更，但很少有人问这些相异的中心围绕什么而转动，是否它们和更关键的调查有联系。身份是笔者们民俗事业中心被忽视的一面，它在把笔者们导入对其他事项研究的轨道中有着重要的作用。身份有把笔者们的广泛兴趣和某种可理解的结构整合起来的力量。身份就是把民族观念和民俗概念连在一起的黏合剂。

民俗的每一次新定义都涉及为把它和旧有概念区分所做的努力，都涉及一些证明原有定义误导和错误的方法。②

笔者曾经注意到所有这些不同概念的共同点——过去几个世纪中，民俗事业被关注和不断研究的中心点。人们认识海德是因为他的民族概念，此概念被当代民族学家认为有点矛盾（Abrahams 1993：28 - 30；Smith 1989：1）。他很少被当作现代心理学的奠基者（Schutze 1923：130）。是海德发现了单个群体的想象、情感和动机，单个群体受历史、环境的特殊影响而形成。对海德来说，每个成员和群体都有它特殊的身份。当然，这种身份很难直接明白，只能通过它的表达方式。艺术给了这种身份一种表达，既能反映也能塑造它的物质和轮廓（Taylor 1989：368 - 377）。当它是这种内部身份的自发表现时，艺术就是真实的。海德传达给民俗学家的不是民族的概念，他创立了这个术语，从而使民俗的讨论与争辩得以继续进行。当民俗学家说民俗是"表达的"或说到它的"真实性"时，他们就在用海德的术语探讨——真相和表示［Wahrheit and Ausdruck (Schutze 1920：65)］。③ 建议把身份看作是，而且它本身一直就是民俗研究的中心——几个世纪以来对民俗的定义所做的努力总是给予与身份有关的物质和过程以优先考虑——仅仅只是建议笔者们开始重新思考民俗是关于什么的，和笔者们应该怎样进行民俗研究。当然，民俗学家必须用更明白、更深思熟虑的方

---

① 各种讽刺行为都来源于这种观点。常常是那些最忠于传统的人在根本上受到了商业力量的巨大影响，那些复制古物的人和赋予原物重要价值的人在同一前提条件下工作（Bausinger 1990：128）。

② 迈克尔·欧文·琼斯在本质上把民俗视作组织研究，也就是社会研究中比较关键的部分（1991）；杰伊·迈克林则把民俗视作交际研究中的一部分（1991）。

③ 比如，"民俗的早期定义笼罩上了浪漫主义的迷雾，并受到'古代遗留物'观念的影响"（Ben-Amos 1971：4），或"笔者们的研究原则是古物研究或历史导向的，把精力放在保存表演事项上，以便笔者们能研究它们的形成方式和它们的传播路线"（Abrahams 和 Kalcik 1978：228）。

式来检查身份这个概念。① 他们必须确定，在身份这个概念中，民俗学家的美学、历史、社会、交流和意念的多种兴趣是否有效地结合。明确地把注意力集中在身份上，就可能强调长期的、深度的观察，而不是和其他方面的变化的、表面的连接。民俗学家应该注意描述身份的习惯用语的发展，而不是依赖长久以来所使用的各不相同的惯常分类。个人身份及其与民俗的形式及过程的关系值得不断注意。身份受到怀疑或否定的状况，也就是身份状况发生冲突，就证明越发值得调查，因为它们是身份轮廓变得突出和显著的舞台。某种程度上，民俗学家在不断追求心理事项到底是什么的过程中应该和精神文献建立紧密联系。

显然，没完没了地讨论"身份"一词也无法解决民俗的问题。事实上，对这个概念进行详查也只能扩展它、深化它，尽管目前有许多学科对身份感兴趣——人类学和心理学，特别是——它们涉及这个话题相当迟。人类学的中心是文化的——它的发生和运作——而心理学是精神中心的，直到最近，也是心理生物学的而不是心理社会学的，但是，身份概念一直就是民俗研究的中心，看起来，民俗学家应该给予它更多的关注。

原载《长江大学学报》（社会科学版）2006年第5期

---

① 尽管笔者所做的区分早就引起了人们的注意，但这些概念的术语是变化的，同一术语可用于不同的概念（Whittaker 1992：198 - 201）。

魔鬼终结者：对两部电影的神话解读

罗伯特·西伽尔 [著]　　蔡圣勤 [译]

民俗学者首先关注的是区分神话与其他体裁的散文叙事，特别是仙女传说，或民间故事。神话局限于人们所设想出的各种神话中的一种——创造神话，传说和仙女故事预先假定物质世界的存在，创造神话描述该世界的出现。在圣经中，只有两个创造故事（创世纪1—2）、伊甸园（创世纪3）、洪水故事（创世纪6—8）等故事能称为神话。

在神话学家中，马林诺夫斯基（Bronislaw Malinowski）和伊利亚德（Mircea Eliade）这两位学者是最关注创造神话的。对他们而言，神话是对世界起源的解释，并且创造神话这个术语确实显得多余。民俗学者认为神话所解释的世界是自然世界，但是马林诺夫斯基和伊利亚德等学者则认为，神话所解释的世界很多时候就是社会世界，正如太阳、月亮、陆地和动物等自然世界的事物，与婚姻、阶级以及魔法同是神话的主题。在伊利亚德看来，所有的神话都是宗教神话：造世主或是上帝，或是超人，或是一个类似上帝的"文化英雄"。相反，在马林诺夫斯基看来，神话既可以是无神的，也可以是宗教的：造世主可以是一个普通人，如特罗布莲德（Trobriand）外孙女将老化与死亡带到人间，由于其祖母换掉年迈的面容，她无法辨认祖母身份，从而成为造世主。然而，不管是人还是神，马林诺夫斯基和伊利亚德两位学者的造世主并不仅仅是向世界介绍某些东西。他们认为，神话创造某些依然存在的事物，这些事物并不是昙花一现。

一

本文要提出的问题是：《终结者》可以称为创造神话吗？如果可以，那么创造了什么，又是谁创造出来的呢？

已经有三部《终结者》电影了。笔者将范围缩小到前两部，由詹姆斯·卡迈龙导演的《终结者1》和《终结者2》。由于这两部电影之间经常会出现不连续性，所以要将这两部一起分析处理并不容易。

《终结者1》和《终结者2》看起来都是反映关于摧毁世界的故事。下面，让我们分析一下这两部片子是否也与创造和再创造神话相关。

1. 世界命运的主题

首先，在《终结者1》和《终结者2》中，有些主题与世界的命运有关，但是这种关联不是直接表现出来的。

（1）反资本主义，反技术。建立机控人的公司好似仅仅为了权力和金钱而去毁灭世界，这是资本主义的贪婪而导致的下场。这里立刻让我们想起德怀特·艾森豪威尔所关注的那一场扩大化的"军事工业纠纷"，这场纠纷可以回溯到1952年——现在人们认为这是一场军事—工业—媒体之间的纠纷，尽管在两部《终结者》中没有涉及媒体的角色。

人类作为机器的创造者和控制者，已经被机器本身所代替，这自1997年起就开始明朗化了。这些机器就像2001中的Hal。现在已经不是资本家、机器使用和其他个人之间的冲突了，而是全人类和全机器之间的冲突。

同时，人们非常需要技术时，技术也不一定总是行得通。在《终结者1》中，当莎拉试图向警方报告她的不祥之兆时，电话却打不通。

（2）反权威。在机器控制以前，处于统治地位的官方力量遭到蔑视与嘲笑，而不是让别人处处小心提防。警察就是无能、肮脏、腐败的化身，所以在《终结者2》中，邪恶的终结者理所当然地着装成一名警察。在《终结者1》中，警察无法判断出谁是谋杀莎拉·克罗（Sarah Connor）的那个多变的凶手，也无视知道事实真相的李斯的请求。

（3）反美国。理所当然，事情发生在当今资本主义及技术的中心地带美国，而且，其中有一种开拓者的精神在发挥作用：谁能射击，谁就能取胜。《终结者1》中，发生在枪店的事件就讽刺了美国人想控制枪支使用的倒霉尝试。阿诺德（Arnold）索要了一把可以想象的最大号枪支，然后射中商店老板，而不是等15年让他的申请得到批准。

2. 电影中的宗教主题

（1）淡漠伦理道德。不仅仅那些主要控制机器的资本主义者不受伦理观点的束缚，机器本身也当然如此。资本家已经做好了准备，为了纯粹权力和金钱之目的而不惜去杀害所剩的人类；此外，机器本身就是无情的，它们仅仅只是杀人机器而已。

（2）宗教象征。如果导演詹姆斯·卡迈龙的首字母J.C.可以用来象征耶稣基督，英雄约翰·克罗的首字母J.C.肯定也有种象征的可能性。

《终结者1》中的英雄李斯，既是宣告耶稣到来的天使，也是使莎拉受孕的圣灵。受孕并不是完美的——李斯和莎拉之间确实发生了性关系——但是仍然有些不可思议。李斯是未来时代的约翰·克罗派来去拯救莎拉的，这样约翰·克罗才能够降临人世。

（3）创世纪的对应。《终结者1》中，由阿诺德·施瓦辛格扮演的终结者与黑诺德（Herod）相对应，他的任务是阻止约翰·克罗的诞生，然而他也与伊甸园中的撒旦相对应：他的任务是摧毁创造。

二

作为摧毁创造的创世神话故事，两部《终结者》既有主题上的一致性，同时也存在很大的差异。

1. 情节差异

（1）《终结者1》更接近于一部探索性电影。阿诺德仅仅是一个没有感情的杀人机器，按程序指令去做一件事情：在莎拉·克罗生育约翰·克罗之前将其杀掉。阿诺德按当地电话簿里的地址毫不迟疑地将另外两个叫莎拉·克罗的杀害。他向莎拉的室友及其男友和人群开枪，用车撞击许多警方工作人员。

在《终结者2》中，虽然阿诺德仍然是按程序指令去做一件事情，但是现在是去拯救小约翰·克罗。他扮演着与《终结者1》中相反的角色。在第一部中，他的任务是阻止约翰·克罗的孕育和诞生。在第二部中，他与另一个更先进的终结者较量，而这个更先进的终结者就扮演着阿诺德在《终结者1》中的角色。此外，在《终结者2》中阿诺德获得了感情，而这种感情大部分来自于他与小约翰的交往中。对于小约翰而言，阿诺德成了一个父亲的形象，莎拉甚至发现阿诺德是约翰所认为的最好的父亲形象。小约翰甚至成功地克制了阿诺德的攻击行为。第二部中的阿诺德就像《刀锋战士》中的机器：半机器半人类。

（2）在第一部中，必须拯救莎拉，这样世界未来的救世主约翰·克罗才能降临，这种情形与《圣经·新约》的福音书中的内容相似，并不全因为死者是约翰·克罗的父亲李斯，而不是约翰·克罗他自己。李斯就像其母亲一样，是个自我牺牲的救世主。约翰·克罗被预想为长大领导全人类——在宇宙间与机器的核战争后。

在第二部中，已经降临的约翰·克罗扮演了一个不同的角色。

2. 谁是真正的英雄？

在第一部中，很清楚主角就是阿诺德。李斯从将来的世界来到现在是为了保护莎拉·克罗不受到阿诺德的伤害。莎拉确实得到了李斯的保护，李斯也确实成为约翰·克罗的父亲，最重要的事实是，李斯为了保护莎拉而牺牲。他这样做，不仅仅因为这是他的任务，也因为他与莎拉相爱了。

在第二部中，阿诺德仍然是主角，这是因为他为保护小约翰·克罗而牺牲，也因为他成功地保护了小约翰。他的人性就像其力量一样具有英雄气概，但是在第一部中李斯的人性由于脆弱而缺乏英雄气概。

在《终结者1》的结局中，核战争被认为是即将来临的。李斯来自1984年核战争后的未来时代，是核战争幸存者的领袖大约翰·克罗派来确保莎拉的安全的，这样约翰·克罗才能诞生，只要战争一打响，就需要约翰·克罗。在《终结者1》中，虽然核战争似乎要到来，但是没有真正发生。

在《终结者2》开头，就已经有核战争了，并且可以推测小约翰也处于保护之中，这样他才可能长大，继续完成人类幸存者领袖的使命。在第二部中，他像一个犹太人，而不是一个基督教徒：他是一个军事领袖，任务是打败机控人，而不是丧命其手下。但是在《终结者2》中，持续到结局，核战争都没有真正发生过。莎拉预测，如果不采取措施，现在还没有发生的核战争将于1997年来临。但是小约翰·克罗在反战中扮演着什么样的角色呢？也许小约翰得到了保护，核战争就可以避免了，但是唯一避免核战争的办法仅仅是摧毁机控人。阿诺德的角色从保护小约翰扩大到摧毁机控人。正因为他本身也是一个机控人，所以要挽救，他也必须消亡。他在《终结者2》中像真正的基督救世主，正如建立机控人的公司里的黑色管理员。约翰他自己不需要死亡。确实，在《终结者2》中约翰的角色还不确定，因为结局中核战争避免了，和平也维护了。约翰可以慢慢成长，生活在每天的世界中，就像从来都没有过核威胁，这是暂时的缓解而不是赦免。但是《终结者1》中李斯和阿诺德与《终结者2》中的两个终结者，都无法回到清白无辜的状态，至少约翰·克罗知道将会发生什么，可以小心地回避什么。

可以认为，《终结者》是创世纪1—3的转换——从伊甸园般的天真的动机转换到赦免与补救。

第一阶段（即第二部的开头）：人类是暴力的，他们创造了毁灭性技术，进而核战争发生了，整个世界都几乎遭受摧毁，仅仅只剩下一些幸存者，机器要毁灭人类以及人类世界。第二阶段（即《终结者1》中李斯、阿诺德到来之前，

《终结者2》中两个终结者到来之前）：人类是天真无邪的，平淡普通的生活中，莎拉最关心的就是她那不忠的男友取消他们的周五晚上约会；而在《终结者2》中，小约翰反抗其养父母，这个阶段就像在伊甸园中的一样，没有发现任何邪恶的东西。第三阶段（即《终结者1》中李斯和阿诺德的到来以及李斯将自己展现在莎拉面前，告诉她等待她和世界的将是什么）：《终结者2》中两个终结者到来，他们寻找小约翰。

我们可以将这三个阶段与创世纪中1—3进行对比，因为暴力真的是人性残暴的一面。暴力——破坏能力不仅仅存在于机控人中，也存在于人类之中。改变并不是在世界里的改变，而是人性的改变。没有关于创造世界的神话，并不仅仅因为现存世界是预想的而不是解释的，也因为现存世界将回避毁灭。

原载《长江大学学报》（社会科学版）2006年第5期

神话与科学之间：作为神的电影明星
——一种新的神话视野

罗伯特·西伽尔［著］　游红霞、叶青云、贾玉洁［译］

对神话的心理学分析并非源于弗洛伊德或荣格。从本质上讲，它并不始于心理意识而是始于一种心理感召力，因而人类必然把他们的神看成是与他们一样的生物。这种认为神话是人类意识的反映的观点至少可以追溯到前苏格拉底哲学家约瑟芬尼，他写于公元前6世纪的著作中提到，埃塞俄比亚人认为他们的神是黑皮肤塌鼻子的；反之，色雷斯人则认为他们的神是金发碧眼的。约瑟芬尼最著名的观点就是：如果狮子、马或者公牛有他们自己的神，它们想象中的神也必然长得跟它们一样。荣格把他对神话心理层面上的理解回溯到古代的先知和中世纪的炼金术。他的观点与约瑟芬尼不同，但却超越了约瑟芬尼。他认为神话的原创者有时是能够意识到神话中所包含的心理意识的。然而，对于弗洛伊德和荣格这些人而言，现代最伟大的精神上的成就是把心理学从唯物主义和形而上学中剥离出来，这种剥离是一种本质脱离外在现象的过程。作为外在世界反映的神的形象已经开始慢慢弱化了。外在世界已经更多地被认为是一种自然现象而并非是受超自然力量的主宰，它可以用自然法则来解释。弗洛伊德和荣格均认为正是科学的兴起引发了宗教的衰落。弗洛伊德是这样描述的：让我们看看当今不可逆转的形势吧！我们可以清楚地看到，宗教已经不能像以往那样对人们产生巨大的影响了。

虽然这可能不是唯一的理由，但是我们都认可这个理由，因为这个改变是伴随着科学在人类社会中地位的提高而发生的。评论界已经开始削减宗教文献作为证据的价值，因为自然科学已经暴露出了它们的错误（Freud 1961：38）。荣格提到：随着自然科学的发展，人们将会用物质的观念来诠释这个世界，不再用神学，神学也就废除了……没有人……会再用神学来诠释一些不可解释的事物，这种反映形式已经变得模糊不清了，很多遗留物都是以其他人，而并非动物、植物和石头为原型的。随着宗教的衰落，神话也渐渐衰落了，至少那种认为这个世界是由神控制诸如此类的神话已经不再像以前那样流行了。

在对科学挑战神话的各种各样不同的回应中，最直接的回答就是神话已经让步于科学了，这种观点流行于19世纪，最典型的代表人物是英国人类学的先驱爱德华·泰勒和苏格兰古典学派人类学家弗雷泽。泰勒的代表作是出版于1871年的《原始文化》，弗雷泽的代表作为1890年出版的《金枝》。泰勒和弗雷泽都认为神话是宗教的一部分，是用来解释外在现象的，比如神话中为什么雨神决定要在一个特殊的场合下雨。可以假设神话是以宗教为存在的先决条件的——它承认雨神和其他神灵的存在——但宗教不等同于神话。泰勒和弗雷泽都不会认为基督教本身意味着神话，他们认为，同仪式和伦理一样，神话只是宗教的一部分。泰勒认为神话以提供外界的知识作为最终目的，弗雷泽则认为神话是用来控制外在世界的一种方式，二人均赞同神话是现代科学最原初的形式，这里的科学主要是指自然科学，而非社会科学。神话主要是用来解释外在世界的，例如下雨、太阳升起，但有时也用来解释人的生老病死。神话中较少涉及习俗、法规、机构和其他一些社会现象，泰勒认为在功能上神话与科学是相似的，他们都是用来解释外在世界的，但二者在更大程度上却是互相排斥的，这种现象不能简单地归结为科学的发展导致了神话的衰落，而是因为神话已经不再产生作用了。神话告诉人们，雨神把装有雨水的桶在某个地方倒掉，这样就下雨了。而从科学角度来分析，下雨是由气候变化引起的，我们不可能通过堆积一系列的神话故事而置神话于科学之上，因为雨神下雨也必须遵循气象规律而不可能超越它。严格地说，神话的发生并非完全人格化的，雨神决定在哪个地区下雨是要以在天上所累积的雨水量作为先决条件来考虑的，包括桶的储水量、下雨的方位等。

弗雷泽认为神话是错误的，因为它与巫术联系在一起，而巫术是源于对控制外在世界的特殊规律的性质的完全错误的认识。弗雷泽认为巫术就是神话的仪式化。试图通过巫术来控制外在世界，特别是对庄稼的收成发生影响，是徒劳的。通常，万神殿中最重要的神莫过于庄稼神了，他是神话中的主角。他的死亡与复活就是神的一部传记。在巫毒教中，举行模仿蔬菜神重生的仪式，就是相信通过这个仪式蔬菜神能够真的复活，而一旦神死了，庄稼也必然不能成活。严格地说，在弗雷泽的模式中，他认为在原始人的观念中庄稼的成活取决于神的身体条件，而不像泰勒所说的取决于神的意志。一个复活的神必然会带来庄稼的丰收。这种神灵苏醒的仪式一般选在冬天快结束时举行——这个时候举行是最适宜的，因为这时候所剩的食物已经很少了，需要靠庄稼丰收来提供所需食物。在弗雷泽的视野中，神话和仪式是用来解释庄稼的生长状态的；泰勒则认为它们存在的主要目的是使庄稼成活，而不仅仅是解释它们的复苏。在弗雷泽眼里，神话和仪式是运用科学的最原初形态；而泰勒认为神话与仪式是理论科学的早期方法。比起泰勒来说，弗雷泽的神话更是一种错误的形式，因为它总是不会实现。

如果说19世纪的神话理论是将神话和科学为对立的，那么20世纪的神话理论则在寻求神话与科学的统一。神话已不再否认科学在解释现实世界时不可替代的作用，它并没有轻易采取任何措施把自己引为相关性科学、社会性科学，使得科学物质化或者神秘化，而是把神话重新定位为对物质世界的非文字层面上的解释。

20世纪神话学理论主要分为三种。第一种坚持认为神话不再用来解释外部世界，它的功能作用已与科学不相同了。这个观点的代表人物是马林诺夫斯基和米尔希·埃利亚德；第二种观点认为神话不应该流于文字层面上的解释，他的内容甚至不涉及外在世界，这个观点的代表人物是鲁道夫·布尔特曼和汉斯·约纳斯；第三种观点也是最激进的理论，认为神话既不是对现实世界的解释更不应该被逐字逐句解读，而是人类天性进化过程的一种叙述象征，这是以弗洛伊德和荣格为代表的。

19世纪与20世纪神话理论的区别不在于远古有没有神话，在这点上双方是没有异议的，他们的分歧在于：有了科学来解释一切，神话还有没有存在的必要？20世纪的理论学派坚持认为二者是可以并存的，只有到了世纪末，随着后现代主义的兴起，这点才被重新质疑。

到目前为止，20世纪的理论学派并没有否认科学的主导地位，那么他们为什么要试着去调和神话和科学，而不是简单地接受二者不相容的观点并因此而放弃神话呢？他们的回答是他们在19世纪的同伴仅是把神话当成对现实世界的解释而忽略了神话所蕴含的其他功能和意义，神话不仅仅是自然科学的早期表现。如果按照泰勒和弗雷泽的理论，神话应该是消失了的，但是有证据表明神话依然存在着。

索福克勒斯的戏剧《俄狄浦斯王》对现在的观众依然有巨大的吸引力，而现在的观众是不相信命运的，弗洛伊德因此认定这个故事必然有其他不同的东西在吸引着我们，如果《俄狄浦斯王》能够像感动古代观众那样感动现代观众，那么唯一的解释就是它的吸引力并不在于命运与人的意志的冲突（Freud 1953：262）。如果弗洛伊德和弗雷泽是对的，那么现代人与古代人一样会把俄狄浦斯的行为更多地归结为外在的宿命而不是内在的原因。现代人不相信宿命，因而他们被神话所感动必然有其他原因，而不仅是对俄狄浦斯行为文字上的或者宗教上的解释。20世纪理论学派强调对神话功能的重新解释，而不仅是文字上的意思，其代表人物是早年从波兰移居英国的人类学家马林诺夫斯基，和生于罗马尼亚但定居于美国的历史学家米尔希·埃利亚德。我们不清楚马林诺夫斯基是否认为现在跟原始时期一样具有神话，但是马林诺夫斯基却清楚地表明，在原始时期神话与科学是并存的，因此神话不可能是现代科学的最初形式。马林诺夫斯基认为原始人是使用科学的，尽管很粗糙，但是却可以帮助他们解释和控制外在世界。而对于原始人来说神话的作用却是相反的：神话是用来协调他们与没有办法做出解释的世界的关系的，比如说自然灾难、生老病死。神话总是把灾难的根源归结为人类或神的无法逆转的行为。神话还有一个同样重要的功用，就是调和人类与社会中令人不快的方面——由法律、风俗和机构所强加的限制和义务，因为这些令人不快的方面并非不可以改变，所以有可能被人置之不理，神话可以确保他们不追根究底，在古老的过去，神话在维护传统方面发挥着不可替代的作用。在英国，狩猎狐狸的传统被保存了下来，因为它一直就是人们生活的一部分，改变了这个习惯就改变了传统，这是不允许的。马林诺夫斯基认为神话涉及社会情况，但最后还是要回溯到外在世界。但即使神话涉及外在世界，它同外在世界的联系仍然是很有限的。神话可能解释洪水是怎么发生的——一个神或一个人使然，但是科学却能解释为什么它发生在那个时候，并且能够提出解决之道。事实上，神话是以假设人类在洪水面前无能为力为前提的。不论马林诺夫斯基是否成功地把科学的与神话的解释区分开来，并使之和谐，至少他曾经努力这么做过。埃利亚德也是如此，他在神话是用来解释原始人的自然和社会情况的这一点上，与马林诺夫斯基是一样的。

埃利亚德超出马林诺夫斯基甚至弗雷泽和泰勒之处在于他宣称神话是全人类共有，而并非仅是原始人所有，他引现代戏剧、小说和电影中那些离开现实世界回归到过去的科幻主题为例证。如果连现代的无神论者也承认神话存在，那么神话必然已经具有普遍性，埃利亚德试图协调科学（包括自然科学和社会科学）与神话，但是他同马林诺夫斯基一样都没有能够做到。

20世纪理论学派对神话的字面意思而不是功能进行了重新阐释，其中最杰出的是德国的新圣约学者鲁道夫·布尔特曼和在德国出生后定居于美国的哲学家汉斯·约那斯，他们对神话进行了存在主义的解读，虽然局限在基督教和诺斯替教的领域内，但是他们从本质上提供了神话的理论。

布尔特曼（1953）承认，应该对神话进行逐字逐句的解读，但是不像马林诺夫斯基和埃利亚德，也不像弗雷泽和泰勒那样，布尔特曼提出用象征的手法对神话进行解读。除去神性采取象征性，神话就不再是关于外在世界而是关于人类在世界中所处的位置的问题了，神话不再解释而是描述，描述的也不再是世界本身而是人类关于世界的经验，那些认为这个世界是不可预测的、冷漠的和危险的经验还有那些认为世界是可以预知的、热情的、安全的经验。不管出于哪一方面，神话都不再只属于原始人，而是成为全人类的。与埃利亚德一样，布尔特曼强烈地希望现代也拥有神话；但与埃利亚德不同的是，他最终试着去解决了神话与科学的协调问题。

就像布尔特曼一样，约那斯想要告诉人们，那些古代神话对现代人来说仍然有用。而伊立雅特想要告诉人们，现代人有属于他们自己的神话。约那斯和布尔特曼都认为神话形象描绘了人类对于世界的疏远以及对接受上帝之前的真实自我的疏远。因为古代的诺斯替教不像主流基督教，它将人类的躯体与灵魂分离，因此人类甚至在找到了真正的上帝之后仍然疏远物质世界以及他们的躯体。事实上，真正的神只有在抛弃物质世界里那个假的神之后才能被找到。诺斯替教由此超越世界，同时也就战胜了属于人类的这种对于世界的疏离感。约那斯并不想把一种古代的宗教强加于现代人。他很轻易地就将对这个世界在接受了上帝的启示之后是如何运行的描述分离出来，并把它等同于不与教会有任何联系的存在主义者对世界会永久存在下去的描述。确切一点儿来说就是，他把世界在接受了上帝的启示之后的运行方式等同于存在主义者认为的世界将永久存在的方式，因此向人们展示了一种让神话和科学兼容的方式。尽管如此，还是会有问题存在。现代人仍然必须接受那种对于世界运行的反神话的描述，而最不可能接受这种描述的人是那些相信上帝的人。

弗洛伊德和荣格的观点与泰勒和弗雷泽的观点是两个极端。因为他们转换了神话的字面意义和释义功能。神话这个词变成了无意识的，而它的功能变成了接受这种无意识，正如泰勒和弗雷泽效仿科学来创作神话，弗洛伊德和荣格效仿梦来创作神话。当弗洛伊德通过他的著作来分析神话的时候，他发现《俄狄浦斯王》这个被人们热烈讨论的神话就是受到梦的影响而创作的。这里引用一下那些讨论：如果《俄狄浦斯王》这个神话不如当代希腊神话能感动更多的现代观众，那么原因就只能是因为它的影响不在于命运与人类自由意志的对比差别。在我们内心一定有一个潜在的声音呼唤我们要认识到在俄狄浦斯王身上存在的造成他那种命运的强大的力量……

俄狄浦斯王的命运感动了我们，不仅是因为他可能就是我们自己的命运——因为传达神谕的人在我们出生之前就给我们下了同俄狄浦斯王一样的咒语。这是我们的命运，或许，它也是造成我们第一次有了想要杀死自己的父亲娶自己的母亲的愿望的原因。我们的梦让我们相信事实就是如此。俄狄浦斯王的行为告诉我们这样一个道理：他通过那样做实现了童年时期的梦想。但是，比他幸运的是，我们在实现了童年愿望的同时并没有变成心理变态者。我们把这种对性的欲望从母亲身上转移开，而且我们也不对父亲有任何的嫉妒。我们一直在压抑那种愿望的产生，而那些在那时候已经刻在我们的脑海当中了。在我们的意识中也存在那样的冲动和欲望，虽然它处于被压抑的状态，但仍然能被发现。（Freud 1953：262-263）

很明显，俄狄浦斯王的故事描述了这个人物徒然去逃避已经注定的命运的故事。但是，表面上看起来俄狄浦斯王最不想要做的事可能是他最想做的，他想要实现他的"恋母情结"。这个神话表面上或字面上表现出来的意义隐含着一种潜在的象征性的含义。表面上俄狄浦斯王是无辜的命运的受害者，事实上，如果更深入地评价这个人物的话，他就是一个罪犯。如果理解准确的话，这个神话讲的不是俄狄浦斯王想要逃避他的不可改变的命运失败的故事，而是关于他成功地实现自己的愿望的描述。

然而，这个故事隐含的意义并不仅仅是这些，因为这个神话根本就不是真的在说俄狄浦斯王，表面上看起来他是一个受害者，事实上这个表面含义下面还隐含了一个更隐秘的含义。从深层意义上来理解的话，真正的受害者是神话的制造者以及那些深深地喜欢上这个神话的人。这里的神话是关于那些神话制造者或读者对于俄狄浦斯王式的恋母情结的满足。他们把自己看作是俄狄浦斯王，并通过编著或阅读这个人物的故事来实现他们自己的这种情结。本质上，神话不是由别人编写的传记，而是一部自传，是关于人的描述。

没人能完全脱离童年时代出现的那种愿望。但是这种情结首先存在于正处于恋母情结阶段的那些神经质的、依赖性很强且很固执的成年男子中。由于种种原因，他们不能直接满足他们的欲望。他们的父母或者已经不在世，或者即使还活着也不再对他们很凶或很亲密，况且父母也不会完全像小时候那样对待他们。任何成功的人都会遭受挫折甚至被惩罚，同时对于杀死他们既爱又恨的父亲还要强迫自己娶自己的母亲而产生的罪恶感是极大的。人们不知道自己内心已经有了这种情结，而且一直在压抑着它。

在这些情况下，神话的出现给了人们这种满足感。当然，这种满足感是精神上而非物质上的，间接的而非直接的，最重要的是它是无意识的而非有意识的，但仍让人们感到一定程度上的解脱。一方面，神话外衣掩盖了它要表达的真正的含义并因此阻碍了这种满足感的产生，另一方面又揭示了其内涵并因此给了人满足感。毕竟从神话表层意义上来说俄狄浦斯王确实杀了他的父亲并娶了他的母亲，而他这样做并不是有意的。如果再进一步说是真正的俄狄浦斯王本人这样做而非神话的作者或是读者有意安排，这种安排行为也仍然是有意识的。前面的部分因此揭示（掩盖）了后面的含义。寓言真正的含义总是会放在后面但又总是在前一个阶段被揭示。通过俄狄浦斯王来看自己，那些神经质的成人获得了部分俄狄浦斯王没有的空虚的欲望，但是他们不想把这种欲望变成有意识的。这样在这种人们既想要完全满足自己的欲望又不想知道这样的欲望存在的矛盾中就出现了神话。

对于弗洛伊德来说，神话通过它要揭示的意义来起作用。神话通过象征性地讲一个故事来引出俄狄浦斯王的欲望。神话的讲述者是成年人，但神话中所表达的愿望却是3—5岁小孩的。作者重新塑造了一个为满足他俄狄浦斯愿望的童年幻想时代，他们大多数作为故事的主人公，或是历史的或是虚构的，小时候都曾经被杀害未遂，长大后就杀死了父母。这样的人被尊为英雄，而神话的讲述者或者是读者常把自己当成那个英雄。Otto Rank，一个写了关于英雄神话的经典精神分析著作的作家，用他的话说：在赋予英雄以自己儿时的经历时，神话故事的讲述者把自己当成主人公，就好像要求在自己的性格当中也有类似的英雄主义情结（Rank 1914：81）。神话故事因此满足了这些成年人的欲望，对发明或使用神话故事的人来说，这种欲望并未消失，这些成年人在心理上是永远的小孩：弗洛伊德学说中有这样一类特殊的人群，就是所谓的神经症患者，他们虽然在生理上看起来已经成年，但某种程度上还是小孩子（Rank 1914：63）。根据本我心理学的发展，当代关于神话的精神分析理论已经将心理研究从不正常的个性研究扩展到对于正常心理的研究。对于当代的像 Jacob Arlow 这样的精神分析学家来说，神话帮助人们长大，不像彼得·潘那样使人们永远是个小孩。神话帮助人们适应社会以及这个物质世界，并不是让人们孩子气地逃避这个世界。神话故事可能还会满足人们本我的需求，同时也满足人们自我防卫和适应的自我需求。当下神话为马林诺夫斯基的人类学领域的社会化提供了相应的心理分析方法。更进一步来讲，对于当代精神分析学家，如马林诺夫斯基来说，神话适用于任何人，不仅仅是神经症患者。概括起来说，当代弗洛伊德学派对待神话的态度不像古典学派那样消极，他们对神话予以肯定。正如 Arlow

所描述的当代心理分析方法：心理分析的一个重大贡献就是对神话的研究超越了示范论证。在神话中，梦想往往在神志不清的病人头脑中出现。神话属于大众经历的一个特殊种类，是一种特定的大众梦想的表现形式，它可以根据某种特定的共同需求，把个体成员融入与他的文化团体成员的联系当中。因此，可以从凝聚精神这方面来研究认识神话——它在克服罪恶感和焦虑症方面扮演了什么角色；它如何形成对事实和团体（每个个体都生活在其中）都适合的形式；它如何促成个人身份定型化，以及如何形成超我（Arlow 1961：375）。

对于古典的弗洛伊德学派来说，神话就像梦一样，两者都在精神上满足了人们受压抑的愿望。对于当代弗洛伊德学家来说，神话和梦是不一样的。梦依然是在精神上满足自己的愿望，而神话却被认为这种愿望不现实或者将其理想化。对于古典的弗洛伊德派学家来说，神话仅仅是大众的梦想。"梦和神话之间紧密的联系体现……完全证明了神话对大多数人梦想的解释是有道理的……"（Rank 1961：379）。对于当代弗洛伊德学家来说，由于大众的原因，神话已经变得社会化了，"神话是社会化的工具"（Arlow 1961：379）。Arlow 通过传奇故事实现愿望，让神话脱离传说或将它们升华。Arlow 把杰克、Beastalk 的传奇故事与普罗米修斯从宙斯那里偷火以及摩西从西奈山上帝那里接受十戒的神话进行了比较。很明显，3 个故事对英雄的描绘均上升到"天堂里全能的人"这样一个领域，同时又将其塑造为"带有力量、财富或知识标记的回归"（Arlow 1961：381）。但是杰克肆无忌惮地从怪物那里偷了他想要的东西，普罗米修斯害怕被宙斯惩罚，但他依旧偷了火。与前两则神话相反，摩西是作为上帝的仆人（而非敌人）爬上西奈山的，并把上帝的戒律传给了以色列人的后裔。杰克和 Beanstalk 的神话故事的问题和童年时期欲望满足的趋势有关。在童年时期，人们超我观念很淡而且尚未形成，全然没有对报复的恐惧心理。在普罗米修斯神话中发生了典型的变化，这个阶段已不是简单神话故事所满足的无可顾忌的愿望的阶段，其中有着对报复心理的巨大的恐惧。普罗米修斯的神话本身就是一种对上帝进行挑战和攻击的行为，在后面一则神话中（摩西）则被表现为对上帝自身愿望的执行（Arlow 1961：382-383）。普罗米修斯在自己立场上敢于向上帝发出挑战，摩西因为服从上帝而被提拔到具有上帝一样的地位。因此，摩西实现了自己的愿望，成为一个教父。

大概神话的制造者或读者把自己当作是摩西，因此他们也就相应地作为律法的接受者而不是反叛者成为神话中真正的英雄。Arlow（1982：188）认为："宗教神话促进了个体的社会适应性，还促进了社区的融合以及根据个体无意识把自己当作有理想品质神话英雄的价值观的形成。"对于 Arlow、弗洛伊德和 Rank 来说，神话就是一种妥协，但不是在愿望的公开实现和对其的绝对抑制之间的折中妥协，而是将对愿望的升华和放弃两者相结合。通过这，神话立刻实现了本我自我和超我（心理分析及世界）。有一句适用于所有心理分析学家的经典话语，就是"适应现实"。对于当代的心理分析学家来说，和古典学派的观点一致，神话预示着个体的愿望和现实之间的对立。对于古典的心理分析学家来说，神话给予了人们精神上的满足，而这些在现实中是不可能实现的。对于当代心理分析学家来说，神话让人们学会了接受在真实世界中不能实现的现实。虽然如此，对两派心理分析家而言，神话都不是关于现实——也就是外界的。用弗洛伊德的话来说，神话就是快乐原则和现实原则之间的冲突。神话或者保护个体不受现实的伤害（古典派观点），或者鼓励人们接受现实（现代派观点）。神话的目的并不是来解释现实的，它认为现实是理所当然的并反映现实。为了解释什么是现实，人们开始转向自然科学。一般人会认为神话与科学是不相容的，泰勒和弗雷泽也这样认为。但是在心理学上神话和科学又是相容的，因为它不再关注现实（外部世界）了。泰勒和弗雷泽有他们自己的一套心理学理论，并且和他们的神话学理论相符合。但是他们并不认为神话因为个体与现实之间对立而出现，而是因为现实自身，人们或者想要解释现实世界（泰勒），或者想要控制世界（弗雷泽）。不管个体在创造神话当中扮演什么角色，神话中真正的主体仍是世界而不是个体。对于泰勒来说，即使神话的解释是对原始社会中人和世界行为的分析，神话仍然是关于世界而非人类的。泰勒也不会为接下来的人类和神话的世界之间的血缘关系而感到惊讶，但对于布尔特曼和约那斯这样关注世界的人来说，这两者间的血缘关系确实是个大问题。对弗雷泽而言，他认为神话是宗教的一部分，把神话归结为人们通过巫术控制世界而失败的经验，通过这个经验，人们能推出这样一个假设：世界是自我运转，而并非是在上帝的命令下运转。然而，神话并不是关于世界如何运转的，而仍是关于世界自身的。对于心理分析学家来说，神话以神的形式把人性投射到世界中，弗洛伊德心中就有一个广泛意义上的像父亲一样的神。了解世界的目的就是要消除那些投射。世界在按照自然法规运行着而不是根据某个神圣家庭的意志来运行的。人类和世界之间不是对称而是有所分离的。即使是关于人性化或神圣化的英雄神话也会有这种情况：英雄神话的情节是家庭关系的幻想性表达，被命名的英雄扮演着理想化神话的创造者或读者的角色。英雄主义本身就比现实要富有幻想性。在现实世界中不再有英雄，只有人类——好人或坏人。

对于支持荣格一派和弗洛伊德一派的人来说，神话通过上帝、人性化或神性化英雄的形式，将人性投射到世界上。同样地，了解世界也就是要消除那些投射并且要认清这个世界的本来面目。不管怎样，荣格的投射理论比弗洛伊德的理论更难以认识，因为这些投射来自人性中更加无意识的部分。在人性中，超我比自我更有原则性。同样，正因为在可想象到的人性中具有不同的人格特性，也就有了大量的作为人的一部分的超个人性。荣格称这些超个人性中的特殊方面为原型，但有时很难将这些原型归为人类所有。因为世界上所有的事物都可作为原型，也就是说，这些事物为某一原型的投射而给人们提供了一个引子，这个原型作为人自身的一部分并不轻易为人们所认识。和弗洛伊德学派的人赋予神话以超个人性不同的是，荣格一派的人从一开始就以一种积极的态度来对待神话。荣格在实现神话功能上的观点和当代弗洛伊德学派是一致的，他们更加重视神话能使一个人在成长过程中保留这种无意识能量的观点，而对古典弗洛伊德学派的神话是释放无意识能量的观点则不甚重视。但当代弗洛伊德学家认为神话最多是一种让内心世界的愿望适应外部世界需求的一个方法，荣格一派人则把神话看作是一种培养内部世界的卓有成效的方法，因此它能教育人们最终适应内心世界。在这种发展中，神话的高潮不是自我调整而是自我实现。在这样一种模式中，神话，如果仍旧有用的话，是一种迂回曲折的自我认识的方法，因为它包含着投射的理论即一个人通过世界才能认识自己。通常，这些投射是可被认识到的，因此，在相对严格的自我审视中，在治疗分析成为可能的情况下，人们将这些投射消除。在这一点上弗洛伊德学家和荣格派学家是一致的。弗洛伊德学家和荣格学家都在潜意识层面上忽视了神话的力量，两者都有被感动的需要，这种感动来自于可被虚构的英雄或主角的生活。人们不需要因为被俄狄浦斯传奇经历感动就去接受它的事实性。更多情况下，这样的人物仅仅是人们用于写自传的一个依托。俄狄浦斯王的故事之所以是感人的，用弗洛伊德的话说就是"它可能是我们自己的故事"。简而言之，对像弗洛伊德和荣格这样的精神分析学家来说，神话从不是让人脱离其自身的故事。因此，神话和科学是很容易相容的，因为神话主体已完全与外部世界相脱离，没有哪一派的神话理论比他们的更加唯我了（Winnicott）。

21世纪的问题就在于，是否有一种方法，可以既运用科学又能将神话带回到现实世界中。英国儿童精神分析学家温尼克特认为是肯定有的。温尼克特本人并不分析神话，而是分析游戏并从中为神话提供了一条返回世界的路径。在其他描述过游戏重要性的人中，皮亚杰仍将游戏局限在儿童时代，尽管童年时期不可或缺的游戏是用来建构人生认知能力的。赫伊津哈，《人：游戏者》的作者，他强调在游戏要素中成人文化的依赖性抹掉了游戏和现实之间的差异性。正如他在神话中写的："在神话和宗教仪式中，文明生活最本能的力量都有着他们的根源，那就是：法律和治安，商业和利润，工业和艺术，诗歌，智慧和科学。所有一切都植根于游戏的初期土壤。"（Huizinga 1970：23）恰恰相反，温尼克特研究的是现实之外的游戏。游戏形成了自身的现实理论，而且不仅仅满足于普通的现实。对于温尼克特来说，游戏是不同于现实的：孩子们认为他们仅仅是在玩耍。但是游戏并没逃避现实，它在寻求自身与现实的契合，它需要建立一个对个人有特殊意义的现实。为了把一把勺子当作一列火车，我们需要把这把勺子变成火车。对于弗洛伊德和荣格来说，游戏就是在创造世界而不是将自身投射到世界上。温尼克特也在不断地强调游戏是"富有创造力的"。游戏并没有混淆自身和现实的关系，而是划分出两者间的不同。在游戏中孩子们可以把一把勺子当作一列火车，而且家长也不能问勺子是否真的是一列火车。游戏一结束，这列火车自然就仅仅是一把勺子了。

引用温尼克特的一句名言来说，游戏是一种"过渡"活动，它不仅是从孩童时代到成人阶段的一个过渡，而且也是人们从内心幻想到外部现实的一个过渡："游戏可以很容易被看作是个体的内部现实与外部现实之间的联系。"（Wincott 1987：145）游戏通过从外部世界获得信息然后构建一个适应它们幻想的现实来将二者联系起来：游戏中把一把真正的勺子改造成一列火车。然而游戏并没有否认内部世界与外部世界的差异，因为只有在游戏中一把勺子才能被看作是一列火车。一方面，游戏被认为是虚假的：在游戏之外一把勺子也仅仅被认为是一把勺子。另一方面，人们又非常认真地对待这种虚假：在游戏中勺子确实是火车。

随着游戏的成人化扩展，温尼克特以非常流行的英语形式来命名园艺和烹饪，在这两者当中人们根据从外界要素中脱离出来的个人意愿创造了一个世界。温尼克特也命名了艺术和宗教，在这两者中人们也同样创造了一个世界，尽管这个世界对于人们来说有着很深的意义：它的意思是说人们永远都不可能完全接受现实，没有人能从内部幻想和外部现实的压力中释放出来，而这种释放是由未受到挑战的一些如艺术、宗教等等中间地带的经历提供的。这个中间地带和在游戏中迷失自我的小孩子的游戏区域是有着直接的连续性的（Winnicott：13）。温尼克特，不像赫伊津哈那样断言艺术、宗教和文化的其他方面都是游戏。相反，他宣称在创造与人们有着和谐关系的世界中，文化和游戏二者是有渊源的。正如婴儿与其母亲有一种固定、可靠的联系，通过游戏，孩子们创造了一个互相友爱的小世界，同样，通过文化，成年人在更大范围内创立了一个同样舒适安逸的世界。没有好的源头，就没有游戏，没有游戏就没有文化。文化的价值就是要创造世界，而不像弗洛伊德认为的那样：文化会使直觉得到升华。温尼克特，就像彼得伯格和约那斯一样，都不容置疑地关注着世界的经历，他强调这个经历是建立在个人与世界关系之上的。然而，温尼克特又和他们不同，他还关注着世界自身。一个变迁的活动或物体在已知和未知世界之间提供了一种转变。这种活动或物体担任着一个向导的角色，为人们去探索未知世界提供了安全保障。正如一个小孩依恋于一个实际的物体———一个玩具熊——来创造一个安全的世界，这就使他们有自信去探索没有妈妈在身边的世界。成人也因此依附于一个嗜好，一种兴趣，一个信念，一种价值观，或者正如我推想的一个神话，让成人能处理更为广阔的世界。正如孩子知道玩具熊不是妈妈，但仍然抓住它好像就是妈妈，成人也认识到神话不是现实但仍然依附于它。过渡性活动和物体没有把象征物和被象征物相混淆，与这种方法相反，弗雷泽是通过巫术的形式使二者相混合的。一方面，变迁的活动和物体是脱离于外部世界而建立的；另一方面他们为探索世界提供了安全保障。毫无疑问，并不是所有的神话都被看作是虚假的。有些神话很有可能被当作是毋庸置疑的事实，比如说，关于世界末日到来的神话。其他神话一定是以另一种方式即质疑的方式来对待的，如进步的理念和意识形态。就拿这些被认为是虚假的神话来说，这些种类的神话是用来指导世界的而不是对世界的描述。"白手起家"这样的神话就属于这种类型。信条可以被当作是一个教义，流传在全世界和美国内部，当它没有使人成功时，它会导致失败和自责。但是神话仍可以被认为是"虚假的"，它不是对美国生活的错误描述，而是对它充满着希望。在这里美国被视为一个充满机会的天堂。像种族、阶层、性别或宗教这些妨碍人们享有平等机会的论点已经被认识到，但是被回避了，作为个人失败的借口而被合理地解释了。接下来的市民权利运动、男女平等主义的运动和多元文化论，这些"借口"没有被承认：不管在过去的几代中是否如此，至少现在美国向所有人都提供了一个平等的机会。目前这种类型神话的典型是销售员出身的安东尼罗宾，他的神话就是他从一个失败者变成一个成功者的故事。根据罗宾的神话，其他人不成功的原因是什么呢？就是不敢于尝试。不可否认，罗宾的神话仍然是有关社会世界而不是关于自然世界的。

那些如神一般的权威人士和社会名人的传记更是一部关于社会的神话。虽然那些电影、摇滚和运动明星并不能控制下不下雨，但那些连整个国家都没能完成的关于自然和社会世界的事情，他们能够做到，这难道仅仅是巧合吗？这些事件不但包括消灭贫穷、种族差别和其他社会问题，而且包括中止污染、控制全球变暖和拯救种族。名人有一种使事件得以解决的力量，哪怕是所有的国家甚至联合国都不能与之匹敌。教皇可以为结束悲惨而祈祷，而在舞台上演出大型的优秀的音乐会的明星们确实能为之做一些事。过去几百年的最高尚的名人成了好莱坞巨星，而且他们被看作是离上帝和女神最近的人群。人们在银幕的大场面中看到的好莱坞明星，能做任何事情，他们在电影中是不朽的。通过扮演的角色，他们提升了道德品质，放大了自己以至于成为超人：不仅勇敢而且大胆，不仅慈爱而且神圣，不仅坚强而且是全能的神，不仅智慧而且博识。他们的罪恶同样也比生活中大。但大多数影迷很少留意他们本人与角色之间的不同。画面以外的品德，甚至被流言广泛地公之于众，伴随着银幕上的有关画面以外的剧本而持续存在。事实上，电影明星被假定为在银幕上演的是他们自己，简单地演出其所处的环境。当天真的影迷了解到他们最喜爱的演员的真实生活与他们扮演的角色相差甚远时，往往会感到很沮丧——比如梅尔·吉布森没有那么高。老练的演员是这种规则的一种例外。罗伯特·米彻姆告诫他的影迷不要期待在他身上看到军事战略，进而他们把这看作是他领导者般谨慎的标志。艳丽的好莱坞演员不敢公开露面，以免他们再也不能塑造直接的角色，聪明的影迷清楚他们得到称赞、保持魅力的真相。电影明星被制片人、导演和崇拜他们的公众打造出来，有人说是神灵降临了。他们制造了部分途径，然而，可以想象他们被"发现"了，这让影迷们甚至在后青春期时代都相信他们的魅力与生俱来，而不是制造出来的。也许有人会说电影明星不能像神那样做他们喜欢的事。但确信的是，电影明星对法律是有免疫力的，而我们就要受到法律的约束。没有人相信好莱坞明星是真正与你我不一样，除了因为他们有钱可以有更多途径让自己美丽，但是他们和我们一样面临着同样的障碍和苦难，也许还将面临更多。有什么比一个关于明星的出身的没有根据的传记卖得更好呢？但是现在固执的影迷的观点是非常幼稚的。影迷们一如既往地盲目崇拜这些明星，似乎忽略了他们的缺点，这些缺点被忽略不计或打了折扣。并不是影迷们不知道，而是他们并不想了解或者没有关注。

　　看电影的习惯煽动了电影明星的神化。电影勾勒出了外面世界的轮廓并替代了他自己的世界。电影越有影响，观众就越能忘掉自己所处的空间而去想象电影中的时空。在电影中允许发生现实世界中不可能发生的事情。在电影里就如同在天堂，任何事情都是可能的。有个短语"只有在电影里"说的就是这个。去看电影表示中止怀疑，也意味着看一下表演。去看电影的高潮是遇到演员们自己，哪怕仅仅是在银幕上。去电影院就好比去教堂——去一个能容纳自己的最有可能发现上帝的地方。看电影把仪式与神话联系起来，将上帝以至神话带到人间——这样做并没有对科学表示轻蔑。看待一个使人相信的神话并不是把他轻视为一种谬见。这样做回复了当前的选择，将神话看作是虚构允许用第三种方式定义。这种选择不仅是幻想或是现实——或者，用 Winnicott 的术语，错觉或理想破灭。作为虚构的神话一旦以虚构划界，仍然能够真实地反映世界。

原载《长江大学学报》（社会科学版）2007 年第 2 期

在中西文化比较视野下看神话资源转化的中国实践

刘锡诚

神话资源转化本质上是一种内容题材的转化。在我国,现代转化的一般方式是把神话资源化为一种景观,把神话展现出来,而且主要是以雕塑的方式展现。就我所知,神话资源转化的中国实践,从设计、投资、兴建到一般公众认可,都存在较多的难题,其中最主要的难题是投资方在转化神话资源时很难获得公众认可,而公众在一般情况下也很难对这些转化来的景观产生真正的兴趣。

对此,我想从中西文化比较的视野下来讨论这个问题。

作为欧洲艺术与文化核心内容之一的古希腊神话世界,从公元前8世纪荷马的《伊利亚特》和《奥德赛》起就已经建立起来了。住在希腊最高峰奥林匹斯山上的十二天神以及等级较低的诸神和英雄,其形象早已定型,其故事早已人尽皆知,甚至连普通民众对这些古神和英雄都有高度的敬仰与普遍的认同感。譬如走在罗马的街头,我们到处都会看到广场上、建筑上矗立着的希腊神话中诸神和英雄的雕像,而每一个雕像的背后都有一个为人熟知的神话故事。甚至如希腊考古学家卡莉克蕾亚·拉娜拉-沃亚茨所说:"那些虚构的道德规范通过它们(神们)的视觉形象得到了生命和辉煌。"(《古代希腊:人与神》展:《众神:美好的神话》,2004年7月22日—11月20日,中国国家博物馆)在欧洲历史上,上古神话历来就是以经典艺术的形式展现出来的,取材于神话的建筑、雕塑、绘画、音乐、戏剧等等,作为不朽的艺术,培育、影响了欧洲文化,所以,欧洲上古神话的资源转化不存在认同问题,这是我们讨论神话资源转化问题的关键。那些凝聚在石头媒介中的神话,古老而充满历史的真实感,人们从中既领受了上古神话的神秘与博大,也欣赏了以上古神话为题材的伟大艺术。在艺术与信仰的双重熏陶之中,一种文化精神得以确立与传承,资源转化也成为自然而然的文化延续方式。就欧洲上古神话的情况而论,古典神话资源具有系统的文化脉络,对民族文化的建构与文化延续具有重要意义。

与欧洲上古神话比较起来,中国上古神话资源的转化则存在较多的难题。

中国上古神话主要是靠史籍记载而得以流传下来的，缺乏如希腊神话那样的雕塑遗迹或其他视觉形象，这使得同一个故事或人物，在不同时代、不同笔者的笔下，往往具有不同的故事情节，不同的气质和形象，显示出相当普遍的不确定性，有的甚至不是大同小异而是截然对立，如对蚩尤的阐释就是一个典型的例子。后人所做的神话题材雕塑，一般说来，在不加说明的情况下，很难使观众一眼就能确认是哪一个神话中的某某神或英雄，这就给古神话资源的转化带来了一定的困难。

当代中国的现实生活中，在神话资源的转化方面，迄今成功的先例似乎还并不多。过去十多年来，我先后接触过这方面的一些构想与工程，多少了解一点情况。如中央美术学院前院长侯一民教授等20世纪80年代参与创建的深圳锦绣中华和民俗村以及他在北京炎黄艺术馆所展出的大型《逐日图》；20世纪90年代初，楼家本教授要在他的家乡宁波市创建"中国神话主题公园"，设计规模很大，并曾邀请神话学者到会参加论证和勘察，但由于种种原因至今未能开工。2002年4月楼家本在巴黎联合国教科文组织总部举办了"中国神话——楼家本（雕塑）艺术展"，取得了成功，现在他正在为奥运做中国神话雕塑项目。2004年北京门头沟龙泉镇城子村设计建造的"中国史前神话文化艺术景园"（方案参照了马昌仪的《古本山海经图说》），与冯天瑜等学者在武汉参与建造的"大禹治水洪水神话园"的构思有相近之处，目前所知似并未动工。目前，美国哥伦比亚大学环保方面的学者郑柏岩女士在北京密云建《山海经》雕塑景区（什么名称忘了），曾找过马昌仪两次，根据马著《全像山海经图比较》设计了建园方案，购买了570亩地并已开工，现在情况如何不得而知，等等。这些规模很大的神话资源转化项目的先后出台，说明了中国古代神话所具有的人本精神和艺术魅力，以及向现代社会融合的趋向，也说明了各地政府、投资者、神话学者，以及广大民众对复兴和普及中国古代神话的愿望与兴趣，但总的来看，却都未取得理想的效果，那么其关键问题在哪里呢？

笔者认为，首要的问题是，中国神话没有欧洲古神话较为定型的直观的文化遗留物，没有典型的神话题材的石头建筑，没有艺术水平很高的神话人物造型。神话作为故事虽然进入了人们的口头传统，却在口头传统中失去了现实记忆所依赖的实在性的东西，尤其以石头为介质的早期的神话造型很少，这使得中国神话还没有完全渗透到人们的日常生活，不能形成比较公认的关于上古神话的观念与形象。这一历史因素导致的结果是，公众对神话资源的认识不明确，进而对神话资源转化的认同度很低，即使对一些著名神话有很深的印象，但对其转化后的形象也很难保有持久的兴致。所以，我们发现一些依据上古神话资源建成的人文景观，最初可能会引起公众关注，但随着时间的推移，人们逐渐对这些景观失去了兴趣。

与此相关的问题是，在中国神话的定型转化过程中，存在着景观转化与艺术转化的差异问题。欧洲古神话的资源转化，从古希腊开始，就是作为经典艺术存在的，属一种民族、时代的最高艺术形式，当时与政治、艺术、信仰等的关系更为密切。因此，人们在接受神话的同时，也是在领受艺术的熏陶，是在艺术审美的强烈震动中与上古神话发生深层次关系的，神话不再只是故事，而是具有艺术与信仰双重个性的文化资源，成为人们的文化习得和精神继承的源头。中国神话缺乏这种深层次的艺术关系，尤其早期神话没有建立这样一种传统。当代文化对上古神话的利用与转化，突出的主要是景观效果，而不是艺术，这是关键。中国神话资源的转化，往往是以景观为目标的，艺术不是目的。缺乏高度艺术品格追求的景观，大体都是速朽的。深圳锦绣中华目前之所以开始萎缩，其中一个重要的原因正在于此。楼家本先生是一个几十年来被浓郁的神话情结所缠绕的雕塑家。20世纪80年代他就给袁珂先生译写的中国上古神话和《民间文学》杂志封面作神话题材的插图，后来潜心于大型神话雕塑，在联合国总部所举办的中国神话雕塑个展上大获全胜。对此，文化部部长孙家正、中国文联主席周巍峙都发了贺词，给予其充分肯定。他也得到了联合国官员们的高度评价，中国古老的神话因此而在巴黎市民心中留下了深刻印象。但他的中国神话雕塑作品采取的创作原则是"重彩写意"，在笔者看来，"写意"压倒了写实，"变形"损害了真实，"抽象"胜过了具象，怕是难以在平民百姓中得到普遍认同的。

第三个问题是，中华民族有许多神话人物，文化背景差异较大，缺乏相对固定的、公认的形象与故事，在民族文化史上的传播力度与影响力度也极不平衡，而我们所借以研究这些神话的理论则十分有限，甚至是不相对应的。这种理论与对象的错位，严重阻碍了神话作为资源的利用与转化。这是一个非常值得我们学术界关注的问题。就目前的文化理论而言，主要以钟敬文的文化分层理论和西方社会学的社区、族群理论为代表，但总体而言都不足以用来分析我国复杂丰富的神话。一方面，西方理论是以西方社会的文化传统为基础的，与中国文化的实际情况有很大的差异，现在许多学者尤其是年轻学者，习惯于套用西方文化人类学理论来分析中国神话和中国对象，但理论说服力很成问题。既对西方理论不很熟悉，也不对中国材料下功夫，这种研究非常有害。另一方面，钟敬文的分层理论过分突出文化结构中的界限，其实，在中国文化的形成过程中，大量的文化形态的历史过程并非都有鲜明的界限，有时甚至是融合一体的，很难说哪些文化就属于哪个文化阶层，而多是复杂的综合所致。

武汉大禹治水神话园作为一项转化个案，在将大禹形象及其丰功伟绩转化为景观的同时，需要强调艺术精神，强调艺术品格，把景观设计与艺术水准结合起来，这样处理的话，可以避免景观式的简单化。只有杰出的艺术作品才有生命力。

最后，我们对神话资源的转化有一个立场，不管是商业的、政府的，如果以文化继承与精神发掘的方式来做，都是应该支持的。

原载《长江大学学报》（社会科学版）2006 年第 3 期

神话如何重述

叶舒宪

神话学是西学东渐的产物，西方神话学家首先提出中国神话的问题并做出先驱性的探讨。中国现代神话学虽然已有近百年的历史，涌现出大量的研究成果，但是，中国神话研究者对于神话的基本见解仍非常片面，仍主要局限于从文学的、史学的角度理解神话，或者把神话当成人类童年的天真想象，或者当成上古历史的残存记忆，从而完全忽视了神话在知识哲学的意义上所呈现出来的古老智慧。西方学术界对神话的认识，在19世纪，以维科的"诗性智慧"说为代表，表达了浪漫主义幻想的复归文学原点之需要。到了20世纪，比较的眼界从欧洲中心论拓展到真正的世界范围，所谓世界各地"原始人"的神话第一次获得可以同希腊罗马神话相提并论的地位。坎贝尔的"我们赖以生存的神话"之命题，比浪漫主义神话观又进了一步。从超现实主义到魔幻现实主义，充分显现了文化他者的神话之再发现对文学想象世界的激发和重塑作用。

进入21世纪，神话对我们人类的最重要的贡献将是其所蕴涵的丰富的生态智慧。我们完全有理由把它看成是一笔长久被文明人所忽略的宝贵的思想资源，一种对今人也具有重要教训意义的超前智慧。神话足以充当现代人的生态导师，其主要根源就体现在神话思维的物我不分的浑融性质上。神话从来不突出超越于自然万物之上的人类主体，因而也绝不会陷入人类中心主义的自大狂之中。从神话的认识论历程中，我们不断获得神话的新的滋养。神话所内在的人类文化基因，决定了神话即便远离人类神话时代依旧"神力"无限，不仅为人类提供了诗性智慧，也为人类指明并提供了返归自然的航向与能力。这也就是神话不断为人类世代重述的根源。那么如何重述神话，如何聆听与重解神话的谕旨呢？这正是当下最值得反思的问题。

一

"重述神话"无疑是2005年全球出版界最热闹的一幕——30多个国家的知

名出版社联合组织各国小说大家——其中既有诺贝尔奖获得者，也有不少获诺贝尔奖提名者以及畅销书作家参与"重述神话"，然后互相翻译为几十种文字在全球同时推出。对这样一种类似命题作文式的跨国组织的文学写作运动，多数人都会将其看成纯商业炒作行为。当重庆出版社获准加盟，苏童入选为中国重述汉族神话的签约作家时，文化人和专家们还表现出相当的沉默。然而，如果对当代文学和影视中的新神话主义潮流有所感悟，理解了神话如何从19世纪时的"人类童年幻想"置换为今天可以跨文化而分享的无比深厚的"文化资本"，那么就能透过炒作，期待各国诸神重新降临的盛景了。有眼光的出版家已经预感到一个空前的世纪品牌即将诞生。

19世纪是西方理性宣布神话消亡的世纪，而20世纪则是神话全面复兴的世纪。历史的反讽就是这样让人始料不及。150年前，马克思在《〈政治经济学批判〉导言》中以诗意的笔法告诉人们，神话时代已经一去不返了："成为希腊人的幻想的基础，从而成为希腊（神话）的基础的那种对自然的观点和对社会关系的观点，能够同自动纺机、铁道、机车和电报并存吗？在罗伯茨公司面前，武尔坎（火神）又在哪里？在避雷针面前，丘比特（雷神）又在哪里？在动产信用公司面前，海尔梅斯（神使）又在哪里？任何神话都是用想象和借助想象以征服自然力，支配自然力，把自然力加以形象化；因而，随着这些自然力之实际上被支配，神话也就消失了。"[1]

比马克思稍晚登上思想史的尼采，更宣布西方基督教文明所保留的唯一神——上帝也死了。两位思想者的着眼点不一，却都不大看好神话的未来。可是在他们身后的这个世纪，神话却伴随着人类"征服自然"雄心的自我忏悔而起死回生般的复活了。

20年以前，笔者所写的第一部小书之开篇，曾经以《神话"复兴"的文化背景》为标题。当时不曾料到，20年后还会回到神话复兴的题目上来。20世纪80年代，我们似乎刚从那种把革命领袖当成红太阳崇拜的群体神话信念中解脱出来，是加拿大人弗莱的原型理论启发我们觉悟到，人间小太阳神（从"皇"的意象到"天子"概念，再到革命领袖）与天上大太阳神（原型）对应的所谓"天人合一"式交感理念，是早自一万年以前的新石器时代就产生的农耕神话观念的延续、变形或者改写。弗莱采用了一个弗洛伊德曾经用为术语的英文词 displacement，来说明神话在后世的这种既延续又有所变化的规律性现象。当时觉得用汉语中的一个词不好把握 displacement 的语义张力，就用两个词合成，翻译为"置换变形"。于是，从山东大汶口文化出土陶器上的太阳神崇拜象征，到头顶发光的人间圣"王"（皇—煌煌）信念，以及相应的"天子坐明堂"的仪式建筑理念和君王"早朝"的官方符号礼仪传统，再到这一代人熟悉的现代儿歌"我爱北京天安门，天安门上太阳升"的唱词，就可大致梳理出一个核心的神话主题在我们5000年传统文化中不断地被重构或者重述的轨迹了[2]。时下正流行的刀郎的几首歌，也可以理解为另一种戏仿或戏说意义上的重述神话吧。

二

2005年5月15日，我碰巧在伟人故乡的湘潭大学讲学，一位修外国文学的女生（研究生）提问说：为什么太阳崇拜在日本等邻国文化中留下了非常重要的影响，连国旗都是太阳旗，而在我们中国文化中却没有明显的体现呢？事后想，这问题可以做如下理解。

从文化记忆的角度看，以手机的像素和奔腾芯片的换代速度为动力的"现代化"，正在让我们迅速遗忘传统，包括19世纪马克思时代的传统和20世纪近在眼前的现代传统，就连我们本土"红太阳升起的地方"的研究生都已经完全忘记了上一代人刻骨铭心的太阳神话。可见我们国家民族这几十年来的变化真是太大也太快；如果神话时代的夸父有我们今天这样与时俱进的本领和速度，追上并且超过十个八个太阳都绝不在话下。5月16日在去韶山的朝圣之旅中，康辉旅游公司一位帅哥导游小吴告诉我，由于红色旅游的勃兴，今年有组织来韶山的游客将有破纪录的1500万人。我联想到，这数字已经大大超过了许多小国的人口数，也超过了我国总人口13亿的百分之一，其拉动地方经济的效果一定非常可观（仅韶山几个景点的门票合计100元左右），但其中会有多少人从这里的参观中恢复文化记忆，在自己的心理中（不论是意识的层次，还是无意识的层次）重述太阳神话呢？人类学认为，世代相沿袭传承的仪式，就是文化记忆的最重要的活载体，是古老的文化信息经过象征编码和保存的绝好储藏库。如果把组织性的参观旅游也当成一种现代人的仪式活动，那么它对唤起参与者被遗忘的神话信息，治疗现代性的文化传统遗忘症，应会有作用。当然作用效果会因为参与者的年龄、悟性和经历而有差异。可以确定的是，如果参与者多少有些比较神话学和象征学方面的知识训练，像《达·芬奇密码》中参观卢浮宫的主人公那样，那么仪式性的游历将能唤起重述神话的深刻体验，乃至心理学家所说的那种令古今千百万虔修者孜孜以求的神圣高峰体验。

通过打通理解的displacement和重述观念，对文化的遗忘与记忆之辩证法，也许能有更透彻的体会。以文学史为例，只要承认神话是文学的源头，那么整个的文学史，就可以看成主要是由各种自觉的与不自觉的神话重述链接而成的。不仅中世纪的经典《神曲》和现代主义的里程碑之作《尤利西斯》都是重述古典神话，去岁轰动世界影坛的史诗巨片《特洛伊》也是以现代多媒体表现技术再创造神话，就连《哈姆雷特》或者《红楼梦》这样的世界超一流的文学经典也还是。当你了解到，年富力强的弟弟杀死自己年老体衰的哥哥而登上王位不仅不是违法的弑君，反而是神话信仰时代正常的权力更替习俗，那么哈姆雷特的困惑就不仅是丹麦王子介乎中世纪和文艺复兴之间的价值观冲突的困惑，而且也是神话信仰的原初合法性与现代人权的合理性之间的矛盾之困惑了。同理，鲁迅后期小说《故事新编》是完全自觉的重述神话，就连他为新文化运动开端的第一部小说《狂人日记》也是首次以白话文重新讲述的吃人神话。倘若把视野从文学史拓宽到文化史，情况依然会呈现出重述或置换变形。借用人类学家萨林斯的说法：现代资本主义的文化体系不是废弃了神话和非理性以后的新发明，而是西方原罪神话在现代社会中的自我复生（参看《甜蜜的悲哀》开篇）。

有了如此的文化整体关照，那么 2005 年出现的这第一次有意识地跨越国族和语言界限的集体性重述神话，与其被看成文学上的一次"准联合国"式行动或"小诺贝尔丛书"，不如看成自上帝变乱人类语言的巴别塔倒塌以来，一次重建巴别塔的智力和想象力的大探险。

探险的结局或成功或不成，都不会影响探险本身给人的体验与刺激。

21 世纪的人要对马克思和尼采说：神又复活了。

参 考 文 献

[1] 中共中央马克思恩格斯列宁斯大林著作编译局. 马克思恩格斯选集：第二卷 [M]. 北京：人民出版社，1995.

[2] 叶舒宪. 中国神话哲学 [M]. 西安：陕西人民出版社，2005.

原载《长江大学学报》（社会科学版）2006 年第 1 期

神话文本的阅读与神话的当代呈现

万建中

我想就这个问题谈三点，也是三个层次的问题。

第一个层次，是神话传承中的文字化、文本化问题。当今人们将远古神话视为可供阅读的文本，只是强调一些神话原型仍在释放无意识的力量，这是神话的贬值。就神话形态而言，神话是一种综合的文化遗留物，它所蕴含的意义非常丰富。单就其所演述的方式来说，主要的形态是口头的、仪式的，以信仰的尊严来组织社会与文化生产，以禁忌的教化来传播神谕和神的言行，神话因此必然是神圣的。如果我们只停留于文本化的接受之中，神话的内在精神会丧失，神话的传承也会大受影响。可以说，神话资源转化从中所延续的，正是对简单的阅读神话文本的一种修正与补充。

第二个层次，当代社会所传承的神话，其神圣性渐趋淡化，神话已演变为一种讯息、一种精神、一种符号及一种意义构成方式。神话要复兴时代的活力，需要重新经历"神话化程序"，即重新建构可供人们想象的神话空间。也就是说，我们有必要认识神话的时代性过程。正如我们所知的上古神话的历史演变一样，每一个时代神话都被注入了时代因素，数个世纪以后，这种时代性转化为神话内部的一种因素。而对时代来说，神话则是其活力的来源之一。一定程度上，通过神话资源的转化，人类文化的总体精神与诗性智慧得以传承和理解，人类的本质意义得到维护与强调。

第三个层次，是中国神话史的问题。由于汉民族远古神话与史诗的分离，其地位很难像古希腊神话那样成为衍生出多种叙事形态的元叙事。中国远古神话埋葬于文字，这些神话的意义在人们的反复阅读中早已固定下来，书面叙事的形式很难激发上古神话的复兴。这就需要我们以开阔的视野对上古神话资源做出研究，并以多元形式去重新阐释、重新发掘上古神话的形态与意义，在当代语境中为上古神话寻找新的时代价值。上古神话要获取新的话语地位，就需要寻求当代性的发展空间。罗兰·巴特说"神话是一种言谈"，任何打破神话既定生存状态的行为，都可能促使神话之再生"神话"。热衷于形象表现的上古神话，其生命的复活大概也在于立体、直观的展示。就最近已进入开放阶段的武汉大禹治水神话园而论，借助于大量的雕塑作品来展示大禹治水的事迹与伟大功德，作为一种神话资源转化的举措，很可能成为一个成功的范例。

原载《长江大学学报》（社会科学版）2006 年第 3 期

神话资源转化中的学者立场及其社会实践

吕 微

我曾经写过《神话何为——神圣叙事的传承与阐释》一书,谈的就是古代神话的传承与阐释的问题。我的总的看法是:传承就是阐释,阐释也是传承,二者是同一过程的两个方面。但传承与阐释都是手段,目的仍然是服务于当下的文化政治或文化经济的社会实践。这些道理,如今都已是常识,并无深义。最好的途径莫过于重新开发其内在的实用性,如发展旅游业等。

也有许多学者曾经参与到这类社会实践当中,或者说,学者从来都在参与这类社会实践,只是过去我们没有意识到这一点,我们意识到这一点是由于知识社会学的启发。从知识社会学的立场看,所谓纯粹的学术研究其实并不存在,纯粹的学术也都是在参与社会实践,因为学术本身就是出于特定的、有时是无意识目的的传承与阐释。比如20世纪以来的中国神话学就参与了现代中国民族国家的文化政治的建设,参与了为现代中国的民族国家提供文化性资源和论证文化合法性的工作。当然,这种工作基本上都是在纯粹学术的范围内进行的(除了有意识的意识形态图解),如果说这种工作参与了社会实践,那么也是间接地参与。

当然,除了间接的学术性参与,也有的学者运用自己的知识直接服务于民族国家文化政治的社会实践,而这,就与近些年出现的学者以其知识直接参与地方性的文化政治、文化经济的社会实践十分类似了。不同的是,一个是在国家的层面参与,一个是在地方的层面参与,但就直接参与来说,二者之间并无不同。

现在的问题是,我们在对作为"权力话语"之一部分的学术的性质已经有所认识的情况下,还能怎样继续学术的事业?换句话说,学术的求真是否还有存在的价值?这个问题关系到学者在有意识地直接和间接参与社会实践时是否还应保持独立的学术立场的问题。也许,独立的学术立场正是参与社会实践的学者最终的立足之地,因为如果没有独立的学术立场,也就将最终取消学术本身。庶几,又如何谈得上以学术的立场和学者的身份参与社会实践呢?

坚持以学术的立场和学者的身份直接或间接地参与社会实践，许多问题也就不难解决。一个"真"字仍然是学者和学术应当始终坚持的底线。讲"真"字，就要讲学理，无论你从哪个方向切入文化的政治或文化的经济，学理的充分仍然是达成"真"的结果的必经之路。就坚持学术的求真来说，学术和文化的政治以及文化的经济毕竟有所不同。在神话资源转化问题上，学者立场也就是求真的立场。学者的社会实践必然坚守自己的立场，放弃或者忽视这一立场，学者的身份与意义，学者的研究与实践，社会实践过程中对神话资源的认识与把握，都将成为无聊的游戏，"真"在此是不可亵渎的神灵。

从"大禹神话园"这一个案来讲，因为没有直接经验，所以不好论说，但就我对以往类似案例的经验来说，我认为可能主要是一个艺术水平的问题，学术水平的问题当然也很重要，但不是主要方面。我们在对其神话形象进行景观化制作时，艺术水平必须提高到相当的水准，不是一般的简单的形象制造，而应把握一定的艺术精神。艺术水平的高低，很大程度上将影响大禹神话园的功用与价值。当然，学术水平是把握神话资源是否具有本真性的基本条件，缺乎此，艺术水平的讨论也就没有意义了。

原载《长江大学学报》（社会科学版）2006年第3期

当代语境下神话资源的"公共空间化"

孙正国

神话创造了人类原始时期的公共空间,所有信仰与坚持某一神话系统的部族,都在这些特定的公共空间内获得认同与慰藉,建构了社会秩序和文化习俗。当神话逐渐走出信仰而仅与传说、哲学、社会知识等分工形态相符的时候,神话就不再是整体的文化实在,而作为神话资源被后世选择性地接受。神话资源在当代引起人们的普遍关注与研究,许多国家和地区直接将神话资源转化成当代景观和文化标志物,从而形成了当代语境中神话资源转化的重要文化现象。一些地方政府与开发商合作开发神话资源,在文化与旅游、文化与社会经济发展等社会文化关系中发挥了推波助澜的作用。纵观神话的流变与承继,历史的沧桑之脉与时代的新兴动力互有消长,成为人类神话创造、延续的基本方式。然而,神话资源的当代转化却因相异的文化传统、复杂的转化动机而变得难以把握,众说不一。

不过,现实的资源利用方式与开发动机,却并不因此而变得可靠且无可厚非。一是资源的清理与证明存在难题,许多资源的文化现象,其实只是一种伪文化伪民俗。证明与辩伪,学术与学者的使命与意义,也许正在于此。二是资源的转化方式与具体转化过程存在难题。文化资源如神话,邈远浩瀚,难有定稽,转化所本原已虚幻,而其形态之变,实利之驱,当不得其所,甚至南辕北辙。

一、当代语境:一种观察神话资源传承的视角

如果说,原始文明时代创造了神话,理解神话必然立足于原始语境,那么,思考神话资源传承则必须以当代语境为前提。或者说,当代语境提供了一种观察神话资源传承的视角,从中可以探索到当代需求与时代理想的特点,由此反观神话资源及其传承面貌,能够较为准确地把握一些传承规律。

当代语境的第一个特征是经济全球化。全球性始自全球化之前,而不是之

后，前者融汇后者。二者的区分是必要而且可行的。"'全球化'一词可以更多地体现经济、贸易和科学技术的一体化含义，而'全球性'则可以突出表明全球范围内各种不同文化之间的相互依赖和参照状况，这些异质文化总是处在相互参照与对立、影响与抵制、同化与反抗、世界性与地区性等的冲突状况中。"[1]神话在本质上具有全球性意义，尤其是母题层面的审美、创造与传承。因此，作为具有重要影响的人类神话资源，在当代世界的传承也就更顺应全球化的潮流，更易跨越文化与地域的界限而得到全球化的传播。在另一个层面上，神话资源的传承也具有全球性特征，这一特征在全球化趋势下，促使人类共同关注与研究神话资源的当代传承，有利于神话资源这种人类非物质文化遗产在广泛的民族中得到保护与利用。

当代市场经济的发展，已经步入经济全球化的时代，而且形成了全球化的整体文化前景，就其具体意义而言，"是指在地球上各种不同的文化（包括物质文化和精神文化），通过各种形式、各种范围、各种程度、各种途径的交往、碰撞（甚至免不了厮杀）、互相影响、互相渗透、互相融通，从而在某方面或某些部分达到统一，实现一体化，某些方面、某些部分难以一体化（或者说不可能一体化），但可以在保持个性化、多样化、多元化的情况下，互相理解、彼此尊重，达到某种价值共识和价值共享，促成全球性的人类文化繁荣"[2]。在这一宏大语境下，我们关注与思考神话资源的传承问题，具有迫切而深远的双重意义。一是全球化时代的人类具有强大的互动性，地域性神话资源形态与利用模式，易于为其他民族和国家传播与模仿。风靡全球的《哈利·波特》可算这方面的代表。最新公布的销售数字显示，《哈利·波特》系列小说已连续成为全球最畅销的小说，创下了用46种文字在全世界发行上亿册的惊人纪录，而根据小说拍摄的影视剧在世界范围内形成了收视热，其中的神话思维、魔法、变形等都有着欧洲神话资源传承的线索。当它以童话形式向世界广泛传播的时候，作为一种久试不衰的传承模式被模仿与效法，它开创了21世纪初期神话资源传承的童话模式的先河。二是全球性神话资源形态与利用模式，易于获得地域性和民族性的个性补充，在相当普遍的程度上推动神话资源的传承。如人类灾难神话，具有全球性形态，在利用模式上最主要是以影视剧的灾难片体现出来。如以飓风、怪兽、外星球敌对者等灾难形态为背景拍摄的影片，继承了人类灾难神话的英雄考验与末日信仰母题，给我们提供了应对当代灾难的参照与思考路向，因为神话母题不仅展示了灾难，也反省和提出了应对灾难的一些方式。其最为主要的思路有两个，即对自然灾难的认识与抗争，以及对人为灾难的自省与反思。从洪水母题到射日母题，正是第一个路向上的基本意义，也即逐渐从屈服转为大胆叛逆，从神圣的敬仰演化为对其灾难本性的认识，于是开始了坚定有力的超越自然灾难的人类自我意识觉醒的历程，同时也是漫长但卓然可贵的艰辛历程。从伦理母题到生态母题，更贴近人类文明的灾难本质，这是第二个路向上的意义。尤其是近三四百年来的文明史，这两大母题所揭示的文明之弊愈来愈深刻与显著，甚至成为人类迄今为止最难应对的基本问题。然而，是否已经为人类所普遍关注，并主动给予反思和自省，却是当代物欲横流思潮所忽略与不以为然的。就此而言，当代传承与研究人类灾难母题的意义也正在试图唤起高度文明时代的人们去理解与面对人为灾难，尤其是伦理灾难与生态灾难。前者是人与人的关系高度物质化，后者是人与自然、人与环境的关系严重失衡，人本中心主义已经在疯狂的极限上昭示自己岌岌可危的终极灾难。

我们可以进一步分析经济全球化及其影响下的文化生产的世界性特征。一个多世纪以前，马克思与恩格斯在《共产党宣言》中即以富有想象力的预言和精辟之语描述了资本生产的国际化。王宁先生分析马恩的经典论述后认为："马克思和恩格斯至少涉及了我们今天从事全球研究所必然遇到的四个主要问题：（1）经济全球化的起源是由西向东、由中心到边缘的旅行过程，它始自15世纪末哥伦布对美洲新大陆的发现以及随之而来的资本的积累和扩展；（2）由资本主义的崛起所导致的国际劳动分工和资本市场的划分，一个从垄断到自由竞争直到跨国的资本市场已逐渐形成，在这场竞争中，跨国资本显然成了胜利者，而各地的民族工业则不可避免地成了这种全球化过程的牺牲品；（3）跨国资本的崛起、资金的流动和跨国公司的形成为资本的全面全球化铺平了道路；（4）由特质生产而带来的精神文化生产以及世界文学的出现，文学的封闭性已为开放和交流所替代。"[3]也就是说，全球化的根源与主要内容都是物质生产的扩大化与经济一体化，它是以外在于人类本质的物化形态影响人类精神的强者手段。

经济一体化格局形成的同时，传统的非物质文化遗产（如神话资源）也逐步进入全球化视野之中。世界文化遗产的评选与保护，即是全球化的文化协作。民族的、地区的文化资源，本质上是全人类的文化资源，是整个人类文化发展与创造的结果。打破疆域和政治的樊篱，继承和保护人类文化优秀遗产，是人类的基本职责。在这个意义上，神话资源转化也就是神话的当代传承方式之一，具备这种眼光，神话的人类原初性质才得到了澄清与显现。因此，当代所关注的是人类共性特征占主导地位的神话资源。

全球化语境的另一个重要特征，是文化继承模式与接受途径平面化、趋同化。当代技术与观念的双重转型，使神话的世界性品质得以加速传播和简化，世界性思想被全球性功用所取代，神话资源转化受到世界文化格局的深刻影响，一些地区的神话资源转化模式直接决定了其他模式，主要是传播神话资源并将其石质化，通过建筑、雕塑等方式，再现神话英雄的事迹与精神。这种模式，以古希腊、古罗马的神话资源转化为典型。然而，人类文化的传承是相当广泛、复杂的，任何单一的模式都可能导致神话资源的流失遗忘，如何在新媒介的强大支持下发掘理解神话、传承神话的新途径，接受全球化语境的双重压力，是我们面对神话资源转化问题需要具备的当代意识。

当代语境的第二个特征是大众媒介的控制性与虚拟性。人类学上，具有普遍意义的人类能力的获取，几乎都是依赖于媒介关系的增强而实现的。麦克卢汉因此认为媒介对人有着强烈的影响，不同的媒介是人的不同感官的延伸，如弓箭延伸了手臂，轮子延伸了腿脚，口语延伸了思想，文字延伸了口语，拼音文字延伸了视觉，电子媒介和网络延伸了大脑，如此等等，而每一次延伸，也就是人类能力的一次强化与变形。[4]愈到当代，媒介的影响愈大，媒介的扩张在人类生活中已成为显著的文化现象，这即是媒介在人类史上延续至今而逐渐被人们发现的基本语境，进而大量的媒介理论也随之提炼出来。法兰克福学派的媒介理论对于大众媒介的控制性与虚拟性提出了深刻的批判。这一理论主要批判以电视、广播、电影等大众媒介为主体的文化工业对社会总体性控制的现实，"整个世界都要通过文化工业的过滤。正因为电影总是想去制造常规观念的世界，所以，常看电影的人也会把外部世界当成他刚刚看过的影片的延伸，这些人的过去经验变成了制片人的准则，他复制经验客体的技术越严谨无误，人们现在就越容易产生错觉，以为外部世界就是银幕上所呈现的世界那样，是直接和延续的"[5]。这也即媒介整合社会的理论。媒介整合社会理论对传统媒介功能理论有三点创新和突破[6]：其一，构建一个全方位视野来审视媒介功能；其二，形成一个真实的互动体系，来衡量媒介与社会的相互作用；其三，构建了媒介生产力理论。媒介整合社会可概括为"媒体对社会事物的整合现象"[7]。1942年，法兰克福学派代表人物霍克海默等人针对大众文化，提出"社会水泥"这一著名论断。"社会水泥"的寓意在于：大众文化占有人们的闲暇时间从而操纵社会的思想和心理，培植支持统治和维护现状的顺从意识，故喻之为巩固现行秩序的"社会水泥"。如此意义上的媒介对社会的整合，就是把受众固定在媒介所制造的文化范畴内：受众越来越像"媒介婴儿"，摆脱不了媒介设置社会的价值轨迹，受众对社会的理解，是媒介进行价值过滤后的象征意义。[8](P119)可知法兰克福学派对媒介的发言，倾向于否定和排斥，对扩张的媒介影响及其对人的主体性侵蚀和平面化塑造等保持了反思与批判意识，从价值维度上向媒介和人类发出了深切的叩问。神话资源在大众媒介语境下，获得普遍的大众接受，但同时也因大众媒介的控制性与虚拟性被任意处置，其本真性难以得到尊重，大量的伪神话资源也因此而泛滥成灾。

当代语境的第三个特征是消费主义。作为生活同质化与多元化并存的社会，消费社会中人们的感官享受取代了理性反思，一般物质消费被象征性消费所取代，人们"满足的源泉和社会理想行为的标准不再是工作劳动本身，而是他们的'生活方式'"[9](P34)。消费不再是或主要不再是一种物质行为、纯粹的经济行为，而变成了一种生活方式，一种符号消费和象征性消费之类的文化行为。人们的购买行为、消费行为不是为了产品的实用即使用价值而去的，他们看中的是其形式与品牌，品牌因之成了一种经济和人的声望的象征。布尔迪厄和费瑟斯通等人因此提出声望经济的说法。显然，从生产转向消费，一是资本主义生产扩张的需要，一是为享乐合理化制造理由与条件。波德里亚在其早期作品《消费社会》中分析了符号消费的基础，即资本主义的生产扩张所造成的物质丰盛："我们生活在物的时代"，"正如狼孩因为跟狼生活在一起而变成了狼一样，我们自己也慢慢地变成了官能性的人了"。[10](P2)人的欲望已感官化尤其是影像化，这又源自资本主义的浪费式消费。

在后现代社会，消费主义与大众媒介、全球化等特征有机融为一体，生产的持续动力不是来自商品的使用价值，而是来自其死亡或加速其死亡，一切传媒譬如广告耗费巨资，只不过是为了去除商品的使用价值、时间价值，使它屈从于时尚而促进产品更新。消费文化则成为"垃圾箱文明"，因此符号消费变成了社会分类和区分过程。费瑟斯通吸收这一看法，也提出商品消费是一种标签，炫耀型消费得以大行其道，商品的使用价值让位于交换价值，让位于商品形式的符号象征性。[11](P22-30)布尔迪厄将资本分为三种类型：经济资本、文化资本和社会资本。[12](P425)文化资本是知识转化为资本的潜在形式，为"新型的文化媒介人"所拥有。他们借助或催生文化工业和传媒事业，利用符号变换或更新来迎合、引导或控制时尚，从而使文化资本、社会资本升值并进而转换为可量化的经济资本。他在《区隔》中还指出，文化资本的多寡表征不同品位的社会场域，"每一种趣味都聚集和分割着人群"，"一个人就以此来对自己进行分类，同时也被其他人进行分类"。[13](P618)这些文化媒介人是知识分子的变体，是中产阶级的催生力量和辩护人。也就是说，文化媒介人垄断文化工业和大众传媒，控制符号生产与传播，使文化大众成为形式上的中产阶级，满足于生活同质化的共同嬉戏，并使艺术、美学与文化进入民间社会、日常空间。所以，在很多后现代研究者那里，大众传媒都被看作是消费社会的支柱与促成后现代主义的重要力量。大众传媒的显著特征是在工具理性的支配下，借助高科技来造成信息与影像的"通货膨胀"（纽曼语），成了"符号政治经济学"（波德里亚语）的主导因素。

神话资源在消费主义及其与全球化、大众媒介融汇的语境下，必然遭遇以消费为目的的传承需求。媚俗与利润至上在大众媒介的鼓吹下不仅具有合法性，而且成为人们传承神话资源的唯一目的。神话资源所蕴含的人类价值在消费主义时代被轻易消解了。

二、神话资源的"公共空间化"

在当代语境下，我们一方面失望于神话资源的消解与扭曲，一方面也需要在深层次的、多维的路向上乐观面对人类的文化选择能力，相信潜意识中传承神话资源会对人类普世价值有某种坚持，能够从当代神话资源的传承中找到一些积极的时代个性。于此，我们需要提出这样一些问题：神话在什么意义上可能成为当代人关注的资源？神话资源的当代传承可能有多种线索，或显，或隐，显者如神话主题园，隐者如文化创造物中的神话元素。那么，它们是否具有共同的传承动机？

就武汉大禹治水神话园而论，故事层面的神话复活可以借助于全球化和新媒介的独特力量，使已经景观化的石质、钢质的神话形象重新建立起以此为引线的口头传统，活态的神话故事进入影视和网络媒介，从当代大众的接受方式上给以顺应，有望建立一种立体式的神话资源转化模式，可以补充因时间、空间的局限导致的景观式转化的某些不足。这一点能够很好地说明，那些显在的神话资源转化更容易引起争论。换言之，将显在与隐在的资源转化结合起来，互为补充，神话资源转化在传承与接受模式上才可能有更多的开发空间。由此，我们可以简略地对上述问题做出回答：当代人所关注的神话资源具有一定的切身性，如黄帝神话与中华民族的归宗认祖心理需要、大禹治水神话与当代洪涝灾害的预防和治理以及更深层次的人与自然关系等等，人们在思考人生命运和社会际遇时，更倾向从远古、原初的神话遗脉中获取资源，这些资源的神圣来源和宏大的时空包容性，远甚于其他形式的阐释能力与认同程度；另一方面，无论显在的神话资源传承，还是隐在的神话资源传承，当代对于神话资源的理解都基于大致相同的动机，都希望以此来获得普遍的文化认同。这一动机也许是无意识存在，人们在现实的动机中更主要表现为直接的物质需要，神话主题园的投资商所期求的是利润回报，地方政府支持各种形式的神话资源传承可能出于地方经济与社会文化的发展。这些传承动机都是真实的，也是直接的驱动力。然而，当我们结合当代语境来深入分析其潜在动机时，则会得出一些新的结论。

还是从古希腊神话资源的传承说起。刘锡诚先生在一个笔谈中较为深入地分析过这个问题。他认为，"作为欧洲艺术与文化核心内容之一的古希腊神话世界，从公元前8世纪荷马的《伊利亚特》和《奥德赛》起就已经建立起来了。住在希腊最高峰奥林匹斯山上的十二天神以及等级较低的诸神和英雄，其形象早已定型，其故事早已尽人皆知，甚至连普通民众对这些古神和英雄都有高度的敬仰与普遍的认同感。譬如走在罗马的街头，我们到处都会看到广场上、建筑上矗立着的希腊神话中诸神和英雄的雕像，而每一个雕像的背后都有一个为人熟知的神话故事。甚至如希腊考古学家卡莉克蕾亚·拉娜拉－沃亚茨所说：'那些虚构的道德规范通过它们（神们）的视觉形象得到了生命和辉煌。'（《古代希腊：人与神》展：《众神：美好的神话》，2004年7月22日—11月20日，中国国家博物馆）在欧洲历史上，上古神话历来就是以经典艺术的形式展现出来的，取材于神话的建筑、雕塑、绘画、音乐、戏剧等等，作为不朽的艺术，培育、影响了欧洲文化，所以，欧洲上古神话的资源转化不存在认同问题，这是我们讨论神话资源转化问题的关键。那些凝聚在石头媒介中的神话，古老而充满历史的真实感，人们从中既领受了上古神话的神秘与博大，也欣赏了以上古神话为题材的伟大艺术。在艺术与信仰的双重熏陶之中，一种文化精神得以确立与传承，资源转化也成为自然而然的文化延续方式。就欧洲上古神话的情况而论，古典神话资源具有系统的文化脉络，对民族文化的建构与文化延续具有重要意义。"[14]上述讨论有一个核心，就是古希腊神话资源借助于广场、公共化或面对公共社会的建筑、宗教场所等公共空间来传承，最终获得深刻的影响力与广泛的文化认同。换言之，神话资源是获得公共空间的权利与功能之后才发挥出文化凝聚功能的。这正是神话资源转化的秘密——神话资源的"公共空间化"。本质上，原始时代的神话具有公共空间特征，提供了人们参与公共事务、受制于公共信仰、生活于公共场所的基础，这一特征成为神话的内在精神。这是与神话作为原始时代的文化制度密切相关的。由此，神话资源在后世传承的"公共空间化"正是对神话内在精神的潜在接受。

公共空间作为重要的社会学命题，在当代语境中的价值越来越显著。哈贝马斯把公共空间界定为一个面向实际和解的非强制性交谈和关注公共事务的自由对话领域。他的立场是在像利奥塔德那样对其舆论模式的解放潜力怀有疑问的后结构主义者的抨击下理性辩论中产生的。[15]以此为基础，我们认为，公共空间是指社会民众群体化交往、共同参与公共事务的物理空间和文化空间。传统公共空间是民主化政治和民主化社会交互式实践的一个基本层次："像集会、新英格兰市政厅、农村教堂、咖啡吧、客栈、公共广场、一个方便的谷仓、一个协会的礼堂、一个公园、一个工厂的餐厅，甚至是大街上的一个角落等诸如此类的场所。许多这样的场所继续存在，但不再用作政治讨论和行动的组织中心。看来媒介，特别是电视但也包括其他的电子传播方式，不仅把公民们彼此分开了，而且还取代了老式的政治场所。"[16]在传统与当代的对比中，公共空间的形态与价值发生了重大变化，尤其以新媒介所营造的公共空间，一方面建构了公共空间的职能，另一方面却又切割了公共空间的主体，使得公共空间的集中性与普遍性程度大为降低。公共空间一定意义上是限定于某个群体之上的，是有限的社会公共空间。或者说，这个时代的总体性的公共空间并不存在。这就引出了人们关于信息时代的语境下公共空间究竟存在于何处的疑问。约翰·哈特利认为，媒介就是公共空间："电视、通俗报纸、杂志和摄影，即现代时期的大众媒介，是公共的领域，即公众被创造和生存的场所和手段。"[17](P1)保罗·维瑞利奥提出了同样的主张："大街和公共场所从现在起被屏幕、被电子显示牌给遮蔽了，这是即将到来的'影像机器'的前兆。"[18](P64)由于"人物"被"图像"取代了，"公共的"越来越倾向于成为"公开的"。也就是说，实在的公共空间的主体被符号所取代，具有价值取向的文化空间则转变为一种未经价值过滤的公众信息，公共的对话与参与，在此变得隐而不见，有的只是无数面向公众传播的公开的信息。我们倾向于在传统意义上考察神话资源的公共空间化过程，坚持公众的价值选择在公共空间中最为直接地表现出来，并接受了公共空间的互动影响。

神话资源的"公共空间化"有两个重要条件：一是神话资源必须依附于能够呈现时间历程的媒介，如性质耐久的黏土、石头、金属制品等媒介，这些媒介用于建筑、雕塑、户外标志设施，可以在相当长的历史时间中稳定传承神话资源，可以有效地将神话资源的历史意义贯穿于媒介之中；二是借助于媒介的神话资源必须被安置于具有社会普遍性的公共空间之中，并作为公共空间的灵魂而存在。著名传播学家、加拿大传播学派开创者英尼斯从媒介出发，分析了媒介与文明的关系:"时间观念与空间观念,反映了媒介对文明的重要意义。倚重时间的媒介,其性质耐久,羊皮纸、黏土和石头即为其例。这些笨重的材料适合建筑和雕塑。倚重空间的媒介,耐久性比较逊色,质地却比较轻。后者更适合广袤地区的治理和贸易。……我们要克服媒介偏向,即不过分倚重时间,也不过分倚重空间。"[19](P5)当然,并非一开始人类就有比较明确的媒介区分,某种程度上这些媒介呈现出一定的先后关系。这不仅与技术发展有关,也与特定的文化精神和文化传统有关。如早期的媒介多源于天然的不需要很高的技术加工的事物,如石头、黏土等,而文明时代则更注重技术创造来获得媒介,尤其进入20世纪之后,新兴起了以电子通信技术和计算机技术支撑的媒介,如影视传播系统、卫星传播系统、计算机网络传播系统等。人类不断利用和开发新技术,一个很重要的目的是创造和改进媒介手段,并在时间维度与空间维度两方面实现媒介的兼容性。我们可以把这种媒介思想运用到公共空间的讨论之中。公共空间是以空间形态展示时间意义的公共场所或公众对话平台。"公共空间的整合属于社会整合系统的一个重要组成部分","公共空间能够满足民众的宗教性需求。在川西社会的祠庙等空间里,朝拜的人们通过同样的烧香、拜神、问签、求福等宗教仪式,模糊了在社会结构中的地位、角色、职位之间的关系,进而达到一种平等、简单甚至交融的关系,即在宗教仪式中建立了基于信众这一角色的认同感"。[20]也就是说,公共空间不仅指向一个特定的空间结构,也指向时间维度的文化意义,提供一种价值,满足一种精神需求。神话资源的公共空间化也是在空间与时间两个维度上的实现,大多数传承方式都有着两个维度上的努力。

具体而言,神话资源的公共空间化一方面借助于雕塑、建筑实现,将神话资源具象为人文景观或艺术作品,放置于城市的具有社会公共职能的区域,展示城市的价值取向,或者体现某种文化品格。如武汉大禹治水神话园位于汉阳江滩,通过塑造大禹这位中国原始社会末期的部落联盟首领来突出其治水恤民、发展农业的历史功绩,构建一个公共空间来嘉许奉公为民、抗争自然的精神。事实上,这样一个公共空间是以神话资源的雕塑表象来支撑和完成的。神话资源以公共空间的灵魂规定了这个空间特有的文化寓意,使公众在这个公共空间内获得一种与灵魂相通的公共价值。值得注意的是,这些雕塑以花岗石和金属为媒介,所营造的公共空间就具有了时间性,其文化精神得到传承。这种特点也正是神话资源所必须倚重的媒介要求。在一般公众的传承中,可以获得庄严、神圣的公共意识,推动公众在此空间坚持神话资源所折射的文化品格。有时,神话资源在雕塑、建筑之中并不直接显现为公共空间的职能，而是以艺术作品或人文景观的方式面对公众，面对参观者。但是从社会关系与公众交往的角度上看，神话资源事实上已经创造了一个公共空间，人们在此既可以参与公共事务的讨论，也可以形成相对互动的公共行为。另一方面，神话资源的公共空间化还借助于当代媒介的大众传播来建构。影视与网络本身即具有公共空间的功能，一般公众可以在这些形式化的公共空间中获得公共身份，而神话资源以元素的形态进入影视与网络之后，也模糊建立了一些公共空间，如《指环王》以"神魔指环"这一元素形成了关于"神圣力量的事物"的公共空间，这一空间与形式化的媒介所体现公共空间结合起来，召唤公众保持一种神圣信仰与神秘行为，沟通日常生活中的平凡与特殊表象的神圣行为，引导人们积极参与公共空间活动。

总之，当代语境极大地影响着神话资源的传承。当代语境以经济全球化、大众媒介的控制性与虚拟性、消费主义为主要特征，突出一种强化"公共空间"的时代理想，这种理想直接或间接地成为人们传承神话资源的潜在观念，并在实践中将神话资源"公共空间化"，借助多种力量展示神话资源的普世价值和艺术品格。这种"公共空间化"的神话资源转化，一方面是对低俗倾向的纠正，另一方面则是对神话传统的继承与模仿。而其深层次的努力，与国家意识形态影响下的文化重建密切相关，外在的经济因素渗透着一种重建文化场的主体的文化自觉，景观化或艺术创造的内核同样有着不可忽略的价值重塑。当然，这一现象在当代语境下也处于消解的过程中。

参 考 文 献

[1] 王一川."全球性"境遇中的中国文学［J］.文学评论，2001（6）.

[2] 杜书瀛.在全球化浪潮面前：关于艺术与美学处境的断想［J］.文艺争鸣，2001（6）.

[3] 王宁.全球化进程中中国文学理论的国际化［J］.文学评论，2001（6）.

[4] 马歇尔·麦克卢汉.理解媒介：论人的延伸［M］.何道宽，译.北京：商务印书馆，2000.

[5] 马克斯·霍克海默，丙奥多·阿道尔诺.启蒙辩证法：哲学断片［M］.梁敬东，曹卫东，译.上海：上海人民出版社，2003.

[6] 陈翔.媒介整合社会：建构媒介功能新理论［J］.西南民族大学学报（人文社科版），2004（4）.

[7] 叶越.超越媒体：一个"整合型媒体"推动区域社会经济发展的风云历程［M］.北京：中国社会科学出版社，2000.

[8] 汤林森.文化帝国主义［M］.冯建三，译.郭英剑.校订.上海：上海人民出版社，1999.

[9] 丹尼尔·贝尔.资本主义文化矛盾［M］.赵一凡,蒲隆,任晓晋,译.北京:生活·读书·新知三联书店,1992.
[10] 让·波德里亚.消费社会［M］.刘成富,全志钢,译.南京:南京大学出版社,2001.
[11] 迈克·费瑟斯通.消费文化与后现代主义［M］.刘精明,译.南京:译林出版社,2000.
[12] 朱立元,李钧.二十世纪西方文论选:下［M］.北京:高等教育出版社,2002.
[13] 朱立元.西方美学名著提要［M］.南昌:江西人民出版社,2002.
[14] 刘锡诚.在中西文化比较视野下看神话资源转化的中国实践［J］.长江大学学报（社会科学版）,2006（3）.
[15] 利奥塔德.后现代的环境［M］.布莱安·马苏米,译.明尼波利斯:明尼苏达大学出版社,1984.
[16] 马克·波斯特.网络民主:互联网与公共空间［Z］.赵毅,译.http://www.culstudies.com,2003-08-05.
[17] 约翰·哈特利.图象的政治:公众在大众媒介时代的产生［M］.纽约:路特莱支出版社,1992.
[18] 保罗·维瑞利奥.视觉机器［M］.朱莉·罗斯,译.布鲁明顿:印第安纳大学出版社,1994.
[19] 哈罗德·伊尼斯.帝国与传播［M］.何道宽,译.北京:中国人民大学出版社,2003.
[20] 吕卓红.川西茶馆:作为公共空间的生成和变迁［J］.民间文化论坛,2005（6）.

原载《长江大学学报》（社会科学版）2008年第1期

学术访谈

神话资源转化必须警惕两种倾向
——冯天瑜先生访谈录

孙正国

3月31日上午,笔者就神话资源转化的相关问题访问了冯天瑜先生。冯先生在武汉大学公寓欣然接受了近于打扰的访问。时值樱花灿烂绽放,一片蓬勃、秀美的江南春色掩映着武大校园的人文与地理。访问结束,基于他担任武汉大禹治水神话园项目专家组组长的立场,冯先生嘱我整理好访谈,将其作为一种对当代文化现象的重要观察,提供给学术界讨论。

孙正国(下简称孙):冯先生好,感谢您在繁忙的工作中接受我的学术访问。

冯天瑜(下简称冯):没关系。

孙:当下有一种文化现象引起了许多学者的关注与讨论,这就是神话资源的转化问题。很多地方政府将具有地方文化特色的神话资源利用起来,建立当代的地方文化特色,同时推动地方的社会经济发展。对这样一种社会文化决策与措施,学术界褒贬不一,其社会、文化影响也是非常复杂的。

冯:这一现象我也很关注,而且目前我正在参与武汉市的一个神话资源转化项目大禹治水神话园的工作。事实上,神话资源转化与其他传统的、古典的资源转化一样,具有文化延续的必然性。

孙:那么,您能否就这一现象谈谈存在的问题呢?

冯:可以。我认为任何古典资源,包括神话资源,都存在转化问题,而且这一转化归结起来属诠释学范畴。也就是说,我们理解与继承古典资源,首先有一个诠释过程,其次在诠释过程中应尽量还原古典,还原历史,还原神话本初的形态与意蕴。

孙:在这个意义上,资源转化可视作人类文化延续发展的一种基本方式。不过,正是这种转化,引起了许多讨论与争鸣。您认为主要的原因在哪里?

冯:由于任何古典资源的转化都具有相对性,所以我们在讨论资源转化时必须注意对相对性的理解与把握。如果不注意这个问题，就很容易引起争议，或者说这种转化与古典资源无关，或者说不可能对古典资源进行现代转化。实质上，这两种说法都失之于相对性的理解与把握。由此，我认为，神话资源转化必须警惕两种倾向：一种倾向是把神话资源的转化视为伪民俗、伪神话活动，认为这种转化不可能还原神话本真，因而反对进行神话资源的转化研究与实践；另一种倾向刚好相反，走到了另一个极端，认为神话资源转化可以任意夸张、想象，以当代人的观念与需求为标准，尤其在商业文化与政治思想的复杂支配下，完全背离古典资源（包括神话）的本意与原型，对古典资源任意歪曲。显然这两种倾向都非常有害，必须杜绝。

克罗齐说过，一切历史都是现代史。正是这个意思。我们说任何古典资源都必然要赋予现代价值的观照，一方面对古典资源坚持还原其本真的追求，另一方面积极地予以现代价值的观照。

孙：您现在参与的大禹治水神话园项目，也是一个典型的神话资源转化项目，作为专家组负责人，您认为这一个案在"两种倾向"的问题上是如何处理的？它的独特个性是什么？

冯：大禹神话园在"两种倾向"的问题上处理得比较好。它坚持资源转化可行的观点，在处理神话资源转化时聘请神话学专家把关，防止大禹神话的"仙化"，故事脉络与人物造型都秉承上古神话的本原形态，力求还原大禹神话的本真；同时，强调与继承大禹神话在中国文化传统中所沉淀下来的文化精神，其最基本的文化精神是大禹与自然抗争的奋发精神，这种精神已经成为中华民族精神的重要内涵，而且大禹治水方略中与自然的谐调性精神也值得我们关注、借鉴和学习。

就大禹神话园的独特个性来讲，其转化方式主要以雕塑为主，既突出了神话英雄的美感，又强化了神话英雄的艺术感染力和文化感召力，在一定程度上，增添了历史的地方光环，这也是每个地方建构其历史渊源、表彰先贤的重要途径。可以说，大禹治水神话园将成为武汉市的一个旅游景观，向现代民众展示大禹所代表的素朴的美和强健的阳刚精神。

深层次上，大禹治水神话包蕴了一个人类文化中重要而基本的母题，即"人与自然的关系"母题。当代生态环境日益得到重视，这一母题也由此具有特别重要的意义。而武汉市大禹治水神话园的规划与建设，体现出了武汉地区在这一关系上所提倡的疏导意义，因而具有独特价值。

孙：从大禹治水神话园的整体方案来看，您所谈到的人与自然的关系确实是其中重要的意蕴之一，很富于当代感。

冯： 是的，当代感很不错，古典资源转化表现出当代感是有其重要根据的。只要尊重古典资源的本真形态与原初精神，这种转化就可以体现出当代感。在继承非物质文化遗产的基础上，文化注入了当代因素而不断得以发展。

孙： 当代意识与当代精神是人类文化不断延续的一个证明。我们在讨论神话资源转化时，这也是一个重要的文化依据。因为，转化意味着现代的阐释与表现。您把神话资源转化首先纳入到诠释学的范畴，我很赞同。如果纯粹强调古典资源的本真与原初形态，一味坚守古典资源的不可转化与学理上分析的话，我们可以把它视作一种对古典资源的阐释立场，但这一立场在实践上应该被否定。一个浅显的例证是，我们所研究的上古神话，其实也是个很复杂的混合的对象，也有一个相当漫长的发生、形成、演化的过程，当我们讨论某个神话时，其实是将这个过程浓缩了，甚至是省略了，那些丰富的、性质多样的、历史阶段性的、民族文化个性的内涵，都在论述的策略上和某种相对一致的文化语境下得到整合，本质上也是对其给予的一种转化后的理解。因此，严格意义上的古典资源都是一种演化体。

冯： 古典资源首先就有一个现代诠释、现代价值观照的问题，同时它也需要被不断的诠释和利用。

孙： 记得很早就读到您的神话学专著《上古神话纵横谈》，您在著作中对中国上古神话做了很系统的梳理和研究，其中也谈到大禹治水神话和神话资源的影响和转化问题。

冯： 那是将近 30 年前的研究了。当时我研究文化史非常关注上古神话，对包括大禹神话在内的许多中国古神话都做过细致的探讨。就大禹神话而言，古往今来，人们一谈到禹，都充满了感激和崇敬。在中国辽阔的土地上，保留着许许多多关于禹的纪念物，如禹陵、禹穴、禹庙等等。大禹已经成为中华民族精神的一种象征。

从世界文化史来看，古希腊、古罗马和其他民族地区神话资源都对后世的人类文化产生过深远影响，而且通过戏剧、雕塑、绘画、音乐等极为丰富的文化样式给予了继承与转化，尤其是古希腊的建筑与雕塑，以艺术的、宗教的方式将神话资源固定下来，使这种资源转化形成一种文化延续模式，它所象征和主导的文化精神，成为欧洲文化的基本渊源之一。

孙： 是的。您在书中讨论的问题，至今仍然是一个重要的文化现象，值得我们继续关注和深入研究。非常感谢您具有指导意义的谈话，从中，我对神话资源转化问题有了新的认识。您的意见将给当代的神话资源转化研究与实践提供重要的理论思想。

冯：非常高兴讨论神话资源转化问题，这种文化现象值得关注与研究。

附录一：大禹治水记

"汤汤洪水方割，荡荡怀山襄陵，浩浩滔天。"（《尚书·尧典》）

新冰河期结束，雪消融，雨连绵，遍地泽国，哀鸿四野，人类历史记忆由此开篇：巴比伦古文献以追叙"大洪水"作楔子，希伯来《旧约·创世纪》从"挪亚方舟"起讲，印度及美洲印第安传说也由洪水故事发端……世界各地不约而同涌现的"洪水神话"，叙上苍降灭顶之灾，人类孑遗得神谕而幸存，唯诞育于长江、黄河之滨的万古绝唱——"鲧禹治水"，卓绝横空，奏鸣出抗御天灾、整治河山的强音，展现了中华先民劲拔不屈的风骨和巧夺天工的睿智。

洪水肆虐，是天帝对不服从旨意的下民降施的惩戒。鲧，这位天帝之孙，满怀对民众的同情，窃取密藏的神土"息壤"，堙塞洪水。天帝震怒，杀鲧于羽山之郊。冤愤的鲧不肯瞑目，天帝令祝融拿吴刀将鲧腹剖开，从腹中跳出"禹"这位承继治水伟业的后生。

鲧乃出师未捷身先死的悲剧角色，是与窃火给人间的普罗米修斯东西辉映的殉道者；鲧的儿子禹，堪称正剧英雄，借神工，用人力，历尽辛劳，终于赢得理水的胜利。

禹的征程何其壮阔——

邀群神于会稽，打败并驱逐兴涛作浪的水神共工。

搏杀九头怪物相柳，擒拿作恶多端的水兽巫支祁，力辟伊阙，鱼跃龙门。

疏导为主，堙塞为辅，唤应龙以巨尾划地，开掘江河，令洪水滔滔东泻；邀神龟背负天帝赐予的息壤，平垫洼地，隆起处成高山大岳。

借神牛巨力，撞开巫山；引汉水入江，修彭蠡之防。

禹的心志何其果决——

与涂山女娇相恋成婚，铁汉柔情，然为民治水，居外长年，数过家门而不入。亲操耒耜，偕民共作，沐雨栉风，劳身焦思。

禹的勋绩何其宏伟——

疏浚江河，平抑洪水；

教民耕稼，初兴农业；

贡金铸鼎，昭示形胜；

命名山川，划分九州；

承虞创夏，立国建制。

涛声依旧，龟蛇倾听，唱不尽伯禹伟绩——

战凶灭顽堪大勇，化堵为疏称大智，奉公忘私众尊贤。

壮哉禹功，明德远矣！

美哉大禹，恩泽际天！

冯天瑜撰于武昌珞珈山　2005 年 11 月 18 日

附录二：大禹治水神话园建设方案撮要

大禹治水神话园景区位于汉阳江滩，晴川阁管理处之西，武昌长江大桥汉阳桥头堡之东，北为汉阳长江大堤，南面长江，与武昌江滩隔江相望，长约 430 米，约 2.1 万平方米。

一、大禹治水神话园建设指导思想

拟建的大禹治水神话园，是目前国内仅有的纪念中国上古名人的神话文化园。

禹是中国原始社会末期的部落联盟首领，也是中国民众心目中最伟大的民族英雄。据传，舜时实行"三岁一考功"的奖励制度，结果每次评出的 20 个人中，都有禹的名字，大家一致公认"惟禹之功为大"。中国历代百朝，称禹为大禹，以示尊重。

大禹之功，在于治水。帝尧时，"洪水滔天，浩浩怀山襄陵，下民其忧"，众人举禹治水。禹"劳身焦思，居外十三年，过家门而不敢入"。后人称"美哉禹功，明德远矣，微禹，吾其鱼乎"，以表彰禹的恩泽久远。不仅如此，禹之功还在于治水之后发展农耕，"尽力于沟洫"。《论语·泰伯》称禹致力于整顿河道，发展农业生产，"禹稷躬耕而有天下"。

汉阳是有着丰厚历史文化积淀的地方，晴川阁的禹稷行宫就是古代人民纪念大禹疏导九川功劳的纪念之地。大禹治水神话园紧邻晴川阁，与禹稷行宫等建筑互相呼应，连成一体，形成大禹文化系列。大禹治水神话园系根据极其丰富的史籍记载和神话传说，以艺术形式再现大禹治水艰难奋斗的历程，展示武汉地区源远流长的文化脉络，使大禹神话园成为武汉地区及汉阳江滩中既有丰富文化内涵，又有很高艺术品位的城市名片。

二、大禹治水神话园建设基本原则

1. 严格遵守《防洪法》，园内景点主要采用浮雕和圆雕的手法制作，不妨碍防洪、泄洪、导洪，不影响长江大堤的安全。
2. 严格遵守城市规划法规，遵守汉阳新区建设统一规划。
3. 努力做到人文景观与自然景观的和谐统一，历史文化和现代文化的和谐统一，艺术品位和群众欣赏要求的和谐统一。
4. 大禹治水处于新石器时代末期，艺术表现形式要原始、粗犷，具有强烈东方神话神秘色彩和表现张力的浪漫精神，力求体现中华民族的伟大创造力和原始美。

三、大禹神话园的区域划分及景点安排

大禹治水神话园用地呈刀形，南面临江，其他三面有山体和高大建筑物，地形局促。拟在不损坏现有树木的前提下，以大禹祭祀台（现箱式防水墙）中线为中轴线，采取轴对称布局。

大禹治水神话园分上、中、下三区及水文化展示厅四个部分。

上区

从长江大桥以下至大禹祭祀台侧，由神话园大门、"应龙画河海"石雕、"大禹降生"圆雕和大禹之父鲧治水透雕组成。

1. 大禹治水神话园大门

门分外、内两门。外门为江堤闸口，闸口两边各嵌1.8米见方的白麻石玉面人像一座。玉面人为湖北天门石家河出土的新石器时代的玉器。内门距闸口10米处，高约5米，仿商代龙纹，为双向对开门。门为红色花岗石。

2. "应龙画河海，玄龟负青泥"配金属石雕

石雕在神话门中线延长线，与神话门相对。雕塑连基座七八米，以清初画家肖从云所作"应龙画河海"为本进行再创作。应龙，是中国古代传说中有双翼的神龙，它以尾巴画地，留下一道深沟，形成河道，疏通洪水。

3. 剖肚鲧尸，大禹降生（圆雕）

大禹降生圆雕在上区弧线人行走道和平直人行走道的结合部，石雕为青绿色，高5—6米。

4. 鲧治水透雕

大禹之父鲧治水透雕（双面雕）为绿青色（福建青花石最佳），以每个故事

作单元，以不规则的雕塑相组合，将鲧治水的神话传说表现出来。雕塑比防洪堤略低。画面为：（1）浩浩洪水，民不聊生；（2）临危受命，初治失败；（3）偷窃息壤，阻障洪患；（4）天地发怒，杀死伯鲧。

中区

以大禹祭祀台及延伸区为景点中心。景点由"搏杀相柳""力开伊阙，鱼跃龙门""大禹乘车检阅九鼎"圆雕和大禹北方治水神话传说系列浮雕组成。

1. "搏杀相柳"圆雕

雕塑在大禹祭祀台的上侧起始处。被禹驱逐的共工，有一个臣子叫相柳，是一个蛇身九头的怪物。禹运用神力，与之殊死搏斗，为民除了大害。圆雕材质为红色或黄色花岗石。

2. "力开伊阙，鱼跃龙门"圆雕

雕塑在大禹祭祀台下侧的起始处，与搏杀相柳相对。圆雕材质为黄色花岗岩。

龙门山原是一座大山，挡住黄河去路，洪水流不过去，水神趁势兴风作浪，造成洪水泛滥，把上游的孟门山淹没了。禹从积石山疏导黄河到这里，用神力把龙门山开辟为二，使它分跨在黄河两岸，像两扇门，让河水从悬崖峭壁间奔流而下，故名龙门。据说，江海的鱼到一定时间就要举行跳跃比赛，跳过去了就乘龙升天，跳不过去只好仍旧转来做鱼。

3. "大禹乘车检阅九鼎"圆雕

此雕塑是九鼎台和大禹乘车圆雕的组合。九鼎台，圆形五层台，台高2米，四周雾喷，台上层立青铜八鼎，中间石柱参考《山海经》以浅浮雕的形式雕刻风物及神怪，仿马王堆图腾柱。柱高10—15米，石柱上立夏代青铜鼎一尊。

大禹乘双龙头马车雕塑在大禹祭祀台下中心，车、龙、龙马以及人物为圆雕，雕塑背部与浮雕墙相连，整个雕塑似从墙中飞驰而出。史载禹治水成功，有一马名叫飞菟，一天能驰三万里，受大禹精神感召，做了大禹坐骑。还有一头会说话的走兽，叫跌蹄，是天帝后土的家畜，也是神马。二马、二龙马拉车，大禹在车上神色庄重，检阅九鼎。雕塑为青铜，高7—8米，底座雾喷。

4. 大禹北方治水神话传说系列浮雕

系列浮雕在大禹祭祀台下，全长约70米（减去两头和中间圆雕所占长度），为红色或黄色花岗石。内容为：（1）幼遇石虎，相处甚笃；（2）大禹受命，接受息壤；（3）共工振滔，禹讨共工；（4）治理黄河，河伯献图；（5）禹凿龙门，喜得玉简；（6）禹过桐柏，擒获水怪；（7）见九尾狐，娶涂山女；（8）禹变黑熊，拱山惊妻；（9）舜送元珪，禹得神马。

下区

下区为大禹祭祀台下方踏步至晴川阁公园外墙江滩。此处地形窄长，景点安排以散点链式石雕为主，内容为"大禹三过家门而不入"圆雕、大禹南方治水神话传说、镇江石柱和"恩泽久远"坊。

1. "大禹三过家门而不入"圆雕

雕塑运用圆雕与高浮雕相结合将人物和建筑层次安排，其内容为禹过家门而不入，内心矛盾异常，涂山氏不让夫走。雕塑规模亦相当。圆雕材质为红色或黄色花岗岩。

2. 大禹南方治水神话传说

大禹祭祀台下侧，与上区禹之父鲧治水透雕成一线，主要用印章或蓝田石刻手法表现。

印章起源很早。汉代《春秋运斗枢》记载：黄帝时，黄龙负图，中有玺者，文曰"天王符玺"。汉代《春秋合诚图》说得更加明白：尧坐舟中与太尉舜临观，凤凰负图授尧，图以赤玉为匣，长三尺八寸，厚三寸，黄玉检，白玉绳封两端，其章曰"天赤帝符玺"。可见印章在四千年前就存在并被运用。中国刻石历史更加久远，除了石器时代早期岩画、岩刻外，从夏代开始，刻石、刻玉已成风气。此区将大禹治水神话传说的单个故事用自然石刻成印章或蓝田石雕形式的雕塑组成链式雕塑群。内容为：（1）神牛相助，撞开巫山；（2）衡山之神迎禹，昆仑息壤治洪；（3）禹谢衡山神，岣嵝山刻碑；（4）修彭蠡之防，禹勒石纪功；（5）导汉水入江，龟蛇二将成山；（6）海潮涌震泽，禹奔筿箸山；（7）疏浚沟渠，教民鸟田；（8）群仙大会庆成功，大禹神游昆仑山；（9）会稽山诸侯大会，戮杀防风氏；（10）禹避禅位，万民举禹。

3. 镇江石柱配金属圆雕

镇江石柱紧靠晴川公园外侧，轮船码头下首。镇江石柱为黑红（仿铁）花岗石，高6—8米，柱上刻渔夫取玉镯故事，柱下有锁链，锁住猴头水怪巫支祁。

4. "恩泽久远"坊

与镇江石柱同为一线，与江堤平行，既为大禹治水立坊，又是大禹神话园进入晴川公园的入口。坊上横额以砖雕形式刻鲧与禹父子两手欲牵不能的场面，体现中华民族治水父子接力、生生不息的精神。坊正面书"恩泽久远"，其文摘自《左传·昭公三年》。背面书"劳身焦思"，其文摘自《尚书·益稷》。坊高6—7米。坊内建大禹神话园记。

四、水文化展示厅

水文化展示厅坐落在大禹神话浮雕墙外，长约 80 米，单层，顶为平台。现为商家占用，拟改造为水文化展示厅，其顶为大禹祭祀台。

1. 水文化展示厅

将目前房屋外廊柱 14 根柱子改造为青石高浮雕蟠龙柱，其中正中两柱为钻天柱。房屋改造为黑瓦、白墙，青石板地面。房屋内室打通，形成约 800 平方米的文化展示厅。

2. 将现有房屋顶面改为大禹祭祀台，在台面入口处立双龙凤圆形石门，两面高浮，福建青绿石。栏杆全部换成青石仿古栏杆。台地面上刻大禹治洪"禹迹图"，图面积为 100 平方米。

原载《长江大学学报》（社会科学版）2006 年第 3 期

如何阅读世界神话？
——日本民族学家大林太良与神话学者吉田敦彦对话录

唐 卉［译］

一、"具有神话的猿"登场

吉田敦彦（以下简称吉田）：首先，我们从人类神话的意义、人类同神话的关系说起。作为人科动物，我们隶属的生物等级在目前的人类学上称为人·智人（homō·sapience），这个与我们现代人属于同一亚种的智人阶段。我认为，从其在大地上产生的那一刻开始直到今天，始终具有神话。其他动物，无不按其本能而生存。像蚂蚁、蜜蜂，它们经营着极其复杂的社会，在共同体中各司其职。比方说，在蚁群当中，有些蚂蚁是专门培育蘑菇的，一些则从事饲养蚜虫的工作，也有一些进行着类似于农业和牧业的活计。然而，所有预先植入的这一切，完全遵从于它们的本能，是一种"自然"行为。与此相比，人类的生存方式却不是自然的，甚至可以说是反自然的。在异彩纷呈的文化之中，人类所进行的经营活动，究竟为什么必须使用那样的方式，如果不加以说明，那么这个文化就会解体。不消说，每一个人都会认为在自己的文化当中发生的事情都是理所应当的，而在其他文化中的行为方式却没那么容易理解，甚至觉得别的文化有"野蛮"之嫌。如果说必须用一种原理去说明人类文化，否则它就不能成立的话，那么这个说明原理就是神话。我的老师杜梅齐尔先生曾经写道："没有神话的民族没有生命。"此言不虚，一语中的。所谓智人，意思就是思考的人。根据最近的人类学研究，思考的人存在两个阶段。在智人之前，存在着一个亚种，叫作尼安德特人（Neanderthal man）。大林先生最近公开发表言论认为："尼安德特人是否具备说话的能力，这一点直接决定着他们是否拥有神话。"因此，尼安德特人的故事仍有很多无法理解的地方。而我个人认为，作为智人的人类从产生的那一刻起，自三万五千年前的旧石器时代后期文化的起始阶段以降，人类恐怕就已经拥有了神话。大林先生，您怎么看呢？

大林太良（以下简称大林）：我大体是这么认为的，拥有神话的前提是具备言语能力，倘若没有语言，那么神话也就无法成立。人类的语言是声音、语音。像黑猩猩（chimpanzee）、大猩猩（gorilla）这些类人猿，通过研究测试，它们根本无法组织句子，也无法发音。虽然猿和人类的婴儿有相似的地方——喉头都处在较高的位置，不过差别在于，婴儿出生后不久，喉头部位便会往下滑落，原先的地方形成一个空洞，有利于发出各种各样的声音。至于尼安德特人，据说他们连"啊、咿、呜"这样的三个最基本的母音都发不出来，也就等于说，尼安德特人的确不使用发音清晰的语言。另外，无论是神话，还是其他什么，所谓的"话"总是由几个部分构成，才能成为一个整体，而"话"则作为考古学的遗物留存下来。同样道理，如果让一件物品具备某种功能，那么一定数量的构成要素必不可少，在物质文化方面自不待说。例如弓箭的原理，弓、弦、箭这三样东西缺一不可，否则射箭的功用便不复存在。弓箭的发明是旧石器时代后期的事情了。再比方说掷标枪，只有将枪和投掷物两样物件结合起来，才能形成投掷的工具。还有石器。远古时代，为了方便双手更灵活地操作石器，人们便在打制的石器上方安上一个木柄，让木柄和石刃组合成为一个工具，这也是旧石器时代后期的事儿了。总之，这个阶段的特点是，一件事物需要由不可分割的几个部分构成，从而赋予这件事物一定的功能，并使其固定下来。从物质文化上考虑就是如此。这样一来，同样的事情不也是用语言讲述的么？如果有的话，所谓神话，我认为就是在这个时代发生的。说到智人，他们的出现大概是14万年前，广而扩之，旧石器时代后期文化开始发达，不过距离这个时间段已很久远了。所以，我认为这个时期，某种程度上已经有神话。

二、最古老的神话＝带来丰饶的地母神？

吉田：旧石器时代后期，一说起欧洲，那就是克罗马农（Cro-Magon）人的文化了。最古老的时期称作奥瑞纳（Aurignac）文化。最初智人所信奉的宗教，可不可以很确定地认为就是大地母神崇拜呢？

大林：是女神崇拜。

吉田：之所以这么说，是因为这里呈现出一件证据——古老的考古学遗物——一座克罗马农的史前时代的维纳斯像，大约三万五千年前制作的。这件小雕像非常精巧，用石灰岩、猛犸象牙等材料制成。雕像表现为一名女性（有人认为这不是女神像，而是供儿童玩耍的玩具），并且很明显地被加以歪曲变形。不过，这一变形绝非当时技术的笨拙而导致的，而是有意为之。生活在旧石器时代后期的人们，在塑造动物形象时，具有写实的表现能力。当展示人类女性身体的时候，雕刻者本来完全可以按照现实的样态进行塑造，然而他们没有这么做。雕像上的女性，乳房、小腹、臀部以及大腿这些与女性妊娠、生产功用相关的器官，被特意凸显，做得格外夸张。并且，像维林多夫（Willendorf）的维纳斯像等史前的维纳斯像，具有的共同特征就是没有眼睛和鼻子，脸面平平，多数低着头，两手按在乳房上。她们按压乳房的动作，仿佛正要将一对硕大的乳房往外挤出奶水一般。为什么要低着头呢？我推测，如此夸大膨胀的腹部象征着怀孕，低着头则是将目光投向腹中的胎儿，抑或刚刚从双腿间降生的婴儿；又或者说女人挤压自己的双乳，一边用乳汁喂养孩子，一边关切地注视自己的骨肉。总之，这不是人世间一位普通的母亲，她集三种状态于一体：怀胎、临盆、哺乳。同一时间身兼数职，她不是人间的女性，而应该是一位女神。不就是这样表现的吗？通过史前时代的维纳斯女神像，我认为它清楚地呈现出作为大地母神的女神像。要言之，大林先生的言谈自始至终都在追溯远古时代，至少在欧洲，智人取代尼安德特人，大概是三万五千年前，而当时他们就是以制作表现母神的小雕像开始的。史前的维纳斯像到底是不是真正的女神像，大林先生，您还有什么其他看法吗？

大林：哎呀，我也认为是女神啊，不过，怀着孕，同时哺乳的行为，我想在采集狩猎阶段是不会发生的，不管"哺乳期间禁止性交"的禁忌是否存在，结果都一样，即使没有禁忌，一般情况下，在哺乳期受孕的概率也会大大减少。另外，加上居无定所，身边又有众多嗷嗷待哺的婴儿，当时的生活相当困苦。布须曼人（Bushman）在他们不断迁移的生活当中，生育一个孩子的周期大概是4年。一旦安定下来，平均2.6年生育一个孩子，时间比率大大缩短了。所以，哺乳和怀孕两者兼顾的情形，大概也只有神灵才具备这样的能耐。不过……

吉田：的确，人类似乎很难做得到。

大林：没错。到了旧石器时代后期，正式确立了男女分工，虽然在此之前就有某种程度的男女差别。男人多从事狩猎。当我们阅读采集狩猎民的神话时会发现，他们的神话更多的是围绕着动物展开的。实际上，虽然当时食用的都是卡路里较高的植物性食物，但是他们的神话更多地还是关于动物的，有关动物和人类比赛智慧的故事。主题往往都是为了不被动物杀掉，主人公斗智斗勇、想方设法地逃脱等等。根据不同的情形而采取相应的应对措施，当然也就呈现出诸多生死攸关的紧张剧目。还有，猎人在打猎之前都要与超自然界接触，因为在打猎的过程中，伴随着无数的危险。日本明治时期，美国人R.希区柯克调查了北海道的阿伊努人，并写出一份调查报告，其中介绍了猎人们游历地下世界的故事：一位猎户追逐一只熊来到一处洞窟中，同人类世界一样，洞窟内干净整洁，可惜猎人对眼前的景象视而不见，一心惦记着刚才那只难觅踪迹的大熊，他吃了几颗野生葡萄，继续往前，却惊奇地发现，自己不知何时已变成了一条蛇。此处让人联想到中世《神道集》中有关甲贺三郎游历地下的传说。这个暂且不论，话说这位变成蛇的猎人一步一步爬回人类世界，途中在一棵松木下歇息。松木神在他的睡梦中显灵，并帮助他蜕掉蛇皮，恢复了人样。在梦中，神灵特意交代说："因为你吃了地底下的野葡萄和桑果，所以注定在人类世界待不长。地下世界的神女倾慕你，希望和你缔结婚姻，她变成一头熊的模样为的是引你过去。你必须做好准备。"如此告诫一番。返回家里的年轻人不久便得了一场重病，撒手人寰。这则故事讲述的就是猎人、动物、超自然界三者之间的密切关系。因此，关于动物的故事，至少可以追溯到旧石器时代后期。它们与女神故事有怎样的关系呢？在现在的阿伊努传说中，地下世界的女神登场，并且多数情况下女神是野兽之王。比如，西伯利亚的通古斯，在举行狩猎仪式的时候，都会前往拥有女神之魂的萨满那里。然后，人们诚恳地向女神发出"一定要降临啊"的呼唤，并献上装在袋子中的动物的皮毛。收受皮毛的女神会将它们播撒在大地之上，继而变成野生的驯鹿。日本的山神、狩猎女神都是女性。所以，女性作为支配动物的神灵，地位显赫。

吉田：对于史前时代的维纳斯像，我认为她不仅代表着大地母神，同时也显示出刚才大林先生所讲的相当于野兽之王的存在。旧石器时代后期，克罗马农人留下了美术作品——在地下的洞窟里完成的壁画。根据场地的不同，可以肯定的是，这些壁画当时都是在离入口十分遥远的地方所画的。要达到这些绘画地点，需要在几乎迷路的情况下穿行于地下通道之中，而且，经由不得不躬身爬行的道路，只能攀登的陡峭悬崖，湍急的地下之水，呼啸迅猛的瀑布等等艰难险阻，最终到达较为宽阔的地界。这些历程都刻画在岩壁或者顶棚上。壁画当中有五花八门的主题，主要围绕的还是克罗马农人狩猎捕获的猎物野牛、野马等。洞穴壁画与史前时代的维纳斯像所属的时期全然不同，一个是奥瑞纳期，一个属于旧石器时代后期的最后一个时期——圣马德莱娜（Madeleine）文化，这个文化直到最近才得以重见天日。大约一年前在法国，发现了地下洞窟，其中的绘画可以追溯到三万多年前。说不定，这两者都属于同一时代呢。思考一下：为什么要历经危险、恐怖的心理挣扎，穿越伸手不见五指的迷津，行走在广袤的地下世界呢？刻画这些有必要吗？仔细想来，通道和绘画所描绘的大厅，不正表现出大地的身体吗？也就是说，地下长长的通道正像是一条产道，经由这条产道，克罗马农人才得以进入这个比作子宫的广阔空间当中，子宫的膜壁和顶端画满了各种各样的动物。方才我们提到的史前时代的维纳斯像表达的是女神，一边妊娠，一边生育，一边哺育幼儿，自不必说表达了人类生活中不可缺少的一切必要资源。当然，岩画中最为重要的是野兽。野兽的图案数量繁多，重叠在一块儿。其实，这些绝不是新图案擦在旧图案上，而是别有用心地将所有图案夹杂在一起。简言之，通过大地母神的产道，进入子宫，再加上对于自己的生活而言不可或缺的资源——猎物，在子宫里不断地妊娠，无数次生儿育女的大地母神的功能，在洞穴绘画中均一一表现了出来。所以，史前时代的维纳斯像所表现的与洞穴壁画所要表现的，并无二致，可以说同样展现出了大地母神的功用，难道不是吗？大林先生刚才说女神实属野兽之王，其中的意思清晰明了，唯其如此，才是当时人们所认为的大地母神最为重要的功能吧。通过狭长的产道进入子宫，并在那里驻足作画，这在当时，恐怕具有至关重要的祭祀意义。同样的，当最终绘画完成，从洞窟中走出，对克罗马农人而言，意味着从大地母神的子宫中得以再生。就这样，人们进入大地母神的子宫，在那里献祭，然后从中走出。从这一层意义上说，自己是大地母神的孩子，并经历了被生产出来的神秘体验。在这样的祭祀背景之下，他们已然重生。举例来说，普韦布洛印第安人（Puelo Indian）有一则神话传说：人类祖先曾在大地深处的幽暗的子宫里，如同蛆虫一般诞生，然后历经苦不堪言的劳作，跋山涉水，突破艰难险阻，最终降落在大地之上。这与生俱来的恐怖充斥在神话当中，根据神话举行的仪式，地点选择在地下，并描绘出各式各样的画作。

三、意识形态在先，还是社会变化在先？

大林：女神的问题，特别是进入西亚的新石器时代，便发展为另外一种形式。我认为特别有趣的是，一位名叫雅克·高邦（ジャック·コーバ）的法国考古学家在两三年前撰写了一本书，书中写道：通常来说，经济向前发展，农耕开始之后，丰穰女神才出现，这种情形似乎是合情合理的，然而事实上恰恰相反。他认为："丰穰女神出现的次序在先。"另外，牛崇拜也是很早就已出现。换句话说，先出现的是意识形态，在此之后，实际的经济变化才追赶上来。在此种意义上，迄今为止，人们都约定俗成地认为，神话也好，宗教也罢，都以经济活动为基础。换言之，人们认为，意识形态出现在人类的现实经营之后，而实际情况绝非如此。意识形态先行转变，带动并牵引着其他的事物发生改变，这是一个独到的主张。由于高邦是一位考古学家，所以他很容易按照年代进行解释。

吉田：我从大林先生处听说过这个人，也把他的书读了一遍。我和大林先生刚才所说的持相同观点。不过，高邦的学说我怎么也无法认可的一点是，照他的说法，只有产生了新石器时代的意识形态，人类的宗教才开始，而此前的宗教呀、神话呀一概没有。在那个地方，精神文化方面绝对是具有先行性的，为什么同样的解释不能适用于史前时代的维纳斯像，以及克罗马农人遗留的洞穴壁画上呢？作为依据，高邦假定，那些类似叩拜动作的美术表现自新石器时代开始出现，我不同意他的观点。

大林：我也持相同看法。关于从新石器时代开始形成这样的观念，我觉得蛮有意思的。

吉田：对啊。以前的观点认为，栽培作物和畜牧业形成之后，人们才开始建立村落定居下来，新石器时代的帷幕拉开。不过，读高邦的书能够了解到，叙利亚、巴勒斯坦首先建立可定居的村落，在此过程中，以往主要依靠赖以生存的狩猎物过活，还可以食用村落周边生长的野生食物。人们就像栽培谷物那样将这些野生食物收割食用。在这之后的阶段，才开始进行栽培。

大林：好像是东亚一带吧。据本土的传说，在最东面的地方，有一位稻作女神，当然在某种程度上是以少女哈伊奴维丽（Hainuwele）的形象出现的，她死后的尸体上产生出农作物。总之，具有多种不同面貌的女神与农耕发生了千丝万缕的关系。

四、神话的宇宙观

大林：这段时间，我在写有关彩虹和银河的文章，选取世界各地的相关神话，搜集材料。最引发思考的是，在日本银河是一条河，而以东亚、中国为中心的地区，大体上都把银河形容为河流。而彩虹呢，至少从某个时期开始，被认为是一座架起的桥梁。然而，纵观世界，彩虹在英语中叫作 rainbow，法语叫作 arcenciel，都含有"弓"的意思，这在印欧语系当中很普遍，然而放置在全世界范围看，又显得分布区较狭小。其实，关于虹，世界上有许多说法，认为"彩虹是一个灵魂通道"，或者"神灵往来于天上地下的道路或桥梁"。还有一种说法认为，彩虹是一条蛇。这在欧洲就存在。至于中国，彩虹是一条蛇的说法，是从殷时代才有的。也就是说，通常情况下，认为彩虹是令人害怕的事物。我们现在对彩虹的评价往往是全新的，首先想到的是彩虹真美啊。可是古往今来，在世界范围内，虹是可怕的，令人敬畏的。我们试着思考一下，虹是很无常之物，它横亘于天地之间，模棱两可，悬垂于浩茫的宇宙中。单从这一点上看，当然是令人毛骨悚然的。分辨出彩虹有七种颜色，好像是牛顿以后的事了。在东亚，虹通常被区分为五种颜色，而在欧洲，三种颜色的说法较普遍。法国呢，从20世纪初期的著述中可以了解，也是三色的，它与法国的国旗三色旗的蕴含密切相关。所以，我们在研究宇宙论的时候，仅仅关注天体是万万不够的。就说彩虹吧，可供比较的资料相当可观，而有关银河的材料却相对稀少。谈起银河，世界上最多的说法是"银河是一条道路"，还有就是"灵魂通往他界的必经之路"。特别在美洲大陆，从北美直到南美，都有此说法。大概是美洲印第安人的先祖来到这片土地时，便带来了这则神话吧。最近，我读到了一本特别有趣的书，作者是一位美国学者，名叫盖力·阿通。他在秘鲁做调研。20世纪40年代，对于秘鲁的印加（Inca）后裔盖丘亚（Quechua）族的调查写了十分详尽报告的米谢金曾得出结论说："他们的天文学知识呈断片状，全然没有整体脉络。"但是据阿通调查，情况并非如此。实际上，这些部落自身存在着十分巧妙的体系。在印加从前的首都库斯科附近，一条河流从东往西流淌，正好与天上的河流对应；并且，这条河流正像俄开阿诺斯（Oceanus）那样循环于世界上，属于水流中的一部分。现在这条河已经升上了天。围绕着天和地有一个恢宏的宇宙观。白天的彩虹对应着晚上的银河，生动的故事层出不穷。阿通调查了密斯米纳伊的村民，据他们说，地上的水升上了天变成了天上的银河，其实不仅是河流，其他众多的事物也连同水一起升上了天。银河当中有一处昏暗的地方，据说是同河流一起上天的土。另外，银河里有形形色色的动物，据说也是从地上升天的。这样一来，迄今呈现为片段式的天文神话材料，越是深入调查越显清晰。说到日本，所谓的天安河估计就是银河。如此看来，它与地上的代表物河流之间一定有着某种渊源。如果以这样的视角进行观察的话，是不是能呈现出许许多多有趣的景象呢？就现在的情形而言，所谓宇宙论的研究，只从表面上进行采集的做法大行其道，能够确凿调查的仅限于盖丘亚和多贡（Dogon）等少数地区。不管哪一个地方，都以一定的形式保留着古代文明遗产和影响。以多贡为例，自古以来就盛传其受到了地中海文明的强烈影响。因此，我们可否推测，即便是那些没怎么受过高等文化影响的民族，恰巧也具备一定的宇宙观呢？就连这样的疑问也无法得出明确的结论，因为，比起我们目前已知的，兴许还有更为丰富的宇宙论也说不定呢。

吉田：刚才提到天安河，大林先生指出它与地上代表的河流相联系的可能性，我也有同感。纵然是Amenokagu（アメノカグ），原来也是坐立于高天原之上的，同时又是大和的三山之一，这说明地上也有与此对应的山脉。再者，在《伊予国风土记》《阿波国风土记》轶文中，记载了大和的Kagu（カグ）山，很久以前是从高天原降落在地上的。还有，那时山告别天空，降落的时候有一块碎片（或同时降落），后来成为爱媛县的天山或者德岛县某处的山，取名为Amanomoto（アマノモト）。由此说明，被看成与天安河相对应的地上河流，有好几个地方啊。

大林：有道理。

吉田：所谓天安河，在记纪神话中是这样的一处所在：河岸是天照大御神的宫殿，而天照大御神是统治高天原的女王，所以天安河被赋予了这样的神话意蕴。总而言之，无论是天照大御神允诺与须佐之男命生子，还是召集八百万神灵商谈重要事情，都是在天安河河畔或者河滩进行的。照此说来，敬奉天照大御神的仪式往往在五十铃川的上流河岸啦，宫川的上流河岸啦，清流岸边啦举行，这些不能不说与河流具有一定的关系吧？我认为，供奉天照大御神的这些河流，具有比作天安河降落人间的河流的可能性。

大林：通常情况下，银河会根据季节改变方向。有时候是竖着的，有时候则是横着的。这样一来，就与地上千千万万条河流相对应了。不过，这只是一方面，无论在哪片地域，季节都是至关重要的。归根结底，在某一季节，天上的河与地上的河恰巧平行；而在另一个季节，两者也许呈现为直角。不过，这些呈现类型，也就是从地面观测到的表现形式，当然可以追溯到旧石器时代后期，无论是呈平行状还是直角型，对于初期从事农耕的人们来说，都是再普通不过的事情吧。普韦布洛印第安人也是如此吧。还有东南亚的情况，大概从阿萨姆（Assam）的周边开始，通常说的印度支那的蒙塔尼亚路（Montagnard）人。据说最近发现，在新几内亚、特罗布里安德（ドルブリアンド）的岛民也是如此。由此看来，宇宙论的表现类型从远古就已开始，而其发达后形成的结晶，不就是在初期农耕民的阶段吗？

五、太阳和月亮，男人和女人

吉田：不管怎么说，纵然有万千变化，这些都是人类宗教的构成基础。在旧石器时代后期的古老阶段，人·智人文化已经形成。当然，一旦农业开始，人们栽培作物，这个时候大地母神的功能本身就完全与以往不同了。不管这一巨大的变化如何，新石器时代依然继承了旧石器时代后期的大地母神崇拜要素，或者说，这些要素在都市文明形成的阶段还在延续，就连基督教崇拜圣母玛利亚这一重要部分，也清晰地再现了对大地母神功能的发扬。

大林：后期旧石器时代的遗产——月亮信仰，对月亮的重视程度高于太阳。

这也是一种继承吧。比如说，库里斯·奈特（Chris Knight）的《血的关系》（Blood Relations）这本书，虽然里面的材料并非完全可信，但是叙述的内容却吸引眼球。作者站在女权主义的立场上进行解释，认为夜晚是一名男性，这种思考，与迄今为止的看法全然不同。书中描述，1980年前后，认为夜晚是一名男性的看法越发得到肯定。在美国女子大学的宿舍里，朝夕相处的室友，居然出现月经周期都变得一致的倾向。其实，在古代社会，女性聚在一处，往往以彼此的例假时期作为谈话的前提。有趣的是，女性一旦团结在一起，则其力量坚不可摧。比方说，有些男人因为自己的老婆处于经期，房事不便，于是准备到外面寻找别的女人。如果这些女人的经期时间相同，那么男人的想法就实现不了。所以，女性们在例假刚开始的时候，就会对男人们说："你们出去打猎吧。"于是乎，丈夫外出狩猎，半个月左右才返回家中。这个时间又恰逢女性的排卵期，一旦交配就很容易怀上孩子。以上都是电影脚本，妙趣横生。《血的关系》对动物学、考古学、体质人类学、社会人类学最新研究进行了总体审视，是一本相当厚重的书籍。当然，奈特对月亮也给予了特别的关注。自然状况下，月亮的盈亏周期是28、29天。这么说吧，月亮信仰在古老的阶段就具有了十分重要的地位。作为这一方面的思考先驱，奈特认为月亮信仰尤为重要，特别是"月亮是名男子，他让女人们怀孕"的看法，过去可能很普遍。1927年，罗伯特·布里福德（Robert Briford）曾撰写了三卷本大部头厚书（题为《母亲》——译者）。有这样的先驱者在前，库里斯·奈特比前者的见解更新颖，更有趣。可是，一开始就涉及最初的前提，月经周期到底是不是没有什么差别呢？这是一个问题。加利福尼亚的欧罗·印第安人（Euroc-Inidan）中还存在这一继承。但是，这一说法至今未得到学术上的证明，所以奈特的立论正确与否，另当别论，然而月亮的重要性却是千真万确的。

吉田： 的确如此啊。我认为，把大地母神本身看作月亮的信仰，实际上可以追溯到旧石器时代后期。这一时代的史前时代的维纳斯像之一，在法国南部多尔多涅（Dordogne）出土的拉塞尔的维纳斯（Venus of Laussel），其实它不是雕像，而是刻在石灰岩上的浮雕，上面有一个类似峨眉月之物被高高地举起来，上面刻有13道刻纹。为什么是13道呢？它表示阳历年一年间月亮盈亏的次数。根据月亮的盈亏制成日历的能力，早已体现在克罗马农人身上。是不是这座浮雕全部展现出来了呢？分析起来，史前时代的维纳斯像所表达的，既是地母神本身，同时也是月亮。正如大林先生所言，月亮是男性，女性的经期是由这位男性即月亮引起的。这一信仰或者神话确实在阿道夫·詹森（Adolf E. Jensen）所指出的新几内亚的基瓦伊族（Kiwaii）等等各个初期栽培民之间存在。旧石器时代的后期阶段，毋宁说月亮仍然是一名女性。再说一下刚才提到的彩虹。我记得在此之前，我和大林先生曾在某个地方就针对这个问题进行过讨论。大林先生谈到彩虹被视为引发疾病、招惹灾害的不祥之物的观念，在南美原住民那里广泛存在。这一点，列维－斯特劳斯在《神话论》中曾经指出，并举了形形色色生动的信仰、神话的个案，进行了详细分析。比如说，亚马孙地区的卡塔瓦西族信仰中，彩虹出现在西边天空的那一头叫作马瓦西，在东边天空见到的叫作提尼，他俩是双胞胎兄弟。太古时期洪水暴发，大地一片汪洋，所有的生物都灭绝了，唯独留下两人的女儿。他们娶了自己幸存的女儿为妻。两边的彩虹映入眼帘，只能凝视，无法避开。看到马瓦西的人，不管平时有多么懒惰、软弱，一旦外出打猎，都会满载而归；而紧盯着提尼观看的人，则会变得笨拙不堪，要是外出的话，不知不觉就会发生糟糕的状况：路上出现障碍物啦，什么东西伤了脚啦，一接触利器马上遍体鳞伤啦，等等。列维－斯特劳斯还举了一个例子：满怀对人类的憎恨，头颅升上天空成为月亮。在头颅升天的时候，滴淌下来的血渍化作彩虹。由于这枚头颅在离开的时候施咒，于是虹被视为人类的公敌。虹犯下的所有祸事，皆因它想重新变回人，并千方百计寻找通路而引起的。

六、红和白的象征意义

大林： 最有代表性的是巴西一个叫作卡西那瓦的民族，一位名叫阿布莱乌的人做过相关报道。这个民族非常有意思，认为虹是由血化成的，同时，集团的女性一起开始有了月经。当然这属于微分析（micro analyzation）。

吉田： 是啊。在卡西那瓦族的神话当中，头颅升上天空之前向人类施下诸多咒语，其中一个就是女性从此不得不流血。女人们听言感到恐惧，就问它究竟为什么要在自己身上施加如此厉害的诅咒，头颅回答："没有理由。"

大林： 这也是日本武尊的故事吧，在月经期进行交配居然怀了孩子。从世界范围来看，月经来时进行交配怀孕的想法有很多。说到这里，《古事记》中有一个场景："袭（长罩袍）的下摆沾上了月经。"上面没有说"他在这里交欢"，也没有写"即使这样也没关系"，而是强调"正因为如此"而交合。由此看来，日本古代就存在着在行经期间交欢生子的想法。

吉田： 实际上当然行不通啦。（笑）刚才所说卡西那瓦民族的神话，有一则别传，结局是"从这个时候开始，女人们每月开始流血，一旦血液在体内凝固，黑色的胎儿就会从女人的身体中降生。一旦精液在女性的体内凝固，就会诞生白色的胎儿"。这不正是我们刚说的信仰在他们当中清楚的体现吗？

大林：所以说，这里面包含着众多妙趣横生的故事。关于"为什么孩子会出生"这样的疑问，世界上最多的思考方法也就是孩子的构成要素，是由"父亲提供白色的精液，母亲注入红色的血液，合二为一产生孩子"。正因如此，才会有即使红色的血液出现，也可以交合产生孩子的想法吧。在犹太人那里，也有同样的故事。另外还有一点，除了父亲和母亲两位的液体之外，还需要来自神灵的灵魂造访。犹太教的祭师拉比教义即是如此。白色之物与红色之物结合产生孩子，也许是意识形态先行吧。在此意义上，所谓红色和白色的象征，大概是最基本的。

吉田：红色的一方是女人，白色的一方是男人。

大林：哎，在这一限度内呀。一直延续到"红白歌会"。（笑）即便如此，在日本神话中，月亮也不太可能突然出现。这很有趣。某一阶段，太阳手握领导权出现。之前读过一位古代历史学家弗朗茨·阿特哈姆的书，其中记述罗马皇帝体制的末期，大概有两次，在基督教之前发起以太阳神作为国教的运动。巧合的是，叙利亚的巴尔米拉（Palmyra）的周边，巴尔干的周边，从这些地方传入的奴隶一旦做了皇帝，就会发起这样的运动。总之，太阳与特定的土地结合在了一起，成为万人敬仰的目标。所以说，一旦从这些地方来的奴隶飞黄腾达，做了一国之君，他们自然会使用太阳信仰来治理国家。这不难理解。比如天照大御神，按和田萃先生的说法，在伊势敬奉天照大御神之前，事先要前往三轮山祭奠太阳。至少在《古事记》《日本书纪》中的传承是如此，天皇家族并非大和的土著，而是从别的地方进入这片土地的。当然，从外面进来者绝不会敬奉当地的神明，于是，为了让性质不同的各方住民认可，将太阳这一圣物抬出来作为最高信仰，是最高明不过的做法了。再比如，印加也是一个征服者的国家。在印加，太阳崇拜作为国教在国土上盛行。阿兹特克（Aztec）也是如此，太阳信仰大行其道。总觉得这是外来的征服者常常采用的方法，我眼下就是这么思考的。刚刚说到库里斯·奈特，他介绍了澳大利亚的彩虹蛇，说这不仅是澳大利亚的问题，推而广之是整个人类的基本认知。的确，把彩虹看作蛇的地方有很多，但在日本内地，将虹等同于蛇的说法却微乎其微。取而代之，在日本本土存在的说法是"不能用手指指向彩虹"，从东北到九州、鹿儿岛皆有此说。纵观全球，"不能用手指指向彩虹"的说法很普遍，因为"只要指向彩虹，手指头就会弯曲"呀"手指头会腐烂掉落"呀，总之会引发骇人的后果。此说在东南亚数量不在少数，在美拉尼西亚、欧洲皆有此说，但是美洲大陆不存在，非洲也极少，中国自古有之。还有一点，与彩虹禁忌异常相似的是月亮禁忌。

"不能目视月亮",还有,"不能碰触月光"。日本人不大有这样的顾虑,欧洲人直到今天对此还心有余悸。表达精神失去平衡的英文词汇:"lunatic",从字面上理解,只要被月亮沾染,就会神经错乱。

吉田:的确如您所言,现如今,"不能目视月亮"的民间信仰已经在当代日本不复存在了,古代有没有呢?在我们国家也不是完全找寻不到类似的痕迹。比如《竹取物语》,辉夜姬仰望明月陷入沉思,倘若某人在此时无意撞见这一幕,那么这个人就触犯了忌讳,从此不能举头望月。记述的这一点,不正是表达了这一民间信仰吗?值得关注。

七、国家的成立与神话的正统化功能

大林:目前,关于国家的起源和初期国家的研究,在全球范围内方兴未艾。广义的人类学、民族学、考古学,还有文献历史都是如此。直到前不久,还认为初期国家的成立本身是一个问题,而最近正在把关注的焦点放置在正统化的讨论上。与此相关的研讨会接二连三地举办,然而令人遗憾的是,神话的例子并没有被采纳。

吉田:方才大林先生谈到了向新石器时代过渡的过程中,丰饶女神信仰在农业中、牛崇拜在畜牧业中具有强有力的先行可能性,这种可能性在最近的研究中也变得越来越明晰了。如果是这样的话,就算是关于国家成立方面的,正统性的神话都会在制度上先行一步,如果不是这样的话,至于让制度成立,具有决定性的重要意义,这是再明确不过的了。

大林:话虽如此,但还是没有采纳神话的事例。

吉田:我想大概就算在文化人类学领域,神话也只会采用相对次要的部分。神话的研究究竟能不能归于一门学问,仍然悬而未决。或许,神话比较研究的历史,可以追溯到很久远的古老时代,然而其成为一门具有清晰意识的显学,直到19世纪中叶才发生。在那个时间点上,麦克斯·缪勒等人清楚地意识到,自己所从事的比较神话学,是一块学术的研究阵地,这块阵地绝对可以作为一门学科而成立。比此稍晚开始的文化人类学,现今在全世界遍地开花。大学里几乎没有不使用文化人类学讲义的。文化人类学专业在许多大学中设立,作为正式的学科领域确立下来。然而,神话学的命运却与此相反。遍寻世界,几乎没有设立神话学科的大学,神话学会也不存在。这就意味着,所谓神话学根本没有作为学科在学院中取得一席之地。因此,列维-斯特劳斯在论文《神话的构造》中直言:"神话研究尚未形成学术体系","正如热身和错失,前几代人所

做的努力已全部归零,重新纠正"。的确如此。列维-斯特劳斯自身的神话学也包含在其中,现如今还是这种状态。

大林:我在东京大学授课的30多年里,没做过几次关于神话的讲义。高校的教师被规定了不得不完成的科目,因为总与喜好的工作失之交臂而缺乏干劲。过去,松村武雄先生曾立志于建设神话学(著有大书《神话学原论》——译者),我也撰写过《神话学入门》一书,结果呢,自己从事的工作始终都是民族学。

吉田:我在咱们谈话的开始就说过,人类的文化营生,并不是一件自然性的事情。在某种文化当中,男人必须完成的任务和女人应该尽到的责任,都不属于自然的,而是极其任意地划分和区别。所以,女性由于与生俱来的性质而不得不做的一些工作,无论在哪种文化当中,可以说都是神话。不管怎样,无论是男女的分工还是国家,文化当中产生的制度啦、习俗啦,全部都是以此为根本的神话,除此之外,概无例外。

大林:一旦正统化,具有合法性,国家这样庞大的组织越是正统化,它与宇宙论的关系越紧密。所以,太阳女神的信仰等同于王权的终极根据,不在地下,而在天上。

八、还有一则神话

吉田:我们接着再举一例,可以说是关于旧石器时代文化的例子。人类文化具有的精神价值,将旧石器时代后期文化中形成的宗教也好,神话也罢,与这以后的文化相比较,究竟哪一种价值更高,或哪一种价值较低,很难裁定。旧石器时代后期文化从某种意义上讲,精神方面的价值较高的一点,如果确实在某个什么地方存在的话(最近,关于日本绳文时代的精神价值的认识正逐渐形成气候),很容易倾向于认为,远古的人们只是竭尽全力地猎取食物,而没有考虑其他事情的时间。其实完全不是这样。就算是类人猿,它们为了获取食物花费的时间,在一天24小时内也只占很小的一部分,其余大部分时间都用来梳理毛发等丰富多彩的活动。所以克罗马农人猎杀大型野兽后要进行处理,为了利用动物的肉和皮,他们便制造一些技术,运用的石器极为精巧,其高超水平甚至不亚于现代的高难技术。照此推断,克罗马农人思考万事万物的闲暇应该十分充足。另外,克罗马农人恐怕没有什么阶级划分。总之,社会全体成员共同经营着丰富的精神生活。相反的,农业一开始形成,便出现了阶级,社会分成两个阶层:拥有大量闲暇,享受精神文化的人和日出而作无暇享受的人。进入都市文明，埃及、美索不达米亚出现了掌握强权的君王，与此相伴而生的是底层人民，他们只得不停地劳动，不能思考其他任何事情；另外一种是不用劳作的人，阶级差别愈来愈明显。这种差别不断扩大，大概在产业革命之后达到极限状态。马克思撰写《资本论》时期的英国，大多数的劳工在十几岁就死亡了，描述这一非常状况的《资本论》应运而生。相形之下，整日耽于思考，花样百出地制造精神文化的人群只占极少数，无数的生命在生活的重压和忙碌的工作节奏下死于非命。从这个角度出发，毋宁说，克罗马农人的文化是让千千万万的人民享受较高精神价值的文化，远比近代的欧美文化优异得多。因此，较之基督教，克罗马农人的宗教，可不可以说它的价值更高呢？

大林：纵观文化历史，只要一门新的技术问世，那么在最初时期就会出现使用此技术而形成的卓越之物。比如说，有声电影，它的诞生是在1930年左右，现在还存有多部经典名作，不过它的黄金时代充其量也只是延续到40年代，因为在此之后的电影变得越来越无聊。起初，人们对新兴手段、媒介的出现饶有兴致，但是过度地消费使用后，便开始渴望有不同的尝试了。旧石器时代后期开始能够使用语言了。采集狩猎民一天时间内大概要用三四个小时从事劳动。劳动后大概睡个午觉，聊聊家常什么的。所以说，聊天这件事本身就发挥着十分强大的作用。不可否认，虽然在此之后发达的事物层出不穷，但是萌芽状的事物还是存在于旧石器时代后期。我喜欢歌德流派的morphology（形态学），其中包含着已经成为基础的事物，将来可以发展的事物以及正处于萌芽状态的，已经存在即将显现出来的思考方式，仅在那种情况下，偏向一方的发达，重要的仍然是，在古代文明阶段，神职人员、祭司从事洞察和思辨的工作。当然，其中不乏在学问上正确的事物，大部分恰恰是发生在学问并不发达的阶段，这些都用神话的形式表现了出来。因此，古代文明阶段的发达，至关重要。

吉田：祭司是到了一定的时候才有的称呼，但是执行祭司职能的人，在很早的时候就已经出现。那时没有支配阶层和被支配阶层，没有富人和穷人之分，知识人在后期旧石器时代出现。这些人思考的都是神话。

大林：调查北美平原上的韦奈巴高族的保罗·拉定出版过有名的著作（指《作为哲学家的原始人》——译者）。换言之，可以称得上哲学家的人还是有啊。

吉田：所谓祭司，就是所在文化的精神导师。导师的所思所想构成了社会中所谓的神话。与今天的书籍呀、电视呀这些媒体传播传说故事的方法不同，那时只能进入地下的洞窟，伴随着死亡的恐怖举行仪式。在那里，用这种方法教化众人，三叩九拜。

大林：这样的场合，一般是用来教导男性而不是教导女性的。现在，最大的谜团是：女性向女性传授的场景究竟是怎样的？当然，这方面的记录也留存了一些下来。例如，我之前一直关注的是天理教的圣典《元之理》。原来以《泥海古记》为人所知，由天理教的教主中山美伎口述而成。的确，人类最初像泥鳅一样，接着变为一寸，然后是一寸五分，正好是五分长的三倍。中山美伎曾经做过接生婆。也就是说，一位产婆会亲授下一任产婆，告诉她孕妇肚子中胎儿的发育情况。这难道不是一种传承吗？如果这些没有留存下来，那么我们又从何而知呢？

吉田：日本的绳文时代究竟是怎样的？制作陶器的是女性吧。陶器上的花纹也能表现神话，这不也是一位女性在向另一位女性传授经验吗？

大林：是啊。

吉田：这大概就是为什么神职人员中的女性人数压倒性地占多数的原因吧。

大林：萨满教有两种类型。一种叫作魂脱型。灵魂游出身体之外，开始一段旅程。这种情况下男性居多。另外一种，叫作魂入型，即灵魂由外界进入身体之内，这一任务通常由女性担当。针对两种类型，20世纪30年代俄罗斯学者赛莱宁写过一段精彩的文字："正如女性在性交时属于接受方，类型的区分与此同理。"就是说，凭灵型的萨满多由女性担当出于生理本能。可不是吗？仔细想来却是有些道理。我们所知道的世界神话，好像几乎都是男性创作的吧。《旧约圣经》的创世纪，怎么看神话都是出自男性之手。是不是女性仅仅作为接受方来对待男性创作的神话？女性向女性教授的神话又是什么样子的呢？这些问题随着女权主义人类学家的兴盛，而变得更加令人期待。类似于这些尚未得到研究解决的迷惑，还有很多很多。神话研究的魅力之一就是，围绕着一则神话应该总会有数量不等的几个正确解释。日本的伊邪那岐、伊邪那美诞生国土的神话即是一个典型，将其视为洪水神话的一种解释有之，将其归为天父地母神话的诠释有之，凡此种种，不一而足。有从历史的角度去关注的，有从构造上去分析的，有从功能上去考量的，五花八门，不一而足，人们陶醉其中。说来说去，神话研究真是其乐无穷啊。

原载《长江大学学报》（社会科学版）2014年第3期

神话蕴含着一个民族的梦
——田兆元先生与王孝廉先生学术对话录

苏长鸿 [整理]

神话是树立或摧毁权威的一种充满矛盾的神秘舆论，是整个社会秩序的后台。神话是一种社会理想，是引导社会前进的东西。神话是一个记录体系，更是一个功能体系。神话不仅仅是社会生活的反映，更重要的是社会与社会生活的支持体系。神话是什么，具有怎样的原始意蕴，其现代价值又何在？王孝廉教授访问华东师范大学，围绕上述问题，与田兆元教授展开了深入而富于启示的对话。

话题一：神话常常和宗教信仰联系在一起，那么应如何理解神话的定义？

王孝廉（以下简称王）：我曾在《中国的神话与传说》一书中，将神话定义为"古代民众以超自然性威灵的意志活动为底基而对于周围自然界及人文界诸事象所做的解释或说明的故事"，那时候我主要想强调神话在古代社会中的功能性意义，这个意义就是解释和说明，由此论及神话学的现代性含义，便可理解为对解释的解释吧。当然定义神话很难，因为神话与文学和宗教观念的演进互为基础。作为人类精神性文化相的神话，呈现着一种不断流动变化的现象，即伴随宗教观念的发展，文化环境的变化，共通意识的形成，个人意识的崛起以及民族文化之间的接触，神话意象会逐渐从自然性神话走向人文性神话，并最终融入文学艺术之中，成为文学审美意象。因此，也可以说神话是诗的母胎，但神话的原始本义会在诗歌流传中稀薄化甚至消失。诗中的神话，给后人带来的是一种空幻的美感，但在虚无缥缈的空幻美感之中，隐含着中华民族最古老原始的梦。

田兆元（以下简称田）：当代学者对神话有着多重理解本身，就说明它在阐释学意义上的开放性和永恒性。可能正如王教授所说，神话蕴含着一个民族的梦，这个梦的研究可能比弗洛伊德梦的解析难得多，因为这是一个集体之梦，是一种历史穿越之梦，你无法用个体的意志去完全把握。但是，神话却是存在着自身的逻辑的。按我在《神话与中国社会》中的分析逻辑出发，神话一定是一种神圣性的叙事，同时叙事的主角也应该是神。但正如我的硕士导师，前不久刚过100岁高龄的徐中玉先生在该书序中所言，"神话其实全是人话"，是功利之言，是政治话语。而我在该书的结语中也说道，神话是竖立或摧毁权威的一种充满矛盾的神秘舆论，是整个社会秩序的后台。这样，神话的脉络就能够很好地把握了。我最近完成的一篇论文，分析了愚公移山这则古代很普通的寓言故事，是如何在政治家与社会的共同推动下，变成一则强大的现代民族国家神话的。这中间的逻辑很清晰，我们从社会生活出发，就能够理解那些看上去很神秘的神话。对于神话的结构，无论如何也少不了这三个外在的叙事维度，一是文本（语言与文献）叙事，二是仪式（民俗行为）叙事，三是景观（物象空间）叙事，暂且称之为三位一体的神话定义吧。

　　王：其实神话既可以被民众信仰，更可以纳入国家层面，但无论从集团到个体，对神话讲述都与宗教观念的变化十分密切，比如宗教也讲究三位一体的基本要素：信仰对象、仪礼、场所（如祭坛，代表与世俗分开的空间）。而一般的中国宗教也会有三个问题：你从哪里来？是谁？到哪里去？中国宗教视人比鬼神更重要，我们关心的是人应该如何生存下去，即"怎么活"这种最基本也是最终极的问题。由此再问神话为什么会变动，因为神话是宗教观念的表象，宗教观念改变势必造成神话表述的变异。中国古代关于强死、殉情的神话之所以消失，是因为与之相关的作为宗教的共同意识不复存在了，因此说明神话是一个集体心理。当然，个体意识的强化，异文化的接触，也是神话变化的重要原因。从抽象到具象，其变化主要有三种方式：一是演变成一种造型艺术，人类早期崇拜的对象是一种没有象的神像，比如一块石头，人对无形、无知、无限、没有形象的东西最感到恐怖，而对释迦牟尼、耶稣、耶和华这些后来的宗教形象，反而会感到亲切，这时神话就开始消解，开始往艺术上变化；二是变成圣歌，它只有声音的震撼，很浅但是很有力量，常常讲神话与诗，诗歌是如何把神话固定下来的？是依靠所谓圣代诗人，通常是巫师，即宗教的祭司；三是成文的神话，即神话的文献传统，用文本叙事将其固化下来，当然还有非文字的。从神话到文学，其原始神圣性、宗教性及其行为准则渐渐消解，但是其内在想象力还将存续，从神话到诗、诗到民间信仰都是一以贯之的，孔子认为中国的所有政治理论全在《诗经》，里面充满了民间信仰。

　　话题二：王教授早年从中国文学的研究进入神话学，后来由神话学切入民族学的研究；而田教授同样从传统的中国文学和史学研究进入神话学，后来由

神话学切入民俗学的研究。两位教授研究的侧重点的差异何在？

王：我大学四年的中国文学老师是徐复观先生，他教我们《史记》《文心雕龙》《中国哲学史》等课程。后来我到日本留学，他写信让我老老实实读中国文学，搞创作写小说。他很反对我从事神话研究，因为他一直以来都不喜欢他的一个湖北浠水老乡，《神话与诗》的作者闻一多，当然他也不赞成顾颉刚的古史辨。因为徐先生从事经学研究，他认为我转向神话学属于离经叛道。我在日本的导师池田末利先生是徐先生的学友。池田先生是晚清民国初年北京留学生，由日本文部省委派到北京大学留学，毕业后任教于原北平中国大学。池田先生在日本的老师叫加藤常贤，是《尚书》研究的大家，那时日本汉学最厉害，所以池田最擅长的是《尚书》《仪礼》的研究。而1970年以后池田末利这一代退去，也就代表日本汉学家的退场，之后受到洋派冲击，日本传统的经学也就到此为止。我在日本的另一位很重要的导师是御手洗胜先生。我的毕业论文是经由他指导，题目叫《从古史到神话——以古史辨为中心的中国神话研究》，但是论文到了徐复观先生那里，依然得到了严厉的批评，但他所说的"研究神话，一定要在历史意义和文化意义上去做这种工作"对我影响很深，可谓终身受用。

田：我对神话的研究有偶然的因素，因为我对于《楚辞》很感兴趣，那里面是神话，在阅读过程中有很多的灵感，比如看到其中很多神灵车上的旗帜不一样，这样通过不同的旗帜来识别不同的神灵，于是有了最初的一篇论文，所以我的处女作是一篇神话学的论文。我读研究生的时候，做的是中国古典美学研究，当时研究的是天人合一问题，天人合一问题本身就是一个神话命题。让我投入到神话研究领域应该得益于我读博士期间，我的导师、著名历史学家吴泽先生的鼓励。吴先生作为史学大家，对神话不仅没有徐复观先生那样的偏见，反而觉得神话的发展牵动社会神经，通过神话可以透视整个社会。他对于两周时期的社神崇拜与土地制度关系的研究，让我眼界大开。我们以前研究神话，总是会说神话是社会生活的反映，是一种机械的表述，神话总是被动的东西。可是我在与吴先生的交流中感受到，神话就是社会生活本身，是社会生活的组成部分，参与了社会的运转。所以神话与中国社会的意思是，神话与中国社会互为表里，神话是一个记录体系，更是一个功能体系。神话不仅仅是社会生活的反映，更重要的是社会与社会生活的支持体系。后来我与程蔷先生一起创建了上海大学神话学民俗学学科，神话学民俗学的核心论题是世界性的学问。后来我和我的学生们开展了神话的民俗学研究，主要从地域建构与社会建构的视角出发，理解神话的功能与结构，及其历史发展过程。

王：政治神话确实每个王朝都会使用，以此强调圣者之师的正统性、合法性，民间神话大概就是一些规范。我后来与我的台湾学生鹿忆鹿、钟宗宪等人从事中国少数民族神话研究多年，期间搜集了苗、瑶、彝等西南族群的神话资料，也到傈僳、普米、傣居住的地区做过田野调查，论述过摩梭、普米与古西夏存在着共同族源的问题。我的足迹更是遍及西北、中原、内蒙古等许多神话流源地。结合个人经验来看，今人所传承和使用的神话意象并未发生太大的变化。也就是说，神话学的文本解读与田野作业相结合，不失为研究民族史和民族文化的方法之一，而大陆许多优秀的民族学者也是这样做的。

田：20世纪二三十年代，大夏大学（华东师范大学前身——整理者注）文学院院长谢六逸先生出版了《神话学ABC》一书，将其作为一门系统学科进行研究和分析。谢六逸先生通过历史考察，提出后神话学就是民俗学，或者民俗学就是神话学的观点，当时感觉蹊跷，现在看真是远见卓识。2011年6月我在台湾《政大中文学报》第15期刊发了《论神话研究的民俗学路径》，特别提到谢先生曾前无古人地将神话学与民俗学紧密联系起来的观点。今天看来，一批从事神话、史诗、传说和民间故事研究的学者成为中国民俗学的中流砥柱，也可以看出神话学研究对于民俗学研究的贡献。"民俗是生活的华彩乐章"，这就将民俗从一般生活中凸显出来，而神话也是生活的凸显，所以二者在很多的层面是一致的。后来我们强调在田野中研究神话，以田野为书斋，就是将神话研究与民俗研究紧密结合起来。

话题三：民俗学是一门现代学，那么从现代学的角度出发，如何树立神话在当代社会发展中的价值及意义？

王：举个例子，李白的《静夜思》和李叔同的《送别》等一些大家常见的诗歌意象，如床前、长亭的内涵是什么？我认为床、月亮这类意象是与神话有着密切相关的叙事展演。通过前面的分析，我想说，一直以来，文人对神话意象具有固化的作用，但我们对它的解读不应该固化，甚至可以说神话所信仰的对象是无形的，而被艺术化之后的神话意象变得十分具体，进而信仰的力量就被削弱了。我们无法通过诗歌的意境进入神话的境界，就表明我们没有读懂诗。在当今快节奏的生活中，十分需要对诗意的领悟和对神话的感受。理性中，你不会认为月亮中有嫦娥有桂树，但是神话中有，有些东西是不能共享和落实的。神话需要个人的体会，不能化为有形的东西。神话对希腊是社会意义，在北欧就是法律意义。日本的神话就是他们的政治。那么在中国，神话是什么？神话跟你有什么关系？我研究过很多少数民族，他们没有"文化（话语权）"，但他们有历史，譬如哈尼族，他们的工具、衣服都是他们的历史，神话是他们的生活，但是对我来讲没有用，这就像读诗一样，需要去读，而不是被消费掉。

田：过去有一种普遍的说法，神话随着社会的发展，科技的发展，会逐渐消失。现在看来，这是简单的机械唯物质论的看法。它忽视了神话是一种社会理想，是引导社会前进的东西。因为人类是在不断探索前进的，所以神话是永恒的存在，是与人类相伴随的理想之花。因此，神话建构认同，建构区域文化共同体，甚至民族国家，是文化与社会发展的基本规律。我主张民俗学家是文化的研究者，同时是文化的建构者，两种身份是统一的。因此，我的神话研究是充满情感的，是在探索那些生生不息的伟大精神，要让这些神话成为民族的精神资源，获得认同感，增强自豪感和神圣感。在这样一个缺少信仰的时代，神话研究应该为社会提供有价值的东西，使之对于祖先的文化创造充满敬畏，传承那些古老的充满雄浑之气的民族精神，让我们的社会成员挺直腰杆，坦荡做人。

原载《长江大学学报》（社会科学版）2014年第4期

中国神话学的文化意义

——访中国神话学会会长、"神话学文库"主编叶舒宪

明　江

"当哈利·波特逃离寄人篱下的灰色现实，前往梦想的魔法学校时，为什么传达神意的信使是猫头鹰？莫言描写计划生育的那部小说，为什么取名为《蛙》呢？"对此，神话学专家的答案是：猫头鹰也好，青蛙、蟾蜍也好，早在一万年以前的大传统时代，就是人类用图像编码方式表达的神灵象征。在中国社会科学院比较文学研究中心主任、中国神话学会会长叶舒宪主编的"神话学文库"第一辑中，作者们提到并回答了很多类似的问题。

作为一种古老的文化基因和思维编码，神话的符号价值无疑是一种重要的文化资本。不久前上演的影片《西游记之大闹天宫》有着古老的神话原型，国外影视作品《哈利·波特》《纳尼亚传奇》《星球大战》《达·芬奇密码》《黑客帝国》《阿凡达》《尼古拉的遗嘱》等的热映，以及网游、玄幻、仙侠等网络作品的畅销，让越来越多的人意识到神话的巨大文化价值。近期备受关注的月球车"玉兔号"，其名称更是取材于古老神话，引人浮想联翩。有专家学者表示，神话研究对于民族文学研究的推进，除了理论上、方法论上的指导意义，更多的是提示我们关注民间的、活态的文化传统和信仰系统。

作为国家"十二五"重点图书出版规划项目和国家出版基金项目，"神话学文库"第一辑包括《神话—原型批评》《文化符号学——大小传统新视野》等8部译著和9部专著共17本书。这套文库由上海交通大学文学人类学中心与中国社会科学院比较文学研究中心、中国神话学会合作完成，是用神话概念重新贯通整合文史哲、心理学、宗教、道德、法律等人文领域的重要研究成果，是我国目前最具规模性的神话学研究成果的集结。

有专家说，如今的好莱坞大片中半数以上取材于神话，而中国的神话在当代仍然是"养在深闺人未识"。我们应该如何利用自己的神话遗产呢？为此，笔者采访了"神话学文库"主编叶舒宪。

明江（以下简称明）：正如您在序言中所言，当代最新的航天科技成就也在用诸如"嫦娥""玉兔""阿波罗"等古老的神话语汇来命名，《西游记》《指环王》《纳尼亚传奇》等神话色彩颇浓的作品更是影视界的热门主题。可以看出，今天这个科技发达的时代也是回归神话的时代。在您看来，神话对当代文化的影响力表现在哪些方面？

叶舒宪（以下简称叶）：很多人以为，神话只关乎文学想象，如今越来越多的人意识到，神话资源可以成为经济转型的文化资本、创意经济的符号引擎，因为神话概念远远大于文学和艺术。神话既然是文化整体的根，一定会给特定文化传统的想象和词汇提供原型。当今社会是符号化的社会，一流企业出售的是符号（品牌），二三流企业出售的是产品。要想从"中国制造"的现代性经济跨越到"中国创造"的后现代符号经济，民族国家的神话资源将成为最大的文化资源。这或许就是神话对当代文化的重要影响力和吸引力。在文艺创作方面，抢注神话符号的现象，仅仅是时代转型的一个缩影。就国内情况而言，跟风牟利者多，而精研神话者少。这正是"神话学文库"所要弥补的"文化基础设施"。

明：您曾提到，中国是一个"本来没有神话概念的神话传统大国"，怎么理解？

叶：1902年之前，汉语中一般不用"神话"这个词。这是留学日本的知识人引进中国的，几乎和"科学""民主"这些现代外来词一样。所以一开始，学者们讨论和争议的问题是"中国神话"的说法是否成立，即中国有没有神话。从茅盾到袁珂，以西方神话为参照，用了几十年证明中国有神话。当今的研究者提出超越"中国神话"的文学本位研究范式，倡导"神话中国"的文化整合研究新范式。首先要问：中国目前56个民族中，有哪一个民族没有神话？然后问：既然中国和世界的每一个民族都有神话，为什么古汉语中没有"神话"这个概念呢？答案是：古希腊哲学家要走出神话世界，建立理性权威，所以提出"神话"这个概念，作为逻辑的对立面，要大家不再相信神话是真的。中国和世界上大多数国家历史上没有出现类似西方的"哲学突破"，自古以来就生活在神话式的思维和感知之中，所以没有类似西方"神话"的概念。"中国"指天下中央之国，"九州"和"神州"等，一听都是神话想象的名称，更不用说嫦娥、玉兔、西王母、东王公了。走进徐州、南阳、临沂、成都、榆林的任何一座汉画像博物馆或艺术馆，就仿佛置身于两千年前汉人的神话世界，更不用说商周青铜器上的饕餮纹鸟兽纹和甲骨文占卜通神的世界了。离开了神话，就离开了中华文明的源流和主脉。像孔圣人梦想凤鸟、老子化胡、玄天上帝、太平天国这样充斥历史书的名目，哪一个不是出于神话的建构？神话不是中国文学中较早的一个子类，而是伴随中国文化全程的。就此而言，我们说中国是"没有神话概念的神话传统大国"。

明：中国神话学的发展情况如何？

叶：就个人的理解而言，110年的中国神话学史，大体上可分为两段。第一段叫"求证中国神话"，包括整个20世纪。求证的结果："中国神话"概念分解为四大研究层面——汉文典籍神话、汉族口传神话、少数民族典籍神话（如纳西族《东巴经》）和少数民族口传神话。四方面的资源基本调研清楚了，堪称浩如烟海。以中国民间文艺家协会与汉王公司合作完成的"中国口头文学遗产数字化工程"为例，近9亿字的内容，至少有3亿字和神话有关。在云计算时代的海量信息面前，神话学史必然进入第二阶段，即"解读中国神话"阶段。特别是进入21世纪后，形成了跨学科和多学科的神话研究潮流，包括考古、历史、艺术史和宗教学等方面的学者加入。学者们不再去求证中国有没有神话，或什么才算神话，而是力求说明中国人为什么生活在神话传统之中，并解读文献叙事之外的神话表现形态，如文物和图像叙事（汉画像石、纸马、年画、剪纸、玉器、铜器等）。进一步地，从理论上梳理神话中国的原型编码和派生的再编码，从神话编码的意义上重新认识中国文化。

明：少数民族神话在整个中国神话中的状况如何？少数民族的神话传承情况如何？

叶：受到文化人类学的影响，国内文学研究界兴起了文学人类学一派，强调从多元的和多民族互动视角审视中国文学和文化，让局限于民族院校小范围内的少数民族神话，特别是少数民族口传神话的内容，真正普及到整个文科教学和研究中，打破了过去那种以汉文书面文学替代中国文学的传统观念。以新编的《文学人类学教程》（2010年）为例，讲到文学的发生和文学的治疗功能，蒙古族、藏族、纳西族、鄂伦春族、羌族、珞巴族、哈萨克族、柯尔克孜族、台湾布农人等数十个民族的神话，都发挥着示例作用。2011年在荷兰出版的英文书《中国的创世和起源神话》，更是首次将中国学者研究的多民族创世神话的丰富多彩内容呈现给西方学界。就传承情况而言，非物质文化遗产保护热潮的兴起，给少数民族神话带来了前所未有的保护和研究的契机。这方面的研究论文数量正在迅速增长，不过现代化的社会潮流对许多边缘民族的口传神话传统，也有釜底抽薪般的威胁。

明：您认为，了解神话对当代作家艺术家有什么样的意义？

叶：作家的想象力如果不想局限在当下的生活世界，那么大量学习和理解世界多民族的神话遗产，将是一项基础性的培育工作。给中国当代作家影响最多的作家之一是加西亚·马尔克斯，要问他的创作秘诀，就是首先深入研究南美洲的本土神话。这不光是了解一些有趣的神奇故事，而是了解原住民的神话世界观，了解其神话式的思考方式和感觉方式。没有这个功夫，《百年孤独》的想象世界是不容易进入的。以最近的台湾金马奖获奖影片——魏德圣导演的《赛德克·巴莱》为例，我们就能更清楚地了解神话对当代作家艺术家有什么样的意义。魏德圣作为汉族导演，要用强势大片为媒介，为殖民时代濒于灭绝的一个台湾山地边缘族群赛德克人树碑立传。他花十年工夫去做民族学实地调研，选用原住民演员，服装道具、衣食住行等方面皆尊重原貌；最可贵的是，通过赛德克人特有的神话世界观来表现历史事件，让想象中的彩虹桥链接现实与梦想中的祖灵世界，并用赛德克语演唱的主题歌对此予以反复强化。影片最大的魅力，就是能够带领观众重新回到赛德克人的神话世界。用人类学的话说，就是"从原住民的观点看"。

明：当代神话研究对于民族文学研究的推进作用，主要表现在哪些方面？

叶：以国别为单位研究文学，无疑是该国书面文学占据绝对主流地位。以民族或族群为单位研究文学，则无文字民族占了大多数，其口头传统都源于神话讲述。所以说，研究神话成为研究民族文学的基础和根本。书面文学是固定的，缺乏语境的，口传神话往往和族群社会的重要仪式相关。最近新发掘出的贵州麻山苗族口传神话史诗《亚鲁王》，第一卷的篇幅就相当于荷马的《伊利亚特》。更可贵的是，能够在丧仪上讲唱《亚鲁王》的苗族东郎还大有人在，研究他们比研究荷马要方便和直观。文学人类学研究者希望未来的中国文学史景观是全景的和立体的，这必然要求对多民族神话遗产进行整合。

明：在您看来，"神话学文库"第一辑最大的价值是什么？第二辑将侧重什么？

叶："神话学文库"以重树神话观念为主旨。第一辑17种书只是开头，有条件会继续做下去，能够有50至100种书，学科基础就相对牢靠一些。编撰文库的设想，来自中国社会科学院重大项目A类"中华文明探源的神话学研究"。其初衷是让神话学知识应用到国家最重要的学术攻关难题中，发挥神话学在重新打通文史哲、宗教、民俗、考古等学科领域的催化和综合创新作用。为了说明文明探源研究的神话学范式，除著作外，计划有一批作为参考示范的译著。目前还有十多部译著因为版权问题，留待第二辑，如《通过神话而思考》《萨满的声音》《女神的语言》《欧洲思想的起源》《古希腊献祭仪式与神话的人类学》等。第二辑侧重点的确定，还要听取专家组的意见，突出中国少数民族神话研究的分量。

明：中西神话研究有没有什么显著的区别？

叶：最大的区别是中外学者队伍的专业背景和知识结构不同。在中国大学中，教神话学课程的只有民间文学老师，所以除了中文系就无人开此课。在西方，最热衷神话学知识的是创意产业，特别是好莱坞和迪士尼，其次是心理学、人类学和宗教学，再其次是历史学、哲学、政治学，最后才是语言、文学、艺术。中西在神话学方面的差距巨大，根源在于教育体制造成的狭隘神话观。国外研究新趋势体现在文库中列入的译著选题上，即神话研究的大文化视野，而非纯文学视野。

明：我们的网络文学似乎有更多神怪一类的东西，比如玄幻小说，它与神话有什么异同和关联？

叶：神话作为人类想象力的源头，滋养后世一切虚构性写作。玄幻小说家大都明白此中的奥妙：二者的关系犹如大树的根脉与旁支。有学者将科幻文学和玄幻文学都视为当代的新神话形态。

明：我们知道，近年来，也有作家在重写中国神话，比如阿来重写格萨尔王，还有一些作家重新演绎孟姜女、嫦娥奔月等。这种重写，反映了当代人对神话什么样的期待？

叶：就"重述神话"国际项目而言，中国作家是被神话复兴的世界前沿潮流和出版商的商业操作裹挟进来的，起初恐怕也不大明白为什么神话又火起来了。不过能够读懂《指环王》《哈利·波特》《达·芬奇密码》之丰富神话典故的人，一定会悟出一些神话写作的窍门吧，那就是像这些作品的作者那样，自己先成为精通神话学知识的"行家"。

明：如果要将神话资源转化为文化资本，您认为最核心的工作是什么？在当代中国，神话正在如何传承？

叶：神话资源转化为文化资本，最核心的工作是重新学会我们祖先时代就生活于其中的神话思维和神话感知；在再创造的过程中，有效解决如何适应当今符号消费的现实需求。在当代中国，神话的传承分为两大阵线：一是学院派的教学与研究，二是大众文化消费的改编利用。前一方面力求接近早已逝去的神话之真实，后一方面则乱象丛生，鱼龙混杂。

明：如您在书中所言，神话是文学和文化的源头，也是人类群体的梦。不深入研究神话及其编码符号，就无法弄清一个民族亘古以来的核心梦想。今天，"中国梦"的提出，让人们对梦有了更多觉知。您认为神话研究的是一个怎么样的"中国梦"？

叶：人类是宇宙生命史上唯一有梦想的生物。梦想和神话的关系本来就是难分难舍的。启蒙主义以来，伴随着理性和科学技术的绝对权威的形成，对梦想的轻视乃至蔑视蔚然成风。唯有20世纪的精神分析学派和超现实主义文艺才正面打出"梦"的大旗。像达利的独特绘画风格的形成，大体是以梦幻为主题的。从乔伊斯的《尤利西斯》到罗琳的《哈利·波特》，则是将个人梦幻与民族群体的神话传统结合为一体。当今"中国梦"的提出背景，在于经济全球化时代的民族复兴和文化再崛起。为此，需要首先认识华夏文明是如何兴起的，不然的话，就谈不上"复兴"和"再崛起"。而研究华夏文明的起源，第一个需要面对的就是神话传说时代。因此可以说，神话研究能够给"中国梦"找到起始点和发生的原型。2013年6月，我们在陕西榆林举办的"中国玉石之路与玉文化研讨会"，就是以"探寻中国梦的缘起，重现失落的远古文明"为宗旨的。在"理性主义"时代，我们总是认为，神话和梦想都是虚构的想象的东西，然而考古发掘证明了许多古老神话都有真实的成分。德国人谢里曼坚信荷马写的特洛伊大战是真的，就独自去土耳其发掘，结果真的找到了特洛伊城，开启了西方考古学的黄金时代。中国神话中充满了对玉石的崇拜和神话想象，诸如女娲炼石补天，昆仑玉山，瑶池西王母，乃至天界主神玉皇大帝，就连咱们北京的西山都叫玉泉山，河叫昆玉河，人叫"圭璋""玲玉""琼瑶"……全都是玉。研究中国神话，必须对此打破砂锅问到底：玉石神话和梦想是在何时产生的，又是怎样产生的？为什么直到今天，老百姓还坚信玉器能够辟邪护身？考古工作者在陕西榆林地区神木县发掘出一座四千三百年前修建的石头城，有许多玉器穿插在石砖缝隙中。且不说在史前河套一带修城池的人属于什么民族，我们确信这是有关夏王朝修造"瑶台""玉门"一类神话建筑的现实原型，而建城池所需要的大量玉石资源，却不是当地能够供应的，很可能来自河西走廊地区。这就涉及早于丝绸之路数千年的"玉石之路"。把神话和考古相结合，关于华夏文明由来的真相正在逐步揭开，这就是期待中的"中国梦"的缘起之谜吧。

原载《长江大学学报》（社会科学版）2014年第7期

综述研究

国外研究中国各族神话概述
——《中国各民族神话研究外文论著目录》序

B. Riftin（李福清）

1965 年，莫斯科东方文学出版社出版袁珂的《中国古代神话》俄文版，曾请笔者主编并为后记。因为袁珂几乎没有提到前人的神话研究成果，而笔者翻阅各种各样研究著作，发现一百年来西方东方学者发表了不少研究，却没有目录，资料不容易查寻。笔者遂决定编写中国及外国有关中国古代神话的研究目录，今拟出版《中国各民族神话研究外文论著目录》中文版，此为序。

一

神话与传说应该区别开来：神话叙述开辟时代，传说则为历史时代。神话人物是始祖、文化英雄、半神或神，传说人物则是历史人物。在较发达的民族民间文学中，神话与传说较易区分，但在一些保留较多原始思维的民族，因为没有明晰的历史思维与历史概念，有时则不易区分，如中国汉族古代神话很早就历史化了，原始神话中的英雄变成古代历史人物，特别是在儒家的著作中，如尧、舜、大禹等等。所以不少早期的学者把神话等同于传说，直到近四十年来才有较明确的划分，但到现在还是有人把西王母或后羿认为是历史人物，是某一部落酋长。[1]中国出版的几本中国民间文学辞典都有神话与传说条目，但还都解释得不够，还有不少误解，把传说列入了神话，所以笔者认为有必要谈谈神话的特点及其与传说的区别。

（一）神话：这个术语中国本来没有，是从日本借用过来的，大概最早在 1903 年《新民丛报·谈丛》（36 号）发表的蒋观云（1866—1929）的一篇题为《神话历史养成之人物》中出现。蒋观云 1902 年赴日本，所以引入了日本学者使用的术语。日本把西方用的 myth（英文、法文、德文、俄文等文只是发音和写法有少许差别）译为"神话"；但是 myth 是古希腊词，希腊语把所有讲的故事都称为 myth，此词无神的意义，有的中国学者（如北大段宝林教授）将神话解释为关于神的故事是不大正确的。

据民间文学理论家及笔者个人研究（利用全世界的材料），神话主要的特点是：

（1）神话描写具有特定的时间范围，即所谓开天辟地的史前时代。有些民族很清楚划分神话时间与我们现在的时间，例如较原始（archaic）的民间文学。澳大利亚原住民把神话时间叫作"梦幻时间"。总之，神话时间并非历史时间。有人认为孟姜女故事是神话，那是完全不对的。孟姜女故事情节是与万里长城及秦始皇时代分不开的，因此，孟姜女自然不是神话人物。

在神话时代，宇宙并非现在的形态。神话时代的人生与历史时代不同，不工作、不生病、不死；那时也还没有制定什么仪式，也没有什么技术；人们可以随意变形，变成动物、植物、石头等；人可与动物通婚；人可以上天、下地府或水府，即到另一个世界。

（2）神话描述人类的起源及我们习以为常的制度、惯例、生活规矩、周围环境，包括地形、河、海是怎么形成的，怎么把混沌（chaos）变成宇宙（cosmos）的，这些都是神话的主题。

（3）神话可以分为两类。①较原始的神话。其人物多半是动物，如北美印第安人及北亚民族神话中的乌鸦。在澳洲原住民族神话中，或其他神话中，神话人物常是文化英雄等。②较先进的古文明民族神话。如在古希腊神话、古印度神话中，人物是各种神，神话描写它们的行为。研究神话发展史的学者认为，最古老的大概是关于动物的神话，即解释各种动物的特征，最早的人是动物；或相反的，动物原来是人（如台湾泰雅人说以前莺鸟也是泰雅人），这大概也是很原始的观念。半人半动物的祖先（像半人半龙的伏羲、女娲）也是很原始的观念。人类的起源，太阳、月亮及星宿的起源，也属于最古老的神话。

（4）神话与原始崇拜、原始祭典及仪式具有一定关系。当然，现在这些关系可能不大明显，但在古代却很重要。原始神话随着时间、社会文化形态的改变，再加上宗教信仰的因素掺杂其中，会形成所谓的民间神话或宗教神话。譬如，最原始的社会并没有神的概念，直到后来神的概念形成后，神话（myth）才变成关于神或半神的英雄故事。例如在古代印度、希腊及北欧，神话在某种祭典上被讲述（或颂唱）——也被当作在成人礼上，老人（年纪大的人）向受冠礼青年人教诲的内容。

（5）神话有神圣的、献给神的（sacred）特征。在没有形成神的社会，神话当然没有这个功能。神话是不能随便讲的，这种习惯，大概与这种概念的原始仪式有关。

（6）神话有推究原因的功能（etiology function）。即解释各种事物，诸如动物、人类、祭典、仪式、自然现象来源或特点，是神话主要的功能及叙述目的。

（7）神话有特殊的英雄角色，或动物或人。发达社会的神话往往含有神、半神、各种文化英雄、创世者及建立世界规律之人物等等。相反地，在原始社会的神话中，世界规律的建立者常常都不是人而是动物（如在亚洲北部许多民族神话中都提及的乌鸦），或是祖先、文化英雄，并非神或半神。

（8）神话的典型人物是所谓的文化英雄，即获得各种财富的英雄，如取火、食物等；或做发明，如伏羲发明鱼网；或教人类工艺、耕田等，如神农。

（9）神话逻辑特点之一：用反面证据来解释现象，即从前在神话时代都是相反的，而后来因故变成我们习惯的现在的。例如那时女人有胡子，男人却没有，后来因婴儿吃奶不便，丈夫便与妻子交换了胡须（台湾邹人神话）；或从前男人有月事，女人没有，后来因为狩猎的不便而交换了（台湾布农神话）。

（10）神话中英雄做的事一定是为全人类（全部落）的。如后羿射日，是因为人类受不了十个太阳之热；大禹治水并不是为自己，而是为全人类；伏羲造渔网等东西也是为全人类。

（11）神话一定有情节、可叙述的内容，以故事的形式表现。

（12）神话也有特殊结构及特殊情节的展开，如故事戏剧化；加入母题，即相类似、同义性的母题，如造物描写再加上谋取此物之描述，或是一个人物谋取许多东西，或是几个人物谋取一个东西；象征性的倒置（如描写怎么从青蛙肚子取水，加上青蛙吸尽所有的水为开端的情节）；反否定的平行描写（如一个人物做好事，另一个人物模仿他，但结果却是相反的）；"梯子"，即先描写人物怎么得到工具，然后描写他的重要功绩，如先描写人物怎么寻找宝剑，然后描写他用这把宝剑怎么杀一条恶龙；换喻（metonymy）及隐喻之转化，即神话母题谓词用在各种代码（据 Lévi-Strauss 的理论）里，如先描写神话人物饥饿（食物代码），后描写他的性交淫欲（性代码）等。其中有的情节展开的方法在后期民间故事中有重要的作用。理论家在观察了各地区、各种民族神话材料的基础上得出这个结论，是完全正确的。

（13）因神话在原始社会具有神秘功能，所以这些神话在原始社会不可以随便讲，譬如不能讲给女人或小孩子听。神话是部落的历史，男孩子长大了，快要过成年礼时，才可以讲给他听。新几内亚山区的巴布亚人讲神话是在特定的小房子里，其他地区的巴布亚人讲神话是在男子会所（女人绝不能进去）。由台湾少数民族的神话可见这古老原始社会传统的痕迹。如笔者调查布农与泰雅人民间文学时，99%讲神话故事的人都是男性。笔者每次问他们，神话故事是谁讲给您听的？回答都是父亲或伯叔，只有一个人说是母亲讲给他听的，但他的母亲是巫婆，那是很特殊的情况。阿美人还保留着古老的传统，宇宙起源神话只有祭司（sapalunau）或近代头目才可以讲述；并且在讲神话时，他还要遵守各种禁忌。据20世纪80年代的调查，雅美人讲神话的人也是男性，但老人说如果他们的父母不知道神话，不能讲给他们听，他们可以问叔（伯）父或远亲。现在是只要谁知道神话，他都可以讲给有兴趣的人听。

中国有时也谈到神话的广义和狭义。有的学者把叙述超乎人类能力的言行故事如黄粱梦也列入神话，[2]这是不能被同意的。民间文学研究是一门国际科学，与理学和社会科学相同。基本的概念、定义是国际性的，不可以在中国把电力或计算机自创一个定义，美国又有其他的定义，法国有第三个定义。

（二）传说（legend）：其形成约比神话晚一些。传说与神话及民间故事不同：

（1）神话描写的是创世、史前时代；传说描写的是历史时代，人物常常也是历史人物。

（2）神话解释一些最基本概念的来源，如宇宙起源、火的起源、人类起源、洪水等，而传说解释一些不那么重要的东西的来源，如鲁班怎么发明锯子，或一道名菜的来源，或一组地名的来源，等等；但传说中解释的功能一定是神话流传下来的。

（3）神话一般与信仰、仪式有关，传说的基础却是历史事件。古时人相信神话是真的，后期人们相信传说讲的也是真实的事。传说一般以一定的事迹作题材依据，所以有其真实性与可信性。传说往往以历史事件和人物为描写的对象（所以中国历史传说最多），因此传说也具有纪念性的功能。

（4）神话讲全人类、全部落、全民族的事，而传说讲的是一个人物的事，一个小地方如一个村、一个镇发生的事，或一个氏族的事。

（5）传说有鲜明的地方性，描写的人与地方都含有浓厚的地方性（特别是地名、名胜传说及特产传说等），而神话一般没有那么浓厚的地方性。

（6）因大部分传说有地方性，所以流传的区域一般不是全国，而是有限的地区（如一个城市：苏州传说、北京传说等等）。

（7）传说与民间故事不同。民间故事中的人物不是历史人物，所描写的地点也不是固定的地方。传说虽然有些神奇的因素，但描写的事情发生在实有的地方，在历史时代里，人物经常也是真实的人物。

（8）传说往往与各种行业有关系，差不多每个行业都有自己的传说，如木匠、皮匠、中医师及矿工等都有自己的传说。很多行业也有他们的祖师传说，如木匠有鲁班传说，豆腐师傅有乐毅传说，等等。神话与民间故事则与行业没什么关系。

（9）传说与宗教有关系，有专门一类称为宗教的传说。西方有时称 legend 就是宗教的传说。中国有佛教、道教的许多传说，如观音传说或各种仙人传说（如八仙传说）。

（10）传说也经常借用一些民间故事的表现主题与方法，如一些民间故事的情节单元（motif 母题）、民间故事的结构模式，如三叠式、串连式，但是很多传说的结构与民间故事不同。

（11）宗教传说有一类是庙宇传说，中国古庙非常多，庙宇传说当然也就不少了。

二

中国古代艺术，如仰韶文化的陶器、商周铜器、汉代石像画，经常与神话有密切关系，表现古神话动物及人物形象，所以目录中也有神话与艺术一类。各国学者对远古陶器、青铜器、汉石像画（尤其是武侯祠、四川汉墓发现的许多神话人物之像）的研究，其中有些虽不是专门研究艺术作品中的神话因素，但是与神话有关系者亦列入。古代象征经常反映神话思维，所以目录中也将古代象征与神话另列一类。

虽然中国神话比较研究不是一开始就有的，但近十年来却成了最热门的学科，目录中亦列有一类。本目录从 1836 年开始。据笔者所知，法国于 1836 年发表了最早的有关中国神话的文章，并且最早翻译了《山海经》。1875 年，E. Burnof 译了《山海经》的西山经。1889 年，L. de Rosny 在期刊上发表了《山海经》的部分译文，1891 年出了单行本。直到 20 世纪 70 年代，西方只有这一部《山海经》的译本，此后才陆续出现新的译本。1977 年，莫斯科出了 E. Yanshina 的俄文译本（2004 年再版）；1983 年，法国出了 R. Mathieu 教授的《山海经》新译本，有很仔细的注解及各种索引；1985 年，保加利亚出版了 B. Belivanova 教授译的《山海经》保加利亚文版；1988 年，台北出了英文译本。日本学者早就注意到了《山海经》这本中国古代神话研究最重要的资料，对《山海经》的各个方面进行研究，不但研究其中的神话，也研究《山海经》中的动物、咒术、山岳神祭祀、民间医疗、药物、金属等等，如20世纪70至80年代伊藤清司教授发表的各种文章。韩国1985年出版了郑在书教授的《山海经》韩文版。所以据笔者所知，《山海经》已有七种语言的译本。

西方学者早就开始研究中国古代神话中的主要人物。在19世纪70年代，英国汉学家F. Mayers发表了一篇关于女娲的短文。他认为女娲炼五彩石补天的故事证明了中国原始时代就发明了玻璃，会用炭来冶炼金属。过了二十多年，法国的T. de Lacouperie在1891年又发表了一篇论文专门讨论该问题，题为《玻璃和煤炭的古代史与女娲五彩石的传说》，认为女娲不是中国本土神话人物，与中国发明玻璃、用煤炭冶炼金属无关。

世界上第一部中国古代神话系统的专著于1892年在俄国圣彼得堡出版，这就是圣彼得堡大学东方系S. M. Georgievskij教授（1851—1893）的《中国人的神话观与神话》。Georgievskij首先研究中国（先秦）史，1885年获得博士学位，出版了《先秦史研究》一书，后来又陆续出版了儒教和道教研究的著作。他特别批评当时西方流行的欧洲中心主义观念，认为中国历史、中国文化也是世界史及文化的一部分，与其他西方国家历史享有同等地位。他的中国神话研究和他研究中国古史有关，但他并不以为中国神话就是中国的古代史。作者之所以把神话与神话观加以区分，乃在于他把后者理解为"在全部民众中形成"，是先于神话（指叙述神话人物行为的故事）本身的一种世界观基础，如古代中国人有了星空明显倾斜的观念后，才会出现共工与祝融交战，共工不胜而怒触不周山，天柱折断东南倾斜的神话。Georgievskij首次对中国古代神话进行分类。他详细分析了古代中国人关于宇宙形成的观念、宇宙神话、古代帝王神奇诞生的传说等等，也较系统地介绍了太阳神话、月亮神话及他称为"有关地球大气象奇观"的神话（即有关雷、闪电、流星、虹、霞等的神话），以及有关于灵魂、善神、恶煞、家神、灶神、主消炎去病的护佑神等形形色色的神话观念。Georgievskij教授对中国神话的许多问题（如古书记载的古神话中道教与原始元素的关系）都有正确的理解。他认为伏羲、神农、黄帝、帝喾、尧、舜、大禹等帝王形象是在神话概念的基础上形成于民间的神话形象，后来才被孔子加以利用，被塑造成"指导中国人未来的历史生活"的理想人物。最近南开大学李莉华写了硕士论文《格尔吉耶夫斯基的中国神话研究》，介绍了这位俄国学者对中国神话的看法。

日本学者也早开始研究中国古代神话。1882年，井上圆了在《东洋学艺杂志》（第9号）发表了一篇谈尧舜偶像的文章，以为尧舜是人造的圣人。他没有用神话这个概念。东京大学白鸟库吉教授（1865—1942）与Georgievskij一样，从中国上古史研究过渡到古代神话之分析，1909年发表了《支那古神话的研究》，三年之后又写了《〈尚书〉的高等批判》。白鸟库吉教授着手用新的、批判的观点去研究中国古史的若干史实，从而得出结论，无论是帝尧、帝舜、其妻、其弟的形象，以及大禹——统统都不是信史中的人物，而是神话传说中的英雄。这种前卫的观点遭到当时日本维护儒家的传统派学者的强烈抨击，但无论如何，白鸟库吉教授可以说是奠定了日本中国古神话研究的基础。

三

20世纪初，日本的小川琢治开始研究中国古代神话。他曾尝试还原中国的古史故事，恢复神话的原貌。他研究了《山海经》《穆天子传》和其他一些既是地理书又是古神话集结的古籍，随后写了几篇论文，如《中国上古的天地开辟及洪水》《昆仑之西王母》等。作者从希腊、巴比伦神话中引用大量材料加以比较，论证儒家是如何变神话为历史的。这种模拟固然可以帮助研究者证明这些材料含有神话的因素，但有时候却未能令人信服，例如论述西王母传说是由西方传入一说即如此。所以小川琢治教授以地理学家的身份，企图准确无误地把神话中的地名考证出来，其精神固然可嘉，但论证却无法令人信服。

20世纪西欧汉学家专门探讨西王母形象的起源。英国汉学家 H. Giles（1845—1935）、德国汉学家 A. Forke（1867—1944）及法国汉学大师 P. Pelliot（伯希和，1878—1945）都参加了这个讨论。他们郑重地讨论了这样的问题：中国神话中的西王母是否从近东示波（Saba）女王一词引申而来。这个观念与当时西方流行的中国文化来自巴比伦的假设有关。

20世纪20年代，欧洲和日本出现了中国神话热，学者们努力对神话进行真正科学的研究。俄国符拉迪沃斯托克（海参崴）东方学院高才生 N. P. Macokin 在1910—1911年发表过一些有价值的民族学论著，如《东亚及中亚民族母权制考》（上下两册），试图根据汉、苗、彝、蒙古、日本、朝鲜及其他民族的资料，揭示这些民族中母权制的残余现象。1917年，他发表了《中国神话中帝王与图腾崇拜》。他注意到中国帝王相貌的动物形象特征，从而推测这与希腊古代神话中的图腾概念残存是同一现象。这是第一次提出中国图腾主义的问题，值得学者们注意。法国汉学家 M. Granet（葛兰言，1884—1940）出版了两部与神话研究颇有关系的专著：一是1919年的 *Fêtes et chansons anciennes de la Chine*，一是1926年的 *Danses et légendes de la Chine ancienne*。M. Granet 不同意中国传统的注释与观点，他以社会学的眼光去分析古代神话与祭礼，研究《诗经》中的歌谣与古代农业社会季节、祭礼的关系，论证古代民歌中宗教与社会的功能。他用各种古代文献揭示原来的神话意义及古代社会事实在神话中的反映。M. Granet 教授的研究引起了汉学界及社会学界的关注。他的第一本书于 1932 年在伦敦用英文出版，1938 年在东京用日文发行。20 世纪 30 年代，中国民族学家杨堃教授又出《葛兰言导言》一书，专门介绍 M. Granet 的理论观点及研究方法。M. Granet 的理论对结构主义大师 Cl. Levi-Strauss 有很大的启发，许多世界神话理论家也引用他的著作。1989 年，上海文艺出版社出版了他的中译本《中国古代的祭礼与歌谣》（作者名译为格拉耐）。起初致力于神话研究的是法国汉学家 H. Maspero（马伯乐，1883—1945），他 1924 年发表了一部研究《书经》中的神话传说的专著。他不同意老一代的中国学者把神话人物历史化的做法，力图运用后世作者的资料（这一点后来引起了著名瑞典汉学家 B. Karlgren 缺乏根据的批评）以及印支泰民族的神话资料，以揭示神话的原始面貌（这篇文章早经冯沅君教授译成中文，于 1939 年在北京问世）。

在 Maspero 的专著问世两年后，德国汉学家 E. Erkes（1889—1958）出版了他的研究著作。他指出后羿射日神话与太平洋区域从巴塔克人（印尼苏门答腊中部山区）到美国加州印第安人，以及其他一些民族人所共知的消减多日神话之间，有相同的地方。其著作的特色是论述深刻，从历史的角度处理材料。他是第一个注意到中国人的某些神话观念与居住在中国以北的若干民族，尤其是西伯利亚诸民族的神话观念存在相似之处这一现象的。20 世纪 30 年代 O. Mänchen-Helfen 把后羿和赫拉克勒斯神话进行比较，继续了这一课题的研究，这可以说是西方、中国神话比较研究最早的尝试。但令人遗憾的是，中国神话领域中有两个非常重要的课题，至今仍未得到应有的展开：其一，同一神话观念何以在东亚、中亚、北亚以及美洲得到传播；其二，对某些神话形象和某些神话体系的类型进行比较研究。这都有待于掌握了新材料和新方法的研究者的共同努力。这类研究在中国 20 世纪 90 年代才开始，如叶舒宪等人的著作。

20 世纪 20 年代英国汉学家 E. T. C. Werner（1864—1954）写了一部大部头的书，题为《中国神话与传说》，1922 年由伦敦 Harrap 出版社出版，同年在纽约再版，1924 年又在伦敦再版，1933 年在纽约再版，1956 年又出新的版本，1971 年再版，1978 年在台北又再版。令人吃惊的是，在这部厚书里，中国古神话几乎不见踪影。Werner 根据的只有四部古籍，其中最主要的是明代小说《封神演义》，其他两部是道教的《历代神仙通鉴》《列仙传》，都不算古神话，只有第四部《搜神记》里面收有经后世阐释过的一些神话故事。Werner 把后代文人作品和古代民间流传的故事混在一起,并把完全不属于真正中国的佛经故事统统收罗到他的著作里,也采用中国神话的巴比伦起源说。1929 年茅盾评论这本书时一针见血地指出:"我想 Werner 先生大概不知道他视为中国神话重要典籍的《封神演义》等书竟是元、明人做的,否则他将说中国大部分或竟全部的神话是在六百年前,始由文学家从口头的采辑为书本了。"遗憾的是,在相当长的一段时间里,此书却在西方神话学者间享有盛誉,流传甚广。1932 年,Werner 的一部大型新作《中国神话辞典》问世。自茅盾批判 Werner 的第一部专著后,时过八年之久,这位英国汉学家依然习惯地把后世文人的杜撰、佛道传说与神话混为一谈,既不采用真正的神话古籍,也不顾及自他第一部专著问世以来许多中日学者的研究成果。

中国直到 1986 年才出版了袁珂教授编的《中国神话传说词典》[3],主要内容是古代中国神话,不涉及后期民间神话,与 Werner 编的完全相反。1989 年袁珂又编出《中国民族神话词典》[4],以少数民族神话为主。1990 年北京又出版了《中国各民族宗教与神话大词典》[5],这是一部内容十分丰富的著作。

20 世纪 20 年代日本对中国神话的研究相当活跃,著名思想家津田左右吉(1883—1961)在长达十年的研究日本民族神话的基础上,出版了几部有关中国神话的专论。1921 年,他出版了论述中国开辟神话的专著;次年,又探讨了古代中国人关于天与上帝的观念。他的基本观点和后来的顾颉刚古史辨学派相近,反对儒家把神话人物历史化。出诚石彦(1896—1942)是日本第一位完全致力于中国古神话研究的学者,是津田左右吉与白鸟库吉的学生。他研究的目的在于把中国神话从各家见诸典籍的、后期形成的政治思想因素中解脱出来,同时也把中国神话从历代文人积淀下来的形形色色的道德观念中解脱出来,其《牵牛織女说话の考察》等属于前者,《上代支那の異常出生说话について》等属于后者。出诚石彦详细分析了中国封神兽(龙、凤、麒、麟、仙鹤等)的观念,还研究了中国的洪水传说。他根据 J. Frazer(弗雷泽)的著作,把它们跟世界其他民族的同类神话进行比较,努力寻找这些神话的现实基础。

20 世纪三四十年代,在中国国内神话研究取得进展的同时,日本与欧洲对中国神话的探讨仍在继续。这一阶段日本学者的研究中最值得重视的是大阪大学森三树三郎教授的著作。他为中国神话中的几个主要人物(伏羲、太皡、女娲、神农等)写了颇有特色的"列传",还论述了宇宙神话与推原神话。在论述中国神话为什么没有形成发达的系统,没有融汇成叙事史诗的原因时,森三树三郎发表了一些很有意思的见解。他认为其主要原因有二:其一,与产生过大型神话史诗的希腊、北欧诸国相比,中国的疆域过于辽阔,致使神话未能形成一个主题(这种见解是值得注意的）；其二，在神话形成的时代里，中国人的"民族统一"观念不强，这也是中国（汉族）神话至今相对零散、贫乏的一个原因。

同一时期欧洲的汉学也有长足的发展。如果说20世纪30年代出现的尽是些皮相的东西，像 C. Hentze 教授用十分陈旧的神话学派的观点来解释中国神话，说禹是太阳，其妻是月亮云云（C. Hentze 教授专门研究中国古代铜器与汉代石像画，将古代艺术和古代神话做比较，也把古代中国艺术及神话与太平洋其他地区的文化做比较，只可惜他的许多观点令人无法认同），那么20世纪40年代则出现了一批论述严谨的中国文化研究著作。自从德国的 Eberhard 发表了他对中国神话的见解数年后，瑞典汉学家 B. Karlgren（高本汉，1889—1978）的著作 Cults and Legends in Ancient China 问世。Karlgren 通过细致批阅史书和哲学古籍来探讨祖先崇拜的发展。他坚持历史人物成为神话中英雄的老论调，这种观点和民族学上认为神话形象即历史人物之古代中国文人的观点相近，因此 Karlgren 著作的基本观点在许多地方都是传统式的。Karlgren 以一个版本学家的眼光去考察神话的专门问题，把古文分为两种：一是所谓未经文饰的周代古本，其中神话仅偶然出现，不受某种共同倾向所致；一是周以后，特别是汉代"系统整理过的"古本，其写作受一定的哲学理论所左右（Karlgren 认为主要是五行理论）。作者认为研究神话只要关心"未经文饰的"（即汉代以前的）古本就够了。他和闻一多的观点是完全背道而驰的。闻一多曾指出，后期典籍所载往往是比较古老的神话阶段。Eberhard 使用的是另一些更为广泛的资料，却得出了类似的结论。

20世纪60到70年代，日本对中国古神话的研究日益加强，森安太郎、御手洗胜、贝冢茂树、白川静、林巳奈夫及其他学者在这个时期内做了很多工作。京都女子大学教授森安太郎的论文由他本人结集，于1970年出版《黄帝传说——中国古代神话的研究》。该书1974年由土孝廉译成中文。森安太郎有关中国上古神话的观念是一种大脑的建构，他对火神祝融、水神冯夷、黄帝、尧、舜、禹等形象，用文字、声韵、训诂的方法加以分析，如根据祝融的第二个字"融"的音韵考察，证明祝融的原始意义只比喻闪电似自天而降的灼热火蛇。但他的论断与模拟，却无法让人全盘接受，且他的某些理论和19世纪 Max Müller（1823—1900）有关神话起源的太阳学说相似。然而他对神话原貌的许多探讨及研究方法，无疑是会引起后人的兴趣的。

广岛大学御手洗胜致力于中国神话研究，著作等身。如果说袁珂《中国古代神话》及其他各国学者的著作的特色是在于重建中国古代神话的总图景，那么御手洗胜著述的价值则在于判明某些部族神话英雄与神的特征。中国古代神话人物到了御手洗胜的笔下，都和中国古代某一特定部族发生了关系。他力图指出对某个人物的祭祀始于何地，最早的时候他们是以何种身份受尊崇的。例如在分析黄帝形象时，他就证明黄帝原为龙，是以水神身份受祭祀的，在山东和苏北至今还盛行对黄帝的崇拜，并认为伯夷、少皞原都是水神。1982 年，作者用英文发表的《神话与历史——中国篇》可说是一篇总结性论文，其中谈到所有他称之为神的有名的神话人物，诸如黄帝、少皞、颛顼、尧、舜、禹等等，在远古时代均被尊奉为某些氏族的祖先神或圣帝，但在当时还没有出现把他们尊为至上神的观念。必须指出的是，御手洗胜对 40 年代起在许多中国学者间流行的，认为上古神话英雄是部族或部族集团的酋长之观点，持有激烈的批评态度。总之，御手洗胜教授在日本中国古代神话的研究上建立了新的方向。

四

近二十年来，研究中国古神话的日本学者以白川静和林巳奈夫最为著名。白川静曾写过若干有关中国古文字（特别是甲骨文和金文）的历史研究专著，1975 年出版了《中国的神话》。该书根据中国古代地方文化的特点对几类主要神话加以概述，并以中日神话的比较研究贯通全书。作为一个古文字学家与上古文化专家，白川静的研究与其他学者不同，他侧重于上古祭仪方面，并认为古代铭文反映了一部分祭仪的情况。白川静努力探寻古神形象与中国出土的各种考古文物以及居住在此地的众多氏族、部族的关系。他在分析洪水神话是创世系列中最古老的神话时，把大禹、共工、伏羲、女娲和伊尹统统归入水神，而且认为禹属夏系神话；共工是姜姓部族的神，显然属于藏系的羌人；而女娲伏羲则属于所谓屈家岭文化；伊尹属于龙山文化。可惜他未能提供必要的论证。白川静教授的书已被译成中文。

京都大学林巳奈夫教授，则是从中国考古（准确地说，是从中国古代出土的古器皿纹样）转而对这个题目发生兴趣的。所以他所感兴趣的，主要不是御手洗胜所关注的像伏羲、女娲或黄帝这一类众所周知的神话人物，而是殷州青铜器和汉画像石上所展示的精灵异物的世界。例如，令他特别感兴趣的是 20 世纪 40 年代初出土的战国楚帛书，1964 年他对此发表过一篇论文，强调帛书对于构建神话中的帝王——颛顼形象研究的重要性，探讨楚帛书中的十二神（据司马迁记载，楚氏族是颛顼之后裔）。林巳奈夫提出充分的论据证明楚帛书带有巫的性质，进而认为其中的神怪异象与《山海经》及其他古籍中所载是完全类似的。1989 年他出版了一部大作《汉代の神神》，是他多年研究考古资料的成果，很有参考价值。

20 世纪 70 至 90 年代还有几位日本学者研究中国神话，如伊藤清司教授、小南一郎教授、铁井庆记教授等。由于80年代中国特别注意少数民族神话，搜集发表了许多新的资料，外国学者也有机会亲自到少数民族地区做调查，所以许多研究中国神话的学者都采用新发现的材料，如伊藤清司教授特别注意云南各族（纳西、彝族）较原始的神话。他一面研究《山海经》，提出前人没有注意的问题，如《山海经》中的民间医疗、药物、铁及其他矿物；一面写神话比较研究，把云南少数民族神话和日本神话进行比较。如他对日本著名的小说《竹取物语》与中国南部竹生人的神话传说加以比较，或将日本《古事记》记录的日本神话与纳西族神话相比较，以及把苗族歌颂神话英雄的古歌与楚辞《天问》进行比较。

小南一郎教授在研究中国古代神话时，提出了不少新鲜的见解，如1989年他发表的《壶形的宇宙》长文，用了许多古代及中世纪的文献和考古资料，其中提到古代人对陶壶的信仰观念、壶与葫芦信仰的关系、新石器时代陶制人形壶的问题，这都是非常重要的新研究。铁井庆纪教授专门研究中国古代神话，特别是宇宙创造神话，也对中日神进行比较研究。

此外，其他研究中国古代神话的日本学者还有中钵雅量（专门研究神话与古代祭祀）、廣畑辅雄等等。总的来说，近百年来日本学者在探讨中国古神话方面，做了大量的研究，提供了不少新的观点与见解，资料的引用也更广泛，在中国神话研究的领域中，开拓出了更广阔的视野，只可惜中国及西方的学者都很少引用日本学者的研究成果。

20世纪70至80年代，西方学者对中国神话的研究也有进展。如法国R. Mathieu 翻译《穆天子传》《山海经》或发表《中国古代神话中的乌鸦》（1984）一文（这个题目是较重要的，因为乌鸦在北亚神话中扮演创世者的角色），以及女狐狸精传说起源（1985）等等。美国教授 S. Allan 出版了几本书，如 *The Heir and the Sage*（1981），专门研究古代神话与中国古史演变的关系。如古神话传说中尧形象怎么演变，尧传说怎么影响舜传说的形成，等等。S. Allan 研究每个神话传说的所有异文（variants），她的结论不只是对研究古神话而且对研究古代史也有价值。后来 S. Allan 教授继续她的研究，1991年在纽约出了另一本书，题为 *The Shape of the Turtle：Myth，Art，and Cosmos in Early China*。该书于1992年由四川人民出版社出了中文版，题为《龟之谜》。

英国著名的 M. Loewe 教授专门研究中国古代史，因为最近几十年中国发现了许多考古资料，他想重新研究秦汉史。1982年他出了一本与中国古代神话有关的书 *Chinese Ideas of Life and Death：Faith Myth and Reason in the Han Period*。Loewe 教授专门谈到《山海经》之意义，《天问》及《淮南子》等书中关于宇宙及天之解释及其他的创世神话。对每个问题，Loewe 教授均引用了各派古代思想家之说法（如淮南子、王充等等），也介绍古代巫人（Shamans），但书的主题是生与死的观念，所以作者据许多考古资料描述古代坟墓及当时信仰、象征，墓中发现的各种书之意义。美国汉学家 N. J. Girardot 专门研究道教及中国创世神话。1974 年他在芝加哥大学写好的博士论文，1983 年改成书于美国问世，题为 *Myth and Meaning in Early Taoism: The Theme of Chaos (Hun-Tun)*。他以为混沌观念与秩序、创造与宇宙（混沌之建立之形象"cultivated persona of Chaos"）有密切的关系。

20 世纪 60 至 80 年代，俄罗斯对中国神话的研究仍在继续。甚至可以说，俄罗斯汉学家对中国古代文化这一特殊领域的研究开始出现了若干流派。如 LS. Lisevich 的几部论著，我们只能称之为科学幻想作品，因为他企图说明中国的古神话英雄（黄帝、蚩尤等）是对在远古时降临人间，同时也来到中国领土上的外星人的一种追忆。

新西伯利亚一位研究者 V. V. Evsjukov 是从辨议仰韶文化的彩陶纹样的含义而着手研究中国古神话的。某些学者，像日本林已奈夫，仅仅热衷于公元前大约一千年的造型艺术资料。在更早的阶段里，中国人的祖先的神话观念是怎样的，这个问题却压根儿没有提出来。

V. V. Evsjukov 力图根据仰韶陶纹样重构中国人的祖先的神话观念，用先秦记录的神话资料来试图复原新石器时代的神话观。1988 年他出版了专题《中国新石器时代神话》，也发表了许多各种有关古神话概念的文章（如宇宙之树、月兔等等），也用了许多民族神话的比较资料。

1979 年，笔者的专著《从神话到章回小说：中国文学中人物肖像的演变》问世。本书主要根据古籍（包括纬书）及古代石像书中所载有关神话人物的奇异肖像，力图重建上古神话观念，以揭示神话形象之从兽形到人神共体，直至全人、人化这一过程。

20 世纪 70 至 80 年代，不少以前没有展开中国古神话研究的国家，开始研究中国古代神话。韩国从 70 年代末 80 年代初着手研究这个课题，发表了不少《山海经》研究论著，如徐敬浩对《山海经》结局及意义的研究，郑在书翻译了《山海经》并提出站在周边文化立场上分析中国古神话的新观点，张贞海专门研究龙的形象，宣钉奎、尹顺分析楚辞中的神话；还有不少学者专做中韩神话比较研究，如李仁泽、陆完贞、徐裕源、金善子等等。郑在书教授多年专研神仙说话，1986 年发表了《〈山海经〉与神仙说话》一文，1994 年出版了一本题为《不死的神话与思想——从〈山海经〉到〈神仙传〉》的专题，用西方各种叙事理论及民俗学、宗教学、心理学等相关的理论探讨仙话整体的意义。郑在书教授也特别注意 W. Eberhard 的关于古代中国几个地方文化的学说，认为《山海经》亦是代表边境文化的作品。

由于学者大部分都较年轻，韩国研究中国神话多谋求新的研究法，且较注意中国、日本及西方各学派研究，同时十分关心中国神话及其最邻近的、自古关系密切的中韩两国神话之比较研究。

西方一些国家从来没有研究中国古神话，如意大利、波兰、保加利亚从 20 世纪 70 年代才开始研究这个题目。意大利 R. Fracasso 翻译研究了《山海经》，A. Cadonna 第一次分析了敦煌抄本中的西王母形象，保加利亚索非亚大学 D. Belivanova (Drumeva) 教授翻译研究《山海经》及《天问》中的神话，波兰华沙大学 M. Kunsler 教授 1981 年用波兰文出版了一本专门介绍中国古代神话的书。

五

中国少数民族神话研究概况之问题较复杂，因为许多边疆民族是跨境的，如哈萨克人大部分住在苏联中亚细亚，即今天独立的哈萨克斯坦共和国。新疆及甘肃有 100 万左右哈萨克人，中亚哈萨克斯坦共和国有 500 余万。另一个例子拉祜族在云南有 40 多万人（1990 年），在缅甸有 8 万人（1970 年），在泰国有 1 6000 人，在老挝有 5000 人（1970 年）。苗族、瑶族也分散在越南、老挝及泰国。

还有一个问题，就是民族的成分与名称，如 19 世纪至 20 世纪初，俄国不分哈萨克族与柯尔克族（吉尔吉斯族），都称 Kirgiz（柯尔克孜）人，所以早期柯尔克孜的神话研究包括哈萨克族的资料；西伯利亚贝加尔湖布里亚特族从前也称为布里亚特-蒙古族，所以有的研究把蒙古族与布里亚特族的神话混在一起。有的民族名称已改了，如黑龙江北岸纳奈人（旧为那乃）与黑龙江南岸、松花江上游的赫哲是同一个民族，但俄语用纳奈（那乃），中国用赫哲。19 世纪至 20 世纪初俄国把这个民族叫 Goldi（戈尔德人）。在俄国的纳奈人有 10 000 多，而中国大陆的赫哲人则不到 2000。西南跨境民族有时也用不同的名称，如云南景颇族（20 世纪 50 年代之前叫"山头"），在缅甸叫 Kachin。中国大陆有 12 万景颇族人，缅甸 Kachin（克钦）有 600 万左右，他们的自称就是景颇。有时住在两国的一个民族中文名称写法不同，如前面所提的 Kirgiz 族，在中国新疆称柯尔克孜人，在苏联称吉尔吉斯人。

因古代（即创造神话时代）没有什么国境界线，且中国的边境在几个朝代内变过好几次，所以有时不容易决定某一个民族是否属于古代中国民族，如古代突厥族等等，故这些民族的神话也列入该目录。存在问题很多的是朝鲜族。南北韩住了5600万人，中国有200万左右（1990年），因中国（大陆、台湾）有学者研究朝鲜族神话，西方许多学者也专门研究朝鲜族神话及巫教，笔者也将搜集到的一些朝鲜族神话研究（日文的、西方语言的、俄文的及韩文的）列入该目录，可惜因手边韩国资料不全，无法编入韩国发表的许多朝鲜族古神话及巫教研究。

中国少数民族神话搜集及研究是由外国人开始的，也不一定是在中国国内，如蒙古萨满教最早的研究是俄国 Kazan（喀山）大学毕业的布里亚特人道尔吉·班札罗夫（D. Banzarov, 1822—1855）1846年发表的题为《蒙古黑教或萨满教》的论著（中译文参见《蒙古史研究参考资料》第十七辑，内蒙古大学历史系蒙古史研究室，内部资料，1965年），1942年由日本译成日文出版。哈萨克族启蒙思想家 Ch. Valikhanov（1835—1865）也同时开始研究本族的萨满教，但是这样的例子并不多。许多民族的神话是西方人开始收集的，如俄罗斯民间文学家 G. N. Potanin（1835—1920）大概是第一个专门去中国记录西北及四川省各族神话、传说、故事的。

鄂温克族住在俄国西伯利亚及中国东北，东北有26 000多人（1990年），俄国有28 000人（1981年），以前把他们称为通古斯人。1912—1917年俄罗斯学者 S. M. Shirokogorov 调查了外贝加尔湖区、黑龙江一带、中国东北部及外蒙古附近之鄂温克族、满族、戈尔德（那乃或赫哲）族，专门搜集有关萨满教的资料。1919年他在符拉迪沃斯托克（海参崴）出版《通古斯族萨满教原理试编》一书，1935年他在伦敦又用英文出了一部 *Psychomental Complex of the Tungus*，均以鄂温克族萨满教资料为主。后来不少俄罗斯学者专门研究该族神话观、宇宙观，如 G. M. Vasilevich，A. F. Anisimov 等等。蒙古语系诸族如蒙古族、土族、布里亚特族、新疆卫拉特族及17世纪移居俄国伏尔加河流域之卫拉特族一支——俄国称 Kalmyk（卡尔梅克人）的古神话很相似，外国专家通常将它们放在一起研究，如德国著名蒙古学家 W. Heissig 教授，匈牙利学者 L. Lörinc 博士，或俄罗斯 S. Nerkljundov 博士，都做过有关各种蒙古诸族神话的研究。当然也有另一个情况，如德国神父及著名学者 D. Schröder 多年采录青海土族神话传说，1959—1970年出版了两本土族民间文学资料，也开始研究土族人的神话观及信仰；W. Heissig 教授从40年代开始研究蒙古萨满教（他主要的研究范围是蒙古民间文学、蒙古文学）；L. Lorinc 博士在1970年用德文及匈牙利文出版了综合性的蒙古神话研究；S. Nerkljundov 博士用民间文学研究法分析蒙古诸族（包括鲜卑、契丹等）神话，也把蒙古古代神话与古代突厥神话比较，分析出最原始的因素（如保存在布里亚特族一些西方部落或在卫拉特的一些神话)。

藏族神话早引起外国专家的注意,19世纪末日本出版了《西藏古神话》一书(可惜笔者未见)。20世纪初德国学者A. Franke从神话学派角度开始研究藏族叙事诗——《格萨尔王传》中的神话,虽然现在不能同意他的看法,但也应给予注意。西方(特别是德国)许多学者60—70年代研究藏族古神话(即喇嘛教之前的各种民间信仰),大概最多、最详细的研究是德国S. Hummel教授所发表的;意大利著名西藏文化专家G. Tucci主要是研究藏族喇嘛教之艺术,兼及藏族古神话观问题研究。

研究南方诸族的外国学者较少,但应该注意一些外国神父早期收集的材料,如1909年发表的法国神父Ch. Gilhodes在缅甸北部收集的景颇(Kachin)族神话;美国神父D. C. Graham从20世纪30年代末开始调查、发表的四川苗族神话、传说信仰资料,特别是他1954年在美国出版的Songs and Stories of the Chuan Miao(《川苗的歌谣与故事》)。1971年,该书在台湾再版,书内包括了苗族古神话。瑶族,特别是盘瓠神话曾引起许多日本学者的兴趣。70年代法国J. Lemoine专门研究瑶族信仰及仪式画。1982年他在泰国用英文出了专著Yao Ceremonial Painting(《瑶族仪式画》)。当然,瑶族信仰也受了不少道教的影响,但也包含不少古代因素。纳西族很多与神话有关的问题是J. F. Rock从30年代起开始研究的题目。虽然J. F. Rock主要研究纳西族祭典及信仰,但他的研究与纳西神话观有密切关系。

台湾少数民族的神话收集研究情况与大陆少数民族不同。中国大陆一般称台湾少数民族为高山族,但这是误会。台湾没有一个高山族,而有九个不同的民族,语言神话都不同。1929年日本太子来台湾,把这些不同的民族称高砂。第二次世界大战之后,即日本将台湾归还中国后,把不大合适的"砂"字改成了"山"字,因这些民族有的住在山上,如邹人(旧写曹族)、布农人,有的居住在平原,便不使用高山族这一称谓,总称之为原住民或土著居民。19世纪80年代,英国人G. Taylor任台湾南部鹅銮鼻灯塔守望人,与阿美及排湾人有来往,1887年他发表他记录的原住民故事(他未注明哪一族,从情节来看大概是排湾人的)。自19世纪90年代末起,日本学者大量调查台湾少数民族习俗、信仰及神话传说,在20世纪30年代发表文章最多。1935年台湾大学语言学研究室小川尚义、浅井惠伦二位教授出版了一部《原语にょゐ台湾高砂族传说集》,第一次用各种台湾少数民族语言拼音附日文翻译发表许多神话与传说。至目前为止,该书是搜集台湾少数民族神话材料最丰富的书。从19世纪90年代至20世纪40年代,日本学者收集了许多非常重要的台湾少数民族神话资料,但研究不多,大概只有日本著名民族学家马渊东一教授发表了一些比较研究成果，如 1964 年他用英文写的《东南及南亚海岛谷类来源之传说研究》，是研究台湾少数民族神话非常重要的参考资料。注意搜集台湾少数民族民间文学的多是民族学家，也有几个语言学家，但没有民间文学学家，他们把所有的故事称为传说，不分神话、传说、民间故事。

这个目录的材料至 1990 年为止，已过了十多年。这十多年中国出版了许多神话研究著作，外国学者也在继续研究这个课题。

谈到 20 世纪 90 年代，即 21 世纪初中国古代神话研究，要提到许多日本学者的研究著作，如著名中国古代艺术专家林巳奈夫的《中国古代の神がみ》2002 年由東京吉川弘文館出版，工藤隆的《中國神話人物资料集——三皇五帝夏禹先秦资料集成》(汲古書院 2001 版)、《中国少数民族と日本文化》(勉誠出版，2002) 及《四川省大凉山イ族創世神話調査記録》(大修館書店 2003 版)。2004 年，另一位日本学者百田弥荣子出版了《中国神話の构造》(三弥井书店)，研究桑、竹、瓜、射日、洪水等中国神话传说。韩国学者在朝鲜神话研究领域取得了大量研究成果。研究者可查阅韩国精神文化研究院 1985 年在《口碑文学》第八期发表的《韩国口碑文学关系资料目录》，亦可详见 1999 年韩国华镜古典文学研究会编写的《说话文学关系著目 (1893—1998)》。韩国各种大型参考书都包括神话研究内容，同时附有研究论著目录，如 1978 年南城出版的《韩国民族文化大百科词典》。

最近几年朝鲜兴起了檀君研究热，众多学者都致力于该问题的研究。在各种朝鲜历史、朝鲜古代文化及朝鲜宗教研究论著中，都包括朝鲜神话方面的内容。除汉族神话以外，朝鲜族神话研究成果最多，编者虽已尽力，依然无法全部编入目录。西方对朝鲜神话的研究著述也不少，笔者尽己所能将其搜罗进本目录。韩国学者当中成绩最突出的大概是梨花女子大学郑在书教授，他不只翻译《山海经》，也对其进行各种研究。他在 1995 和 2000 年发表的论文，从文本的角度看《山海经》，对中国神话的概念范畴进行了探讨。后来他与中国有名的神话学家萧兵、叶舒宪二位先生合著《山海经的文化寻踪》(2004 年由湖北人民出版社出版)。郑在书撰写的该书第九至第十五章，探讨了《山海经》文本的话语性质，其中的生与死主题、神话身体观、从神话到神仙传说和幻想小说的转化机制等问题，特别注意了《山海经》对古代朝鲜人想象世界的影响。90 年代他还发表了有关高句丽古坟壁画的神话及道教题材的新认识的论著，也出版了《不死的神话和思想》(首尔，民音社，1994 年)，以中国神话观点分析了道教文化的起源、本质、特征等问题。2004 年他又出版了彩色插图本的《中国神话》一书，将包括三星堆青铜面具在内的跨文化的神话图像资料与文本神话并置。

金善子2001年出版了《中国变形神话的世界》（汉城，泛友社）。宋真和女士翻译研究《穆天子传》（首尔，生活出版社，1995），之后从事中国神话中女神的研究（高丽大学博士学位论文，2003年）。总的来说，韩国从70—80年代开始研究中国古代神话，并发表了许多内容丰富的著作。

说到西方研究，必须提到1993年美国A. Birell出版的《中国神话导言》（Chinese Mythology：An Introduction，Baltimore and London：The John Hoprins University Press，1993）。她以袁珂著作为基础，参考西方学者（理论家和汉学家）的著作，写出了一部综合性的，供美国大学使用的好书。可以说，她使用了与袁珂同样的资料。很有意思的是A. Birell提出了未来神话研究的任务：①继续闻一多的研究，把古代文献中的神话与民间流行神话做比较；②对主要神话人物进行专题研究；③研究神话母题、形象及其演变；④儒、道、佛教怎么利用古神话；⑤从语言方面研究古代中国各民族以及中国神话中的非汉语因素；⑥用语言学方法研究神话地名、人物名、植物名等，帮助解释古神话意义；⑦把民族学资料多用于神话研究；⑧研究中国神话很重要，要利用西方与日本学者的研究成果。

笔者希望所编目录能够帮助将来的研究者有效利用前人著作。

参考文献

[1] 何光岳.东夷源流史［M］.南昌：江西教育出版社，1990.
[2] 袁珂.中国神话史［M］.上海：上海文艺出版社，1988.
[3] 袁珂.中国神话传说词典［C］.上海：上海辞书出版社，1985.
[4] 袁珂.中国民族神话词典［C］.成都：四川省社会科学院出版社，1989.
[5] 《中国各民族宗教与神话大词典》编审委员会.中国各民族宗教与神话大词典［C］.北京：学苑出版社，1993.

原载《长江大学学报》（社会科学版）2006年第1期

近十年中国少数民族神话研究概况

刘亚虎

中国少数民族特别是南方少数民族具有丰富的神话资源,以20世纪50年代的形态为基准,少数民族神话具有这样一些特点:第一,不少民族的神话处于活的形态,它们不仅仅是以口头的形式流传,而且还与民族各种社会组织、生产方式、生活习俗以及各种祭仪、巫术、禁忌等结合在一起,成为这一切存在和进行的权威性叙述;第二,不少民族的神话经过祭司和歌手的整理,已经系统化、经籍化、史诗化,有较强的叙事性;第三,由于地域等的差异,同一民族的同类神话有不同的流传形态,它们可能映现了这类神话发生发展的脉络;等等。这些都为少数民族神话的研究提供了广阔的领域。

现代中国少数民族神话研究大约开始于20世纪30至40年代,刘锡诚《民间文艺学史上的社会—民族学派——20世纪中国民间文艺学流派论》[1]描述了当时社会—民族学派相关的一次实践。该学派滥觞于蔡元培领导的中央研究院一些学者(如凌纯声、芮逸夫、林惠祥等)在东北、西南、台湾民族地区的田野调查,以及抗战时期迁移到西南地区的西南联大和其他大学、研究机构以及当地学者(如闻一多、吴泽霖、马长寿、岑家梧、楚图南等)所做的研究,达到学科发展的高峰。根据刘文的介绍,这些学者大多都是在国外受的学科教育,"在学术思想上,他们既接受了西方的民族学理论,又希望把外国的理论与我国的实际结合起来,走自己的路";他们"把外来的理论和方法与中国的考据注疏传统相结合,以综合研究为取向;吸收人类学、社会学、考古学、训诂学、文化学等相关学科的成果和方法,将其融为一体,进行多重互证和比较研究"。他们的实践,如闻一多"拿现时还存在于少数民族中间的种种文化现象(包括活态神话及其残留的破碎情节),参证和解读古代已经死亡了的神话"等,至今仍有指导意义。他们的一些成果,如闻一多的《伏羲与葫芦》、马长寿的《苗瑶之起源神话》、楚图南的《中国西南民族神话的研究》、岑家梧的《盘瓠传说与瑶畲的图腾制度》等,虽然有的结论可以继续探讨,但学术魅力至今仍存。

80年代至90年代初,中国少数民族神话研究受到重视。根据潜明兹《中国神话学》（宁夏人民出版社，1994年）介绍，这方面研究最集中的是聚居了二十多个民族、有丰富神话蕴藏量的云南，出现了神话学者群；贵州集中研究了苗族古歌中的神话；广西重视壮、侗、瑶等民族的神话；彝族神话和彝族文化研究结合进行；北方民族神话略为后起，以满族为起点逐步向其他民族拓展。这一时期也出现了一些比较有影响的成果。

经历这一时期"百家竞论神话"的热潮以后，少数民族神话研究继续向广度和深度拓展，甚至对整个"中国神话"的概念和研究格局产生了创新性的认识。叶舒宪在2004年韩国首尔召开的"东亚神话学大会"上所做报告《中国神话的特性之新诠释》指出，自神话概念引入中国一个世纪以来，对"中国神话"概念理解上存在偏差，多是就汉族一个民族的文本神话而言，这样，对中国神话特征的把握也就存在问题；根据中国文化多民族多样性的事实，若存在一种作为国别神话的"中国神话"，其根本特征在于神话存在形态的多样性。据此他归纳出中国神话在汉族与少数民族之间相对应的四个辩证特征：古朴性与成熟性，信仰性与非信仰性，故事性与象征性，简与繁的辩证。[2]这样的认识将长期以来被边缘化的少数民族神话还原到和汉族神话同等的位置上，体现了具有后现代性和反思性的本土文化自觉精神。

本文根据不完整的资料，对十年来少数民族神话的研究状况做一概要性的介绍。

一、自然神话研究

杨海涛的《民间口传文学中的人与自然——西南少数民族生态意识研究》[3]触及一个新的主题——民间文学所反映的生态意识，这似乎有别于以前单纯研究民间文学所表现的"征服自然改造自然"观念的做法。作者认为，从存活于云南少数民族的具有原生形态的民间口传文学中可以发现，原始生活中的人与自然同母同源，同被看作有灵魂的而且是平等的生命形式，这可以说是远古人类与天地万物浑然一体的世界观最生动的写照。这种人与自然的关系，主要体现在三个方面。一是人与自然是"同父异母"的兄弟的血亲生态意识。如纳西族东巴经神话把山林川泽、鸟兽鱼虫、风雨雷电等人类赖以生存的自然界统称为"署"，"署"与人类的祖先同为一个父亲，毁林开荒、任意捕杀野生动物、污染水源和空气会受到自然的惩罚。为及时调整人与自然的矛盾，纳西族地区每年都要举行"署谷"仪式。二是树神崇拜中的绿色生态意识。如哈尼族"遮天大树"神话说，水的来源、大地山川及生物的变化、家事节令及自然气候的变化都与树有关。基于这样的生态观，哈尼族对森林进行了生态意义上的划分和保护。三是丧葬祭仪灵魂归宿观念中的生态意识。如由祭司专门吟诵的"指路经"，通过对祖居地高山森林、河流、牲畜、庄稼绿色生态圈的描绘，客观地起到了告诫人们要珍爱自然、与自然和谐相处的限制和规范作用。

王会莹的《北方"天空大战"神话的时空哲学——满族创世神话原型解读》[4]采用原型批评理论对满族创世神话进行了剖析，认为太阳、一日四时、四季交替等时空原型在阿布卡赫赫等三女神和恶神耶鲁里的身上得到了隐喻的体现，通过对满族创世神话的解读，可以了解到满族先民最原始的时空观。

张福三的《太阳·乌鸦·巫师——对我国太阳神话的一点思考》[5]从"乌"与"巫"的语音、颜色及二者在少数民族神话中的角色和在宗教文化中的功能等方面入手，对我国的太阳神话进行了解读，得出"乌者巫也"的结论，并认为乌鸦作为太阳运载工具、太阳之灵魂，它与原始宗教巫师异形同体的二重性是太阳、乌鸦和巫师之间相互联系起来的原因。

林继富的《论西藏的天神信仰》[6]以藏族、珞巴族神话等为资料，论述了离天穹最近的"世界屋脊"上的人们的天神信仰，梳理了西藏天神信仰的大致概貌，考论了藏族天神信仰的缘起以及藏族天神发生变化的主要动因，总结出藏族天神信仰的特征：神力的综合性、形象的混融性、天神的社会化和政治化等。

黄任远的《赫哲族的自然神话与自然崇拜》[7]介绍了赫哲族的日月星宿神话、山川树木神话、彩虹火神神话等，分析了它们的特点。

二、图腾、族源、婚育神话研究

汪立珍的《论鄂温克族熊图腾神话》[8]是关于北方民族图腾神话的论文。鄂温克族民间文学中，有相当数量的熊图腾神话。熊图腾神话是以熊为人类的亲族、人熊成姻及人熊之间产生的复杂关系为主要内容的远古文学形式。文章从民间文学研究的视角，论述了鄂温克族熊图腾神话的产生、母题及蕴涵的特殊文学价值。

刘毓庆的《中国古代北方民族狼祖神话与中国文学中之狼意象》[9]引用丰富的古籍资料，描述了北方民族狼祖神话的各种形态以及在民族融合中神狼的命运、意象的变迁。文章指出，在中国古代北方三个最大的游牧集团（匈奴、突厥、蒙古）中，皆流传着狼祖神话。狼乃是这些民族的图腾，同时也是这些民族勇猛、强悍的内在精神的象征，因而它作为一种美好形象，在草原民族中长期流传，至今不衰。但由于草原民族与农耕民族长期的历史冲突，以狼为象征的游牧文化群体对于农耕民族的侵扰、掠夺，加之这一历史的一次次重复，狼便作为一种凶狠贪婪的象征，出现在了农耕民族的心灵深处。草原民族一次次成批地融入了农耕民族中，随着生活方式的改变，他们在新的文化选择中，完全接纳了农耕民族的文化观念，与狼告别。中国文学中狼意象的意义也发生了变化，由原初的多义象征（丑恶与美好并存）走向了单义象征（凶残）。在20世纪新一轮的文化冲突、融合中，狼意象又滋生出了新的多元象征意义。

那木吉拉的《古代突厥语族诸民族乌鸦崇拜习俗与神话传说》[10]探讨了北方民族另一具神圣意义的动物意象。文章指出，从文献记载的传说及部族名称来看，古代阿尔泰语系突厥语族诸民族中乌孙、克烈等民族或部族中流行崇信乌鸦之风，乌鸦可能是他们的图腾神，也是他们神话传说中的飞禽形象；然而从文献记载的谚语等民间口承资料来看，维吾尔族不崇拜乌鸦，不可的斤可汗传说中的维吾尔人崇拜乌鸦的内容很可能来自伊斯兰文化。

何永福的《九隆神话与图腾受孕机制》[11]则分析了南方民族著名的九隆神话所隐含的一些原始文化因素。文章认为，九隆神话的基本内容是图腾受孕机制，图腾是龙而非木，但在故事传承中又积淀了哀牢夷也有植物图腾的史实。这是父族图腾，母族图腾则是鸟。沙壶到九隆是母系时代向父系时代的转变，九隆"能为父所舐而黜"被推为王，反映了原始民主选举制度。

万建中的《祖婚型神话传说中禁忌母题的文化人类学阐释》[12]提出，在原始民族中，"神话包含的不仅是古老的故事，而且是有关事物起源的道理、不可动摇的道理及言行的规矩等"。这已不是一个新的观点，但作者的论述却颇有新意。作者认为，祖婚型禁忌母题主要融入人兽婚和兄妹婚两种神话传说之中，人兽婚神话实际上是对现实生活中的图腾禁忌意识做反复的强化，兄妹婚是对血缘婚的否定，是以祖训的方式决定"同姓不婚"等习惯法。祖婚型神话禁忌母题主要针对食（不能食用图腾物）与色（性）。这说明我国先民为防止人之两大本性的膨胀和无节制，很早就将其纳入禁忌的网络。

在少数民族生殖神话里，北方民族相关的原始意象常为光。王政的《光：一个跨民族意义的生殖人类学喻码》[13]提出，在中国少数民族光感生神话中，光代表男性生殖力对女性的投射授予。南方民族多见水。廖明君《壮族水崇拜与生殖崇拜》[14]通过对壮族布洛陀等神话中与水有关的情节的分析后认为，壮民族祖居南方多雨地区，以稻作生产为主要生产方式，对水的认知具有较为独特的感受与体验，形成了水崇拜信仰，并具有生殖崇拜的文化指向。这不但在新年到来的时候有所体现，同时更贯穿于人类生命的孕育、出生、长成、婚恋乃至死亡等每一个重要环节，并与壮族特定的生存文化时空相结合，形成了独具特色的水生殖崇拜文化。

宋颖的《中国古代生殖神话类别与文化意义》[15]则从更广的视野梳理了具生殖意蕴的神话。文章认为，生殖神话包括了日月神话、卵生神话、洪水神话、图腾神话、履迹神话等等，作者对它的各种类型做了文化寓意的综合分析，探讨了其中隐含的原始信仰与崇拜。

三、创世、创造文化神话研究

陈岗龙的《蒙古族潜水神话研究》[16]认为，潜水神话是蒙古族和阿尔泰—突厥语民族创世神话的原型，是萨满创造世界的神话类型。文章通过蒙古族潜水神话中的创世方式和神话形象的分析，揭示了蒙古潜水神话发展演变的历史轨迹。南方民族更多的是水生型创世神话。向柏松《南方民族水生型创世神话与民俗文化》[17]系统地梳理了此类神话的各种形态，深入探讨了它所包含的文化因子在民俗中的沉淀。在此类神话里，水被当作了万物的始源、创世的圣物，由此而成为生殖力、生命力的象征符号受到人们的顶礼膜拜，如在婚俗中成为人们祝愿新婚夫妇早生贵子的吉祥物，在葬俗中又被借助来祈愿死者再生。南方民族还有一些天神或巨人创世的神话。陈玉平《布依族神话人物简论》[18]论述了布依族这类神话人物一些独特的性质。文章谈到，布依族神话人物布杰、翁杰的"布""翁"都是布依语里的前缀词，意为"人"，"杰"意为"老人""老者"，这一类可称为"老神"；勒嘎、力嘎的"勒"或"力"意为"后生""男孩"，这一类可称为"子神"，他们大多是泛指的。此外还有许多专指的和借用的神名。这些神话人物在现实生活中并非布依族人民崇拜、奉祀的对象，与宗教几乎没有什么联系，某一神话事件该附会在什么名号的神话人物之下有很大的随意性，这与姜央是苗族重大节日的奉祀对象、遮帕麻和遮米麻是阿昌族信仰和崇拜的神等不同。布依族神话中的神和文化英雄有时区分得很清楚，有时却互相杂糅。更多的神话人物属于文化英雄，是劳动群众的一员，常以首领的身份出现，既创造自然物，又创造人类文化。布依族神话人物无论为神或文化英雄，都被奉为祖先。这样的剖析有助于我们了解布依族神话人物的特质，进而把握整个南方民族神话的面貌。

张霞的《补天神话的类型与分布》[19]以收集到的102篇中国补天神话为基础，主要运用历史地理的方法，将该神话划分为炼石补天、冰雪补天、采石补天、缝补型、钉补型等五个亚型，并结合他们各自的基本形态、地理分布、文化背景，初步探讨了补天神话的原型、发源地、文化内涵等问题。

李子贤、胡立耘的《西南少数民族的稻作文化与稻作神话》[20]和王国祥的

《论傣族和布朗族的稻作祭祀及稻谷神话》[21]都是结合稻作文化研究稻谷神话的论文。李、胡文探讨了两者的关系：稻作文化孕育了特定的稻作神话，稻作神话反映和揭示了稻作文化的内涵，是稻作文化的表征。王文以不同类型的农耕民族——傣族和布依族为例，从野生稻的驯化，原始先民对土地、农具和谷物的崇拜，妇女在稻作史上的贡献诸方面，释读其仪式和神话的底蕴，探索直接与稻作生产相联系的稻作祭祀与作为稻作生产变形记录的神话的关系，即原始宗教与现实与文学的关系，从而揭示出与农业社会的生产和生活方式相联系的农业社会意识形态的主要内容。

四、洪水、兄妹婚神话研究

洪水神话在南方苗瑶语族、壮侗语族一些民族中常表现为与雷神的斗争。吴晓东的《苗瑶语族洪水神话：苗蛮与东夷战争的反映》[22]认为，以鸡（雉）为原型的雷神指祝融，苗瑶语族与雷神斗争的神话反映古三苗与东夷族祝融部落之间的战争。

潘春见的《首子信仰与壮族民间文学的原型分析》[23]用壮族首子信仰风俗来解读洪水后兄妹婚神话中肉团怪胎情节，以及盘古神话、莫一大王、刘三姐传说中的有关情节，颇有新意。作者指出，在壮族，与首子信仰有关的文化有远古的"食长子"之风，"不落夫家"的首胎子之盼，至今还残存的忌讳"大哥""大姐"称谓，父母在名分上降为"大哥""大嫂"的习俗等，这种信仰属于生殖崇拜的文化范畴，是远古人类把食与生命、食与生殖联系起来后，在食与生殖的链条上产生的对首生子的神秘和崇拜，认为首生子具有超凡的生殖神力，食之可带来生殖的繁盛和生活的兴旺发达。作者认为，壮族洪水神话中伏依兄妹婚后生下首胎子——肉团（怪胎），又把肉团剁碎、抛散，变成人类的情节，应与新生首子的牺牲繁殖信仰有关，它的原型很可能是血淋淋地肢解甚至分食、抛撒新生首子的求繁殖丰产的巫术仪式。盘古神话的首生盘古、垂死化身、自我肢解，是远古肢解首生人牺的巫术习俗在漫长的历史过程中留下的模糊印记。《莫一大王》母忌对莫一大王事业的破坏和毁灭，体现了母亲与首子之间力量对比悬殊的敌对矛盾的文学原型。刘三姐传说中的哥哥割断妹妹生命藤的原型实际上就是长兄割断母亲生命藤，也是首子篡夺母权成为部落最高权威的一个例证。

五、盘古、盘瓠神话研究

在中国各民族神话类型中，盘古型占有重要的位置，它的源流至今尚无定论。

曾祥委调查报告《岭南的盘古崇拜群》[24]为这一神话类型的研究提供了新的资料。本文披露作者近年田野作业的结果：岭南存在着庞大的盘古崇拜群。岭南畲族、瑶族都存在盘古崇拜。在岭南的汉族中也普遍存在盘古崇拜。调查的结果表明：粤北和粤东地区至今仍有大量的盘古庙。大量事象表明：盘古崇拜在岭南渗透于民俗之中，内涵深厚，盘古崇拜的中心在岭南。这对盘古神话的研究有重要意义。

2003 年 9 月，覃乃昌等壮族学者在广西来宾（古桂林郡属地，梁代任昉《述异记》载："桂林有盘古氏庙，今人祝祀。"）考察时发现，来宾境内至今仍有不少盘古庙、盘古村、盘古山、盘古洞以及关于盘古的神话、歌谣、祭祀仪式、庙会等，他们回来后写了《广西来宾市盘古文化的考察与研究》[25]等文章。文章谈到了当地关于盘古的神话：在壮语中，"盘"的意思是磨砺，指磨刀石，"古"实为"勾"，是葫芦，这两样东西都是壮族世代崇拜的圣物。"盘古"或"盘勾"合起来就是磨刀石和葫芦，它们连缀起了壮族先民一个关于盘古的神话：远古，有兄妹俩，哥哥爱帮大人磨刀，得名"盘"；妹妹爱种葫芦，得名"勾"或"古"。有一年天下大旱，河流干涸，人畜饥渴，人们怨声载道。土地神（或布伯）设计活捉了雷公，把他关在鸡笼里，让兄妹俩严加看守。雷公口渴难耐，向兄妹讨水，兄妹心生怜悯，便到染布缸舀了半碗蓝靛水给雷公。雷公沾水后神力恢复，挣脱束缚重上天空，临走前拔下一颗牙齿让兄妹俩赶快种在地里。兄妹俩遵嘱照办，牙齿发芽长苗六日后结出一个硕大的葫芦。忽然，天降暴雨，洪水肆虐，无数生灵都被淹死，只有兄妹俩躲进葫芦漂浮水上幸免于难。他们俩在金龟的指点下住进山洞（即盘古洞）含羞结婚，十个月后妹妹生下一砺石（磨刀石）状肉团。他们又在仙鸟的指点下用石片把肉团砍碎撒向大地，碎肉顷刻化作人群遍布山野，万物又从此生生不息……

盘古神话大致有三种类型。最早见于三国时吴国人徐整所撰的《三五历纪》和《五运历年记》，前者所载的是一则与盘古有关的"宇宙蛋创世型"神话："天地混沌如鸡子，盘古生其中，万八千岁。天地开辟，阳清为天，阴浊为地……"后者所载的是一则盘古"肢体化解创世型"神话："首生盘古，垂死化身，气成风云，声为雷霆，左眼为目，右眼为月，四肢五体为五极四岳……"另外，相传为南朝梁任所撰的《述异记》又载了一则盘古"夫妻型"神话："吴楚间说：盘古氏夫妻，阴阳之始也……"来宾壮族盘古神话大致属于第三种类型。根据田野调查所揭示的这些以盘古神话、盘古信仰为核心，由语言、叙事、民俗、庙宇、地名等文化构成的原生态的盘古文化体系，是否可以向世人昭示：来宾一带是盘古文化最原始的发源地之一？

蒋明智的《盘瓠出世：一段图腾生育神话解读》[26]和吴晓东的《盘瓠神话：楚与卢戎的一场战争》[27]是两篇从不同的角度解读盘瓠神话的论文。前者认为盘瓠诞生神话的表层结构由两个情节单元构成，即妇人耳疾得虫和置虫于瓠蓠，覆之以盘，化为犬；其深层结构是氏族图腾由感生孕育，到经求子、催生习俗仪式而诞生的过程。后者认为，盘瓠神话所描述的其实是打着周王朝旗号的楚与苗蛮集团中的卢戎之间的一场战争，盘瓠的敌人犬戎可能是"卢戎"的笔误。盘瓠立了战功，被封为王，封了地，子民可以免交国税（故称莫徭），逐渐脱离了原来的集团，成为独立的民族。

六、英雄神话研究

金海的《蒙古族神话〈额日黑莫日根〉的文化解读》[28]认为，额日黑莫日根是取代自然神而立的典型的文化英雄，其射日行为表达了初民对自然现象的巫术控制愿望，其按誓言割指变旱獭行为则是初民语言崇拜意识、大拇指崇拜意识和图腾观念的产物。

杨树喆的《桂中壮族民间的莫一大王崇拜及其内隐意蕴》[29]是对壮族口承文学和民间信仰中神灵形象的分析。莫一大王是桂中壮族民间一个重要而富有民族特色的土俗神灵。在以往的研究中，有研究者认为莫一大王是历史上的真人真事，此文则认为莫一大王崇拜中包容了特定历史时期壮族人民的情感体验，是一个蕴涵着壮民族文化心理特质的"原型"，它一方面反映了壮族社会历史的基本特征，另一方面则体现了壮民族的文化态度、精神特质和民族性格。

七、神话比较研究

比较研究广泛运用于北南各民族神话研究中。毕桪的《哈萨克神话传说里的波斯成分》[30]、叶尔肯·哈孜依的《哈萨克族神话与汉族神话共同点之比较》[31]是关于哈萨克族与其他民族神话的比较。前者认为，哈萨克神话里有关神牛托载大地、光明与黑暗斗争等内容，以及某些神怪精灵观念源于波斯。波斯神话在哈萨克民间的影响是显而易见的。这种影响还可以在哈萨克的民俗生活里见到。波斯神话在哈萨克民间能有如此广泛长久的影响，自有其深刻的原因，其中一个不容忽视的原因便是：哈萨克历史上的一些宗教信仰与波斯有关。后者通过对哈萨克族与汉族两个民族关于开辟宇宙、人类起源、发洪水等神话中的一些相似之处进行比较，并探讨产生这种共同点的客观因素和主观因素。

那木吉拉的《蒙古族洪水神话比较研究——以〈天上人间〉和〈猎人海力

布〉为中心》[32]以比较故事学的母题比较等方法,探究《天上人间》和《猎人海力布》等两则融于蒙古族民间故事或传说中的神话的原型、原意,力图揭示其原初形态,探讨其接受苏美尔、印度等民族或国家洪水神话影响之后发展变异的轨迹。他的另一篇论文《蒙古创世神话的佛教神话文化影响》[33]则指出,在蒙古文献记载和民间口头流传的创世神话的诸类型,颇受佛教神话或信仰佛教的印度等跨国民族和藏族等国内兄弟民族神话影响,这是因为蒙古族在皈依藏传佛教过程中,佛教或上述信仰佛教民族神话影响了蒙古神话,从而使蒙古族创世神话蒙上了佛教或信仰佛教诸民族神话文化色彩。作者在文中分析了进化型、原初海洋上佛神创世、原初海洋上神鸟创世、化尸型或肢解型等类型神话受佛教神话文化影响的情况。

林继富的《西藏卵生神话源流》[34]分析了西藏卵生神话的源与流。作者认为,西藏卵生神话及其信仰的最早根源在雪域本土,在其发展中融合了古印度、波斯,乃至祖国内地的汉族文化,并依据藏民族文化特点不断丰富和发展。

苑利的《朝鲜族熊虎同穴神话源出北方羌族考——兼论中国彝语支民族熊虎图腾崇拜的北来问题》[35]认为,朝鲜族神话中"熊虎同穴"这一意味着熊虎图腾并重的文化现象,很可能正是朝鲜半岛土著居民所固有的文化创造。它们很可能与彝语支诸民族熊虎图腾崇拜并出一途,均来源于一个共同的祖先文化——黄帝族的图腾文化,所不同的是,彝语支民族后来迁居南方,进入中国大西南云贵高原,而另一支接受了黄帝族熊虎图腾的民族——朝鲜族则滞留朝鲜半岛,从而造成南北两族尽管远隔千山万水,但其图腾文化却息息相通的原因。

周翔的《台湾原住民征日神话之比较分析》[36]从征日的原因、征日的英雄、征日的历程、征日的结果四个方面对台湾少数民族征日神话进行比较分析,并提出,从族群的社会性质、神话的产生时间、征日的情节构成等因素的不同之处,还可以推断出征日神话经历了从只有举天的情节,到举天与征日两个情节并举,再到举天情节脱落而只留下征日情节的发展变化过程。

李子贤的《被固定了的神话与存活着的神话——日本"记纪神话"与中国云南少数民族神话之比较》[37]对中日神话进行了比较。作者认为,云南与日本存在着许多共同的古文化要素及神话母题,云南少数民族至今仍存活着吟诵出来的神话史诗,与"记纪神话"有某些相似之处,二者不仅在内容上有许多共同特点,而且都具有若干活形态神话的特征。

八、神话美学研究

黄河、詹七一的《云南民族神话中的美学意蕴》[38]从美学的角度研究神话。

文章认为，民族神话是上古文化的口承性语言系统，其中混融着上古先民的意识、观念形态、生存经验及前理论形态的美学建构。作者在云南民族原始文化混融性的整体意义上，对云南民族神话中规范性的伦理意识及其仪式化的操作方式，做出了初步的审美发生学探讨。文中提出，神话包含的与伦理价值相关的审美理想有两个方面：崇尚团结和睦，固执勤劳顽强；创世神话与祭天仪式之间的依存关系有以下特征：仪式是神话戏剧性的重演，仪式是神话传承的载体。

贺·宝音巴图的《论蒙古族神话〈天女之惠〉的多彩组合美》[39]指出，《天女之惠》是蒙古族杜尔伯特部落祖先神话之一，是神本主义文化向人本主义文化过渡时期的产物，其中神本主义文化因素开始趋于淡化，人本主义文化因素及主体地位、阳刚之气逐渐增强；在其多彩组合美之中，人本之美、人文之美、主体之美、阳刚之美占主导地位。

九、专题研究

这里提一下广西壮族布洛陀神话的研究。

2002年6月26日，广西著名的壮族词作家古笛在田阳县采风时发现，百育镇六联村敢壮山一带的地形地貌、传统风俗与壮族经典《布洛陀经诗》所描述的壮族人文始祖布洛陀生活环境、生活情景等有很多吻合的地方，尤其是，敢壮山上有被称为"祖公庙"的与传说中的布洛陀相关的遗址，每年农历三月初七至初九，周围十多个县的十多万群众就要自发地汇集到敢壮山举行祭祀、唱颂布洛陀的活动；由此他提出，敢壮山一带是壮族始祖布洛陀文化的重要发源地，是壮族的文化圣地和精神家园。此后，有关专家经过多方考察论证，认同了这一观点。

布洛陀，是神话中的壮族的男性始祖，他与女性始祖姆六甲一起繁衍人类，创造万物。壮族人民还相传，敢壮山一带是他们最早活动的地方，布洛陀与姆六甲当年就是住在这座山上的洞里生了许多孩子。敢壮山最吸引人的是相关的祭祀娱乐节会。根据调查考证，敢壮山祭祀布洛陀的典礼至少已有一千多年的历史。在祭典的基础上形成敢壮山歌圩，所有参加歌圩的男女老少在对歌前都先到岩洞里祭拜布洛陀，唱布洛陀古歌。布洛陀古歌包括祭祀歌和创造歌，祭祀歌只由布麽及各村长老演唱；创造歌以布洛陀开天辟地造人造万物、造歌造爱情为内容，有开头歌、布洛陀和敢壮山来历歌、造天地万物歌、收尾歌，形式有独唱、男女对唱等。然后，再唱其他的歌。

另外，在布洛陀神话的基础上，形成一种壮语叫"麽"的民间宗教。从教人员布麽把布洛陀奉为最高神、麽教的祖神，把布洛陀神话系统整理成《麽经》，以后，又吸收了道教的法事仪式等。各地《麽经》的中心内容均叙唱主神布洛陀创造天地万物以及教诲人们如何为人处世的故事。布麽通过各种法事仪式喃诵布洛陀经文，为民消灾解难、超度亡灵、赎魂驱鬼、纳吉求福。2004年，广西壮学界整理出版了《壮族麽经布洛陀影印译注》共8卷，汇集了29种经典文本；出版了《布洛陀寻踪——广西田阳敢壮山布洛陀文化考察与研究》[40]，收录了9篇论文。

十、神话论著介绍

与壮族布洛陀文化相似，纳西族东巴文化也同样博大精深，《纳西东巴古籍译注全集》2003年被联合国教科文组织列入《世界记忆遗产名录》。白庚胜的《东巴神话研究》[41]是比较有影响的关于东巴文化的研究论著。作者进行了大量的本体研究（包括神灵体系、神话的内容、形象、类型等），基本上理清了东巴神话的庞杂体系及历史积淀，还进行了大量的属于哲学（如"神话时间"和"神话空间"）和文化人类学范畴的研究以及比较研究。作者认为东巴文化具有独特的体系：二元论区别了虚实、阴阳、美丑、善恶、神鬼、男女、雌雄之间的对立统一，三界说使神灵鬼怪及人类各自获得凭身立命的空间，五方观对处于同一空间的超自然存在各加限定，这表明东巴神话已不是纳西族远古神话的原生形态，而是向哲学化大大迈进之后形成的次生形态。根据其起源、职能、形象、性质、处所空间不同，东巴神灵大致由旧神、新神、最新神三个系统构成，另外还存在一个称为"人"的系统。东巴神话经历了早期、中期、晚期三个发展阶段。早期神话与藏缅语族，尤其是其中的彝语支神话息息相通，中期神话大多受佛教化前的本教神话影响，与藏族及印度神话的亲近性随处可见，晚期神话带有向传说化故事化过渡的倾向，佛教与道教因素十分明显。这些论述，具体而微，颇多新见。

白庚胜另一部论著《东巴神话象征论》[42]无论在我国象征人类学的学科建设方面，还是在深入研究和阐发古老的纳西文化方面，都有着一定的意义。作者广泛运用当代文化人类学研究方法，从神龟、神山、神树、神石、眼睛、神海、色彩和桥信仰这八个涉及纳西族文化的重要方面入手，力求梳理其来源各异、纷繁复杂的象征表象，考辨其隐蔽的真实意义，使其系统化、序列化；从那些在族源上与之有渊源关系的藏族的文化，在地缘上与之毗邻的汉族的文化，以及在东方发生过重大影响的古印度文化等的多层面比较中，剥离出哪些属于本民族原生的象征核心，哪些属于文化历史发展的产物，从而在一定程度和一定范围内揭开了纳西族神话象征符号扑朔迷离的面纱,开掘出在纳西族特有的语音、语义、语音语义组合形式下的神话象征的神秘内涵。作者对纳西神话象征的研究,既有静态的,也有动态的,既把不同来源、不同形态而又处于同一层面的材料聚拢来加以归纳和比较,挖掘出在东巴神话和纳西民俗中仅见的象征表象,并从民族心理的层次上加以深化,又与对仪式的动态考察相配合,深入象征表象的内部,窥见其原始观念的神秘性怎样衍化为象征的特定表象,是一种深层次的揭示。

这些年出现的角度较新、分量较重的关于少数民族神话的论著还有农学冠的《岭南神话解读》[43]、过伟的《中国女神》[44]、邢莉的《观音——神圣与世俗》[45]、万建中的《解读禁忌——中国神话、传说和故事中的禁忌主题》[46]、黄任远的《通古斯-满语族神话研究》[47]、吴晓东的《苗族图腾与神话》[48]、叶舒宪的《千面女神——性别神话的象征史》[49]。农著解读的岭南神话类型包括盘古、盘瓠、姆洛甲、密洛陀、日月、雷神、卵生等。作者力图用现代的学识观照岭南地区各民族神话的生存状态,考察它自身与生俱来的特征,考察此文化与彼文化的异同,追溯造成这种异同的历史背景与生活环境,以揭示岭南神话的真谛。过著论述了汉族和五十五个少数民族的原始女神、上古女神、民间女神、道教女神和佛教女神概貌,涵盖了一千个女神的神话及其信仰风俗,具有女神研究、女神题材的文艺创作等多方面的信息量。作者搜集资料十余年,撰写书稿四年多,在扎实的资料基础上对中国女神的特色做了探索,对中西女神的异同做了比较。邢著从民俗文化的角度对中国百姓千百年来根深蒂固的观音信仰做了全面的研究,探究了观音的由来及其在中国本土落地生根的过程,探求了观音信仰与中国本土文化的密切关系及其在民俗方面的诸种表现,也总结了观音信仰在民俗文化史上的地位。叶著则在全球视野上对世界女神义化做全景式的审视,其中包括中国多民族的女神文化,从当代具有国际性的女神文化复兴背景上,提示了性别神话研究的巨大潜力,以及神话作为文化资本的符号的再造功能视觉表达策略。资料丰富、广采深究是以上论著的共同特点,其中叶著采用的"原型图像学"(又称比较图像学)方法,以 600 幅彩图的视觉符号展开古与今、中与西的对比,给那种只从书面文献研究神话的积习带来一定的冲击。

万建中的《解读禁忌——中国神话、传说和故事中的禁忌主题》是作者在博士学位论文基础上修改而成的。作者并没有停留在对民间的口头文本外部形态的概述,而是选择了 10 种禁忌主题进行个案解析,深入到禁忌主题内部,挖掘其深层的文化底蕴、形成的根源及发展的脉络，其中许多阐述比较精彩，许多见解不乏独到之处。黄任远的《通古斯-满语族神话研究》、吴晓东的《苗族图腾与神话》对各自的领域做了比较系统、深入的研究，其中一些章节以论文的形式发表，部分前面已做介绍。

刘亚虎的《中国南方民族文学关系史·先秦秦汉魏晋南北朝卷》[50]神话部分从民族文学关系的角度对神话做了研究，涉及《山海经》《诗经》《楚辞》《庄子》等古籍和射日、洪水、伏羲、廪君、盘瓠、盘古、九隆、竹王等神话类型。这样着眼于民族关系与文化互动的研究预示着中国神话学的一个重要学术生长点。

参 考 文 献

[1] 刘锡诚.民间文艺学史上的社会—民族学派：20世纪中国民间文艺流派论[J].民族艺术研究，2003（6）.

[2] 叶舒宪.中国神话的特性之新诠释[J].中国社会科学院研究生院学报，2005（5）.

[3] 杨海涛.民间口传文学中的人与自然：西南少数民族生态意识研究[J].民族文学研究，2000（4）.

[4] 王会莹.北方"天空大战"神话的时空哲学：满族创世神话原型解读[J].黑龙江民族丛刊，1999（4）.

[5] 张福三.太阳·乌鸦·巫师：对我国太阳神话的一点思考[J].民族艺术研究，2002（5）.

[6] 林继富.论西藏的天神信仰[J].民族文学研究，2003（3）.

[7] 黄任远.赫哲族的自然神话与自然崇拜[J].民族文学研究，2000（3）.

[8] 汪立珍.论鄂温克族熊图腾神话[J].民族文学研究，2001（1）.

[9] 刘毓庆.中国古代北方民族狼祖神话与中国文学中之狼意象[J].民族文学研究，2003（1）.

[10] 那木吉拉.古代突厥语族诸民族乌鸦崇拜习俗与神话传说[J].民族文学研究，2003（4）.

[11] 何永福.九隆神话与图腾受孕机制[J].民族艺术研究，2003（3）.

[12] 万建中.祖婚型神话传说中禁忌母题的文化人类学阐释[J].民族文学研究，1999（3）.

[13] 王政.光：一个跨民族意义的生殖人类学喻码[J].民族文学研究，1999（2）.

[14] 廖明君.壮族水崇拜与生殖崇拜[J].民族文学研究，2001（2）.

[15] 宋颖.中国古代生殖神话类别与文化意义[J].民族文学研究，2003（1）.

[16] 陈岗龙.蒙古族潜水神话研究[J].民族艺术，2000（2）.

[17] 向柏松.南方民族水生型创世神话与民俗文化[J].民族文学研究，2003（4）.

[18] 陈玉平.布依族神话人物简论[J].民族文学研究，2000（1）.

[19] 张霞.补天神话的类型与分布[J].楚雄师范学院学报，2002（4）.

[20] 李子贤，胡立耘.西南少数民族的稻作文化与稻作神话 [J].楚雄师范专科学校学报，2000（1）.

[21] 王国祥.论傣族和布朗族的稻作祭祀及稻谷神话 [J].中央民族大学学报，2000（6）.

[22] 吴晓东.苗瑶语族洪水神话：苗蛮与东夷战争的反映 [J].民族文学研究，1999（4）.

[23] 潘春见.首子信仰与壮族民间文学的原型分析 [J].广西民族研究，2000（4）.

[24] 曾祥委.岭南的盘古崇拜群 [J].民族文学研究，2002（4）.

[25] 覃乃昌，潘其旭，覃彩銮，等.广西来宾市盘古文化的考察与研究 [J].广西民族研究，2004（1）.

[26] 蒋明智.盘瓠出世：一段图腾生育神话解读 [J].民族文学研究，2000（3）.

[27] 吴晓东.盘瓠神话：楚与卢戎的一场战争 [J].民族文学研究，2000（4）.

[28] 金海.蒙古族神话《额日黑莫日根》的文化解读 [J].内蒙古社会科学（汉文版），2003（4）.

[29] 杨树喆.桂中壮族民间的莫一大王崇拜及其内隐意蕴 [J].民族文学研究，2001（1）.

[30] 毕桪.哈萨克神话传说里的波斯成分 [J].民族文学研究，2002（1）.

[31] 叶尔肯·哈孜依.哈萨克族神话与汉族神话共同点之比较 [J].新疆社科论坛，2002（4）.

[32] 那木吉拉.蒙古族洪水神话比较研究：以《天上人间》和《猎人海力布》为中心 [J].中央民族大学学报（哲学社会科学版），2002（3）.

[33] 那木吉拉.蒙古创世神话的佛教神话文化影响 [J].内蒙古民族大学学报，2003（6）.

[34] 林继富.西藏卵生神话源流 [J].西藏研究，2002（4）.

[35] 苑利.朝鲜族熊虎同穴神话源出北方羌族考：兼论中国彝语支民族熊虎图腾崇拜的北来问题 [J].民族文学研究，2003（4）.

[36] 周翔.台湾原住民征日神话之比较分析 [J].民族文学研究，2003（4）.

[37] 李子贤.被固定了的神话与存活着的神话：日本"记纪神话"与中国云南少数民族神话之比较 [J].云南民族学院学报（哲学社会科学版），2000（1）.

[38] 黄河，詹七一.云南民族神话中的美学意蕴 [J].云南社会科学，2003（4）.

[39] 贺·宝音巴图.论蒙古族神话《天女之惠》的多彩组合美 [J].内蒙古师范大学学报（哲学社会科学版），2003（3）.

[40] 覃乃昌.布洛陀寻踪：广西田阳敢壮山布洛陀文化考察与研究 [M].南宁：广西民族出版社，2004.

[41] 白庚胜.东巴神话研究 [M].北京：社会科学文献出版社，1999.

[42] 白庚胜.东巴神话象征论 [M].昆明：云南人民出版社，1998.

[43] 农学冠.岭南神话解读 [M].南宁：广西民族出版社，2000.

[44] 过伟.中国女神 [M].南宁：广西教育出版社，2000.

［45］邢莉.观音：神圣与世俗［M］.2 版.北京：学苑出版社，2000.
［46］万建中.解读禁忌：中国神话、传说和故事中的禁忌主题［M］.北京：商务印书馆，2001.
［47］黄任远.通古斯-满语族神话研究［M］.哈尔滨：黑龙江人民出版社，2000.
［48］吴晓东.苗族图腾与神话［M］.北京：社会科学文献出版社，2002.
［49］叶舒宪.千面女神：性别神话的象征史［M］.上海：上海社会科学院出版社，2004.
［50］刘亚虎，邓敏文，罗汉田.中国南方民族文学关系史：先秦秦汉魏晋南北朝卷［M］.北京：民族出版社，2001.

原载《长江大学学报》（社会科学版）2006 年第 3 期

"龙崇拜起源"研究述评

徐永安

一、新原型说的出现与理论水平的提高

80年代河南濮阳市西水坡遗址出土的仰韶文化蚌龙引发的学术影响，在90年代继续延伸。冯时对河南濮阳西水坡遗址45号墓进行研究，认为该墓蚌塑所表现的是一幅早期星象图，蚌塑龙、蚌塑虎是古代天文学所说的苍龙和白虎二象。他认为："中华民族对巨龙的崇拜，事实上就是对东方星宿的崇拜，而这一崇拜的缘起则在于诸星宿对于远古先民的授时意义。"[1](P114)刘宗迪承续了这一观点，撰文说明，华夏上古龙崇拜源于原始历法的龙星记时制度，龙的原型即四象中的东方苍龙群星，龙星周天运行，与农时周期相始终，因而成为古人了解时间和岁时的主要依据，并成为天道自然的体现，商周二代作为王者标志的龙旗上描绘的就是龙星。[2]对此，有学者评述："将北斗左、右两侧的两组星宿命名为苍龙和白虎便是源于人们认为这两组星宿对于北斗具有护卫作用的民俗观念。……龙的原始形象来源于星象，这种观点乃是将诸星宿之得名与崇龙习俗的关系颠倒过来所形成的错误认识。"[3](P170)

而刘洪杰对蚌龙身体各部分的测量结果，"发现其数据与鳄类身体的比例关系基本一致。此外，蚌龙眼眶和鼻端向上突起的特点，也与鳄类适应水面生活所进化成的特征相符"[4](P44)。显然，这是有利于鳄鱼原型说观点的。

王从仁提出"区域生成说"，认为"形形色色的龙，是各自独立地产生于各个地区的；龙形的起源是多元的，中华大地上曾经长期共存过姿态不一的多种的'龙'"。他还认为龙崇拜实质上源于动物崇拜。[5]

阿尔丁夫撰文提出"野马说"：中原地区的龙并非固有，乃是来源于北方，连其名称也来源于北方民族当中的匈奴或东胡系诸族语言的音译，华夏文化中的龙即神化的野马及其有关传说，归根到底是经由北方民族传入的。[6]

闻一多综合图腾说仍然具有强大影响力。何星亮认为：龙的原型是蟒蛇，龙的诞生地是太皞部落，龙神崇拜是图腾崇拜与自然崇拜的整合形式。[7]杨青通

过对流传于沅湘间的原始宗教《美女教》唱词对"南蛇"的描绘与古籍中多个龙神做比较，说明"南蛇在自然生物为蛇；在烛祭神职为烛阴、烛龙；在鬣毛特征为应龙；在天职为雷龙从图腾南蛇到龙，显明是南蛇图腾进入炎帝农耕社会在图腾祭祀中一种神职的升格与衍化。因而，也在古氏族崇蛇中，出现亦龙亦蛇的交替，烛阴蛇又作烛龙、蚺蛇又称应龙。龙神是南蛇的演变形态。……南蛇形态是龙的原型，而且南蛇（蚺蛇）诸类形态，也构成了龙的多形态"。[8](P13)此类文章还有多篇。

李炳海提出龙蛇图腾源于雷图腾。[9]

苏开华提出"胚胎说"：龙的原型是母腹中尚未发育成形的胎儿。[10]这个假设得到了郭殿勇、王小盾等人的赞同。

何根海提出龙的初始原型为河川，认为"龙的滥觞、发展、流变、定型经历了一个由自然初始原型到次原型即动物原型和到多种图腾动物特征整合的历史进程"，龙初始原型发生的根源，就是蜿蜒的河川，而蛇蟒蜥鳄则是河川之动物化神灵化的载体，是龙的次原型。[11]

这一时期的原型假说越来越重视对假说的理论即"观念龙"的研究，包括从哲学的高度和认识论的高度进行分析。王小盾提出"胚胎说"时，根据起源研究比较公认的一些结论提出，各种形态的龙必定会有共同的本质，并指出"学术上的一个缺环"：我们忽视了从原始信仰时代的思维到文明时代的思维之间的过渡。他认为，"从思想符号的角度看，它的特点是用具象来表达抽象。也就是说，如果把中国思维的发展过程，按其所使用的符号手段描写为具象物体符号→具象事物符号→抽象事物符号次第演进的过程，那么，中国古代神话大致属于这一过程的第二阶段，即以具象符号表达抽象观念的阶段"，并且古人是用"近取诸身""远取诸物"的方法来建立这一符号系统的。

从这一角度考察龙的原型或实质便不必理解为某种具体的动物，而不妨理解为采用具体物象表达的某种具普遍意义的事物。"龙的原型不是某种具体动物，而是隐藏在各种哺乳动物母体内的胚胎。"而古人把胚胎称作"龙"加以崇拜的心理基础是对生命的崇拜，它代表了生命起源的共同性。胚胎是远古人类认为自己和其他动物有亲缘关系的证明。据此，他对各种图腾的信仰大胆地提出了一个新的内容：以哺乳动物为图腾的民族（例如猪、马等民族）建立了关于图腾胚胎的崇拜，以非哺乳动物为图腾的民族（例如蛇、鱼等民族）也把自己的图腾比拟为胚胎而使它获得了新的神性。人们还从一切具有胚胎形态的物体中寻找灵感，于是使得"龙"成为具有云彩之神性、雷电之神性以及虹霓之神性的神灵。他把原始的龙崇拜称作"胚胎崇拜"。早期龙神,事实上都是具有胚胎性格的神灵。

最终,他把龙神话起源的认识过程表述为三个阶段:第一步,当人们"近取诸身",根据生育过程来追寻生命起源的时候,他们通过胚胎这一具普遍意义的生命发生状态,建立了最初的龙形象和龙概念;第二步,当人们"远取诸物",在自然界及所崇拜的图腾形象中找到胚胎符号的对应物的时候,他们将这些物种——例如鳄鱼、蛇等爬行动物,马、牛、猪、狗等胎生的哺乳动物——也赋予了"龙"的概念;第三步,人们进一步把龙的属性赋予自然界,在那些具有生殖、变化、母性、生命起源等符号意义的动物身上(如蛇、蛙、鱼),也在那些具有阴阳化合之属性的自然景观中看到了龙的影子(如雷电、霓虹、云雨),在这个时候,龙便成了繁衍、化合等事物现象的通名,水中的龙便变成了天上的龙,不过,真正的龙,是隐藏在它们后面的整体和一般(哺乳动物的胚胎)。这来源于早期社会意识中的对生育的关注,对生死循环问题的思考。[12]

王小盾对胚胎说的阐述,不论其本身是否存在不足,但却试图对各种龙的原型说并存所存在的矛盾——每一个别总是不能完满解释整体的现象——从逻辑上加以彻底解决,通过寻找所有原型的内在共性,越过了不同原型的外在差异的矛盾,从而把古今存在的不同的原型说调和统一起来。而试图把两种或几种原型说调和起来,共同作为龙的主要原型,也是这一时期出现的新的趋向,我们不妨称之为"调和论"。

同样的努力也体现在吴生道维护闪电说的《浅谈龙崇拜起源》一文中。他在分析龙产生的社会历史条件的基础上,对龙起源时期的上古世界观做了一番整体考察。以此为据,他对商周青铜器上的龙纹、夔纹的演变进行了新的解释,并结合考古资料,论证龙取象于鱼、蛇、鳄,但非鱼、非蛇、非鳄;它的本质是闪电。[13] 他使闪电说变得看起来可以自成一理。何根海对河川说的论证,郭殿勇对胚胎说的阐述也体现了这种倾向。这些研究者的努力毫无疑问有助于提高起源研究的整体学术水平。

刘志雄、杨静荣指出:"迄今为止,考古学、历史学均无可信资料证明在中国历史上曾有一个强大的以蛇为图腾的氏族部落。"[14](P5) 他们认为,龙崇拜不是源于图腾崇拜,龙是原始先民们运用艺术手段所创造的许多动物形象中的一种,具有特殊的巫术功能。他们还提出了"原龙纹"的概念,并分析不同文化区域原龙纹的类型(鱼纹、鳄纹、鲵纹、猪纹、虎纹、蛇纹),指出它们的共性:"无一不包孕着浓厚的宗教观念,无一不是应原始巫术的需要而产生的。沟通天地的媒介和传递人神之间信息的使者,是六种原龙纹所共有的也是最主要的含义。"[14](P19)他们认为,具有人类始祖含义的渭水流域鲵纹,后来演化为人面蛇身的神人纹像,而最终演化为伏羲、女娲神像;[14](P19-56)原龙纹也是多元的(龙的起源必然是多元的),它们经过长时间的并行共存之后稳定地延续到商文化中;商人为了满足"铸鼎象物""百物而为之备"的宗教需要,发明了"化合式变形"和"混合式组合"两种艺术手法,创造了龙的形象,"从而满足信奉不同的通天神兽的氏族部落的宗教心理","真正的龙纹即由此而宣告诞生"。[14](P66-88)

这一个时期不同观点的论辩,必然导致对图腾理论的重新认识和讨论。苏开华著文认为,图腾崇拜与龙崇拜虽然同盛行于我国远古母系社会,但从时间上讲,龙崇拜的产生较之图腾崇拜略晚;从性质上讲,龙所代表的是一种初步理性化了的祖先意识,而图腾所代表的则是非理性的祖先意识;从地域范围上讲,龙是独具中国特色的文化现象,而图腾则是世界各地古文化中普遍存在的。他认为龙不是图腾,"是我国远古先民首创的一个始祖神偶像和进化论模型"。[15]

周崇发也运用图腾理论结合对史前龙遗存的分析,对混合图腾崇拜说提出否定,认为龙是基于农业的产生与雨水的关系所出现的"农业保护神",并通过对原始思维规律的分析,说明其原始物象为闪电。[16]

周清泉认为,图腾的发展是繁殖衍生性的分裂而不是所谓的"合并",部落的图腾是最先始祖的祖灵图腾,部族图腾则是衍生的"半族"图腾,最后的氏族图腾则是由"半族"图腾所衍生,所以图腾的发展是繁殖衍生性的分裂,而不是如闻一多所说的合并,和所谓"混合式的图腾"与"化合式的图腾",龙图腾就是中国人最先始祖的祖灵图腾。[17]

陈立柱对龙是夏族图腾提出反对观点。他对夏族与龙有关系的诸重要史料进行了分类辨析,证说龙是夏之巫师沟通人神协于上下的"乘物",即物之精灵,而夏时去图腾时代已远,从而试图证明龙为夏族图腾说法的错误,并且指出这种错误产生的根源在于泛图腾主义。他的文章提出了一个长期存在的问题——对古籍中的文献材料如何理解与认识,会对研究结果的正确与否产生重要影响。[18]

2006年,一篇名为《图腾的发明:民族主义视域下的〈伏羲考〉》的文章,从闻一多的学术思想发展过程和当时的社会矛盾的背景出发,认为《伏羲考》的核心结论——龙是整个中华民族的图腾——是被"发明"出来的传统。龙图腾的建构,是闻一多"从历史拯救民族国家"的学术思想所包含的民族主义思潮的产物;闻一多所依据的是西方经典图腾理论,但他"所谓龙是一种虚拟的、由许多不同图腾糅合成的、化合式的图腾的说法,根本就与建立在实证人类学调查基础上的经典图腾理论格格不入",因为"在经典图腾理论的框架内,虚拟的、化合的图腾在现实中是不存在的,或者说是无法找到人类学调查材料加以证实的,因而在学理上是站不住脚的"。[19](P160-162)文章对《伏羲考》的批判,指向了起源研究核心之点的真伪性上。

二、新的研究领域与新的研究方法

闻一多运用苗族的洪水故事研究龙崇拜起源的方法却启发了学者们从少数民族的原始文化中去探寻新的证据和答案。进入90年代,对少数民族龙文化的研究逐渐形成了一个热点,这实际上意味着伴随着研究领域的扩大,在研究方法上出现了新的现象,文化人类学、民俗学、民族学等多种理论和方法被运用到起源研究之中。1997年,吉成名发表了《龙崇拜起源研究述评》一文,其中对研究方法问题提出了明确的观点,强调只有从民俗史的角度去研究,才能把龙崇拜起源问题说清楚。[20]其后他本人在龙崇拜研究领域也取得了丰硕的成果。

覃圣敏考察壮侗语诸民族龙蛇观念,分析民族语音和古代生态环境,认为"图兀"应是鳄鱼,进入农业社会后,才输入了汉族"龙"的名称,并逐渐取代了"图兀"之名。[21]

蓝鸿恩曾经对"蛟龙"进行过考证。[22]他根据历史资料、考古发掘、民族志、民俗资料以及壮族神话和民间文学分析,壮族先民对自然物的崇拜经历了蛟龙—鸟—雷—青蛙的发展过程,壮族先民最早崇拜的是"蛟龙",蛟龙图腾应该是鳄鱼。[23]

谷因依据布依族的传统习俗和民间文学撰文分析指出:布依族所崇拜的龙其原型是大蛇和鳄,"华夏族在商周时代和布依族古代都以蛇、鳄为龙,显然是保存了辨物不细的初民以蛇、鳄为龙的原始观念。由此看来,中华民族所崇拜的龙应该是蛇和鳄"。他试图把蛇龙说和鳄龙说进行调和。[24]

杨鹓研究苗族刺绣龙纹的文化内涵,认为它们反映的是生殖崇拜,而不是图腾崇拜。[25]

杨昌鑫通过对五溪之域少数民族文化中的龙文化内涵的分析,认为这里"民间世代承袭的是远古对'龙'原生态的虔诚崇奉,根本不是将其作图腾信奉,而是视为最能生殖之'男性圣根'"。[26]

陈啸考证《苗族古歌·枫木歌》，说明龙经历了与人类和生灵有血缘、亲属关系的阶段，这是一种原始的"万物有灵—同源"意识，在此基础上产生了图腾—祖先观念。他认为，龙崇拜是苗族祖先崇拜的主要反映，随着人类思维的进一步发展，人们认识到人与动、植物有很大区别，从将图腾物视作亲属或祖先，转化为氏族、部落或家庭的保护神。[27]

杨正权考察了西南少数民族的龙神话，认为"在图腾生人神话中，龙也被西南各民族奉为图腾，进而产生了人龙同源、人龙结合生人等神话"[28](P53)，"龙感生人是西南少数民族中一种古老观念，是图腾崇拜的反映。龙被人们视为图腾，人们认为自己与龙神有着血缘关系，自己是龙神的同类"[29](P84)。

高静铮认为，白族自称为"九隆族"后裔，白族初民以龙为图腾、水神，而在中古时期它又成了佛门的护法神，从中可见白族文化与汉族文化的血缘关系。[30]

此外，还有一些学者对少数民族的崇龙习俗、节庆、仪式等进行研究，对龙崇拜的观念起源的研究也很有启发意义。

吉成名研究少数民族崇龙习俗得出以下结论：第一，少数民族崇龙习俗源远流长，最早可以追溯到四千多年前，不同民族崇龙习俗的形成有早有晚，绝大多数少数民族都崇龙；第二，少数民族崇龙习俗是受汉族崇龙习俗影响而产生的，少数民族的崇龙习俗往往具有本民族的文化特色；第三，少数民族主要把龙当作主管雨水的水神崇拜，少数民族所赋予龙的文化含义不如汉族那样丰富；第四，有些少数民族本民族各地的崇龙习俗也不完全相同，具有较强的地方特色。[31]

过伟也通过初步梳理少数民族龙文化后指出，中华龙文化的起源是多民族文化融合的产物。他认为，一些汉文化的民俗事象，内含着古代许多民族的文化，不少属于古代少数民族的文化，一些原来认为是某个少数民族文化的民俗事象，内含着古代华夏民族和别的许多古代民族、别的少数民族的文化，对此我们应进行深入的研究和探索。[32]

吉成名的《龙崇拜起源新论》在研究方法和理论建树上，都对闻一多的论说有重要发展，比如，他认为，龙崇拜起源于八千多年前的新石器时代早期，而有文字记载以来的中国历史只有三千多年，因此，古代文献资料中所记载的龙，只能反映当时人们的崇龙习俗和认识水平，不能仅仅根据这些材料就断定古人见到的"龙"是龙，要弄清楚龙的本来面目，只能根据考古材料和田野调查材料；龙崇拜起源属于民俗史方面的课题，只有从了解近现代崇龙习俗的文化含义入手，才有可能发现龙崇拜起源和演变的真正源头。

他主要运用民俗学的理论和方法,从民俗史的角度做了探讨,指出汉族龙崇拜系由撒灰除虫习俗和毒蛇禁忌习俗演变而来。作者先对撒灰除虫习俗进行了研究,发现这种习俗是自古以来汉族民间所盛行的习俗,如查海遗址龙形堆塑位于该聚落面积最大的房屋的前面,与许多地方志所载汉族流行的"灶灰拦门辟灾"的习俗正好吻合。作者据此大胆推断:在房屋前面堆塑龙形的习俗就是由在门口撒灰除虫的习俗演变而来的,人们利用毒蛇的形貌去吓唬、驱赶毒虫是龙崇拜产生的直接原因。就利用毒蛇来避邪而言,汉族由对毒蛇持禁忌态度转变为持崇拜态度。[33]作为在理论和方法上的创新,吉成名在两年以后出版的《中国崇龙习俗》一书中,对自己的见解做了全面和系统的阐述。

三、重大考古发现的影响

继80年代河南濮阳市西水坡遗址蚌龙出土之后,90年代迎来了"龙"的考古发现的高峰期。1993年,在湖北黄梅焦墩的大溪文化遗址中又发现了与濮阳蚌龙大致同时的堆塑龙,它东西长4.46米,由河卵石摆塑而成。[34]1995年,在辽宁阜新查海发现了距今约八千年,长达19.7米的石堆巨龙。其时代之早、形体之巨,堪称迄今所见的"中华第一龙"。[35]1996年,在辽宁葫芦岛杨家洼遗址发现了两条距今约八千年的土塑龙,其一扁嘴,丫字尾,其二昂首,展翅欲飞。[36]1998年,在内蒙古清水河岔河口发掘出两条距今六千年的巨型鱼龙夯土雕像,头尾相对,身躯盘卧,被鳞有翅。[37]

上述重要发现与60年代以来考古发现的龙纹陶器、玉龙等,从时间、空间、中心、龙形演变、传播等多方面给予人们直接启示。"虽然我们还不能说已经发现了龙的肇端,但是,相对于过去只能笼统地认为'龙起源于远古时代',我们现在可以更准确地说:龙至迟起源于距今八千年以前","从地域来看,一个明显的事实是,从新石器时代中期至青铜时代初期的三千年间,龙的形象似乎只出现在今辽宁、内蒙古、河北、河南、山西、浙江、湖北等少数几个省区,并且主要集中在黄河以北地区,其中尤以辽宁西部、内蒙古东南部的发现时代最早、数量最多、形制最统一(猪首蛇身)。说明这一地区应该是研究龙的起源最重要的地区","它是这一地区远古先民们崇拜的神灵,其原型为猪与蛇的结合……其它地区龙的形象,既可能是当地原生的,也可能是东北地区的龙传播到各地后与当地原有神灵动物(如牛、鳄等)融合而成"。[38](P18-19)

对这些考古资料的研究也导致某些重大学术结论的形成。何星亮就查海、西水坡、焦墩三处龙形遗址认为:"从以上三例龙形象来看,已经不是自然界中

"龙崇拜起源"研究述评 | 365

的龙，而是人们创造的龙，是文化龙，由此可推测，中国龙的起源至少在10 000年以上。"[39](P77)他结合对其他新石器时代的龙形象的分析，指出中国龙的起源是多元的，而不是一元的。这与文献材料中龙形（主要是龙首）的多样性、地域的多样性，与近年形成的"区域生成说""祖型多元说""调和论"以及对少数民族崇龙文化研究的结论相一致。事实上，学者们在提出不同的原型说的同时，多数已经内在地包含了对相应区域的论述，尽管围绕着这几例龙形又出现了鳄首、马首、牛首的争议，但是它们最终都会在"多元化"的结论中获得统一。区别在于，在早期龙形向我们今天所说的龙型演化过程及其不同的阶段中，哪一种原型的成分更多一些，或者说哪一个地区原始文化的影响更大一些。

比如李国栋提出中国文化存在"南北对立结构"——北方的儒学与南方的老庄思想及道教。儒学主张"君子固穷""仁者乐山"，是静本位思想；老庄主张"上善若水"，是动本位思想。这种对立结构蕴含中国人对事物的阴阳观念的辩证认识，反映了各地区文化的冲突与融合。从整体上看，中国文化中存在着草原、辽河文化—黄河、中原文化—长江、山岳文化的南下现象，形态上极具综合性的龙就是在这个文化南下过程中产生的。以此为基础，他详细探讨了龙与鲤、马、牛、羊、鹿、犬的关系，阐明了龙的北方性格及其由北向南的传播轨迹。北方性格的龙以鲤、马、羊、鹿为基础，具有飞升倾向，但南方性格的龙则以大蛇、鳄鱼、蜥蜴和犬为基础，具有执着于大地的倾向。这两种性格的龙再经过统一组合，就是我们今天常见的龙了。最终他认为："龙的基本原型决不可能是具有南方文化特征的蛇或鳄，而是堪称北方文化精髓，而且极具移动性的马。"[40](P64)

由于2000年是改革开放以后的第二个龙年，因而在其前后又形成了起源研究的热潮。各类文章较多集中在2000年前后时期。1997年7月，上海炎黄文化研究会举办了"龙文化与民族精神"学术研讨会，关于龙的原型有如下代表性观点：一是扬子鳄说；二是蜥蜴说；三是许顺湛的祖型多元说，即说龙的祖型有鱼龙、鳄龙、猪龙、马龙、牛龙、雷龙等多种；四是葛承雍的历史形态说，他主张不同的龙属于不同时代；五是陈勤建的心理结构模式说，他认为龙的原型是一种状态、一种意象，由人类早年的记忆积淀而成。后面几说，其实是和近年来的学术倾向相一致的。这一时期的有关著作超过十部。

2003年，吉成名发表了文章《龙崇拜研究述评》，对80年代以来包括起源研究在内的对龙崇拜的研究概况做了简要评述。[41]

四、中日比较研究撷要

在日本,龙崇拜起源的研究也受到许多学者的重视。本文仅就其中几位最近的观点做一介绍,以资借鉴。

2003年,年届八旬的伊藤清司先生在《龙的起源论》一文中,对龙观念的起源说、龙原型说存在的问题、鳄鱼的生物学知识以及鳄鱼说的最新信息等进行了评述。他指出:以往许多研究者,只注意到龙的一些表面特征,得出龙是以蛇为原型的复合物的结论,其实,龙并非一开始就作为复合物被创造出来,它的原型之一是中国南方消失的爬行动物鳄。[42]

日本学者石田英一郎从中国文化哲学的高度分析龙与马、牛的关系:"水马思想主要流传于中国西部及西北部,即所谓的西域。但是,河牛思想则流传于中国南部、西南部以及东南亚半岛。马和牛虽说都与具有水神本质的龙紧密结合在一起,但是,与马结合的龙正像《汉书》'西极天马歌'所描写的,它既是水神,也是能够升天的真正的'龙'。与此相反,与牛结合的龙本是潜在河中或土中、不具升天资格的'蛟'类……龙马——天马观念首先由在黄河流域建立国家的'北方'种族或者说阶级写入文献,然后渐渐地扩展到民间,渗透到民俗信仰中。但是,基于牛崇拜的河牛——土牛观念则不同,它原本萌芽于华南华中地区农民的祭祀与信仰,然后一方面在庶民的信仰中持续,另一方面则被王侯士大夫的祭祀活动所吸收。这种南与北、土与天、牛与马的二元对立……在最终发展成为儒家则天思想的北方上天信仰与用于道教之中的南方重土思想之间,乃至在邹鲁之学与荆楚之理之间也能看到。当然,以上所述只是论及思想观念的初始阶段,随着时代的推移,这种二元对立系统则逐渐交错、融合起来。"[43](P56-57)

安田喜宪在《龙的文明史》一文中指出:"龙是人们想象出来的抽象、虚构的动物,而蛇却是实际存在的动物。将实际存在的生灵——蛇作为崇拜对象的世界观,与崇拜综合多种动物特征而创造出的虚构动物的世界观,这两者之间存在着根本的差别,即在产生其世界观的社会组织及文明原理上存在着根本的差别","蛇崇拜和龙崇拜属于完全不同的谱系"。在他看来,龙是父权制文明的象征,畜牧社会属于父权制社会,而龙便是诞生于畜牧民和麦作农耕民、粟作农耕民之接触地带——中国东北的森林中,是以猪、鹿为原型的,龙不是水神;蛇是母权制文明的象征,蛇在流经湿润地带中央的大河沿岸及湿润地带森林中受到崇拜,狩猎、渔捞民及稻作农耕民有着悠久的蛇崇拜传统,蛇崇拜的社会落后于龙崇拜的社会,长江流域自远古时就存在蛇崇拜,由此产生了伏羲和女娲的神话,而长江流域的龙以清晰的形象出现的年代为5000年前的良渚文化时期,较北方的查海遗址要晚2000年以上,应该说它是受来自北方的红山文化的影响而诞生的,而"将蛇和龙同等看待可以说是龙传播到南方稻作地带以后的事"。[44](P1、17)

荒川纮认为"龙这个空想动物的产生也必然离不开大河这一自然环境"。他对希腊与犹太、巴比伦、埃及、印度与中国等古老文明的"水宇宙观"进行分析对比,发现他们都与蛇有关系,"水与龙蛇紧密相连的宇宙观遍布欧亚大陆",蛇信仰的产生是其作为"丰饶象征"的观念的产物,"从生物学和进化论的角度讲,龙就是蛇的蜥蜴化,就是'返祖蛇'";但是在四大文明的大河流域中,"产生龙的是美索不达米亚和中国的古代文明,或者说是底格里斯河、幼发拉底河和黄河"。他认为龙的产生需要三个自然条件:一是产生龙的地区有普遍存在的蛇,二是产生龙的地区没有大眼镜蛇,三是产生龙的地区有大河存在。他以此推断:稻作农业的长江文明没有产生龙,其中的一个原因就是长江流域生存有眼镜蛇等大蛇。他还认为,"龙的产生,美索不达米亚远比中国早。……龙的观念是从美索不达米亚传到中国的"。他本人持"龙的原型是蛇"的观点。[45](P31-49)

田中英道从西方美术史和东西方文化交流的角度探讨了东西方龙的观念和形态的差异。他认为,"西方龙有些部分是在西方独自产生的,而有些部分是从某个时代起受到东方龙的影响后产生的",中国的龙大多是善的象征,但在西方,龙几乎都是作为善恶二元论中的恶的象征出现的,而且作为邪恶象征的龙不知不觉间又成了与西方对立的东方的象征;从美术造型上说,在欧洲,龙不是作为自然的形态,而是作为邪恶的化身出现的,到了丢勒的时代,龙又变成了中国龙的变形,而中国龙是随着商业活动传入的,并且对丢勒、达·芬奇他们的龙的观念和造型产生了影响。[46](P234-235)

五、综述与结论

无论是作为中国民俗生活的事象,还是作为中国传统文化的象征,"龙崇拜"毫无疑问都是一个典型的代表。因而,在关于中国民俗抑或是古代文明的起源问题上,"龙崇拜起源"也就具有独特的意义。

纵观起源研究历史,闻一多的《伏羲考》把早期的研究带上了一个综合研究的高度,其观点一直是以后起源研究争论的一个核心,成为推动起源研究发展的一条主线。从 80 年代开始，鳄鱼说一派异军突起，又成为一个热门话题，并产生了广泛的影响，这两个原型说便一同在起源研究的发展中，起到了主导和带动作用。然而整个起源问题的演进，基本上是围绕着维护发展闻一多学说与反驳、突破闻一多学说这条主线发展的。由于《伏羲考》在学术上的开创性贡献，使得所有后出的新观点——即使影响广泛的鳄鱼说——也无法取代他的地位和影响。究其原因，由于受到论证材料不足的限制，闻一多即使不能对自己的设想予以充分的"证实"，基于同样的原因，反对者也无法从根本上对其进行"证伪"。甚至一些反对者也是否定他的某一部分，同时又赞同或运用他的另一部分，比如反对蛇为龙的主体，却又运用图腾综合说解释新原型的发展。对文章观点的统计，大多数作者仍然赞同闻一多蛇是龙的主体原型、龙是综合图腾之说。图腾崇拜的观念甚至渗透到人们对其他民间信仰的认识上，以至于有的学者将之称为"泛图腾主义"而加以批评。[47]

在众多原型说的争论中暴露的问题，导致人们对其中的学术思想、学术态度、学术方法以及起源研究所涉及的学术理论、基本概念、学科性质进行理性反思。这种反思对于矫正起源研究中的不良倾向，引导其向着健康的学术方向发展，产生了积极的意义。80 年代以来，不同原型说从偏重对"生物龙"的论述到重视对"观念龙"的论述，从偏重提出假说到重视对假说的科学论证；从 80 年代初期主要是对文献的训诂考据，到 80 年代中后期文献考证与考古发现相结合，并引入历史地理等知识与方法，到 90 年代以后，又出现了民俗学、民族学以及田野考察的方法；从对龙的原型的争论，到对综合图腾说的批评，再到对图腾理论进行探讨，对把图腾崇拜运用于中国的普泛化倾向进行反思等，都说明在多数研究者的努力之下，起源研究是沿着一个健康的方向辩证地发展的。

考古发现对 80 年代以来的起源研究产生了深刻的影响，许多因为文献不足，或者因文献的多义、歧义，或因作者解读与还原文献的方法差异造成的争论，往往因为某一考古成果的出现而发生重大改观，比如龙起源的中心问题，过去认为是黄河流域，红山文化玉龙和查海遗址巨龙的发现，使人们认识到辽河流域文化的重要性，以及形成了对龙文化传播的走向的认识；更多的龙形考古证据的出现，使得人们对龙形、龙的观念产生的地域性出现多元认同趋势，由争论某一个原型是龙的主要基调出现了多元调和的趋向。考古发现从实物、具体的时空上为起源研究提供了重要的参照坐标。从 80 年代开始的文化讨论的大背景考察，龙崇拜起源从一元到多元的逐步演进，是与二十多年来中华文化起源问题的探讨从一元论到多元论演化的历史轨迹相同步的。

与通过考古去寻找远古证据相对应的是，人们开始关注对少数民族和汉族龙崇拜习俗、仪式等民间的活文化形态，开始走进民间和田野。这一历时性与共时性的双向观照，从时间和空间上将起源研究置于更大的文化背景与视野之中。我们不仅可以寄希望于从其中获得许多新的发现，这也可能会因此引发对许多历史文献的重新解读与诠释。

起源研究不仅借鉴了其他领域的知识与成果，也推动了有关领域研究的发展，比如，起源研究一开始就涉及对《山海经》的解读，有不少从事《山海经》研究的学者，同时也介入了起源研究，使之成为山海经文化阐释的领域之一。龙崇拜的起源问题也成为中华文化起源问题讨论所涉及的重大课题之一。

研究过程中存在的问题，阎云翔、吉成名分别撰文做出了比较全面的评述。我就自己在搜集文献进行分类过程中的所感，略做补充：

首先是持续的长久的对起源问题进行研究的人很少。如果对此不是在全面、系统、深入研究的基础上提出自己的观点，浅尝辄止，势必影响学术成果的质量，阻碍整体研究水平的提高。鳄鱼说之所以能够产生广泛的学术影响，在很大程度上就是得之于何新长期深入研究的结果，从 80 年代初期出版《诸神的起源》，到 80 年代后期出版《龙：神话与真相》，直至 21 世纪初出版《谈龙说凤》，始终没有中断。伴随着研究的持续，必然是对这一论说的不断深入与完善，从而不断提高学术价值和影响。吉成名经过十年坚持不懈的努力，也在这一领域取得了显著成绩。这些都说明长期深入的研究对起源研究的学术发展有根本的影响。这不仅涉及学术思想、学术态度，个人的坚持与深入的程度，也涉及建构这一领域的学术传统问题。对此，闻一多已经树立了榜样。

其次是学术研究中理论水平不足的问题。第一，是哲学思维水平，其中既包括哲学认识方法、逻辑思维方法，也必然包括对中国乃至西方古代哲学知识的了解与运用。它决定了我们对研究对象与材料的把握程度和认识高度。第二，是学科理论水平。这一点在针对龙崇拜是否为图腾崇拜以及是图腾崇拜哪一阶段的争论上表现得十分明显。当研究方法趋于多元化的时候，相应的理论指导就十分重要了。起源研究作为民俗起源的典型问题，系统地了解和掌握民俗学理论，就是每一个研究者必须具备的基本理论素养。第三，相关学科的理论水平。起源问题往往涉及多学科的知识和方法，所以人类学、宗教学、历史学、文献学、训诂学、美学和艺术史等理论就成为必不可少的知识储备。第四，是对与之相关的西方文艺批评的理论和方法借鉴不足。

再次是起源研究本身还存在明显的薄弱环节。比如对于《伏羲考》的产生与时代背景、学术背景、理论背景的关系缺乏关注和研究（20世纪20—40年代，图腾理论和制度的研究在学术界形成一个热点，闻一多的图腾说显然与之有密切关系）。对于中外龙起源的比较研究，作为专题的研究文章，是笔者检索到的最少的部分。蛇崇拜在古代世界是普遍存在的，从世界文明的高度研究龙蛇崇拜的起源对我们理解中国龙的产生肯定会大有裨益。又比如对远古先民的美感心理在龙形的起源与形成过程中的作用也研究得很不够。

未来的起源研究可能会趋向于多元化，对起源的观念研究和不同龙文化融合的具体过程研究，可能成为热点，而对少数民族崇龙文化的研究将进一步深入。新的考古发现随时可能带来令人意想不到的思维冲击和启示，与之相伴的是在研究方法上由多元趋向于综合。由于这一远古文化现象具有的综合性、神秘性、复杂性，根据西方阐释学的观点，想要完全还原它的本义，几乎是不可能的，因此多种阐释并存是可以预料的格局，而某个问题的不确定性正是学术争论存在的理由，也是其魅力之所在。这场讨论的终极意义也许并不在于找到一个最终答案，而是在这个过程当中不断地探寻到对一些远古文化之谜的多种可能的阐释，从中更加清楚地认识到我们和历史与传统的血脉关系，并对我们所传承的文化保有一种珍惜和骄傲的情感。

参考文献

[1] 冯时.中国早期星象图研究 [J].自然科学史研究，1990（2）.
[2] 刘宗迪.华夏上古龙崇拜的起源 [J].民间文化论坛，2004（4）.
[3] 吉成名.中国崇龙习俗研究 [M].天津：天津古籍出版社，2001.
[4] 孙德萱，史国强.中华一龙 [M].北京：人民日报出版社，2006.
[5] 王从仁.龙崇拜渊源论析 [M]//陈秋祥，姚申，董准平.中国文化源 [C].上海：百家出版社，1991.
[6] 阿尔丁夫.华夏文化中龙的原型及其由来 [M].//阿尔丁夫.蒙古和其他北方民族文史论丛.呼和浩特：内蒙古教育出版社，2004.
[7] 何星亮.中国图腾文化 [M].北京：中国社会科学出版社，1992.
[8] 杨青.南蛇·古蛇与龙的图腾考辨 [J].益阳师专学报，1992（1）.
[9] 李炳海.楚辞与东夷族的龙凤图腾 [J].求索，1992（5）.
[10] 苏开华.论龙的原始形象与意蕴 [J].争鸣，1993（5）.
[11] 何根海.龙的初始原型为河川说：兼论龙神话的原始文化事象 [J].中国文化研究，1999（2）.

[12] 王小盾.龙的实质和龙文化的起源 [J].寻根, 2000 (1).

[13] 吴生道.浅谈龙崇拜起源 [J].中原文物, 2000 (3).

[14] 刘志雄, 杨静荣.龙与中国文化 [M].北京: 人民出版社, 1992.

[15] 苏开华.图腾崇拜与龙崇拜之比较研究 [J].江海学刊, 1994 (3).

[16] 周崇发.论中华龙的起源 [J].江汉考古, 2000 (4).

[17] 周清泉.释"龙": 中国人的祖灵图腾 [J].成都大学学报 (社会科学版), 2002 (4).

[18] 陈立柱.龙是夏族的图腾吗? [J].民间文化论坛, 2004 (5).

[19] 仲林.图腾的发明: 民族主义视域下的《伏羲考》[M] //刘宇华, 白庚胜.中国民间文艺学年鉴2006年卷.武汉: 华中师范大学出版社, 2009.

[20] 吉成名.龙崇拜起源研究述评 [J].中国史研究动态, 1997 (12).

[21] 覃圣敏.广西壮侗语诸民族龙蛇观念的研究 [J].社会科学家, 1990 (6).

[22] 蓝鸿恩.蛟龙意识的沉淀 [J].民族艺术, 1987 (4).

[23] 蓝鸿恩.蛟龙·鸟·雷神·青蛙: 论壮族先民文化观念的变迁 [J].民族艺术, 1991 (3).

[24] 谷因.布依族崇龙文化探略 [J].贵州民族学院学报 (哲学社会科学版), 2002 (2).

[25] 杨鹓.龙崇拜新解: 由苗族刺绣龙纹说开去 [J].湖北民族学院学报 (社会科学版), 1994 (4).

[26] 杨昌鑫.龙崇拜与生殖崇拜: 楚五溪之域崇龙之谓析 [J].民族艺术, 1995 (1).

[27] 陈啸.试析苗族的龙崇拜及其造型艺术的嬗变 [J].贵州民族研究, 1997 (2).

[28] 杨正权.论龙崇拜与西南少数民族的龙神话 [J].民族艺术研究, 1998 (1).

[29] 杨正权.龙崇拜与西南少数民族宗教文化 [J].思想战线, 1999 (1).

[30] 高静铮.白族龙文化浅谈 [J].民族艺术研究, 2000 (1).

[31] 吉成名.少数民族崇龙习俗研究 [J].中央民族大学学报 (社会科学版), 1998 (5).

[32] 过伟.中国少数民族龙文化论 [J].广西民族研究, 2000 (4).

[33] 吉成名.龙崇拜起源新论 [J].民俗研究, 2000 (1).

[34] 陈树祥.黄梅发现新石器时代卵石摆塑巨龙 [N].中国文物报, 1993 - 08 - 22.

[35] 辛岩.查海遗址发掘再获重大成果 [N].中国文物报, 1995 - 03 - 19.

[36] 高美璇.辽宁八千年前新石器时代遗址中发现龙图腾 [N].中国文物报, 1997 - 06 - 08.

[37] 王大方, 吉平.清水河出土新石器时代巨型鱼龙夯土雕像及大批文物 [N].中国文物报, 1998 - 08 - 19.

[38] 段勇.从考古发现看龙的起源及早期面貌 [J].北方文物, 2000 (1).

[39] 何星亮.中国龙文化的特征 [J].思想战线, 1999 (1).

[40] 李国栋.试论龙与鲤、马、牛、羊、鹿、犬的关系 [M] //安田喜宪.神话 祭祀与长江文明.北京: 文物出版社, 2002.

[41] 吉成名.龙崇拜研究述评［J］.广西师范学院学报,2003（1）.

[42] 伊藤清司.龙的起源论［J］.张忾,译.思想战线,2003（2）.

[43] 李国栋.试论龙与鲤、马、牛、羊、鹿、犬的关系［M］//安田喜宪.神话　祭祀与长江文明.北京：文物出版社,2002.

[44] 安田喜宪.龙的文明史［M］//安田喜宪.神话　祭祀与长江文明.北京：文物出版社,2002.

[45] 荒川紘.龙：大河文明孕育的怪兽［M］//安田喜宪.神话　祭祀与长江文明.北京：文物出版社,2002.

[46] 田中英道.西方的龙与东方的龙［M］//安田喜宪.神话　祭祀与长江文明.北京：文物出版社,2002.

[47] 常金仓.古史研究中的泛图腾论［J］.陕西师范大学学报（哲学社会科学版）,1999（3）.

原载《长江大学学报》（社会科学版）2007年第3期

中华民族起源神话考古研究百年回顾

孙正国

中华民族的史前起源问题，一直是学术界高度关注和持续研究的重要课题。从起源神话的口头传承和文献记载中寻找中华民族的发生、发展线索，是这一领域的基本研究路径。随着考古学在国际学术界影响的扩大，中国起源神话研究从 20 世纪早期开始，自觉地运用考古学方法，探究中华民族存留于神话中的起源记忆。后来，考古学界也在本学科的发展中触及了中华民族起源神话的考证与研究。不仅如此，国外汉学家也运用考古学方法较早地研究了中华民族起源神话。当代中华民族快步走在民族复兴的进程中，以融和、开放、敬祖、友邻的心态参与文化的交流与对话，民族精神得到巨大鼓舞，民族起源命题也得到了关注与强调。为此，综观 20 世纪初迄今的百年以来，中华民族起源神话考古学取向上的国内外研究格局，实证神话传承中中华民族的起源线索。

一、比较神话学与人类学视野：国外汉学界的早期研究

日本汉学家在研究中华民族起源神话方面走在国际汉学界的前列，尤其在考古学方法的运用和出土文物材料的求证方面具有很好的学术影响。民间文化学学术史专家贺学君的《中日中国神话研究百年回眸》所引资料显示，日本较早研究中华民族起源神话的成果有井上圆了的《孔孟之偶像尧舜形成原因探源》（1882），此后至 1904 年间，日本学界发表了较多的相关论文，如《尧舜》和《续尧舜》（清野勉，1894）、《五帝论》（中村德五郎，1898）等。这些研究以文献为主，少量涉及古文字资料。真正自觉运用考古人类学方法的是出石诚彦的《中国神话传说之研究》（1943）。作为日本第一位专门从事中国神话研究的学者，他以比较神话学方法为基础，大胆突破前人纯以文献为主的传统观念，注意从古代绘画、雕刻等历史遗物中寻求原始神话的痕迹，又引入自然史方法，以期由此揭示某些神话产生的现实基础，从而将神话从后人累加的政治因素和道德观念中剥离出来，较为可信地梳理了华夏部分早期起源神话的原始形态。20 世纪六七十年代，御手洗胜通过考证黄帝与龙的关系来探寻黄帝传说的传承

地区与意义。侧重于考古和历史素材的林巳奈夫，著有《殷中期以来的鬼神》（1970）、《汉代的神》（1975）。侧重于中国神话通论的贝冢茂树，著有《中国的神话》（1971）、《中国神话的起源》（1973）、《英雄的诞生》（1976）。侧重于神话与古文字及民俗研究的白川静，著有《中国神话》（1975）、《〈山海经〉中的鬼神世界》（1986）、《甲骨文的世界》和《中国古代民俗》等一系列专著。20世纪末叶，小南一郎的《中国的神话传说与古小说》（1993）运用考古学方法研究西王母神话的起源与演变，考证西王母神话与七夕文化的关联，深化了西王母神话的可信度。

　　欧美汉学界运用考古学方法和考古新成果来研究中国起源神话的代表是20世纪中期的女性主义神话学派。中国神话学家叶舒宪认为，女性主义神话学的主要学术贡献在于，以女性主义观点和考古新材料为双重契机的女神再发现运动，以及女性主义神话学对西方文化两大源头的重新认识。女性主义作为一场文化思想运动，它的重大启蒙意义就在于揭示出一个被忽略已久的真相：世界上已知的所有文明几乎都是父权制的。女神的发掘与研究取得的重大影响，与考古学方法及其相关成果的运用密切相关。如拉灵顿（C. Larrinton）主编的《女性主义的神话指南》（1992）运用考古新材料和女性主义的观点，重新审视近东、欧洲、亚洲、大洋洲、南北美洲的神话传统以及20世纪的女神崇拜与研究情况，对中华民族起源神话黄帝、炎帝、颛顼、帝喾、尧、舜、禹等构成的神话帝系谱做出构拟，强调了以孔子为代表的儒家思想的男性中心主义对神话性别角色的决定性作用，承认在远古时期存在统一的信仰女神的宗教。美国汉学家大卫·凯利的长文《开端：新石器与商代的女性地位》（1999）主要依据考古发掘材料和对甲骨文的记载的分析，论证上古时期女性的地位并未高于男性，从新石器时代到商代的社会性质基本上是父权制的。这就使女神宗教说的现实基础问题受到某种程度的质疑，其争议性也就越发明显了。大卫·凯利还引用格林（M. Green）《克耳特女神》（*Celtic Goddesses*）一书的观点论证说，中国东北地区新石器时代女神雕像的发现并不一定反映当时女性社会地位的显赫，因为古希腊的雅典奉雅典娜女神为守护神，可是雅典妇女的地位却极为低下，甚至根本就算不上城邦的公民。值得强调的是，俄罗斯通讯院士李福清（B. Riftin）作为当代研究中国神话最著名的汉学家，不仅广泛搜集中华民族起源神话的人类学材料，全面、深入地研究了包括起源神话在内的中国神话，在研究方法与神话史料、口头传承的神话材料的搜集等方面取得了非凡成就，而且还整理了国外研究中国各族神话的论著资料，编辑出版了《中国各民族神话研究的外文论著目录（1839—1990）》一书，为中国神话研究提供了国外相关文献的宝贵线索。

二、现代神话学与历史人类学互动：国内学界的起源研究取向

20世纪早期的30年，中国现代神话学受西学影响而初具形态，方法论上，对"地下材料"的追求作为研究方向得以确立。这一时期主要以历史学家的研究为主。

中国现代神话学的奠基人茅盾，在其《中国神话研究》（1928）、《中国神话研究ABC》（1929）、《神话杂论》（1929）等论著中所提出的理论以及有关中国神话的重要见解，对当时和后来的研究产生了深远的影响，促成了中国神话学人类学派的发展。茅盾论述了神话与历史的关系，提出了关于原始人宇宙观的变化导致神话演变的问题。他试图从上古史中抽绎出中国神话的"诸神世系"，并提出了以帝俊为主神的设想。

以顾颉刚和杨宽为代表的古史辨学派由历史研究入手，以崭新的历史观念和扎实的文献学功夫，对上古神话资料和神话人物进行仔细的发掘、校勘、考辨、梳理、研究，力求从古史中剥离和还原神话，重构民族的神话体系，在理论和方法上形成了中国神话研究的历史学派和民族的神话史观。同时，王国维提出了将"地上之材料"（传世文献）与"地下之材料"（甲骨文、金文文献）相结合的"二重证据法"，与古史辨学派一道，极大地震动了人文社科研究领域，从而为神话领域的考古学研究开创了方法论的先声。

20世纪30—70年代，随着现代考古学的发展与成果的涌现，一批语言学家、历史学家、民族学家和考古学家都参与到民族起源神话的研究中，取得了重要的学术成就。

容庚的《汉武梁祠画像录·汉武梁祠画像考释》（1936）、陈梦家的《古文字中之商周祭祀》（1936）、闻一多的《神话与诗》（1956）等相继从发掘出来的古文字和汉画像等考古成果中获取新的研究材料，考证商周文化的神话起源、神话类型和价值以及中国古代宗教形态。商承祚的《战国楚帛书述略》（1964）就战国楚帛书的新材料予以研究，对其中的起源神话材料也进行了一定的梳理。卫聚贤的《封神榜故事探源》（1960）、芮逸夫的《中华民族及其文化论稿》（1972）、凌纯声的《中国边疆民族与环太平洋文化》（1979）、苏雪林屈赋探索系列论著（20世纪70年代）、刘尧汉的《从民族学资料试探彝族与羌、夏、汉的历史渊源》（1979）、包寿南的《藏族族源考略》（1979）等也对相关起源神

话做出过深入探讨。同时,一些学术新人出现,杜而未、印顺法师、王孝廉即是其中比较活跃的三位。前者关于山海经神话、创世神话、古帝系神话以及虚拟动物神话的研究均有新见;中者的《中国古代民族神话与文化之研究》(1975)一书,从上古神话中提出了羊、鸟、鱼、龙四大图腾信仰,由此区分先民的四大部族联盟系统,并对龙、凤、麒麟、龟四种神兽做了详尽分析;后者在《中国的神话与传说》(1977)中对神话发展与社会经济形态的关系、上古神话的分流、巨人神话以及神话与古代诗歌等方面的论述,都有独到之处。

这一时期对中华民族起源神话的考古研究有大贡献的首推丁山。作为著名古文字学家、历史学家,丁山精通甲骨金石、音韵训诂,熟悉上古史料,在古神话的考辨、推原方面,成绩卓著。他利用考古新材料探求中华民族起源神话的成果主要见于《甲骨文所见氏族及其制度》(1956)和《中国古代宗教与神话考》(1961)两部著作。前者深入论证了包括图腾神话在内的民族起源神话的历史制度内涵,认为图腾是氏族社会的宗神,氏族制时代就是图腾时代,图腾神话与图腾艺术因而成为原始文化的核心纲领。后者"意在探寻中国文化的来源"(丁山语),在传统的考据基础上运用了比较语文学、比较神话学和宗教学的方法,对史前神话加以初步分析,分析数量之广、考证程度之深,都达到极高的水平。并讨论了姜嫄与土神的关系,以希腊神话作参照将姜嫄定为地母,将后稷定为谷神,生民神话定为农业生产时代的原始生殖神话。

这一时期的另一位重要人物是徐旭生。他提出了传说时代的概念,在传说时代的研究与传说材料的整理方面成就斐然。其代表作《中国古史的传说时代》(1943)认为,上古神话传说研究的关键是材料的原始性与等次性,考古发掘的文物材料对于证史与史前研究具有重要意义。以此为基础,对于学界争议较大的中国古族三大集团和三皇五帝等民族起源神话与历史起源问题做出了足信的论述,廓清了中华民族起源的基本线索,为中国古史传说时代的研究做出了重要贡献。

20世纪末的20年,考古学家陆思贤无论是在民族起源神话考古材料的全面发掘和整理方面,还是在系统的神话考古的理论建构方面,都取得了重大成就。他自觉探索上古神话的方法论问题,在从事北方民族考古学研究的过程中,积极探讨神话考古领域的基本问题,坚持不懈地开展北方少数民族起源神话的具体个案研究,在考古工作中有意识地系统搜集、整理民族起源神话的新材料,并对这些做出了深入的综合研究。其代表作《神话考古》(1995)汇集了他对伏羲氏诞生神话、女娲神话、东夷系神话、羌戎系神话、诸神起源等中国早期起源神话的考古成果及其研究，全面深入地展示出考古研究对神话类型研究与民族起源研究的重大价值，建构了神话考古的方法论体系，为考古学处理神话材料和神话学处理考古材料等两个领域都提供了科学性强且行之有效的研究方法。

这一时期，神话学家也对中华民族起源神话做出过有影响的研究，以袁珂、萧兵、叶舒宪和杨利慧为代表。袁珂作为新时期以来最知名的中国神话学家，其代表作《中国古代神话》（1950）是我国第一部系统研究汉民族古代神话的专著。他创造性地完成了《山海经校注》（1980），第一次从神话的角度对《山海经》全书给予系统而可信的研究。这些研究都融入了作者对中华民族起源神话考古研究的有益探索，袁珂因此成为中国神话学界当之无愧的领军人物。萧兵专注于《楚辞》的神话研究，在《楚辞与神话》（1987）、《楚辞新探》（1988）、《中国文化的精英——太阳英雄神话比较研究》（1989）、《楚辞文化破译》（1991）等著述中，充分运用了文献学与考古学材料相结合的研究方法，以楚辞文化为基点，将楚辞学研究推向了一个新的高度。叶舒宪以其开阔的学科视野和锐意创新的学术理念完成了重要著作《中国神话哲学》（1992），在方法论上博采众长，观念上也有较大突破。叶舒宪通过对不同民族神话的分析、词源学训诂、文物和其他文献资料的综合使用，对中国神话所蕴含的早期观念的原始发生、基本意义、哲学图式等进行了深入有效的研究，成为第一个为中国神话建构哲学观念体系的学者。杨利慧的《女娲信仰起源于西北渭水流域的推测——从女娲人首蛇身像谈起》（1996）在女娲信仰起源地的研究上借助天水地区出土的鲵纹彩陶的考古新材料，结合古文献记录、民俗志资料以及实地的田野考察结果，认为与女娲有着某种渊源的鲵纹（或称人首蛇身像）彩陶，较早地出现在西北渭水流域一带，考证出女娲信仰有可能起源于这一地区。

民族学、人类学也在中华民族起源神话的考古研究领域取得了一定的成绩。

在大力搜集整理民族起源神话的基础上，民族学、人类学的理论研究日益深入，对汉族和近五十个少数民族的起源神话与民族来源都做出了考古材料的新考证。比较集中的是西南和东北地区的民族神话，特别是盘瓠神话和萨满教及其神话。这些研究所涉，已不只是单篇作品、局部问题，而是拓展到整个民族，深入于重大问题，如王恩庆译白鸟芳郎的《有关华南民族文化史的几个问题——以民族渊源和民族文化为中心》（1980）、潘定智的《民族学工作者应重视民间文学的研究——从古代神话传说和图腾崇拜谈起》（1981）、唐呐的《关于民族起源的神话初探》（1983）、赵橹的《论白族神话与密教》（1983）、陶立璠的《中国少数民族神话的体系和分类》（1984）、谢继胜的《牦牛图腾型藏族族源神话探索》（1986）、白水夫的《鄂伦春族人类起源神话探奇——浅谈神话产生的三个基本因素》（1986）、陈连开的《关于中华民族的含义和起源的初步探讨》（1987）、徐亦亭的《汉族族源浅析——古代华夏的族系和融合》（1987）、过竹的《苗族神话研究》（1988）、和志武的《纳西东巴文化》（1989）、徐杰舜的《汉民族主源炎黄东夷论》（1989）、乌丙安的《神秘的萨满世界——中国原始文化根基》（1990）、富育光的《萨满教与神话》（1990）、丹珠昂奔的《藏族神灵论》（1990）、李子贤的《探寻一个尚未崩溃的神话王国——中国西南少数民族神话研究》（1991）、钟仕民的《彝族母石崇拜及其神话》（1992）、勒包齐娃的《景颇族创世史诗》（1992）、杨知勇的《宗教·神话·民俗》（1992）、石伟光的《苗族萨满跳神研究》（1993）、农学冠的《盘瓠神话新探》（1994）等。在对相关作品展开民族文化溯源的同时，注意将其置于中华民族文化大系统中去深入考察民族起源神话的考古新材料，这一方面，由中国社会科学院少数民族文学研究所主编的《中国少数民族文学史丛书》（已出40种），显得尤为自觉，其立意即在于从中华民族文学整体的角度观察和论述各个具体民族的文学。

值得强调的是费孝通的《中华民族的多元一体格局》（1989），结合半个世纪以来对中国少数民族的研究调查，从人类学、考古学、语言学、历史学等各方面对中华民族形成的历史过程，做了综合性的分析研究，提出了多元一体格局的思想，为中华民族起源研究开拓了新的视野。

台湾神话学者王孝廉因其比较神话学视野而在中华民族起源神话的考古研究材料运用方面有突出成绩。他求学和执教均在日本，兼具中、日文之长，形成自己的优势，不仅翻译了许多日本学者（森安太郎、白川静等）的著作，对日本学界研究中国神话的状况进行了综合评介，还主持编辑了中日两国学者共同参与的专题论文集《神与神话》（1988），对民族起源神话考古研究方法的推广做出了较大贡献。

三、结语

中华民族起源神话考古研究在20世纪百年历程中已经取得较大成绩，这与中国考古学的发展和文献学的不断跟进有关。中华民族起源神话考古研究已经深入影响了学术界的基本观念，在历史学、文献学、民族学和人类学等几大学科中汇成了一股整合性较强的学术力量，为神话考古学和考古神话学的形成创造了有利条件，也为中华民族起源神话研究和文化起源神话研究开辟了新的领域。

由于考古学方法及其相关成果带有鲜明的学科特性与综合性，因此，运用考古学方法研究中华民族起源神话显得极为艰难，尤其为跨学科的合作研究带来了困难。一方面，考古学与文献学在所属学科研究中具有自己的学科取向，同时兼具文献处理与考古实物求证的不确定性和争鸣性；另一方面，神话学受制于多种理论流派，往往更看重人类学的调查方法——既简便，而且认可度也更高。这也反映出当前神话学者尚未取得太多有分量的研究成果，一些关于中华民族起源及其价值观建构的重大理论问题也难以得到公认。

新世纪以来的第一个十年，中华民族起源神话研究已经有了较大的拓展，学科融合的努力在部分学者的研究实践中获得了可喜成绩。应该说，借助考古学和文献学的新成果，系统、全面地厘清中华民族的起源线索，神话考古研究正在展现其特有的学术价值。这一研究方法，将引领神话从诗学的高贵与玄妙，转向史学的古朴与敦实，渺远的人类童年记忆，也因之而变成可信的历史影像。

原载《长江大学学报》（社会科学版）2012年第2期

西方心理学派神话研究述论

田红云

一、产生背景及理论渊源

作为人类的一种文化产物，神话的产生、传播、遗留和变形，总是与人的心理状况息息相关。

最早对神话做心理学解释的是古希腊时期的伊壁鸠鲁，他认为神话是灵魂生活中特定场面的寓意化，可以说，他是20世纪神话心理学派的先驱。[1](P3)到19世纪，德国心理学家冯特在其心理学研究著作中，给予不同民族的语言、神话、风俗以极大的关注。他在谈及神话时认为，神话是一个民族内部的恐惧、惊异、希望等心理过程的表现，这就为神话的心理研究开了先河。随着20世纪心理学领域对人类精神现象、起源和心理结构问题的探讨及其深化，一些心理学家开始把心理学的研究方法及成果运用到神话研究领域，认为心理分析"不应局限于病态失调方面，它还有助于解决艺术、哲学和宗教问题。在这方面，它已提出了一些新的观点，并已说明了历史、文学、神话、文明史和宗教哲学的某些问题"。[2](P99)由此产生了心理分析学的神话理论与研究，而弗洛伊德、列维－布留尔等人的理论则是该派最主要的理论渊源。

1. 弗洛伊德的无意识理论

弗洛伊德对神话的研究是基于精神分析的无意识理论。他发现，在人的精神现象中，意识并不是精神的全部，在精神的深处，还有大量的无意识领域，即那些实际存在却意识不到的心理事实，包括各种原始冲动、本能欲望等，它不易被觉察，却成为意识的基础，并对意识产生重要作用。弗洛伊德对无意识理论做了很好的说明。他认为，无意识中的本能欲望在平时被意识限制，却能在梦中得以释放，然而梦境的内容经过了乔装打扮，无意识中的东西以隐喻的方式出现于梦中，通过梦的显意与隐意的对照分析，便可发现一切梦都是无意识中被压抑的愿望的变形的满足，这种满足通常以象征的方式来表现。在弗洛伊德看来，象征并非梦所特有，而是无意识意念的特征，在民歌民谣、神话和传奇故事中,都可以发现象征的应用。神话中的象征与梦的象征有相同之处,见于神话和传说中的类似故事以及文学、艺术和宗教中不断再现的主题,也与梦中主题与形象的一再重现很相似,这一切都是无意识的力量,神话也就被看成是人类被压抑的本能冲动的象征性释放。

2. 涂尔干、列维-布留尔的影响

涂尔干提出"集体意识"的概念,认为共同的生活方式、信仰和情感,起源于共同的经验和社会成员之间的交流。集体意识根本不同于个人意识,它是社会全体成员反复感知并作为一种制度固定下来的东西,是可以经验、实证的"社会事实"。在个人之外,存在着一个由集体的行为和思维所组成的实体,个人在每时每刻都与之相适应,宗教和神话正是社会性的"集体概念"的表现。这一观点直接影响了列维-布留尔的"集体表象"的概念。

列维-布留尔在《原始思维》一书中研究了原始人的思维,提出了"集体表象"与"互渗律"两个重要观点。他指出,原始人的思维是具体思维,这种思维只拥有许许多多世代相传的神秘性质,即"集体表象",而集体表象之间的关联不受逻辑思维的任何规律所支配,它们是靠"存在物与客体之间的神秘互渗"来彼此关联的。"所谓集体表象如果只从大体上定义,不深入细节问题,则可根据其与社会集体的全部成员所共有的下列各特征来加以识别:这些表象在该集体中是世代相传;它们在集体中每个成员身上留下深刻的烙印,同时根据不同情况,引起该集体每个成员对有关客体产生尊敬、恐惧、崇拜等等感情。"集体表象强调的是原始思维表象传承方式的集体性,"互渗律"指原始思维中不同事物交互渗透、混同一体的关联方式。集体表象的观点启发荣格提出了他的心理学概念"集体无意识",而互渗律观点对于解释原型象征、原始意象有直接的启发意义。[3](P22)荣格在谈论集体无意识或原型时,多次将其和布留尔的"集体表象"相比,他说:原型在"原始社会心理学中,它们和列维-布留尔的'集体表象'是相对应的","列维-布留尔所用的'集体的表现'一词是指那些世界的原始观念中的形象符号,但也同样适用于无意识的内容,因为它实际上指的是同一事物"。[4](P40-41)

二、心理学派神话研究的形成

1. 集体无意识的提出

基于上述种种理论,产生了荣格的集体无意识概念,这一概念对后来的原型理论及神话的研究起着关键的作用。荣格对集体无意识的界定很多,综合起来，它是指在漫长的历史演化过程中世代积累的人类祖先的经验，是人类必须对某些事件做出特定反映的先天遗传倾向。它在每一世纪只增加极少的变异，是个体始终意识不到的心理内容。[5](P60)荣格把集体无意识视作人类以往的历史进程中的集体经验，是人类诞生以来所继承和遗传下来的心理经验，是现代人与原始祖先相关的种族记忆，它通过遗传，逐渐积淀于人的心中。

荣格在《集体无意识的原型》中对弗洛伊德的无意识理论与他的集体无意识概念做了区分："最初，无意识这一概念仅限于指那些受压抑、被遗忘的心理内容。……弗洛伊德虽然也看到了无意识这一概念具有古老和神话色彩的思想形式，却仍然赋予无意识以完全个人的特征"，"或多或少属于表层的无意识无疑含有个人特征，我把它称之为'个人无意识'，但这种个人无意识有赖于更深的一层，它并非来源于个人经验，并非从后天中获得，而是先天地存在的。我把这更深的一层定名为'集体无意识'"[4](P39-40)无意识之于个人，称为"情结"。当荣格对于个人无意识即情结的概念不能概括他对人的心灵的发现时，他提出了集体无意识。集体无意识具有超个体的集体的性质，它是种族的共同心灵的遗留物，它不是个体在后天经验中获得的，而是本能遗传的，不为个人所觉察、所意识，然而却处处制约着个人的精神、心灵和行为方式。

2. 原型理论

荣格在集体无意识的基础上提出原型理论，把通过人类祖先遗传下来的集体无意识的内容或种族记忆、原始意象、典型情境等称为原型。实际上，"人生有多少典型情境就有多少原型"。原型的数量几乎是无限的，主要的原型有阴影、人格面具、母亲、阿尼玛、阿尼姆斯等。这些负载原始心理经验的原型，在人类早期的神话、宗教、礼仪或幻觉、梦境等行为中，被反复强调和继承下来。

原型，即"原始模型"，其本来意思是"原始的""最初的"。原型一词在早期是与宗教神学有关系的，可以理解为人的原型是"上帝形象"；而在早期哲学领域，原型这个词就是指柏拉图哲学中的"形式"。可见，"原型"大致涉及宗教神学与哲学，之后荣格将它运用于心理学领域，分析人类心灵的深层结构及其来源。荣格认为原型实际上就是本能的无意识形象，人生来就带有某种特定的心理结构模式，这种特定的模式如同人的生理一样，在长期的进化过程中形成。人的心灵携带着祖先精神的遗传，它铭刻、积淀、凝聚着人类的历史，形成各种无意识的原型。荣格把原型解释为一种特殊存在的"纯粹形式"。原型不同于人生经历的记忆表象，母亲原型就不等于母亲或某一女人的照片，它更像是一张必须通过后天经验来显影的底片。原型要经过后天经验或具体情境才能被意识到，同时需要作为一种具体的领悟模式的原始意象来使人领悟到心灵深处的集体无意识内容，正像荣格说的："原始意象或者原型是一种形象（无论这形象是魔鬼，是一个人还是一个过程），它在历史进程中不断发生并且显现于创造性幻想得到自由表现的任何地方。因此，它在本质上是一种神话形象。当我们进一步考察这些意象时，我们发现，它们为我们祖先的无数类型的经验提供形式。可以这样说，它们是同一类型的无数经验的心理残迹。"[4](P226)

3. 相关的神话研究

简单来说，集体无意识是一种非个人的，为特定的民族、种群所共同拥有的，代代相传的种族记忆，其外在形式是原始意象即原型。原型是历史进程中反复出现的一个形象，它最重要的表达方式就是神话，神话是揭示灵魂现象的最早和最突出的心理现象。原始人对显见事实的客观解释并不那么感兴趣，他的无意识心理有一股不可抑制的渴望，要把所有外界感觉经验同化为内在的心理事件。对原始人来说，太阳运行的过程应当代表一位神或英雄的命运，而且归根到底还必须存在于人的灵魂之中。所有神话化了的自然过程，如冬夏、月亮的圆缺、雨季等都是内在的无意识心理的象征性表现，通过形象化的方式接近人的意识，即在自然现象中反映出来。原始人对自然界的知识从本质上说是一种无意识心理过程的语言和外衣，这种无意识心理过程产生了神话的全部形象。[4](P42)荣格认为，梦和历史上的一些情况相似，具有象征意义。和英雄神话故事一样，梦是个人化的神话，神话是民族集体的梦，作为"集体梦幻"的神话展现的是一个民族的想象力，在神话表层结构里隐藏着深层暗含的结构。荣格把集体无意识、原型和神话都看作超历史跨文化的永久现象，它们植根于有遗传而无变异的深层心理中，在各类文化现象或行为中都能找到人类无意识的原型。无意识的外化不仅仅是表现在神话中，在后世的文学作品中，原型意象以文学作品中某些反复出现的形象或结构的形式表现出来，艺术创作的源泉正是这种集体无意识或原型。艺术创作实质上是原型意象的再创造，是创作主体作为人类个体在汲取集体无意识的基础上，融合个人尤其是种族经验，并赋予形式的结果。荣格把艺术创作分为心理型与幻觉型两种，前者表现的是生活经验和人的情绪意识，后者表现的则是现代人所不能理解的史前时代的原始经验，其创作素材不是来自于现实生活，而是原始意象，这种作品被看作是神话的复活，是穿着现代服装的神话主题。

三、心理学派的发展及后续研究

1. 约瑟夫·坎贝尔的英雄模式

约瑟夫·坎贝尔深受荣格的影响，且进一步对各种不同的神话传说进行研究考察。他在《千面英雄》一书中，阐述了世界各地的英雄神话，认为世界上古民族的英雄神话都是类似的，尽管英雄的面孔千差万别，但是这些面孔不过是单一英雄在不同时代、不同民族中不同的表现而已。所有的英雄神话可以归结为一个原型，即"元神话"，诸多的文化英雄只不过是"元宇宙英雄"的不同化身。英雄生平由几个特定的部分构成，世界英雄是以神奇方式诞生的，且常由处女孕生，出生后遭到被抛弃的命运，被下层民众或动物所救。英雄一旦跨入成年人的门槛，必须承受各种形式的成年礼，以便使人们承认他是个英雄。英雄们通过成年礼认识到自己的英雄本质之后，经常进行一个时期的隐修，从事内心检验和自我抗争；接着是英雄的探索，探索总是与死亡对抗从而获得永生，为实现这一目标，英雄必须降入地府，英雄以自身的死向人们传授了死亡的深刻含义，即精神上的再生；最后以升天这种神话形式结束英雄的冒险生涯。[6](P115-117) 坎贝尔分析了东方的、西方的、现代的和古代的神话，经过类比和附会，最后编造出"单一神话"，把它解释为"标准的跨文化的英雄模式"[2](P90)。通过神话原型的象征，他让我们看到了在深层结构下隐藏的人类的共同命运。荣格透过远古神话强化集体无意识的存在。坎贝尔也谈到生活在百万年前的原始人和现代人一样，对同样的意象会有反应，同样的神话在不同的时代有着不同的外貌，神话谈论的是个人及所有其他事物的深层奥秘，的确有某些共同的心理特质沉淀累积在人类漫长的历史中。此外，坎贝尔还认为，"梦是个人化了的神话，神话是消除了个人因素的梦；在相同的一般情况下，神话和梦都是心灵动力的象征"[7](P14)，打破了把神话概念限制在狭小天地里的传统偏见，将视线移伸到世界各地的神话宝库，使研究的视野随之扩大。

2. 埃利希·诺伊曼的大母神原型

荣格的弟子埃利希·诺伊曼继续发扬了分析心理学的原型理论，在《大母神——原型分析》一书中，考察了大母神这一个原始意象。诺伊曼利用仪式、神话、艺术及对梦与幻想的记录，研究这一原型在许多文化和时代中是如何加以外在表现的，以及女性是如何被表现为女神、怪物、门、柱子、树、月亮、太阳、器皿和从蛇到鸟的各种动物的。

《大母神——原型分析》试图对于大母神原型进行结构性的分析，展示它的内在生成和动力，及其在人类神话和象征中的表现。诺伊曼在最开始就说道："当分析心理学谈到大母神原始意象或原型（the primordial image or archetype of the Great Mother）时，它所说的并非存在于空间和时间之中的任何具体形象，而是在人类心理中起作用的一种内在意象。在人类的神话和艺术作品中的各种大女神形象里，可以发现这种心理现象的象征性表达。"[8](P3) 自然界各个领域的自然象征逐渐与大母神形象联系在一起形成象征群，这一群体围绕着许多大母神形象，在人类的意识和神话、宗教和传说中表现一个伟大的未知事物，即作为原型女性主要形态的大母神。女性作为大圆、大容器的形态，是"生命的容器本身"，是保护和紧抱的容器；同时它也是营养的容器，为未生者和已生者提供食物和饮料，所以一开始便具有"伟大"的特征。原型女性不仅是生命的施予者和保护者，而且像容器一样，也攫取和收回，这就涉及女性的变形特征，首先是血的变形，包括行经、怀孕以及在孩子出生后血变成乳汁，而阿尼玛形象是变形所达到的最纯粹的形式。阿尼玛是荣格提出的众多原型之一，是指女性具有某些男性的倾向，阿尼玛部分地由男性本身所形成，同时也由女性的原型经验所形成，引诱并激励男性去从事灵魂与精神的、在内在世界和外在世界中活动和创造的一切冒险。阿尼玛形象有正面和负面两种特质，也就是说一位女神，她可以是个善良母神，基本特征占优势；也可以显露出恐怖母神的特点，具有变形特征优势，这两种主要特征的对立与共存及优势的转移，可以表现原型女性发展的一切阶段。[8](P37)

"大母神"这一原始意象被原始先民创造出来之后便不断被强化，众多与之相关的事物、意象都纳入到大母神原型之中，得出的"女人 = 身体 = 容器 = 世界"这一模式，以及女性的基本特征、变形特征等，为我们理解原始器物、神话、艺术等许多原始意象提供了一种方法的参照。

3. 弗莱的神话—原型批评理论

荣格的原型理论最终运用到文学研究领域，对文艺理论有着极大的影响，形成神话—原型批评理论，以加拿大学者弗莱为代表，从文艺批评的角度谈及神话，成为20世纪西方神话学的主要流派。神话—原型批评主要是在弗雷泽的神话理论和荣格的原型理论基础上发展起来的。弗莱沿用了荣格的"原型"一词，但离开了荣格关于原型是集体无意识的内容的观点，从作为人类精神实践产物的文学作品的发展演变中提炼出原型概念。他指出："'原型'（archetype），也即是一种典型的或反复出现的形象。我所说的原型，是指将一首诗与另一首诗联系起来的象征，可用以把我们的文学经验统一并整合起来。"[9](P142) 弗莱的

"原型"是文学中的基本结构单位和交流单位,可以是意象、人物、情节主题等;同时也把文学和社会生活通起来,具有更丰富、更精要的含义。

1957年,弗莱在《批评的解剖》中系统阐述了神话—原型批评理论,从宏观的视角把文学置于一个广阔的视界中进行研究。他把文学与原始文化联系在一起,认为文学是神话、仪式和传说在艺术作品中的具体表现,是神话的再生与复活。从神话、仪式到今天的文学,这之间的过程被弗莱命名为"移位"。文学即移位的神话。在类推和共同基础上发展起来的神话的结构原理,到了适当时候就变成了文学的结构,神在文学中则变成了各类人物。这样,原型意象从原始经验和神话中走出来,成为文学作品中的某些象征、隐喻。反之,我们可以从文学中的象征、隐喻,来理解原始文化中初民的原始经验和神话中的形象。

神话—原型批评把文艺与神话、无意识、原型意象等联系在一起展开文艺批评,拓展了视野与范围,对于揭示文学与远古神话、宗教之间不可分割的血缘关系具有十分重要的意义。不过,神话—原型批评常执着于人类学与神话学领域的探寻,忽略了文艺本身的性质,把集体无意识当作文学创作的唯一动因,存在过于绝对等问题。

4. 与心理人类学的关系及在中国的影响

弗洛伊德、荣格等人的精神分析学说的观念、学派,一方面在西方心理学中占据重要地位,另一方面极大影响了当代西方文化研究。心理学理论运用于神话学领域的同时,人类学家也不断将心理学学科理论与人类学研究相结合,通过心理学的成果推动人类学的发展。比如,某些心理分析学家认为儿童期对于人格形成具有决定性的影响,这一观点就直接影响"文化与人格"研究的人类学家们,从某一文化群体的儿童养育过程来研究其特定的文化类型。人类学领域兴起的"文化与人格""国民性""文化模式"等研究范式不断深入,有些学者希望进一步扩大研究范围,这就使得心理人类学作为一门独立学科登上历史舞台,研究的课题转向研究文化与认知、文化与行为、文化与精神异常等全新的课题,为解决民族地区社会发展过程中出现的文化与心理问题提供了有力的理论支持。心理人类学之后的阐释人类学更是关注心理情绪层面的认知与表达,对民族事象做深度描写,人类学研究开始深入到更加微妙的复杂多样的文化内部。

此外,国外神话学研究新的理论、新的研究方法和研究成果,在我国新时期被大量地译介过来,神话—原型批评也被引进到文学研究中。1986年,叶舒宪发表了长篇述评文章《神话—原型批评的理论与实践》,较为系统地评述了这一批评派别的产生和发展过程、其应用中的不同倾向和分支，并试图结合中国文学批评的实际指出其特点与局限。1987年选编的《神话—原型批评》译文集，按照基本理论和批评实践两部分编选了20篇论文，以原型理论的集大成者弗莱为中心，多层次地反映该派理论的来龙去脉。与此同时，出版界还推出荣格的著作中译本，如黄奇铭译《探索心灵奥秘的现代人》、冯川与苏克译《心理学与文学》，以及相关的埃利希·诺伊曼的《大母神——原型分析》、阿瑟·科尔曼与莉比·科尔曼合著的《父亲：神话与角色的变换》等，使集体无意识与原型理论成为我国神话学及文艺批评的重要研究方法，拓宽了我国神话学研究者的学术视野。

参考文献

[1] 大林太良.神话学入门［M］.林相泰，贾福水，译.北京：中国民间文艺出版社，1989.

[2] 郑凡.震撼心灵的古旋律：西方神话学引论［M］.成都：四川人民出版社，1987.

[3] 程金城.原型批判与重释［M］.北京：东方出版社，1998.

[4] 荣格.荣格文集［M］.冯川，译.北京：改革出版社，1997.

[5] 施春华.心灵本体的探索：神秘的原型［M］.哈尔滨：黑龙江人民出版社，2002.

[6] 戴维·利明，埃德温·贝尔德.神话学［M］.李培茱，何其敏，金泽，译.上海：上海人民出版社，1990.

[7] 约瑟夫·坎贝尔.千面英雄［M］.李培茱，何其敏，金泽，译.上海：上海文艺出版社，2000.

[8] 埃利希·诺伊曼.大母神：原型分析［M］.李以洪，译.北京：东方出版社，1998.

[9] 诺思罗普·弗莱.批评的解剖［M］.陈慧，袁宪军，吴伟仁，译.天津：百花文艺出版社，2006.

原载《长江大学学报》（社会科学版）2008年第2期

30 年来财神信仰及其研究状况概述

黄景春

改革开放 30 年以来，我国传统宗教文化逐步恢复是一个有目共睹的事实。近代以来，新中国成立后尤其是"文化大革命"期间，遭到贬损、批判和否定的传统宗教（道教、佛教、民间信仰）得到了部分恢复和发展，但传统宗教的教职人员和宗教场所的数量要达到 1949 年以前的水平是有困难的，虽然基督教、天主教的信教人数、教职人员和宗教场所的数量早已超越了历史上的任何时期。当代学校教育发达，科学技术迅速发展，物质生活优裕，世俗欲望膨胀，信仰宗教的人群在缩小，这也是一个不争的事实，不过也有例外，譬如，对财神的崇拜。近些年随着社会经济的快速发展，财神信仰出现了前所未有的繁荣景象，道教宫观都有财神殿，有些佛教寺庙内也增设了财神殿，各地也出现了不少独立的财神庙。这不仅体现在东部经济发达地区和那些大城市当中，中西部乡村地区对财神的崇拜也十分普遍，有人在云南省大理市喜洲镇周城白族村调查，发现该村"出现了财神崇拜的兴盛，很多村户（特别是从事餐饮业和扎染的村户）都在正堂摆放了财神像"[1](P48)，贵州地区的传统傩戏中间也出现了财神赵公明，[2](P435)这在当地的历史上是从来没有过的现象。

我国各地财神信仰都呈现迅速升温的势头。2007 年夏天，笔者登泰山，一路所见，道教佛教庙宇内都有财神殿或财神塑像。又到杭州登北高峰，山顶有灵顺寺，寺外是财缘阁，卖的香号称"天下第一财神香"；山门内弥勒佛塑像金光闪耀，宝座铭文"和气生财"；寺内主殿匾额是"财神真灵"，主供如来佛，左侧却是财神赵公明；左右两殿是文财神殿和武财神殿，文财神殿主位供奉的是范蠡，武财神殿居中的是关公，整个灵顺寺变成了一座财神庙！每年到正月初五子时前后，长江三角洲地区，接财神燃放鞭炮的轰鸣声铺天盖地，烟火如火树银花，都宣示当今财神信仰的繁荣。商家店铺里，摆放或者悬挂财神像已经是杭州、苏州、无锡等地都流行的做法。在北京、广州等城市，情况也是如此。很多家庭有了财神龛，一年到头香火不断，供奉不辍。财神信仰自宋代肇始以来，任何一个历史时期都不曾像今天这样普遍、深入和多样。上海是财神信仰最集中的城市。对于上海财神信仰的观念转变和接财神的再度复兴，笔者曾做过一些考察，发现20世纪70年代末80年代初，对待财神的禁忌态度悄然转变，随后多年来基本消失的接财神习俗活动开始复苏。"1990年代，上海经济发展驰入快车道，社会文化事业全面推进，历史上著名的宗教活动场所相继落实政策恢复开放。这个时期，上海市民对财神的信仰恢复到1949年以前的水平。"[3](P141) 现在上海的财神崇拜已经呈现出前所未有的繁荣景象，这可以从上海正月初五接财神繁密而持久的鞭炮声得到证实。

财神信仰的这种热烈状况在文艺作品中有全面反映。当然，1993年以前，标题有"财神""财神爷"名目的小说、剧本、故事集、报告文学集等，都取比喻意义，此后，财神、财神爷更经常地以喻体的形式在口头语言中出现，至今仍然如此，而且人们已经不再讳言财神的本义。以小说、散文的形式演绎财神故事的作品出现于1994年。周濯街的《财神爷赵公明》（岳麓书社1994年）是一部现代章回体小说，内容以财神爷的坎坷经历为主线，揭示财神爷的生财之道和赚钱诀窍。进入2000年，这类文艺作品大量增加，可以透视出财神信仰已经深入人心，人们信财神、祭财神、接财神，也需要通过阅读在精神上接触和体验财神。这一年出版了闽江的长篇小说《财神传奇》（中国电影出版社2000年），唐世贵、赵常伦编的民间传说故事集《财神》（巴蜀书社2000年），周濯街的长篇小说《财神到》（中国文学出版社2000年）。最近几年，周濯街又出版了长篇小说《财神始祖赵公明》（团结出版社2005年），董云卿出版了传记小说《财神范蠡》（北方文艺出版社2006年），童牧野出版了随笔集《财神的宝库》（学林出版社2006年）。有些小说经过改编拍摄成电视剧，对于宣扬财神也起到一定作用，如张国立、陈志朋出演的故事片《财神到》曾经产生较大影响。

上述宗教民俗以及文学艺术活动都显示当代财神信仰的空前繁荣景象。笔者在百度网上搜索财神，立即显示了6 820 000条，也可见证今天财神信仰的繁荣局面。

与财神信仰空前繁荣和文艺作品新作迭出的景象相比照，对财神信仰的研究总的来说还显得落后，这是30年来一直存在的情况，表现在几个方面。其一，研究起步晚，相对财神信仰的恢复显得滞后。1980年前后，广州的大街小巷都在播放香港流行歌曲《财神到》[4]，上海正月初五市民接财神的鞭炮声也开始增多，可是，当时社会主流意识仍把财神信仰当作封建迷信，把接财神当作陋俗，批判的声音仍然很响亮，所以很少有人研究它，直到1986年才出现一篇《沈万三的传说与迎财神的习俗》[5]，是改革开放后研究财神信仰最早的学术论文，此后又多年没有后续研究论文出现。其二，研究人员不多，论文和著作的数量还很少，主要还是出于意识形态方面的担心，人们对财神的话题比较敏感，不少学者不愿碰它，直到90年代中期，还有人写文章说："这种求神保佑的迷信心理，就如同潮湿阴暗状态下生存的霉菌一样，只要有适合的气温和环境就会重新复活。封建时代，人们往往难以把握命运，遂将一切都寄托在神灵保佑上，特别是新春伊始，抢财神、接福神、烧头香，忙得人不亦乐乎"。"不知从何时开始，财神又成为当今商界明星。"[6](P13、15) 从研究者的角度而言，研究道教的人可能还提及财神，研究佛教的人有时连提都不会提及，研究民间信仰的人也多是泛泛一般地介绍财神的来龙去脉，专注地研究财神信仰及其民俗的人不多，写出有分量的论文或著作者更罕有其人。迄今出版的研究财神信仰的理论著作只有王跃的《四川省江北县舒家乡上新村陶宅的汉族"祭财神"仪式》（1993年），吕微《财神信仰》（学苑出版社1994年，2001年再版改名为《隐喻世界的来访者：中国民间财神信仰》），刘仲宇《正逢时运：接财神与市场经济》（2005年）三种。另外，胡小伟五卷本《中国文化史研究·关公信仰系列》（2005年）也花费较多篇幅讨论财神问题。其三，研究的视角单一，方法单调，理论深度还有所欠缺。对财神的来历、财神信仰的发展过程、财神信仰现状描述和概括及原因探寻等方面的研究取得了一定成果，这些倚重于文献资料、侧重于社会功能和意义的研究也是国内学术研究的特长。各种介绍财神的读物近些年出版了不少，如赵宏的插图本《财神传》（中国旅游出版社2005年），石二月的《发现财神：迎富送穷的神奇捷径》（台北晴易文坊媒体行销有限公司2005年），仓圣的插图本《财神图说》（黑龙江美术出版社2006年），郑建斌的插图本《中国财神》（中国工人出版社2007年），吴奕宽主编的插图本《迎财神》（珠海出版社2007年）；此外，马书田的《华夏诸神》（北京燕山出版社1990年）、《中国民间诸神》（团结出版社1997年），也以较多篇幅介绍财神。这些读物对普及财神知识和收集财神信仰资料都有益处，然而并不是真正意义上的学术研究著作。总而观之，在充分的社会调查基础上对各富地方特色的财神信仰做深入考察和理论研究，包括宗教心理学研究、过渡仪式研究、结构主义研究、文化形态分析研究等，还很少有人去做。

　　近30年来对财神信仰的研究涉及多个方面，下面主要从财神本体、财神功能、祭（接）财神仪式、当代财神信仰复兴等四个方面加以介绍。

　　关于财神本体的问题，也就是财神是什么和是谁的问题。前者比较抽象一些，探讨这个问题的研究者还不算太多。吕微说财神是"中国民间信仰中主管财运的神灵"[7](P3)，刘仲宇说财神是一个神灵群体，"在民众的心目中是财富的象征，也是财运的主管者"[8](P7)。胡小伟、郑建斌都注意到了财神的伦理道德特征，郑建斌说："几乎民间信仰的每一位财神都是一种道德原理的化身，从而反映了世间各色人等在财神身上寄托的愿望和要求。"[9](前言)不过，对这个问题的讨论并没有展开，还有待于今后深入探讨。关于财神是谁，或者说是哪个或哪些人，是一个讨论比较多的问题。宗力、刘群的《中国民间诸神·辛编》就介绍了赵公明、五显、五圣、五通、五路神、五盗将军、利市仙官等民间信奉的财神。[10](P622-680)马书田的《华夏诸神》则介绍了文财神比干、范蠡，武财神赵公明、关公，还有利市仙官、五路神等。[11]吕微《财神信仰》介绍的财神有文财神比干、范蠡，武财神赵公明、关羽，偏财神五路神、五显、五通、五圣，还有从火神到财神的华光，从水神到财神的金元总管，儿童财神利市仙官和招财童子，超越交往极限的万回、和合，此外还有准财神灶王爷、刘海蟾、无常鬼等。[12]仓圣《财神图说》将财神分为佛教财神和民俗财神两个部分加以介绍，佛教财神部分除了大家熟知的弥勒佛、善财菩萨、北方多闻天王、财源天母、五姓财神、大黑天之外，还介绍了其他二十多位具有施财功能的神祇；民俗财神部分介绍了天官财神赵公明、文财神比干、智慧财神范蠡、义财神关羽、福德财神土地公、活财神刘海蟾、江南第一富沈万三，家财之主灶王爷以及和合财神和五路财神。[13]关于五路神与五显神、五通神、五圣神、五盗将军、五道将军、华光菩萨及其关系，是一个纠缠不清的难题，很多学者注意到并力图去解决它，胡小伟对五显神的来历传说、传播渠道及奉祀演变做了比较详细的考探，吕微、范荧、赵杏根也为此花费了较多笔墨①，但是，由于民间对这些神灵的信仰比较复杂，历史文献记载也有矛盾和错乱之处，要理清它们之间的关系并非易事，也许永远都无法理清。当然，对这个问题研究者也不能一再重复低水平考证，这样的研究近年出现不少，但意义不大。关于赵公明如何转变为财神的问题，以前不少人从《封神演义》说起，其实忽视了更为深远的道教和民间信仰源头。刘仲宇通过分析宋元道教经籍《道法会元》《三教搜神大全》对赵公明的描述，认为："赵公元帅实为金水相逢之象。按古代金为财富的正式代表，而民间复以水代表财。赵公元帅为金水相逢的象征，自然是财富的第一代表

---

① 吕微在《隐喻世界的来访者：中国民间财神信仰》（学苑出版社2000年版）第69—110页对这一问题进行了考察。范荧在《上海民间信仰研究》（上海人民出版社2006年）第246—256页对五通、五路及其他财神进行了探讨。赵杏根的《五通考述》（《苏州大学学报》1993年第2期）对五通神的南北地域特色，特别是苏州上方山五通信仰进行了梳理。

了。……他不仅管财，自己本身就是财富的集聚。"[8](P13)张富春则对赵公明从瘟神转变为财神的过程进行探寻，认为明代中晚期，为了满足日益广泛的祈财需要，道士和民众继承前代对赵公明的改造，完成了对财神赵公明的建构，"而元代大黑天神信仰的盛行和骑虎形象则对赵公明成为财神起了推波助澜的作用"[14](P126)。对于关公如何转变为财神，胡小伟在《中国文化史研究·关公信仰系列》中进行了深入探讨，非常值得重视。[15]此外，有的研究者认识到晋商在关公转变为财神过程中的作用[16]，也有人研究关公信仰与晋商诚信品格和商业成功的关系[17]，这些都是富有启发意义的见解。

关于财神的功能，也得到了较多讨论。首先，财神有保护神、创造神之分。胡小伟指出，佛教的财神多是财富的保护神而不是创造神，而道教的财神都是财富的创造神。[18]财神信仰是一种职能神崇拜，即对于可以带来财富的神祇的崇拜。财神的专门职能就是招财进宝。刘仲宇认为："财神的司财功能，并不是直接将财富送到每一个信众手上，而是信众们相信，他们会在冥冥之中保佑着自己，使自己找到更多的发财机会，也希冀每一项投资行为获得好的报偿。所以，严格来说，财神所司为财运。"[8](P42)刘仲宇还对接财神的现代功能进行了研究，认为主要有四个方面：第一，通过神灵信仰的折光表达了接财神参与者对利益的诉求；第二，对于信仰者具有激励的功能，对于社会而言也具有若干号召性；第三，接财神活动，也是对想发财而没有发财、获得了财富又受到过挫败者的一种安抚，对社会来说，则是一种缓冲；第四，财神身上积淀着的市场经济所必需的若干道德资源。[8](P238-246)另外，武财神还有镇邪消灾职能，也就是说，武财神还具有财富保护神的特征。吕微考察了腊月二十九送穷、正月初五接财神、二月二迎富，认为正月初五财神诞生及人们接财神具有创世论特征，"如果说'穷'代表了民俗世界男性阳刚力量的衰竭，那么'富'就意味着在经历了阴柔状态的洗礼之后，男性神的阳刚创造力量的恢复与更新"[7](P252)。过年期间财神死亡—再生的基本模式，重建了人与人、人与神之间的交往关系。吕微认为，"这种交往关系是财富的创造乃至具有宇宙论色彩的神圣创造行为的模拟"[7](P275)。

财神信仰仪式也是研究较多的一个问题。王跃的《四川省江北县舒家乡上新村陶宅的汉族"祭财神"仪式》是最早进行这方面研究的学术著作。该书以端公的活动为考察重点，描述了当地还愿性祭祀活动敬财神的全部过程，其中内坛法事与外坛唱戏穿插交替进行，杀猪、化钱、敬香烛请神、供牲、熟刀头奉神，以及送神安位众神，是整个祭祀的主轴线。作者对仪式过程中端公与事主间的关系、娱人与娱神的法事活动、祭祀中的特殊餐会皆有详细的叙述。[19]与王跃的微观—实证研究不同，吕微则是从宏观上来把握新年期间我国的财神信仰仪式，把腊月二十九到二月二这一个多月的时间作为送穷、财神诞生、迎接财神、迎富的完成周期，把从财神崇拜的多个环节串联起来加以考察，富于哲学思考，也能给人以多方面的启发。

新年期间的财神信仰表现得最为集中，北京正月初二的祭财神，上海的正月初五接财神，都是有代表性的信仰民俗活动。新年期间各地都有叫花子扮成乌龟之类的人物进行的跳财神活动，对此已有很多人做了调查研究。朱建明《上海都市的拜财神习俗》对上海市民到城隍庙等地烧香接财神的过程做了比较全面的描述，其中就较详细地谈论到跳财神。[20]有人对吴越地区新年期间的江湖艺人跳财神进行了考察。[21]有人对过去上海新年戏院演出跳财神做了回顾。[22]有人对以前上海郊区正月初五叫花子跳乌龟、黄牛叫等活动做了介绍。[23]蓝凡教授对这种叫花子跳财神的来龙去脉进行考察，认为上海地区的跳财神是由20世纪二三十年代从山东、安徽等地的闲散艺人传入的。[24]实际上，这种跳财神活动不仅吴越地区存在，全国很多地方，包括少数民族地区都有，只不过有的地区叫送财神、打财神等，称呼不同而已。譬如，贵州土家族的傩戏就有打财神，又称跳财神，其中又分为说财神与唱财神两种形式。[25]进入20世纪90年代以后，这种跳财神、送财神习俗在很多地方都已经陆续恢复，较早得到注意的应属江苏无锡一带的送财神。[26]近些年出版的林林总总的地方民俗研究、岁时研究、庙会研究、行业民俗研究等著作，也或多或少对祭（接）财神的仪式进行关注和考察，但是，也应看到，这些著作或文章以描述性、概述性为主，大多数都属于浅层次研究，深入的理论分析比较欠缺，这应该引起我们的注意。

关于当代财神信仰复兴，已是众所周知的事实，却也有人对此感到担心，并发牢骚说："今人更有'一切向钱看'者，难道诸佛神善圣皆当让位于赵公元帅乎！"[27](P49)这种态度也包含了对经济社会出现的一些不良习俗的担忧。刘仲宇认为，近年财神的复兴是"随着市场经济兴盛而升温"的，我国市场经济的发展与接财神习俗活动的回归具有深层联系，财神信仰重新走上文化舞台是新的社会形势下人们对宗教需要的必然，而市场经济中的种种矛盾是推动财神信仰的直接动力。刘仲宇分析市场经济与接财神之间的关系时说，首先，市场经济使得人们对于财富的追求成为不止息的活动，作为财富代表、象征的财神，也就会受到众多人们的追捧；其次，在市场经济条件下，人们对于安全感极端重视，而财神正是一部分人建立安全感的预设性措施；最后，市场经济反映在宗教生活中,需要宗教发挥消释在经济活动中造成的种种不良心理的净池的作用,而接财神正是这种净池的特定形式,正是市场经济的推动,才使财神的地位迅速升迁,神格也发生相应的变化。[8](P201-216)针对上海市民接财神习俗活动的复兴,笔者在《上海正月初五接财神习俗的衰落与复兴》一文当中认为其原因主要有三:第一,"文革"以后国家极"左"政策全面调整,对传统文化进行了重新审视和定位,长期抑制接财神习俗活动的外在政治文化压力解除,是接财神恢复并重新兴盛的直接原因;第二,近30年来,上海的市场经济得到快速发展,社会财富分配方式急剧转变,人们面临多种获取财富的机遇和挑战,通过崇拜财神、接财神表达对财富的渴望和追求,是接财神习俗复兴的内在推动力;第三,改革开放之后,上海市较好地落实了国家宗教政策,一大批著名宗教场所得到恢复,市民宗教信仰自由得到保障,为接财神习俗复兴拓展了广阔的空间。[3]

应该看到,虽然近年国家大力提倡非物质文化遗产保护,但对财神信仰仍然没有引起足够的重视。很多传统节日先后被纳入到非物质文化遗产保护项目之中,如春节、清明节、端午节、中秋节,以及傣族的泼水节、彝族火把节、瑶族盘王节,等等,但是对于北京的正月初二祭财神、上海的正月初五接财神并没有纳入到保护范围,甚至连地方的非物质文化遗产保护项目也难见其踪影。接财神在上海如此热闹,却在非物质文化遗产保护中被人为地回避和忽视了,这不能不说是一个不小的缺憾。

任何事物的发展都有其内在规律,宗教信仰如此,财神信仰也是如此。美国人类学家格尔兹说:"在宗教没有完全遭到忽视的时候,它要么被看成对所需进步的一种僵化而陈旧的障碍,要么被看成一个被围困的守卫者,守护着那些由于快速变化的侵蚀而遭到威胁的以往的文化价值。人们很少关注宗教的内部发展和自主发展,很少关注发生在广泛社会革命中的在社会宗教仪式和信仰制度上的转变的规律性。"[28](P196)一方面,宗教作为人类文化中的保守力量对于维护文化价值和理想的传承具有堡垒作用;另一方面,宗教仪式和信仰制度也随着时代发展做相对缓慢的演变,而且这种演变也是有其内在规律可循的,只是我们的眼光往往忽视了它们。我们的观察和研究应该向宗教内部那些正在更迭和演进的东西侧重,发现当今宗教行为、宗教心理、宗教仪式与过去有什么不同,同时关心宗教发展的新趋向,探索其发展的内在规律。这就要求研究工作者不仅对宗教现象做准确观察和描述,也应该运用新观念、新理论、新方法分析和探索宗教的深层问题,总结其规律,创造符合我国国情的宗教学理论体系。

参考文献

[1] 朱炳祥.民族宗教文化的现代化：以三个少数民族村庄神龛变迁为例[J].民族研究，2002（3）.

[2] 汪泉恩.贵州道真傩戏[M]//曲六乙，陈达新.傩苑：中国梵净山傩文化研讨会论文集.北京：中国戏剧出版社，2004.

[3] 黄景春.上海接财神习俗的衰落与复兴[J].民俗研究，2010（3）.

[4] 淳亮.三军回眸看财神[J].南风窗，1988（8）.

[5] 简涛.沈万三的传说与迎财神的习俗[J].山东师范大学学报（社会科学版），1986（2）.

[6] 侯杰.迷信心理：科学文明的天敌[J].道德与文明，1996（1）.

[7] 吕微.隐喻世界的来访者：中国民间财神信仰[M].2版.北京：学苑出版社，2001.

[8] 刘仲宇.正逢时运：接财神与市场经济[M].上海：上海辞书出版社，2005.

[9] 郑建斌.中国财神[M].北京：中国工人出版社，2007.

[10] 宗力，刘群.中国民间诸神[M].石家庄：河北人民出版社，1986.

[11] 马书田.华夏诸神[M].北京：北京燕山出版社，1999.

[12] 吕威.财神信仰[M].北京：学苑出版社，1994.

[13] 仓圣.财神图说[M].哈尔滨：黑龙江美术出版社，2005.

[14] 张富春.论瘟神赵公明是怎样成为财神的[J].宗教学研究，2006（1）.

[15] 胡小伟.中国文化史研究:关公信仰系列[M].香港：科华图书，2005.

[16] 常海燕.试论晋商对关公成为专职财神的影响[J].运城学院学报，2003（4）.

[17] 孟海生.关公文化对晋商诚信的引导[C].2006中国山西·关公文化论坛.

[18] 胡小伟."财神"现象与中国传统商业文化观念流变[J].中外企业文化，2007（9）.

[19] 王跃.四川省江北县舒家乡上新村陶宅的汉族"祭财神"仪式[M].台北：施合郑民俗文化基金会，1993.

[20] 朱建明.上海都市的拜财神习俗[M]//蔡丰明.上海近现代社会风俗论集.北京：中国三峡出版社，1998.

[21] 姜彬.吴越民间信仰民俗：吴越地区民间信仰与民间文艺关系的考察和研究[M].上海：上海文艺出版社，1992.

[22] 戴申.跳财神[J].中国京剧，2003（5）.

[23] 欧粤.上海市郊岁时信仰民俗调查[M]//上海民间文艺家协会.中国民间文化（第5集）.上海：学林出版社，1992.

[24] 蓝凡.上海的民俗五道活动[J].民间文艺季刊，1990（2）.

[25] 冉文玉.道真傩文化概论[M]//曲六乙，陈达新.傩苑：中国梵净山傩文化研讨会论文集.北京：中国戏剧出版社，2004.

[26] 黄强.化身为"乞丐"的来访神：从民间"新年财神登门"习俗说起［M］//上海民间文艺家协会,上海民俗学会.中国民间文化：民间仪俗文化研究.上海：学林出版社,1993.

[27] 王家祐.漫话财神赵公明［J］.文史杂志,2003（5）.

[28] 克利福德·格尔兹.文化的解释［M］.纳日碧力戈,郭于华,李彬,等译.上海：上海人民出版社,1999.

原载《长江大学学报》（社会科学版）2008 年第 6 期

20 世纪前期海外学者中国神话传说研究述评

毕旭玲

一、欧美学者的中国传说研究及影响

20 世纪上半期，欧美学者的中国神话传说研究论著，为中国学者所见者，主要包括：齐奥杰维斯基（S. M. Georgievskij）的《中国人的神话观与神话》（1892 年）、彼特曼（Norman H. Pitman）的《中国神话故事》（1910 年）、卫聚贤（R. Wilhelm）的《中国神话故事集》（1914 年）等。其中，海外学者第一部研究中国古代神话传说的专著是 1892 年圣彼得堡出版的圣彼得堡大学东方系齐奥杰维斯基教授的《中国人的神话观与神话》。[1]

这些论著引入中国，给中国的民间文学运动和传说研究都带来了深刻影响，洪长泰博士曾就这些评论说："它们毕竟作为初次在中国出现的著述，给中国民间文学运动带来的强刺激是不容否认的。"[2](P36) 钟敬文的《池田大伍的〈支那童话集〉》、郑师许的《中国民俗学发达史》、茅盾的《中国神话研究 ABC》等都对其有过介绍。

当时欧美学者的中国民俗研究，集中于神话和传说，"神话、童话、传说等，在中国学术界上，素来未有相当的认识与位置，所以它之不被人重视注意，那是当然的。但外国人却早在代我们留心了"[3](P457)，而且已经取得了不小的成绩。比如齐奥杰维斯基的《中国人的神话观与神话》是从史学角度开展的中国神话传说研究专著，在 20 世纪初的西方学界较为流行。作者"把中国人历来当做历史人物的远古帝王如伏羲、神农、黄帝、帝喾、尧、舜、禹等解释为在神话观念基础上形成的民间神话形象。他还认为是儒家圣人孔子利用这些神话人物，把他们改造成指导人们社会生活的历史理想人物"[4](P415)。这些论著大都在中国引起过较大反响。郑师许曾评论厄克士的《中国传说研究》，说它"于我国传说研究上提示了一个新态度，尤特殊的在南方诸民族的传说里，与因材料搜集困难因而忘却的亚洲北族的传说相比较，他注意到这一点，实可谓这学里的另辟途径"。对于厄克士与坎勒底合著的《屈原〈楚辞〉中〈天问〉的译注》

一书，郑师许评价说："虽然从 144 页至（2）66 页里天问各节中的汉字不无误排之处，但其从文字上的考察而指示同类的传说，可谓周到而中肯了。"[5] 法国的马伯乐和格拉勒斯的成绩也很大，"马伯乐为法兰西的'汉学'的巨子，以第一流的坚实学者而又有伟大的贡献。今舍别的不说，单举其最显著的，即《表现于书经中的神话的传说》一书。这是一本指示研究我国传说的方针的书，为这学的研究者所永不能忘记的。格拉勒斯所著书，为这学披荆斩棘……此外还有一本名著……就是 1926 年所刊布《古中国的跳舞与神秘故事》两巨册。其中大胆地批判我国上代的传说，勉力以阐明我国古代社会的种种真相为务，这真是令人佩服了。……总之，马伯乐、格拉勒斯两氏，确为现代欧洲研究我国民俗学的泰斗或明星"[5]。

但是，因为种种原因，这些论著对中国神话传说的研究存在这样或那样的缺点。"这些著作都不是系统研究的成果，有的学术概念模糊，整理粗糙，错译误解之处也不少。"[2](P36) "因为种种隔膜的关系，这些书都不能使我们感到满意"[3]。尤其是威纳的《中国神话传说》一书，曾引起中国学者的激烈批评："英文书中有一本《中国神话与传说》，内容极为荒唐，今亦列之末后，聊以示西方人对于中国神话的见解而已。"[6](P329)

英国汉学家 E. T. C. Werner 的《中国神话与传说》于 1922 年由伦敦 Harrap 出版公司出版，同年在纽约再版，1924 年在伦敦再版，1933 年在纽约再版，1956 年又出一新的版本，1971 年再版，1978 年在台北又再版。这部在西方神话传说学界享有盛誉的著作中却几乎不见中国古代神话传说的踪迹。李福清评论说："Werner 根据的只有四部古籍，其中最主要的是明代小说《封神演义》，其他两部是道教的《历代神仙通鉴》、《列仙传》，都不算古神话，只有第四部《搜神记》里面收有经后世阐释过的一些神话故事。Werner 把后代文人作品和古代民间流传的故事混在一起，并把完全不属于真正中国的佛经故事统统收罗到他的著作里，也采用中国神话的巴比伦起源说。"[1](P9) 总的来说，欧美学者的中国神话传说论著有以下几种缺点：其一是将中国的神话传说混在一起，神话中包含传说，传说中混合神话；其二，对中国神话传说的整理比较粗糙，有的仅仅依靠一些较晚成书的神话传说类古籍而武断地为中国的神话传说编排体系；其三，由于文化的不同，这些学者对中国神话传说的理解有不少错误之处。

欧美学者对中国神话传说的研究成果，在中国学界虽然有所启发，也引起了批评的意见。因为文化环境、学术理论、语言等因素的影响，这部分研究成果在中国学界的直接影响毕竟有限，但其意义是不能否定的。今天看来，这部分研究成果对中国传说研究史的意义主要在于两点。其一，将中国神话传说研究纳入到世界神话传说学术体系内，使国内学者的传说研究能在更高的层次上进行，使中国传说研究成为国际的而非单单是中国的。与世界接轨，接收来自世界各国学界的新思想、新方法，与各国学者进行广泛的接触和交流，才能使中国传说研究保持新鲜和活力。就这一点来说，欧美学者的中国传说研究为中国传说研究的国际化迈出了第一步。其二，欧美学者的中国传说研究，提醒国内学者更加重视自己的民族民间文学，加紧这方面的研究，因而促进了当时的传说研究。这些论著曾广泛引起了中国学者"内疚"的情感，更刺激了中国学者发奋研究本国的神话传说。就像钟敬文曾经说过的那样："现在我要提出一部日本人所编著的同性质的书来谈论一下。"[3](P458) "使我们益可以见出外人在越俎替我们做这种工作，虽然于热心努力方面很可感，而在实际上，要有比较完满的成绩，确非由我们自家人动手不可，即使我们且置开了所谓丢脸与不丢脸的问题。"

二、日本学者的中国传说研究及影响

日本学者大规模研究中国古代神话传说是在欧美学者的影响下开始的，但其先驱者的研究甚至早于欧美学者。1882 年，井上圆了在《东洋学艺杂志》第 9 号上发表了一篇谈尧舜偶像的文章，认为尧舜是人造的圣人。这是日本谈中国古代传说人物的最早文章，但是在他的文章中没有出现"神话""传说"的概念。[1]井上圆了之外较早的学者要算日本神话学的奠基人物高木敏雄了。1904 年，高木敏雄的《比较神话学》出版。该书不仅是日本神话学的奠基性著作，也是日本涉及中国神话传说研究的第一部著作。该书比较了日本、中国的神话传说，在凡例中说："关于日本、中国的神话传说，外国人的研究几乎都言之不足。本书中，关于日本、中国神话传说部分都是作者之创见。"[7](P149)该书的重要意义在于：提出上古帝王如尧舜禹等是神话传说的虚构人物，为此后日本汉学学者对中国上古史的研究指出了一个方向，也为中国学者的古史辨伪提供了方法论的启示。吕思勉 1939 年撰写的《盘古考》，举出汉译佛经《外道小乘涅盘论》《摩登伽经》中的尸体化生神话为证，论述盘古神话如何受印度影响，实际上是对高木敏雄论点的补充。

高木敏雄之后，不少汉学学者加入到中国神话传说研究领域中，一方面是受西方学术思想的影响，更直接的是受到西方学者对中国古代神话传说研究的刺激："日本学者的中国神话研究起于明治维新以后。因为明治以后西洋的学术思想和治学方法在日本取代了传统相承的中国儒学。也由于西方学者研究中国古代神话的刺激而促使日本汉学家开始以新的方法从事中国古代神话的研究和批判。"[9](P274)

日本汉学学者对中国神话传说的研究以东京大学和京都大学为中心。东京大学的白鸟库吉是日本研究中国古代神话传说的开山式人物和早期代表。白鸟库吉曾担任东京大学东洋史主任教授,在中国古代史研究上取得了不小的成绩。后来他从中国上古史研究过渡到古代神话传说的分析,1909年发表了《支那古传说的研究》。他的主要观点是:否认中国上古史的真实性,认为尧舜禹都是传说中的人物而非历史人物,并称殷周的史料大都为占星的观念和传说。这种前卫的观点曾遭到当时日本维护儒家的传统派学者的强烈抨击:"白鸟治学喜创异说高论,常发前人所未发之说,他对中国古代神话最有名的是倡导尧舜禹非历史人物之说。此文他认为殷周史实也多是占星天文等观念传说。对日本学者的汉学研究影响很大。日本人谓白鸟库吉之学风正如十八世纪的中国崔述。"[8](P275)但无论如何,白鸟库吉的研究奠定了日本中国古神话研究的基础。早在1943年,郑师许就对白鸟库吉的研究大家赞赏:"尤其是对于古代文献加以锐利的批评,试为纵横剖析的解释,这种态度,于其后学的影响很大。博士最近数年在东汉文学大开讲筵,在东洋讲座的名义之下,发表其研究的心得,或题为《极东诸民族之古传说》,或题为《支那古代史批判》,于博士的高说之中,亟待今后精密的研究者不少。以透彻纸背的眼光,为检核传说的工作,其中所阐述诸点,殊可惊异呢!"

津田左右吉也是东京大学研究中国神话传说的代表人物,他的学说大都是与白鸟库吉一脉相承的,他的基本观点和后来的顾颉刚古史辨学派相近,反对儒家把神话人物历史化。白鸟库吉的儿子白鸟清也有所创述。

京都大学的汉学家们在中国神话传说研究上的成绩超越了东京大学。他们大都不是专门神话传说研究者,而是历史地理研究学者,最著名的人物如小川琢治、神田喜一郎、铃木虎雄等。小川琢治曾尝试还原中国的古史故事,恢复神话的原貌;铃木虎雄是日本近代汉学家中的杰出人物,"与王国维交情很好,他的门下学生如青木正儿、吉川幸次郎、小川环树都是国际知名的汉学家"[8](P280)。

东京大学和京都大学的汉学家以外,著名的中国神话传说研究学者还包括出石诚彦,他是日本第一位完全致力于中国古代神话传说研究的学者,是白鸟库吉与津田左右吉的学生。"他研究的目的在于把中国神话从各家见诸典籍的、后期形成的政治思想因素中解脱出来,同时也把中国神话从历代文人积淀下来的形形色色的道德观念中解脱出来"[1]。其专著《中国古代神话传说之研究》的思想同时继承了津田左右吉和白鸟库吉的学说,共收录了22篇相关研究文章。

从发生的时间来看,中国学者研究本国的神话传说还是受到了海外学者的影响。欧美学者是最先研究的,然后日本学者受其研究内容和方法的影响,也转而研究中国的神话传说。当这些成果传至中国,正是新文化运动开始的时候。中国学者因为种种因素,也在海外学者的影响下开始对本国的神话传说产生了浓厚的兴趣。这是中国民间文学和民俗学产生的原因之一。"后来日本方面的学者看到了(按:指欧美学者的中国神话传说研究),便起来研究,如小川琢治、稻叶君山、白岛庆吉、八木奘三郎、藤田丰八等史学家考古学家便发表论文不少。最后我国的学者也看见了,便也有人起来研究。恰巧那时新文化运动正在开始,于是'天后'、'槟榔女'、'彭祖'、'洛阳桥'等向视为不经之谈的,也起而登大雅之堂,与'诗经'、'楚辞'等论文,同在一个杂志里发表了。未几风俗调查会民俗学会等,又因而呱呱地诞生。这种新科学便正式成立。"[5] 当然,中国传说研究发生发展的原因是复杂的,并不完全如郑师许这段文字所言,是受到国外学者的影响才生发的,这其中也有中国学术文化自己内部嬗变的原因,但这段引文也是非常重要的,勾勒了"欧美学者的中国传说研究—日本学者的中国传说研究—中国学者的中国传说研究"这样一条先后发生发展线索,从时间上来说,是基本符合情况的,也充分说明了国外学者的中国传说研究对本国传说研究兴起的重要影响。

三、进入世界学术体系的中国现代神话传说学

中国现代传说学从建立之初就已经被纳入到世界学术体系之内了。这一方面与现代传说研究受西方学术文化影响而产生有关,另一方面也与早在现代传说学诞生之前海外学者就已经注目于中国传说有关。在国际性方面,中国传说研究是非常突出的。

海外学者对中国传说的注意源自他们对中国古代神话的兴趣,并在很长时间内将其合为一体进行论述。早在1836年,法国就有了研究中国古代神话的文章,并于17世纪后期产生了《山海经》的最早译本。[1] 1892年,中国先秦史专家俄国学者齐奥杰维斯基出版了世界上第一部研究中国古代神话的专著《中国人的神话观与神话》。他把上古史中的帝王如伏羲、神农、黄帝、尧、舜、禹等当作是民间神话形象,并认为是儒家圣人孔子将这些神话人物改造为指导人们

社会生活的历史理想人物。齐奥杰维斯基从上古神话人物入手,实际上论述到了古史传说人物,并从历史学的角度初步阐释了古史传说产生的原因,即传说人物受到儒家思想的改造而成为历史人物。此后,从历史角度来研究中国古代神话传说的学者逐渐多起来,历史学的阐释方法也成为一种流行的方法。德国汉学家卫礼贤的《中国神话故事集》(1914),法国汉学家马伯乐的《书经中的神话传说》(1924)、《上古中国史》(1927)等都是这方面的重要作品。这种角度在日本汉学界也很流行,最早始于1882年井上圆了发表的谈尧舜偶像的文章,也从历史学角度论述了尧、舜是人造的圣人的观点。

从时间的先后来看,20世纪初中国古史领域掀起的辨伪高潮与世界范围内这种热衷从历史角度探索中国古代神话传说的潮流不无关系。由于近代科学意义上的现代神话传说研究始于古史辨伪研究,因此,世界学术范围内的对中国古代神话传说的历史研究正是促兴中国现代传说研究的原因之一。也由此,中国现代传说研究从一开始就被纳入到世界学术体系内,成为国际神话传说研究领域的一部分。

到20世纪20年代,欧洲和日本出现了中国神话传说研究热。此时的中国神话传说研究中加入了新方法——人类学、社会学的方法。1917年,俄国N. P. Macokin发表了《中国神话中帝王与图腾崇拜》的文章,注意到中国古代帝王的面貌具有动物形象特征的现象,从而推测这种情况与希腊古代神话中的图腾概念留存是相同的。这是首次提出的中国古代图腾问题。此外,法国汉学家M. Granet 1926年出版的专著《中国古代的祭礼与歌谣》(*Danses et légendes de la Chine ancienne*)从社会学的角度分析了古代神话与祭祀礼仪。他从《诗经》中的歌谣与古代农业社会季节、祭祀礼仪的关系角度,论证了古代民歌中宗教的社会功能。[1]

这些方法在中国神话传说学发展史上并不陌生。周作人是中国神话传说学的开山人物,他所给出的"传说"的早期定义就受到了人类学派理论及方法的影响,而此后中国众多的神话传说研究者如茅盾、赵景深、钟敬文等都或多或少地受到了人类学派理论的影响。到20世纪三四十年代,中国神话传说研究领域中又出现了社会学、民族学的方法。可以说,在欧美研究方法的影响下,20世纪前期中国神话传说的研究与国外先进的研究保持了较为一致的步调,这也是中国神话传说学进入世界学术轨道的标志之一,更不用说,在神话传说学向纵深发展的过程中,中国学者不断地与欧美、日本的学者交流来往了。

正如以上所论述到的,20世纪前期的中国现代神话传说学从建立之初就是世界学术界的一个组成部分。这充分说明了 20 世纪前期中国现代神话传说学的学科先进性。

参考文献

[1] B. Riftin（李福清）.国外研究中国各族神话概述：《中国各民族神话研究外文论著目录》序 [J].长江大学学报（社会科学版），2006（1）.

[2] 洪长泰.到民间去：1918—1937 年的中国知识分子与民间文学运动 [M].董晓萍，译.上海：上海文艺出版社，1993.

[3] 钟敬文.钟敬文民间文学论集（下）[M]. 上海：上海文艺出版社，1985.

[4] 叶舒宪.海外中国神话学与现代中国学术：回顾与展望 [M]//陈平原.现代学术史上的俗文学.武汉：湖北教育出版社，2004.

[5] 郑师许.中国民俗学发达史 [J].民俗季刊，1943（1－2）.

[6] 茅盾.茅盾评论文集（下）[M].北京：人民文学出版社，1978.

[7] 高木敏雄.比较神话学 [M].东京：博文馆，1938.

[8] 王孝廉.中国的神话与传说 [M].台北：台湾联经出版事业公司，1977.

[9] 李孝迁.域外汉学与中国现代史学 [M].上海：上海古籍出版社，2014.

原载《长江大学学报》（社会科学版）2009 年第 3 期

外来说与本土说：理由与问题
——盘古创世神话研究述评

张开焱

百年来，中外学者对中国古代创世神话的讨论，主要集中于盘古创世神话，这个原因乃在于直到20世纪70年代，在中国古代文献中有案可稽的只有盘古创世神话。关于盘古创世神话的研究成果，总体上看，显在或潜在地围绕着一根主线展开：这个神话是中国本土产生的还是外来的？

总体上看，关于盘古神话的来源，有本土说和外来说两种，而每一种内面又有若干不同观点。本土说中，主要有南方（华南）说、中原说、苗蛮说三种观点。同一种观点之内，又可分为若干不同的子观点，譬如南方说中，又有吴越说、俚僚说、壮族说、苗蛮说或盘瓠说；又如中原说中，则有源于伏羲、女娲、土地神（社神）、烛阴或烛龙等多种说法；而在外来说中，有印度说、北欧说、北美说和巴比伦说等等。可以说，一个多世纪以来，相当多的关于盘古的研究成果，都显在或潜在地围绕着一个焦点进行，那就是盘古神话是来源于外国还是起源于本土的，所以，值得我们作为主线来评述。

外来说最早要追踪到日本学者高木敏雄1904年出版的《比较神话学》一书。在该书中，高木敏雄通过对盘古神话和印度《魔奴法论》梵天金蛋创世神话、《梨俱吠陀》原人布尔夏尸化宇宙万物的创世神话的比较，得出结论：盘古创世神话来源于印度文化，是随着印度佛经传入中国后产生的。这个观点，在当时真算是石破天惊。有学者评价："其意义之深远，对于中国文史研究来说，相当于西方神话学方法引入的第一个划时代成果，为后来的疑古辨伪学术运动提供了重要的方法论启示。"19世纪大盛于西方的比较文化学、比较宗教学、比较语言学和建基于这些学科基础之上的比较神话学，在揭示古代各民族遥远年代文化之间的关联性方面，取得了令人瞩目的成就，尤其是在对于印度原住民与欧洲原住民语言与文化之间同源性关系，巴比伦、埃及等古代中东地区国家文化与欧洲文化的影响关系的研究方面，成就巨大。在这种开阔的视野中来考察盘古创世神话与印度古代创世神话，看到它们之间极大的类同性，是很自然的事情。

高木敏雄的观点，以正面和反面的方式，影响了中国学术界一个世纪对盘古神话的研究。认同者通过更深入具体的研究提供更多的证据，反对者则从不同角度证明盘古神话出自中国本土。

在外来说的认同者中，著名历史学家吕思勉先生在1939年撰写的《盘古考》较为扎实。该文列举汉译佛经《外道小乘涅盘论》《摩登伽经》中的尸体化生神话为证，论述盘古神话应该是受印度影响产生的；同时，该文还通过中国东汉至三国时代佛教传入中国线路的考察，证明佛教在这个时期主要是首先影响中国东南地域，由东南而西北传播的。所以，东南地区受佛教文化影响最早和最深，而首次记载盘古创世神话的典籍《三五历记》《五运历年纪》的作者徐整，正是三国时代地处东南的吴人。吕思勉先生后来在他的《中国民族史》《先秦史》二书中，都表达了类似的看法。

认同盘古神话外来说的学者众多，20世纪80年代何新《盘古之谜的阐释》一文的观点值得介绍。他将盘古神话的原型追踪到古代巴比伦神话中："我认为可能来自西亚巴比伦关于天地开辟的一部创世史诗中。这史诗中说，在天地开辟以前，有一个最原始的混沌之神（The Premitive chaos）名叫'Bau'，由它产生了大海和天空诸神。它死后被分尸化作天穹和陆地。Bau的故事向东流传到印度后，演变为梵天的故事。（梵天Brahma）的汉译音，也作盘。他从蛋中创造了宇宙。别名Atman。"[1](P178-180)何新先生说的这部巴比伦史诗，应该就是《恩努马-埃利希》。这样，他更将盘古神话的源头追溯到巴比伦古代神话中去了。盘古神话外来说也得到了叶舒宪先生的支持。在《中国神话哲学》一书中，他认为："中国典籍中最早出现的盘古神话……均因印度佛教影响而产生，这个问题已由中外学者在几十年前做了结论：盘古神话的来源已经不是什么谜了。"[2](P353)盘古神话来源印度说观点，显然在国外汉学家那里有深远影响。20世纪国外汉学家的著作涉及中国古代创世神话的，大都认为中国古代没有创世神话，认为中国几乎是世界古代文明民族中唯一没有创世神话的民族。这个看法，很明显地受了高木敏雄观点的影响。

盘古神话外来说中，还有来自古代波斯、澳洲、美洲等多种说法，因为印度说最有名，影响也最深远，故予以特别介绍。

与盘古神话外来说相对立，一些本土学者通过各种研究，证明这个神话的中国本土起源。这类学者人数众多，难以历述，其中苏时学、夏曾佑、茅盾、闻一多、常任侠、袁珂、范文澜、张振犁、马卉欣等人的成果较有影响。这些学者中，不少主张盘古神话来自南方少数民族，其后才流传到中部地区，被汉族接受，变为自己的神话（当然也有学者如张振黎等认为，盘古神话最早起源于中原）。茅盾先生在《中国神话研究 ABC》一书中，认为盘古神话的最早记录者"徐整是吴人，大概这盘古开辟天地的神话当时就流行在南方（假定是两粤），到三国时始传播到东南的吴。如果这是北部和中部本有的神话，则秦汉之书不应毫无说及；又假定是南方两粤地方的神话，则汉文以后始通南粤，到三国时有神话传到吴越，似乎也在情理之中。（汉时与南方交通大开，征伐苗蛮，次数最多；因战争而有交通，因此南方的神话传说也流传过来了。）"[3](P87)。茅盾先生认为，我们现在有的神话是北、中、南三部民族的混合物，所以我们的片段的开辟神话也是混合品。始创天地的盘古神话，本发生于南方，经过了中部文人的采用修改，而成为中华民族的神话。袁珂先生也持盘古神话来源于南方少数民族的观点。他在注释任昉《述异记》中有关盘古神话资料的时候，引证关于广西桂林地区有盘古祠的相关资料，认为汉族盘古神话可能出自南方瑶族盘瓠神话。壮族民间文艺学家蓝鸿恩先生则在茅盾研究的基础之上，明确提出，盘古神话来源于广西壮族先民俚僚的神话。另，苏时学、夏曾佑、顾颉刚、刘亚虎、过伟、黄世杰等学者，均认为盘古神话来源于古代南方壮侗或苗蛮等少数民族。

　　认为盘古神话来自南方少数民族的学者，并非自茅盾和袁珂始，之前有学者认为盘古即盘瓠，即《后汉书·南蛮传》所载古代南方犬戎族一神性首领盘瓠。证明两者同一性的又多用音训的方法。晚清学人苏时学在其所著《爻山笔话》一书中，据《后汉书·南蛮列传》记载的盘瓠传说，认为"盘古乃盘瓠之音转"。夏曾佑先生在他 1905 年出版的《中国历史教科书》（后改名《中国古代史》，多次再版）一书中，把历史上第一个时代命名为"传疑时代"，也怀疑盘古之说"非汉族旧有之说"，而是受了南方少数民族关于盘瓠神话传说的影响产生的："今案盘古之名，古籍不见，疑非汉族旧有之说。或盘古、槃瓠音近，槃瓠为苗蛮之祖……故南海独有盘古墓，桂林又有盘古祠。不然，吾族古皇并在北方，何盘古独居南荒哉？"[4](P10)他由此断定，是汉民族把南方盘瓠神话误袭为己有。

　　顾颉刚、闻一多、常任侠、袁珂以及其他不少学者，也多持此音转之说。顾颉刚《三皇考》云："盘瓠的命运太好了，他竟在无意中变成了开天辟地的人物——盘古。"闻一多则在《伏羲考》中，从音训角度谓伏羲、盘瓠、盘古乃同一人。袁珂在《中国神话传说》《古神话选释》等书中，都从音训角度认为盘古即盘瓠之音转，将盘古作为中国古代神话开天辟地第一神放到神话史的开端讲述，并认为徐整《三五历纪》中开天辟地的盘古形象"吸收了南方少数民族盘瓠或盘古的传说，综合了古神话里开辟诸神的面影，再加上哲理中经典的成分和自己的推想，才塑造了一个开天辟地的伟大的盘古，成为我们中华民族共同的老祖宗"。范文澜《中国通史简编》也认为古时代就居住在中国的苗、瑶、黎等族，都有传说和神话，可是很少有人记载，一般说来，南方各族中最流行的神话是"盘瓠"。三国时，徐整作《三五历纪》吸收"盘瓠"入汉族神话，盘瓠成了开天辟地的盘古氏。

但盘古、盘瓠同一说也招致激烈的争论，不少学者从两者故事构成角度提出，此二人完全没有共同性，不可能是同一个人，仅从音训角度证明两者为同一个人，是不可靠的。

也有学者主张，盘古神话起源于中原地区。河南学者张振黎先生20世纪80年代带领学生，在河南地区历经数年，进行广泛的田野考察，获得了大量的关于伏羲、女娲、盘古等的民间传说。在此基础上，他出版了《中原古典神话流变论考》（上海文艺出版社，1991年版）。在书中，他研究河南地区民间神话传说中伏羲、女娲与盘古互相转化和影响的情形，断定伏羲、女娲和盘古神话最早都发端于中原河南。

而来自河南桐柏的民间文学研究者马卉欣先生用力尤勤。他历经数年，遍访多个省区，在广泛搜集资料的前提下，先后出版了有关盘古古今资料汇集和研究的《盘古之神》（上海文艺出版社，1993年版）、《盘古学启论》（中国社会科学出版社，2003年版）二书，力主盘古名号在中国先秦就已经出现，其本土性不容置疑。另，20世纪70年代以后，在湖北神农架也发现民间流传的长篇史诗《黑暗传》，其中创世部分的主角也是盘古。关于20世纪研究盘古神话的成果，过伟《盘古研究发展轨迹与"盘古国"的新解读》、侯红良《是是非非话盘古：近代以来盘古神话研究述评》、覃乃昌《追问盘古——盘古来源问题研究之一》等文，有较好的归纳和介绍，可参看。

总体上看，20世纪初以来，关于盘古创世神话的研究，成果十分丰富。其中，最重要的是其来源问题，本土说和外来说的争论或隐或现地贯穿于其间。但从现在的成果来看，盘古创世神话来源的外来说和本土说都存在一些需要继续解决的问题。对于本土说学者而言，他们虽然拒绝外来说，但他们还不能提供可靠的文献资料证明盘古神话与外来文化（尤其是印度文化）的影响没有任何关系；同时，外来说的软肋他们也似乎一直没有准确地抓住，那就是外来说依据的材料问题。高木敏雄、吕思勉等学者作为盘古神话外来证据的那几部印度经典，如《梨俱吠陀》《魔奴法论》《摩登伽经》《外道小乘涅盘论》《厄泰梨雅优婆尼沙昙》（即《五十奥义书》之首篇的《爱多列雅奥义书》），除了《摩登伽经》一篇由与最早记载盘古创世神话的徐整大体同时的吴国竺律炎和支谦合译出来而外，其余各书均远远晚出于徐整生活的年代，《魔奴法论》《爱多列雅奥义书》等，晚至现代才有汉译本，徐整那个时代的人能否知道很是问题，何况，有资料证明，东汉末年，盘古的名号就已经出现了。也就是说，这个神名字在中国的出现，早于上述印度经典中任何一部在中土的传译。尽管如此，也没有理由断然否定盘古神话外来说，因为纸质文本的翻译，完全可能晚出于口头传播，而东汉中晚期开始，印度佛教就在中国东南和西南开始传播，这是有案可稽的，中土信徒完全有可能通过传教士的口头传播了解印度创世神话，并受此影响，编制中土创世神话。只是这种推测在理论上虽然合理，但在重视文献铁证的考证式研究中，却还存在无法弥补的缺陷。

但盘古神话起源中土说也存在致命的问题。这个问题就是，就文献记载而言，完整的关于盘古创世神话的记载，毕竟只在三国时代，盘古的名号，可以考察于文献的，也只能推到汉代晚期，更早的年代确认，也存在铁证不足的问题。至于某些学者（如马卉欣）说先秦典籍《六韬》中已有盘古名号，那还得不到文献支持。《六韬》在周初至宋代漫长的流传过程中，不断变化，出现了几十个不同的文本，秦以前的《六韬》原文如何，已不可睹，但从20世纪70年代在山东银雀山和河南定县发掘出来的汉代初年墓葬中发现的《六韬》竹简中，尚无盘古名号。《六韬》中有盘古名号的资料，来自于宋代罗苹在《路史·前纪一》中的一段话，其谓《六韬·大明》云："召公对文王曰：……盘古之宗不可动也，动者必凶。"考古发掘的汉代竹简本《六韬》和今传任何一种《六韬》文本中，都没有这一段话，所以，这段话多半是《六韬》在汉以后的流传过程中出现后来又失传的某一版本中的，尽管不能由此上推已经失传的秦以前的《六韬》中绝不会有盘古名号，但要断定它存在，则更是没有依据。而作为盘古神话本土说重要支持材料的中国各少数民族和地域的盘古创世神话，也不能作为铁证使用，这是因为没有一篇少数民族的创世神话文本在徐整之前已经著之竹帛，它们究竟是徐整记载的盘古神话传播的结果，还是早于徐整记载的盘古神话，也是无法确认的事情。所以，这些资料可以作为佐证和参考，但不能作为主证。至于当代收集的南方各少数民族和中原地区流传的盘古神话传说，那更不能作为盘古神话起源本土说的证据。正如有学者所指出的，它们都存在的问题是："这类传说皆近世民族调查所得，它们的历史可以上溯到什么时代，不易证得。"

因此，关于盘古神话来源的问题，无论是外来说还是本土说，并没有学者提供无可争议的铁论铁证，都存在一些需要继续深入研究的问题。同时，我们还要特别注意的一个问题是，盘古神话的来源固然是重要的，但也许同样重要的是，盘古神话出现后，在中国各地的流传过程中族属化、祖宗化的现象。这个现象，体现了最强烈的中国文化的特征和发展规律，而这个问题，恰恰是十分有意义的。本土说学者的研究，客观上大都和这个问题相关。从这个角度研究盘古神话的发展变化，也许有特殊价值。

参 考 文 献

[1] 何新.诸神的起源：中国远古神话与历史［M］.北京：生活·读书·新知三联书店，1986.

[2] 叶舒宪.中国神话哲学［M］.西安：陕西人民出版社，2004.

[3] 茅盾.中国神话研究 ABC［M］//马昌仪.中国神话学百年文论选：全2册.西安：陕西师范大学出版总社有限公司，2013.

[4] 夏曾佑.中国古代史［M］.上海：上海人民出版社，2014.

原载《长江大学学报》（社科版）2014年第3期

学科动态

创世神话的价值重估与意义阐释
——"中国创世神话比较研究国际学术讨论会"综述

黄 悦

在中国的本土语境之中,"神话"是一个来自西方、取道日本,20世纪初才开始被中国学术界广泛接受的外来词汇,与中国传统的知识分类体系并无天然的对应关系。西方的知识与思维背景似乎成了中国神话研究不能摆脱的梦魇,甚至于神话的概念一直都笼罩在文学,甚至民间文学的学科划分之下,在与原始文化的纠结中被视为低级和虚假的同义语。实际上,神话作为人类早期的文化形态的总体决定了特定文化深层的思维模式和心理原型,对于研究者来说,只有将神话视为人类文化的深层基因,才有可能找到文化生成的深层结构和隐秘信息。直到近年来,在人类学视野和方法的烛照之下,神话才重新被视为文化的深层基因,自此,神话研究从文学研究的范畴之中解放了出来,其中不仅包含着对神话原初意义的解读,还包括其逐渐衍生出的附加意义,更重要的是将神话还原到特定的文化语境中,对其在特定族群中的作用进行反思,并透过这种文化基因更加深入研究人类文化的多样性和一致性。2008年10月15日到18日在北京召开的"中国创世神话比较研究国际学术讨论会",正是这种研究思路的一次集中展示。

此次活动由中国社会科学院民族文学研究所主办,中国神话学会协办。在三天的讨论中,学者们从各自不同的知识背景和治学思路出发,重新聚焦中国创世神话,试图在新的知识背景和理论资源下,对神话的价值和意义进行重估和再探。荷兰莱顿大学教授米尼克·希珀在开幕辞中指出,神话,特别是创世神话,在人类文化的发展中意义重大,因为世界各地的人们都在创世神话中寻求解释,这种解释对他们的文化形成至关重要。虽然与会学者们各自的研究材料、视角不同,研究的方法也呈现出多元化的特点,但却在一个问题上达成了共识,即他们都将神话理解为特定文化的深层结构和思维符号,认为神话,特别是创世神话,对人类的文化生活具有根本性的意义,并致力于解读这种符号作为文化基因的深层意义。具体到中国神话的研究中，这种突破则必须从方法、材料和视野三个方面着手。因此，这三个方面的研究构成了本次会议的集中议题。

米尼克·希珀女士在题为《创世和起源神话中的人类之始：比较研究一例》的论文中，总结出世界神话中具有相似性的创世三阶段，并指出创世神话和起源神话如何为人类创造出丰富的意义世界。如果说希珀教授扩展了创世神话研究的跨文化视野，那么，叶舒宪教授则更进一步打破了研究对象的限制。如果我们将人类的文化视作共享特定结构的一个整体，那么在传统的文学神话观中，不仅神话与文学之间的关系被倒置了，而且，文学与其他艺术门类之间的相关性也被极大地低估了；更进一步而言，对这些艺术门类的严格区分限制了人们对它们的整体性观照，如果要对这些符号整体进行解读则必须打破这些人为的学科划分。在这次会议上，叶舒宪教授发表的《从女娲到女蛙——中国蛙神创世神话及信仰背景》就是综合运用图像资料、考古发现、传世文献以及活态民俗等材料，参照异文化背景，重新复原上古蛙神创世神话。他重新发掘中国神话中具有宗教和神话意蕴的蛙神形象，并且列举了大量的实物图片、图像资料以及民俗资料来力图复原这种蛙神崇拜的情况。与叶舒宪教授的材料主张形成互补的是对神话本体和认识论的反思，中国社会科学院文学研究所民间文学研究室的户晓辉和吕微更注重从形而上层面进行探讨，并对目前神话研究中的方法和思路提出了批判。户晓辉在题为《卡西尔与神话的批判现象学》论文中指出，卡西尔的神话批判学有意识地综合了认识批判和现象学，是一种不涉及神话具体内容的形式理论。重提这一理论的意义在于重新以本源的方式来对待神话的本源世界，以领会的方式进入神话，从以往的神话认识论走向神话的存在论。吕微先生的思辨则体现在对每一种研究思路的理论反省和对比当中，他精彩的点评和回应对神话研究者具有很大的启发作用。

神话远非静止不变，而是永远处在被不同的个人，出于不同的目的、需要和旨趣而不断对其加以重建的过程中。这一方面使得古老的神话不断得以传承，另一方面也使其在新的语境中以新的形式、内容和功能而焕发出勃勃生机。在本次会议上，学者们一方面力图通过对创世神话中的思维原型的追溯来揭示神话作为认识论根源和世界观雏形的意义；另一方面也在探索神话在特定文化条件下的存在状况，及其被建构为文化传统和权威话语的一般规律；进而探索在不同的时空条件下，神话的重述和复兴具有何种内在的规律和特点。北京师范大学杨丽慧教授的研究在这方面做出了令人耳目一新的探索，在题为《反全球化与中国神话的重构：电视系列剧〈哪吒闹海〉研究》的论文中，杨丽慧教授以当代文化产品中被重新建构的神话——哪吒闹海为例，详细分析了在当今全球化语境之中各种文化主张的互动消长，以及它们投射在作为文化产品的神话重述之中的形态。她的研究从当下的文化语境出发，将借助现代传媒方式被进一步传播的神话放置到特定背景之中来深入分析，从而凸显了神话作为一种文化资源的特点和意义。杨教授指出：尽管在网络和多媒体的时代，创世神话被改造为更适应受众需要的形式，但其中的神话内核与原型却可以仍然被确认，这表明神话作为集体无意识的一部分永远都不会消亡，而是会在人类的生活中继续发挥作用。陈建宪教授也将视线投向了当代的网络文化，并强调网络成为建构和延续神话的新的力量。这一点或可与西方新神话主义互相呼应，但网络的参与性导致网络文化的复杂性，所以网络神话并不能代表真正的民间文化。杨丽慧教授和陈建宪教授对当代大众文化中神话的发展延续状况的深入研究表明，神话被重建的过程是一个充满了多种复杂因素影响的过程，特定时空中的诸多因素共同塑造了特定语境下的神话重建结果。

  会议的很多研究者来自调查研究的第一线，他们从实际的调查中将从前被忽视的少数民族创世神话纳入研究视野，并取得了巨大的进展。中央民族大学教授那木吉拉研究了阿尔泰语系诸民族与日本的不死水神话。他在文中指出，不死水神话在阿尔泰语系的蒙古、突厥语民族和日本、朝鲜等诸民族中均有传承，它们之间的互通性表现了人类神话的共性，而对于其各自特点的探讨则离不开对诸民族文化发展轨迹的追溯。中国社会科学院民族文学研究所研究员刘亚虎在大量田野材料的基础上，对中国创世神话的典型形式以及其中所体现出的人文精神进行了讨论，他的材料囊括了文本材料和口传资料，从殷商甲骨卜辞开始追溯文本中的创世观念，综合众多少数民族的创世神话和仪式信仰，总结出三种典型形式，并指出中国创世神话是中华民族人生态度和人文精神的源头。山西大学刘毓庆教授着重研究太行太岳神话系统的演变与发展，并提出这一神话系统与昆仑神话系统共同构成了中国上古神话的版图，但其中所体现出的精神理念却是与其赖以产生和发展的地域条件密切相关的。中国社会科学院民族文学研究所博士后王宪昭则对中国少数民族的创世神话的分类问题进行了系统研究，他指出，以解释天地起源和万物起源为主的神话才是创世神话的主体，而在这种规范之下中国少数民族的创世神话可以从不同的要素着眼划分为不同的类型。台湾东吴大学的鹿忆鹿教授以台湾少数民族神话为例，指出台湾少数民族的火种神话具有独特性，不同于大林太郎所归纳出的常见鸟类取火的母题，而往往与洪水神话相结合，成为东亚地区文化起源神话的特点。华中师范大学教授陈建宪也将目光投向了台湾少数民族的神话，他在长期研究洪水神话的基础上提出，通过对台湾少数民族洪水神话中可变主体和不可变母体之间的关系进行分析，可以发现神话发展和传播的规律。

会议的另一个重要特点就是中国创世神话的研究视野空前广阔，这一点不仅体现在对神话概念的扩展上，也体现在对汉民族之外的少数民族创世神话材料的比较研究上；不仅体现在方法的多样化，也体现在材料的进一步扩充；不仅有考古、图像、口传等多种材料，即便是在经典文本的释读方面也出现了一些特点。这种在新的知识条件和材料基础上对神话文本的重新解读往往能够取得新的成绩。早期闻一多先生对《诗经》的神话原型解读，郑振铎以信仰和仪式的观点来解说汤祷名篇，都显示出人类学和民俗学在神话研究中的独特效力。这种思路在新一代学者的研究中也得到了继承和发展：台湾政治大学副教授高莉芬女士在论文《重返创始纪：楚帛书与中国创世研究》一文中就从创世神话的角度入手对《楚帛书·甲篇》做出了深入的解读，归纳出这一文本中的创世神话的结构类型、神话思维模式及其宇宙论。《楚帛书·甲篇》的创世神话不仅包含宇宙的起源、大地的形成，还包括四时与日月的产生，其中具备了世界创世神话中的多种重要的母题，同时也具有浓厚的战国楚文化色彩。台湾辅仁大学钟宗宪教授和中国社会科学院民族文学研究所吴晓东副研究员都将研究的重心放在汉代前后的神话和信仰上。钟宗宪教授以女娲伏羲神话为重点探讨了其中所体现出的创世思维特点，他指出，过去我们都认为中国汉民族的上古创世神话就是以盘古为核心的创世神话，但对汉代以前的创世神话却缺乏重视，他认为与女娲、伏羲相关的创世、繁殖、造人三大神话主题都是阴阳生成的原始创世观念的发展，而阴阳观念才是中国创世神话的核心要素。吴晓东在他所提交的题为《盘古神话：开辟天地还是三皇起源》的论文中指出，文献中最早出现的盘古神话并不是一则关于开辟天地的神话，而是一则关于天、地、人三皇起源的神话，之所以盘古神话会成为后来汉民族创世神话的代表，完全是后人在误读基础上不断建构的结果。笔者则着重探讨了汉代典籍《淮南子》中的创世神话及其特点，认为《淮南子》作为对以往神话观念的延续和后世神话的基础性文献，其神话本身就是一种叙事的结果，无论是对世界父母型神话的延续还是对创世神话与救世观念的联系，都体现出创世神话在民族文化和心理中的基础性地位。

会议汇集了来自海内外的学者，比较研究的视野成了一种自觉的观念，正如米尼克教授所言，从比较的立场出发探讨不同文化的创世神话中的异同，有助于我们更为深入地理解文化差异尚未完全被建构之前作为共同话语的神话。

中国社会科学院民族文学研究所的刘宗迪副研究员通过对印度神话和中国古代天文学资料的对比,指出七重宇宙神话原型是原始人类将早期天文学知识投射于神话之上的结果。韩国学者林炳僖介绍了韩国保留在巫师仪式中的创世神话。通过图文并茂的展示,揭示出韩国创世神话作为巫歌的特点,即在当今的韩国社会中,创世神话仍通过巫师的仪式活动和口传叙事发挥着较大的作用。这种跨文化的视野为学者们研究中国创世神话提供了参照系。美国学者马克·本德尔从生态学的角度关注苗族和彝族的创世神话,他认为苗族和彝族的创世史诗中关于人与自然的关系都有非常详细的描写,这种人与动物、植物、环境之间和谐关系与今天的生态主义的主张非常接近,也构成了苗族和彝族世界观和行为规范的一部分。关于比较研究中可能存在的问题,学者们也提出了严肃的反思:北京大学副教授陈连山就在发言中对鲧禹神话中的"捞泥造陆"说提出了自己的疑问。通过回顾这一主题的研究历史,他指出,以胡万川为代表,此派学者在构拟这一原型的过程中在某些细节和证据上存在缺陷,因而在神话研究中运用跨文化比较的方法也需要格外谨慎。

  今天,我们必须重新认识文学与神话的关系:神话不仅是文学叙事的神圣原型,也是一切人文知识的源头。现代性所导致的一个恶果就是将神话视为一种低劣的思维方式,让理性的人抛弃神话。结果是失去神话的现代人陷入了科技理性主宰下的精神困境。而研究神话就必须将其还原到崇拜仪式的神圣语境之中,从而揭示其心理整合及精神治疗功能。同时也必须认识到,在其千百年来的绵延发展中,神话向来都不是一种完全独立的文化形态,从其诞生起就一直处在与各种知识、话语和意识形态的纠结之中,在与各种权力话语结合的过程中产生价值,在与各种社会力量的较量中获得发展,这种共生的机制造就了神话的复杂性,也恰恰是神话的生命力和价值所在。

原载《长江大学学报》(社会科学版)2009 年第 1 期

"神话学文库"新书发布暨专家研讨会综述

夏陆然

2014年1月7日,"神话学文库"新书发布暨专家研讨会在中国社会科学院文学研究所隆重召开。丛书编委与来自中国社会科学院、北京大学、北京师范大学、中央美术学院、中国文联等单位的专家学者,展开了广泛而深入的交流。

"神话学文库"(第一辑,以下简称"文库")由上海交通大学致远讲席教授、中国社会科学院比较文学研究中心研究员、西安外国语大学特聘教授叶舒宪主编,陕西师范大学出版总社有限公司出版发行。该文库是"十二五"国家重点图书出版规划项目和国家出版基金资助项目,也是国家社科基金重大招标项目"中国文学人类学理论与方法研究"阶段性成果。"文库"包括如下几类:第一,文选3部,《结构主义神话学》(增订版)、《神话—原型批评》(增订版)、《中国神话学百年文选》(上下册);第二,译著6部,《〈旧约〉中的民间传说——宗教、神话和律法的比较研究》《凯尔特神话传说》《苏美尔神话》《洪水神话》《日本神话的考古学》《米诺王权与太阳女神——一个近东的共同体》;第三,专著7部,《现代口承神话的民族志研究——以四个汉族社区为个案》《20世纪希腊神话研究史略》《玄武神话、传说与信仰》《蓬莱神话——神山、海洋与洲岛的神圣叙事》《伏羲神话传说与信仰研究》《〈山海经〉的神话思维》《文化符号学——大小传统新视野》;第四,工具书1部,《中国神话母题索引》。共计17部18本。

新书发布暨专家研讨会分为前后半场。前半场为新书发布会,由中国社会科学院文学研究所党委书记、《文学遗产》主编刘跃进研究员主持点评,中国社会科学院文学研究所所长陆建德研究员,陕西师范大学出版总社刘东风社长、人文分社冯晓立社长,上海交通大学人文学院院长王杰教授(发来贺电),中国文联刘锡诚研究员,中国社会科学院马昌仪研究员,"文库"主编叶舒宪研究员,中国社会科学院民族文学研究所副所长、《民族文学研究》主编汤小青研究员等专家先后发言。会议后半场为专家研讨会,由中国社会科学院民族文学研究所副所长尹虎彬研究员主持点评,资深出版家李人凡先生,中央美术学院楼家本教授,中国社会科学院民族学与人类学研究所易华研究员,中国社会科学院文学研究所吕微研究员、户晓辉研究员,北京大学东方语言文学系陈岗龙教授,北京大学中文系陈连山教授,北京师范大学文学院杨利慧教授,中国社会科学院民族文学研究所王宪昭研究员,中国社会科学院外国文学研究所唐卉副研究员等分别发言。会场气氛热烈,众位专家积极参与讨论,高度评价了"文库"的出版意义与学术史价值。

一、"神话学文库"出版缘起和编撰过程

陕西师范大学出版总社刘东风社长指出,集国家"十二五"规划项目、国家出版基金项目、国家社科基金重大招标项目三个国家级头衔的"文库",对于一个地方高校出版社来说,既是责任,也是肯定。它承载着陕师大出版总社的精品梦、品牌梦。"文库"出版的历史渊源,要追溯到1987年的《神话—原型批评》《结构主义神话学》的推出。当年,刚组建的陕师大出版社凭借这两本书,在国内形成了一定的影响。2010年,陕师大出版总社改制以来,借国家文化产业大繁荣大发展的政策,已拿到七个国家"十二五"规划项目,五个国家出版基金项目,并获得充足的资金支持。这对于网络数字冲击下的出版行业,尤其是学术文化出版来说,犹如雪中送炭。他认为,在目前国家大政策的氛围支持下,社科方面尤其是学术专著出版,正处在最好的机遇期。在这些国家级项目中,"文库"首当其冲,率先问世,故而意义非凡。今后,"文库"的编撰还将继续,预计会将总数推广到30至50种。刘社长同时还对"文库"的各位参编者表达了深刻的谢意,钦佩他们孜孜不倦的探索和敬业精神。

陕西师范大学出版总社人文分社冯晓立社长从出版编辑角度,对"文库"一路走来的历程进行了回顾:2008年,陕师大出版总社和叶舒宪共同参与"文库"项目的策划;2009年立项成功;2011年,"文库"被纳入国家"十二五"规划出版项目;2012年,获得国家出版资金;2013年,完成第一辑17种18册出版。对"文库"的内容与出版意义,他认为,"文库"不仅是中国神话学、文学人类学的重大成果,同时还彰显出海峡两岸神话学研究的互补,在国际人文社科领域将产生重要影响。从出版方式来说,"文库"突破了常见的文库或文丛在体制上整体划一的要求,做到兼收并蓄,包含了不同学科及不同方法的神话学研究著作。从社会评价来说,"文库"受到业界专家的广泛关注,在学术界引起了很大的反响。清华大学教授王宁、北京大学教授高丙中、黑龙江文联主席

傅道彬、中国传媒大学教授刘晔原、华东师大教授方克强等知名学者，都对"文库"的出版给予了积极评价。陕师大出版总社还将通过开展学术交流会、在权威报纸上报道等形式，宣传推广"文库"。冯社长还展望了"文库"第二辑的规划，希望社方能和诸位专家一起，继续推动中国神话学研究的进步。

中国社会科学院马昌仪研究员是《中国神话学百年文选》（上下册）的选编者。她就选编该书的动机和背景做了发言。《中国神话学百年文选》共130万字，分上下册。选编这部书的目的之一，是为了再现中国神话学一百年来从发生、发展到走向成熟的历史。神话学是20世纪初传入中国的一种外来文化思潮，与中国本土的搜神志怪、民间俗艺的文化传统结合，从而出现了具有中国特色的中国神话学。这部文选再现的是中国神话学的百年历史。选编的目的之二，是要向一个世纪以来，为中国神话学做出贡献的学者们表示崇高的敬意。他们一砖一瓦地建造起中国神话学的大厦。这部文选，就是要向中国神话学的创建者和开拓者，特别是那些从中国神话学奠基时期一直到20世纪八九十年代，甚至到世纪末，都有神话学论文或著作问世的世纪神话学家致敬。他们不只是中国神话学的开创者和耕耘者，也是中国神话和历史的见证者。本书选编目的之三，是起到继往开来的学术传承作用。中国神话学学科发展的一百多年来，培养了一代又一代的神话学者。本书的选编，是要面向新世纪，迎接中国神话学新时代的到来。

"文库"主编、中国社会科学院文学研究所叶舒宪研究员指出，大陆神话学学科一直限制在民间文学之下，这是对神话学的束缚。选编这套"文库"，就是要扭转神话隶属于文学的旧观念——神话并不应该仅仅被当成文学，而是应该作为文化最深层的根源而存在。他回顾了20世纪80年代受弗雷泽《〈旧约〉中的民间传说》（中译本已收入"文库"）的影响，从而开始了对神话—原型批评理论的引入。根据知网统计数据，"文库"最早问世的《神话—原型批评》，在中国文学研究领域产生了很大影响，引用次数多达1300多次。经过了二十多年的发展，神话学研究不能再局限于文学领域之内了。2009年，中国社会科学院重大项目A类"中华文明探源的神话学研究"立项，"文库"中的8本译著隶属其下。在该项目中，神话被应用于中华文明探源的研究。这参照了国际神话学前沿的研究范式。例如《米诺王权与太阳女神》一书，是美国古典学家于2010年出版的，能够代表对西方文明起源研究的最新认识。作者通过考古发现的金器、首饰上的神话叙事图像，来复原作为希腊文明前身的米诺文明。因此，对于中华文明的研究，神话学也要发挥前沿和攻坚的作用。法兰西院士杜梅齐尔通过看似荒诞不经的神话讲述,来研究印欧民族起源的问题,从而寻找世界文化的源流和脉络。"文库"中的《日本神话的考古学》一书作者,是杜梅齐尔的学生吉田敦彦,他从事日本与印欧民族的比较研究。通过引进和翻译这些著述,除了能和国际前沿的研究方法进行接轨对话,还有助于拓展和建立中国自己的神话学理论。例如《文化符号学——大小传统新视野》一书,是国内文学人类学一派尝试的新理论探索,其主旨是建立一个中国学者自己的文化文本系统理论。从一万年前的表现宗教崇拜、神话信仰的图像和器物符号,到甲骨文、金文,再到早期的文字经典,再到后世文学,乃至莫言的诺贝尔文学奖获奖作品《蛙》,这其中有一个文化符号不断再造、重构和再编码的过程。应当把文化看成是自古到今都没有中断的生成符号的编码系列,而当代的文学创作和影视创作则自觉地追求编码,以提升其文化蕴涵。例如小说《芬尼根的觉醒》和《指环王》,其中的人名、地名背后都是神话时代的编码。后者被新西兰导演拍成电影后,更拉动了整个新西兰的文化观光产业。对西方学术研究、文艺写作、影视创作的前沿性探索,能够为百年中国神话学研究的薪火相传添柴加薪。叶舒宪还着重介绍了"文库"中所收的台湾学者的相关研究。他指出,在大陆看来是文学想象的伏羲、玄武、蓬莱神话,在台湾却是信仰与宗教,那里存留着明清两代留下来的玄天上帝庙宇等大量宗教场所,通过神话研究可以回溯到历史的深处,能够看到在一国两制下的华夏文明的根脉,同时,很多文化现象在大陆已经非常少见,在台湾却有所传承。因此,两岸神话学者不仅共享着文学遗产,还有着很大的学术互动互补空间。将来,"文库"还要继续拓展两岸学术与文化的交流与互补。

中国社会科学院文学研究所户晓辉研究员回溯了自己参与"文库"中两部译著的翻译过程与翻译心得。他在二十多年前读研究生时,就加入到《结构主义神话学》(第一版)的翻译工作中。当二十多年后这本书再版的时候,他觉得必须要重新修订译文。而由他与叶舒宪合译的《〈旧约〉中的民间传说》于2004年业已译完,后来又增加了大约10万字学术性的注释。他认为,这套书的推出培养了一批人,如他自己就是从开始初生牛犊不怕虎的大胆翻译,到后来渐渐养成了对翻译的敬畏之心。而翻译事业除了版权问题以外,最重要的还是难以找到合适的翻译人才。他还认为,学术经典的翻译永远是不可代替、尤其必要的。他希望"文库"的后续编纂能够进一步加强系统性,将那些重要的、具有代表性的神话学经典著作更多地系统收录。

中国社会科学院外国文学研究所唐卉副研究员对户晓辉研究员的发言表示

了赞同。她认为，翻译本身是很好的学习和研究过程。她从事日本文学与古希腊文学的研究，原本以为二者相差甚远，但通过翻译吉田敦彦的《日本神话的考古学》，她获得了全新的认识。她认为，该书从比较神话学的角度，解读了日本神话的起源体系、构造以及宗教意义。日本列岛与太平洋的海洋文化圈，中国和朝鲜半岛的游牧农耕文化圈，以及北方狩猎文化圈相邻，其神话从古至今受到了来自各方文化的强烈影响，且与东南亚地区印欧语系的古老神话具备同一构造。书中指出，深刻影响日本本土文化的亚欧大陆游牧民族斯基泰人，曾经在黑海沿岸与古希腊进行过交流，所以不排除他们将古希腊神话的成分传到日本的可能性。书中不仅列举了日本神话中依然存在的大量的与希腊神话及欧洲其他神话相类似的因素，还通过分析大量的史前实物、民族志材料等，打破了传统的文本化的神话观念，将研究视野拓展到文字产生以前的时代。该书同时还强调了中国对于日本文化的巨大影响，认为中国文化是其众多神话的母体。作者告诫日本读者，应当认清自己的文化之根，认清文化多元的事实。

二、叶舒宪三十年学术成就探讨

中国社会科学院文学研究所所长陆建德研究员对"文库"的出版表示祝贺，并高度肯定了主编叶舒宪研究员的学术成就与矢志于学的精神。他指出，中国历史上有很多传说、神话，都与历史纠结在一起，神话学发展的空间还有很大。改革开放之后，袁珂等老一辈专家学者做出了垦荒性研究，而当前，以叶舒宪为代表的中国文学人类学一派学人，不仅继承了过去的神话学研究传统，还积极引入世界神话学、考古学、民俗学和艺术史方面的交叉视角，在方法上提出四重证据法。"文库"在神话学史上的承前启后意义和开拓意义都值得肯定，而它的成功面世与叶舒宪研究员的三十年辛勤耕耘是分不开的。"文库"对整个中文学科发展的推进作用值得期待。

"文库"编委会成员、上海交通大学人文学院院长王杰教授在贺信中说，对"文库"在北京举办出版发行会表示热烈祝贺。它的出版，是中国文学人类学和神话研究的盛事，也是新时期以来高校中国文学专业实现多学科交叉创新发展与方法探索的新成就与新契机。主编叶舒宪积三十年研究成果，打破传统研究范式局限，将神话提升到人类文化基因和民族集体梦想载体的高度。"文库"表明，神话不仅是人类赖以生存的智慧源泉和文化创意资源，也可以成为文明探源不可忽视的独特门径。因此，"文库"的出版不仅给国内人文学科研究注入了新视野、新资源，更新和拓展了现行教育体制和教学内容知识构成，更促成了研究格局和研究视野的转变，有利于引领和推进中国人文社科的发展，提升其在国际学界的地位和影响。

中国文联刘锡诚研究员指出，中国神话研究从 1902 年起步，至今共出现四个高潮：一是 20 世纪 20 年代，出现了一批学术大家，引入了一大批西方著作，他们的学术遗产是后人研究的重要课题；二是抗战的 40 年代，各个大学迁移到祖国西南后方，开始将少数民族神话引入学术研究，这是神话学视野的一次重要变革；三是 80 年代中国神话学会的成立，《神话—原型批评》等一批学术著作的出现，以及袁珂等老一辈专家坚持不懈的研究，共同促成了新时期神话学的蓬勃发展；四是 21 世纪初，神话学进入改革的新阶段，一大批外国的神话学新理论与本土研究推进扩展了神话学的研究领域、研究方法。叶舒宪努力使神话学从民间文学的框子里走出来，这是一种正确的主张，因为神话本来就不是完全的文学，而学者对神话的阐释历来也不纯是文学的。由于早期研究中国民间文学、神话学的都是作家，而不是理论家，所以他们更看重神话是文学的源头。刘锡诚研究员对叶舒宪以开放的心态、历史的眼光、多种的范式的学术理念拓展神话学表示赞赏。

中国社会科学院民族文学研究所副所长汤晓青研究员认为，近年来，神话学研究不仅在理论、方法论上推进了民族文学研究，更多的是提示人们关注民间的活态文化传统和信仰系统。神话学研究和民族文学研究有着割不断的天然联系。她在关注文学人类学研究的同时，也保持着与该学科的联系。在她看来，神话学研究就是叶舒宪学术生命的延续，而叶舒宪和出版社同人们有着很高的学术激情，他们在推出这套书的过程中，也表现出非常优秀的文化策划能力。这套书不仅有助于学术繁荣的推进，也有助于青年学人的成长。"文库"中体现出的老、中、青学术团队的搭建和发展，也是非常具有学术眼光的。她还认为，神话学研究看似简单，其实对于研究者整体的研究能力，包括理论思维、哲学素养等各方面要求都很高，所以对于青年学人来说，是非常具有挑战性的。另外，在这套"文库"中，可以看到中国多民族文学的巨大的资源宝库，那些生动的、活态的文学传统还在延续着，文学人类学与民族文学继续合作的空间确实非常广阔。她期待民族文学的维度能在"文库"的后续出版中，扮演更多的角色。最后，她表示，民族文学研究所及《民族文学研究》刊物都会继续跟踪，持续关注文学人类学学科发展，发挥好平台作用。

出版专家李人凡先生谈到了自己与"文库"的一段机缘，只是由于各种外部因素，他与这个出版项目失之交臂。对此，他感到非常遗憾。陕西师范大学出版总社能够出版"神话学文库",是非常具有学术眼光的,他感到非常高兴。值此机会,他谈到当下出版界的现状。他认为,出版社提高硬件设施和福利待遇都只是次要问题,重要的是能为社会留下有价值的出版物。出版社不仅是从事出版的机构,从某种意义上讲,还与培养专家、学者有着很深的联系,如果可能的话,应能够推动一个学科或一个学派的诞生。社长或总编要有自己的学术见解与人格魅力。学术的繁荣离不开出版,出版的繁荣也离不开学术的中坚力量和新生力量,以及老而弥坚的老专家。他继而指出,"文库"这类的学术出版物未必能够立即获得市场效应,但是它一定会带来很多的衍生价值。现在流行的文化产业、文化附加值等都不是凭空产生的,只有经过埋头深入研究后才能获得。当下很多出版人没有耐性读书、审稿,这样的出版是很有问题的,出版界应该回归扎实的学术态度。

中央美术学院楼家本教授认为,中国神话是中国人的梦与魂,从中可以感觉到巨大的开发空间,特别是在当下更加需要真善美的时代,神话更是一种非常具有价值的文化资源,而真善美里面最重要的哲学和美学则需要艺术家去表现,使之有更大的广泛性。他指出,"文库"的构成非常好,不仅能够突出本土文化的特点,还进行了文化间的比较,为未来神话价值的开拓提供了更广阔的蓝图。他还认为,对中国神话的开发是当前时代和社会所亟须的,它应当成为世界非物质文化遗产。他在1987年设计中国神话邮票时就发现,全国几乎每个地方都有神话,所以,中国神话集中了每个地区与民族的整体文化,除了要表现在书本中,还要回归于社会与民众。神话不仅是梦想与憧憬,同时也是与现实紧密联系的一种真善美的体现。在北京奥运会开幕式上,由于中国神话学会的建议,夸父逐日神话元素已经出现在鸟巢内的点火仪式上,但是其若能更大范围运用,像2004年雅典奥运会那样,一定会获得向世界展现中国神话的更好效果。

中国社会科学院民族学与人类学研究所易华研究员指出,20世纪80年代的《神话—原型批评》《结构主义神话学》两本书中介绍了大量的西方经典,对中国神话学产生了重要的推动作用,而"文库"的出版,是当下神话学发展的一个标志。他认为,叶舒宪主张神话不只是文学,而与历史、民族史有着特别的关系,这一观点是非常正确的。早期古史辨派等疑古,将很多不可证的上古史划归为神话,从历史中删除;而今,有些人想要将这些内容恢复入历史,比如五帝历史等,实际上这也是不科学的,因为神话与历史的关系是一种曲折的关系,而不是一一对等的。作为一名民族学者,他感到遗憾,那就是对于炎黄、尧舜这中国两大神话学说没能进行深入的研究,而它们与民族史研究有着特别重要的联系;另一个遗憾是，目前的神话学研究对于中国神话与西方神话的联系没有弄清楚，有多少是中国独特的神话，而又有多少是与西方相联系的，都没有弄清楚。《日本神话的考古学》一书的研究内容，对中国神话学研究非常具有启发意义。他希望，"文库"的后续会更多地关注这样具有世界体系大视野的研究成果。

中国社会科学院文学研究所吕微研究员对叶舒宪与中国文学人类学研究所取得的优秀成绩表示祝贺，对"神话大于文学"的观点表示赞同，认为将各种学科带入神话学，的确拓宽了神话学的道路，"文库"也集中体现了编者这样的学术风格与学术主张。他认为，在传统社会的神圣性走向世俗化的同时，也存在世俗社会神圣化的现象，《现代口承神话的民族志研究》一书中就有所体现。民间文学是一种生活化的文学，可以把它看作是人的一种存在方式。胡塞尔就曾说，生活世界和理论世界是一种对立的关系。所以，同样也可以说神话是包括在民间文学中的，也就是说神话是日常生活基础的一部分，在日常生活当中也有神圣的部分。另外，"文库"特别关注的是古典文化、文明起源，以及与人类学相关的内容。例如希腊神话不只是单纯的文本，只有把它放在语境概念中，才能看清它的本质是王权神话。而他本人所关注的起源，不是过去单纯的文学起源，而是一个语境化的起源。起源分为两种，一种是时间上追溯的起源，一种是将日常生活的基础视作起源。马克思正是把一种时间化的东西变成了一种空间中最基本的东西，也就是对时间的空间化。认清了生活是最基本的东西这一点，就抓住了本民族最有起源意义的东西。所以，当下的文化研究、田野研究，要追溯到生活最基本的存在的层面，它正是存在的起源。"文库"今后若能够按照这种思路扩展范围，就可使神话学进一步介入到现实中，能够吸引民俗学、民族学、社会学、历史学、语言学等方面的学人，而不是造成隔阂。最后，他觉得"文库"的面世是一个很好的开端，未来还应当坚定地走下去。

北京大学东方语言文学系陈岗龙教授的发言包括三个方面。首先，他回忆了与叶舒宪一同交流考察的过程，认为叶舒宪执着的治学精神和善于发现问题的学术眼光是值得年轻学者学习的。其次，叶舒宪二十多年前的《神话—原型批评》与《结构主义神话学》对中国文学研究、民间文学研究等都有着很大的推动作用，而现在，"文库"又将中国的原创论著与国际神话学理论的翻译引进结合在一起，具有很高的价值。他同时也认为，中国的汉族神话、少数民族神话，以及国外相关神话都是打通的，所以"文库"的后续可以考虑把国内少数民族神话学的成果翻译过来，将古典的、国际的和民族的神话学研究三者结合起来，以使神话学走得更远。再次，他建议把外国神话学理论中重要的经典著作更多地翻译过来，比如杜梅齐尔的研究，国内介绍不多，却十分重要。另外，他还希望"文库"后续的作品可以将中国神话学、中国少数民族神话学与东方各国的神话学结合起来，使"文库"的规模不断扩大。

北京大学中文系陈连山教授从 20 世纪 80 年代的神话研究谈起，肯定了叶舒宪 30 多年来对国外理论的引介，为神话学研究跳出马克思主义研究范式做出的努力。叶舒宪借助《神话—原型批评》中的理论，逐步打通中国古代文化研究中的文学、历史、哲学之间的学科界限。他的《中国神话哲学》中很多基本的哲学观念全是从神话中得来的。这样就把神话学扩展到哲学领域里，逐步扩大了神话学的影响范围。陈连山教授指出，文学和历史的关系是中国神话学中的一个经典命题。五四时代，中国过分看重西方自然科学，用自然科学的观念来观察人文、历史问题，从而造成了偏差，但是上古时期，人们似乎并无历史和神话之分，直至司马迁时代，他把心目中真实发生的历史和超自然的那些部分区分开来，其后，历史越来越独立，17、18 世纪后完全独立，直至现代神话学把神话和历史完全区分开来，但是研究古典神话还是要还原到神话与历史没有截然区分的历史情境下。另外，《现代口承神话的民族志研究》一书主张，应从功能上来判断一个文化现象的性质，而不只是从内容和情节上来划分，那么，中国的书写历史与西方的神话在社会中都起着同样的宪章作用，从观云《神话历史养成之人物》开始，就认为神话与历史的功能一样，因此二者之间的界限是可以打破的，而叶舒宪要做的中华文明探源的神话学研究，就要把神话和历史之间的界限打破，而其所需要的考古依据，则可以等待考古学家的发现。

北京师范大学文学院杨利慧教授认为，"文库"的出版，是中国神话学史上一个划时代的重大事件，它是中国迄今为止规模最大的一套神话学丛书，极大地推动了中国神话学的建设，从理论、方法、研究的范例上，都为中国神话学提供了非常重要的参考，还可以对学生学习起到引导、启蒙、开拓的作用。"文库"的编者和来自海峡两岸的作者队伍都是一流的，其中的译著也都是国外具有代表性的学者的经典著述，所以说"文库"是学者们多年研究成果的一次集中展示，是国际性经典和本土最新成果的一次交融。"文库"还有一个重要的特点，就是非常具有开放性。在方法上，它既包含古典的神话学研究方法，比如说文献考据、比较研究、母题索引等；同时，它还包含着一些最新的研究成果，比如说《文化符号学》中的理论，以及运用民族志的方法对现代口承神话的研究等。关于自己主笔的两本书，她指出，《现代口承神话的民族志研究》充分地吸收了人类学、民俗学的研究方法，打破古典神话的研究范式，试图展示神话不仅在文明探源当中起作用,还呈现在今天中国普通百姓的生活当中,在一个现实、生动的日常生活中被讲述和传承。另外,她同意叶舒宪"神话不仅仅是文学"的观点,但也强调神话依然是当下人们正在讲述的一种艺术,有其内在的结构。《中国神话母题索引》就是要彰显出那些相对稳定的内在结构,深化人们对于神话内在结构本体以及中国神话自身特点的认识。同时,该书还相当于工具书,可以和汤普森的母题索引做对照,凸显中国神话中的特别因素。对于陕西师范大学出版总社,她感动于他们敬业的态度和优秀的素质,比如《中国神话母题索引》这样索引类的书不一定会有好的市场,但出版社却不计得失,慨然出版,从审稿到用纸都花了特别的心思。她期待能和陕西师范大学出版总社有着更多的合作。最后,她还建议"文库"的二三辑能够提高本土性、原创性著作的比例。

中国社会科学院民族文学研究所王宪昭研究员表示,神话和人类的命运是紧紧结合的,人类找不到历史的时候,就会从神话中寻找自己所要得到的东西,所以从一定意义上说,人类就是从神话中走来的,因为神话就是丰富的生活。有人说,过去的人民和祖先进行对话的唯一渠道就是阅读神话。今天的人民生活在这样一个让人感到丰富多彩的世界,而这个世界又有很多是不可知的,所以从广义上讲,他们也是生活在一个神话的世界中,而且,人类最后的归宿也应当是归到神话中,所以可以得出这样一个结论:神话研究非常有必要,非常有价值;同时,它需要人才,需要成果。叶舒宪和陕西师范大学出版总社结成金玉良缘,最后形成了这样中外合璧的丰硕成果,值得敬佩。他希望自己能够加入进来,将自己的研究纳入"文库"的下几辑中。

总结以上观点,专家们基本一致的看法是,无论是在规模上还是学术价值上,"文库"都是新世纪以来中国神话学研究的最卓著成果之一,标志着已逾百年的中国神话学步入了全新的历史进程。它不仅更新了中国神话学的研究理论,还提供了汇通多种学科的研究范式。这次"神话学文库"新书发布暨专家研讨会的成功举办,是对"文库"的有力推广,也是对中国神话学研究现状的一次大检阅。

原载《长江大学学报》(社会科学版)2014年第6期

"中国少数民族神话研讨会"会议综述

田戌春

为了加强中国少数民族神话研究，促进少数民族文学学科建设，2007年10月12—14日，由中国少数民族文学学会与中南民族大学文学院联合举办的"中国少数民族神话研讨会"在中南民族大学召开。

中南民族大学校党委副书记徐柏才教授出席了开幕式，他对中国社会科学院民族文学研究所副所长、中国少数民族学会会长朝戈金教授和来自全国各地从事少数民族神话研究的专家学者表示热烈欢迎。中南民族大学文学院院长罗秉武教授致欢迎词。开幕式由文学院副院长向柏松教授主持。

中国社会科学院朝戈金教授发表讲话说，中南民族大学在少数民族文化研究方面做出了突出贡献，也是少数民族神话研究的重要阵地之一。他说，相对于民间故事和传说，神话数量有限，可是却有极重要的研究价值，是探究民族文化的一把必不可少的钥匙。

来自全国各地的各位专家学者结合自己在研究少数民族神话方面的经历和感受，共同探讨了神话研究面临的困难和问题，同时也带来了自己的研究成果供与会者讨论与交流。

刘守华教授（华中师范大学文学院）《再议廪君与向土》指出，人们通常在研究土家族神话时将古神话中的廪君和向王合而为一，作为土家族始祖。刘守华先生对此再次提出异议，从新搜求的资料中，归纳出廪君之外的向王和向王天子另有其原型与文化内涵，不应混同，并就廪君与盐水女神的爱情纠葛，从巫文化视角做了新的解读。

王亚南研究员（云南省社会科学院）《中国神话古史与"国家"传统》指出，传统"国家"概念体现出传统中华国家以亲属制度比附国邦行政组织和公民契约社会的"政亲合一"特色。文章认为，依据中国神话古史和历史传说，上古三代建构起"天下国家"宗法体制，实行行政社会与亲族群体整合，完成行政权力与亲族权力归并，对于建立以平等、公正为必要前提的现代市场经济、民主社会和法治国家,对于人们形成与此相适应的健全社会人格和社会信用来说,中华"家国"社会文化传统恰恰存在着先天不足之处。

高荷红副研究员(中国社会科学院民族文学研究所)《满族"窝车库乌勒本"辨析》从"窝车库乌勒本"的界定、"窝车库乌勒本"文本异文情况介绍、"乌勒本"的文本类型、"窝车库乌勒本"的传承方式等方面,对满族的讲古习俗"乌勒本"之一"窝车库乌勒本"进行了细致的探讨和研究。

吴晓东副研究员(中国社会科学院民族文学研究所)《〈山海经〉与彝族祭祀及神话》对《山海经》之《山经》与彝族的山神祭祀、《大荒经》与彝族神话《物始纪略》的关系进行了考证。

汪立珍教授(中央民族大学少数民族语言文学系)《鄂温克族人类起源神话类型分析》综合鄂温克族文本神话及实地调查资料,运用神话学研究中通用的母题分析理论,对鄂温克族人类起源类型及特征进行了分析与探讨。

王宪昭副教授(山东省委党校)《论我国少数民族起源神话中的民族同源现象》认为,人类起源神话作为一个特殊神话类型,在其漫长的产生和发展过程中,往往会受到众多因素的影响,可能包含着不同的人类起源信息,既包括有关人类起源、族源、姓氏起源等带有群体性人的产生的神话,同时也兼顾那些如文化英雄的出生、特殊人物的出生等关于个体起源的神话。作者在文中仔细探讨了民族同源母题的分布情况以及产生的原因。

黄任远副研究员(黑龙江社会科学院文学研究所)《满-通古斯语族创世神话比较研究》认为,满-通古斯语族创世神话,是该语族神话故事的一个重要组成部分,也是该语族其他神话产生的思想基础。作者通过对满-通古斯语族创世神话的类型和种类的比较,以及和世界其他民族的创世神话内容相比较,总结了满-通古斯语族创世神话的文化特征。

翟鹏玉副教授(广西民族大学文学院)《壮族花婆神职及其生态女性主义伦理观》以花婆神话为切入点,力图将过去单一生命形态的研究,拓展到对始祖神、床头婆(生育女神)及麽婆三种神职结合起来的境界加以观照,以探究壮族神话中的生态女性主义伦理特征。其目的在于,在反思哲学解构主义思潮的同时,以超越对"普通物"的关注,转而对局部的,具有特殊背景的族群的关注,触动启蒙时代理论主义的诸多偏见,推出一种发扬女性视野、尊重生态规律的新理性主义,提供一种缓解生态危机的思想途径。

向柏松教授(中南民族大学)《中外水生型创世神话比较研究》认为,中国和其他几大文明古国——古埃及、古巴比伦、古希腊、古印度等都有水生型创世神话，而且这类神话对各自所属地域的洪水神话的形成、哲学中本原思想的产生等都产生了一定的影响。作者通过对中外几大文明古国水生型创世神话的生成背景及对各自文化的影响进行了比较研究，说明文明的起源与水的密切关系导致了水生型创世神话的产生，遍布世界各地的洪水神话其实来自诞生水生型创世神话的古国，早期世界本原的哲学思想——"水为世界本原""气为世界本原"的宇宙观来自水生型创世神话。

柏贵喜教授（中南民族大学）《神话中的宇宙图式与象征结构——土家族象征文化研究之二》依据土家族的神话资料，对土家族的宇宙图式与象征结构进行了解读，认为土家族神话对宇宙结构图式有自己的一套解释，这种解释根源于土家族独特的生存环境，而梯玛神图则是土家族神话中宇宙结构图式的具象表达；神话中的意象充满着生殖能指与生命喻义，这些意象构成了土家族文化象征的主要原型，二元结构与三元结构是土家族神话中的最基本的"无意识结构"。

邵则遂教授（中南民族大学）《说"沓"》认为，《楚辞·天问》中的"沓"是指天与地交合，"沓"的义位是"婚合"，而且是一个方言，可上溯到原始的婚姻关系，野合生子，知其母不知其父，通语是说"履迹"，楚语是说"踏"，后来"脚"有了"足"义，"踏脚"就表示婚合，这种婚合是不合礼仪的，多指不正当的野合，楚地方言至今还保留着这个词。

赵辉教授（中南民族大学）《古神话衰亡之谜》指出，宗教对于神话发展具有积极作用，众多学者给予了充分的注意，但宗教对于神话的作用并非全是积极的，尤其是宗教与神话分离而与政治道德相互渗透之后，宗教对神话的负面作用就更为明显了。作者在文中探讨了宗教与神话的关系。

刘为钦副教授（中南民族大学）《几种探讨情节结构的维度与方法》指出，什克洛夫斯基的陌生化原理、普洛普的功能说、列维－斯特劳斯的母题说、托多洛夫的语法说、布雷蒙的逻辑说是 20 世纪探讨叙事作品情节结构的有代表性的理论和方法，它们的产生对叙事研究的科学化起到了推动作用；同时，它们也还存在着拘泥于作品的内在形式，无视产生作品的社会因素，无视作家的创作个性等弊端。作者在文中分析介绍了这几种理论和方法，意在批判的基础上吸收和借鉴西方叙事学研究的有益成果。

13 日会议讨论结束时，朝戈金教授对这次会议进行了总结与评价，认为少数民族神话作为一种民族文化遗产，在非物质文化遗产保护过程中有着重要的意义。这次会议的召开，凝聚了大批有志于少数民族神话研究的专家学者，为今后的研究工作提供了很好的方向与思路。13日下午，专家们赴长阳调研，围绕"土家族神话传说与长阳文化产业开发"的主题，与当地政府和民委进行了座谈。专家们还前往巴人的发源地——武落钟离山进行了实地考察。

原载《长江大学学报》（社会科学版）2007年第6期

神话定义之争再起波澜
——"中国神话研究的当代走向"学术研讨会综述

胡 咪

一

2011年11月11—13日,中国社会科学院民族文学研究所与华中师范大学文学院联合主办的"中国神话研究的当代走向"学术研讨会在武汉召开。这次学术研讨会,不仅是对多年来创世神话研究的一次检阅,也是对新世纪以来整个神话研究的一次大检阅。中国神话学会副会长、华中师范大学陈建宪教授认为,近年来,完全集中起来讨论一个领域的学术会议并不多,这是一次论题最集中、最前沿,思想最活跃,讨论最激烈的学术研讨会,同时又是一次务实的会议,代表了中国神话研究的最高水平。

会议主要围绕四个主题展开讨论:神话个案研究、神话理论研究、创世神话与方法论研究、《山海经》研究。此次会议对神话的定义进行了深刻反思,广义神话观和狭义神话观的支持者展开了激烈的论争。从中可以归纳出三种观点:第一种观点以吴晓东为代表。他充分肯定了神话定义的复杂性,认为神话是在动态中发展的,神话形成的条件是必须具备相信的一方与不相信的一方,而信与不信是一个动态过程,并非一成不变。他否认了神话思维的存在,认为神话是与知识有关的,随着知识的不断丰富,古人的思想被当代人否定,逐渐成为神话。同理,就像当代人依然喜欢借助"非人类所为"来解释很多奇怪的问题一样,很多当下的文本也有成为神话的潜质。第二种观点是以陈金文为代表的狭义神话观。他以袁珂在20世纪80年代提出的广义神话论为批判对象,认为袁珂在提出该理论的时候深受情感和政治的影响,没有从我国神话的现实及研究的实际出发,缺乏坚实的理论基础。他还引用了茅盾和乌丙安等著名学者的观点加以论证。茅盾反对把具幻想性色彩的传说和文人记录的志怪故事当作神话，认为它们产生的思想基础与上古神话有别。乌丙安认为，广义神话论将许多丰富的传说故事材料纳入神话，失去了神话的科学概念和范畴，导致20世纪80年代以后神话研究方面许多不应有的偏离，也使中国的神话研究在很大程度上脱离了国际性的比较神话学的正常轨道。还有一种观点是以叶舒宪为代表的广义神话观。他明确提出要"走出文学本位的神话观"，对于神话研究，一定要考虑神话背后的信仰背景，信仰中的真实是神话研究能够发挥实证性作用的重要着眼点。而神话概念本身远远大于文学概念，它不仅是文学的源头，更是文、史、哲、宗教、政治、法律等各个意识门类的共同源头。我们应该突破受制于汉字书写历史的"中国神话"概念，用"神话中国"这种"天人合一"的神话式感知方式与思维方式建构起来的数千年的文化传统，去探究重新敞开的中华文化史，去认识华夏文化的本土传统。在此基础上，他认为每一学科都需要反思和超越本位主义，突破人为设置的屏障，重新找到对象间的联系。

二

关于神话定义问题的论争是国际性的，并且由来已久。正如马克思所说的，"在一切科学中，开头都是困难的"。作为神话学研究开端的神话定义问题，是任何神话研究者涉足该领域都绕不开的一个问题，而不同的研究者从不同的角度切入，得出的结论也就不同，因此有学者称"有多少学者研究这个问题就有多少个神话定义"[1](P31)。

"神话"一词出自古希腊语，意思是"关于神祇与英雄的传说和故事"，目前对于其定义的争论主要分为狭义神话观和广义神话观这两种。纵观神话研究者所持的观点，马克思应该是狭义神话观的典型代表。他认为神话只是特定时代的产物，并且一定会随着社会的发展而消亡。除了马克思之外，人类学派也是狭义神话观的支持者，该学派的主要代表人物泰勒提出了影响深远的"文化遗留说"，认为神话是原始社会的主要"遗留物"。

发展到20世纪，神话主义在西方成为现代思潮的重要组成部分，并且被纳入到哲学、文化学等学科的研究领域中。由于研究者研究视野的扩大和研究方法的改进，广义神话观逐渐盛行。该观念的主要内容是：神话的产生没有时间界限，每一个时代，甚至包括今天，都有新的神话不断产生。

将视野投向我国神话学界，学者从我国现存的神话文本出发的关于神话定义的论争也是与国际接轨的。"神话"一词在我国属于外来词语。据刘锡诚考证，1902年梁启超在《新民丛报》上发表的《历史与人种之关系》中，第一次使用了"神话"这个名词。作为一门比较年轻的学科，神话研究在我国经历了曲折的发展过程。据马昌仪的意见，我国神话学经历了萌芽、奠基、拓展、低谷、新的发展等五个阶段，不同时期的学者对神话定义的论争也从未间断。新中国成立初期，马克思所持的狭义神话观一度被我国民间文学理论工作者奉为经典。他们认为神话产生于人类的童年，是原始生民借助想象以征服自然的精神产物。至今，狭义神话观仍有着广泛的影响。段宝林在他主编的《中国民间文艺学》中延续了这样的论断，"神话，是人类在自己的童年时代不自觉地创作出的关于神的故事"[2](P146)。刘魁立也提出了这样的观点，"原始思维是神话思维的灵魂。神话大抵不是人类在随便一个历史发展阶段所具有的社会意识形态，神话是和人类一定社会阶段相联系的历史性现象"[3](P168)。与此同时，广义神话观在我国也在不断发展。鲁迅曾以自己家乡的太阳生日的情况证明神话不仅在原始社会非常繁荣，在后世也不断发展，他是比较早期的广义神话观的支持者。20世纪30年代，抗日战争爆发，众多学者南迁，这是田野作业与多学科的综合研究相结合的拓展阶段。20世纪50—70年代，神话研究受庸俗社会学和极"左"教条主义的影响而进入低谷阶段。20世纪80年代，神话研究重新焕发生机，袁珂提出了广义神话理论。他认为，"神话是非科学却联系着科学的幻想的虚构，本身具有多学科的性质，它通过幻想的三棱镜反映现实并对现实采取革命的态度"[4]。据此，袁珂将神话主要分为九个类别，即神话因素最浓厚，一望而知是神话的神话；包含神话因素的神话；神话化了的历史；历史化了的神话；仙话；怪异中的一部分；带有神话意味的民间传说；少数来源于佛经的神话人物和神话传说；少数民族的神话传说。由此，神话的范围得到了极大的扩展。袁珂的广义神话理论得到了众多学者的支持。

  除了我国的神话学者以本土的材料为研究对象之外，一些外国神话学者也对我国神话给予了极大的关注，俄罗斯的李福清就是其中的一位。他对袁珂在《中国古代神话》中使用了丰富的资料加以肯定，但同时也指出他将高尔基的观点引以为据，认为"有了原始的宗教然后才有原始的神话"这一观点有待商榷。他还指出，与传说保持一定的距离，这样才可以对古代的神话人物的行为做出理性的判断。李福清从异域的角度，能够比较全面地看清我国的神话研究体系。他认为，我国的神话不是一个封闭系统，而是东亚、中亚、东南亚甚至南亚诸民族神话的一部分。这是一种国际性的视野，将我国的神话学纳入了世界神话学的研究体系中。

  对于神话的定义，虽然暂时还不能达成统一的意见，但是在争论中能够逐渐找准神话研究的方向，让神话研究的对象不断地明朗化，这对于神话学科的发展是大有裨益的。

参 考 文 献

[1] 大林太良.神话学入门［M］.林相泰，贾福水，译.北京：中国民间文艺出版社，1989.
[2] 段宝林.中国民间文艺学［M］.北京：文化艺术出版社，2006.
[3] 刘魁立，马昌仪，程蔷.神话新论［M］.上海：上海文艺出版社，1987.
[4] 袁珂.再论广义神话［J］.民间文学论坛，1984（3）.

原载《长江大学学报》（社会科学版）2012年第2期

对建立"差异的神话学"的一些意见

郑在书

杨利慧教授的大作《神话与神话学》是站在中国神话的立场而写的神话学基本书,其意义颇大。该书分为神话学本体论、中国的神话世界、神话研究的理论与方法等三编,成为对中国神话进行系统性研究的极好的入门书。可是这本书不只是入门书,它对未来中国神话学的发展表达了重要的见解,使我们得以窥知杨教授学问的卓越成就。

杨教授在第13章《朝向神话研究的新视野》中,提出了未来中国神话学发展的三个方案,那些方案如下:第一是"研究方法和视角应更加多样";第二是"大力对现代民间口承神话进行考察和研究";第三是"继续开阔视野,积极借鉴各种神话学理论,同时积极致力于中国神话学自身理论和方法论的建设"。我们可以认定这三个方案是针对现今中国神话学的最适宜处方,特别是第三方案对中国神话学的最终指向有重要的意义,我们觉得对此有更加细密地讨论的必要性。

萨义德(Edward Said)在他的著作《东方主义》中,批评西方学者们给希腊罗马神话赋予特权,而排除所有异邦因素,以使西方文明合理化,像纯粹的实体一样。还有Bruce Lincoln主张西方神话学倾力探索印欧种族(Indo-Europian)的起源,并集中重构它的系统,进而论证这种学问倾向与种族主义和帝国主义的欲望很有密切的关系。

像近代以来所有的学问分野一样,神话学的世界也不公平。现行神话学以特定地区即希腊罗马地域的神话为根据来确定概念、分类、特性等,在这一过程中产生的西方神话理论对包括中国神话在内的非西方神话享有标准的地位。[1] 其结果是,

---

[1] Mircea Eliade 曾经指出柏拉图以来西方哲学家们对神话下的定义都是以对希腊罗马神话的分析为基础,他进而批评这种定义不妥当。Mircea Eliade, "Cosmogonic Myth and Sacred History," Alan Dundes (ed.), *Sacred Narrative* (Berkeley: University of California Press, 1984), p.138.

按照所谓"普洛克路斯特斯之床"① 般的西方神话学的尺度，中国神话的大部分就被看做了非神话或者被歪曲了其内容。近代以降，风靡一时的"缺乏创造神话论"就是当时西方神话学的偏见所产生的。这些偏见不只在神话学领域，在哲学、美学等方面，黑格尔以来的"东方缺乏哲学论"和"东方缺乏美学论"等也一直横行。这些就是依近代以来西方学问为标准的主观臆断。

神话是人类文化的共同原型，而且神话是保持各个民族文化特性的叙事。比方说，食欲是人类的共性，但是各个民族为了解决食欲而创造了自己固有的饮食文化。与此相类，虽然神话源于同一个原型心态，但是随着各个民族的风土、情绪、语言习惯的不同，神话便有了各种各样的内容。因此，如果用从特定的神话内容而来的理论定义并解释某一个民族的神话，就会发生误读其他神话固有内容的可能性。② 在此，脱离以希腊罗马为中心的已存神话学，提升了建构立足于中国乃至东亚神话土壤的固有神话理论有必要性。当然，这些观点不应全面否定过去西方神话学的各种各样成就，不应怀有学问上的一种仇外心理（xenophobia），尤其是，我们不可忘记西方先觉学者们的有价值的期图，他们以对他文化的深刻关照和理解为本，尽力破除神话学上的偏见。对中国神话学而言，谋求与西方理论的接触点而确认共同原型的心态很重要，但是树立"差异的神话学"这件事更重要，这就是以固有的神话土壤和资产为基础，去挑战已存神话学的体系。中国神话学与其顺应西方神话观念，不如发现相违之处，再加上新的神话观念，以克服已存第一世界中心神话学的单声性（monophony），要丰富世界神话学的内容，这就是中国神话学要追求的目标之一。与此有关，还必须要批评检讨西欧神话学对于中国神话学的一些偏见——从东方主义而来的神话学上的一些争论点，比如"缺乏体系神话论""依据故事三分法对神话的界定""俄狄浦斯情结的普遍性与否"等。以这些为本，立足于东方文化的土壤，应建立中国神话学。我希望拙见为杨教授对未来中国神话学发展的建议会有所帮助。

原载《长江大学学报》（社会科学版）2011 年第 3 期

---

① 普洛克路斯特斯（Procrustes）是希腊神话中臭名昭著的强盗。他开了一个黑店，任何人一旦落入他的魔掌，就会被他残忍杀害。他把房获的人放在一张铁床上，如果身体比床长，他就砍去长出的部分；如果比床短，他就用力把身体拉得和床一样长。他用这种方法杀害了很多人。"普洛克路斯特斯之床"的意思是试图使所有的人符合一个标准、一种思想或行为模式的做法。

② 比方说，俄狄浦斯类型是否是真正世界性的故事呢？这类型只流传于欧洲、近东和西部亚洲，那么，由此导出的所谓俄狄浦斯情结，可不可以解释所有的文化呢？我们怀疑这些试图的妥当性。有关俄狄浦斯类型的地区局限，参见 Jaan Puhvel, *Comparative Mythology* (Baltimore: The Johns Hopkins University Press, 1987), p.3.

继往圣绝学　观生民玄想

陈建宪

阅读杨利慧教授的《神话与神话学》(北京师范大学出版社 2009 年版)，一些意识流不断闯入我的心绪。

19 世纪的欧洲学人，一面赞叹着神话的雄奇瑰丽，一面无奈地预言着它的死亡。马克思称赞荷马史诗是"不可企及的范本"，同时理性地断言："某些有重大意义的艺术形式只有在艺术发展的不发达阶段上才是可能的。"尼采借一个精神病人之口大声疾呼"上帝死了"，但却狂妄地宣称"我是太阳"。在今天这个以人为神、视科学为宗教的时代，神话似乎真的死了。不要说那些步履匆匆的年轻人，即使是白发苍苍的老人，在电视机和电脑霸占着有限业余时间的生活中，还有多少人在阅读那些流传了几千年的神话，多少人在品味着那些古老的玄想呢？

人类曾有过这样的时代：每个人都是哲学家，思索着星空的奥秘；每个人都是诗人，歌唱着创造万物的神灵。那个时代留下的大量神话，充满着睿智的思想和美妙的想象。这些神话在现代不是没有价值，不是没有趣味，但当代人缺少发现的眼光和淡定的心境。

在这个浮躁的时代，能够二十余年坚持研究神话的人，为数不多，借用 1980 年周扬称赞钟敬文先生的话，这类人是"稀有金属"。杨利慧教授从攻读博士时起，就在钟敬文先生亲自指导下研习神话，矢志不移，保持着一种冲和安定的心态，殊为难得。

在我国，系统介绍神话和神话学知识的教科书屈指可数。1928 年，茅盾先生的《中国神话研究 ABC》，首次对中国神话资料进行了系统的清理和介绍。他指出中国古代的神话材料由北中南三部分组成，"或者此北中南三部的神话本来都是很美丽伟大，各自成为独立的系统，但不幸均以各种原因而歇灭，至今三者都存了断片"。1933 年，林惠祥先生在商务印书馆出版了《神话论》。他以人类学派的观点，对神话的基本问题做了系统论述，并介绍了世界许多国家和地区的神话，视野相当开阔。袁珂先生1950年出版的《中国古代神话》和1988年出版的《中国神话史》，是对中国神话资料（特别是古文献资料）的系统清理与全面介绍，影响极大。冯天瑜先生1983年的《上古神话纵横谈》，谢选骏先生1989年的《中国神话》，刘城淮先生1992年的《中国上古神话通论》，还有笔者1994年的《神祇与英雄——中国古代神话母题》和1997年的《神话解读——母题分析方法探索》等，都属于这类概论性质的著作。

与上述这些概论比较起来，杨著有自己的特色。在结构上，上编的"神话学本体论"从宏观上论述了神话的基本问题和神话的类别，中编"中国的神话世界"重点介绍了中国各族神话及其对社会文化的影响，下篇"神话研究的理论与方法"描述了西方神话研究的各个学派。知识系统既完整清晰，每编又各有重点。涉及的神话学知识内容十分广阔，既有传统的学术史论，也涉及近十多年的最新成果，概括得简练准确，要而不烦，整个编辑体例非常适合于课堂教学，这与她十多年来讲授这门课程的反复打磨是分不开的。

非常难得的是，杨著在归纳中外神话学理论成果的同时，不乏自己的独特研究，在一些前沿问题上有自己的创见。例如，杨教授为了研究当代口头传承的女娲神话，曾在河南、甘肃等地从事过深入的田野作业。她曾游学美国，对以理查德·鲍曼（Richard Bauman）为代表的美国当代"表演学派"十分推崇。她不仅在中国不遗余力地介绍这一理论，还将它用于自己的实践。在第七章第三节中，她以在河南淮阳人祖庙会上调查到的当地妇女两次神话讲述事件为例，运用表演理论对民间口承神话讲述的过程做了深描，得出"在这个特定的表演事件中，有着不同知识、能力以及目的的讲述者、听众和研究者，一同参与到讲述过程中来，并积极互动、协商和创造，不仅共同塑造了'这一个'神话传承和变异的时刻，也最终一同重新构建了一个特定的、新的神话文本"的结论。通过对这两个讲述过程的研究，她还对其中或隐或显的诸多复杂因素进行了令人信服的分析，从中可以看出当代的神话叙事为何以及如何在不同语境下被反复讲述，为今天的生活服务。"讲述神话成为她们表达自我、建构社会关系、达成社会生活的必要途径。所以，神话的意义并不限于其文本内容和形式，它也体现在神话的社会运用中，是功能、形式和内在含义的有机融合。"这些分析新颖独到，表现了中国当代神话学研究与时俱进的新发展。

惯例，书评总是要在鸡蛋里挑点骨头的。笔者对杨著赞叹的同时，也有些许异见，其中最主要的是关于神话的范围问题。笔者发现，杨著在为神话下定义时过于宽泛，在实际介绍神话内容时又过于拘谨。杨著的定义是："神话是有关神祇、始祖、文化英雄或神圣动物及其活动的叙事,它解释宇宙、人类(包括神祇与特定族群)和文化的最初起源,以及现时世间秩序的最初奠定。"由于这个定义中没有对于神话创造者主体和文体形式的限定,一些由作家们创作的类似叙事作品,如《封神演义》这类神魔小说,《百年孤独》这样的魔幻小说,甚至《轩辕剑》一类电脑游戏,都有资格进入这个定义的范围。相反,在具体介绍中国神话内容时,该书又过于保守,基本限定在狭义的神话,即原始氏族公社时期产生的神话的范围,对当代民众信仰生活中最活跃的神灵及其故事(如玉皇大帝、财神),仅仅将其视为宗教性的因素,对有关他们的神圣叙事却视而不见。笔者本人在开始学习神话学时,也遵循狭义神话的观点,但在后来实地调查经验的刺激下,注意阅读近十多年来各地《民间故事集成》中的口头故事,发现其中不少故事完全应该归属为神话,即使用杨著的神话定义来衡量,它们也是完全符合的。笔者在 2005 年出版的《中国民俗通志·民间文学志》中,将中国神话分为五大部分:远古神话、道教神话、佛教神话、近代民间神话、少数民族神话。每部分都以专节进行了描述。笔者觉得,学术应当尊重生活,不必囿于传统观念。当然,这只是个人的一孔之见。杨著作为教材,已经注意到了神话的各种不同形态,可能是广义神话的研究成果不多,不易归纳,这也是可以理解的。

在写这篇读后感时,常常闯入脑海的是 20 年前在北京师范大学与该书作者一起师从钟敬文先生时的情景。在钟老住的红楼里听他讲学,在校园中散步听钟老讲顾颉刚、胡适的掌故,在寝室中为钟老庆九十大寿、骑车去人民剧院看人艺的话剧……钟老的音容笑貌历历在目。一个幻觉忽然出现在眼前:在红楼旁边小路的梅花树下,钟老扬起他那只常常夹在胁下的拐杖,满口无牙的嘴笑着,吟诵着这样的诗句——学艺世功都未了,发挥知有后来贤。

原载《长江大学学报》(社会科学版)2011 年第 3 期

我想写一部怎样的神话学教科书

杨利慧

2010年初夏，孙正国博士与我联系，说想在所主持的《长江大学学报》"神话学专栏"中特设一期，邀请一些同道，共同讨论拙著《神话与神话学》。我当然很高兴能有机会集中聆听同行们的批评和建议。从迄今拜读到的同行们（包括学者和研究生）的评论中，我的确受益匪浅：许多意见都非常中肯，一针见血，将来若有机会再版此书，这些意见都将成为修订的重要内容。在这里，我想简单谈谈自己写作过程中的一些考虑和追求，也许对读者和评论者理解此书有所帮助。

如同后记中所说，此书不仅是我从事神话研究二十年来的学习和探索的结果，也是十多年教授神话学课程的一个总结。我自1996年开始在北京师范大学为本科生和研究生讲授神话学。在教学中我发现，尽管学生们对神话及神话学有着广泛的兴趣，可是在国内外，相关的课程开设很少，可以参考的教材也十分有限。[①] 有鉴于此，我一边阅读、思考并选择相关的理论著述与文本资料，一边编写讲义，同时不断在研究和教学实践中改进讲义的内容和形式，终于有了如今这部教材。

---

① 在20世纪二三十年代，中国早期的神话研究者已经在神话学的普及和研究方面做过不少努力，出版了黄石的《神话研究》（1927年）、谢六逸编译的《神话学ABC》（1928年）、林惠祥的《神话论》（1934年）等等，但是这些著作大都属于译介性质，观点今天看来显然有许多需要进一步讨论和完善的地方。新中国成立后，虽然个别大学开有神话学课程，但正式出版的教材极少，笔者所见，似乎大陆迄今仅有王增永《神话学概论》（中国社会科学出版社，2007年）、黄泽《神话学引论》（海南出版社2008）等。国外"神话学概论"性质的教材和专著稍多，比如日本著名学者大林太良的《神话学入门》（林相泰、贾福水译，中国民间文艺出版社1989年）、高木敏雄的《比较神话学》和西村真次的《神话学概论》，英国学者Lewis Spence著的 An Introduction to Mythology，美国学者戴维·利明（David Leeming）和埃德温·贝尔德（Edwin Belda）著的《神话学》（李培茱等译，上海人民出版社1990年）等。其中最常为国内同人称引的，是大林太良的《神话学入门》。此书言简意赅，简明扼要地介绍了神话学的研究历程、神话的含义、分类以及神话与社会的关系等，不过其中也存在很大局限（见正文）。2000—2001年，我在美国印第安纳大学民俗学与民族音乐学系访学时，曾经旁听过该校古典学系与民俗学系分别开设的神话学课程，授课的William Hansen和Gregory Schrempp教授都是美国有较大影响的神话学者，他们的课程都没有专门的教材，而且阅读资料中有关中国神话的书目几乎阙如。

在撰写本书的过程中，我常常由衷地感慨：写一部教材比写一部专著困难得多！专著讲究独创，作者可以尽情抒发一己之见；而教材更讲究融会贯通，是从作者的视角，去引导读者游览领略更广袤的学术世界。专著的作者仿佛在演独角戏，他人的帮衬只是点缀，整场演出，唱念做打，几乎都是自己一个人来，彰显的是个人的功力。而教科书的作者，却要兼任集体演出的导演、主持和演员等各种角色，既要在舞台上展示自己个人的功力和特长，但更重要的是，还须用自己的眼光，细致审慎地选择合适的主题、曲目、角色和恰当的表现形式，在整场演出中，谁该上台演出、演出什么、在什么合适的时节出场，都需要通盘考虑。在演出过程中，他还必须用恰如其分的线索，把分散而彼此独立的节目连接贯穿成一个有机的整体。因此，整场演出虽有赖于各个出场演员的表现，但更体现出导演和主持的品位和眼光。

从这个意义上说，《神话与神话学》所呈现的，是经由我的立场和视角，经过较长期的认真思考和精心选择而建构起来的神话和神话学世界。

具体地说，第一，此书力图深入浅出地介绍构成"神话学"这一学科基石的那些基本概念、范畴和问题，正是它们，将"神话学"与其他学科相对分别开来并确立自己的边界。对于这一部分，我认为神话学史专家罗伯特·西格尔（Robert Segal）的看法尤其有启示，他认为尽管对神话的研究跨越了诸多学科，但是，对三大问题的关注和解答将这些研究有机地联结了起来，从而构成了"神话学"（mythology）这一研究领域，那就是：神话的起源（origin）、功能（function）以及主旨（subject matter）。[1]

第二，此书力图尽可能展示丰富广袤的神话世界，进而引导读者认识和把握研究这些神话的一些重要视角与方法。对于前者，笔者赞成大林太良的做法，认为按照一定的内在逻辑列举那些著名的类型与母题也许是最便捷有效的办法。那些常被学界征引、广泛流传并具有一定可读性的神话文本，是本书青睐的首选例证。对于后者，两千多年来的神话学史显然众说林立，各有所长，而我选择的是那些具有重要和深远影响的研究理论和方法。而且，我的抉择视角不完全是神话学的，还深受民俗学的影响，这在该书对于功能学派、历史—地理学派以及表演理论的偏重上体现尤为明显。另外，在介绍过程中，我也很力图理论联系实际，注意通过富有代表性的经典个案，尽可能明晰地展示各派理论的

---

[1] Robert Segal, *Myth: A Very Short Introduction* (New York: Oxford University Press, 2004), pp. 2-3. 关于此点的更多介绍可参见拙著《神话与神话学》第196页。

阐释特点和长短得失。

第三，力图彰显中国神话的特色与中国神话学者的成就。几年前，我与安德明博士合作撰写《中国神话手册》（*Handbook of Chinese Mythology*）一书时，阅读到一些西方学者对中国神话的介绍和评论，其中存在的不少偏见和误解对我有很大震撼[1]。因此，努力反映"中国人和中国神话学者眼中的中国神话"成为《中国神话手册》和《神话与神话学》的主旨之一。本书的中编，即从上一编的世界性类型与母题巡览，转而聚焦于"中国"这一特定社会文化语境中的神话：不仅介绍汉语记录的古代典籍神话，还凸显当代流传的现代口承神话；不仅介绍汉族神话，还展示丰富多彩的少数民族神话传统。中国神话学者在一个世纪以来，尤其是近三十年间取得的成就，例如"中国民间文学三套集成"工程、有关"神话的历史化"和"历史的神话化"的争论、对少数民族神话传统的调查等，均在此得到突出展现，并构成了这一编的基础。

第四，力图融入自己多年来研究神话学的心得和认识。书中对神话的分类、文本的选择以及神话学史的梳理等等，都是在多年学习和探索的基础上积累的结果，特别是有关神话"神圣性"的质疑、现代口承神话的传承与变迁、大众传媒和文化旅游对神话资源的利用和重建、表演理论对神话研究的启示等，更是自己研究心得的直接融入。对于这一点，陈岗龙教授已经敏锐地指出了，不过，借用前面的比喻来说，如何将自己个人的功力和特长成功地融入整场演出并使之贯串连接成为一个和谐有机的整体，尽管我也花了不少心思，但效果如何，尚待读者和方家评正。

如同我在书中和后记里明确提及的，本书受到大林太良先生《神话学入门》一书很大的影响。该著虽然是一本小册子，然而结构严整，分类富于逻辑；论述精辟，文字富含韵味，深为我所喜爱，拙著上编对于神话的分类便采纳了他的体系，而且我至今仍以为这是最严谨可取的分类之一。不过，今天看来，大林此书也有很大局限：第一，此书初版于1960年，其中的一些观点已无法反映国际神话学领域近半个世纪以来取得的新成就（如同山田仁史先生正确指出的：

---

[1] 例如在介绍中国神话时，往往忽视中国学者的观点和工作；主要关注古代典籍神话，几乎不关注现代口承神话；往往论及汉语记录的神话，很少探讨少数民族神话；通常用西方的价值标准和文化传统来衡量中国神话，较少考虑中国的文化传统和价值观念；对原文和文化的理解出现偏差，例如将"共工"生硬地翻译为"Common Work"等。参见 Lihui Yang, Deming An, Jessica Anderson Turner, *Handbook of Chinese Mythology* (Santa Barbara, Denver and Oxford: ABC-CLIO, 2005. Reprinted. New York: Oxford University Press, 2008), pp. 5–6.

大林先生的学问深受 20 世纪 50 年代德国民族学的影响）；第二，作为一般性的神话学入门书，其中对中国神话和中国神话学者的成果缺乏充分关注；第三，限于篇幅（全书只有 132 页，小 32 开），许多地方过于简约，尤其是在论及神话学发展历程时，由于缺乏充分的理论阐述与个案列举，有时令人难明究竟。有鉴于此，本书力图在吸取大林先生（以及其他诸多前辈先贤）已经取得的辉煌成就的基础上，对上述诸方面有所补充和推进。

拙著后记中说的话，的确是我的心声：这部书只是迄今我从事神话研究和教学工作的一个总结，它从成形、改进到完成的过程，也是我自己从一个"描红格"的初学者到初步形成了自己观点和风格的神话研究者的成长历程；同时，从某种程度上说，它也是目前中国神话学整体建设成就的一个缩影。通过这本书，我只希望能够打开一条通道，沿着这条通道，有心的读者会进入到一个丰富、广袤而神奇的神话世界。

再次感谢孙正国兄慷慨提供了这样宝贵的学习机会，感谢所有费心阅读拙著并提出许多中肯意见的国内外同行们！人人事务缠身，而我一次次地催稿，心中满是愧疚，觉得自己好比旧电影里那个催租逼债的万恶地主黄世仁。再次诚恳谢罪，顺祝各位同道友人兔年身体健康，事业精进，吉祥如意。

原载《长江大学学报》（社会科学版）2011 年第 3 期

神话学概论读本与神话学学科发展

田兆元

中国的神话学是一门从外部传来的学科，20世纪初，中国开始有了"神话"这个概念，距今已有百年了。一个一百年历史的学科，应该是名家辈出、影响深远的学科了。中国神话研究出现了较多的成果和有成就的学者，但是相对这一百年的时光来说，我们还很惭愧，还需要付出更多的努力。

一

发展中国的神话学需要解决很多问题，其中，神话学教育是尤为重要的，而在神话学教学中，神话学概论的编撰又是很关键的。我们的神话学教学，在本科生中开设课程的只有为数不多的学校，而把神话学列为研究生方向的更是寥寥无几。从规模上来说，这是很不够的。我们只要看一看台湾的神话学研究队伍，就会知道，在人文学科中，大陆的神话学研究简直是少得不成比例，台湾一个小岛，其神话学研究的队伍几乎可以和大陆几十个省市的队伍接近，这真是我们需要反思的问题。他们编撰的很多关于中国神话学概论性质的书，是促进其研究队伍扩大的重要原因之一。

20世纪初，游学日本的蒋观云等引入的神话概念，其实是一个很狭隘的概念。他撰写的一篇题目有"神话"二字的文章，把神话跟小说几乎划了一个等号，这种对于神话的理解，实际上统治了中国神话研究许多年。鲁迅先生在《中国小说史略》中把神话列为中国小说的开篇，这是承袭蒋观云的观念而来的。蒋观云是神话概念的较早的引进者，他把神话与历史二者合起来称为文学，这个概念跟今天的文学差别很大；他又把神话和小说加以等同，也是早期对于神话的一种认识。这种做法即使有些不妥当，作为神话概念的开拓者，大家也都能够接受。但对于鲁迅，我们就会觉得那是真理的表达，浑然不觉得有什么不妥。中国的神话一开始就是指那种虚构的小说类型的东西，在文学史编撰以及大部分文学领域的神话研究，几乎都是认同这样的指向。同时，由于我们选择的神话材料可以多向解读,加上对于神话的不同理解,因此,其他学科也进入神话领域,各取所需。如夏曾佑将神话引入到历史上的不真实的人物的称谓上,于是,后来形成了一支比较大的历史学系列的神话学研究队伍。他们与文学几乎是各说各的,对话很少。后来人类学和民俗学系列通过田野调查获取神话资料,考古学家分析出土文物中的神话,出现了文学、史学、考古学、人类学和民俗学几种基本的研究模式。虽然闻一多先生引用了一些人类学家的调查资料,如古文献、出土图像,还有民俗事象(如端午)等,做了一些综合的工作,来对伏羲这一神话对象进行研究,但是,这种综合研究的概论性的著作没有推出,所以几支研究队伍还是不能兼容并蓄,形成真正的神话学本身的学科体系,而是分别成为文学、史学、人类学和民俗学的附庸。随着有些学科的衰落,如上个世纪后期人类学和民俗学学科的中断,神话学一下子失去此前已经有所扩大的阵势,收缩成文学史开端的一小团。更由于狭隘地理解马克思的神话观,在20世纪后期的一段时间里,中国神话几乎变成几个微不足道的原始神话,影响日益缩小。

  造成这种局面的原因很多,其中很重要的一条:对于综合性的教程性质的神话学概论不重视。其实在20世纪二三十年代,就有多部概论性的神话学读本,但是我们却没有很好地吸收这些综合性的见解。如黄石的《神话研究》,是一部综合性的神话学概论。他先讲神话学的一般问题,如神话的概念、神话的分类、神话的价值、神话的解释等;然后分述世界各国神话,如埃及、巴比伦、希腊、北欧等国的神话,这看上去就是一个神话学相关知识的概论。但是,该书一个很鲜明的特点是,强调神话的解释性和唯美属性,这与那些强调神话的一般社会功能的神话观是不同的。然而,无论是20世纪前期,还是20世纪后期一段很长的时期里,我们对于神话的哲学分析几乎是缺位的。而在国外,神话的哲学分析,应该是神话研究的大宗,如列维-斯特劳斯、恩斯特-卡西尔、弗洛伊德,都是哲学家,而中国有多少哲学家参与到神话研究中去呢?同时,即使是从事文学研究的人,对神话进行的审美研究也是少得可怜。也就是说,虽然很多人把神话当作文学的事业,但是并没有做文学研究该做的事情。我们的神话研究缺少哲学的思辨、审美的观照。美学本来就是哲学的分支,所以,哲学思辨的缺位是我们的神话学的境界很难提升的重要原因。不是没有人重视过神话的哲学分析,而是大多数人对这样的研究不感兴趣。我们可能看不起概论性的东西,以为那是皮毛,其实那是较为成熟的神话学的基本观念,我们要在那个基础上去发展。

我们看那个时候的几部神话学概论，除茅盾的《中国神话研究 ABC》外，黄石等人的神话学概论性著作几乎很少人提起其中的观点，可以说，大家其实重视的不是真正的神话学家的概论性著作，而是茅盾那样的著名人物。尽管我们承认茅盾在中国神话研究方面起到了一些奠基的作用，但是，他只是把进化论的神话观拿来，把中国神话套了一下而已，他对于神话的整体理解，似乎并不比黄石更有深度和广度，他的观点更得到重视，只是因为他的名头大一些而已。如果我们再看一下谢六逸的《神话学 ABC》，就会发现，这是一部更加全面、更具学科意义的神话学教程性质的概论性读物。它综合了当时日本神话学的最新成就，并吸收西方的神话学观念，体系性很强。但是有谁重视这部书呢？有很多茅盾神话学研究的论文，但是很少有对于谢六逸神话学的研究。谢六逸对于神话学的学科归属有较为清晰的阐述。他说，神话学是和民俗学相同的学科，二者可以互换，这其实是非常有见地的。至于他说神话学和民俗学都在人类学学科之下，在当时的情境下可能是有很多人这样说，但是，神话学也好，民俗学也好，都是人类学不能替代的，它的文化内涵是人类学不能涵盖的。因此，我们承认人类学与神话学存在关系，但人类学的神话研究只是神话学研究的一种方式，更没有将其处于人类学之下的道理。由于谢六逸的概论超出了很多人对于神话的认识，所以，他的书根本就得不到重视，由于他的著作比黄石的著作出版稍晚，连提起的人都很少了。同样，林惠祥先生关于神话学的小册子，乃是普及神话学知识的重要读物，涉及的神话学的内容非常广泛，但我们现在几乎不提这部书，也没有向学生推荐这些概论性的著作。

20 世纪前期的神话学概论能够广泛吸收国外神话学研究的前沿成果，思路开阔，信息量大，在一定程度上，20 世纪前期中国神话研究的成就与这些神话学的概论性质的著作是联系在一起的。

二

自 20 世纪后期以来，神话研究的空间收缩，大家仅仅关心那些所谓的原始神话，神话学学科近乎消亡，神话学研究的队伍也大大缩小了。连袁珂先生的富有创造性的成果——广义神话论——都受到很大的排斥，可见那时的富有创造性的神话学研究者是多么的寂寞。神话学的概论性的读物也就自然不能出来了，因为没有什么好写的，那么一丁点的神话连附庸都谈不上了。

但是，自 20 世纪 80 年代以来，围绕着文学的神话学研究开始活跃，同时，具有民俗学色彩的、历史学色彩的、宗教学色彩的、民族学色彩的神话学研究开始出现了百花齐放的局面。而直接标明神话哲学、神话历史的著作和丛书开始出版，也打破了神话与文学为宗的狭义的神话学研究的局面，开始回到 20 世纪前期的繁荣局面。可是，由于缺乏概论性质的神话学的读物，对于神话学缺乏基本的认同，很多研究者还是强调所谓的原始神话这样一个现在几乎不存在的命题，或者把神话紧紧地束缚在文学的一个小小的角落之上。

在民间文学的教程里，神话学列在各类民间文学文本的开端，这样一章神话学的概论性的阐述，对于神话学影响的扩展是功不可没的。迄今为止，还只有民间文学将神话学纳入自己的势力范围，除了文学人类学，还没有哪个学科像民间文学那样给神话学以如此高的规格。由于民间文学本身的边缘性，神话学仿佛是被乞丐收养的儿子，地位不高。笔者觉得，现在神话学要做的第一件事，还是回馈民间文学这位干娘，以自己的努力帮助民间文学提升自己的地位。同时，民间文学要认真地研究，不要把神话学看作自己的养子，而要将其视为自己的兄弟来发展。

但是，神话学绝对不是民间文学所能够纳入的，更不是文学研究所能够束缚的。叶舒宪先生指出：国外的神话学研究中，文学只占神话研究的五分之一，它也需要拓展自己的空间。这需要真正的神话学的意识，而不仅仅是文学神话学的思路。也就是说，文学的神话研究是神话研究的一种方法，它有自己的观念和特定的范围，但是它绝对不能代表神话学的整体思想和方法。

新世纪以来，开始有神话学的概论性的书出版了，如王增永先生的《神话学概论》，这是令人欣慰的事，但是对该书的介绍是这样的："本书是中国第一部概论性的神话学教科书。全书构架科学，体系完整。书的内容将理论探讨与作品分析熔为一炉，资料翔实，论述充分，多有创新之处，基本奠定了中国神话学的理论构架，是一部具有开拓性的教科书和学术著作。"[1] 这样说是不太妥当的，因为自黄石、谢六逸开始的那些著作，都已经是不折不扣的神话学概论性质的教程了，所以《神话学概论》不能被称为第一部神话学概论性质的书。该书是文学的神话学概论，而对于神话的更加广泛的影响没有展开论述。

最近，杨利慧教授的《神话与神话学》一书出版了，这也是非常令人欣慰的事。现在的学术评价对于教材的贡献几乎不加认可，很多学校把教材编写的工作量算得很低，因此，编写教材的人实在是忍辱负重，在默默地奉献。与王先生的《神话学概论》相比，《神话与神话学》的专业性更强，其中关于神话研

---

[1] 参见新浪读书网页：http://vip.book.sina.com.cn/pub/book.php?book=548188&dpc=1。

究的理论和方法，为入门学子提供了基本的门径，他们可以循此向神话学的更高境界迈进。该书对于神话的口头传承也进行了很好的阐述，这与她自己的研究经历有密切的关系。但是，该书从本质上讲还是一部文学的神话学的概论。

神话学研究是不是应该用文学的神话学研究、历史的神话学研究、民俗的神话学研究，或者人类学的神话研究这样的称谓来表述呢？不是的。这样，神话学还是附庸。神话学必须建立独立的体系，不应该把神话搞得支离破碎，表面看起来，神话与这与那都有关系，就是不知道自己是谁，结果就会是什么都不是。

笔者认为，神话学应该以神圣叙事所带来的社会与文化的认同与建构为核心，来确立自己独立的文化地位，要和文学、历史、哲学和民俗的研究区别开来，建立自己独特的学术范式和话语体系，这样才会有前途。因此，我们必须建立独立的神话学的理论体系，使神话学走上一个新的台阶。

原载《长江大学学报》（社会科学版）2011年第9期

附录：近十年（2006—2014）中国神话学研究论著索引

鄢玉菲 [辑]

2006

[1] 杨利慧.神话的重建：以《九歌》、《风帝国》和《哪吒传奇》为例 [J].民族艺术，2006（04）：65-71.

[2] 田宗凌，马莉.寻找失去的自我：神话英雄盘古的文化阐释 [J].时代文学（双月版），2006（02）：93-94.

[3] 张丽红.神话研究的原型图像学方法：评叶舒宪的《千面女神》 [J].中国比较文学，2006（02）：177-180.

[4] 杨建军.后稷感生神话考 [J].西北民族研究，2006（04）：38-42；199.

[5] 王三义.试析洪水神话的世界性及其认识价值 [J].辽宁大学学报（哲学社会科学版），2006（01）：96-101.

[6] 刘振伟.西域神话研究之现状及其意义 [J].西域研究，2006（01）：99-103；122.

[7] 胡祥云.中国创世神话与人文性 [J].安庆师范学院学报（社会科学版），2006（01）：36-39.

[8] 胡祥琴.苻坚感生神话探源 [J].贵州民族研究，2006（01）：67-72.

[9] 王帝.牛郎织女神话传说及其演变 [J].贵州文史丛刊，2006（01）：25-30.

[10] 傅玉兰."湘妃"神话探源 [J].哈尔滨学院学报，2006（02）：116-119.

[11] 张大联.浅谈中国神话的类人化特征 [J].经济与社会发展，2006（01）：161-163.

[12] 田清旺.我国西南少数民族创世神话的哲学审视 [J].吉首大学学报（社会科学版），2006（01）：73-76.

[13] 黄震云.《潜夫论》《说苑》中神话的历史化与谶纬化 [J].南都学坛，2006（01）：74-77.

[14] 吕雁.中国南方民族创世史诗与神话的体系化 [J].民族艺术研究，2006（01）：30-34.

[15] 胡祥琴.刘渊感生神话的历史形成 [J].民族研究，2006（01）：87-89；110.

[16] 姜艳.古希腊神话若干问题散议 [J].山东社会科学，2006（03）：68-70.

[17] 魏爱棠."神话"/"历史"的对立与整合：一种历史人类学视野下的理解 [J].史学理论研究，2006（01）：130-135；160.

[18] 叶舒宪.《礼记·月令》的比较神话学解读：以仲春物候为例 [J].陕西师范大学学报（哲学社会科学版），2006（02）：5-10.

[19] 吴馨.古希伯来和古希腊民族洪水神话之比较 [J].襄樊职业技术学院学报，2006

(01)：105-107.

[20] 王进明,于春海.论中国上古神话中的自然观 [J].延边教育学院学报,2006 (01)：7-10；15.

[21] 傅守祥.西方文明的历史摇篮和精神源泉：试论希腊神话和传说的民族性与现代性 [J].中南民族大学学报（人文社会科学版）,2006 (01)：129-133.

[22] 李国明.佤族创世神话中的伦理道德观 [J].边疆经济与文化,2006 (04)：98-99.

[23] 胡军利.神·人·神：中国上古神话英雄悲剧的神秘主义解读 [J].文史博览,2006 (02)：25-27.

[24] 王立群.中日神话中的生命意象 [J].广西大学学报（哲学社会科学版）,2006 (01)：66-70.

[25] 吴盛枝.中越月亮神话与中秋节俗比较研究 [J].广西民族学院学报（哲学社会科学版）,2006 (02)：96-102.

[26] 谢会昌.米恒哲与盘古王：彝汉神话之比较 [J].贵州民族学院学报（哲学社会科学版）,2006 (01)：87-90.

[27] 刘锡诚.茅盾与中国神话学 [J].湖北民族学院学报（哲学社会科学版）,2006 (01)：78-85；104.

[28] 陈建宪.多维视野中的西方洪水神话研究 [J].华中师范大学学报（人文社会科学版）,2006 (02)：81-89.

[29] 高歌,王诺.北美印第安神话中人与自然的关系 [J].江苏大学学报（社会科学版）,2006 (02)：24-29.

[30] B.Riftin（李福清）.国外研究中国各族神话概述：《中国各民族神话研究外文论著目录》序 [J].长江大学学报（社会科学版）,2006 (01)：5-15.

[31] 叶舒宪.神话如何重述 [J].长江大学学报（社会科学版）,2006 (01)：16-18.

[32] 萧兵.图像的威力：由神话读神画,以神画解神话 [J].长江大学学报（社会科学版）,2006 (01)：19-21.

[33] 高艳红.月亮别称与神话传说 [J].昆明理工大学学报（社会科学版）,2006 (01)：81-83.

[34] 楚爱华.女性统治神话的张扬和终结：《红楼梦》和《创世纪》中两个祖母形象的文化比较 [J].明清小说研究,2006 (01)：54-65；75.

[35] 唐世贵.大禹神话与巴蜀文化之渊源新探 [J].攀枝花学院学报,2006 (02)：34-38.

[36] 肖雪.洪水遗民神话解析：以彝族洪水神话文本为例 [J].攀枝花学院学报,2006 (02)：46-49.

[37] 李丽丹.中国神话研究现状：进程中的反思：以2004年神话研究为中心的分析 [J].广西师范学院学报,2006 (01)：4-10.

[38] 王晓天.图腾：古代神话还是现代预言？ [J].世界民族,2006 (02)：56-59.

[39] 杜巍.古典神话与佤族活形神话［J］.云南民族大学学报（哲学社会科学版），2006（02）：141－144.

[40] 黄龙光.人祖神话比较研究初探［J］.玉溪师范学院学报，2006（01）：73－75.

[41] 吴泽顺.论建木的神话原型［J］.中国文学研究，2006（01）：20－22.

[42] 刘冰清，王文明.盘古神话的实践解读［J］.沧桑，2006（02）：101－102.

[43] 杨丽娟.世界原始创世神话的创造类型与文化底蕴［J］.东北师大学报，2006（03）：112－117.

[44] 李璐，陶修宁.形散而神韵现：华夏神话民族特色简论［J］.鄂州大学学报，2006（02）：61－64.

[45] 汤春华.论中国神话两性关系的演变［J］.哈尔滨学院学报，2006（04）：124－128.

[46] 李媛媛.试论中西方神话的民族属性与文化内涵［J］.哈尔滨工业大学学报（社会科学版），2006（02）：144－147.

[47] 赵非.《天问》与中国上古神话［J］.河北省社会主义学院学报，2006（02）：62－64.

[48] 赵渭绒.天使与恶魔：世界神话中的女性解读［J］.乐山师范学院学报，2006（02）：31－35.

[49] 伦珠旺姆.水：精神家园的神话喻体：保安族神话传说话语分析［J］.民族文学研究，2006（02）：35－39.

[50] 王猛.论神话与神魔小说之关系［J］.青海师范大学学报（哲学社会科学版），2006（03）：82－86.

[51] 李子贤.存在形态、动态结构与文化生态系统：神话研究的多维视点［J］.云南师范大学学报（哲学社会科学版），2006（03）：58－66.

[52] 岩峰.论傣族谷物神话与谷物祭祀［J］.云南社会科学，2006（03）：92－96.

[53] 田庆轩，张建强."善"与"美"的对话：中国神话和希腊神话比较［J］.河北北方学院学报，2006（01）：16－19.

[54] 吕耀森.上古神话：中华民族文化精神的渊源［J］.中共郑州市委党校学报，2006（02）：145－147.

[55] 张文杰.力的抗争，悲的超越，美的升华：论中国古代神话的悲剧特征与民族审美精神［J］.江淮论坛，2006（03）：149－155；183.

[56] 张国杰."神话原型"框架中的"荒原"意象［J］.社会科学战线，2006（03）：304－305.

[57] 涂笑非.女娲神话：一个结构分析个案［J］.太原大学学报，2006（02）：1－5；9.

[58] 冯敏.民间文学的收集整理与人类学研究：以洪水神话和族群认同研究为例［J］.中南民族大学学报（人文社会科学版），2006（03）：173－176.

[59] 桂萍.论希腊神话中的复仇母题［J］.重庆工学院学报，2006（07）：129－131；134.

[60] 徐晓光.日本与我国西南少数民族的女性始祖神话及女神崇拜观念比较［J］.贵州民族学院学报（哲学社会科学版），2006（02）：18－22.

[61] 杨健吾.中国少数民族神话学研究的新收获：达西乌拉弯·毕马著《原住民神话大系》十部著作评介［J］.贵州民族学院学报（哲学社会科学版），2006（03）：207-208.

[62] 王小健."知母不知父"与商周始祖的感生神话［J］.历史教学，2006（06）：13-17.

[63] 陶书霞.中国创世神话中的男女角色转换［J］.民族艺术研究，2006（03）：40-45.

[64] 项小玲.武夷神话传说中的生态意识［J］.南平师专学报，2006（01）：5-7.

[65] 孙娟.《史记》感生神话与司马迁表现艺术［J］.唐都学刊，2006（03）：89-93.

[66] 彭谊.论上古神话女性形象的审美倾向［J］.西北民族大学学报（哲学社会科学版），2006（03）：140-144.

[67] 黄厚明.图像与思想的互动：饕餮纹内涵的转衍和射日神话的产生［J］.学术研究，2006（07）：86-91.

[68] 宁稼雨.女娲造人（造物）神话的文学移位［J］.东方丛刊，2006（02）：82-94.

[69] 苗威.檀君神话的文化解析［J］.东疆学刊，2006（03）：26-31.

[70] 张佳颖，张步天."《山海经》神话群系"的传承流变［J］.福建师大福清分校学报，2006（04）：21-24；10.

[71] 国洪更.古代两河流域的创世神话与历史［J］.世界历史，2006（04）：79-88.

[72] 刘锡诚.在中西文化比较视野下看神话资源转化的中国实践［J］.长江大学学报（社会科学版），2006（03）：10-12.

[73] 万建中.神话文本的阅读与神话的当代呈现［J］.长江大学学报（社会科学版），2006（03）：12-13.

[74] 陈建宪.以非物质文化遗产的眼光保护与开发神话资源拒绝"伪"民俗现象［J］.长江大学学报（社会科学版），2006（03）：13-14.

[75] 吕微.神话资源转化中的学者立场及其社会实践［J］.长江大学学报（社会科学版），2006（03）：14-15.

[76] 孙正国.全球化语境下看神话资源转化的两难选择［J］.长江大学学报（社会科学版），2006（03）：15-16.

[77] 刘亚虎.近十年中国少数民族神话研究概况［J］.长江大学学报（社会科学版），2006（03）：17-24；71.

[78] 刘锡诚.顾颉刚与"古史辨"神话学：纪念《古史辨》出版80周年［J］.长江大学学报（社会科学版），2006（04）：5-16.

[79] 姜志刚.中国上古神话中透视出的生死观：以伏羲、女娲神话为例［J］.三门峡职业技术学院学报，2006（02）：84-87.

[80] 曲枫."奔月"神话的文化人类学释读［J］.沈阳师范大学学报（社会科学版），2006（04）：57-60.

[81] 宋皓.中国神话与希腊神话的比较研究［J］.宿州学院学报，2006（03）：76-78.

[82] 袁思成. 初探中国民族神话中体育活动的踪迹 [J]. 体育文化导刊, 2006 (08): 92-94.

[83] 毕芳. 白族本主神话的特色: 神祇的多元化与人性化探析 [J]. 云南财贸学院学报 (社会科学版), 2006 (01): 154-156.

[84] 那木吉拉. 中亚狼和乌鸦信仰习俗及神话传说比较研究: 以阿尔泰语系乌孙和蒙古等诸族事例为中心 [J]. 中央民族大学学报, 2006 (04): 78-85.

[85] 杨宇. 希腊神话的艺术化与中国神话的历史化: 古希腊神话与中国古代神话走向之比较 [J]. 阿坝师范高等专科学校学报, 2006 (S1): 14-15; 22.

[86] 陈静, 唐曹. 葫芦与人类起源神话: 云南少数民族葫芦崇拜的文化解读 [J]. 湖北社会科学, 2006 (09): 115-116.

[87] 左尚鸿, 向柏松. 文心神思观与神话思维的契合 [J]. 民族文学研究, 2006 (03): 17-22.

[88] 杨利慧. 神话一定是"神圣的叙事"吗?: 对神话界定的反思 [J]. 民族文学研究, 2006 (03): 81-87.

[89] 王秋萍. 感生神话: 中国门第观的文化渊源 [J]. 青海师范大学学报 (哲学社会科学版), 2006 (05): 103-106.

[90] 蔡慧清, 刘再华. 中国神话的存在状态: 德克·卜德中国神话研究述评 [J]. 求索, 2006 (08): 185-187.

[91] 余云华. 巴蛇食象: 被曲解的婚姻神话 [J]. 四川大学学报 (哲学社会科学版), 2006 (05): 99-104.

[92] 李姗姗. 《西游记》中的神话原型解读 [J]. 山东教育学院学报, 2006 (05): 78-79.

[93] 胡晶. 《孔雀东南飞》中"孔雀"的神话原型阐释 [J]. 吉林师范大学学报 (人文社会科学版), 2006 (04): 81-83.

[94] 贡觉. 神性与人性的对话: 藏族和古希腊关于人类起源神话之比较 [J]. 西藏研究, 2006 (03): 63-66.

[95] 孟慧英. 神话: 仪式学派的发生与发展 [J]. 中央民族大学学报, 2006 (05): 103-107.

[96] 叶舒宪. 熊与龙: 熊图腾神话源流考 [J]. 博览群书, 2006 (10): 50-57.

[97] 王立, 苏敏. 古典文学中竹意象的神话原型寻秘 [J]. 大连大学学报, 2006 (05): 1-6.

[98] 李鹏. 论中国神话中的"西王母" [J]. 湖北民族学院学报 (哲学社会科学版), 2006 (04): 64-66.

[99] 钟伟今. 从防风氏神话看夏朝前期的一段历史 [J]. 湖州师范学院学报, 2006 (05): 48-50.

[100] 宁稼雨. 女娲补天神话的文学移位 [J]. 华中师范大学学报 (人文社会科学版), 2006 (05): 113-120.

[101] 纪晓建. 《楚辞》《山海经》神祇之互证: 《楚辞》《山海经》神话比较研究之三 [J]. 江苏社会科学, 2006 (05): 156-159.

[102] 刘莉.中国祖先崇拜的起源和种族神话 [J].星灿.译.南方文物,2006(03):123-127;113.

[103] 任广田.鲁迅与中国神话及传说 [J].鲁迅研究月刊,2006(10):4-12;20.

[104] 翟鹏玉.花婆神话与壮族环境伦理的历史建构 [J].南京林业大学学报(人文社会科学版),2006(03):15-22.

[105] 才让南杰.昆仑神话与文化传承中的神女形象 [J].青海民族学院学报(社会科学版),2006(04):48-50.

[106] 杨简.论民族族源神话的社会功能 [J].社会科学家,2006(05):166-168;185.

[107] 刘月萍.女性命运的"浮沉":从中国上古神话文本看女性"被改写"的历史 [J].通化师范学院学报,2006(05):62-64.

[108] 陈国光.彝族史诗中的创世神话 [J].西南民族大学学报(人文社科版),2006(10):100-104.

[109] 伊漪.神性英雄群像:谈中国悲剧的神话对中华民族文化精神的影响 [J].雁北师范学院学报,2006(04):41-42;58.

[110] 李欣复.女娲神话之流布及现代解读 [J].烟台大学学报(哲学社会科学版),2006(04):431-435.

[111] 逯宏."女娲补天"神话与"红山文化"考古关联之探析 [J].鞍山师范学院学报,2006(05):80-82.

[112] 陈正平.茅盾早期对神话研究的贡献 [J].四川文理学院学报(社会科学),2006(06):65-69.

[113] 邱健.生态视野中的神话 [J].涪陵师范学院学报,2006(05):129-133.

[114] 马秀荷.彩陶生产和远古女娲神话的起源 [J].甘肃社会科学,2006(05):215-217.

[115] 冯涛.二十世纪的神话:评《消失的地平线》[J].北京第二外国语学院学报,2006(08):56-60.

[116] 长江大学学报社会科学版编辑部.《神话学与神话资源转化研究》栏目专家座谈会纪要 [J].长江大学学报(社会科学版),2006(05):137.

[117] 王宪昭.北方少数民族神话中的动物图腾探析 [J].理论学刊,2006(11):112-115.

[118] 纪晓建.《楚辞》与《山海经》山水树木神话之互证 [J].理论月刊,2006(11):118-120;129.

[119] 赵红.羿神话流变论 [J].宁夏社会科学,2006(06):147-150.

[120] 刘亚虎.佤族神话形态的典型意义 [J].思茅师范高等专科学校学报,2006(04):7-12.

[121] 李滟波.中国创世神话研究评述 [J].上海师范大学学报(哲学社会科学版),2006(05):84-88.

[122] 李雪荣.浅析西域神话故事特征:以《迦萨甘创世》神话为例 [J].塔里木大学学报

（哲学社会科学版），2006（03）：64-67.

[123] 才旦曲珍.浅析"猕猴变人"的藏族人类起源神话[J].西藏大学学报（汉文版），2006（03）：39-41.

[124] 张文安.道教传播与少数民族盘古神话[J].中央民族大学学报，2006（06）：118-123.

[125] 吴秀莲."美"与"善"：希腊与中国神话比较研究[J].湖北经济学院学报，2006（06）：113-114.

[126] 明跃玲.盘瓠神话与瓦乡人的族群认同[J].黑龙江民族丛刊，2006（05）：114-119.

[127] 黄任远.满族故事家马亚川和女真萨满神话[J].佳木斯大学社会科学学报，2006（04）：66-68.

[128] 王建堂."中部神话群"的"地域"解读[J].晋阳学刊，2006（06）：28-30.

[129] 胡小安.试论创世神话与中西科学传统范式的形成[J].科学技术与辩证法，2006（06）：85-88；112.

[130] 吴晓东.神话研究的认知视角[J].民族文学研究，2006（04）：5-11.

[131] 刘宗迪.图腾、族群和神话：涂尔干图腾理论述评[J].民族文学研究，2006（04）：12-16.

[132] 谢国先.论中国少数民族谷种起源神话[J].民族文学研究，2006（04）：17-23.

[133] 林玮生.中希神话"秩序轴力"的差异及其文化启示[J].民族文学研究，2006（04）：24-29.

[134] 杨慧.从月亮神话看性别本质主义[J].青海师范大学学报（哲学社会科学版），2006（06）：81-85.

[135] 吴华群，张西虎.中国神话与希腊神话的比较研究[J].社会科学家，2006（06）：168-170；187.

[136] 张庆利.中国上古神话的民族精神[J].绥化学院学报，2006（06）：52-54.

[137] 魏晓虹.试论西王母形象的演变[J].太原大学学报，2006（04）：1-3；11.

[138] 刘亚虎.南方民族洪水神话的结构及意蕴[J].民间文化论坛，2006（05）：20-24.

[139] 庄美芳.台湾原住民日月神话的时空观[J].民间文化论坛，2006（05）：63-69.

[140] 谭敏.唐代道教祥瑞神话故事的政治主题[J].学术论坛，2006（11）：170-173.

[141] 拉先.略论藏族神话的类型与表现形式[J].西藏大学学报（汉文版），2006（02）：48-54.

[142] 陈建宪.洪水神话：神话学皇冠上的明珠：全球洪水神话的发现及其研究价值[J].长江大学学报（社会科学版），2006（02）：5-13.

[143] 田兆元.中国神话史研究的若干问题[J].长江大学学报（社会科学版），2006（02）：14-18.

[144] 宁旭东.中西比较背景下的中国古代神话至上神：帝俊[J].成都教育学院学报，2006

(12)：120-122.

[145] 荀利波.中西方古代神话中血缘婚现象分析 [J].沧桑,2006 (06)：93-94.

[146] 李丽秋.中韩始祖神话比较研究：以契神话、后稷神话和朱蒙神话为中心 [J].当代韩国,2006 (04)：83-90.

[147] 吴秀莲.中希神话伦理意蕴比较研究 [J].道德与文明,2006 (06)：18-20.

[148] 李美清.舜的神话及舜历史形象的演变 [J].贵州文史丛刊,2006 (04)：12-17.

[149] 米舜.侗族《救月亮》与汉族日月神话比较 [J].怀化学院学报,2006 (12)：6-9.

[150] 孟宪明.女娲神话的"地母意识"是中国文化的"元意识" [J].河南教育学院学报（哲学社会科学版）,2006 (06)：28-31；51.

[151] 谭杰.女娲神话的现代阐释：《补天》与《女神之再生》比较 [J].江西社会科学,2006 (12)：77-81.

[152] 那木吉拉.东北亚月亮阴影神话比较研究：以阿尔泰语系诸民族与阿伊努族事例为中心 [J].长江大学学报（社会科学版）,2006 (06)：5-11.

[153] 陈连山.走出西方神话的阴影：论中国神话学界使用西方现代神话概念的成就与局限 [J].长江大学学报（社会科学版）,2006 (06)：17-21.

[154] 史阳.蜕变与再生：菲律宾洪水神话的宏观结构 [J].长江大学学报（社会科学版）,2006 (06)：22-27.

[155] 覃乃昌.追问盘古：盘古神话来源问题研究之一 [J].广西民族研究,2006 (04)：117-128.

[156] 潘其旭.华南—珠江流域盘古神话的北传：盘古神话来源问题研究之二 [J].广西民族研究,2006 (04)：129-140.

[157] 李东峰,杨文燕.上古神话研究中有关训诂学的几个问题：从丁山《后土后稷神农蓐收考》谈起 [J].陕西师范大学继续教育学报,2006 (04)：37-40.

[158] 张雪飞.满族女神神话与满族母权社会 [J].聊城大学学报（社会科学版）,2006 (06)：82-85.

[159] 陈斯鹏.楚帛书甲篇的神话构成、性质及其神话学意义 [J].文史哲,2006 (06)：5-14.

[160] 胡景敏,孙俊华.《庄子》神话分类辨证 [J].燕山大学学报（哲学社会科学版）,2006 (04)：80-83；101.

[161] 张建佳.神化与人化：中国神话与希腊神话的差异 [J].湘南学院学报,2006 (06)：59-61；79.

[162] 侯亚男.石生人神话的文化人类学解读 [J].湖北经济学院学报（人文社会科学版）,2006 (07)：104-105.

[163] 刘双.从王权到神权：古埃及王权与神话体系的关系 [J].哈尔滨学院学报,2006 (12)：22-25.

[164] 洪亦蔚.原初记忆中的民族性情：基于人、神与自然考察下的中日创世神话比较［J］.湖北教育学院学报，2006（11）：32-33.

[165] 王彤.东亚创世神话的婚姻镜像管窥［J］.世界文学评论，2006（01）：131-134.

[166] 周志高，王伟.东西文化视野中的古希腊神话与中国神话［J］.世界文学评论，2006（02）：248-250.

[167] 马淑云.试论中国神话中的隐喻思维［J］.辽宁师专学报（社会科学版），2006（06）：33-34.

[168] 李竟成.新疆民族神话简论［J］.新疆艺术学院学报，2006（04）：16-20.

[169] 刘薇.镜子的神话分析［J］.西安建筑科技大学学报（社会科学版），2006（04）：48-51.

[170] 陈勤建.江南鸟（日）神话崇信的传播和衍化［J］.民间文化论坛，2006（06）：1-8.

[171] 蔡大成.蓍草神话传说的生态解构［J］.民间文化论坛，2006（06）：9-16.

[172] 钟巧玲.试论中国洪水神话［J］.新世纪论丛，2006（03）：131-132；142.

[173] 杨太.对神话的文化界定与审视［J］.文化学刊，2006（02）：64-70.

[174] 胡远培.先秦神话：华夏民族早期的思想系统［J］.安徽文学（下半月），2006（12）：1.

[175] 卢敏飞.同饮一江水，都是岭南人：从布洛陀神话看毛南族族源［J］.宗教与民族，2006（00）：338-354.

[176] 赵建军.从民间神话传说看汉文化对白族婚姻观念变化的影响［J］.大理民族文化研究论丛（第2辑），2006（00）：619-627.

[177] 曹春茹.中国古代神话中石头的生殖崇拜［J］.语文学刊，2006（08）：69-70.

[178] 史晓静，于银.希腊神话与中国神话中女神地位的比较［J］.文教资料，2006（28）：48-49.

[179] 任玉贵.昆仑神话及西王母圣地新考［J］.雪莲，2006（06）：99-102.

[180] 赵宗福.昆仑神话与中国人的河源昆仑意识［J］.文史知识，2006（02）：4-12.

[181] 朱颖.从日本神话与神道之关系看徐福东渡之谜［J］.浙江国际海运职业技术学院学报，2006（04）：28-35.

[182] 姜志刚.中国上古神话中透视出的生死观：以伏羲、女娲神话为例［J］.三门峡职业技术学院学报，2006（02）：84-87.

[183] 吴康.《山海经》：中国神话的建构［J］.中国文学研究，2006（01）：43-46.

博士论文

[1] 王宪昭.中国民族神话母题研究［D］.中央民族大学，2006.

[2] 刘振伟.丝绸之路神话研究［D］.苏州大学，2006.

[3] 陈鹏程.先秦与古希腊神话价值观比较研究［D］.天津师范大学，2006.

[4] 韩雷.神话批评论：弗莱批评思想研究[D].浙江大学，2006.

硕士论文

[1] 张晓霞.论李福清的中国神话与古典小说研究[D].华东师范大学，2006.

[2] 马宏伟.对巴比伦创世神话之"变质"的文化解读[D].山东师范大学，2006.

[3] 汪洋.论女娲神话中的灵石信仰[D].东北师范大学，2006.

[4] 梁爽.论上古神话与儒家思想[D].辽宁大学，2006.

[5] 王慧."嫦娥奔月"原型及其衍变的生态女性主义解读[D].苏州大学，2006.

[6] 闫红艳.西王母神话的流变及其民俗文化的形态[D].延边大学，2006.

[7] 谢婉若.古代月神话与月崇拜研究[D].四川大学，2006.

[8] 唐英.《天问》神话与传说研究[D].暨南大学，2006.

[9] 王清华.《史记》中的神话和神异性记述研究[D].暨南大学，2006.

[10] 李川.《山海经》神话记录系统性之研究[D].广西师范大学，2006.

[11] 扎拉嘎夫.新疆卫拉特神话类型研究[D].西北民族大学，2006.

[12] 李玉兰.鲁迅神话研究刍议[D].天津师范大学，2006.

[13] 赵丹.嫦娥母题研究[D].华中科技大学，2006.

[14] 埃勇.伯禹之神话传说群和朗河地区之输[D].浙江大学，2006.

2007

[1] 杨茜.从爱神与酒神看中希神话的差异[J].时代文学（双月版），2007（01）：85-86.

[2] 刘凤娟，田凤喜.日本创世神话解读[J].时代文学（理论学术版），2007（05）：115.

[3] 许风申.中国上古神话的"祭礼化"及其影响[J].时代文学（双月版），2007（03）：64-65.

[4] 叶舒宪.后现代的神话观：兼评《神话简史》[J].中国比较文学，2007（01）：46-57.

[5] 龙婷.中西神话及其在文学主题中的呈现刍议[J].中国比较文学，2007（04）：164-171.

[6] 叶舒宪.再论新神话主义：兼评中国重述神话的学术缺失倾向[J].中国比较文学，2007（04）：39-50.

[7] 山田仁史.台湾原住民神话研究综述[J].谭侍，译.中国比较文学，2007（04）：60-68.

[8] 阿班·毛力提汗.论哈萨克族创世神话中的哲学思想[J].西北民族研究，2007（03）：68-76.

[9] 杨建军.《三五历纪》中的盘古神话考释[J].西北民族研究，2007（04）：159-163.

[10] 李立.牛郎织女神话叙事结构的艺术转换与文学表现：由汉代"牛郎织女"画像石而引发的思考[J].古代文明，2007（01）：95-103；114.

[11] 郑先兴.汉画牛郎织女神话的原型分析[J].古代文明,2007(04):93-104;114.

[12] 王宏刚.萨满教创世神话中的人本主义曙光[J].西北民族研究,2007(04):22-31;193.

[13] 张文安.宇宙论哲学与盘古创世神话[J].古代文明,2007(02):86-96;113.

[14] 金军华.浅论《圣经》创世神话与鸡人创世神话中的神人关系[J].陕西教育(高教版),2007(07):65;76.

[15] 宁稼雨.女娲女皇神话的夭折[J].山西大学学报(哲学社会科学版),2007(01):103-105.

[16] 王建元.生态伦理与中国神话[J].江苏大学学报(社会科学版),2007(01):35-43.

[17] 郭丹彤.论古代埃及神话对基督神话的影响：关于奥西里斯和基督的比较研究[J].史学理论研究,2007(01):66-74;159.

[18] 谷颖.略论中国神话的"轴心时代"[J].沈阳师范大学学报(社会科学版),2007(01):100-104.

[19] 王玉朋.女娲神话原型在中国当代女性文学中的置换和变形[J].德州学院学报,2007(01):13-18.

[20] 翟鹏玉."那"文化神话景观与大地伦理的建构[J].贵州民族研究,2007(01):93-101.

[21] 张沁文.远古神话与民族文化精神：现代视野下中国神话和希腊神话之比较[J].陕西理工学院学报(社会科学版),2007(01):11-15.

[22] 邢植朝.高山族、黎族洪水神话同系物的人文特色[J].民族文学研究,2007(01):48-51.

[23] 吕微.母题：他者的言说方式：《神话何为》的自我批评[J].民间文化论坛,2007(01):1-8.

[24] 刘屹.盘古神话：史料新读[J].中国史研究,2007(01):77-91.

[25] 柏贵喜.神话中的宇宙图式与象征结构：土家族象征文化研究之二[J].中南民族大学学报(人文社会科学版),2007(01):13-17.

[26] 马晓京.旅游商品化与长阳土家族廪君神话的复活[J].中南民族大学学报(人文社会科学版),2007(02):35-40.

[27] 向柏松.水神感生神话的原型与生成背景[J].中南民族大学学报(人文社会科学版),2007(02):122-128.

[28] 叶修成,梁葆莉.论湘灵神话的流传与嬗变[J].中国文学研究,2007(01):47-50.

[29] 陈金文.试论《莫一大王》型传说的神话原型：与覃桂清、农学冠先生商榷[J].中央民族大学学报(哲学社会科学版),2007(02):119-122.

[30] 金荣权.先秦时代的宗族观念是神话历史化的重要契机[J].中州学刊,2007(02):192-196.

[31] 徐晓光.清浊阴阳化万物：日本与我国西南少数民族的创世神话比较[J].贵州民族学院学报(哲学社会科学版),2007(01):42-47.

[32] 拱玉书.古代两河流域文字起源神话传说［J］.世界历史，2007（02）：103-112；160.

[33] 李舒燕，马新广.希腊神话与中国上古神话中海神形象之比较［J］.江苏工业学院学报（社会科学版），2007（01）：75-77；85.

[34] 吴婷.试论中西方宗教与神话中的女性地位异同［J］.牡丹江教育学院学报，2007（02）：21-22.

[35] 汪晓云.云神："夸父"神话叙事本源［J］.民俗研究，2007（01）：218-229.

[36] 王宪昭.解读我国少数民族神话中的民族精神［J］.内蒙古大学艺术学院学报，2007（01）：10-14.

[37] 张慧远.从神话到哲学：中国古代水思想探析［J］.求索，2007（02）：155-157.

[38] 刘向政."混沌"创世神话的原始象征意义与宇宙观［J］.求索，2007（02）：158-160.

[39] 李晓风.娥皇、女英神话的文化渊源及原型意义［J］.商丘师范学院学报，2007（02）：35-37.

[40] 金荣权.从楚辞神话看楚文化气质与民族精神［J］.云梦学刊，2007（02）：44-47.

[41] 李东峰，杨文艳.汉代西王母与东王公神话的历史考察［J］.宝鸡文理学院学报（社会科学版），2007（02）：49-51；70.

[42] 姜南.试论九隆神话中"沉木"的象征意义［J］.保山师专学报，2007（01）：1-3.

[43] 冯和一，胡杰.牛郎织女神话与孝子董永的整合文化意义［J］.重庆科技学院学报（社会科学版），2007（02）：76-77.

[44] 张春生.略说女娲神话［J］.福建师大福清分校学报，2007（03）：16-17.

[45] 叶修成，梁葆莉.黄帝神话传说与东夷文化［J］.湖北民族学院学报（哲学社会科学版），2007（01）：71-76.

[46] 王宪昭.试析我国南方少数民族洪水神话的叙事艺术［J］.湖北民族学院学报（哲学社会科学版），2007（01）：77-81.

[47] 刘大志.满族族源神话与"满洲"族称［J］.黑龙江民族丛刊，2007（01）：109-113.

[48] 赵红.羿神话的演变状态及其文学影响［J］.海南大学学报（人文社会科学版），2007（02）：198-202.

[49] 邓章应.中国文字产生神话类型初探［J］.长江大学学报（社会科学版），2007（01）：23-28.

[50] 黄景春.略谈古代神话的当代孑遗及保护问题［J］.长江大学学报（社会科学版），2007（01）：29-31；35.

[51] 王倩.21世纪初国外希腊神话研究印象［J］.长江大学学报（社会科学版），2007（01）：32-35.

[52] 李丽丹.2006年下半年神话学研究论文篇目索引［J］.长江大学学报（社会科学版），2007（01）：143-144.

[53] 薛景.两河流域与中国上古神话之浅较 [J].六盘水师范高等专科学校学报,2007 (02):30-34.

[54] 郑超雄.盘古神话与历史盘古国:盘古神话来源问题研究之三 [J].广西民族研究, 2007 (01):125-133.

[55] 覃彩銮.盘古国文化遗迹的实证考察:盘古神话来源问题研究之四 [J].广西民族研究, 2007 (01):134-144.

[56] 王德保.先合后分 渐行渐远:试论神话从文学中旁落 [J].南昌大学学报(人文社会科学版),2007 (02):150-156.

[57] 王晋建.论楚文学神话的特点 [J].连云港职业技术学院学报(社会科学版),2007 (01):37-38;44.

[58] 方准浩.关于中国神话传统看法 [J].南阳师范学院学报,2007 (02):51-53.

[59] 朱颖.日本神话和神道中的徐福东渡之谜 [J].日本研究,2007 (01):78-85.

[60] 杨薇.解读苗族蚩尤神话:与汉文献中蚩尤神格之比较 [J].思茅师范高等专科学校学报,2007 (01):41-45.

[61] 尹晓予.神话传说折射出的中西方文化差异 [J].山西财经大学学报,2007 (S1):278-279.

[62] 林玮生.中希神话归化的异途及其孕含的中西思维范式 [J].江南大学学报(人文社会科学版),2007 (02):83-87.

[63] 宁胜克.试析中国古典神话的道教化现象 [J].郑州大学学报(哲学社会科学版),2007 (02):148-151.

[64] 张文安.中国古代自然崇拜与自然神话的历史考察 [J].东北师大学报(哲学社会科学版),2007 (03):74-79.

[65] 张玉安.印度尼西亚的创世神话 [J].东南亚研究,2007 (02):84-89.

[66] 汪立珍.鄂温克族创世神话类型探析 [J].呼伦贝尔学院学报,2007 (02):1-4;36.

[67] 翟鹏玉.壮族稻作神话群与民族生态审美叙事 [J].民族文学研究,2007 (02):93-98.

[68] 薛璞,麻淑涛.浅析中国古代神话的亡佚 [J].濮阳职业技术学院学报,2007 (02):62-63.

[69] 宋丽娟,李寅生.浅谈我国上古神话的文学意蕴 [J].钦州学院学报,2007 (02):41-44.

[70] 关增建.中国古代神话中的天文学知识探索 [J].上海交通大学学报(哲学社会科学版),2007 (03):43-49;60.

[71] 商秀春,逯宏.女娲补天神话的考古学新证 [J].社会科学论坛(学术研究卷),2007 (05):177-179.

[72] 纪晓建.《楚辞》《山海经》灵巫之互证:《楚辞》《山海经》神话比较研究之四 [J].社科纵横,2007 (05):80-82.

［73］马桂秋.20世纪神话学历史的学术重构：读马昌仪编《中国神话学文论选萃》［J］.唐山师范学院学报，2007（03）：22-23.

［74］刘振伟.论游牧、定居的分离对西域神话的影响［J］.新疆师范大学学报（哲学社会科学版），2007（02）：20-24.

［75］王剑.《老子》与《易传》宇宙生成论的陈地神话渊源［J］.周口师范学院学报，2007（03）：122-125.

［76］李立政.济源历史与创世神话初探［J］.中共郑州市委党校学报，2007（01）：141-144.

［77］李和平.浅谈《搜神记》中人妖相恋神话的文化价值［J］.安徽农业大学学报（社会科学版），2007（03）：106-109.

［78］黄朵.屈原的神话学实践及其对中国古代神话的超越贡献［J］.毕节学院学报，2007（03）：79-83.

［79］王宪昭.民族神话研究中的母题分析法［J］.重庆师范大学学报（哲学社会科学版），2007（03）：32-36.

［80］李娜.古希腊神话的精髓：从古希腊神话的三大母题谈起［J］.四川文理学院学报，2007（04）：12-14.

［81］林玮生.论希腊神话的伦理缺位［J］.长江大学学报（社会科学版），2007（02）：11-14.

［82］罗伯特·西伽尔.神话与科学之间：作为神的电影明星：一种新的神话视野［J］.游红霞，叶青云，贾玉洁，译.长江大学学报（社会科学版），2007（02）：15-22.

［83］潘其旭.实证揭开"盘古国"的历史尘封：《盘古国与盘古神话》导言［J］.广西民族研究，2007（02）：116-120.

［84］覃乃昌.壮侗语民族的创世神话及其特征：盘古神话来源问题研究之五［J］.广西民族研究，2007（02）：121-135.

［85］宋晓梅.略论北欧地区的神话［J］.内蒙古大学学报（人文社会科学版），2007（03）：91-93.

［86］陈金文.神话何时是"神圣的叙事"：与杨利慧博士商榷［J］.社会科学评论，2007（02）：62-65.

［87］方艳，李俊标.龙蛇之辨与阴阳之化：说龙在中国神话哲学中的意义［J］.唐都学刊，2007（04）：22-26.

［88］颜翔林.现代神话与文艺生产［J］.文学评论，2007（04）：196-200.

［89］王开元.论中国神话之分类［J］.新疆大学学报（哲学人文社会科学版），2007（03）：122-126.

［90］毛郭平.浅析神话的情感变形［J］.咸阳师范学院学报，2007（01）：48-51.

［91］杨丽.从神话传说看藏族先民的宇宙生成观［J］.西藏民族学院学报（哲学社会科学版），2007（03）：30-33；122.

[92] 杨胜朋.《左传》神话资料来源考 [J].盐城师范学院学报（人文社会科学版），2007 (02)：32-37.

[93] 黄泽.神话叙事基本概念的历史演进 [J].云南师范大学学报（哲学社会科学版），2007 (04)：83-88.

[94] 霍建瑜.方志对于神话传承的独特意义：以山西方志所载羿神话为例 [J].中国地方志，2007 (06)：37-42.

[95] 李成军.《西游记》：社会真实下的神话气象 [J].内蒙古民族大学学报，2007 (03)：1-3.

[96] 马旭.少数民族传统文化中现代价值的认识和继承：以神话传说中的生态思想为例 [J].中南民族大学学报（人文社会科学版），2007 (03)：65-68.

[97] 刘毓庆，柳杨.太行太岳神话与中国文化精神 [J].中国文化研究，2007 (02)：96-102.

[98] 陆群.苗族生育神话的建构 [J].中央民族大学学报（哲学社会科学版），2007 (04)：89-93.

[99] 邓辉.论林黛玉的神话原型及其审美意蕴 [J].明清小说研究，2007 (02)：116-125.

[100] 徐中原.神话对唐诗的影响 [J].贵州文史丛刊，2007 (03)：20-24.

[101] 张启成.中国古代神话的特色及其成因 [J].贵州文史丛刊，2007 (03)：1-4.

[102] 王宪昭.中国少数民族人类再生型洪水神话探析 [J].民族文学研究，2007 (03)：141-146.

[103] 薛敬梅，彭兆荣.佤族司岗里叙事中"神话在场" [J].民族文学研究，2007 (03)：152-156.

[104] 张开焱.鲧禹创世神话类型再探：屈诗释读与夏人神话还原性重构之三 [J].民族文学研究，2007 (03)：157-164.

[105] 田松.人神交通的舞台：传统纳西族的创世神话及宇宙结构分析 [J].自然科学史研究，2007 (03)：334-351.

[106] 曹波.始源神话与湖湘文化 [J].湖湘论坛，2007 (04)：50-51.

[107] 纪燕.女娲造人神话文化意义阐释 [J].成都大学学报（教育科学版），2007 (07)：20-21；128.

[108] 刘凤娟.日本"创世神话"解读 [J].读与写（教育教学刊），2007 (07)：177；169.

[109] 金荣权.儒、墨造"圣"运动与神话英雄向文化圣贤的历史转变 [J].贵州社会科学，2007 (07)：121-124.

[110] 王丙珍.鄂伦春族萨满神话的传承与变异 [J].黑龙江教育学院学报，2007 (04)：84-86.

[111] 林琳.从神话透视不同的文化精神：希腊和中国古代神话之比较 [J].沈阳建筑大学学报（社会科学版），2007 (03)：354-356.

[112] 朱建军.汉字、彝文、东巴文文字起源神话比较研究 [J].云南社会科学，2007 (04)：103-107.

[113] 张文安.重谈神话的定义问题：神话学基本命题的反思 [J].社会科学评论，2007

(01): 13-20.

[114] 张和平. 神话隐语与天道模式: "黄帝四面"之谜的再解读 [J]. 北京师范大学学报 (社会科学版), 2007 (04): 64-71.

[115] 林玮生. 神象递嬗视角下的汉族神话及其蕴含的文化因子: 兼与希腊神话比较 [J]. 佛山科学技术学院学报 (社会科学版), 2007 (04): 19-22.

[116] 唐明琪. 嫦娥与狄安娜的神话故事比较 [J]. 凯里学院学报, 2007 (04): 122-123.

[117] 纪晓建. 《山海经》《楚辞》鲧神话差异的文化成因 [J]. 南通大学学报 (社会科学版), 2007 (04): 44-48.

[118] 李四成. 中国西部突厥语民族创世神话母题文化阐释 [J]. 青海民族研究, 2007 (03): 143-146.

[119] 胡媛媛. 浪漫的理想与现实的道德教化: 希腊神话与中国神话不同的价值取向 [J]. 湖北教育学院学报, 2007 (06): 25-27.

[120] 董新祥. 中西神话中神的形象与"天人观"差异 [J]. 山东社会科学, 2007 (09): 22-25; 147.

[121] 史新慧. "天命玄鸟, 降而生商"的神话意蕴 [J]. 华北水利水电学院学报 (社科版), 2007 (04): 77-79.

[122] 林玮生. 希腊神话与中国神话文本差异的文字学解读 [J]. 西南民族大学学报 (人文社科版), 2007 (09): 201-204.

[123] 叶舒宪. 秦文化源流新探: 熊图腾与中原通古斯人假说 [J]. 学术月刊, 2007 (06): 125-133.

[124] 刘付靖. 禹神话与上古南岛语系民族的鱼类和爬行类动物图腾崇拜 [J]. 中南民族大学学报 (人文社会科学版), 2007 (04): 65-69.

[125] 赵红. 道教神仙信仰影响下的嫦娥奔月神话之演变 [J]. 中南民族大学学报 (人文社会科学版), 2007 (04): 164-167.

[126] 崔秀珍. 试论希腊神话和中国神话的差异及其影响 [J]. 中北大学学报 (社会科学版), 2007 (04): 36-39.

[127] 谷颖. "羿射日"与"三音贝子射日"神话之比较 [J]. 吉林省教育学院学报, 2007 (07): 79-81.

[128] 朱国清, 刘玉平. 论网络玄幻小说中的神话因素 [J]. 德州学院学报, 2007 (03): 40-42.

[129] 王宪昭. 论中国少数民族神话母题的流传与演变 [J]. 理论学刊, 2007 (09): 118-122.

[130] 叶舒宪. 冬眠之熊与鲧、禹、启神话通解: 从熊穴启闭获得的启发 [J]. 长江大学学报 (社会科学版), 2007 (04): 5-7.

[131] 曾昭阁. 《红楼梦》"石头神话"的文化审美意蕴 [J]. 南都学坛, 2007 (05): 49-52.

[132] 李艳洁. 汉赋中神话传说的外向征服特征 [J]. 西南科技大学学报 (哲学社会科学版),

2007（05）：54-58；80.

[133] 王志桃.赫拉克勒斯和大禹：中希神话比较［J］.太原大学教育学院学报，2007（03）：56-58.

[134] 郑晨寅."太极"与浑沌神话：周《易》的神话学阐释［J］.漳州师范学院学报（哲学社会科学版），2007（03）：103-106.

[135] 程坤秀.夸父的"俄狄浦斯情结"：神话《夸父逐日》新解［J］.郑州大学学报（哲学社会科学版），2007（05）：119-121.

[136] 刘宗迪，周志强.神话、想象与地理：关于《山海经》研究的对话［J］.中国图书评论，2007（09）：49-56.

[137] 叶舒宪.《春秋》与"中国"想象［J］.博览群书，2007，（08）：22-26.

[138] 蔡觉敏.庄子和屈原对神话的认识和运用［J］.湖湘论坛，2007（05）：91-93.

[139] 黄泽.20世纪中国神话学研究述评［J］.思想战线，2007（05）：105-110.

[140] 陈丽琴.顾颉刚与茅盾神话研究之比较［J］.重庆文理学院学报（社会科学版），2007（05）：64-69；73.

[141] 闫红艳.西王母及其神话流变的深刻内涵［J］.东疆学刊，2007（03）：57-61.

[142] 龚世学.祖先神崇拜成因初探［J］.哈尔滨学院学报，2007（09）：107-111.

[143] 金荣权.中华民族尚德精神与中国古典神话［J］.江西社会科学，2007（09）：125-128.

[144] 刘亚虎.神的名义与族群意志：南方民族神话对早期社会内部的规范［J］.长江大学学报（社会科学版），2007（03）：5-10.

[145] 翟鹏玉.花婆神话：壮族跨越危机、建构民族认同的生态伦理体系［J］.柳州职业技术学院学报，2007（03）：112-117.

[146] 段宝林.盘古神话研究的重大突破：《盘古国与盘古神话》序［J］.广西民族研究，2007（03）：114-115.

[147] 覃乃昌.壮侗语民族创世神话是盘古神话的主要来源：盘古神话来源问题研究之六［J］.广西民族研究，2007（03）：116-122.

[148] 蓝阳春.伏羲神话、女娲神话与盘古神话是三个不同的神话谱系：盘古神话来源问题研究之七［J］.广西民族研究，2007（03）：123-129.

[149] 谢崇安.试论越族青铜器人面纹饰与农业祭礼的关系：兼析盘古化身神话的文化意蕴［J］.广西民族研究，2007（03）：168-172.

[150] 赵红.20世纪以来嫦娥神话研究综述［J］.宁夏大学学报（人文社会科学版），2007（05）：101-106.

[151] 何顺果，陈继静.神话、传说与历史［J］.史学理论研究，2007（04）：42-51；158-159.

[152] 李雪荣，柳晓明.古希腊与西域哈萨克族人类起源神话之比较［J］.塔里木大学学报，2007（03）：55-59.

[153] 胡祥琴.十六国时期的政治感生神话与民族融合 [J].西北第二民族学院学报（哲学社会科学版），2007（06）：13-17.

[154] 李佳玲.希伯来与西亚、北非创世神话之比较 [J].西昌学院学报（社会科学版），2007（02）：37-40.

[155] 董红玲.哈萨克族神话传说与早期宗教信仰的多元化探析 [J].新疆石油教育学院学报，2007（01）：108-110.

[156] 王渭清.后稷崇拜的神话还原 [J].宝鸡文理学院学报（社会科学版），2007（05）：55-57；74.

[157] 田祎.东方神话传说中死神及冥界神话 [J].河北理工大学学报（社会科学版），2007（04）：183-185.

[158] 张佐邦.西南少数民族神话思维特征论 [J].广西社会科学，2007（10）：118-120.

[159] 田兆元.神话文本研究方法探索：多元的要素扩展分析法："精卫填海"的扩展研究 [J].长江大学学报（社会科学版），2007（05）：5-8.

[160] 卓玛.青海少数民族神话的审美阐释 [J].青海师专学报，2007（06）：51-54.

[161] 葛红兵，罗芙.神话：如何可能被重述？[J].上海大学学报（社会科学版），2007（05）：86-87；91.

[162] 刘汉波.同主题变奏：嫦娥奔月神话与金羊毛神话的比较研究 [J].广西社会科学，2007（12）：113-116.

[163] 吴文善.论古代朝鲜神话中的卵生母题与鸟和太阳崇拜 [J].延边大学学报（社会科学版），2007（06）：56-58.

[164] 周凡.神话的启蒙与启蒙的神话：关于一部"哲学断片"的若干断想 [J].河北学刊，2007（06）：45-51.

[165] 丁世忠.土家族天梯神话的发生学阐释 [J].文艺争鸣，2007（11）：161-163.

[166] 闫德亮.神话中的龙凤文化 [J].寻根，2007（06）：28-33.

[167] 赵东明.试论神话对李白诗歌及其气质的影响 [J].技术与教育，2007（02）：39-42.

[168] 黎莉.中国壮族与老挝民族"葫芦"神话比较初探 [J].东南亚纵横，2007（11）：65-69.

[169] 王威.黑龙江流域萨满神话的研究 [J].黑龙江社会科学，2007（05）：115-117.

[170] 刘永红.创世神话与古代"天圆地方"宇宙观的形成 [J].青海师范大学民族师范学院学报，2007（02）：18-20；27.

[171] 颜翔林.论现代神话 [J].社会科学，2007（12）：158-164.

[172] 彭琢.浅谈中国古代神话传说中的原型 [J].陕西师范大学继续教育学报，2007（04）：50-51.

[173] 卢卓元.中国古代神话中的悲剧美和崇高美 [J].西安欧亚学院学报，2007（04）：39-41.

[174] 罗燚英.从神话女神到道教女仙：论西王母形象的演变 [J].中山大学研究生学刊（社

会科学版),2007(02):21-28.

[175] 杨文胜.神话"女娲补天"之谜破解[J].荆门职业技术学院学报,2007(11):33-35;52.

[176] 李枫.论古希腊神话的大众化[J].宁波大学学报(人文科学版),2007(06):30-34.

[177] 张维青.葫芦:原始神话与艺术阐释[J].齐鲁艺苑,2007(06):82-86.

[178] 高强.人格的黄帝与神格的黄帝[J].宝鸡文理学院学报(社会科学版),2007(06):46-51;60.

[179] 王忠.论满族萨满神话传说[J].长春大学学报,2007(11):120-122.

[180] 覃乃昌.我国南方少数民族创世神话创世史诗丰富与汉族没有发现创世神话创世史诗的原因:盘古神话来源问题研究之八[J].广西民族研究,2007(04):99-104.

[181] 李力超.中希古代神话思想比较研究[J].燕山大学学报(哲学社会科学版),2007(S1):170-171.

[182] 翟鹏玉.花婆神话、花山壁画与壮族生态伦理缔结[J].柳州师专学报,2007(04):69-74.

[183] 张丽红.创世神话的不断重演:论萨满跳神原始戏剧方式的文化本质[J].戏剧文学,2007(12):18-20.

[184] 崔亚虹,李福.达斡尔族的萨满教信仰与神话传说[J].大连民族学院学报,2007(06):78-80.

[185] 刘彦.山陕后稷神话的民间记忆与文化重构[J].宜宾学院学报,2007(11):44-47.

[186] 颜翔林.论现代神话及其审美特性[J].学术月刊,2007(10):92-98.

[187] 王亚南.中国神话古史与"国家"传统[J].长江大学学报(社会科学版),2007(06):5-10;147.

[188] 王宪昭.我国少数民族神话中的同源共祖现象探微[J].长江大学学报(社会科学版),2007(06):11-15.

[189] 田戍春."中国少数民族神话研讨会"会议综述[J].长江大学学报(社会科学版),2007(06):21-22.

[190] 吴晓东.形天神话即成汤伐夏桀考[J].长江大学学报(社会科学版),2007(06):16-20.

[191] 高曼霞.生态视角中的镜泊湖神话传说[J].牡丹江大学学报,2007(12):20-22.

[192] 王窈姿.试论楚帛书中雹戏的创世神话[J].民俗研究,2007(04):137-161.

[193] 雍际春.女娲神话及其文化内涵[J].天水师范学院学报,2007(06):7-10.

[194] 王合义.复活的密码:神话思维探索[J].西安建筑科技大学学报(社会科学版),2007(04):20-24.

[195] 孙正国.20世纪后期中希神话比较研究之批评[J].长江大学学报(社会科学版),2007(03):18-22.

[196] 邓琼飞, 覃雪华. 论中华民族多元一体格局对中国神话的影响 [J]. 现代语文（文学研究版）, 2007（10）: 123-124.

[197] 郝原. 神话的重新认知与解读: 兼谈中国远古神话与古希腊神话 [J]. 作家, 2007（12）: 74-76.

[198] 应杰. 论中国神话中的"西王母"[J]. 恩施职业技术学院学报, 2007（03）: 39-40.

[199] 康小红. 神话传说中的月意象探幽 [J]. 西安外事学院学报, 2007（03）: 51-55.

博士论文

[1] 过文英. 论汉墓绘画中的伏羲女娲神话 [D]. 浙江大学, 2007.

[2] 李滟波. 中国创世神话元素及其文化意蕴 [D]. 上海师范大学, 2007.

硕士论文

[1] 王爱科. 牵牛织女神话传说与七夕节的起源 [D]. 青岛大学, 2007.

[2] 程熙. 从神话考古看古蜀的历史文化内涵 [D]. 四川师范大学, 2007.

[3] 包宝柱. 蒙古族神话中的本体论研究 [D]. 内蒙古师范大学, 2007.

[4] 王旅波. 先秦湖湘神话中恐怖情愫在动画创作中的应用 [D]. 北京大学, 2007.

[5] 郭丽. 彝语支民族"洪水神话"解读 [D]. 四川大学, 2007.

[6] 马红强. 中国神话传说与中学生人文素质培养 [D]. 华中师范大学, 2007.

[7] 张玉秀. 手足婚神话的结构精神分析研究 [D]. 四川大学, 2007.

[8] 王薇. 彝族原始宗教与神话中的女性崇拜研究 [D]. 四川大学, 2007.

[9] 周晓明. 先秦神话英雄研究 [D]. 西北师范大学, 2007.

[10] 元旦. 解读《格萨尔》史诗中的远古神话 [D]. 西北民族大学, 2007.

[11] 王伟. 夏商周的上帝神话与文化变迁 [D]. 首都师范大学, 2007.

[12] 潘坚. 论地域性神话的传承 [D]. 华东师范大学, 2007.

[13] 朱璞. 古代神话中的"死而复生"母题研究 [D]. 兰州大学, 2007.

[14] 李霞.《博物志》神话研究 [D]. 华中师范大学, 2007.

[15] 焦艳娜. 中原神话的价值研究 [D]. 兰州大学, 2007.

[16] 孙欢. 中国古代神话传说与中学生想象力的培养 [D]. 华中师范大学, 2007.

[17] 田志亮.《庄子》哲学的神话溯源 [D]. 中央民族大学, 2007.

[18] 郝国强. 族源神话仪式与国家权力 [D]. 广西民族大学, 2007.

[19] 尹泓. 嫦娥奔月神话原型研究 [D]. 南京师范大学, 2007.

[20] 杨茜. 茅盾神话思想初论 [D]. 山东师范大学, 2007.

[21] 米舜. 日、月神话与生态存在论: 一种新的解析范式 [D]. 广西民族大学, 2007.

[22] 马宏妍. 古希腊神话的文学性初探 [D]. 东北师范大学, 2007.

[23] 杨小竹.中国上古神话原型与广告中形象塑造[D].浙江大学,2007.

2008

[1] 刘亚虎.南方民族活形态神话的保护[J].三峡文化研究,2008(00):429-436.

[2] 刘守华.再议廪君与向王[J].三峡文化研究,2008(00):283-295.

[3] 李清.人类开出的最绚烂的奇葩:藏族和古希腊、希伯莱关于人类起源神话的跨文化研究[J].时代文学(下半月),2008(08):81-82.

[4] 李祥林.哪吒神话和莲花母题[J].民族艺术,2008(01):70-77.

[5] 祝艳妮.浅谈原始彩陶的具象纹饰与神话传说[J].科技风,2008(04):155.

[6] 叶舒宪.牛头西王母形象解说[J].民族艺术,2008(03):87-93.

[7] 叶舒宪.二里头铜牌饰与夏代神话研究:再论"第四重证据"[J].民族艺术,2008(04):86-95.

[8] 唐卉.河姆渡文化蝶形器的比较神话学解读[J].民族艺术,2008(01):46-48.

[9] 王倩.图像学视域中的希腊神话研究[J].民族艺术,2008(04):96-100;114.

[10] 陈小敏,李立.牛郎织女神话十年研究述评(1996—2006)[J].古代文明,2008(01):99-108;114.

[11] 杨朴.中华祖先图腾神话之谜的破解:叶舒宪《熊图腾》的学术发现[J].中国比较文学,2008(02):102-108.

[12] 郑先兴.汉画中的西王母神话与西王母崇拜[J].古代文明,2008(03):97-101;114.

[13] 杨建军.《淮南子》天地形成神话考释[J].西北民族研究,2008(04):175-176.

[14] 田戊春.盘古神话与壮侗语民族神话的比较[J].湖北经济学院学报(人文社会科学版),2008(01):116-117.

[15] 李艳.汉族"天梯"与土家族"天梯"神话的比较[J].湖北经济学院学报(人文社会科学版),2008(01):118-119.

[16] 李永中.神话重述与中国形象重构[J].小说评论,2008(06):12-16.

[17] 邓瑾.试析拉祜族原始宗教与神话的基本特征[J].思茅师范高等专科学校学报,2008(05):10-13.

[18] 刘双.生存与神话:北欧神话体系形成发展分析[J].绵阳师范学院学报,2008(10):80-82;86.

[19] 吴春明,彭维斌.台湾原住民始祖神话的文化史线索[J].厦门大学学报(哲学社会科学版),2008(06):85-92.

[20] 刘双.古希腊神话的性别意象[J].西昌学院学报(社会科学版),2008(03):53-55.

[21] 胡祥琴.政治神话与十六国时期的匈奴汉赵政权[J].西北第二民族学院学报(哲学社

会科学版），2008（06）：101-105.

[22] 黎劲.从创世神话看中西文化在价值取向上的差异［J］.消费导刊，2008（22）：207.

[23] 薄奇.饕餮神话和艺术［J］.经营管理者，2008（15）：152.

[24] 曲玉镜.神话传说旅游资源的功能及开发策略［J］.资源开发与市场，2008（12）：1137-1139.

[25] 李春宁，杨志刚.从中希神话看中西美学之异同［J］.名作欣赏，2008（24）：118-120.

[26] 赵丽玲，周金声.中国古代神话传说简论［J］.湖北工业大学学报，2008（06）：136-137；150.

[27] 李梦萍，张松斌，元丽，张浩波.羿射九日析疑［J］.沧桑，2008（06）：32-34.

[28] 李文优.中希创世神话比较研究：文化思维原型［J］.红河学院学报，2008（06）：60-63；66.

[29] 马宏伟.略谈神话学理论在当代中国的传播接受状况［J］.社会科学论坛（学术研究卷），2008（12）：96-100.

[30] 何清，彭鹏.支格阿鲁神话的功能主义分析［J］.天府新论，2008（S2）：111-112.

[31] 张雪飞.试论满族神话的原始思维及其特征［J］.通化师范学院学报，2008（09）：78-79；82.

[32] 单雪梅，董蔚.史诗《江格尔》的神话原型解读［J］.新疆大学学报（哲学人文社会科学版），2008（06）：124-127.

[33] 罗爱军.神话中的"回首"原型及其意义初探：兼谈藏文化中的回首禁忌［J］.西藏大学学报（社会科学版），2008（04）：44-49.

[34] 林野.女娲神话传说的历史学思索［J］.漳州师范学院学报（哲学社会科学版），2008（04）：115-120.

[35] 闫德亮.中国古代神话死亡读解［J］.郑州大学学报（哲学社会科学版），2008（06）：117-120.

[36] 叶舒宪.叙事的神圣发生：为神话正名［J］.长江大学学报（社会科学版），2008（05）：5-9.

[37] 周霜.徒劳主题与希腊神话精神［J］.长江大学学报（社会科学版），2008（05）：14-16；51.

[38] 杜曼，曾庆敏.中西"大洪水"神话的文化含义：比较西方《圣经》和中国神话中的大洪水［J］.北京城市学院学报，2008（06）：84-87.

[39] 王利刚，余春晖.中希神话中蛇意象的对比研究［J］.安康学院学报，2008（06）：46-48.

[40] 骆红琴.论神龙感生神话的演变及其文化意蕴［J］.黑龙江教育学院学报，2008（12）：127-128.

[41] 孙佩霞.中日古代神话女性形象比较［J］.日本研究，2008（04）：85-87.

[42] 王毅，吕屏.汶川地震与"补天"神话原型研究［J］.重庆大学学报（社会科学版），

2008 (06): 113-117.

[43] 朱明珍. 台湾原住民射日神话探讨 [J]. 昆明理工大学学报 (社会科学版), 2008 (12): 84-89.

[44] 王志华. 浅析古希腊神话 [J]. 科学时代, 2008 (06): 109-111.

[45] 包桂芹. 启蒙与神话的渊源: 论霍克海默、阿多诺的启蒙观 [J]. 内蒙古民族大学学报 (社会科学版), 2008 (06): 59-63.

[46] 马莲菁. 从古希腊神话看古希腊人对待宗教的态度 [J]. 淮南师范学院学报, 2008 (06): 46-47.

[47] 李霖颖. 浅析感生神话背后的文化内涵 [J]. 科教文汇 (下旬刊), 2008 (11): 223-224.

[48] 刘巍巍. 论古希腊神话所反映的希腊早期社会形态 [J]. 科技信息, 2008 (34): 325.

[49] 孔令广. 中国神话中的悲剧英雄新解 [J]. 齐齐哈尔师范高等专科学校学报, 2008 (04): 44-45.

[50] 郑爱娟. 试论《红楼梦》中神话创作的美学意蕴 [J]. 济源职业技术学院学报, 2008 (04): 48-50.

[51] 陈琳, 姜伟. 论希腊神话与中国神话的差异性 [J]. 思想战线, 2008 (S3): 49-50.

[52] 侯庆秋. 列维-斯特劳斯神话模式的结构主义局限性体现 [J]. 西南民族大学学报 (人文社科版), 2008 (S2): 81-82.

[53] 孙迎春. 武夷道教及神话生态美分析 [J]. 兰州学刊, 2008 (S1): 159-160.

[54] 金荣权. 论中国古代神话的悲剧精神 [J]. 信阳师范学院学报 (哲学社会科学版), 2008 (01): 123-126; 130.

[55] 马敏. 从对神的塑造看中国神话与希腊神话比较 [J]. 理论学习, 2008 (01): 58-59.

[56] 向柏松. 中外水生型创世神话比较研究 [J]. 中南民族大学学报 (人文社会科学版), 2008 (01): 153-158.

[57] 许晶, 李燕. 关于原始复仇神话的再思考 [J]. 四川文理学院学报, 2008 (01): 42-44.

[58] 侯奕松. 探析古希腊神话中的文学伦理观 [J]. 辽宁师范大学学报 (社会科学版), 2008 (01): 109-111.

[59] 张开焱. 屈原时代的夏人农业之神:《屈诗释读与夏人神话还原性重构》论文之一 [J]. 湖北师范学院学报 (哲学社会科学版), 2008 (01): 20-25.

[60] 叶舒宪. 熊图腾: 从神话到小说 [J]. 文化学刊, 2008 (01): 160-162.

[61] 谢国先. 神话的存在与人的存在: 论神话的本质 [J]. 思想战线, 2008 (01): 137-138.

[62] 滕琪. 变形神话之法则的若干视角 [J]. 复旦学报 (社会科学版), 2008 (01): 135-140.

[63] 牛红英. 从俄狄浦斯故事的演变看神话的模糊性 [J]. 沈阳教育学院学报, 2008 (01): 6-8.

[64] 张绪焰. 中国桃文化的神话解析 [J]. 边疆经济与文化, 2008 (02): 72-73.

[65] 张佐邦.神话对西南少数民族审美心理的影响[J].广西社会科学,2008(02):128-130.

[66] 敬菁华.浅谈俄罗斯民族的神话思维特征[J].西伯利亚研究,2008(01):47-49.

[67] 翟鹏玉.壮岱侬花婆神话与中越文学交流态势[J].广西民族大学学报(哲学社会科学版),2008(01):140-146.

[68] 杨柳.神话时代失落的女神:嫦娥原型文化内涵的女性主义解读[J].青海师范大学学报(哲学社会科学版),2008(01):84-88.

[69] 瞿宏洲.浅谈神话:试述对神话的粗浅理解[J].科技信息(学术研究),2008(04):135.

[70] 金荣权.中国神话历史化进程中神话人物被淘汰的原因分析[J].沙洋师范高等专科学校学报,2008(01):35-38;43.

[71] 霍志军.伏羲神话在中华统一文化中的价值体现[J].天水行政学院学报,2008(01):123-126.

[72] 张开焱.伏羲作为华夏人文始祖形象的形成过程及原因浅探:《屈诗释读与夏人神话原型重构》之十[J].黄石理工学院学报(人文社会科学版),2008(01):1-11.

[73] 龚世学.中国古典神话中"天"的原型意义解读[J].理论导刊,2008(03):113-115.

[74] 张丽红.熊图腾神话之谜的"四重证据法"破译:评叶舒宪先生的新作《熊图腾》[J].辽东学院学报(社会科学版),2008(01):125.

[75] 王宪昭.试论我国民族神话在后世的演变[J].哈尔滨学院学报,2008(02):107-110.

[76] 李增华.《山海经》神话思维的演变和特征[J].边疆经济与文化,2008(03):109-110.

[77] 张开焱.颛顼的双性同体特征及其文化意义:屈诗释读与夏人神话还原性重构研究[J].江淮论坛,2008(01):159-164.

[78] 周云水.藏缅语族创世神话:藏彝走廊上流动的历史:以独龙族神话的结构分析为例[J].康定民族师范高等专科学校学报,2008(01):22-26.

[79] 安鑫,刘博.中希古代神话之比较[J].湖北广播电视大学学报,2008(02):63.

[80] 高源.神话中"他者"观念的人类学解读[J].黑龙江民族丛刊,2008(01):149-151.

[81] 李华.中希洪水神话母题的比较[J].山西农业大学学报(社会科学版),2008(01):45-47;54.

[82] 汪立珍.人口较少民族人类起源神话的类型与内涵探析:以鄂温克族神话为例[J].中央民族大学学报(哲学社会科学版),2008(02):130-134.

[83] 张崇琛.女娲神话的文化蕴涵[J].甘肃高师学报,2008(01):11-14.

[84] 王菊.归类自我与想像他者:族群关系的文学表述:"藏彝走廊"诸民族洪水神话的人类学解读[J].西南民族大学学报(人文社科版),2008(03):161-164.

[85] 金荣权.民族文化背景下中国古代女神命运的演变与地位没落[J].南都学坛,2008(01):82-85.

[86] 包哈斯.天神大战：蒙古族和满族天神神话比较研究［J］.内蒙古民族大学学报（社会科学版），2008（01）：25-29.

[87] 蔡先金."刑天"神话的历史解读［J］.东岳论丛，2008（01）：101-107.

[88] 吴文善.檀君神话新解［J］.内蒙古民族大学学报（社会科学版），2008（02）：20-22.

[89] 李秀霞.卡西尔神话与符号的内在逻辑及社会性扩展的阐释［J］.黑龙江教育学院学报，2008（03）：103-105.

[90] 徐晓光.难题考验与成人礼俗：日本与中国西南少数民族神话的比较［J］.贵州民族学院学报（哲学社会科学版），2008（01）：9-12.

[91] 叶婷.中国神话中的人祖母神［J］.艺术探索，2008（01）：116；120；144.

[92] 蔡英杰.释辛：兼论商族的起源神话［J］.殷都学刊，2008（01）：20-22.

[93] 严梦春，赵小天.中西方文化分别注重血缘关系与夫妻关系在古代神话中的体现［J］.民族文学研究，2008（01）：88-90.

[94] 张开焱.鲧的原初性别：女神还是男神？：屈诗释读与夏人神话还原性重构之四［J］.东方丛刊，2008（01）：86-104.

[95] 刘挺颂.论盘古神话的演变及其文化意义［J］.贵州文史丛刊，2008（01）：1-5.

[96] 金艺铃.朝鲜与满族神话之比较：以朱蒙神话与布库里雍顺神话为中心［J］.西南民族大学学报（人文社科版），2008（04）：149-155.

[97] 胡安莲，闫孟莲.论中国古代创世神话所彰显的民族文化精神［J］.信阳师范学院学报（哲学社会科学版），2008（02）：116-118.

[98] 金荣权.古代神话的生死观念与中华民族的生命精神［J］.中州学刊，2008（03）：187-191.

[99] 刘杨.论中国古代神话的终极意识［J］.中州学刊，2008（03）：192-193.

[100] 王进明.浅论中国上古神话中自强不息的民族精神［J］.延边教育学院学报，2008（01）：17-21.

[101] 郑先兴."黄帝四面"神话的历史学阐释［J］.河南师范大学学报（哲学社会科学版），2008（02）：137-139.

[102] 孙正国.当代语境下神话资源的"公共空间化"［J］.长江大学学报（社会科学版），2008（01）：12-17.

[103] 高海珑."夸父逐日"神话求原［J］.长江大学学报（社会科学版），2008（01）：18-22.

[104] 覃乃昌."咽盘"与"勒勾"：盘古一词源于壮侗语民族先民的磨石崇拜和葫芦崇拜：盘古神话来源问题研究之十［J］.广西民族研究，2008（01）：114-117.

[105] 侯红良.是是非非话盘古：近代以来盘古神话研究述评［J］.广西民族研究，2008（01）：118-126.

[106] 岑学贵.拨开云雾见青天：《盘古国与盘古神话》在盘古神话研究中的学术价值［J］.广西民族研究，2008（01）127-131.

[107] 陆嘉玉.试析秦廷锡侗族民歌中的古代神话传说故事 [J].凯里学院学报, 2008 (02) 10-12.

[108] 刘亚虎.黔东南苗族神话古歌的独特价值 [J].凯里学院学报, 2008 (02) 13-15.

[109] 姜凌.希腊罗马神话对英国诗歌的影响 [J].齐齐哈尔大学学报 (哲学社会科学版), 2008 (03) 129-131.

[110] 白应华.佤族《司岗里》神话传说的整理与研究述评 [J].思茅师范高等专科学校学报, 2008 (01): 1-7.

[111] 左永平.佤族传统文化传承的主要方式——歌谣: 以"司岗里"神话和木鼓为例 [J].思茅师范高等专科学校学报, 2008 (01): 8-11.

[112] 尤仲彩.婚姻规则的神话确证: 对云南少数民族中两则神话的比较研究 [J].思茅师范高等专科学校学报, 2008 (01): 67-70.

[113] 刘亦冰.大禹出生神话的历史文化内涵 [J].绍兴文理学院学报 (哲学社会科学版), 2008 (02): 50-51; 68.

[114] 杜翠敏.神话中偷窥主题的比较: 以希腊神话《阿克泰翁》和中国神话《牛郎织女》为例 [J].温州大学学报 (社会科学版), 2008 (03): 37-41.

[115] 张黎敏.神话原型批评方法及其在中国的实践与革新 [J].太原城市职业技术学院学报, 2008 (01): 5-8.

[116] 巫瑞书.湘鄂川 (渝) 黔边界始祖神话初探 [J].湖南大学学报 (社会科学版), 2008 (02): 76-81.

[117] 沈士军.谈《山海经》的神话思维对浪漫主义文学创作传统的影响 [J].安阳师范学院学报, 2008 (01): 93-96.

[118] 张勤.中国少数民族射日神话类型与分布研究: 67篇神话及异文射日母题初步分析 [J].贵州师范大学学报 (社会科学版), 2008 (02): 47-54.

[119] 鄂崇荣.多元历史记忆与族群认同变迁: 从土族神话传说看民和土族认同的历史变迁 [J].青海民族学院学报, 2008 (02): 32-36.

[120] 阮成城.鲁迅和曹雪芹对女娲神话的改造 [J].红楼梦学刊, 2008 (03): 174-191.

[121] 杜靖."二郎担山赶太阳"神话的由来与内涵 [J].民族文学研究, 2008 (02): 41-46.

[122] 那木吉拉.犬戎北狄古族犬狼崇拜及神话传说考辨 [J].民族文学研究, 2008 (02): 47-52.

[123] 吉羽.《中国各民族神话传说典型母题分类型统计》出版 [J].民族文学研究, 2008 (02): 168.

[124] 江艳华.略论希腊神话与中国神话的差异 [J].科技信息 (学术研究), 2008 (16): 120-121; 123.

[125] 徐亚军.神话传说的文化隐喻意义 [J].中共山西省委党校学报, 2008 (03): 101-103.

[126] 杨海涛.中国古代审美意象与神话思维 [J].内蒙古社会科学（汉文版），2008（03）：140-142.

[127] 荆云波.历史的神话化：谈祖先崇拜的原型意义 [J].宁夏大学学报（人文社会科学版），2008（03）：20-23.

[128] 颜建真.宋元诗歌中的蚩尤意象 [J].齐鲁学刊，2008（03）：123-127.

[129] 袁学敏.中西创世纪神话的化育与民族精神的定格 [J].四川师范大学学报（社会科学版），2008（03）：37-41.

[130] 马敏.从神的差异看中国与希腊神话的不同 [J].韶关学院学报，2008（05）：29-31.

[131] 何有基.大禹治水传说与台湾高山族洪水神话 [J].绍兴文理学院学报（哲学社会科学版），2008（03）：15-19.

[132] 李艳娜.古代希腊神话中的人文主义 [J].鲁东大学学报（哲学社会科学版），2008（03）：49-51.

[133] 刘亚虎.支配与和谐：南方民族与自然关系神话中的深层意识 [J].中南民族大学学报（人文社会科学版），2008（02）：154-158.

[134] 王为华.从图腾神话感悟古人对自然的尊崇与敬畏：以黑龙江三小民族为例 [J].佳木斯大学社会科学学报，2008（02）：92-93.

[135] 潘瑜.浅论盘古神话的母题魅力 [J].今日南国（理论创新版），2008（03）：168-169；182.

[136] 陈金文.人与自然的捍阂：壮族神话《布伯》的文化解读 [J].长江大学学报（社会科学版），2008（02）：5-7；16.

[137] 翟鹏玉.壮族花婆神话与"道法自然"的生命诗学 [J].长江大学学报（社会科学版），2008（02）：8-11.

[138] 田红云.西方心理学派神话研究述论 [J].长江大学学报（社会科学版），2008（02）：12-16.

[139] 陈晶.2007年神话学研究论文索引（续）[J].长江大学学报（社会科学版），2008（02）：136-137.

[140] 牟泽雄.闻一多的神话研究与民族国家建构 [J].民族论坛，2008（05）：32-33.

[141] 路光辉，刘秀瑛.古代奥运会起源与美丽的神话传说 [J].世界宗教文化，2008（02）：6-9.

[142] 何忠祥.少数民族传统体育中的宗教与神话传说 [J].科技信息（学术研究），2008（16）：223；226.

[143] 彭越."绝通天地"神话在中华文明中所代表的意义 [J].中国集体经济，2008（06）：118-119.

[144] 何根海.嫦娥奔月神话的文化破译 [J].池州学院学报，2008（01）：32-36.

[145] 刘爽.谈希腊神话对西方文化的影响［J］.艺术广角，2008（03）：54-55.

[146] 梁昭.苗族蚩尤叙事中的族性书写［J］.现代中国文化与文学，2008（01）：184-193.

[147] 王宪昭.我国少数民族神话研究方法与趋向刍议［J］.内蒙古大学艺术学院学报，2008（02）：103-106.

[148] 王萍萍.从中国古代神话中透视中国人的死亡心态［J］.科技信息（学术研究），2008（18）：364-365.

[149] 朱璞."死而复生"神话及其形成的动因［J］.沧桑，2008（03）：166-167.

[150] 王宪昭.中国少数民族感生神话探析［J］.理论学刊，2008（06）：122-126.

[151] 陈丽琴.从传播学视角解读盘古神话［J］.广西民族研究，2008（02）：100-105.

[152] 刘付靖.廪君神话与壮侗语族始祖神话的渊源关系考释［J］.广西民族研究，2008（02）：112-117.

[153] 吴童.中国与希腊神话女性形象比较研究［J］.内江师范学院学报，2008（05）：86-88.

[154] 姚思彧.斑斑竹泪连潇湘：从唐诗中的斑竹意象浅窥神话的诗性重构［J］.太原大学教育学院学报，2008（S1）：48-52.

[155] 卢沁钰.从神话看中西文化异同：中西创世神话比较［J］.新学术，2008（03）：1-3.

[156] 林玮生."主客合一"与"主客二分"的神话学解读：以中希主调神象"异位"比较为视角［J］.云南师范大学学报（哲学社会科学版），2008（04）：49-53.

[157] 阮金纯.云南特有少数民族创世神话中的共性文化因子［J］.云南民族大学学报（哲学社会科学版），2008（04）：43-46.

[158] 龚向玲.泥土与石头：中西造人神话意象比较［J］.湖南城市学院学报，2008（03）：51-54.

[159] 周梅.神圣与世俗的交融：希腊神话的道德思考［J］.社科纵横（新理论版），2008（01）：296-297.

[160] 杨琳.满族的火崇拜与火神话［J］.社科纵横（新理论版），2008（01）：165+170.

[161] 李姗姗.从中国古代神话看中华民族精神［J］.湖南工业职业技术学院学报，2008（02）：44-45.

[162] 赵沛霖.两种不同的命运观念：鲧禹神话传说与俄狄浦斯神话传说之比较研究［J］.暨南学报（哲学社会科学版），2008（03）：83-88；155.

[163] 何保林.我国创世神话的宗教哲学意蕴之探析［J］.河南社会科学，2008（03）：29-31.

[164] 王岁孝.《太平广记》西王母与东王公神话的历史考察［J］.兰台世界，2008（14）：56-57.

[165] 叶舒宪.食玉信仰与西部神话的建构［J］.寻根，2008（04）：4-12.

[166] 林国清，原霁.兄妹婚神话中的性爱意象［J］.寻根，2008（04）：13-20.

[167] 王敏.中国民族神话研究的独特探索：评王宪昭《中国民族神话母题研究》［J］.内蒙

古民族大学学报（社会科学版），2008（03）：57-58.

[168] 周文斑.从黎族神话传说看海南本土文化与华夏文化的对接［J］.新东方，2008（07）：43-47.

[169] 王爱霞.关于巫山神女的"他者"身份：巫山神女神话流变之分析［J］.社会科学论坛（学术研究卷），2008（08）：133-138.

[170] 林玮生.神话历史化的"五化"概念析读：兼对茅盾Euhemerize译语涵义的质疑［J］.西北第二民族学院学报（哲学社会科学版），2008（04）：60-63.

[171] 闫孟莲.从神话的演变看中国古代仁爱精神的内涵［J］.信阳师范学院学报（哲学社会科学版），2008（04）：126-129.

[172] 李枫.论希腊神话中的女性话语［J］.浙江万里学院学报，2008（04）：9-11；32.

[173] 胡继琼.从女神到天仙：略论古代神话中神女形貌的变化［J］.贵州社会科学，2008（07）：54-58.

[174] 杨春艳.神的"人化"与"神圣化"：中希神话传说差异性一瞥［J］.牡丹江大学学报，2008（07）：11-12.

[175] 江婉，王晨倩.中西方神话故事比较研究［J］.华商，2008（07）：133-134.

[176] 李燕，席利芳.东方植物神话传说解读：渐行渐远的不死草的诱惑［J］.华商，2008（11）：82；77.

[177] 谭达先."盘古开天地"型神话流传史［J］.文化遗产，2008（01）：91-97.

[178] 刘亚虎.欲望与思维：南方民族神话萌生的心理因素［J］.文化遗产，2008（01）：104-112.

[179] 林玮生.中国神话与希腊神话的"伦理三阶论"观照［J］.文化遗产，2008（02）：59-63.

[180] 童炎.由造人神话看两希传统文化的对立和融合可能［J］.安徽文学（下半月），2008（07）：315-316.

[181] 霍志军.女娲神话的原型研究［J］.天水行政学院学报，2008（04）：118-124.

[182] 何辉兰.论太阳与鸟的神话意象及其文化内涵［J］.南方论刊，2008（08）：83-84；89.

[183] 谭高顺.布朗族创世神话的哲学审视［J］.曲靖师范学院学报，2008（04）：80-82.

[184] 张喜久.英雄的神话：弗莱的悲剧观［J］.社会科学战线，2008（04）：254-257.

[185] 杨朴.中华民族八千年熊图腾崇拜原型模式的重构：论《熊图腾》的学术贡献兼驳"黄帝族是檀君神话熊女族后裔"说［J］.吉林师范大学学报（人文社会科学版），2008（04）：137-141.

[186] 赵沛霖.襃姒的神话传说及其文化思想价值［J］.上海师范大学学报（哲学社会科学版），2008（04）：50-56.

[187] 谭达先.《盘古开天地》型神话流传史略［J］.广西师范学院学报（哲学社会科学版），2008（03）：26-29.

［188］张新红.西域神话的隐喻分析［J］.新疆师范大学学报（哲学社会科学版），2008（03）：108-111.

［189］舒伟.论童话与希腊神话的渊源［J］.浙江师范大学学报（社会科学版），2008（04）：88-94.

［190］凯伦·阿姆斯特朗.叙事的神圣发生：为神话正名［J］.叶舒宪，译.江西社会科学，2008（08）：249-254.

［191］刘巍.从日本神话看日本人的信仰［J］.黑龙江教育学院学报，2008（08）：101-103.

［192］郭敬宇.中国远古感生神话探析［J］.长春工程学院学报（社会科学版），2008（02）：70-73.

［193］罗义群.苗族神话思维与生态哲学观［J］.贵州民族研究，2008（04）：86-91.

［194］谢国先.廪君神话新论［J］.长江大学学报（社会科学版），2008（03）：5-8.

［195］彭林绪.土家族再繁衍神话的基本特征与现实意义［J］.长江大学学报（社会科学版），2008（03）：9-11；14.

［196］李艳.土家族天梯神话的载体解读［J］.长江大学学报（社会科学版），2008（03）：12-14.

［197］莫代山.国家在场与民族认同意识变迁：以廪君神话发源地"五落钟离山"为例［J］.贵州民族研究，2008（04）：33-37.

［198］高黎明.浅谈希腊罗马神话对英美大众文化的影响［J］.科技创新导报，2008（27）：216.

［199］戴尔·海姆斯.民俗学的性质与太阳神话［J］.陈熙，译.文化遗产，2008（01）：43-52.

［200］宁稼雨.孙悟空叛逆性格的神话原型与文化解读［J］.文艺研究，2008（10）：59-66.

［201］黄晓娜.人性的两极：《圣经·创世记》神话中的两性人格隐喻［J］.安徽文学（下半月），2008（09）：232-233.

［202］文广会.中国神话的民族精神及其现代复苏［J］.陕西青年职业学院学报，2008（03）：73-76.

［203］林玮生.中国神话历史化的背景动因分析［J］.青海师范大学学报（哲学社会科学版），2008（04）：87-90.

［204］王前，梁海.中国古代神话传说中的技术意识［J］.山西大学学报（哲学社会科学版），2008（05）：1-6.

［205］武瑞翔.从土家族三类母题看其创世神话［J］.湘潮（下半月），2008（09）：1-3.

［206］肖衍涛.《山海经》神话传说的酒神精神初探［J］.厦门教育学院学报，2008（03）：37-39.

［207］闫德亮.中国古代神话的宇宙观［J］.中州学刊，2008（05）：223-226.

［208］李玥.变形神话折射的生命观［J］.长春师范学院学报（人文社会科学版），2008（09）：57-61.

［209］汪聚应，霍志军.女娲神话的原型意义［J］.甘肃社会科学，2008（05）：169-173.

［210］李瑞仙.从炎黄战争和特洛伊战争神话中看中西神话的差异［J］.今日南国（理论创新版），2008（09）：100.

［211］刘亚虎.中华民族创世神话的典型型式及人文精神［J］.长江大学学报（社会科学版），2008（04）：5-11.

［212］刘砚群.《精卫填海》的神话学解读［J］.长江大学学报（社会科学版），2008（04）：12-14.

［213］游红霞.论蒋观云的神话学思想［J］.长江大学学报（社会科学版），2008（04）：15-17.

［214］路光辉.从神话看古代奥运会的文化内涵［J］.重庆工学院学报（社会科学版），2008（08）：121-123；194.

［215］陆群.湘西苗族春日节庆：神话中的死亡与习俗的"化生"［J］.民族论坛，2008（08）：20-21.

［216］苏学芬.中国神话和希腊神话不同的宗教思想根源［J］.科技信息（科学教研），2008（23）：455；449.

［217］吕萍.满族萨满神话解读［J］.民族文学研究，2008（03）：64-66.

［218］张竞艳.从神话及宗教信仰解析神秘数字"七"［J］.民族文学研究，2008（03）：58-63.

［219］蔡艳菊.从洪水神话看比较神话学的研究方法和发展前景：陈建宪教授访谈录［J］.世界文学评论，2008（02）：1-5.

［220］覃丽芳.中越有关民族起源神话传说的对比［J］.东南亚纵横，2008（10）：75-77.

［221］王萃萃.土地原型与创世神话探源［J］.乐山师范学院学报，2008（10）：70-71；106.

［222］陈欣.试论远古感生神话中的虹与龙［J］.绥化学院学报，2008（05）：77-79.

［223］王立新.影响与超越：希伯来神话的文化品格与民族特质［J］.社会科学战线，2008（06）：157-164.

［224］杰弗瑞·斯丹克.神话与历史的对应：美索不达米亚神话意象在大卫王权崛起中的回响［J］.丁蒙，译.社会科学战线，2008（06）：165-171.

［225］周红.中外神话惩戒主题之文化比较［J］.盐城师范学院学报（人文社会科学版），2008（05）：79-82.

［226］李水奎.藏族"猕猴变人"神话传说探析［J］.康定民族师范高等专科学校学报，2008（05）：1-3.

［227］罗建新.古蜀神话中的民族精神［J］.湖州师范学院学报，2008（05）：21-24.

［228］杭宏.希腊神话对现代的启示［J］.阜阳师范学院学报（社会科学版），2008（05）：48-50.

［229］闫德亮.神话与龙凤及其民族精神［J］.贵州社会科学，2008（10）：63-66.

［230］闫德亮.神话历史化与历史神话化及其原因［J］.南都学坛，2008（06）：63-68.

[231] 张东茹.我国古代神话中的"变形"母题解读 [J].宝鸡文理学院学报（社会科学版），2008（05）：53-56.

[232] 王娟.神话比较中见中西建筑文化差异 [J].衡阳师范学院学报，2008（05）：73-75.

[233] 高有鹏.古代禅让政治的文化理想：关于中国神话传说的尧舜禹时代 [J].黄河文明与可持续发展，2008（01）：128-143.

[234] 程健君.中原神话调查报告 [J].黄河文明与可持续发展，2008（01）：144-158.

[235] 潜明兹.钟敬文的民俗学神话学 [J].励耘学刊（文学卷），2008（02）：288-311.

[236] 刘惠萍.汉画像中的"玉兔捣药"：兼论神话传说的借用与复合现象 [J].中国俗文化研究，2008（00）：237-253.

[237] 王永青.浅谈闻一多先生神话研究的研究方法 [J].现代语文（文学研究版），2008（01）：67-68.

[238] 徐水，庄丹华.后羿神话故事重解 [J].作家，2008（04）：128-129.

[239] 张美云.试析古代神话中独具创造性的拟人手法 [J].作家，2008（22）：178-179.

[240] 田冬梅.老子哲学中的创世神话思想 [J].时代人物，2008（04）：288-289.

[241] 龚向玲.浅析泥土与石头对造人神话的影响 [J].考试周刊，2008（20）：209-210.

[242] 赵羽.上古兄妹缔婚始祖神话略说 [J].语文学刊，2008（13）：30-33.

[243] 张丽华.中国古代感生神话图腾崇拜说质疑 [J].文教资料，2008（28）：80-82.

[244] 黄艳，胡冰茹.浅谈中国古代神话的片断化与零散化 [J].教育前沿（理论版），2008（11）：98-99.

[245] 段宝林.盘古新考 [J].民间文化论坛，2008（06）：51-56.

[246] 王永宽.盘古神话传说文化内涵的多元性 [J].民间文化论坛，2008（06）：57-61.

[247] 高有鹏.盘古神话考论简说 [J].民间文化论坛，2008（06）：62-64.

硕士论文

[1] 张蕾.古代美索不达米亚与《圣经》创世神话的比较研究 [D].山东大学，2008.

[2] 谢燕.中国上古神话英雄的婚姻爱情问题 [D].广西大学，2008.

[3] 张小燕.女娲神话的生命美学意蕴 [D].山东大学，2008.

[4] 宿晶.中西洪水神话的文化差异 [D].山东大学，2008.

[5] 龚柏岩.从中国古代神话看中国传统思维方式 [D].山东大学，2008.

[6] 龙国静.布依族神话与古歌研究 [D].贵州大学，2008.

[7] 张国华.女娲形象研究 [D].东北师范大学，2008.

[8] 刘术人.论嫦娥奔月神话的文本流变 [D].东北师范大学，2008.

[9] 李娜.论古希腊神话中的"杀子"母题 [D].湘潭大学，2008.

[10] 郑尤.汉族女娲神话与南方民族女神神话比较研究 [D].中南民族大学，2008.

[11] 李晓军.中国女神"他者"形象的形成及其文化阐释［D］.陕西师范大学,2008.

[12] 卓玛.中国少数民族感生神话的女性人类学阐释［D］.青海师范大学,2008.

[13] 陈鹏.红山文化的宗教崇拜与神话问题［D］.辽宁师范大学,2008.

[14] 杜亮梅.鲁迅与先秦神话传说［D］.辽宁师范大学,2008.

[15] 杨绍固.《红楼梦》中的"石生人"神话系统研究［D］.新疆师范大学,2008.

[16] 许风申.从古代神话看中华先民的精神世界［D］.山东师范大学,2008.

[17] 杨睿.理性的继承与智性的超越［D］.西北大学,2008.

[18] 庞倩华.女性与女娲：女娲信仰对女性主体地位的凸显［D］.河南大学,2008.

[19] 杨子江.中国古代神话中的教育思想研究［D］.东北师范大学,2008.

[20] 颜繁江.创世神话的价值研究［D］.东北师范大学,2008.

[21] 石迪.中国创世神话的生态智慧与当代价值［D］.苏州大学,2008.

[22] 李杨.论《山海经》与屈赋中的神话［D］.东北师范大学,2008.

[23] 杨易婷.《文选》李善注所引神话研究［D］.东北师范大学,2008.

[24] 王奇见.从神话和民间传说看中日两国自然观的差异［D］.吉林大学,2008.

[25] 程显娟.中国与希腊神话的"性"意识比较研究［D］.延边大学,2008.

[26] 汤静.春秋时期神话研究［D］.西北师范大学,2008.

2009

[1] 崔文峰.中日创世神话的异同性比较［J］.安徽文学（下半月）,2009(01)：90-91.

[2] 古春梅.简论中国神话的类型［J］.文学教育（下）,2009(01)：36-37.

[3] 张晓.日本汉学界近代的中国神话研究［J］.安徽文学（下半月）,2009(02)：127-128.

[4] 周含.初探中西神话传说中的相似主题［J］.大众文艺（理论）,2009(01)：148-149.

[5] 闫德亮.神话与道教关系论：兼论神话与道家［J］.信阳师范学院学报（哲学社会科学版）,2009(01)：62-68.

[6] 刘长东.论土家族女始祖神话在族群演进中之作用［J］.四川大学学报（哲学社会科学版）,2009(01)：81-92.

[7] 周磊.中原神话研究30年回顾［J］.乐山师范学院学报,2009(01)：59-64.

[8] 颜翔林.神话的美学探询：西方神话美学札记［J］.湖南师范大学社会科学学报,2009(01)：123-127.

[9] 万建中.神话的现代理解与叙述［J］.北京师范大学学报（社会科学版）,2009(01)：74-79.

[10] 庄晓英.从接受视野看嫦娥奔月神话［J］.文学教育（下）,2009(02)：24-25.

[11] 冯保善.从历史到神话：玄奘取经与《西游记》［J］.徐州工程学院学报（社会科学版）,2009(01)：48-52.

[12] 马月兰.《圣经》创世神话的文化折射［J］.世界宗教文化,2009(01)：42-45.

[13] 张崇富.中韩始祖神话解读：一个族群认同理论的视角［J］.长江学术，2009（01）：56-63.

[14] 杨姗姗.略论中国古代神话与古希腊神话的差异［J］.沧桑，2009（01）：250-251.

[15] 马晓垠.浅谈印第安神话中文化英雄性格的两重性［J］.安徽文学（下半月），2009（03）：367-368.

[16] 郭铜.《红楼梦》神话原型中的政治寓言［J］.安徽文学（下半月），2009（03）：189-190；193.

[17] 詹玲.儒学复兴与神话重述［J］.名作欣赏，2009（02）：131-133.

[18] 刘建辉.走出困境的另一种思维：神话思维与野性思维的发现意味着什么？［J］.福建论坛（人文社会科学版），2009（02）：46-51.

[19] 苏艳.古希腊时期的神话研究［J］.赤峰学院学报（汉文哲学社会科学版），2009（01）：126-127.

[20] 戴晓东.中希神话英雄认同标准的差异［J］.浙江万里学院学报，2009（01）：19-21.

[21] 范正生."射日奔月"神话考辨［J］.泰山学院学报，2009（01）：10-15.

[22] 娄佰彤.民族心灵的风景：满族神话中女性形象的文化人类学考察［J］.长春大学学报，2009（01）：107-110.

[23] 谭萍.女娲神话与壮族姆六甲神话的比较研究［J］.湖北经济学院学报（人文社会科学版），2009（02）：102-103.

[24] 郝永华.罗兰·巴特文学文化批评中的"神话学"方法［J］.江西社会科学，2009（02）：205-211.

[25] 孙爱玲.论《红楼梦》开篇神话的本真意蕴［J］.济南大学学报（社会科学版），2009（02）：15-18；91.

[26] 李诗晓.从神的世界走来：从《仙剑》系列游戏论中国游戏对神话的运用［J］.湖北省社会主义学院学报，2009（01）：78-80.

[27] 谢晋洋，胡美会.巴蜀神话的影响及研究价值［J］.经济研究导刊，2009（04）：228-229.

[28] 常小美.大禹治水神话的文化解析［J］.消费导刊，2009（04）：233；235.

[29] 苏艳.神话—原型批评视阈中的文学翻译批评研究［J］.外语学刊，2009（02）：104-107.

[30] 王景霞.古代大禹神话传说的情节类型［J］.大舞台（双月号），2009（01）：11-13；18.

[31] 杜佳澍.希腊神话词源趣谈［J］.法国研究，2009（01）：87-89.

[32] 苏艳.列维-斯特劳斯的结构主义神话学研究［J］.湖北第二师范学院学报，2009（01）：35-36.

[33] 舒携溺，舒挽溺.善的引导与恶的胁迫：从创世神话开始东西方文化源流的差异与融合［J］.攀枝花学院学报，2009（01）：57-67；71.

[34] 宋小克.从殷周关系看姜嫄弃子神话［J］.学术论坛，2009（03）：170-173.

[35] 韩艳,王秀银.希腊神话中男权意识建构下的妖魔化女性形象[J].嘉兴学院学报,2009(01):86-88;92.

[36] 刘婷.产翁制:鬼神信仰的世俗化表现:从"鲧腹禹"神话说起[J].保山师专学报,2009(01):49-52.

[37] 李明.伏羲神话与九隆神话之相似点探析[J].保山师专学报,2009(01):53-56.

[38] 倪铁颖.《楚辞》中的后羿与河伯神话形象研究[J].长春师范学院学报(人文社会科学版),2009(03):49-52.

[39] 谷颖.也谈满族"三仙女"始祖感生神话[J].长春师范学院学报(人文社会科学版),2009(03):92-96.

[40] 关凯.族群政治的东方神话:儒家民族主义与中华民族认同[J].广西民族大学学报(哲学社会科学版),2009(02):25-31.

[41] 刘建辉."可写的"图腾:西方当代神话研究解读[J].河北师范大学学报(哲学社会科学版),2009(02):89-95.

[42] 黎炼,黎学锐.生命之花的传承:论仫佬族花婆神话的生命意识与教化功能[J].河池学院学报,2009(01):90-92.

[43] 李小军.《后羿射日》神话源流之考辨[J].哈尔滨学院学报,2009(03):76-79.

[44] 金立江.中国神话"历史化"的再思考[J].百色学院学报,2009(01):38-41.

[45] 叶舒宪.中国的神话历史:从"中国神话"到"神话中国"[J].百色学院学报,2009(01):33-37.

[46] 谭佳.从《春秋》看"神话历史"[J].百色学院学报,2009(01):45-48.

[47] 黄悦.重建整体性的神话观[J].百色学院学报,2009(01):42-44.

[48] 张美云.论古代神话对人类理性的催生及推动作用[J].福建论坛(社科教育版),2009(02):127-128.

[49] 刘大先.非物质文化遗产的生意:敢壮山布洛陀的神话塑造和文化创意[J].粤海风,2009(02):15-20.

[50] 赵强.古希腊罗马神话典故的特点及应用[J].信阳农业高等专科学校学报,2009(02):83-85.

[51] 杨茜.广阔空间里的有限时间:茅盾神话思想中的时空观念初论[J].名作欣赏,2009(10):136-138.

[52] 晁天义.老子长寿神话的文化学分析[J].史学集刊,2009(03):10-16.

[53] 尹芳.树的神话的象征意义及其心理分析探索[J].社会心理科学,2009(02):34-39.

[54] 湛利华,张竹君.近年女娲补天神话研究综述[J].科教文汇(上旬刊),2009(04):226-227.

[55] 郑蓉.论中国神话中的女神形象及其影响:兼及中西女神比较[J].南昌高专学报,

2009 (02): 38-40.

[56] 林沙欧.论甲骨卜辞、铭文及神话对历史叙事的影响 [J].社会科学家,2009 (04): 30-33.

[57] 赵颖.牛郎织女神话传说的流变及其现实意义 [J].西安电子科技大学学报(社会科学版),2009 (02): 109-114.

[58] 张翠霞.白族"龙母"神话探析 [J].大理学院学报,2009 (05): 13-17.

[59] 宋志玛.谈《山海经》中的蛇形象 [J].衡水学院学报,2009 (02): 33-35.

[60] 苗天宝.突厥史学启蒙:神话传说 [J].新学术,2009 (01): 62-64.

[61] 赵萱.萨满归来:浅谈叶舒宪《神话意象》[J].佳木斯大学社会科学学报,2009 (02): 86-88.

[62] 程良友.中希神话中的哲学思辨 [J].黄石理工学院学报(人文社会科学版),2009 (01): 30-32.

[63] 杜小红,严雪莹,邓小群,廖颖.女神—女奴—女人:从古希腊神话女性形象看苔丝和珍妮悲剧命运 [J].井冈山学院学报,2009 (01): 63-67.

[64] 罗琼.印度神话发达原因研究 [J].吉首大学学报(社会科学版),2009 (02): 123-126.

[65] 刘婧."母性神话"从何处倒塌:中西古典文学中的"恶母"形象比较 [J].长江师范学院学报,2009 (02): 125-129.

[66] 周云.汉族与少数民族感生神话比较研究 [J].湖北广播电视大学学报,2009 (05): 74-75.

[67] 黄春丽.嫉妒之心:希腊罗马神话故事中人物的性格特征 [J].承德民族师专学报,2009 (01): 35-37.

[68] 朱芳.从洪水神话解读中西民族文化心理差异 [J].重庆工学院学报(社会科学版),2009 (04): 128-129;150.

[69] 李俊梅.希腊罗马神话神名称谓的转义 [J].名作欣赏,2009 (12): 137-139.

[70] 于丽娜.约瑟夫·坎贝尔英雄冒险神话模式浅论 [J].世界宗教文化,2009 (02): 7-10.

[71] 李滟波.中希"混沌"神话的哲学意蕴 [J].世界文学评论,2009 (01): 207-211.

[72] 罗玲玲.水族神话中动物图腾崇拜探源 [J].黑龙江史志,2009 (12): 90-91.

[73] 肖晶,杨娟.浅议楚辞中的神话色彩 [J].安徽文学(下半月),2009 (06): 131.

[74] 张虹.试论神话隐喻与汉民族的保守思维模式 [J].辽宁行政学院学报,2009 (06): 135;139.

[75] 茆晓君.希腊神话中的畸形恋情研究 [J].学理论,2009 (14): 123-124.

[76] 王宪昭.论母题方法在少数民族神话研究中的应用 [J].百色学院学报,2009 (02): 44-48.

[77] 陈富元.试论《山海经》二元对应神话思维模式与明清神魔小说 [J].青海师范大学民族师范学院学报,2009 (01): 20-22.

[78] 吴从祥.纬书政治神话与禹形象的演变 [J].齐鲁学刊,2009 (03): 42-45.

[79] 王吉鹏.鲁迅与中国古代神话传说 [J].齐鲁学刊,2009 (03): 149-152.

[80] 陈立浩.根脉相承精神相通：黎族与南方百越后裔诸民族的创世神话评析 [J].琼州学院学报, 2009（03）：14-16.

[81] 吕昭义.洪水、葫芦神话的衍变与印缅那加族的迁移 [J].学术探索, 2009（03）：93-101.

[82] 易小斌.神的历史与历史的神：中国先秦与古希腊神话源流之比较 [J].湖南工业大学学报（社会科学版）, 2009（03）：51-53.

[83] 刘杨.论神话龙形象表征含义的变迁 [J].河南师范大学学报（哲学社会科学版）, 2009（03）：162-164.

[84] 池桢.天上人间：中国远古神话中的人性意识 [J].河南师范大学学报（哲学社会科学版）, 2009（03）：206-209.

[85] 杨慧."女巫"与"天使"的"创始神话" [J].青海社会科学, 2009（03）：93-96.

[86] 武圣华.试论感生神话对神性英雄属性确立的舆论密函 [J].青海社会科学, 2009（03）：97-100.

[87] 季中扬.论作为文化研究关键词的神话概念 [J].求索, 2009（05）：173-175.

[88] 夏世华.禹、契、后稷的感生神话：三代天命观的政治隐喻 [J].江汉大学学报（人文科学版）, 2009（03）：60-64.

[89] 张树国.谶纬神话与东汉国家祭祀体系的构建 [J].广州大学学报（社会科学版）, 2009（04）：85-90.

[90] 王凤, 林忠.尼采的神话观与现代主义神话叙事 [J].重庆邮电大学学报（社会科学版）, 2009（03）：85-89.

[91] 荆云波.中国古代礼仪中的神话思想 [J].百色学院学报, 2009（02）：29-33.

[92] 杨茜.茅盾神话学研究的方法论问题 [J].华北水利水电学院学报（社科版）, 2009（03）：66-68.

[93] 宁稼雨.女娲神话的文学移位 [J].文学遗产, 2009（03）：140-143.

[94] 程倩.论神话传说、城邦民主对古希腊复仇悲剧的影响 [J].解放军艺术学院学报, 2009（02）：65-69.

[95] 朱瑜章.先秦河西走廊神话传说考略 [J].敦煌学辑刊, 2009（02）：148-157.

[96] 焦萍, 徐人平, 王坤茜.民族服饰的神话符号研究 [J].贵州大学学报（艺术版）, 2009（02）：62-65.

[97] 张开焱.楚国帛书创世神话产生的时代问题 [J].东方丛刊, 2009（02）：169-184.

[98] 薛敬梅, 林雅嫱.佤族"司岗里"神话的传承及影响：以西盟佤族为例 [J].青海师范大学学报（哲学社会科学版）, 2009（03）：100-103.

[99] 涂敏华.《山海经》太阳鸟神话的考古印证及其文化内涵 [J].漳州师范学院学报（哲学社会科学版）, 2009（02）：57-60.

[100] 陈国友.从神话看中西文化精神差异 [J].社会科学家, 2009（06）：149-151.

[101] 李红英.追寻原母神：关于宇宙创生神话的探索［J］.中州大学学报，2009（03）：46-48.

[102] 刘平，孙旭红.论先秦史官与神话历史化［J］.乐山师范学院学报，2009（06）：80-83.

[103] 叶舒宪.中华文明探源的比较神话学视角［J］.江西社会科学，2009（06）：14-21.

[104] 王倩，尹虎彬.从语义比较到文明探源：论比较神话学的近代转向［J］.江西社会科学，2009（06）：21-27.

[105] 杨瑶，杨正和.狂欢化视野下的中西"重述神话"［J］.江西师范大学学报（哲学社会科学版），2009（03）：103-107.

[106] 韩鼎.结构主义神话学评析［J］.广西民族研究，2009（02）：91-97.

[107] 金涛.从《山海经》等海洋神话探索东海岸海岛先民的生存状态［J］.浙江海洋学院学报（人文科学版），2009（02）：1-4.

[108] 叶舒宪.神圣言说：从汉语文学发生看"神话历史"［J］.百色学院学报，2009（03）：14-24.

[109] 方艳.从《穆天子传》看神话历史［J］.百色学院学报，2009（03）：25-29.

[110] 金立江.什么是"神话历史"：评《神话历史——一种现代史学的生成》［J］.百色学院学报，2009（03）：30-35.

[111] 田兆元.大楚文化与大楚神话［J］.长江大学学报（社会科学版），2009（02）：5-7.

[112] 张旭.因陀罗：比较神话学专题研究［J］.长江大学学报（社会科学版），2009（02）：8-16.

[113] 毕旭玲.20世纪前期海外学者中国神话传说研究述评［J］.长江大学学报（社会科学版），2009（03）：20-23.

[114] 张全辉.哀牢民族心灵深处的一个集体的梦："九隆神话"原型分析［J］.保山师专学报，2009（03）：5-11.

[115] 韦韬.布依族神话类别初探［J］.贵州民族学院学报（哲学社会科学版），2009（02）：113-116.

[116] 寇爱林.中西神话的谱系学比较研究［J］.湖北社会科学，2009（07）：154-156.

[117] 肖远平.神话的超越：彝族支嘎阿鲁射日神话的审美追求［J］.贵州民族学院学报（哲学社会科学版），2009（02）：84-87.

[118] 黄珈慧.中国女神神格特征与"双性同体"女性主义原型解读［J］.民办教育研究，2009（06）：50-55.

[119] 刘前红.希腊神话的跨文化传播研究［J］.东南传播，2009（06）：155-157.

[120] 叶云佳.女神的演变：神话叙事中的母性塑造［J］.新西部（下半月），2009（06）：112；114.

[121] 于淑红，魏黎波，劳智洁.论中国神话中的人本思想［J］.消费导刊，2009（13）：215.

[122] 李烨.各走一途的原始象征:"吴刚伐桂"与西西弗斯神话的比较解读[J].名作欣赏, 2009 (13): 117-120.

[123] 赵自勇.《淮南子》对上古神话的整理[J].安徽史学, 2009 (04): 124-125; 115.

[124] 曹雪立.解读西方"神话"[J].安徽文学(下半月), 2009 (08): 332.

[125] 李雷东.先秦墨家的神话及其天命思想:从结构主义的视角看[J].求索, 2009 (07): 59-61.

[126] 黄世杰.盘古化生神话文化的重要发祥地在广西大明山(上)[J].青海民族研究, 2009 (03): 78-95.

[127] 李玥.试论变形神话形成的动因[J].通化师范学院学报, 2009 (06): 36-37; 68.

[128] 王灿.中国原始历史意识与中国古代神话传说:论中国原始历史意识溯源研究的前提性问题[J].求索, 2009 (07): 200-203; 211.

[129] 陈俊荣."新神话主义"奇幻文学视野下的"重述神话"[J].重庆三峡学院学报, 2009 (04): 39-43.

[130] 牟海芳.猪图腾神话的演变与图腾崇拜观念的变异[J].四川教育学院学报, 2009 (07): 41-43.

[131] 卓玛.关于中国少数民族神话感生主题原型的女性人类学阐释[J].青海民族学院学报, 2009 (03): 128-133.

[132] 高波."海子神话"与"文学知识分子"心态[J].厦门大学学报(哲学社会科学版), 2009 (04): 116-121.

[133] 胡炳年.从神话传说看人类前行的脚步:对精卫填海、愚公移山和铁棒磨针的重新解读[J].沈阳工程学院学报(社会科学版), 2009 (03): 379-382.

[134] 徐佩.俄罗斯多神教神话的特点[J].黑龙江社会科学, 2009 (04): 30-32.

[135] 张炜.中国神话中的贡献精神[J].首都经济贸易大学学报, 2009 (03): 90-94.

[136] 汪立珍.鄂温克族英雄神话中的人物形象分析[J].民族文学研究, 2009 (03): 90-93.

[137] 户晓辉.卡西尔与神话的批判现象学[J].民族文学研究, 2009 (03): 64-70.

[138] 王倩.人类学带给神话学的变革:谈神圣仪式的发现如何改变文学式神话研究[J].民族文学研究, 2009 (03): 71-77.

[139] 易晓明.论神话的"文化无意识"传播:兼及弗莱的神话原型理论[J].民族文学研究, 2009 (03): 78-83.

[140] 张红伟.论哈萨克神话的自由精神[J].西北民族大学学报(哲学社会科学版), 2009 (04): 136-141.

[141] 蒋华.舜文化之"务实、实用"在远古神话中的体现[J].社科纵横, 2009 (08): 86-88.

[142] 姚日晓.唐代文学中洞庭湖神话传说的文化解读[J].新余高专学报, 2009 (04): 69-71.

[143] 卓玛.中国少数民族感生神话中孕育行为原型的女性人类学阐释[J].青海社会科学,

2009 (04): 92-95.

[144] 杜媛. 从神话研究看斯特劳斯结构主义思想 [J]. 安康学院学报, 2009 (04): 60-63.

[145] 曹然. "神人媒介": 浅析印度火崇拜的神话与宗教根源 [J]. 海南师范大学学报 (社会科学版), 2009 (03): 139-143.

[146] 李聪. 长白山民族起源神话解读 [J]. 吉林省教育学院学报 (学科版), 2009 (07): 76-77.

[147] 王海. 黎族神话类型略论 [J]. 广东技术师范学院学报, 2009 (05): 11-15; 136.

[148] 李文斌, 余锐. 生态文明视域中女娲神话的新内涵 [J]. 黄石理工学院学报 (人文社会科学版), 2009 (04): 19-21.

[149] 殷满堂. 女娲神话的象征意义及其当下启示 [J]. 黄石理工学院学报 (人文社会科学版), 2009 (04): 22-23; 28.

[150] 高天星. 邵原创世神话群的文化审美解读 [J]. 河南教育学院学报 (哲学社会科学版), 2009 (04): 16-18.

[151] 谭德兴. 从后羿形象之演变看中国历史神话化 [J]. 贵州教育学院学报, 2009 (07): 47-51.

[152] 肖捷飞. 从《庄子》寓言中鸟类形象观神话传说中凤鸟"涅槃" [J]. 才智, 2009 (22): 192.

[153] 姜志刚. 三则女嫁男型神话的比较研究 [J]. 长江大学学报 (社会科学版), 2009 (04): 9-11.

[154] 唐果. 论列维-斯特劳斯的结构主义神话学 [J]. 广西民族大学学报 (哲学社会科学版), 2009 (S1): 13-15.

[155] 刘永红. 青海黄南藏族"初创世型"神话的文化内涵 [J]. 长江大学学报 (社会科学版), 2009 (01): 13-17.

[156] 马都尕吉. 藏族神话与英雄史诗 [J]. 长江大学学报 (社会科学版), 2009 (01): 18-21.

[157] 黄悦. 创世神话的价值重估与意义阐释: "中国创世神话比较研究国际学术讨论会"综述 [J]. 长江大学学报 (社会科学版), 2009 (01): 22-24; 45.

[158] 李银霞. 中西方神话差异性探析 [J]. 殷都学刊, 2009 (03): 146-148.

[159] 葛文娇. 泥土造人神话研究 [J]. 文学教育 (下), 2009 (09): 42-43.

[160] 黄晓斧. 从汉字中查考中国古代神话的史实 [J]. 中华文化论坛, 2009 (03): 153-156.

[161] 赵红. 羿神话与汉代人的文化心态 [J]. 中华文化论坛, 2009 (03): 157-162.

[162] 杨江华. 中日两国的偶生神话对比研究 [J]. 大众文艺 (理论), 2009 (16): 148.

[163] 宋玉. 女娲神话与盖亚假说之比较 [J]. 黑龙江史志, 2009 (19): 38-40.

[164] 管钰. 彝族神话《紫孜妮楂》的原型分析 [J]. 安徽文学 (下半月), 2009 (10): 187-188.

[165] 彭国栋. 《山海经》神话中的伦理精神 [J]. 商丘师范学院学报, 2009 (07): 7-9.

[166] 王海. 黎族的火神话传说 [J]. 琼州学院学报, 2009 (04): 19-20.

[167] 谭敏.道教神话的历史文化特征 [J].西南民族大学学报（人文社科版），2009（08）：184-187.

[168] 赵红.二十世纪以来羿神话研究综述 [J].太原大学学报，2009（03）：41-47.

[169] 那木吉拉.新时期蒙古神话研究的回顾与展望 [J].内蒙古师范大学学报（哲学社会科学版），2009（01）：41-48.

[170] 叶舒宪.神圣言说（续篇）：从汉语文学发生看"神话历史"[J].百色学院学报，2009（04）：15-23.

[171] 唐卉.日本的神话历史与文化恋母 [J].百色学院学报，2009（04）：24-29.

[172] 霍九仓，程俊玲.顾颉刚与闻一多神话研究比较 [J].河北科技师范学院学报（社会科学版），2009（03）：6-8+14.

[173] 邓亚梅.希腊神话的生态批评解读 [J].重庆科技学院学报（社会科学版），2009（10）：146-147.

[174] 侯娜.古希腊神话中的悲剧美与崇高美 [J].长春师范学院学报（人文社会科学版），2009（09）：105-107.

[175] 温珏，李昌其.希腊神话中女神神格的变形 [J].黑龙江社会科学，2009（05）：110-112.

[176] 侯天庆.贵州西江苗族神话史歌生命美学意蕴 [J].贵州民族研究，2009（04）：95-98.

[177] 段宗社.论女娲神话的流变 [J].安康学院学报，2009（05）：45-48.

[178] 闫孟莲.从《淮南子》看中国古代神话的历史化轨迹 [J].洛阳师范学院学报，2009（03）：72-75.

[179] 谢小英.先秦两汉典籍中禹形象的演变 [J].内蒙古电大学刊，2009（05）57-58；64.

[180] 吴妍.神话叙事 [J].长江师范学院学报，2009（05）：14-18.

[181] 马春玲，张晓密.古希腊神话和宗教中的情理分析 [J].长春工程学院学报（社会科学版），2009（03）：91-93.

[182] 程金城.中国神话与叙事文学原型生成的关系 [J].兰州大学学报（社会科学版），2009（05）：44-50.

[183] 辛雅敏.希腊神话中死亡意识的演变及其意义 [J].河南师范大学学报（哲学社会科学版），2009（04）：195-198.

[184] 齐慧源.《西游记》与淮泗神话及其传播 [J].淮海工学院学报（社会科学版），2009（03）：24-27.

[185] 谭敏.道教神话内涵及其表现形式 [J].北京化工大学学报（社会科学版），2009（03）：66-69；84.

[186] 左永平.论佤族活形态神话的终结 [J].思茅师范高等专科学校学报，2009（04）：1-4.

[187] 张之薇.悲情的神祇：中国神话中的"献祭"原型 [J].文化艺术研究，2009（02）：

41-46.

[188] 孔刃非，杨娟娟.中国上古神话的原型分析 [J].名作欣赏，2009（26）：4-5；29.

[189] 杨军.高句丽朱蒙神话研究 [J].东北史地，2009（06）：54-58.

[190] 江云.简论中国远古神话的艺术特征 [J].科技信息，2009（27）：639.

[191] 民文.《中国各民族人类起源神话母题概览》出版 [J].民族文学研究，2009（04）：167.

[192] 林玮生."乐感文化"与"罪感文化"的神话学解读 [J].社会科学研究，2009（06）：183-187.

[193] 颜翔林.当代神话及其审美意识 [J].中国社会科学，2009（03）：172-185；208.

[194] 黄世杰.盘古化生神话文化的重要发祥地在广西大明山（下）[J].青海民族研究，2009（04）：76-87.

[195] 刘强.21世纪初国内希腊神话研究评述 [J].内蒙古农业大学学报（社会科学版），2009（05）：398-399.

[196] 杨文辉.佤族《司岗里》神话的历史人类学研究 [J].西南边疆民族研究，2009（00）：85-91.

[197] 胡牧.苗族神话的生态美学意蕴 [J].毕节学院学报，2009（06）：78-82.

[198] 赵敦华.《创世记》四大神话的历史还原 [J].北京大学学报（哲学社会科学版），2009（05）：19-26；104.

[199] 张建梅.从造人神话看东西方文化差异 [J].长春教育学院学报，2009（02）：21-22.

[200] 陈太明.由古神话看中国初民的历史记忆 [J].今日南国（理论创新版），2009（08）：203；205.

[201] 孟冬屏，李倩.世界不同民族的神话类型比较 [J].连云港师范高等专科学校学报，2009（02）：9-12.

[202] 邱硕.神话资源的共享与争夺：先秦秦汉天门神话研究 [J].长江大学学报（社会科学版），2009（05）：15-19.

[203] 刘永睿.试析世界神话中人神关系和生死命运观命题 [J].甘肃联合大学学报（社会科学版），2009（06）：13-15.

[204] 黄霞.哀牢九隆神话与汉族感龙神话的比较研究 [J].柳州师专学报，2009（05）：25-27.

[205] 侯豫新."女娲"神话之人类学解读 [J].黑龙江民族丛刊，2009（05）：130-134.

[206] 李琳.传说对神话原型的重现与改写：以环洞庭刘海砍樵传说的演变为例 [J].湖南文理学院学报（社会科学版），2009（05）：63-66.

[207] 胡泽球.吴越神话传说中的海洋文化精神研究 [J].无锡商业职业技术学院学报，2009（05）：100-104.

[208] 张小虎.中国古代神话中的悲剧美和崇高美 [J].黑龙江史志，2009（22）：96-97.

[209] 郭林红,李荣,饶峻妮.谈我国少数民族日月关系神话的类型及文化意蕴[J].学理论,2009(26):108-109.

[210] 吴晓明.马克思的存在论革命与超感性世界神话学的破产[J].江苏社会科学,2009(06):25-32.

[211] 普珍,李珍.民族英雄《支格阿龙》神话变体的历史传统与文化变迁[J].楚雄师范学院学报,2009(11):41-48.

[212] 李淑兰.《红楼梦》神话结构及其隐喻意义探析[J].北方民族大学学报(哲学社会科学版),2009(06):108-110.

[213] 周艳芳,刘红.中、希神话性爱伦理观念比较[J].当代教育理论与实践,2009)05):118-120.

[214] 蒋华锋.古希腊神话与欧洲文化的二元论思想[J].重庆科技学院学报(社会科学版),2009(12):186-187.

[215] 何彬.上古神话与中华民族审美意识的生成[J].科学咨询(决策管理),2009(12):31-32.

[216] 沈莹.汉代图像系统中的"月神":试析与月亮有关的几个重要神祇:女娲、常羲、嫦娥[J].天津美术学院学报,2009(03):63-67.

[217] 孙文辉.蚩尤神话对中国戏剧文化的影响[J].艺海,2009(12):14-16.

[218] 王园园.浅论上古神话对中国古典小说的影响[J].大众文艺(理论),2009(22):167.

[219] 年晴.浅析中国神话对后世文学的影响[J].大众文艺(理论),2009(22):77.

[220] 何鹏.谈谈中西神话不同的思想根源[J].大众文艺(理论),2009(19):140.

[221] 凌德祥.东西方火的文明比较研究[J].浙江工商大学学报,2009(06):28-32.

[222] 闫德亮.文化视域下的古代神话与华夏姓氏[J].中州学刊,2009(06):200-204.

[223] 侯春慧.神话历史叙述:鲁迅神话题材历史小说研究[J].武汉理工大学学报(社会科学版),2009(06):144-148.

[224] 叶舒宪.玉的叙事夏代神话历史的人类学解读[J].中国社会科学报,2009(01):10.

[225] 姜莉,瞿平.浅谈古希腊神话中蕴涵的精神与哲理[J].黑龙江教育学院学报,2009(12):123-124.

[226] 梁红.《山海经》神话叙事作用[J].才智,2009(31):138-140.

[227] 白庚胜.神话与象征:以东巴神话为例[J].百色学院学报,2009(05):30-33.

[228] 康洪.论侗族创世神话中的生态伦理精神[J].湖南财经高等专科学校学报,2009(06):149-150.

[229] 赵红."嫦娥奔月"神话的仙话化与道教月仙的确立[J].宗教学研究,2009(04):209-212.

[230] 孔方谊.浅析希腊神话中女性悲剧的本质 [J].科技信息，2009（34）：505-506.

[231] 张中.茅盾和他的神话研究 [J].民办教育研究，2009（12）：29-33.

[232] 杨正和，杨瑶.试析中西文学"重述神话"的思维差异 [J].江西社会科学，2009（12）：82-85.

[233] 张中.茅盾和他的神话研究 [J].西北民族大学学报（哲学社会科学版），2009（06）：156-160.

[234] 陈丽琴.西王母神话的传播研究 [J].青海社会科学，2009（06）：74-78.

[235] 徐智颖，冉永婷，叶丽琳.中国神话传说垂死化生母题浅析 [J].内江师范学院学报，2009（S2）：47-48.

[236] 陈玉堂.羌族创世神话的读解 [J].西南民族大学学报（人文社科版），2009（S1）：166-168.

[237] 徐新建."盖娅"神话与地球家园："原住民知识"对地球生命的价值和意义 [J].百色学院学报，2009（06）：18-21.

[238] 许莹莹，赵民威.壮族神话的民族生态审美范式 [J].贵州民族学院学报（哲学社会科学版），2009（06）：40-42.

[239] 罗宗志，陈桂.神话传说与族群认同：立足于盘瑶渡海神话的考察 [J].贵州民族学院学报（哲学社会科学版），2009（06）：43-46.

[240] 任正霞.仡佬族神话思想内容探析 [J].黄山学院学报，2009（06）：46-49.

[241] 巴桑.藏族神话所关注的情感倾向及其对个体发展的影响 [J].咸宁学院学报，2009（S1）：34-35.

[242] 赵萍，刘浪.射日的羿：论金庸小说中郭靖形象的神话原型 [J].井冈山学院学报，2009（06）：22-25.

[243] 刘海燕，寇艳艳，刘祥文.英雄神话《赫拉克勒斯》与《支格阿龙》的比较分析 [J].时代文学（下半月），2009（08）：54-55.

[244] 李俊梅.从希腊神话解读古希腊人对女性的歧视 [J].时代文学（双月上半月），2009（05）：74-75.

[245] 杨勇勤.论希腊神话中的荣誉观 [J].时代文学（下半月），2009（02）：87-88.

[246] 李博文，刘小玲.中国文化的遗憾：谈中国古代神话的不发达 [J].时代文学（下半月），2009（07）：124.

[247] 叶舒宪.《容成氏》夏禹建鼓神话通释：五论"四重证据法"的知识考古范式 [J].民族艺术，2009（01）：98-108.

[248] 叶舒宪.物的叙事：史前陶靴的比较神话学解读 [J].民族艺术，2009（02）：87-91.

[249] 廖明君，叶舒宪.迎接神话学的范式变革 [J].民族艺术，2009（03）：20-26.

[250] 郁丹.英雄、神话和隐喻：格萨尔王作为藏族民间认同和佛教原型 [J].西北民族研

究, 2009 (02): 124-135; 225.

[251] 何贝莉. 神话与历史: 读几篇20世纪前期中国神话学文论 [J]. 西北民族研究, 2009 (02): 217-222.

[252] 那木吉拉. 阿尔泰语系诸民族树生人神话比较研究 [J]. 西北民族研究, 2009 (03): 199-207.

[253] 闫小丽, 马冲宇, 孙丽新. 古代神话对我国及西方科幻电影创作的影响 [J]. 电影文学, 2009 (13): 112-113.

[254] 彭维斌, 周翠蓉. 台湾原住民始祖创生神话的文化史意义 [J]. 闽台文化交流, 2009 (04): 11-19.

[255] 向柏松. 中国水生型创世神话流变系统论 [J]. 民间文化论坛, 2009 (05): 34-41.

[256] 卓玛. 少数民族感生神话女性形象原型及其女性人类学阐释 [J]. 民间文化论坛, 2009 (03): 53-59.

[257] 乌丙安. 中国神话学百年反思 (上) [J]. 民间文化论坛, 2009 (01): 9-15.

[258] 乌丙安. 中国神话百年反思 (下) [J]. 民间文化论坛, 2009 (02): 5-15.

[259] 范长风, 王琳艳. 从孟婆汤神话看中国社会的遗忘逻辑 [J]. 民间文化论坛, 2009 (01): 34-38.

[260] 高有鹏. 关于《中国神话》的"体系"价值 [J]. 民间文化论坛, 2009 (02): 94-96.

[261] 陶阳. 盘古神话论 [J]. 民间文化论坛, 2009 (01): 30-33.

[262] 王均霞. 将中国学者眼中的中国神话引向世界:《中国神话手册》读后 [J]. 民间文化论坛, 2009 (01): 94-95.

[263] 欣哲. 浅析侗族神话故事发展的思想渊源及其哲学观 [J]. 当代小说 (下半月), 2009 (06): 42-43.

[264] 田益琳. 从"嫦娥奔月"神话透析道教的"丹道长生"之术 [J]. 时代教育 (教育教学版), 2009 (05): 49.

[265] 辜帆. 中西方造人神话比较 [J]. 青年文学家 (2009), 13: 72.

[266] 张国平.《山海经》研究成果概述 [J]. 丝绸之路, 2009 (20): 43-44.

[267] 任志强. 盘瓠神话的历史原型与形成因素 [J]. 文教资料, 2009 (28): 106-108.

[268] 江林昌. 由考古材料看《诗经》姜嫄神话的产生 [J]. 文史知识, 2009 (11): 9-14.

[269] 蔡萍. 论《山海经》中上古神话思维的特征 [J]. 长城, 2009 (04): 111-113.

[270] 古春梅. 论中国神话中的神性、人性与圣性 [J]. 作家, 2009 (20): 101-102.

[271] 闫孟莲. 嫦娥奔月神话的形成、演变及其文化意义 [J]. 作家, 2009 (20): 99-100.

[272] 孙玲. 浅谈《淮南子》神话的仙话化 [J]. 现代语文 (文学研究版), 2009 (11): 11-12.

[273] 桑希臣. 神话非神: 从《山海经》看殷人东渡 [J]. 科学大观园, 2009 (19): 70-72.

[274] 李翠华. 从中国古代神话传说中探寻国人尚玉心理 [J]. 教师, 2009 (10): 123-124.

[275] 尹荣方.《尚书·甘誓》神话说 [J].文史知识,2009(01):7-16.
[276] 敖依昌,江映林.中国神话传说历史化探析 [J].文教资料,2009(05):7-9.
[277] 李海蓉.中日"奔月"神话比较研究:通过与中国嫦娥奔月传说的比较看《竹取物语》[J].考试周刊,2009(10):20-21.
[278] 农为平.壮族创世神话中的审美价值观 [J].飞天,2009(06):7-8.

博士论文

[1] 包哈斯.蒙古族和满族神话的比较研究 [D].中央民族大学,2009.
[2] 苏艳.回望失落的精神家园:神话—原型视阈中的文学翻译研究 [D].南开大学,2009.
[3] 车海锋.朝鲜民族与满-通古斯诸民族神话传说中的意象、母题比较研究 [D].延边大学,2009.

硕士论文

[1] 乔阿.广告的神话原型分析 [D].厦门大学,2009.
[2] 王慧.楚辞神话意象研究 [D].湖南科技大学,2009.
[3] 高海珑.中国壮侗语族射日神话研究 [D].广西民族大学,2009.
[4] 银浩.宇宙蛋:世界视域中的原始图腾物与民族文化存在 [D].广西民族大学,2009.
[5] 张华.《史记》中的上古神话传说研究 [D].陕西师范大学,2009.
[6] 岳欣莹.论中国古代神话的悲剧性因素 [D].西北大学,2009.
[7] 庄晓英.神话、仙话与中国古典园林 [D].苏州大学,2009.
[8] 李瑞仙.《史记》神话研究 [D].华中师范大学,2009.
[9] 刘书惠.部分出土文献中的神话传说研究 [D].东北师范大学,2009.
[10] 吕妍沁.长江流域鸟神话在旅游开发中的应用 [D].华东师范大学,2009.
[11] 张庆林.东北亚人类起源神话比较研究 [D].延边大学,2009.
[12] 权基虎.中·韩·日开天辟地神话比较研究 [D].延边大学,2009.
[13] 晏祥紫.原始哲学及其主题研究 [D].云南师范大学,2009.
[14] 孙鹏.从南阳地区画像石看谶纬中的神话结构 [D].河北大学,2009.

2010

[1] 严卿.论"重述神话"中的多元声音:以《格萨尔王》、《珀涅罗珀记》、《重量》为例 [J].当代文坛,2010(01):74-77.
[2] 桑宜川.中国神话的尚德精神 [J].文学自由谈,2010(01):97-99.
[3] 刘守华.泰山神仙故事的文化特色 [J].文化学刊,2010(01):184-186.
[4] 朱大可.器物神学:膜拜、恋物癖及其神话 [J].文艺争鸣,2010(01):109-113.

[5] 宋小克.《淮南子》昆仑神话源自《离骚》考[J].中南民族大学学报(人文社会科学版),2010(01):161-165.

[6] 刘亚虎.从族源神话到平民传说:从南诏文学的发展看"族群记忆"的嬗变[J].中南民族大学学报(人文社会科学版),2010(01):157-160.

[7] 向柏松.神话与民间信仰[J].中南民族大学学报(人文社会科学版),2010(01):151-156.

[8] 李亚利.中国原始神话之魅力[J].山西高等学校社会科学学报,2010(01):17-20.

[9] 谷颖.略论萨满骨服的神话内涵[J].长春师范学院学报(人文社会科学版),2010(01):34-37.

[10] 蒋寅.作为文学原型的精卫神话[J].北京师范大学学报(社会科学版),2010(01):79-88.

[11] 孙国江,宁稼雨.死而复生观念与"鲧腹生禹"故事的历史根源[J].中国文学研究,2010(01):73-76.

[12] 王渭清.美在精神:中国上古神话中的女性之美[J].名作欣赏,2010(08):4-6.

[13] 黄震云.汉代神话的多态性与政治[J].文学评论,2010(02):98-104.

[14] 高旭.初民神话中的语言起源论[J].安徽文学(下半月),2010(01):226.

[15] 贺元秀,赵洁.试论锡伯族神话与民间传说[J].伊犁师范学院学报(社会科学版),2010(01):42-46.

[16] 李玉洁.黄帝与有熊国传说试析[J].郑州大学学报(哲学社会科学版),2010(01):126-131.

[17] 刘孟子.满族萨满创世神话《天宫大战》与太阳崇拜探析[J].吉林省教育学院学报(学科版),2010(01):144-145.

[18] 朱占青.神话思维影响下中国古代小说的时空观念与生命意识[J].江西社会科学,2010(01):112-116.

[19] 孟湘."生命超越"主题原型阐释[J].天津师范大学学报(社会科学版),2010(02):71-76.

[20] 张玉萍.论中国古代神话中的女性英雄形象[J].才智,2010(06):71;256.

[21] 吴正彪.蚩尤神话中的苗族民俗文化透视[J].三峡大学学报(人文社会科学版),2010(01):18-22.

[22] 胡金花.希腊神话中的女性表现出的女权意识[J].重庆科技学院学报(社会科学版),2010(03):132-133.

[23] 赵红.唐宋时期羿神话的演变与发展[J].宁夏师范学院学报,2010(01):19-23.

[24] 王锺陵.论列维-斯特劳斯结构人类学的神话分析[J].学术研究,2010(01):120-130.

[25] 谭凌峰,刘丽红.土家族创世神话变迁及其文化功能释义[J].商品与质量,2010(S1):42.

[26] 王文秀,李朝晖.淮北地区汉画像石神话图饰的装饰性初探[J].大众文艺,2010(01):88.

[27] 尹荣方.《山海经》创世神话考论[J].文艺理论研究,2010(02):36-43.

[28] 吕宗力.汉代开国之君神话的建构与语境[J].史学集刊,2010(02):11-18.

[29] 田玮莉.《山海经》变形神话中死亡的意蕴[J].安徽文学(下半月),2010(03):32-33.

[30] 鹿博.《庄子》寓言之神话系统探微[J].安徽文学(下半月),2010(03):243-244.

[31] 李子贤.佤族与东南亚"U"形古文化带:以神话系统的比较为切入点[J].思想战线,2010(02):31-39.

[32] 王海霞.试析古希腊神话的思想内蕴[J].赤峰学院学报(汉文哲学社会科学版),2010(03):17-20.

[33] 张朝柯.类同神话的比较研究:东西方乌剌诺斯神族故事探源[J].苏州科技学院学报(社会科学版),2010(02):49-54.

[34] 纪晓建.后稷无父遭弃说质疑[J].南通大学学报(社会科学版),2010(02):94-99.

[35] 林开强.夜空、月亮、星辰与创世母神:对西南少数民族地区创世母神神话的解读[J].西南民族大学学报(人文社科版),2010(03):196-199.

[36] 范正生."精卫填海"神话考释[J].泰山学院学报,2010(01):123-128.

[37] 贾璐."死而复生"原型在文学意象中的体现[J].长沙大学学报,2010(01):85-86.

[38] 梁艳敏.略析《诗经》"感生神话"之涵义[J].乐山师范学院学报,2010(03):12-15.

[39] 南冰.论洪水神话的再造母题[J].牡丹江大学学报,2010(03):25-27.

[40] 康琼.人与自然的融通:中国古代神话的生态意象[J].湖南师范大学社会科学学报,2010(02):127-131.

[41] 焦妮.古代自然灾难神话的演变:以洪水灾难为例[J].太原城市职业技术学院学报,2010(01):196-197.

[42] 单江秀,杨甫旺.彝族神话传说与活态民俗印证下的三星堆器物符号的彝文化元素[J].楚雄师范学院学报,2010(02):50-57.

[43] 张竹筠,周颖.中国少数民族日月神话传说述评[J].沧州师范专科学校学报,2010(01):5-8+16.

[44] 孙纪文.《淮南子》中的神话解读[J].淮南师范学院学报,2010(01):18-23.

[45] 刘青.上古神话研究的民族学、语言学视角[J].西南民族大学学报(人文社科版),2010(03):189-192.

[46] 梁家敏.倭纳及其中国神话研究[J].中国图书评论,2010(03):119-121.

[47] 张文涛.柏拉图神话研究小引[J].中国图书评论,2010(03):86-90.

[48] 黄龙光.试论彝族火神话与火崇拜[J].毕节学院学报,2010(01):25-31.

[49] 田玮莉.《山海经》变化神话中复生形象的内涵[J].文学教育(上),2010(04):76-77.

[50] 吕维彬.闻一多的神话研究方法：诗歌与神话［J］.大众文艺，2010（05）：155.

[51] 袁江洁.中、西创世神话里蛇文化现象比较［J］.美与时代（上），2010（04）：66-68.

[52] 丁锡才.鲁迅的神话观［J］.枣庄学院学报，2010（01）：47-52.

[53] 任正霞.仡佬族神话传说生态伦理思想研究［J］.遵义师范学院学报，2010（01）：95-98.

[54] 宋小克.神境、道境与仙境：中国早期神话中生命空间的开拓及时间内涵的嬗变［J］.郑州大学学报（哲学社会科学版），2010（02）：102-106.

[55] 赵红.阴阳观念下嫦娥、羿神话的奇妙整合及其文化意蕴［J］.孝感学院学报，2010（02）：31-35.

[56] 陈娜，张开焱.近三十年中国各少数民族创世神话研究述评［J］.内蒙古民族大学学报（社会科学版），2010（02）：13-21.

[57] 朱平安.武夷山神话传说中的生态意识［J］.鄱阳湖学刊，2010（02）：111-116.

[58] 曾鹰，曾志艳."技术垄断"：对文化神话的解构［J］.广西大学学报（哲学社会科学版），2010（02）：34-37.

[59] 刘范弟，何惠.嫦娥形象的生成轨迹及其原因［J］.长沙理工大学学报（社会科学版），2010（02）：68-75.

[60] 何亮."人性精神"在《山海经》神话中的折光［J］.河南科技大学学报（社会科学版），2010（02）：41-44.

[61] 徐德莉.抗战时期西南民族神话研究［J］.贵州民族研究，2010（02）：176-184.

[62] 陈永香，曹晓宏.彝族史诗《梅葛》、《查姆》创世神话研究［J］.楚雄师范学院学报，2010（04）：47-54.

[63] 杨薇，李子贤.九隆神话：文献记载与民间口头传承之流变［J］.楚雄师范学院学报，2010（04）：55-72.

[64] 韩鼎.女娲"人首蛇身"形象的结构分析［J］.广西民族研究，2010（01）：62-66.

[65] 罗菲.关于民间"得宝故事"的神话原型解读［J］.衡水学院学报，2010（02）：34-36.

[66] 孙琳.希腊神话中的文化殖民主义色彩［J］.重庆科技学院学报（社会科学版），2010（08）：98-100.

[67] 张存钊.《庄子·逍遥游》中大鹏之神话溯源［J］.重庆科技学院学报（社会科学版），2010（08）：68-69+71.

[68] 汪汉利.从神话看先民的海洋认知［J］.浙江海洋学院学报（人文科学版），2010（01）：6-9.

[69] 林科吉.从神话—原型批评迈向文学人类学理论：中国文学人类学的兴起［J］.百色学院学报，2010（01）：22-27.

[70] 陈连山.鲧、禹神话原型研究中的"捞泥造陆说"献疑［J］.百色学院学报，2010（01）：41-44.

[71] 郭立颖. 世界民间神话中的葫芦文化 [J]. 怀化学院学报, 2010 (03): 8-9.

[72] 刘成荣. 中国古代神话中的巨人形象探析: 兼与西方同类题材比较 [J]. 南京审计学院学报, 2010 (02): 69-73.

[73] 唐启翠. "再生"神话与庆春仪式: 冠礼仪式时间探考 [J]. 百色学院学报, 2010 (01): 11-21.

[74] 康琼. 生态女性主义视域下中国古代神话的伦理解读 [J]. 伦理学研究, 2010 (03): 57-62.

[75] 张晓帆. 试论西亚神话对《圣经》的影响 [J]. 世界文学评论, 2010 (01): 275-278.

[76] 万李. 血性英雄: 从希腊、罗马神话看西方文明进程中的血腥与暴力 [J]. 安徽文学 (下半月), 2010 (06): 273-274.

[77] 李子贤. 试论云南少数民族神话的发展演进脉络 [J]. 玉溪师范学院学报, 2010 (03): 6-17.

[78] 颜建真. 论中国古代神话中的失败者被妖魔化的表现及其原因: 以蚩尤、共工、刑天、鲧为例 [J]. 中国海洋大学学报(社会科学版), 2010 (03): 105-110.

[79] 葛苑菲. 我国少数民族创世神话考略 [J]. 新疆职业大学学报, 2010 (02): 47-50.

[80] 傅修延. 元叙事与太阳神话 [J]. 江西社会科学, 2010 (04): 26-46.

[81] 纪晓建. 先秦冥界神话考: 兼论《楚辞·招魂》的神话学价值 [J]. 兰州学刊, 2010 (05): 166-169; 201.

[82] 王鹏飞. 鸡人创世神话的萌生契机及其应用 [J]. 湖北经济学院学报(人文社会科学版), 2010 (04): 125-126.

[83] 闫立飞. 否定与轮回: 鲁迅神话传说题材历史小说的深层结构 [J]. 理论与现代化, 2010 (03): 107-112.

[84] 韩雷, 林海滨. 中西酒神比较研究 [J]. 宁夏社会科学, 2010 (03): 121-124.

[85] 罗晓黎. 天上人间之"路"与"河": 希腊与中国神话故事中人神关系的对比 [J]. 长江大学学报(社会科学版), 2010 (02): 16-18; 380.

[86] 全群艳. 比较视野中的中国洪水神话 [J]. 社会科学家, 2010 (05): 137-140.

[87] 张碧. 现代神话: 从神话主义到新神话主义 [J]. 求索, 2010 (05): 177-179.

[88] 赵新. 20世纪中国神话学的研究路径及走势: 兼论以天命观解读神话的新尝试 [J]. 绥化学院学报, 2010 (01): 80-82.

[89] 王青. 中国的内陆型与濒海型神话 [J]. 南京师大学报(社会科学版), 2010 (03): 116-124.

[90] 王宪昭. 我国各民族创世神话分类问题探讨 [J]. 社会科学家, 2010 (05): 21-23; 27.

[91] 包国祥. 蒙古族神话和古希腊神话伦理意蕴比较研究 [J]. 内蒙古民族大学学报(社会科学版), 2010 (03): 25-28.

[92] 叶舒宪.中国圣人神话原型新考：兼论作为国教的玉宗教［J］.武汉大学学报（人文科学版），2010（03）：277-286.

[93] 穆昭阳.惩罚神话中的集体意识：吴刚伐桂与西西弗斯推石［J］.重庆科技学院学报（社会科学版），2010（10）：122-124.

[94] 阳清.道家经典的神化寓言及其哲学境界［J］.湖北社会科学，2010（05）：97-99.

[95] 李蓓.浅谈傣族神话中的审美意识［J］.科技创新导报，2010（15）：243.

[96] 曾繁模.嫦娥奔月神话原始意蕴初探［J］.四川文物，2010（03）：62-67.

[97] 赖桂珠.浅析希腊神话的婚配现象：对比中国神话，探究希腊神话的婚配关系［J］.文学界（理论版），2010（03）：170-172.

[98] 赵盛国.探析神话中的"以人为本"思想［J］.文学教育（中），2010（04）：65-66.

[99] 王希悦.洛谢夫的神话研究方法论［J］.哲学动态，2010（04）：47-52.

[100] 佟薪火.浅谈古希腊神话中"美杜莎"形象在影视及动漫作品中的衍变［J］.文学界（理论版），2010（04）：59-61.

[101] 李娜.浅谈狐狸文化的历史流变和现代解读［J］.文学界（理论版），2010（06）：184-185.

[102] 罗莉.希腊神话与苗族神话的比较［J］.文学界（理论版），2010（05）：206.

[103] 刘书惠.从《子羔》篇看三代始祖感生神话［J］.古籍整理研究学刊，2010（03）：102-108.

[104] 张碧波.感日卵生——高句丽族源神话：兼及《东明王篇》的解析［J］.东北史地，2010（04）：29-33.

[105] 邓辉.论《红楼梦》中"悟道成仙"的神话母题［J］.柳州师专学报，2010（03）：40-45.

[106] 李子贤.从创世神话到创世史诗：中国西南地区产生创世史诗群落的阐释［J］.百色学院学报，2010（02）：15-21.

[107] 刘洋.试探傩公傩母神话等折射出的傩文化内涵：以湘西北桑植土家族还傩愿为例［J］.百色学院学报，2010（02）：25-29.

[108] 唐仲山.关于几则昆仑神话的文化释读［J］.青海师范大学民族师范学院学报，2010（01）：35-39.

[109] 彭启福.诠释学的起源：神话与科学［J］.天津社会科学，2010（03）：16-23.

[110] 胡祥琴.中国古代女神婚姻的特点及成因［J］.北方民族大学学报（哲学社会科学版），2010（04）：106-110.

[111] 沙马打各.三星堆文物与彝族宗教和神话文化元素的相似性［J］.西昌学院学报（社会科学版），2010（02）：104-107.

[112] 殷满堂.杜甫对牛女神话传说接受的理性化［J］.长江大学学报（社会科学版），2010（03）：11-12；32；404.

[113] 刘捷.《山海经》中的变形神话及其文化功能［J］.长江大学学报（社会科学版），

2010 (03): 13-16.

[114] 谭佳.神话历史视域中的《春秋》阐释:"元年春王正月"的创世神话隐喻 [J].重庆文理学院学报(社会科学版), 2010 (04): 15-20.

[115] 唐启翠.东房与"再生"圣地:从冠礼空间看中国神话历史 [J].重庆文理学院学报(社会科学版), 2010 (04): 21-27.

[116] 段宗社.论女娲、姜嫄神话的文学书写 [J].河北学刊, 2010 (04): 102-105.

[117] 钱晓宇.郭沫若早期诗歌创作中的原始神话思维 [J].江西社会科学, 2010 (05): 128-131.

[118] 李子贤.彝、汉民间文化圆融的结晶:开远市老勒村彝族"人祖庙"的解读 [J].云南民族大学学报(哲学社会科学版), 2010 (04): 25-32.

[119] 杜春燕.浅析希腊神话中海洋的象征意义 [J].安徽文学(下半月), 2010 (07): 58-59.

[120] 黄震云.汉乐府和汉画像石中牛郎织女及董永神话传说通考 [J].乐府学, 2010 (00): 107-111.

[121] 陈连山.射日神话的分析与理论验证:以台湾布农族射日神话为例 [J].民族文学研究, 2010 (03): 5-16.

[122] 苏焕莉.东西方人类起源神话的相似性 [J].科技信息, 2010 (20): 777.

[123] 鲍俊晓.柏拉图与神话思维的衰落 [J].理论界, 2010 (07): 146-148.

[124] 钱锦宇.通过神话的社会控制:兼论神话作为民间法的渊源 [J].中南民族大学学报(人文社会科学版), 2010 (04): 120-125.

[125] 刘爱华, 艾亚玮.游走在神圣与世俗之间:简评马林诺夫斯基《巫术科学宗教与神话》[J].大连大学学报, 2010 (04): 77-80.

[126] 李昌其.边缘的"他者":希腊神话中的女妖形象解读 [J].怀化学院学报, 2010 (07): 78-80.

[127] 张鹏飞.囚捉幽异掬弄光彩:《水经注》所载之神话异闻探析 [J].湖北社会科学, 2010 (08): 132-135.

[128] 吴童.中国神话与希腊神话悲剧特征寻异 [J].求索, 2010 (07): 184-186.

[129] 李娜.试论民间信仰与洪水神话存续之间的关系:以彝族史诗"梅葛"中的洪水神话为例 [J].楚雄师范学院学报, 2010 (07): 50-55.

[130] 雷伟平.鲧禹研究现状分析 [J].华北水利水电学院学报(社科版), 2010 (03): 82-84.

[131] 欧洲传统神话的发展史 [J].中国图书评论, 2010 (06): 19.

[132] 王江顺.从美学角度看《山海经》[J].大众文艺, 2010 (15): 188-189.

[133] 黄文英.中外洪水神话的母题及其变异 [J].西南民族大学学报(人文社科版), 2010 (09): 24-29.

[134] 赵纪彬.《史记·五帝本纪》神话元素管窥 [J].新乡学院学报(社会科学版), 2010 (04): 78-80.

[135] 朱鸥.中西方神话对中西方文化的影响[J].新乡学院学报（社会科学版），2010（04）：101-103.

[136] 蒋雪鸿.话语霸权下的中国汉族感生神话[J].遵义师范学院学报，2010（03）：31-34.

[137] 蒙默."禹生石纽"续辨[J].西华大学学报（哲学社会科学版），2010（04）：18-23.

[138] 李晓静.仡佬族创世神话古歌的文化解读[J].贵州民族研究，2010（04）：57-61.

[139] 林芊.竹王神话传说新读及其族属关系的方法论探索[J].贵州大学学报（社会科学版），2010（03）：92-99.

[140] 周颖昇.神话传说与宗教观念中的神奇数字"三"[J].知识经济，2010（18）：154-155.

[141] 徐丽云.女娲精神的失落与启示：女娲神话浅析[J].大众文艺，2010（17）：83-84.

[142] 高徽南.傣族神话的思维特征[J].思想战线，2010（S1）：11-13.

[143] 李存生.关于牛郎织女神话的几点思考[J].思想战线，2010（S1）：14-16.

[144] 巩春亭.从"檀君神话"看韩国先民的淳朴思想[J].学理论，2010（27）：135-136.

[145] 王宪昭.中国多民族兄妹婚神话母题探析[J].理论学刊，2010（09）：111-116.

[146] 赵宗福.论昆仑神话与昆仑文化[J].青海社会科学，2010（04）：4-11.

[147] 周星.中国古代神话里的"宇宙药"[J].青海社会科学，2010（04）：12-18.

[148] 吴晓东，周杨波.神话视域中的时空[J].上饶师范学院学报，2010（04）：43-48.

[149] 赵丽敏.中原神话与《淮南子》神话比较初议[J].中国校外教育，2010（S2）：262；260.

[150] 段宗社.女娲神话的流转与《红楼梦》"顽石"意象的生成[J].陕西师范大学学报（哲学社会科学版），2010（05）：59-63.

[151] 尹泓.嫦娥奔月神话的意象和母题分析[J].中州学刊，2010（05）：190-194.

[152] 涂明谦.论闽粤地区的花园神话[J].广西师范学院学报（哲学社会科学版），2010（03）：19-22.

[153] 贾璐.简论"新神话主义"和原型批评[J].绵阳师范学院学报，2010（07）：77-80.

[154] 谷颖.满族神话载体：说部研究[J].长春师范学院学报（人文社会科学版），2010（09）：78-81.

[155] 吴宗会，左淑华.奉命于危难之间：由鲧治水谈起[J].湖南科技学院学报，2010（09）：58-60.

[156] 杨小红.天梯神话及其意蕴分析[J].湖南科技学院学报，2010（09）：72-74.

[157] 乔利丽.作为伦理世界的中国古神话：从《山海经》探究中国古神话的伦理精神[J].东南大学学报（哲学社会科学版），2010（05）：16-21；126.

[158] 李松.论白族的原始崇拜与神话传说[J].文学界（理论版），2010（08）：207.

[159] 李静.稻魂信仰与祖灵信仰：日本与中国佤族稻作文化比较研究[J].云南民族大学学报（哲学社会科学版），2010（05）：104-107.

[160] 焦海燕.析论《圣经》神话研究 [J].语文学刊（外语教育与教学），2010（08）：50-52.

[161] 黄静华.非物质文化遗产语境中少数族裔神话的传承问题：以云南地区为例 [J].民族艺术研究，2010（04）：78-84.

[162] 李世林，陶超.浅谈先秦秦汉不死药、神话和女人的关系 [J].黑龙江史志，2010（19）：46；56.

[163] 邢天殊，李昊洋.中希神话中女神形象分析 [J].科技信息，2010（28）：589.

[164] 罗璠.西方神话的性别意识形态分析 [J].文学评论，2010（06）：24-28.

[165] 李瑞仙.《史记》神话研究 [J].文学教育（中），2010（09）：9-10.

[166] 李子贤.神话王国诸相：对云南少数民族神话总体特征及存续的解读 [J].云南师范大学学报（哲学社会科学版），2010（06）：67-76.

[167] 林玮生.神话变形的式样及其发生的原理 [J].云南师范大学学报（哲学社会科学版），2010（06）：85-90.

[168] 王庆云.也谈檀君神话与"熊图腾崇拜" [J].湘潮（下半月），2010（09）：90；92.

[169] 杨柳.嫦娥神话母题观照下的民族文化心理 [J].河南教育学院学报（哲学社会科学版），2010（05）：6-9.

[170] 刘玉堂，吴成国.楚帛书女娲形象钩沉：兼谈女娲与庸国 [J].武汉大学学报（人文科学版），2010（06）：705-711.

[171] 欧阳江琳.一部淹贯精审、胜义纷陈的八仙研究力著：《八仙故事系统考论：内丹道宗教神话的建构及其流变》评介 [J].武汉大学学报（人文科学版），2010（06）：785-787.

[172] 王宪昭.一部中国神话研究的精品力作：评《中国阿尔泰语系诸民族神话比较研究》 [J].内蒙古民族大学学报（社会科学版），2010（05）：58-60.

[173] 万建中.西王母神话的现代表达：读罗兰·巴特的《神话学》 [J].青海社会科学，2010（05）：10-13.

[174] 陈永香，曹晓宏.昆仑神话与西南彝语支民族的虎崇拜 [J].青海社会科学，2010（05）：18-22.

[175] 胡晓明.物占、物占神话与符瑞：符瑞的神话学解读 [J].南京农业大学学报（社会科学版），2010（03）：120-125.

[176] 林沙欧.论中国神话的空间化结构：兼与浦安迪商榷 [J].社会科学战线，2010（08）：256-258.

[177] 周艳芳.中、希神话利益观之比较 [J].成都大学学报（社会科学版），2010（05）：15-17.

[178] 文京.从图腾到山神：中韩神话、传说中虎形象的演变 [J].楚雄师范学院学报，2010（10）：60-63；68.

[179] 刘书惠.出土文献中的创世神话与《周易》宇宙生成观 [J].长春师范学院学报，2010（11）：80-85.

[180] 杨利慧.中原汉民族中的兄妹婚神话:以河南淮阳人祖庙会的民族志研究为中心[J].云南师范大学学报(哲学社会科学版),2010(06):77-84.

[181] 陈明.印度佛教创世神话的源流:以汉译佛经与西域写本为中心[J].外国文学评论,2010(04):14-29.

[182] 陆凌霄.孙悟空形象塑造与印度神话无关[J].中央民族大学学报(哲学社会科学版),2010(06):138-141.

[183] 闫德亮.试论《搜神记》中的佛教神话:兼论中国佛教神话的兴起与发展[J].中州学刊,2010(06):204-208.

[184] 张艳.盘瓠神话与《西厢记》叙事内容的同构性[J].长江师范学院学报,2010(06):62-65.

[185] 朱军利.从夸父到孙悟空:浅析中国文学艺术中"猿猴原型"的发展[J].东岳论丛,2010(11):92-95.

[186] 岳峰,王怀义.论中国史前神话的图像传承[J].内蒙古社会科学(汉文版),2010(06):137-142.

[187] 张海停.从图像学角度看西王母和昆仑山的关系[J].美术教育研究,2010(05):119.

[188] 葛慧玲.日本神话中的"理想女性"的原型:关于天照大神的考察[J].文学界(理论版),2010(12):81-82.

[189] 王炎.大禹神话的现代解读[J].中华文化论坛,2010(04):13-19.

[190] 王福梅.妈祖信仰与道教关系调查研究[J].宗教学研究,2010(04):194-196.

[191] 张莹.永恒的"神话":浅析罗兰·巴特的神话学理论[J].大众文艺,2010(22):127-128.

[192] 阿拉坦格日乐.浅析蒙古神话中的"太阳-光明"原型[J].内蒙古民族大学学报(社会科学版),2010(06):40-42.

[193] 王希悦,宋庆华.论洛谢夫神话研究的特色与创新[J].西伯利亚研究,2010(06):51-54.

[194] 马得林.《庄子》神话的生命哲学解读[J].西安电子科技大学学报(社会科学版),2010(06):104-109.

[195] 张泽洪,熊永翔.道教西王母信仰与昆仑山文化[J].青海社会科学,2010(06):1-7.

[196] 陈虎.关于西王母传说的几点历史学考察[J].青海社会科学,2010(06):8-12.

[197] 崔永红.西王母的三面孔[J].青海社会科学,2010(06):13-18;26.

[198] 陈刚.从"生月"到"奔月":试析常羲从神到仙的演变[J].青海社会科学,2010(06):125-129.

[199] 窦国林.昆仑文化是中华文化的根母:"昆仑文化与西王母神话国际学术论坛暨青海湟

源昆仑文化周"综述 [J]. 青海社会科学, 2010 (06): 220-223.

[200] 杨倩. 生态美学下的原始神话阐释: 论《山海经》中的生态美学意蕴 [J]. 山东理工大学学报 (社会科学版), 2010 (06): 58-61.

[201] 赵继红. 试论列维-斯特劳斯《对神话作结构的研究》[J]. 黑河学刊, 2010 (12): 30; 35.

[202] 谭敏. 唐末五代道教神话述要 [J]. 北京化工大学学报 (社会科学版), 2010 (04): 31-35; 4.

[203] 谢国先. 中国南方少数民族神话中的洪水和同胞婚姻情节 [J]. 长江大学学报 (社会科学版), 2010 (06): 7-13; 141.

[204] 李翊赫. 从上古神话存在形态看《楚辞》神话的兼容性 [J]. 长江大学学报 (社会科学版), 2010 (06): 14-15.

[205] 张霞云. 神话思维与艺术思维 [J]. 安徽师范大学学报 (人文社会科学版), 2010 (06): 699-703.

[206] 卢静. 汉族女娲神话与南方少数民族女始祖神话比较浅析 [J]. 湖北民族学院学报 (哲学社会科学版), 2010 (06): 55-58.

[207] 叶舒宪. 熊图腾与东北亚史前神话 [J]. 北方论丛, 2010 (06): 1-6.

[208] 叶舒宪. 物的叙事: 中华文明探源的四重证据法 [J]. 兰州大学学报 (社会科学版), 2010 (06): 1-8.

[209] 范雪莉, 陈顺利. 从中国和希腊神话英雄对比看中西方英雄观的不同 [J]. 安徽文学 (下半月), 2010 (11): 233-235.

[210] 孙建伟. 抗争与毁灭: 论《山海经》的悲剧色彩 [J]. 黑龙江史志, 2010 (21): 171-172.

[211] 任新玉. 闻一多《高唐神女传说之分析》驳议 [J]. 黑龙江史志, 2010 (21): 231-232.

[212] 李慎令. 探寻古希腊神话的奥秘: 评《神话与历史: 古希腊英雄故事的历史和文化内涵》[J]. 世界历史, 2010 (05): 130-132.

[213] 唐萍, 杨光. 略论动物神话故事及动物图腾 [J]. 西北成人教育学报, 2010 (06): 29-31.

[214] 李潇潇. 论创世神话中的时间意识 [J]. 民族论坛, 2010 (12): 58-59.

[215] 卫瑛. 女娲神话的结构人类学解析: 以河东地区女娲神话为例 [J]. 运城学院学报, 2010 (06): 20-23.

[216] 夏利亚. 鲧禹关系试探 [J]. 华北水利水电学院学报 (社科版), 2010 (06): 90-93.

[217] 张宏伟. 西王母神话演变过程及原因新探 [J]. 兰州工业高等专科学校学报, 2010 (06): 62-64.

[218] 赵鑫. 希腊神话中婚姻制度的嬗变与爱情模式的探究 [J]. 疯狂英语 (教师版), 2010 (04): 196-198.

[219] 权雅宁. 中国创世神话的伦理叙事 [J]. 宝鸡文理学院学报 (社会科学版), 2010

（06）：46 - 50.

[220] 朱毅璋.论希腊神话的"龙""蛇"中译问题兼谈古希腊的蛇[J].社会科学论坛，2010（24）：36 - 39；45.

[221] 吴正彪，班由科.仪式、神话与社会记忆：紫云自治县四大寨乡关口寨苗族丧葬文化调查[J].贵州民族研究，2010（06）：48 - 52.

[222] 童媛华.浅谈盘古开天神话中"垂死化身"母题的文学影响[J].传奇.传记文学选刊（理论研究），2010（09）：29.

[223] 贺志涛.希腊、希伯来创世神话与中国创世神话之比较[J].沧桑，2010（12）：231 - 232.

[224] 吴振琦.神话之根——民间信仰：评向柏松教授新著《神话与民间信仰研究》[J].中南民族大学学报（人文社会科学版），2010（06）：189.

[225] 闫德亮.《周易》与神话关系论考[J].江西社会科学，2010（12）：105 - 109.

[226] 陈劲松.再生信仰与西王母神话：杜丽娘、柳梦梅爱情的神话原型及《牡丹亭》主题再探[J].江西社会科学，2010（12）：118 - 121.

[227] 张泽忠.萨玛神的"元信息"解读：侗族大神母研究系列之一[J].百色学院学报，2010（05）：7 - 13.

[228] 刘亚虎.伏羲女娲、楚帛书与南方民族洪水神话[J].百色学院学报，2010（06）：29 - 34.

[229] 李莉森.神话原始意象在后世的延续：以壮族花生人神话为例[J].百色学院学报，2010（06）：35 - 39.

[230] 陈江风，孙培新，高有鹏.神话学与中华文明探源：中原话有熊座谈会实录[J].百色学院学报，2010（06）：1 - 11.

[231] 徐亚蕾.希腊神话和中国神话中的女性形象分析[J].北方文学（下半月），2010（02）：74 - 75.

[232] 范芊婀.中国、日本、希伯莱创世神话比较分析[J].北方文学（下半月），2010（04）：60 - 61.

[233] 王燕.《山海经》中变形神话蕴含的生命观[J].电影评介，2010（15）：93 - 95.

[234] 唐业康.文化人类学视野中的奥林匹克起源神话解读[J].时代文学（下半月），2010（09）：203 - 204.

[235] 张雪飞，岳广腾.满族神话中的灵禽崇拜[J].时代文学（上），2010（03）：270 - 271.

[236] 葛金平.中国古代神话对文学创作的影响[J].时代文学（下半月），2010（05）：162 - 163.

[237] 叶舒宪.玉教与儒道思想的神话根源：探寻中国文明发生期的"国教"[J].民族艺术，2010（03）：83 - 91.

[238] 黄静华.非物质文化遗产情境中的少数民族神话[J].民族艺术，2010（03）：17 - 22；30.

[239] 叶舒宪.虎食人卣与妇好圈足觥的图像叙事：殷周青铜器的神话学解读[J].民族艺

术，2010（02）：99-108.

[240] 叶舒宪.鹰熊、鸮熊与天熊：鸟兽合体神话意象及其史前起源[J].民族艺术，2010（01）：91-100.

[241] 叶舒宪.西周神话"凤鸣岐山"及其图像叙事[J].民族艺术，2010（04）：86-96.

[242] 纪晓建.后稷生而见弃神话的文化探析[J].西北民族研究，2010（01）：198-203；215.

[243] 刘锡诚.20世纪中国神话学概观：《中国神话学文论选萃》（增订本）序言[J].西北民族研究，2010（01）：140-146；139.

[244] 鹿忆鹿.弗雷泽与南岛语族神话研究[J].西北民族研究，2010（01）：147-155；146.

[245] 王铭铭.神话学与人类学[J].西北民族研究，2010（04）：67-82.

[246] 杨清媚.谋杀与文明：对几则神话的阅读札记[J].西北民族研究，2010（04）：197-200.

[247] 杨建军.刑天神话考[J].西北民族研究，2010（03）：187-188.

[248] 孙荣荣.人文观念之于中国古代神话[J].作家，2010（06）：143-144.

[249] 葛作然.中国古史神话演变探微[J].魅力中国，2010（08）：285；287.

[250] 张亚萌.浅析中国神话与希腊神话差异[J].魅力中国，2010（06）：152.

[251] 陈万葵.浅议纬书神话的形成和影响[J].山东文学，2010（S1）：38-40.

[252] 徐辉.试探中西方神秘数字"七"的文化根源[J].大家，2010（03）：278-279.

[253] 李潇潇.论创世神话叙事中的时间特征[J].文教资料，2010（16）：9-11.

[254] 唐丰.中国神话仙话化的独特性[J].魅力中国，2010（17）：269.

[255] 邹茂景.论列维-斯特劳斯的神话概念[J].青年文学家，2010（11）：207；209.

[256] 季南，宋春辉.从朱蒙神话看高句丽民族多元文化因子[J].山东文学，2010（07）：82-84.

[257] 范明燕.论西王母形象的嬗变[J].大家，2010（17）：50.

[258] 胡进.浅议战神山议事会的神话起源[J].青年文学家，2010（16）：203.

[259] 孟庆彬.由中西创世神话管窥其文化差异[J].文教资料，2010（29）：25-26.

[260] 刘丽芳.浅论上古神话的精神特质与价值[J].西安社会科学，2010（05）：93-95.

[261] 曹璐茜.中日创世神话的比较[J].新课程学习（学术教育），2010（11）：130.

[262] 钟华.中西方神话比较[J].考试周刊，2010（55）：28-29.

[263] 周燕，罗婷，桂朝阳.浅析苗族图腾与中国古代神话的关系[J].青春岁月，2010（22）：10.

[264] 黄文英.从洪水神话的母题变异看中西文化传统[J].艺术学界，2010（01）：161-170.

[265] 李洪连.中国神话的仙话化发展浅谈[J].现代语文（文学研究），2010（11）：156-157.

[266] 过伟.盘古神话源于岭南百越论[J].西南学刊，2010（00）：51-55.

[267] 黄少勇.西藏卵生神话初探 [J].民族史研究,2010 (00):186-202.

[268] 李子贤.活形态神话研究与中国神话学建构 [J].民间文化论坛,2010 (03):7-12.

[269] 李敬儒.尧舜神话的伦理思想研究 [J].民间文化论坛,2010 (05):23-28.

[270] 高海珑.中国壮侗语族射日神话形态结构分析 [J].民间文化论坛,2010 (05):29-41.

[271] 尹泓.嫦娥奔月神话的意象和母题分析 [J].民间文化论坛,2010 (05):93-99.

[272] 龙海清.关于盘古神话探源若干问题之我见 [J].民间文化论坛,2010 (06):24-28.

[273] 林玮生.神话变形的式样及其发生的原理 [J].外语艺术教育研究,2010 (01):89-93.

[274] 聂凌燕.神话"嫦娥奔月"的文化意蕴 [J].潍坊高等职业教育,2010 (04):77-78.

[275] 杨栋,曹书杰.大禹传说研究百年回眸 [J].历史文献研究,2010 (00):110-123.

博士论文

[1] 方芳.台湾海峡两岸射日神话比较研究 [D].中央民族大学,2010.

[2] 平坦."南方女性神话"的现代解构 [D].吉林大学,2010.

[3] 元旦.藏族神话与《格萨尔》史诗比较研究 [D].西北民族大学,2010.

[4] 谷颖.满族萨满神话研究 [D].东北师范大学,2010.

[5] 杨栋.神话与历史:大禹传说研究 [D].东北师范大学,2010.

[6] 程静.中西创世纪神话对比研究 [D].武汉大学,2010.

[7] 袁梅.中国古代神话中智慧导师阿尼玛原型及其承传移位 [D].曲阜师范大学,2010.

硕士论文

[1] 蒋忞怿.从口传神话到动漫神话 [D].西南大学,2010.

[2] 贺菀.论先秦两汉生死观及其对诗歌的影响 [D].西北大学,2010.

[3] 唐晨曦.论希腊神话中的雅典娜 [D].上海师范大学,2010.

[4] 程静.《淮南子》三女神研究 [D].安徽大学,2010.

[5] 马荣会.上古神话人物的文化品格研究 [D].延边大学,2010.

[6] 陈飞.《山海经》神话形象与当代中国网络玄幻小说研究 [D].延边大学,2010.

[7] 季江静.关于日本因幡白兔神话的考察 [D].北京林业大学,2010.

[8] 孙玲.《淮南子》神话研究 [D].曲阜师范大学,2010.

[9] 朱伟利.黄帝神话在新密的流传及其民俗文化 [D].河南大学,2010.

[10] 焦晓君.典籍神话与民间神话互动的魅力 [D].河南大学,2010.

[11] 阿拉坦其其格.日蒙起源神话的对比分析 [D].内蒙古大学,2010.

[12] 李华.蒙古族星辰神话研究 [D].内蒙古大学,2010.

[13] 张乌日汗.成吉思汗传说的神话性研究 [D].内蒙古大学,2010.

[14] 刘莎.巴神话研究 [D].重庆大学,2010.

[15] 路瑞娟.《山海经》中的"蛇"现象初探[D].重庆大学,2010.

[16] 林霖.试论神话的当代重构[D].山东师范大学,2010.

[17] 朱鹏.北欧神话的起源及它的现代的影响[D].青岛大学,2010.

[18] 沈辛成.天父二分与图腾之死[D].复旦大学,2010.

[19] 宋玉.中国古代神话中生态女性主义探析[D].合肥工业大学,2010.

[20] 李海娟.论李贺神鬼诗及其与古代神话的关系[D].陕西师范大学,2010.

[21] 金凤龄.东亚古代文献中司水的诸神[D].东北师范大学,2010.

[22] 卢载鹤.满族与朝鲜族的远祖及祖先崇拜比较研究[D].中央民族大学,2010.

[23] 李晓玲.北方三少民族神话与古希腊神话的比较[D].吉林大学,2010.

[24] 何惠.嫦娥形象的生成和演变[D].长沙理工大学,2010.

[25] 田艳飞.苗族神话意象"枫木"解析[D].云南大学,2010.

[26] 首丹.谶纬对神话传说流变的影响[D].四川师范大学,2010.

[27] 张贺.满-通古斯语族民族神树崇拜特质分析[D].云南大学,2010.

[28] 舒梓.论哈尼族神话的结构[D].云南大学,2010.

[29] 郭芬.中国上古民族复生神话中龟、蛇意象探究[D].云南大学,2010.

[30] 郭铜.女娲神话原型对明清小说创作构思的影响[D].重庆师范大学,2010.

[31] 赵晓丽.山西临汾帝尧信仰研究[D].山西师范大学,2010.

2011

[1] 王琴.从凤、夔神话看中国古乐的文化渊源[J].文化学刊,2011(01):76-82.

[2] 王柯平.厄洛斯神话的哲学启示[J].哲学研究,2011(01):61-67;76;128-129.

[3] 王迅.历史化·神性退位·精神修剪:关于"神话重述"的几点思考[J].南方文坛,2011(01):54-56;61.

[4] 梁工.神话[J].外国文学,2011(01):128-134;160.

[5] 叶培斯.神话中的偷窃型母题和民间的偷俗[J].重庆科技学院学报(社会科学版),2011(01):154-155;158.

[6] 李明阳.浅析中国古代神话的民族精神[J].吉林广播电视大学学报,2011(01):40-42.

[7] 李枫.古希腊神话世界的变形法则[J].宁波大学学报(人文科学版),2011(01):48-52.

[8] 黄悦.汉代神话历史管窥:以黄帝为例[J].中国文化研究,2011(01):146-152.

[9] 田丹.希腊神话在西方影视作品中的嬗变[J].文艺争鸣,2011(06):120-122.

[10] 张新刚.灵魂不朽与柏拉图的新神话:《理想国》卷十厄尔神话解读[J].世界哲学,2011(02):123-137.

[11] 龙海清.关于盘古神话探源若干问题之我见[J].理论与创作,2011(01):85-88.

[12] 边凤.《庄子》与上古神话研究[J].大众文艺,2011(02):172;202.

[13] 汪楠.中国神话早期研究的资料搜集与理论译介 [J].古籍整理研究学刊,2011 (01):99-103.

[14] 张定.中西创世神话之比较 [J].学理论,2011 (04):101-102.

[15] 康琼.《西游记》对原始神话生态意象的承续与发展 [J].湖南城市学院学报,2011 (01):7-11.

[16] 闫德亮.女娲神话的生命密码 [J].河南师范大学学报(哲学社会科学版),2011 (01):137-140.

[17] 陈永香,曹晓宏.彝族史诗《梅葛》、《查姆》中人类起源与灾难神话研究 [J].楚雄师范学院学报,2011 (01):45-52;58.

[18] 杨甫旺.彝族洪水神话的文化时空性:以创世史诗《查姆》为例 [J].楚雄师范学院学报,2011 (01):53-58.

[19] 曲镔.巴蜀地区的竹王神话与竹部族 [J].文史杂志,2011 (02):28-30.

[20] 吴琼.内蒙古"三少"民族桦树皮器具纹饰与神话传说的联系 [J].才智,2011 (03):214-215.

[21] 于文哲.《尚书》虞舜神话溯源 [J].学术交流,2011 (03):175-179.

[22] 汪楠.早期神话学研究的回顾与思考 [J].文艺评论,2011 (02):35-39.

[23] 谢敏,李娟.中国洪水神话在文化创意产业中的价值研究 [J].江西科技师范学院学报,2011 (01):124-126.

[24] 张华.人神之际多元互动下的"实录"坚守:司马迁取舍上古神话传说的原因探析 [J].中华文化论坛,2011 (02):124-131.

[25] 刘文凤.神话的人文关怀 [J].教育文化论坛,2011 (01):49-53.

[26] 李炽昌,林艳.从中国创世神话的视野阅读《创世记》第1章 [J].西北师大学报(社会科学版),2011 (02):1-6.

[27] 李措吉.神话昆仑:深层记忆中的神圣家园:屈原的精神困境与宗教情怀 [J].青海社会科学,2011 (01):129-136.

[28] 吕微.神话信仰—叙事是人的本原的存在:《现代口承神话的传承与变迁》序言 [J].青海社会科学,2011 (01):175-186.

[29] 杨利慧.现代口承神话的传承与变迁:对四个汉民族社区民族志研究的总结 [J].青海社会科学,2011 (01):187-198.

[30] 邹明,李方军.中西洪水神话比较刍议 [J].安徽文学(下半月),2011 (02):227-229.

[31] 马湘蕾.浅谈冥界神话与古人生死观 [J].湖南工业职业技术学院学报,2011 (01):60-62.

[32] 李艳洁.文化传播与淮河流域大禹神话传说探析 [J].重庆科技学院学报(社会科学版),2011 (06):125-126;146.

[33] 吴亚娜.从《庄子》的神话思维看庄子的循环变化思想 [J].德州学院学报,2011

(01)：50-54.

[34] 李艳洁.近二十年来大禹神话研究现状分析［J］.长春理工大学学报，2011（03）：77-79.

[35] 陈晨.神话传承与祖先崇拜［J］.长江大学学报（社会科学版），2011（01）：14-15.

[36] 王庆云.韩国古代建国神话概述［J］.学理论，2011（07）：154-155.

[37] 谷颖.满族战斗英雄神话研究［J］.浙江师范大学学报（社会科学版），2011（03）：24-29.

[38] 刘书惠.神话与仪式：先秦儒家祭祀礼的原始意蕴［J］.浙江师范大学学报（社会科学版），2011（03）：7-12.

[39] 曹书杰，汪楠.民族学视野中的中国神话学研究（1900-1949）［J］.浙江师范大学学报（社会科学版），2011（03）：1-6.

[40] 朱仙林.中国神话研究的反思：与常金仓先生商榷［J］.浙江师范大学学报（社会科学版），2011（03）：13-18.

[41] 杨栋."禹生于石"神话传说与石的文化意蕴［J］.浙江师范大学学报（社会科学版），2011（03）：19-23.

[42] 刘芬.圆满与残缺：中西神话不同的文化意蕴和人生哲学［J］.长江大学学报（社会科学版），2011（03）：17-18.

[43] 郑在书.对建立"差异的神话学"的一些意见［J］.长江大学学报（社会科学版），2011（03）：8-9.

[44] 杨利慧.我想写一部怎样的神话学教科书［J］.长江大学学报（社会科学版），2011（03）：14-16.

[45] 周艳芳.中国神话的德育功能［J］.长江大学学报（社会科学版），2011（04）：16-17.

[46] 冯志英.现当代小说中的神话原型［J］.开封大学学报，2011（01）：56-57.

[47] 赵丽敏.论中原神话中神性人物形象作为动漫形象资源的有效利用［J］.名作欣赏，2011（12）：162-164.

[48] 李凇.汉代铜镜所见有关道教和神话的图像［J］.湖北美术学院学报，2011（01）：8-11.

[49] 荀利波，吕维洪.云南少数民族洪水创世神话乱伦禁忌主题的文化阐释［J］.民族论坛，2011（06）：53-54.

[50] 魏李立.从中国神话看中国古代女性地位［J］.商业文化（下半月），2011（04）：88.

[51] 张义桂.中国神话历史化的原因［J］.文学教育（中），2011（04）：62.

[52] 齐昀.论老庄社会理想的神话渊源［J］.青海社会科学，2011（02）：33-35.

[53] 高建新，程语诗.普罗米修斯盗火神话及其文化意蕴［J］.内蒙古师范大学学报（哲学社会科学版），2011（02）：96-99.

[54] 欧阳韵竹，孟维杰.神话的原型生态意义新探［J］.心理研究，2011（02）：8-12.

[55] 康妍妍.从女娲神话看蛙纹彩陶［J］.文学界（理论版），2011（04）：137-138.

[56] 卢茂君.日本"记纪"起源神话原型阐释［J］.东方论坛，2011（01）：49-53.

[57] 韦琴.从"洪水型"神话看老挝老龙族与壮族的文化渊源[J].广西民族大学学报（哲学社会科学版），2011（02）：140-143；158.

[58] 董皖怡.中国神话不发达的原因[J].安徽文学（下半月），2011（04）：248-249；256.

[59] 袁延广.关于藏族神话传说的思考[J].大众文艺，2011（06）：110.

[60] 陈丽丽.希腊神话与中国神话伦理精神比较研究[J].长江师范学院学报，2011（02）：85-88.

[61] 邹治国.浅谈中国神话的崇高美[J].科技信息，2011（07）：187；168.

[62] 李艳洁.淮河流域大禹神话的基本特征及学术价值[J].赤峰学院学报（汉文哲学社会科学版），2011（05）：98-100.

[63] 闫德亮.神话视域下的中原与岭南文化交流考论[J].信阳师范学院学报（哲学社会科学版），2011（03）：65-71.

[64] 温珏，费小平，周曦.古希腊神话中的女性人格建构[J].黑龙江社会科学，2011（03）：94-96.

[65] 刘文君.从中国和希腊神话看女性地位之差异[J].南方论刊，2011（06）：36-38.

[66] 齐昀.论中西人性论的神话渊源[J].科教导刊（中旬刊），2011（05）：140；181.

[67] 曹辉林，曹响平.神话与仪式：古镇黄龙溪的宗教和社会历史叙事[J].民族学刊，2011（03）：86-89；96.

[68] 王倩.作为图像的神话：兼论神话的范畴[J].民族文学研究，2011（02）：129-135.

[69] 周艳芳.中、希神话生死观之比较[J].长春理工大学学报，2011（06）：81-82.

[70] 李娜.浅谈神话与传说的区别[J].安徽文学（下半月），2011（05）：51-52；55.

[71] 胡铁强，陈敬胜.渡海神话：瑶族文化的象征性表述[J].当代教育理论与实践，2011（06）：133-135.

[72] 曲明鑫，李默.论黎族作家文学对黎族神话传说的继承[J].大众文艺，2011（09）：128.

[73] 谷颖.满族萨满神话的民族性研究[J].长春师范学院学报，2011（05）：73-77.

[74] 谢丽芳.从中国神话蛇女母题的演变思考女性的命运[J].湖北经济学院学报（人文社会科学版），2011（05）：109-110.

[75] 张宏飞.朝鲜与中国建国神话比较[J].传承，2011（12）：72-73.

[76] 纪晓建.《山海经》对《楚辞·天问》神话材料之补正[J].内蒙古大学学报（哲学社会科学版），2011（03）：52-59.

[77] 刁彦，桑吉仁谦.土族神话研究[J].中国土族，2011（02）：44-46.

[78] 齐昀.道家"天人合一"思想的神话渊源：论混沌神话的本体论意义[J].青海师范大学学报（哲学社会科学版），2011（03）：64-67.

[79] 周艳芳.中、希神话劳动观[J].赤峰学院学报（汉文哲学社会科学版），2011（06）：119-120.

[80] 唐卉.俄狄浦斯神话的东方渊源[J].中南民族大学学报（人文社会科学版），2011（04）：155-160.

[81] 王进明,于春海.中希上古神话文化形态探源[J].延边大学学报（社会科学版），2011（04）：131-135.

[82] 那木吉拉."盗食"与"长生"：一个东方神话母题的比较研究[J].中央民族大学学报（哲学社会科学版），2011（04）：108-113.

[83] 叶舒宪.苏美尔青金石神话研究：文明探源的神话学视野[J].中南民族大学学报（人文社会科学版），2011（04）：140-148.

[84] 向柏松.中国创世神话深层结构分析[J].中南民族大学学报（人文社会科学版），2011（04）：149-154.

[85] 段君,齐昕.浅谈中西月亮神话[J].海外英语，2011（07）：216；219.

[86] 皮英.神身上的"人性"魅力：解读古希腊神话对西方文化影响之源[J].湖北广播电视大学学报，2011（07）：67-68.

[87] 潘其旭.壮族布洛陀神话破除中国无创世体系神话的旧说[J].广西民族研究，2011（02）：89-99.

[88] 刘芳.《九歌·国殇》历史与神话背景研究述评[J].湖南广播电视大学学报，2011（02）：31-38.

[89] 刘孟子.满族萨满创世神话产生原因浅析[J].佳木斯教育学院学报，2011（04）：85.

[90] 王倩倩.隐喻的神话和神话的隐喻：弗莱神话原型理论的实质[J].商业文化（上半月），2011（06）：364.

[91] 王欣.神话传说中父亲原型和母亲原型的思考[J].人力资源管理，2011（07）：226-227.

[92] 纪晓建.《楚辞》《山海经》神话趋同的文化学意义[J].南京师范大学文学院学报，2011（02）：6-14.

[93] 陈侃言.古苍梧部落的文化密码：西江龙母神话与图腾文化[J].梧州学院学报，2011（02）：19-25；82.

[94] 李遇春.新神话写作的四种叙述结构：论红柯的"天山系列"长篇小说[J].南方文坛，2011（04）：112-117.

[95] 冯肖华.中国西部文化：关陇神话传说与华夏文明渊源的文化认知[J].文艺争鸣，2011（12）：47-49.

[96] 韩辉.印度神话中因陀罗地位职能演变探析[J].外国文学研究，2011（03）：93-101.

[97] 李婧.初探中国神话与希腊神话三个典型相同点[J].出国与就业（就业版），2011（12）：132.

[98] 王云龙.维京神话叙事特质的历史学解析 [J].贵州社会科学,2011 (07):118-124.

[99] 原昊.历史神话化的文本典范:《世本·作篇》所载发明创造类神话蠡测 [J].古籍整理研究学刊,2011 (03):69-72;50.

[100] 延慧.女娲神话所体现的中国哲学精神 [J].安徽文学(下半月),2011 (06):153-154.

[101] 周艳芳.中国神话与生态文明 [J].湖北经济学院学报(人文社会科学版),2011 (06):132-133.

[102] 周艳芳.中国神话之善恶观 [J].长沙铁道学院学报(社会科学版),2011 (02):64-65.

[103] 徐学书."天府四川":神话、历史、现实叠加的区域文化形象:对四川"天府"文化形象的新解读 [J].西华大学学报(哲学社会科学版),2011 (03):41-44.

[104] 单江秀,杨甫旺.民间信仰与洪水型兄妹婚神话存续之间的关系研究:以彝族洪水型兄妹婚神话为例 [J].毕节学院学报,2011 (05):26-31.

[105] 贺菁,吴妍.创世神话的生态思想解读与生态价值传承 [J].长春工业大学学报(社会科学版),2011 (02):108-110.

[106] 叶欣然.浅议英雄神话的模式 [J].群文天地,2011 (09):124-126.

[107] 陈富元.谈《山海经》神话物象的类型 [J].群文天地,2011 (09):118-121.

[108] 张耀元,张华.从《史记》中的上古神话看先秦文化从巫到史的演变 [J].唐山师范学院学报,2011 (04):37-39.

[109] 朱仙林,曹书杰.孙作云与中国古代神话研究 [J].中南大学学报(社会科学版),2011 (04):114-119.

[110] 张文安.中国神话与两河流域神话的文化比较 [J].陕西师范大学学报(哲学社会科学版),2011 (04):121-126.

[111] 曹希.中日神话中月神的性别分析 [J].吕梁学院学报,2011 (03):38-40.

[112] 李韶丽,宁平.女性主义视野下的希腊神话 [J].重庆科技学院学报(社会科学版),2011 (14):137-139.

[113] 李艳洁,潘兰香.关于汉代神话研究的思考:汉代神话流变研究之四 [J].乐山师范学院学报,2011 (07):25-28.

[114] 陈青远.《淮南子》与《楚辞》神话比较 [J].淮南师范学院学报,2011 (01):26-29.

[115] 刘心恬.盖娅的崛起与盘古的觉醒:论中西创世神话的生态维度 [J].中国地质大学学报(社会科学版),2011 (04):19-23.

[116] 张苇杭,胡立耘.中国神话、希腊神话中的死亡母题研究 [J].宁夏社会科学,2011 (04):147-152.

[117] 梁燕飞,苟小平,田惠君,杨占明.崆峒武术的文化意蕴:从陇东神话传说视角入手 [J].中华武术(研究),2011 (02):34-37.

[118] 黄春丽.中国神话和希腊罗马神话对比 [J].新闻爱好者,2011 (16):120-121.

[119] 韩辉.论印度神话中毗湿奴的化身[J].中州大学学报,2011(04):44-46.
[120] 徐扬尚.中希神话的"仇亲情结"与"认亲情结":兼论龙与斯芬克斯对中西文化风骨的隐喻与象征[J].华文文学,2011(04):50-57.
[121] 林俊.古希腊神话和传说中历险精神的文化阐释[J].廊坊师范学院学报(社会科学版),2011(04):67-70.
[122] 苏铃叉,丛皓.中国神话与希腊神话比较研究[J].世纪桥,2011(15):28-29.
[123] 叶舒宪.伊甸园生命树、印度如意树与"琉璃"原型通考:苏美尔青金石神话的文明起源意义[J].民族艺术,2011(03):32-45.
[124] 单海英.日本文化中的中国因素:以中国神话和日本神话的比较为中心[J].时代文学(下半月),2011(08):140-141.
[125] 蒋显璟.论威廉·布莱克的神话体系[J].文艺研究,2011(09):45-52.
[126] 刘洁.杜鹃神话传说探析[J].文学教育(上),2011(08):110-111.
[127] 朱大可.从《山海经》看上古神话的若干真相[J].文艺争鸣,2011(14):129-132.
[128] 李包靖.证成审美神话:布鲁门贝格《神话研究》的文化进路[J].文艺研究,2011(09):25-34.
[129] 鄂崇荣.昆仑与世界的对话:"昆仑神话与世界创世神话国际学术论坛"综述[J].青海社会科学,2011(04):199-204.
[130] 邓新实.神祇、英雄、人:试论古希腊艺术与希腊神话、时代精神和风俗习惯的关系[J].大众文艺,2011(16):162-163.
[131] 周艳芳.中、希神话生死观之比较[J].湘南学院学报,2011(03):46-49.
[132] 潘明霞,曹萍.古希腊神话的文明性与中国先秦神话的原始性[J].巢湖学院学报,2011(04):48-51.
[133] 李泽琴.永是神圣:论我国古代神话在文本中的神圣性建构[J].北方文学(下半月),2011(05):43-45.
[134] 宋玉凤.中国神话与古希腊神话比较论[J].北方文学(下半月),2011(05):186-187.
[135] 黄悦.神话历史:一个跨学科的新视角[J].重庆文理学院学报(社会科学版),2011(05):11-15.
[136] 王倩.神圣的图像:神话图像结构性意义阐释[J].重庆文理学院学报(社会科学版),2011(05):16-22.
[137] 朱仙林.孙作云图腾神话研究解析[J].民族艺术,2011(02):61-69;92.
[138] 李结洪.《山海经》中西王母神话的文化探索[J].时代文学(下半月),2011(05):194-195.
[139] 叶舒宪.女娲补天和玉石为天的神话观[J].民族艺术,2011(01):30-39.
[140] 相龙烽,张奎志."道成肉身"与神话思维:《圣经》的一种隐喻解读[J].北京印刷

学院学报，2011（05）：50-53.

[141] 胡俊麟.由死亡意识观照希腊神话中的弃子现象[J].文学教育（上），2011（09）：114-116.

[142] 李玉军，李文琴.论苗族神话之"美"[J].三峡论坛（三峡文学.理论版），2011（05）：81-86；149.

[143] 师帅.对《史记》殷、周、秦起源神话的考量[J].渭南师范学院学报，2011（09）：33-35；41.

[144] 习彦，桑吉仁谦.土族神话研究[J].中国土族，2011（03）：49-52.

[145] 田红云.傩戏的神话行为叙事探析：以湘西傩戏为例[J].思想战线，2011（05）：139-140.

[146] 佟德富.神话宇宙时空观初探[J].中央民族大学学报（哲学社会科学版），2011（05）：58-63.

[147] 付海艳.从上古神话看中华民族性格之形成[J].西安文理学院学报（社会科学版），2011（04）：28-30.

[148] 韩辉.试论印度神话中梵天的升格与虚化[J].新乡学院学报（社会科学版），2011（05）：83-85.

[149] 王昕.管窥希腊神话对西方价值观的影响[J].大学英语（学术版），2011（02）：206-208.

[150] 叶舒宪.儒家神话的再认识[J].百色学院学报，2011（03）：1-11.

[151] 韩建中.晋城古代神话传说的悲剧意识[J].晋城职业技术学院学报，2011（05）：3-4；10.

[152] 李艳洁.汉代神话仙话化倾向的时代特征：汉代神话流变研究之一[J].长江大学学报（社会科学版），2011（08）：7-10；2.

[153] 高莉芬.古老知识与理论新诠：从杨利慧《神话与神话学》谈起[J].长江大学学报（社会科学版），2011（09）：4-5.

[154] 甘奇.浅析黎族神话与中原神话之异同[J].传承，2011（23）：64-65.

[155] 张哲俊.檀君神话中的艾草及其形成的时间[J].民族文学研究，2011（04）：115-121.

[156] 殷满堂.试论杜甫对神话传说的接受与运用[J].名作欣赏，2011（29）：104-106.

[157] 楚金波，姜媛，许名君.神话中禁忌与反叛类型及深层原因探析[J].江苏技术师范学院学报，2011（09）：20-24.

[158] 田兆元.神话学概论读本与神话学学科发展[J].长江大学学报（社会科学版），2011（09）：1-3.

[159] 山田仁史，王立雪.大林太良与日本神话学[J].长江大学学报（社会科学版），2011（09）：5；18.

[160] 刘霓尘，陈娘有，陈飞宇.战神传说：神话与历史之间：战神关羽诞生的社会缘由[J].长江大学学报（社会科学版），2011（09）：6-7.

[161] 周美华，李金早.中西方创世神话的文化学意蕴［J］.安徽警官职业学院学报，2011（04）：126-128.

[162] 郭建.坎贝尔的英雄历险神话模式解析［J］.商丘师范学院学报，2011（10）：27-29.

[163] 王小平.原始艺术与人类苦难的拯救：从中国神话看艺术与人类灾难和苦难的关系［J］.天府新论，2011（06）：152-156.

[164] 苏晓梅，苏晓阳.《支呷阿鲁》的神话母题解读［J］.西昌学院学报（社会科学版），2011（03）：109-112.

[165] 林树帅.古典面具下的现代面孔：周作人"神话"情结略论［J］.赤峰学院学报（汉文哲学社会科学版），2011（10）：128-129.

[166] 王成光，王立平.宗教神话与古希腊哲学的产生［J］.西南民族大学学报（人文社会科学版），2011（11）：70-73.

[167] 李姝.云南少数民族创世神话与祭天仪式［J］.思茅师范高等专科学校学报，2011（04）：54-56.

[168] 高丽萍.神话故事中的女性主义［J］.现代物业（中旬刊），2011（10）：98-99.

[169] 王琳.从图腾到图案与审美关系：论神话思维向审美思维的演进［J］.广西师范大学学报（哲学社会科学版），2011（04）：32-35.

[170] 赵新."神话"概念的再探讨：兼论与中国神话研究的适切性问题［J］.大连大学学报，2011（05）：62-67.

[171] 陈丁漫.女娲神话与当代地方信仰及民俗［J］.北方文学（下半月），2011（08）：171-172.

[172] 李慧.麽经文化起源神话探析［J］.广西社会科学，2011（10）：143-146.

[173] 谢丽芳.上古神话中的两性崇拜［J］.吕梁教育学院学报，2011（03）：126-128.

[174] 张涛.论神话的教育意义［J］.湖北民族学院学报（哲学社会科学版），2011（05）：143-146.

[175] 顾久幸.神话在地方文化中的流变形态与发展［J］.理论月刊，2011（12）：118-120.

[176] 叶舒宪，苏永前.神话学与"中华文明探源"：叶舒宪先生学术访谈录［J］.甘肃社会科学，2011（06）：110-114.

[177] 陈文敏.中国上古神话时代之始末：兼论"绝地天通"［J］.重庆文理学院学报（社会科学版），2011（06）：9-14；24.

[178] 刘澂，张文奕，魏李萍.解读《神话与神话学》教材价值的讨论［J］.湖北民族学院学报（哲学社会科学版），2011（05）：139-142.

[179] 叶舒宪.《宝岛诸神：台湾的神话历史古层》导言［J］.百色学院学报，2011（04）：9-14.

[180] 黄悦.神话历史：一个跨学科的新视角［J］.百色学院学报，2011（04）：24-27.

[181] 张哲俊.韩国檀君神话中的三个天符印［J］.西北民族大学学报（哲学社会科学版），2011（06）：116-123.

[182] 田若虹.粤海域传奇对海洋神话母题的围绕与衍行[J].五邑大学学报（社会科学版），2011（04）：20-23；91.

[183] 陈连山.论古代昆仑神话的真实性：古人为什么要探索昆仑的地理位置[J].广西师范学院学报（哲学社会科学版），2011（04）：1-4.

[184] 李险峰.论华山神话传说主题的兼容性特征[J].渭南师范学院学报，2011（11）：53-56.

[185] 李祥林，王广瑞.作为民间文化遗产的羌族神话传说及故事[J].文史杂志，2011（06）：29-32.

[186] 张亚辉.清宫萨满祭祀的仪式与神话研究[J].清史研究，2011（04）：35-48.

[187] 叶舒宪，唐启翠.儒家神话论[J].社会科学战线，2011（09）：126-134.

[188] 胡建升.儒家"心"范畴的神话历史来源[J].社会科学战线，2011（09）：135-140.

[189] 吴晓东.盘古神话：开辟天地还是三皇起源[J].广西民族师范学院学报，2011（05）：4-8.

[190] 聂济冬.谶纬"河图"、"洛书"中神话意象诠释[J].周易研究，2011（03）：76-81.

[191] 王宪昭.论中国多民族同源神话的文化特征[J].广西民族师范学院学报，2011（05）：9-13.

[192] 杨晓峰.中国与古希腊神话中女神形象的对比[J].时代文学（下半月），2011（12）：146-147.

[193] 陈富元.浅析《山海经》神话的万物有灵思维[J].青海师范大学民族师范学院学报，2011（02）：13-14.

[194] 苏历.《九歌》里的神祇称谓与古代神话体系考辨[J].时代文学（上半月），2011（12）：193-194.

[195] 庄卉洁.浅谈佤族"司岗里"神话传说的思考意义及艺术特色[J].延安职业技术学院学报，2011（06）：130-132.

[196] 叶舒宪，唐启翠.玉石神话信仰：文明探源新视野：叶舒宪先生访谈录[J].社会科学家，2011（11）：3-7.

[197] 江林昌，孙进.后羿、寒浞神话传说的历史钩沉[J].学术月刊，2011（10）：124-131.

[198] 李子贤.神话学史的启示：关注活形态神话[J].玉溪师范学院学报，2011（11）：1-6.

[199] 罗相珍.试论韩国兄妹婚神话概况及其研究现状：以洪水神话为中心[J].玉溪师范学院学报，2011（11）：7-11.

[200] 李莲，冯熙.开远彝族地区洪水神话与传承[J].玉溪师范学院学报，2011（11）：12-16.

[201] 贺菊玲.中西神话中神的形象塑造及民族文化精神的差异[J].社会科学家，2011（11）：27-29.

[202] 李韶丽，崔东辉.从希腊神话看女性意识的萌动和发展[J].牡丹江大学学报，2011（11）：66-67.

[203] 唐卉."牛眼"赫拉神话起源研究[J].百色学院学报，2011（05）：21-27.

[204] 黄玲.中越跨境民族神话叙事及其文化功能：以"竹生人"神话母题的衍化为例［J］.百色学院学报，2011（05）：71-76.

[205] 林丹娅，朱郁文.起源与流变：论东西方神话中的"双性同体"现象［J］.福建论坛（人文社会科学版），2011（11）：103-109.

[206] 余敏先.中国洪水再生型神话的生态学意义［J］.淮南师范学院学报，2011（05）：54-57.

[207] 李枫.萨满神话对现当代东北小说情节模式的影响［J］.满语研究，2011（02）：131-136.

[208] 叶舒宪.西王母神话：女神文明的中国遗产［J］.百色学院学报，2011（05）：14-20.

[209] 李慧，晋克俭.麽经感生神话研究［J］.贵州大学学报（社会科学版），2011（05）：87-91.

[210] 王先灿.夸父逐日神话：通向乐园的苦难征程［J］.临沧师范高等专科学校学报，2011（03）：51-56.

[211] 李斯颖.试析布洛陀神话叙事的演述者：布麽［J］.广西民族研究，2011（04）：109-114.

[212] 张景昆.闻一多古典文学研究的诗性智慧及其尴尬：以上古神话研究为例［J］.长春理工大学学报，2011（12）：95-96.

[213] 谭德兴.试论共工神话传说的历史和文化内涵［J］.毕节学院学报，2011（10）：61-67.

[214] 康琼.论中国神话的生态伦理意象［J］.湖南大学学报（社会科学版），2011（06）：109-113.

[215] 詹桂芬.中日七夕神话的文化比较［J］.长江大学学报（社会科学版），2011（11）：1-5.

[216] 谭佳."神话"、"历史"的联袂与分裂：以1902年为起点［J］.百色学院学报，2011（05）：28-32.

[217] 孙雪霞.百年《庄子》神话研究述论及反思［J］.西华师范大学学报（哲学社会科学版），2011（06）：36-39.

[218] 汪萍.浅谈满族的原始崇拜、神话传说及在地名中的反映［J］.中国地名，2011（11）：33-34.

[219] 卡伦·阿姆斯特朗.神话的史前史（公元前20000—4000年）［J］.叶舒宪，译.百色学院学报，2011（05）：1-13.

[220] 石朝江.苗族创世神话：洪水故事与兄妹结婚［J］.贵州大学学报（社会科学版），2011（06）：103-111.

[221] 郝晓静.越南神话同西方神话之比较［J］.名作欣赏，2011（35）：157-159.

[222] 龙国静.从布依族神话、古歌看布依族的生活习俗［J］.凯里学院学报，2011（05）：182-184.

[223] 朱仙林.孙作云民俗学视域下的神话研究［J］.民族艺术，2011（04）：65-69.

[224] 逯宏.玄鸟神话在周代的接受［J］.长江大学学报（社会科学版），2011（12）：1-4；61.

[225] 叶舒宪.三星堆与西南玉石之路：夏桀伐岷山与巴蜀神话历史［J］.民族艺术，2011（04）：33-43.

[226] 滕录.中日两国太阳神话之比较 [J].群文天地,2011 (22):63.
[227] 张露.《山海经》与屈赋中的神话意象 [J].群文天地,2011) 22):34;54.
[228] 谢娜.《淮南子》中的神话意象 [J].芜湖职业技术学院学报,2011 (04):23-26.
[229] 田兆元.神话的构成系统与民俗行为叙事 [J].湖北民族学院学报(哲学社会科学版),2011 (06):104-106.
[230] 王源.神话学的学科反思与创世神话研究的新进展:"中国神话研究的当代走向"学术研讨会综述 [J].湖北民族学院学报(哲学社会科学版),2011 (06):167.
[231] 蔡先金,李佩瑶.睡虎地秦简《日书》与牵牛织女神话 [J].东岳论丛,2011 (12):50-55.
[232] 黄健,叶珮琪."重述神话"与"中国形象"的重塑 [J].福建论坛(人文社会科学版),2011 (12):139-144.
[233] 于常青.神话与历史:殷商意义世界钩沉 [J].博览群书,2011 (12):81-83.
[234] 那木吉拉.中国少数民族神话比较研究综述 [J].湖北民族学院学报(哲学社会科学版),2011 (06):99-103;128.
[235] 阎丽杰.《红楼梦》与满族神话传说 [J].满族研究,2011 (04):113-116.
[236] 林炳僖.韩国神话历史初探 [J].百色学院学报,2011 (06):7-11.
[237] 黄悦.重访凯尔特神话历史:以爱尔兰为例 [J].百色学院学报,2011 (06):19-22.
[238] 李斯颖.骆越文化的精粹:试析布洛陀神话叙事的起源 [J].百色学院学报,2011 (06):23-28.
[239] 吴红光.浅析中国神话与希腊神话二者之间的异同 [J].佳木斯教育学院学报,2011 (08):31;33.
[240] 张丽红.爱情原型的神话意象:论《红楼梦》"木石前盟"的象征意义 [J].社会科学战线,2011 (12):136-142.
[241] 李艳.中西神话创世母题比较 [J].外国语文,2011 (S1):1-2.
[242] 陈文敏.中国上古神话时代之始末 [J].华夏文化,2011 (02):41-44.
[243] 许旸.以中国神话艺术体系为基础的动画创作研究 [J].电影文学,2011 (05):56-57.
[244] 黄玲.中越跨境民族神话叙事及其文化功能:以"竹生人"神话母题的衍化为例 [J].百色学院学报,2011 (05):71-76.
[245] 邹明,李方军.中西洪水神话比较刍议 [J].安徽文学(下半月),2011 (02):227-229.
[246] 李佩瑶.论中国古代神话中的女神形象 [J].当代小说(下),2011 (02):60-61.
[247] 丁超俊.窥探女娲造人与普罗米修斯造人神话下的中西文化 [J].青年文学家,2011 (20):215.
[248] 李川."神话历史化"假说形成、不足及解决方案 [J].民间文化论坛,2011 (02):49-59.

博士论文

[1] 汪楠.20世纪上半叶中国神话学史[D].东北师范大学,2011.

[2] 向柏松.中国创世神话形态研究[D].武汉大学,2011.

[3] 代生.考古发现与楚辞研究[D].南京大学,2011.

[4] 林炳僖.韩国神话历史[D].中国社会科学院研究生院,2011.

[5] 陈刚.唐前蓬莱神话流变考[D].华中师范大学,2011.

硕士论文

[1] 张洪波.凝聚、超越与沉淀:从生命意识看《山海经》神话世界[D].山东师范大学,2011.

[2] 王菲.论白蛇传的神话重述[D].山东师范大学,2011.

[3] 孙莹.从原型批评的视角剖析东西方神话中的女神[D].沈阳师范大学,2011.

[4] 钟向亮.走进民族意识的深处[D].北京交通大学,2011.

[5] 林一平.《山海经》时空观念研究[D].西南大学,2011.

[6] 刘娟.先秦东夷部族神话传说研究[D].曲阜师范大学,2011.

[7] 斯日古楞.蒙古神话生命思维研究[D].内蒙古师范大学,2011.

[8] 毛红芳.中国古代神话与现代动画研究[D].华东师范大学,2011.

[9] 王晶.从"蛇巫形象"探源《山海经》的原属文化系统[D].河北师范大学,2011.

[10] 卜会玲.神话中的蛇意象研究[D].陕西师范大学,2011.

[11] 郭静.汉赋神话意象研究[D].内蒙古大学,2011.

[12] 张艳.姆洛甲神话研究[D].广西民族大学,2011.

[13] 胡雪梅.跨视域中的萨玛神原型研究[D].广西民族大学,2011.

[14] 章艳丽.廪君神话的情节类型及民间嬗变研究[D].重庆大学,2011.

[15] 于睿寅.印度神话的嬗变[D].复旦大学,2011.

[16] 吴芳.女神信仰与艺术[D].广西民族大学,2011.

[17] 任新玉.巫山神女神话研究[D].辽宁师范大学,2011.

[18] 杨帆.非物质文化遗产视角下河北涉县女娲信仰文化研究[D].赣南师范学院,2011.

[19] 蔡婉星.《西游记》诸神形象研究[D].河南大学,2011.

[20] 李存生.云南少数民族创世神话思维机制研究[D].云南大学,2011.

[21] 曹培俊.《穆天子传》中的神话及其特征研究[D].云南大学,2011.

[22] 张赛.《庄子》与神巫文化研究[D].山东大学,2011.

[23] 徐非.《山海经》神话分类及其文化意蕴探析[D].延边大学,2011.

[24] 敬婉茜.《山海经》与原始宗教信仰初探[D].四川师范大学,2011.

[25] 邓亚梅.希腊神话的生态美学阐释[D].广西师范大学,2011.

［26］易代娟.杜宇神话研究［D］.四川师范大学，2011.

［27］马丽娜.试析中国神话中的数字"七"［D］.中国海洋大学，2011.

［28］完秀华科加.古代苯教卵生观研究［D］.西藏大学，2011.

报纸

［1］王伟章.回视与超越：昆仑神话百年研究（一）［N］.青海日报，2012-1-6（11）.

［2］王伟章.回视与超越：昆仑神话百年研究（二）［N］.青海日报，2012-2-10（11）.

［3］王伟章.回视与超越：昆仑神话百年研究（三）［N］.青海日报，2012-2-24（11）.

［4］王伟章.回视与超越：昆仑神话百年研究（四）［N］.青海日报，2012-3-30（11）.

［5］王伟章.回视与超越：昆仑神话百年研究（五）［N］.青海日报，2012-4-13（11）.

［6］王伟章.回视与超越：昆仑神话百年研究（六）［N］.青海日报，2012-4-27（11），（4）.

2012

［1］朱荣华.《典仪》中的神话归域［J］.三峡大学学报（人文社会科学版），2012（03）：67-70.

［2］刘亚虎.《风俗通义》里两则南方民族族源神话［J］.天中学刊，2012（06）：115-117.

［3］郭建.《黑暗的左手》英雄历险神话解析［J］.河南教育学院学报（哲学社会科学版），2012（01）：117-120.

［4］董小改.《淮南子》神话探析［J］.新乡学院学报（社会科学版），2012（01）：69-72.

［5］高朋，李静."精卫填海"神话的文化内涵解析［J］.淮阴工学院学报，2012（04）：64-68.

［6］高爽."劈山救母"神话中的恋母情结浅析［J］.重庆科技学院学报（社会科学版），2012（23）：111-112；120.

［7］高有鹏.《山海经》与中国古代神话群的地理发现［J］.黄河文明与可持续发展（第3辑），2012（03）.

［8］姚小鸥，李永娜.《诗经》中禹的创世神话［J］.文化遗产，2012（03）：62-67.

［9］原昊，赵丽，崔永锋.《世本》神话学价值谫论［J］.长春师范学院学报（人文社会科学版），2012（07）：55-58.

［10］苏永前."世界眼光"与"中国学问"：叶舒宪神话学思想论略［J］.新疆大学学报（哲学·人文社会科学版），2012（03）：119-124.

［11］闫洁."神性"与"人性"：解读中国希腊神话中神的形象和个性差异［J］.河南理工大学学报（社会科学版），2012（03）：319-322；338.

［12］周晶晶.《天问》中昆仑神话新释［J］.西南交通大学学报（社会科学版），2012（03）：38-42.

［13］杨钥.《天问》中神话的文学性［J］.新西部（理论版），2012（04）：76-78.

[14] 段丽. "望夫云"神话原型解构 [J]. 临沧师范高等专科学校学报, 2012 (2): 25-29.

[15] 王小逢, 李兴华.《西游记》神话原型意象浅析之一: 远古文化符号的崇拜——五行 [J]. 美与时代(下), 2012 (12): 84-86.

[16] 李小娟. "新神话主义"与"重述神话"研究的现状与未来 [J]. 重庆三峡学院学报, 2012 (02): 61-66.

[17] 臧卢璐. "中国神话研究的当代走向"学术研讨会综述 [J]. 民间文化论坛, 2012 (04): 110-112.

[18] 丁兰. "颛顼死即复苏"神话考释 [J]. 中南民族大学学报(人文社会科学版), 2012 (05): 70-72.

[20] 唐卉. 阿波罗形象的演变系谱: 古希腊神话历史研究之一 [J]. 文艺理论研究, 2012 (02): 44-50.

[21] 那木吉拉. 阿尔泰语系民族和日本"不死水"神话比较研究 [J]. 内蒙古师范大学学报(哲学社会科学版), 2012 (04): 47-56.

[22] 包海青. 阿尔泰语系民族树生人神话传统与蒙古族树始祖型族源传说 [J]. 内蒙古师范大学学报(哲学社会科学版), 2012 (04): 71-74; 101.

[23] 王怀义. 百年来中国神话美学研究的基本问题 [J]. 文艺理论研究, 2012 (05) 29-34.

[24] 陈智慧. 百越文化与海洋文化的合流: 黎族与高山族创世神话比较研究 [J]. 民族论坛, 2012 (04): 94-97.

[25] 叶舒宪. 班瑞: 尧舜时代的神话历史 [J]. 民族艺术, 2012 (01): 35-46.

[26] 杨晓华. 被缚的普罗米修斯与希腊神话 [J]. 三峡大学学报(人文社会科学版), 2012 (52: 84-85).

[27] 陈福丽. 布依族洪水神话同"诺亚方舟"比较研究: "人本"与"神本"的区别 [J]. 文学界(理论版), 2012 (11): 51.

[28] 张雪飞. 草原创世神话的宗教化演变 [J]. 聊城大学学报(社会科学版), 2012 (01): 41-44.

[29] 许辉勋, 朴锋奎. 朝鲜半岛开天辟地神话传承及其深层意蕴 [J]. 东疆学刊, 2012 (04): 6-10.

[30] 陈晓雪. 穿越时空的神话功能主义 [J]. 文学教育(上), 2012 (03): 151-152.

[31] 陈志勤. 创世神话的"地方化": 以《绍兴市故事卷》的两则神话文本为例 [J]. 民间文化论坛, 2012 (02): 8-13.

[32] 孙上林. 从《古事记》神话看日本民族的"耻意识" [J]. 名作欣赏, 2012 (29): 147-150.

[33] 邱阳. 从《文心雕龙》看刘勰的神话观: 以"文之枢纽"及《史传》篇为中心 [J]. 长春工业大学学报(社会科学版), 2012 (06): 106-108.

[34] 鄂崇荣. 从边缘到中心的学术重建: 读赵宗福先生《论昆仑神话与昆仑文化》 [J]. 青海

社会科学，2012（03）：195-197.

[35] 尹争菁.从楚辞的神话色彩看屈原的悲悯情怀［J］.名作欣赏，2012（32）：4-5.

[36] 庞希云.从独脚神到猖狂神：越南神话《越井传》的本土化变异兼论文学变异体的生成［J］.文化与传播，2012（02）：12-17.

[37] 张全辉.从九隆神话看哀牢夷的历史文化演变［J］.保山学院学报，2012（03）：34-40.

[39] 司娟.从文化角度解析日本神话《古事记》［J］.济南职业学院学报，2012（03）117-119.

[40] 程光策，彭慧.从中国远古神话传说看汉民族童年的神性精神［J］.新余学院学报，2012（05）34-36.

[41] 詹莲.大禹治水与诺亚方舟：浅谈"洪水"神话折射的中西方文化差异［J］.青春岁月，2012（10）：68.

[42] 安琪.傣族泼水节的神话与仪式研究［J］.广西民族研究，2012（04）：46-52.

[43] 颜翔林.当代神话及其美学特征［J］.湖南工业大学学报（社会科学版），2012（01）：93-98.

[44] 苟波.道教神仙传记的神话思维探讨［J］.宗教学研究，2012（04）：31-38.

[45] 张晨霞.帝尧研究：从帝王圣人到神话传说［J］.临沂大学学报，2012（02）34-39.

[46] 邓章应.东巴文起源神话研究［J］.龙岩学院学报，2012（03）：26-31.

[47] 瓦尔特·伯克特.东方智慧文学和创世神话：兼谈对古希腊宇宙开创论的影响［J］.唐卉，译.百色学院学报，2012（02）：1-13.

[48] 李子贤.东亚视野下的兄妹婚神话与始祖信仰：以中国彝族相关神话为切入点［J］.民间文化论坛，2012（01）：5-13.

[49] 米舜.侗族日月神话信仰习俗与生态景观［J］.贵州大学学报（社会科学版），2012（03）：61-67.

[50] 米舜.侗族神话遗存与"救日月"母题的适生智慧［J］.怀化学院学报，2012（04）：4-6.

[51] 何源远.读缪勒《比较神话学》［J］.西北民族研究，2012（02）：162-166.

[52] 李沙.杜宇、鳖灵神话传说探析［J］.北方文学（下半月），2012（08）：138-139.

[53] 周丰堇.对"嫦娥奔月"神话的考证［J］.天水师范学院学报，2012（01）：75-77.

[54] 梁工.对抗与和谐：希腊神话与希伯来族长传说之家庭观念的歧异性［J］.中国比较文学，2012（04）：124-133.

[55] 房长青.对中西神话中的神的差异的一些看法［J］.北方文学（下半月），2012（04）：133-134.

[56] 高国藩.敦煌本西王母神话及其旅游价值［J］.宁夏师范学院学报（社会科学），2012（01）：29-37.

[57] 高国藩.敦煌西王母神话与成吉思汗问道［J］.西夏研究，2012（03）：67-74.

[58] 叶舒宪.珥蛇与珥玉：玉耳饰起源的神话背景：四重证据法的玉文化发生研究［J］.百

色学院学报，2012（01）：1-10.

[59] 叶舒宪.二龙戏珠原型小考：兼及龙神话发生及功能演变［J］.民族艺术，2012（02）：18-30.

[60] 黄震云.夫余和高句丽神话传说与族源考［J］.徐州工程学院学报（社会科学版），2012（02）：86-90.

[61] 吴晓东.复活母题的变异：中越月亮神话比较研究［J］.广西民族师范学院学报，2012（03）：30-36.

[62] 张文安.古代两河流域神话的文化功能［J］.西南大学学报（社会科学版），2012（01）：113-117.

[63] 何社林.古代神话中的旅行因子探析［J］.乐山师范学院学报，2012（07）：21-24.

[64] 刘瑞明.古代蜀地蚕桑经济及蚕神话考辨［J］.成都大学学报（社会科学版），2012（02）：43-47.

[65] 陈曦.古代天梯神话内涵再谈［J］.金田，2012（09）：319.

[66] 王微.古希腊罗马神话中的"三种意象"：关于运用弗莱原型批评理论解剖神话文学结构形式的研究［J］.辽宁师范大学学报（社会科学版），2012（02）：243-248.

[67] 覃志峰.古希腊神话丝路入华考［J］.青海民族大学学报（社会科学版），2012（01）：148-153.

[68] 贡觉.古希腊神话研究综述［J］.西藏大学学报（社会科学版），2012（01）：157-161.

[69] 郑珺.古希腊神话中的"杀子"情节分析［J］.文教资料，2012（31）：16-17.

[70] 丛修凡.古希腊神话中的人文价值分析：以雅典娜为例［J］.赤峰学院学报（汉文哲学社会科学版），2012（11）：113-114.

[71] 凤宇飞.古希腊神话中风神家族传承及其评析［J］.哈尔滨学院学报，2012（03）：84-86.

[72] 张开焱.瞽叟生舜、混沌凿死的深层结构与商人创世神话：商人创世神话研究之二［J］.中国文化研究，2012（03）：102-108.

[73] 朱红梅.管窥中国神话与希腊神话的文化意蕴［J］.新西部（理论版），2012（35-36）：96-98.

[74] 张星玥.广西大瑶山瑶族的民间神话与风俗民情［J］.神州，2012（23）：38-39.

[75] 施筱萌.鲧禹治水神话的结构分析［J］.青年文学家，2012（03）：213.

[76] 徐露.鲧禹治水神话和诺亚方舟神话的同异比较［J］.吉林工程技术师范学院学报，2012（06）：33-35.

[77] 王金霞.韩国《檀君神话》文化解析［J］.牡丹江师范学院学报（哲学社会科学版），2012（01）：28-29.

[78] 杨显.汉代神话的背景研究［J］.新东方，2012（05）：27-29.

[79] 李艳洁.汉代神话的政治功利特征：汉代神话流变研究之三［J］.内蒙古农业大学学报

（社会科学版），2012（02）：296 - 298.

[80] 杨显.汉代神话特征浅析 [J].西南交通大学学报（社会科学版），2012（03）：117 - 121.

[81] 过伟.和段宝林对话：读段宝林《民间文化与立体思维》、《神话与史诗》[J].广西师范学院学报（哲学社会科学版），2012（02）：1 - 4；10.

[82] 刘小川.黑格尔论《创世纪》中人类堕落的神话 [J].安徽文学（下半月），2012（11）：69 - 71.

[83] 叶舒宪.红山文化玉蛇耳坠与《山海经》珥蛇神话：四重证据求证天人合一神话"大传统" [J].西南民族大学学报（人文社会科学版），2012（12）：17 - 20.

[84] 李微微.华夏民间神话传说叙事范式的生命旨趣 [J].长春师范学院学报（人文社会科学版），2012（10）.

[85] 任玉贵.环青海湖是昆仑神话的发祥地 [J].中国土族，2012（春季号）：17 - 20.

[86] 叶舒宪.黄帝名号的神话历史编码：四重证据法再释"轩辕"与"有熊" [J].百色学院学报，2012（03）：5 - 13.

[87] 朱大可.黄帝与牡丹：华夏神话的对偶叙事 [J].花城，2012（01）：179 - 187.

[88] 王定兴.黄石矿冶神话传说类型归纳与原型分析 [J].黄石理工学院学报（人文社会科学版），2012（02）：7 - 11.

[89] 李松洋，裴浩星.吉祥的图腾与地狱的信使：谈中国、希腊神话中蛇意象的不同 [J].赤峰学院学报（汉文哲学社会科学版），2012（09）：160 - 163.

[90] 聂广桥.甲骨文中的自然崇拜与上古神话 [J].四川教育学院学报，2012（08）：40 - 42.

[91] 赵新.检讨中国神话学研究的"文学化运动" [J].燕山大学学报（哲学社会科学版），2012（09）85 - 90.

[92] 李翠萍.简析中西神话差异 [J].青春岁月，2012（20）：188.

[93] 平静.简析壮族花婆神话崇拜 [J].青春岁月，2012（12）：17.

[94] 唐景杰.结构主义视角下南北方创世神话的宇宙构建图式：以对两个地区的女娲神话分析为例 [J].青春岁月，2012（12）：15.

[95] 刘建波.解读中国古神话所映射的亲子关系 [J].金田，2012（8）：126.

[96] 余敏先.禁忌与诉求：中国南方民族洪水再生神话的生态解读 [J].江淮论坛，2012（03）：172 - 175.

[97] 邵敏.经典神话的影视改编：以董永遇仙故事为例 [J].当代文坛，2012（06）：153 - 155.

[98] 周进芳.敬神道·崇天道·重人道：关于女娲神话、形象与崇拜的思考 [J].郧阳师范高等专科学校学报，2012（05）：25 - 30.

[99] 熊云.九隆神话的保护现状综述 [J].保山学院学报，2012（06）：1 - 4.

[100] 杨春梅.九隆神话的叙事功能 [J].保山学院学报，2012（06）：5 - 10.

[101] 杨春梅，张全辉.九隆神话的叙事结构 [J].神州，2012（20）：10；12.

[102] 太丽琼.九隆神话研究综述［J］保山学院学报，2012（03）：28-33.

[103] 陈娟.酒神与日神的悲哀与欢乐：从希腊神话看理性与非理性［J］.黑河学刊，2012（07）：17-19；60.

[104] 徐赣丽.昆仑神话之魅及其旅游实现［J］.青海社会科学，2012（06）：226-232.

[105] 吉乎林，德青措.昆仑与现实的对话：2012年"昆仑神话的现实精神与探险之路国际学术论坛"综述［J］.青海社会科学，2012（05）：225-228.

[106] 左小瑜.黎族洪水神话的诗般演述［J］.青春岁月，2012（6）：18.

[107] 常金仓.两种神话学思想的碰撞：关于《山海经》等问题答朱仙林同志［J］.古籍整理研究学刊，2012（02）：1-5.

[108] 顾晔峰.论《楚辞》神话的地域特征及其文化内涵［J］.宁夏大学学报（人文社会科学版），2012（06）：70-74.

[109] 刘秀慧，白庆新.论《淮南子》神话寓言的诗性之美和理性之思交相辉映［J］.宝鸡文理学院学报（社会科学版），2012（04）：63-65；72.

[110] 陈富元.论《山海经》神话英雄形象的共性特征［J］.青海师范大学学报（哲学社会科学版），2012（04）：91-94.

[111] 杨显.论《史记》中的感生神话［J］.四川师范大学学报（社会科学版），2012（02）：87-89.

[112] 贵志浩.论20世纪中国文学的神话记忆［J］.广西民族大学学报（哲学社会科学版），2012（02）：157-161.

[113] 谭璐.论白族本主神话的人文意蕴［J］.文学界（理论版），2012（04）：248-249.

[114] 李小敏.论古希腊罗马神话传播之策略［J］.湖北经济学院学报（人文社会科学版），2012（06）：128-129.

[115] 张海鹏.论茅盾的中国神话观［J］.赤峰学院学报（汉文哲学社会科学版），2012（06）：27-31.

[116] 张海鹏.论茅盾中国神话研究的理论贡献及局限性［J］.赤峰学院学报（汉文哲学社会科学版），2012（07）：75-79.

[117] 包国祥，斯琴图雅.论蒙古族神话自然观的生态伦理学意义：以蒙古族神话自然观和古希腊自然观比较为视角［J］.内蒙古民族大学学报（社会科学版），2012（06）：11-14.

[118] 李习艳.论盘古创世神话中的原型神意象［J］.剑南文学，2012（11）：85-86.

[119] 崔丽丽.论神话传说对中国动画的影响［J］.群文天地，2012（18）：107.

[120] 王怀义.论神话意象意蕴衍生的基本类型［J］.贵州文史丛刊，2012（04）：75-80.

[121] 周兴茂，李梦茜.论土家族神话中的特殊伦理精神［J］.湖北民族学院学报（哲学社会科学版），2012（03）：3-8.

[122] 刘殿祥.论闻一多神话学研究对民族文化起源的探索［J］.丝绸之路，2012（20）：48-52.

[123] 王宪昭.论我国多民族同源神话的分布与特征［J］.内蒙古师范大学学报（哲学社会科学版），2012（07）：57－62.

[124] 彭丹.论湘西北土家族《摆手歌》中的创世神话思想内涵［J］.百色学院学报，2012（01）：81－83.

[125] 彭语良，李思雨.论中国神话对教育的影响因素：兼与西方神话之比较［J］.学术探索，2012（02）：136－139.

[126] 孟凡珍.论中外神话中女性形象的差异［J］.赤峰学院学报（汉文哲学社会科学版），2015（03）：147－149.

[127] 林安宁.论壮族《麽经布洛陀》的汉王祖王神话［J］.广西民族大学学报（哲学社会科学版），2012（02）：109－113.

[128] 林安宁.论壮族麽经"掳掠"神话中的布洛陀［J］.民族文学研究，2012（05）：147－158.

[129] 李红春.论宗教对族群边界论的功能解释：对纳家营汉族"马天君"神话的宗教人类学解释［J］.云南社会科学，2012（04）：9－13.

[130] 张力宁.略论中希神话的差异［J］.安徽电子信息职业技术学院学报，2012（01）：82－84；110.

[131] 白瑞斯，王霄冰.玛雅、阿兹特克历法与世界末日神话［J］.民间文化论坛，2012（04）：5－12.

[132] Michael D. Carrasco.玛雅农业神话：玉米和人的生命轮回［J］.李文彬，译.世界宗教文化，2012（04）：18－24；118.

[133] 王海冬.满族佛库伦神话中的萨满教意识［J］.民间文化论坛，2012（04）：29－33.

[134] 谷颖.满族民族起源神话研究［J］.东北史地，2012（04）：53－58.

[135] 谷颖.满族人类起源神话研究［J］.长春师范学院学报（人文社会科学版），2012（11）：94－98.

[136] 包哈斯.蒙古族和满族天鹅仙女神话比较研究［J］.内蒙古师范大学学报（哲学社会科学版），2012（04）：63－70.

[137] 高海珑.男权颠覆下的月神：《嫦娥奔月》神话中的女神信仰和两性对抗［J］.福建师范大学学报（哲学社会科学版），2012（01）：70－74.

[138] 张雪.女娲神话的产生及其成因［J］.安顺学院学报，2012（01）：4－6；49.

[139] 李浩.女娲神话的结构研究［J］.北方文学（下半月），2012（9）：13－14.

[140] 涂敏华，程群.女娲生育生殖神话与考古发现［J］.福建论坛（人文社会科学版），2012（11）：112－117.

[141] 王茜.盘古神话的现象学阐释［J］.文艺理论研究，2012（03）：134－137.

[142] 陈洁.盘瓠神话的历史价值思考［J］.湖南大众传媒职业技术学院学报，2012（01）：65－67.

[143] 刘芳,陈赞赞.浅论列维－斯特劳斯结构主义法的神话分析[J].现代交际,2012(07).

[144] 雷祖娇.浅论原始信仰中的生态保护意识及实践:以岭南少数民族的神话传说为例[J].广东技术师范学院学报(社会科学),2012(08):17-19.

[145] 邹治国.浅论中国神话的悲剧美及其影响[J].科技信息,2012(05):367;399.

[146] 德毛吉.浅谈《格萨尔》史诗中的神话现象[J].科教导刊(中间刊),2012(01):88-89.

[147] 徐靖然.浅谈神话与宗教的关系[J].中国校外教育,2012(31):26.

[148] 朱晓舟.浅谈中国神话的历史化与中国历史的神话化[J].中华文化论坛,2012(05):25-30.

[149] 陈琬柠.浅谈中西神话传说中的蛇形象[J].文学界(理论版),2012(04):250-251.

[150] 段泗英.浅析民间传说中九隆神话的流传变异[J].保山学院学报,2012(06):11-15.

[151] 田益琳.浅析中国古代神话故事对后世文学创作的影响[J].湖北广播电视大学学报2012(08):83-84.

[152] 曲敬华.浅析中国上古神话渗透的民族生存意识[J].吉林省教育学院学报(下月),2012(11):135-136.

[153] 陈永娟.浅析中国神话的女神形象及其影响:兼及中西女神比较[J].传奇·传记文学选刊(理论研究),2012(3).

[154] 王璐.浅析中国神话与希腊神话异同[J].金田,2012(11):109.

[155] 王永娟,赵鹏.浅析中西爱情神话差异[J].剑南文学,2012(08):187.

[156] 蔡丽萍.羌族木姐珠神话"难题求婚"母题分析[J].四川戏剧,2012(06):106-107.

[157] 赵海红.羌族神话的特点与教育价值[J].贵州民族研究,2012(05):62-65.

[158] 许浩然.秦穆公神话与秦国的谋晋用心[J].殷都学刊,2012(01):39-44.

[159] 鄂崇荣.青海多民族神话与民俗中的土地信仰与禁忌[J].青海社会科学,2012(06):233-237.

[160] 胡牧.人与自然的亲密共在:再论苗族神话的生态美学意蕴[J].贵州大学学报(社会科学版),2012(01):35-39.

[161] 秦国和.日本"记纪神话"对中国文化的汲取:以形态模式构成的宗教哲学基础为考察视角[J].时代文学(下半月),2012(04):148-149.

[162] 张正军.日本的地震神话[J].日语学习与研究,2012(03):100-106.

[163] 吉田敦彦.日本神话与希腊神话间奇妙的类似[J].况铭,译.百色学院学报,2012(03):1-4.

[164] 方应梅.日本神话中天照大神形象解读[J].考试周刊,2012(56):12-14.

[165] 米舜,文红.日月神话的神灵形象与母题的通约性演变[J].中南大学学报(社会科学

版），2012（06）：160-164.

[166] 米舜，张泽忠.日月神话的原始符码与生态景观［J］.湖北民族学院学报（哲学社会科学版），2012（06）：88-94.

[167] 张利，柳丽娅.山西南部大舜传说与二仙神话的转换［J］.长治学院学报，2012（06）：23-26.

[169] 胡咪.神话定义之争再起波澜："中国神话研究的当代走向"学术研讨会综述［J］.长江大学学报（社会科学版），2012（02）：7-8.

[170] 宛景森.神话视野中的北方民族火神信仰及功能研究［J］.大连民族学院学报，2012（02）：107-111.

[171] 叶舒宪.神话学：从文字文本到文化文本的跨越［J］.百色学院学报，2012（02）：14-22.

[172] 叶舒宪.神话学超越文字限制的跨学科范式［J］.陕西师范大学学报（哲学社会科学版），2012（04）：5-19.

[173] 王倩.神话学艺术起源研究新探［J］.百色学院学报，2012（1）：17-22.

[174] 文忠祥.神话与现实：由精卫填海神话谈中国人的海洋观［J］.青海社会科学，2012（05）：204-209.

[175] 唐启翠.神话与仪式：礼制探源新视野：兼论儒家神话再发现的可能与必要［J］.百色学院学报，2012（01）：11-16.

[176] 佟德富.神话宇宙观初探［J］.宗教与民族，2012（07）：69-109.

[177] 李升炜.神话原型批评理论本土化的进程及研究概观［J］.北方文学（下半月），2012（01）：95-96.

[178] 叶永胜.神话重述的意义与策略［J］.天府新论，2012（05）.

[179] 何颖.神人遇合：古希腊神话人性内涵解读［J］.楚雄师范学院学报，2012（12）：101-104.

[180] 王吉祥.生态女性主义视野下的哈萨克神话传说试解［J］.伊犁师范学院学报（社会科学版），2012（06）：15-18.

[181] 吴超平.生态整体主义思想的"史前史"：古希腊神话中的生态整体意识［J］.南京师范大学文学院学报，2012（03）：106-111.

[182] 罗新慧.十日神话：结构主义的诠释：评《龟之谜——商代神话、祭祀、艺术和宇宙观研究》［J］.中国史研究，2012（01）：196-208.

[183] 唐丰鹤.史诗时代的正当性：基于神话的研究［J］.齐齐哈尔大学学报（哲学社会科学版），2012（04）：6-10.

[184] 杨钥.试论《天问》中神话的地域性特色［J］.西藏民族学院学报（哲学社会科学版），2012（05）：125-127.

[185] 侯宋中夏.试论中国动画中神话传说的价值［J］.美术大观，2012（04）：86.

[186] 刘春玲.守望渐逝的精神原乡：《额尔古纳河右岸》中的鄂温克族神话解读［J］.吉林

师范大学学报（人文社会科学版），2012（03）：17-20.

[187] 邓章应.水族文字起源神话研究［J］.贵州民族学院学报（哲学社会科学版），2012（01）：27-31.

[188] 鹿忆鹿.台湾阿美族洪水神话：兼论其中的木臼意象［J］.广西民族大学学报（哲学社会科学版），2012（01）：107-113.

[189] 叶舒宪.台湾矮黑人祭：探寻海岛神话历史的开端［J］.民族文学研究，2012（01）：57-66.

[190] 亢志勇.谈古希腊神话对欧洲文学的影响［J］.短篇小说，2012（18）：3-4.

[191] 张哲俊.檀君神话中蒜的意义［J］.西南民族大学学报（人文社会科学版），2012（03）：163-168.

[192] 陈富元.探析《山海经》神话的主题精神［J］.青海社会科学，2012（01）：213-216.

[193] 陈金星.体认神话与历史叙事的再诠释：《神话历史：一种现代史学的生成》［J］.百色学院学报，2012（03）：23-27.

[194] 阚华.体验哲学视角下的神话体系及其仙话化流变：以玉皇大帝形象为例［J］.语文学刊，2012（21）：7-8；22.

[195] 梁海.天人交合中的神圣与敬畏：中国古代创世神话中的技术观［J］.文学评论，2012（06）：158-164.

[196] 胡晓明.图腾、图腾神话与古代符瑞：中国古代图腾文化新说［J］.中国矿业大学学报（社会科学版），2012（06）：85-90.

[197] 习彦，桑吉仁谦.土族神话研究［J］.中国土族，2012（01）：55-58.

[198] 彭淑庆，崔华杰.晚清基督教传教士与中国上古神话研究：以《教务杂志》（The Chinese Recorder）为中心［J］.民俗研究，2012（03）：27-32.

[199] 吕进锋.我国神话的儿童文学价值研究［J］.红河学院学报，2012（05）：102-104.

[200] 刘素梅.我们，从神话中走来：论中西神话英雄形象所蕴含的价值观的差异［J］.名作欣赏，2012（36）：147-148.

[201] 刘康乐，刘康凯.巫支祁神话与泗州水母信仰［J］.宗教学研究，2012（03）：274-279.

[202] 刘东亮.西南少数民族石崇拜与相关神话传说的文化内涵［J］.百色学院学报，2012（05）：73-75.

[203] 刘秀慧，白庆新.西岳神话思想内容的民族性［J］.黑河学院学报，2012（05）：116-118.

[204] 周海峰.希腊神话：技术隐喻与人类中心主义预警［J］.文山学院学报，2012（04）：77-81.

[205] 钟鸣.希腊神话的想象性与写实性及其影响：兼与中国神话比较［J］.湘南学院学报，2012（04）：69-72.

[206] 金玉.希腊神话与中国神话的命运观比较［J］.合肥学院学报（社会科学版），2012

(06)：45-49.

[208] 丛修凡.希腊神话与中国神话人物性格之差异[J].兰州教育学院学报，2012（07）：30-32.

[209] 陈雯.希腊神话在电影《诸神之战》中的嬗变[J].文学教育（上），2012（08）：103.

[210] 赵新.先秦神话传说的精神走向：应用长时段理论的一个解答[J].前沿，2012（11）：11-13；20.

[211] 史阳.想象的地方性神圣历史：菲律宾阿拉安人的神话观[J].东南亚研究，2012（06）：86-93.

[212] 樊莉娜.崤函古道与铸鼎塬为中心的黄帝神话群的形成[J].三门峡职业技术学院学报，2012（01）：23-27.

[213] 乔恩杰.新时期中国神话史和神话学史研究综述[J].绥化学院学报，2012（04）：112-115.

[214] 冯小娟.信仰崇拜对伏羲和女娲神话的影响[J].包装世界，2012（09）：94-96.

[215] 高健.兄弟的隐喻：中国西南地区同源共祖神话探讨[J].黔南民族师范学院学报，2015（01）：6-11.

[216] 向柏松.兄妹婚神话的文化人类学分析[J].广西师范大学学报（哲学社会科学版），2012（06）：11-16.

[217] 李一鸣.虚构的真实：浅谈《圣经》创世神话[J].邢台职业技术学院学报，2012（06）：98-100.

[218] 孙蔚青.以"精卫填海"为例浅析上古神话中的悲剧意蕴[J].美与时代（下），2012（11）：104-106.

[219] 古玉芳.由人到神：巫山神话中神女神性的演绎[J].湖北经济学院学报（人文社会科学版），2012（07）：122-124.

[220] 原昊.禹生神话的文献考察及文化探析[J].文艺评论，2012（10）：155-157.

[221] 杨利慧.语境的效度与限度：对三个社区的神话传统研究的总结与反思[J].民俗研究，2012（03）：17-26.

[222] 巴战龙.裕固族神话《莫拉》的灾害人类学阐释[J].民族文学研究，2012（06）：113-120.

[223] 黄景春.豫南盘古兄妹造人"神话"的多种讲法：兼谈"中原神话"的研究方法问题[J].青海社会科学，2012（02）：192-198.

[224] 郭子辉.灾害神话：苦难现实的浪漫外衣：灾害文学源头探寻[J].长城，2012（02）：19-20.

[225] 杜涛.灾害与文明：中西洪水神话传播比较[J].前沿，2012（16）：162-164.

[226] 于淑红.在与希腊神话相比较中看中国神话中的人本思想[J].党史博采（理论），2012（12）：50-51.

[227] 赵新.中国"神话"语源的生成：检讨"神话"概念中的日本因素[J].吉首大学学

报（社会科学版），2012（07）：166-172.

[228] 蔡先金，张兵，李佩瑶.中国创世神话图景及其诸神谱系：以《楚帛书》为中心的探讨［J］.理论学刊，2012（02）：97-101.

[229] 顾翔.中国古代神话《避水塔》与《圣经·巴别塔》的比较：不同文化及宗教背景下的文本解读［J］.伊犁师范学院学报（社会科学版），2012（04）：87-93.

[230] 杨淑敏，李森.中国古代神话中的"无足之神"及其象征意义［J］.民族文学研究，2012（03）：37-41.

[231] 高有鹏.中国近代神话传说研究与民族文化问题［J］.中国人民大学学报，2012（01）：138-145.

[232] 王宪昭.中国少数民族造人神话叙事类型与结构［J］.广西民族师范学院学报，2012（05）：1-5.

[233] 孙博，李享.中国神话流传模式探究［J］.沈阳师范大学学报（社会科学版），2012（01）：42-46.

[234] 宗凡滟.中国神话与"两希"神话比较［J］.中国校外教育，2012（30）：31；17.

[235] 马莉.中国神话与希腊神话中的东西方文化差异［J］.人民论坛，2012（23）：162-163.

[236] 万婕.中国文化中儒、道两家不同的神话阐释方式及其文学影响［J］.青年文学家，2012（01）：242-243.

[237] 张泽洪.中国西南少数民族的竹王神话与竹崇拜［J］.世界宗教研究，2012（03）：154-162；194.

[238] 欧国芳.中国希腊创世神话价值观差异之探析［J］.文学界（理论版）（09）：330-331.

[239] 叶舒宪.中国玉器起源的神话学分析：以兴隆洼文化玉玦为例［J］.民族艺术，2012（03）：21-30.

[240] 孙正国.中华民族起源神话考古研究百年回顾［J］.长江大学学报（社会科学版），2012（02）：1-5.

[241] 廖明君，叶舒宪.中华文明探源的神话学研究：叶舒宪教授访谈录［J］.民族艺术，2012（01）：41-46.

[242] 朱玥.中日创世神话比较及其女性崇拜渊源探微［J］.三峡大学学报（人文社会科学版），2012（06）：124-126.

[243] 郭宁.中日神话比较研究［J］.长春理工大学学报（社会科学版），2012（12）：174-176.

[244] 张少娟.中西创世神话及其文化观念差异之比较［J］.作家杂志，2012（04）：139-140.

[245] 王俊，董勇英.中西创世神话相似性比较［J］.时代文学（下半月），2012（03）：94-96.

[246] 张尚信.中西神话中的女性比较［J］.考试周刊，2012（73）：20-21.

[247] 吴平春.中希泥土造人神话探析［J］.大众文艺，2012（21）：147-148.

[248] 余燕.中印洪水神话及其背景［J］.吉林化工学院学报，2012（02）：24-27.

[249] 石素真.中原神话保护研究 [J].前沿, 2012 (06)：178-179.
[250] 周圣涵.重返人类原始的精神家园：在神话中研究"神秘"的原始思维 [J].美与时代（下），2012 (11)：106-108.
[251] 孟宪明.重阳节俗的神话学意义 [J].郑州师范教育, 2012 (01)：86-88.
[252] 唐凯兴，黄修卓.壮族布洛陀"体系神话"中的伦理思想探析 [J].百色学院学报, 2012 (02)：88-91；141.
[253] 李斯颖.壮族布洛陀神话叙事角色及其关系分析 [J].民族文学研究, 2012 (01)：75-83.
[254] 黄伟晶.壮族石生人神话和石生殖崇拜的活态呈现 [J].剑南文学, 2012 (01)：36-37.
[255] 梁娜.走进希腊宗教：诠释神话与仪式及其关系的演变发展 [J].太原师范学院学报（社会科学版），2012 (02)：20-23.

博士论文

[1] 朱仙林.罗泌《路史》文献学及神话学研究 [D].东北师范大学, 2012.
[2] 杨显.汉代神话研究 [D].四川师范大学, 2012.

硕士论文

[1] 滕录.中日两国自然观的差异：以神话传说为中心 [D].哈尔滨理工大学, 2012.
[2] 姚琼.素戈鸣尊神话与古代日本人信仰研究 [D].浙江工商大学, 2012.
[3] 殷婷.希腊神话的叙事艺术研究 [D].湖南师范大学, 2012.
[4] 杨恬.中国古代神话综述 [D].西北大学, 2012.
[5] 张蕾.中日神话中女神形象的比较研究 [D].辽宁大学, 2012.
[6] 张玉册.古希腊神话传说中的死亡母题研究 [D].湖南大学, 2012.
[7] 孙东平.朝鲜民族神话中的熊形象与中国文化的关联 [D].延边大学, 2012.
[8] 朱东梅.《左传》神话研究 [D].福建师范大学, 2012.
[9] 肖金菊.中日创世神话比较研究 [D].福建师范大学, 2012.
[10] 顾玲玲.中国变形神话研究 [D].中南民族大学, 2012.
[11] 叶培斯.中国神话人兽婚母题研究 [D].中南民族大学, 2012.
[12] 袁珍.金字塔铭文中的奥西里斯神话 [D].复旦大学, 2012.
[13] 商智茹.中国神话与希腊神话的审美差异比较研究 [D].西安电子科技大学, 2012.
[14] 王倩倩.弗莱的神话原型理论在中国的传播与运用 [D].沈阳师范大学, 2012.
[15] 杨原芳.中国西南少数民族射日神话之母题类型研究 [D].云南大学, 2012.
[16] 党兵.天人关系视野下的大禹神话 [D].云南大学, 2012.

报 纸

[1] 杨丽娟.从生态文学批评看古希腊神话[N].中国社会科学报,2012-1-13(A05).

[2] 赵昌平.《中华创世纪》:瑰丽重构中国神话谱系[N].中华读书报,2012-2-22(012).

[3] 叶舒宪.蛇—玦—珥:再论天人合一神话与中华认同之根[N].中华读书报,20124-8(008).

[4] 胡言年.田兆元:到"田野"里研究神话[N].中国社会科学报,2012-3-28(A03).

2013

[1] 常玉荣.文人意识与神话传说的衍化:以涉县女娲神话传说为个案[J].河北学刊,2013(06):96-99.

[2] 潘雪玲.创世神话中洛甲的神格及其地位的嬗变[J].文山学院学报,2013(05):15-18.

[3] 陈富元.土族神话传说的多元复合性及其成因[J].青海民族大学学报(社会科学版),2013(04):16-20.

[4] 何京敏.中国古代神话的人文精神探究[J].湖北第二师范学院学报,2013(11):1-5.

[5] 刘长华.论民族神话、传说意象对中国新诗的影响[J].民间文化论坛,2013(05):35-41.

[6] 张开焱.俊生日月与商人创世神话的宇宙圣数:商人创世神话研究之五[J].中南民族大学学报(人文社会科学版),2013(05):153-157.

[7] 李素娟,贾雯鹤.壮族花婆神话与"求花"仪式的文学人类学解读[J].云南社会科学,2013(05):106-110.

[8] 叶舒宪.大传统:神话学与艺术史的人类学转向[J].文化学刊,2013(06):29-43.

[9] 徐其超.历史实在性、神话传奇性、社会全景性:《格萨尔王传》与《伊里亚特》和《奥德赛》情节比较观[J].西南民族大学学报(人文社会科学版),2013(11):151-159.

[10] 袁芳.从神话故事中审视中日文化迥异[J].佳木斯教育学院学报,2013(11):125-126.

[11] 刘沛江.彝族创世神话《勒俄特依》进化演变母题初探[J].民族艺林,2013(04):50-53.

[12] 秋喜.蒙古族神话中的"人性"与"神性"[J].民族论坛,2013(11):99-101.

[13] 董楚平.《中国上古创世神话钩沉》补正[J].杭州师范大学学报(社会科学版),2013(06):71-73.

[14] 林大根.论韩国"檀君神话"的伦理意识[J].外国文学研究,2013(06):46-51.

[15] 赵红.羿神话的文化意蕴[J].攀枝花学院学报,2013(05):52-56.

[16] 景志强.蒙古族和满族天女型族源神话比较:以蒙古族《天女之惠》和满族《长白仙女》为例[J].山西高等学校社会科学学报,2013(11):112-115.

[17] 刘朝飞.夸父神话流变考论[J].社会科学论坛,2013(12):90-96.

[18] 莫日根巴图.从《蒙古秘史》中的神话传说探究古代蒙古族思维特征[J].西北民族大

学学报（哲学社会科学版），2013（05）：20-28.

［19］王曙光，丹芬妮·克茨.神话叙事：灾难心理重建的本土经验 社会人类学田野视角对西方心理治疗理念的超越［J］.社会，2013（06）：59-92.

［20］许世虎，周茹冰.神话题材在动画中的"民族化"发展探究［J］.电影文学，2013（24）：29-30.

［21］柳倩月.女神复活：土家女儿会的神话原型编码分析［J］.湖北民族学院学报（哲学社会科学版），2013（05）：6-11.

［22］樊婧，王晓鹃.史前帝王、始祖神话传说与陕西本土文化［J］.中华文化论坛，2013（11）：27-32.

［23］谭佳.神话为何属于文学研究？：以晚明、晚清西学分类为起点［J］.百色学院学报，2013（06）：9-14.

［24］徐峰，张瑞芳.鲧禹化生神话考辨［J］.百色学院学报，2013（06）：21-25.

［25］杨棣森.广州五羊神话渊源新解读［J］.黑龙江史志，2013（23）：317-318；320.

［26］白志红.中缅边境佤族神话传说、资源与认同［J］.民族艺术，2013（06）：87-93.

［27］胡建升.良渚神徽的物质文化和神话图像［J］.民族艺术，2013（06）：120-129.

［28］廖明君，王怀义.建构中国神话美学研究的基本范式：王怀义博士访谈录［J］.民族艺术，2013（05）：62-66.

［29］杨春风.《天宫大战》与中原神话、希伯来神话对比研究［J］.黑龙江社会科学，2013（06）：131-133.

［30］黄悦.神话［J］.民族艺术，2013（06）：25-30.

［31］尚子楠.上古神话中死亡灵魂及冥界神话思想论析［J］.兰州学刊，2013（12）：220-221.

［32］叶舒宪.中日玉石神话比较研究：以"记纪"为中心［J］.民族艺术，2013（05）：5-12.

［33］吕微.神话信仰—叙事实践的内容与形式［J］.民族艺术，2013（05）：21-28.

［34］李昕桐，吕微.《神话信仰—叙事实践的内容与形式》问答、评议与讨论［J］.民族艺术，2013（05）：29-36.

［35］谷颖.满族文化英雄神话述论［J］.长春工业大学学报（社会科学版），2013（06）：88-90.

［36］贺源.彝族的太阳英雄：试从神话原型角度分析彝族神话中的支格阿龙［J］.毕节学院学报，2013（11）：25-28.

［37］王志芬.从牛王神话看中国牛耕的起源［J］.民间文化论坛，2013（06）：38-45.

［38］黄悦.地方神话传统与当代生态文明：以青海湖地区为例［J］.青海社会科学，2013（06）：191-196.

［39］阎丽杰.满族萨满神话与生态美学［J］.文艺理论研究，2013（05）：190-195.

［40］黄桂秋，吕妍.骆越族群人类起源神话母题探析［J］.广西师范学院学报（哲学社会科学版），2013（04）：10-14.

[41] 陈文庆.农耕时代神话故事中的救助伦理思想[J].农业考古,2013(06):152-155.

[42] 马会.九隆神话与伏羲神话比较研究[J].赤峰学院学报(汉文哲学社会科学版),2013(12):154-157.

[43] 冯和一.中国神话中的"天衣情结"探析:以牛郎织女神话之"天衣情结"为例[J].中北大学学报(社会科学版),2013(06):110-115.

[44] 赵纪彬.佛教视域下的白族神话传说[J].宁夏大学学报(人文社会科学版),2013(06):71-76;89.

[45] 林安宁.壮族《麽经》的盘古神话研究[J].广西师范大学学报(哲学社会科学版),2013(06):46-50.

[46] 李猛.生态批评视野下贵州少数民族洪水神话解析[J].民族文学研究,2013(01):20-25.

[47] 方艳.玉女为我师:论《穆天子传》的神话叙事[J].民族文学研究,2013(1):26-34.

[48] 安琪.云南阿育王神话与南诏大理国的祖先历史叙事[J].民族文学研究,2013(04):5-15.

[49] 赵秀兰.生态和谐:花腰傣神话《南朋冬》的审美理想[J].民族文学研究,2013(06):104-110.

[50] 张开焱.从尸化型和宇宙卵型到世界祖宗型神话:盘古创世神话流传过程中类型转化的考察[J].民族文学研究,2013(04):16-23.

[51] 叶舒宪.玉石神话与中华认同的形成:文化大传统视角的探索发现[J].文学评论,2013(02):92-104.

[52] 郑佳,邹惠玲.北美印第安神话传说中的文化英雄[J].世界民族,2013(05):78-84.

[53] 陈明.抒海、竭海、弈海与拟海:印度佛教抒海神话的源流[J].外国文学评论,2013(01):215-239.

[54] 陆婧."牛郎织女"神话的渊源及其流传[J].阜阳师范学院学报(社会科学版),2013(01):121-126.

[55] 施爱东.韩寒神话的史诗母题[J].清华大学学报(哲学社会科学版),2013(01):5-29;160.

[56] 王长顺.中国上古神话"英雄"叙事论略[J].文艺评论,2013(02):144-148.

[57] 朱钦运.虚悬的光照与政治神学的转向:对朱大可中国神话研究的一个呼应[J].文艺争鸣,2013(01):101-106.

[58] 闫德亮.早期民族融合与古代神话定型[J].中州学刊,2013(01):149-155.

[59] 王怀义.图像与意象:神话美学研究的逻辑言路[J].民族艺术,2013(01):108-111.

[60] 张远东.中国上古神话中女神形象的悲剧性探析[J].湖北社会科学,2013(01):122-124.

[61] 范依畴.民间司法公正观念的神话表述及其特征:明清文学中"城隍信仰"的法文化解读[J].法学,2013(01):112-122.

[62] 王青.从"图像证史"到"图像即史":谈中国神话的图像学研究[J].江海学刊,2013(01):173-180;239.

[63] 刘艳.檀君神话中的儒家政治思想理念[J].科技信息,2013(02):231.

[64] 姜婷婷,钟健.中国自然灾难神话中的鸟意象管窥[J].湖北社会科学,2013(02):91-93.

[65] 王雪峰,王立华.神话与语言的关系[J].吉林师范大学学报(人文社会科学版),2013(01):55-57.

[66] 漆凌云.性别视角下的满族三仙女神话[J].文艺争鸣,2013(02):178-181.

[67] 张岩.《女神之再生》神话"重述"的新解:兼论郭沫若早期神话观念[J].沈阳师范大学学报(社会科学版),2013(01):81-84.

[68] 饶静.技术、装置与意义:神话阐释的两条路径[J].文艺理论研究,2013(01):209-216.

[69] 朱大可.破碎的中国上古神系[J].文艺理论研究,2013(01):192-201.

[70] 王倩.论文明起源研究的神话历史模式[J].文艺理论研究,2013(01):202-208.

[71] 张敏.考古学与神话学的碰撞:从沂南汉墓画像中"羽人"与"大傩"的讨论谈起[J].东南文化,2013(01):6-12.

[72] 李秀.2004年到2009年国内比较神话学研究现状[J].延安职业技术学院学报,2013(01):75-78.

[73] 熊云,魏国彬.九隆神话的资源优势与品牌价值[J].中华文化论坛,2013(02):161-166.

[74] 李艳,黄瑛.中西蛇文化的神话解读[J].科教文汇(上旬刊),2013(01):98-99.

[75] 罗艳,杨锋.浅析希腊神话中的女妖形象[J].科教文汇(上旬刊),2013(01):100-101.

[76] 谭苗,潘皓.鲁迅神话思想对中国当代魔幻电影创作的启示[J].江苏社会科学,2013(02):198-203.

[77] 庞光华.嫦娥奔月神话新考[J].五邑大学学报(社会科学版),2013(01):53-57;94.

[78] 张岩.周作人希腊神话研究对民族文化发展的思考[J].内蒙古大学学报(哲学社会科学版),2013(02):60-64.

[79] 杨超.连云港将军崖岩画"创世神话"论[J].三峡论坛(三峡文学.理论版),2013(01):80-86;149.

[80] 李祥林.傩母·地母·人母:女娲神话研读札记[J].文史杂志,2013(02):20-23.

[81] 蔡先金,李佩瑶.嫦娥神话演变及其主题[J].东岳论丛,2013(02):78-85.

[82] 吴明林.上古神话传说中的爱情神话研究[J].宝鸡文理学院学报(社会科学版),2013(01):80-83.

[83] 高晨.民族意识影响下日本动画对外国神话形象的变异[J].成都大学学报(社会科学版),2013(01):103-107.

[84] 汪楠.茅盾神话研究探析[J].长春金融高等专科学校学报,2013(01):87-89.

[85] 张安礼.从历史人物到神话传说：禹之精神崇拜嬗变的哲学路径［J］.大理学院学报，2013（02）：28-31.

[86] 明跃玲，田红.族群认同与文化建构：辰沅流域瓦乡人盘瓠神话的人类学考察［J］.西南民族大学学报（人文社会科学版），2013（04）：10-15.

[87] 王雯雯.结构主义人类学与神话研究初探：读列维-斯特劳斯著《结构主义人类学》［J］.济宁学院学报，2013（01）：30-34.

[88] 莫柠源.跨文化视角下的中西方神话对比研究［J］.海外英语，2013（05）：196-197.

[89] 苏桂宁."重述神话"的可能性［J］.黑龙江社会科学，2013（02）：129-132；4.

[90] 那木吉拉.阿尔泰语系诸民族图腾神话形态追寻［J］.百色学院学报，2013（01）：75-81.

[91] 贾柯."重述神话"及其对当代文学与理论的启示［J］.理论学刊，2013（03）：124-127.

[92] 胡建升.石鼓文的物质文化与神话图像研究［J］.民族艺术，2013（02）：133-140；163.

[93] 余奕.从古代鱼纹纹饰看人类对神话世界态度的转变［J］.剑南文学（经典教苑），2013（02）：202.

[94] 夏陆然.一以贯之的神话："N级编码系统理论"的评述与思考［J］.百色学院学报，2013（01）：28-31.

[95] 李景琦.从洪水神话看中西方民族性格的差异［J］.天津大学学报（社会科学版），2013（02）：188-192.

[96] 庞莉.探析民族统一意识在上古神话的衍流［J］.山西煤炭管理干部学院学报，2013（01）：41-43.

[97] 张瑞芳.劈山救母与中国古代神话寻母意识初探［J］.渭南师范学院学报，2013（05）：66-69.

[98] 张玉新，李立.楚帛书《四时》篇神话研究［J］.清华大学学报（哲学社会科学版），2013（02）：126-131；161.

[99] 包国祥.论蒙古族部落乞颜神话蕴含的乞颜精神［J］.内蒙古民族大学学报（社会科学版），2013（01）：23-27.

[100] 张春蕾，杨永春.洪水神话角度的中西行为方式差异探究［J］.安徽文学（下半月），2013（04）：28-29.

[101] 司梦云.浅谈古希腊罗马神话与英美文学的相互影响［J］.四川省干部函授学院学报，2013（01）：43-45.

[102] 陈金星.《答约伯》：神话研究的一种分析心理学范式［J］.三峡大学学报（人文社会科学版），2013（02）：39-42.

[103] 王涵.试析瑶族创世神话的道教化现象［J］.安徽文学（下半月），2013（04）：15-16.

[104] 杨洪远.神话的除魅：对内蒙古鄂尔多斯市民间金融的人类学思考［J］.云南社会科

学，2013（02）：66-70.

[105] 韩高年.《山海经》西王母之神相、族属及其他［J］.西北民族研究，2013（02）：177-182；227.

[106] 班运翔，杨冬燕.浅论我国神话中的兄妹成婚［J］.西北民族大学学报（哲学社会科学版），2013（03）：129-133.

[107] 赵蕤.浅析中国道教对日本神话传说的影响［J］.中华文化论坛，2013（05）：105-108；191.

[108] 杨小厉.论希腊神话的民族性［J］.牡丹江教育学院学报，2013（02）：7-8.

[109] 陈帅.《山海经》神话研究综述［J］.学理论，2013（11）：209-211.

[110] 阿尔丁夫."黄狗"即天狼：阿阑豁阿感生神话传说再研究［J］.内蒙古大学艺术学院学报，2013（01）：10-13.

[111] 吉田敦彦.比较神话学：日本与希腊［J］.唐卉，译，百色学院学报，2013（02）：10-14.

[112] 孙琥瑭.云南民族神话的宗教意蕴研究［J］.吕梁学院学报，2013（01）：56-60.

[113] 王斐.从图腾看中国神话与希腊神话的异同［J］.安徽文学（下半月），2013（05）：58-59.

[114] 马小龙，郭郁烈.基于文化视野的中西洪水神话异同比较初探［J］.甘肃社会科学，2013（03）：234-237.

[115] 李斯颖.芒飞节神话的流传及其认同功能：基于泰国、老挝、越南的研究［J］.创新，2013（03）：99-104；128.

[116] 左丹丹.关于中国神话基础理论的几点反思［J］.边疆经济与文化，2013（04）：49-51.

[117] 叶永胜.中国现代作家的神话视界［J］.安徽师范大学学报（人文社会科学版），2013（03）：359-367.

[118] 张开焱.涂山氏与女娲及其在夏人创世神话中的地位和作用［J］.徐州工程学院学报（社会科学版），2013（03）：37-43.

[119] 徐峰.中国古代的龟崇拜：以"龟负"的神话、图像与雕像为视角［J］.中原文物，2013（03）：43-50.

[120] 刘洪峰.高句丽与夫余建国神话初探［J］.黑龙江史志，2013（11）：54-55.

[121] 高有鹏.《古史辨》学派与现代神话学［J］.中原文化研究，2013（02）：101-107.

[122] 陈建宪.论中原洪水神话中的乌龟与石狮［J］.中原文化研究，2013（02）：108-112.

[123] 马珍.汉画像中鱼图像的神话问题研究［J］.新余学院学报，2013（03）：55-57.

[124] 支媛.六朝志怪小说中的异化主题及其神话思维渊源［J］.佳木斯教育学院学报，2013（07）：122-123.

[125] 张应斌.雷州雷神神话的历史真相［J］.嘉应学院学报，2013（03）：71-77.

[126] 叶舒宪.玉礼器作为祖灵象征：张开焱《世界祖宗型神话：中国上古创世神话源流与

叙事类型研究》序［J］.百色学院学报，2013（03）：1-4.

[127] 王怀义.凤凰之鸣：乐教传统的神话起源［J］.民族艺术，2013（03）：97-100；110.

[128] 王洪军.古辰国与少昊关系考［J］.哈尔滨工业大学学报（社会科学版），2013（03）：110-114.

[129] 朱仙林.整理国故运动与中国现代神话学：以对《山海经》的认知转变为中心［J］.民族艺术，2013（03）：111-118.

[130] 苏堂栋，申晓虎.族群边缘的神话缔造：湘西的白帝天王信仰（1715-1996）［J］.民族学刊，2013（03）：1-24；92-97.

[131] 石迪.中国创世神话的生态智慧与生态社会建构［J］.佳木斯大学社会科学学报，2013（03）：17-20.

[132] 宋辰博.论中国太阳神话的文化精神［J］.佳木斯大学社会科学学报，2013（03）：21-23.

[133] 向柏松.中国原生态创世神话类型分析［J］.文化遗产，2013（01）：84-92；158.

[134] 高森远，陈刚.大地神话的文化内涵和现实价值［J］.青海社会科学，2013（03）：201-204；166.

[135] 张璇，杜望舒.古希腊与中国古代神话思想文化主题对比探究［J］.贵州师范学院学报，2013（05）：13-16.

[136] 赵谦.希腊神话中"罪与罚"的母题解读［J］.淮北师范大学学报（哲学社会科学版），2013（03）：90-94.

[137] 颜同林.杜宇化鹃神话与巴蜀文学［J］.郭沫若学刊，2013（02）：26-30.

[138] 张开焱.盘古创世神话外来说文献证据再检讨［J］.贵州师范学院学报，2013（05）：1-6.

[139] 刘吉平.从神话到神画：白马藏族民间神祇绘画的文化意蕴透视［J］.雕塑，2013（03）：68-70.

[140] 蒲向明.论白马藏族神话的主要类型和述说特征：以陇南为中心［J］.贵州文史丛刊，2013（03）：19-26.

[141] 张开焱.宇宙灾难与拯救：羿射九日与胤侯讨羲和的神话底本：商人创世神话研究之四［J］.中国文学研究，2013（03）：27-31；36.

[142] 姜婷婷.简论中国自然灾难神话中的女性意象［J］.语文建设，2013（15）：49-50.

[143] 王怀义.中国早期神话意象性艺术特征新论［J］.内蒙古社会科学（汉文版），2013（04）：122-126.

[144] 陈晓.神话传说与历史事实中的姜太公［J］.黑龙江教育学院学报，2013（07）：104-106；180.

[145] 梁工.神话学视野中的《圣经》观照［J］.民俗研究，2013（04）：51-56.

[146] 石迪，刘可文.中国创世神话中人与自然关系的生态学阐释［J］.六盘水师范学院学报，2013（01）：5-9.

[147] 刘建明. 出土简帛中的神话人物探析: 兼论中国古代地理参照的源头及变迁 [J]. 商丘师范学院学报, 2013 (08): 56-60.

[148] 张晓辉. 论西南少数民族创世神话的规范价值: 基于人类学理论的分析 [J]. 西北民族大学学报 (哲学社会科学版), 2013 (04): 100-104.

[149] 米淑琴, 马莉. 河东盐池神话传说类别及特征内涵研究 [J]. 文史博览 (理论), 2013 (05): 18-21.

[150] 李炽昌, 林艳. 中国女娲创世神话与《创世记》1至11章的叙事 [J]. 西北师大学报 (社会科学版), 2013 (04): 1-5.

[151] 吴潘阳, 倪蓉. 中西神话英雄人物塑造对比: 珀尔修斯与孙悟空 [J]. 安徽文学 (下半月), 2013 (07): 39-40.

[152] 仉金辉, 弥沙. 希腊神话中的个人主义溯源 [J]. 东北农业大学学报 (社会科学版), 2013 (03): 78-82.

[153] 陈虹. 中国古代神话和古希腊神话的比较研究 [J]. 安徽文学 (下半月), 2013 (07): 37-38.

[154] 张开焱. 盘古创世神话的异域影响与本土元素 [J]. 湖北师范学院学报 (哲学社会科学版), 2013 (04): 1-5.

[155] 段泗英. 认知语言学视野下的九隆神话 [J]. 保山学院学报, 2013 (03): 1-4.

[156] 邓平. 近年来盘瓠神话研究概况综述 [J]. 黑龙江史志, 2013 (13): 18; 21.

[157] 徐倩, 李静. 从"嫦娥奔月"神话看中国传统社会中的月神崇拜 [J]. 河南科技学院学报, 2013 (07): 65-69.

[158] 胡继华. 永远走不出的幽暗洞穴: 略论布鲁门伯格的《神话研究》[J]. 中国图书评论, 2013 (08): 67-74.

[159] 包海默, 许坤, 刘雪飞. 面对死亡的思考: 浅谈神话与艺术的源起 [J]. 美术大观, 2013 (06): 78.

[160] 罗良清. 神话原型和寓言原型之类型研究 [J]. 暨南学报 (哲学社会科学版), 2013 (05): 91-98.

[161] 韩红伟. 神话学研究视野下的非洲神话研究: 以尼日利亚约鲁巴人神话为例 [J]. 漯河职业技术学院学报, 2013 (04): 65-66.

[162] 伍梦尧. 后羿射日神话的产生与演变刍议 [J]. 长江大学学报 (社科版), 2013 (07): 1-2.

[163] 赵婧. 从彝族"支格阿龙"系列神话看母系社会的衰落 [J]. 昆明学院学报, 2013 (Z1): 115-118.

[164] 木粲成. 《原始文化》中的神话研究 [J]. 黑龙江史志, 2013 (13): 142-143.

[165] 陈桂华. 上古神话蕴含的理性意识及其对中唐传奇的影响 [J]. 十堰职业技术学院学

报，2013（03）：76-80.

[166] 黄霜.从羿神话看中国的英雄神话 [J].文学教育（上），2013（08）：140-141.

[167] 姚李洁.河东盐池神话传说的类型及内涵 [J].绥化学院学报，2013（08）：135-140.

[168] 贾利涛.神话人物岐伯新考 [J].民间文化论坛，2013（02）：42-47.

[169] 朱红梅.中国古代神话的文化价值论 [J].陕西教育（高教版），2013（Z2）：32-33.

[170] 阿尔丁夫."孛儿只斤"（蓝眼睛）——天狼种的标志：阿阑豁阿感生神话传说再研究 [J].内蒙古大学艺术学院学报，2013（02）：5-10.

[171] 包桂芹.蒙古族神话自然观的伦理学解读 [J].内蒙古民族大学学报（社会科学版），2013（04）：9-11.

[172] 董雅莉.中西方神话文化的内涵比较 [J].天津市经理学院学报，2013（03）：85-86.

[173] 章立明.文化人类学视域中的身体创世神话研究 [J].民间文化论坛，2013（03）：30-39.

[174] 刘丽萍.对袁珂神话观的新认识 [J].文史杂志，2013（05）：19-22.

[175] 孙彩霞.中国古典文献中神话散佚原因研究述评：以鲁迅、茅盾、胡适、顾颉刚等人的研究为例 [J].郑州师范教育，2013（05）：50-55.

[176] 付江明，栗延斌.试论鄂温克族火神话及火崇拜 [J].戏剧之家（上半月），2013（08）：67.

[177] 高维彬.从我国远古神话传说中女性生殖权力的消解看中国古代妇女地位的演变 [J].黑龙江史志，2013（15）：32-33.

[178] 张丽红.女神神话的移位：满族"说部"女神崇拜叙事的演化轨迹 [J].文化遗产，2013（04）：78-84.

[179] 孙洁.由西王母形象的演变看中国神话的世俗化 [J].现代妇女（下旬），2013（08）：186-187.

[180] 吴莹.浅析中国神话题材动画角色造型的塑造 [J].艺术科技，2013（04）：17.

[181] 毛燕靓.中国与"两希"洪水神话的比较研究：以鲧禹治水、诺亚方舟、丢卡立翁洪水神话为例 [J].剑南文学（经典教苑），2013（05）：260-261；263.

[182] 李淑清，谭德兴.试论"古史辨"派的神话观 [J].名作欣赏，2013（26）：76-78.

[183] 穆春玲.希腊神话中道德文明的演变探寻 [J].河南社会科学，2013（10）：96-98；108.

[184] 高海珑."三位一体"的火神：生活世界中的神话记忆模式研究 [J].民俗研究，2013（05）：71-81.

[185] 杨显.浅析黎族神话产生的根源 [J].新东方，2013（04）：54-57.

[186] 李祥林.从羌族口头遗产看女娲神话踪迹 [J].文化遗产，2013（03）：98-104.

[187] 黄静华.论作为"非物质文化遗产"的少数民族神话 [J].文化遗产，2013（03）：105-109.

[188] 张文哲，牛鹏志.论"丘"及其蕴含的神话色彩［J］.齐鲁师范学院学报，2013（05）：9-12；22.

[189] 杨利慧.21世纪外国神话学的研究趋向［J］.文化遗产，2013（03）：88-97；158.

[190] 权雅宁.神话历史如何重构［J］.思想战线，2013（05）：40-44.

[191] 郑梅.中西创世神话之文化折射［J］.人民论坛，2013（20）：250-251.

[192] 汪楠，朱仙林.丁山与中国古代神话研究［J］.古籍整理研究学刊，2013（04）：63-67；57.

[193] 石迪.生态学视野下中国创世神话的精神内涵［J］.贵州民族大学学报（哲学社会科学版），2013（04）：124-128.

[194] 唐卉.字母A的神话历史探究［J］.思想战线，2013（05）：45-48.

[195] 常耀华.殷墟卜辞中的"东母""西母"与"东王公""西王母"神话传说之研究［J］.中国国家博物馆馆刊，2013（09）：47-53.

[196] 王守亮.九尾白狐与禹娶涂山女神话［J］.阅江学刊，2013（05）：141-144.

[197] 于玉蓉.神话学与中华文明探源［J］.中原文化研究，2013（06）：89-93.

[198] 耿纪朋，郑小红.希腊神话中的神与中国神话中的神之比较略论［J］.赤峰学院学报（汉文哲学社会科学版），2013（09）：134-136.

[199] 邵婷.古希腊神话死而复生的母题研究［J］.戏剧之家（上半月），2013（11）：331-332.

[200] 赵谦.国内外希腊神话研究综述［J］.淮海工学院学报（人文社会科学版），2013（13）：59-62.

[201] 支媛.先秦文学中不可忽视的"上古神话"教学［J］.学理论，2013（26）：297-299.

[202] 张开焱.启铸九鼎与夏人神话宇宙圣数［J］.井冈山大学学报（社会科学版），2013（05）：105-110.

[203] 王婕.《楚辞补注》的神话阐释［J］.剑南文学（经典教苑），2013（10）：99；101.

[204] 米淑琴，马莉.试论河东盐池神话传说的文化内涵［J］.今日中国论坛，2013（17）：288；292.

[205] 叶舒宪.从石峁建筑用玉新发现看夏代的瑶台玉门神话：大传统新知识重解小传统［J］.百色学院学报，2013（04）：1-8.

[206] 李祥林."大母神"崇拜在东方及其神话显影［J］.内蒙古大学艺术学院学报，2013（03）：99-105.

[207] 马大康.文学是有意识的神话：论弗莱的文学虚构观［J］.文艺争鸣，2013（11）：6-10.

[208] 张宇维.神话原型意义的本质性探讨：结构主义神话研究对神话原型批评理论应用的启示［J］.成都师范学院学报，2013（09）：83-85.

[209] 牛会娟，江玉祥.七夕与牛郎织女的神话传说［J］.文史杂志，2013（06）：16-18.

[210] 赵红.明清时期羿神话的文学移位及其文化意蕴［J］.太原大学学报，2013（03）：77-81.

[211] 周毓华.羌族的族群记忆：以羌族神话和传说为例［J］.文化遗产，2013（06）：82-88.

[212] 史海波.神话、编年与史学：从古代文明的历史记录中反思历史学的起源问题［J］.史学集刊，2013（06）：56－58；47.

[213] 陈金星.现代心灵中的神话：兼评"神话与现代性"视域中的荣格神话观［J］.汕头大学学报（人文社会科学版），2013（05）：82－87；96.

[214] 于玉蓉.神话思维与"神话中国"［J］.北方民族大学学报，2013（05）：98－101.

[215] 李莉.神话视域下满族先民"柳"神崇拜的嬗变研究［J］.史学集刊，2013（06）：111－116.

[216] 王柯平.在神话与哲学之间［J］.文艺理论研究，2013（02）：41－50.

[217] 郑松."两希"创世神话与"人之初"［J］.时代文学（下半月），2013（05）：182－184.

[218] 江腾飞.古代神话与政治权力研究［J］.萍乡高等专科学校学报，2013（05）：1－4.

[219] 吴永社.简谈希腊神话传说中女性社会角色的转换［J］.楚雄师范学院学报，2013（08）：53－57.

[220] 刘守华.廪君与盐水神女神话新解［J］.三峡大学学报（人文社会科学版），2013（05）：1－3；22.

[221] 邢紫倩.洪水神话"冲出"的文明起源［J］.大众文艺，2013（19）：44.

[222] 田霞.论盘瓠神话的精神隐喻［J］.民族论坛，2013（10）：75－78.

[223] 齐俊.从创世神话看中西方神话之文化差异性［J］.青年文学家，2013（35）：134－135.

[224] 秋喜.蒙古族神话中的"人性"与"神性"［J］.民族论坛（时政版），2013（11）：99－101.

[225] 李红春.云南纳村奎阁马天君神话的宗教人类学解析［J］.西南边疆民族研究，2013（02）：96－102.

[226] 吕娜.从古代神话看中日不同的社会文化：《嫦娥奔月》与《竹取物语》的对比分析［J］.语文学刊，2013（24）：72－73.

[227] 贾玉平.神话故事对民族文化心理的影响［J］.神州，2013（35）：46－47；49.

[228] 刘亚虎.伏羲兄妹与南方民族洪水神话［J］.黄河文明与可持续发展，2013（01）：142－152.

[229] 梅东伟.中原神话研究述论：以张振犁的中原神话研究为中心［J］.黄河文明与可持续发展，2013（04）：1－21.

[230] 迈克尔·J.塞斯，孙宏哲.朝鲜的神话、记忆与再创造：檀君神话案例研究［J］.韩国学论文集，2013，第二十二辑：113－123.

[231] 林淑蓉.从梦、神话到仪式展演：中国贵州侗人的自我意象与象征形构［J］.文化遗产研究，2013，第三辑：13－38.

[232] 郭翠潇.满族的鸦鹊崇拜［J］.百科知识，2013（01）：59－61.

[233] 蔡艳艳.中日创世神话及其女性崇拜渊源研究［J］.芒种，2013（02）：36－37.

[234] 江林昌，孙进.《楚居》"胁生"、"宾天"的神话学与考古学研究［J］.文史知识，

2013（03）：35-41.
[235] 徐岩.浅谈中国神话与希腊神话创世篇之异同［J］.神州，2013（05）：12.
[236] 侯喆.母题学视角下《苗族古歌》中的洪水神话的研究［J］.青年与社会，2013（03）：292-294.
[237] 苑丽.中希神话中婚恋观的比较［J］.学园（教育科研），2013（05）：194.
[238] 王宇钒.中外神话传说中"混沌"之研究比较［J］.青年文学家，2013（27）：22-23.
[239] 沈琛，师彩霞.中国神话与希腊神话的母题比较［J］.芒种，2013（16）：34-35.
[240] 郑梅.中西创世神话文化基因探查［J］.作家，2013（16）：157-158；266.
[241] 张勤.叙事学视阈下的西王母神话传说［J］.中国文学研究（辑刊），2013（01）：11-21.
[242] 陈训先.论潮汕文化最古老的一支来源：从中国原始神话到南海考古发现［J］.岭南文史，2013（04）：1-4.
[243] 叶舒宪.玉石神话信仰与文明起源：审美发生研究的形而下视角［J］.文贝：比较文学与比较文化，2013（Z1）：588-595.
[244] 赵宗福.论昆仑神话的精神内涵与现实价值［J］.青藏高原论坛，2013（01）：101-103.
[245] 张紫云.我国少数民族日月神话的性别文化内涵［J］.神州，2013（01）：17-18.

博士论文

[1] 吴新平.中国现代神话题材文学研究［D］.吉林大学，2013.
[2] 宋根成.布洛赫小说神话诗学研究［D］.河南大学，2013.
[3] 董国超.神话与儿童文学［D］.东北师范大学，2013.
[4] 张华.汉代文学中的神话研究［D］.陕西师范大学，2013.
[5] 伦玉敏.花山庙女神与"女书"文化［D］.武汉大学，2013.
[6] 严淑华.女娲与当地女性生活［D］.武汉大学，2013.
[7] 李华.蒙古族与阿尔泰语系诸民族星辰神话比较研究［D］.内蒙古大学，2013.

硕士论文

[1] 范慧莉.《山海经》中的蛇形象［D］.云南大学，2013.
[2] 王飒."美狄亚"考：古希腊罗马时期的美狄亚神话变形［D］.南京师范大学，2013.
[3] 尤然.满族神话故事与汉文献的比较研究［D］.上海师范大学，2013.
[4] 刘媛.中国古代神话的教育价值探究［D］.上海师范大学，2013.
[5] 姜珊珊.孙作云史学思想研究［D］.河南大学，2013.
[6] 孟令法.畲族图腾星宿考［D］.温州大学，2013.
[7] 王聪慧.中日开辟神话和人类起源神话的研究［D］.中国海洋大学，2013.
[8] 陈静.古希腊神话中英雄驱魔母题研究［D］.吉首大学，2013.

［9］栾红军.西王母叙事的历史演变及其文化意义［D］.哈尔滨师范大学，2013.

［10］曾鸣.土家族神话传说中的英雄形象研究［D］.吉首大学，2013.

［11］周松伟.湘西土家族创世神话研究［D］.吉首大学，2013.

［12］Christina Samara（心妍）.中国与希腊创世神话比较研究［D］.浙江大学，2013.

［13］宗凡艳.中国神话与"两希"神话比较［D］.辽宁师范大学，2013.

［14］李璐.《山海经》神灵形象及其美学意蕴探析［D］.辽宁师范大学，2013.

［15］张严.古希腊神话中的女性［D］.湖南师范大学，2013.

［16］高漫.从鲁迅到袁珂［D］.湖南师范大学，2013.

［17］刘晶晶.汉代纬书受命神话研究［D］.河北师范大学，2013.

［18］钱晶.从神话原型批评到文学人类学理论［D］.重庆师范大学，2013.

［19］周玲燕.胶东半岛海洋神话资源与当地景观设计的融合性探讨［D］.山东大学，2013.

［20］吴亮亮（Penpisut Sikakaew）.中泰两国稻谷神话比较研究［D］.华东师范大学，2013.

［21］陈敬友.瑶族"盘瓠传说"的文化学研究［D］.湖南科技大学，2013.

［22］段丽.先秦神话的变形叙事与叙事变形［D］.云南师范大学，2013.

2014

［1］李胜林.河东盐池神话传说特点探析［J］.文化学刊，2014（01）：112-116.

［2］王磊裔.试析希罗多德的神话古史观：以希波战争起因的四个神话故事为例［J］.大众文艺，2014（01）：32-34.

［3］李淑清.民国时期的神话学研究综述［J］.重庆科技学院学报（社会科学版），2014（01）：93-96；109.

［4］杨文文.西王母神话与上古丰收庆典［J］.民俗研究，2014（02）：99-105.

［5］闫德亮.妈祖传说的古代神话模式解析［J］.中原文化研究，2014（01）：86-91.

［6］陈骞，方波.中国古代神话中的巫与觋［J］.中原文化研究，2014（01）：92-96.

［7］蔡艳菊.道教"长生不死"神话的结构与内涵分析［J］.中原文化研究，2014（01）：97-101.

［8］江凌，李辉.易学视野下的呈现之十五：伏羲女娲"人首蛇身"和"兄妹结婚"神话［J］.中国民族，2014（03）：61-62.

［9］叶舒宪.八面雅典娜：希腊神话的多元文化编码［J］.兰州大学学报（社会科学版），2014（01）：50-62.

［10］于玉蓉.从"神话与历史"到"神话历史"：以20世纪"神话"与"历史"的关系演变为考察中心［J］.民俗研究，2014（02）：90-98.

［11］刘曼.论《金枝》中的神话—仪式学说［J］.求索，2014（01）：149-154.

［12］陈佳冀.中国"动物叙事"神话原型意象的当代衍生与类型梳理［J］.中南民族大学学报（人文社会科学版），2014（01）：168-172.

[13] 李劼.风物传说：神话时代的地理志及其思维方式［J］.中央民族大学学报（哲学社会科学版），2014（01）：105-112.

[14] 刘振伟，彭无情.西域狼祖叙事在史诗中的多重演变［J］.中央民族大学学报（哲学社会科学版），2014（01）：113-119.

[15] 张开焱.夔、喾、夋、舜的演变关系再检讨［J］.湖北文理学院学报，2014（01）：48-52.

[16] 陈静.论古希腊英雄神话中的人性意识［J］.文学教育（中），2014（01）：21-22.

[17] 景志强.中朝卵生神话比较［J］.齐齐哈尔大学学报（哲学社会科学版），2014（01）：80-82.

[18] 安琪.在边疆书写历史：杨慎两部滇史中的云南神话叙事［J］.云南社会科学，2014（01）：90-97.

[19] 罗燚英.昆仑神话与汉唐道教的世界结构［J］.云南社会科学，2014（01）：149-154.

[20] 王莹，杨萍.浅谈满族神话的民族特点［J］.长春师范大学学报，2014（03）：92-93.

[21] 贾雯鹤，杜觐位.太阳循环神话再论［J］.三峡大学学报（人文社会科学版），2014（01）：64-68；74.

[22] 杨利慧.一个西方学者眼中的中国神话：倭纳及其《中国的神话与传说》［J］.湖南社会科学，2014（01）：155-160.

[23] 陈宇.中外洪水神话的主题学浅析［J］.蚌埠学院学报，2014（01）：36-38.

[24] 汤静.从"蒙昧"到"理性"：谈《左传》中的神话［J］.鄂州大学学报，2014（01）：39-41.

[25] 卢秀峰.神话折射出的东西方文化差异［J］.佳木斯大学社会科学学报，2014（01）：141-142；151.

[26] 张芳.高句丽建国传说的神话学内涵［J］.哈尔滨学院学报，2014（01）：11-15.

[27] 张开焱.鲧禹创世神话研究述评［J］.湖北理工学院学报（人文社会科学版），2014（01）：47-50.

[28] 叶芳亭.希腊神话的系统性与中国古代神话的零乱的比较与原因分析［J］.乐山师范学院学报，2014（02）：40-44.

[29] 张开焱.楚帛书甲篇创世神话研究述评［J］.湖北师范学院学报（哲学社会科学版），2014（01）：63-68.

[30] 吴飞.母权神话"知母不知父"的西方谱系（上）［J］.社会，2014（02）：33-59.

[31] 林美茂.神话"精卫填海"之"女娃遊于东海"文化原型考略［J］.中国人民大学学报，2014（01）：134-144.

[32] 周朝宋.中希神话女神形象之比较［J］.海外英语，2014（05）：211-212.

[33] 唐弘树.20世纪90年代以来《庄子》神话研究综述［J］.贵州文史丛刊，2014（01）：56-60.

[34] 张开焱.混沌创世神话研究述评[J].三峡大学学报(人文社会科学版),2014(02):50-54.

[35] 金春莲.《檀君神话》蕴含的朝鲜民族文化[J].边疆经济与文化,2014(02):46-48.

[36] 樊高峰."变形"及"变相"的叙事结构研究:以东南亚古代神话传说为例[J].大众文艺,2014(03):23-24.

[37] 胡亚敏.神话与象征研究[J].外国文学,2014(01):126-133;160.

[38] 徐哲,张启龙.浅析中国与古希腊神话之"人"的异同[J].名作欣赏,2014(6):146-147.

[39] 祝昊.从神话到神秘:《羽蛇》中的喀巴拉探微[J].内蒙古大学学报(哲学社会科学版),2014(02):71-76.

[40] 王怀义.体验论视野:建立神话现象学[J].内蒙古社会科学(汉文版),2014(02):124-129.

[41] 李长中.族群记忆、身份建构与人口较少民族文学的神话书写[J].内蒙古社会科学(汉文版),2014(02):130-135.

[42] 田文秀.论二十五史中的感生神话[J].凯里学院学报,2014(01):57-60.

[43] 陈大为.江河"现代神话史诗"的英雄转化与叙事思维[J].江汉学术,2014(02):55-68.

[44] 张丽红.变形的艺术符号与永恒的神话意志:红山文化玉器造型形式的文化解读[J].文化遗产,2014(01):88-92.

[45] 王倩.左东右西:论汉画像石中的西王母方位模式[J].文化遗产,2014(02):1-9.

[46] 安德明.文体的协作与互动:以甘肃天水地区伏羲女娲信仰中的神话和灵验传说为例[J].西北民族研究,2014(01):34-42.

[47] 鹿忆鹿.偷盗谷物型神话:台湾原住民族的粟种起源神话[J].西北民族研究,2014(01):56-64.

[48] 蔡艳菊.论列维-斯特劳斯的神话思维观[J].三峡论坛(三峡文学.理论版),2014(01):59-62.

[49] 林安宁.中国神话学建设的新增长点:初论应用神话学内容的设置[J].广西师范学院学报(哲学社会科学版),2014(02):15-19.

[50] 冯智明.瑶族盘瓠神话及其崇拜流变:基于对广西红瑶的考察[J].文化遗产,2014(01):93-97.

[51] 陈敬胜,杨昌国.文化人类学视野下的"盘古神话"研究[J].民族论坛,2014(02):12-15;30.

[52] 熊启煦.从古希腊神话解析西方英雄符码[J].西南民族大学学报(人文社会科学版),2014(06):191-194.

[53] 李素娟,贾雯鹤.壮族花婆神话的文学人类学解读[J].中南大学学报(社会科学版),

2014（02）：222-227.

[54] 张开焱.“伯禹腹鲧”与“太一生水”隐含的创世密码［J］.中国文化研究，2014（01）：147-154.

[55] 唐卉.如何阅读世界神话？：日本民族学家大林太良与神话学者吉田敦彦对话录［J］.长江大学学报（社科版），2014（03）：1-9.

[56] 王宪昭.试析人类起源神话中的"生人"母题［J］.长江大学学报（社科版），2014（03）：10-14.

[57] 陈金星."神话学文库"新书发布暨专家研讨会综述［J］.百色学院学报，2014（01）：23-27.

[58] 张文静.鄂伦春族族源神话初探［J］.民族艺林，2014（01）：36-41.

[59] 张文奕，杨利慧.《现代口承神话的民族志研究——个案调查与理论反思》问答、评议与讨论［J］.民族艺术，2014（02）：18-21；121.

[60] 叶舒宪.玉兔神话的原型解读：文化符号学的N级编码视角［J］.民族艺术，2014（02）：32-37；44.

[61] 毕旭玲."石佛浮海"神话与上海地域形象建构［J］.华东师范大学学报（哲学社会科学版），2014（02）：103-109；154.

[62] 王宪昭.感悟神话：激活人类文化传统的基因密码：读叶舒宪先生主编"神话学文库"［J］.百色学院学报，2014（02）：25-31.

[63] 米尔恰·伊利亚德，王伟，王乐琪.铁器时代的神话［J］.百色学院学报，2014（02）：1-10.

[64] 叶舒宪.竹节与花瓣形玉柄形器的神话学研究：祖灵与玉石的植物化表现［J］.民族艺术，2014（01）：30-37.

[65] 安琪.神话的图像叙事：明代丽江壁画研究［J］.百色学院学报，2014（02）：11-24.

[66] 张开焱.外来说与本土说：理由与问题：盘古创世神话研究述评［J］.长江大学学报（社科版），2014（03）：15-18.

[67] 唐海宏.唐代以前女娲神话的文学书写及特征［J］.沈阳工程学院学报（社会科学版），2014（02）：220-222.

[68] 胡迪.中国古代洪水神话探讨［J］.时代文学（上半月），2014（02）：174-175.

[69] 谷颖.满族神话的符号载体：神偶研究［J］.吉林师范大学学报（人文社会科学版），2014（03）：102-105.

[70] 安德明，祝鹏程.2013民间文学研究年度报告：以神话、故事和传说研究为主［J］.民间文化论坛，2014（01）：48-58.

[71] 祝鹏程."神话学文库"第一辑［J］.民间文化论坛，2014（01）：2.

[72] 梅婕.《诗经》中感生神话的文化解读［J］.西安石油大学学报（社会科学版），2014

（02）：84-87.

[73] 李晓斌,袁丽华,李艳峰.神话、历史的相互建构与边疆民族的历史认同：以德昂族为例[J].思想战线,2014（02）：43-48.

[74] 周圣涵.汉画像英雄神话图像叙事与汉代的英雄崇拜[J].鸡西大学学报,2014（02）：145-147.

[75] 刘湘兰.敦煌本《老子变化经》与老子神话之建构[J].武汉大学学报（人文科学版）,2014（03）：80-85.

[76] 谭佳."神话"的传统文化渊源[J].青海社会科学,2014（01）：182-187.

[77] 张成志.土族创世神话的文化蕴涵[J].青海社会科学,2014（01）：188-191.

[78] 孙立涛.解剖《伏羲考》：论闻一多对中国神话学的研究[J].青海社会科学,2014（02）：173-177；187.

[79] 韩云洁.羌族神话故事的传承模式与教育选择[J].成都师范学院学报,2014（03）：63-66.

[80] 王志鹏.神话·传说·历史：从轩辕黄帝的史迹看古代宗祖信仰[J].西夏研究,2014（02）：46-51.

[81] 赵淑彦,王明娟.追溯古希腊神话传说中的人本主义[J].山西财经大学学报,2014（S1）：238；248.

[82] 赵谦.论希腊神话中英雄成长的一般模式[J].贵州民族大学学报（哲学社会科学版）,2014（01）：147-151.

[83] 王宪昭.神话视域下的苗族史诗《亚鲁王》[J].贵州民族大学学报（哲学社会科学版）,2014（02）：30-34.

[84] 翟永明.神话与"反神化"的大众：李锐《人间》中的大众形象与社会转型[J].河北师范大学学报（哲学社会科学版）,2014（03）：27-32.

[85] 谷颖.满族萨满来历神话解析[J].东北史地,2014（02）：88-92.

[86] 张开焱.帝舜形象的两个版本及其神话流变的叙事学考察[J].徐州工程学院学报（社会科学版）,2014（03）：73-77；82.

[87] 王海燕.从神话传说看古代日本人的灾害认知[J].浙江大学学报（人文社会科学版）,2014（04）：191-200.

[88] 向柏松.中国创世神话形态演变论析[J].文艺研究,2014（06）：65-76.

[89] 丁希勤.唐宋以来广德祠山大帝神话故事考[J].宗教学研究,2014（02）：266-273.

[90] 丁玉珍.毁灭与辉煌：论中国原始神话的悲剧性：以上古个体神话为例[J].现代语文（学术综合版）,2014（06）：4-6.

[91] 胡祥琴.文化模式对史家神话编纂的影响：以《史记》与《历史》的比较为例[J].西南民族大学学报（人文社会科学版）,2014（08）：225-229.

[92] 王海鹏."关公战蚩尤"神话形成的文化考察[J].运城学院学报,2014（03）：31-

34；61.

[93] 刘军君.藏族祖源神话"猴魔婚媾"中的婚姻形态及观念初探［J］.宗教学研究，2014（02）：171-176.

[94] 张赟.从中西神话人物区别看中西文化差异的根源：以希腊神话和中国上古神话为例［J］.科教文汇（上旬刊），2014（05）：100；103.

[95] 骨志强.作为象征的神话：保罗·利科的神话解释学［J］.长江大学学报（社科版），2014（04）：4-8.

[96] 刘晶晶.神话原型批评之灵石崇拜情结［J］.晋城职业技术学院学报，2014（03）：69-72.

[97] 刘蕴娇.中西神话比较的新成果：陈鹏程《先秦与古希腊神话价值观比较研究》评介［J］.焦作大学学报，2014（02）：130-132.

[98] 唐雪枫.海石汹涌，水木清华：中国神话与希腊神话之比较［J］.河北软件职业技术学院学报，2014（02）：67-69；76.

[99] 尹德辉.神话中的语言和视觉秩序［J］.廊坊师范学院学报（社会科学版），2014（03）：16-20.

[100] 朱伟利.从中原神话看中国传统文化中的和谐思想萌芽［J］.河南广播电视大学学报，2014（02）：28-30.

[101] 熊浚，柳倩月.简析《山海经》神话批评的历史嬗变［J］.常州大学学报（社会科学版），2014（03）：68-73.

[102] 蔡熙.《亚鲁王》的日月神话探赜［J］.贵州社会科学，2014（06）：138-142.

[103] 杨利慧.21世纪以来代表性神话学家研究评述［J］.长江大学学报（社科版），2014（06）：1-7.

[104] 夏陆然."神话学文库"新书发布暨专家研讨会综述［J］.长江大学学报（社科版），2014（06）：8-13.

[105] 张维佳.试析贵州苗族古歌中的创世神话［J］.贵州民族研究，2014（04）：38-40.

[106] 苏长鸿.神话蕴含着一个民族的梦：田兆元先生与王孝廉先生学术对话录［J］.长江大学学报（社科版），2014（04）：1-3.

[107] 杨泽经.从导游词底本看女娲神话的当代传承：河北涉县娲皇宫五份导游词历时分析［J］.长江大学学报（社科版），2014（05）：7-12.

[108] 刘世华.上古神话中的荆楚地方特色：以《山海经》为例［J］.焦作大学学报，2014（02）：34-36.

[109] 尹荣方.葫芦创世神话及其蕴意解析［J］.长江大学学报（社科版），2014（05）：1-6.

[110] 李慧.麽经神话与壮族民间信仰［J］.河池学院学报，2014（03）：53-56；61.

[111] 龙仙艳.《史记·黄帝本纪》中的神话叙事［J］.三峡论坛（三峡文学.理论版），2014（02）：128-131.

[112] 金乾伟,杨树喆.壮族姆六甲造人神话创世的生态意蕴[J].荆楚学刊,2014(02):64-67.

[113] 陈连山.月亮的圆缺变化与不死观念:论中国古代神话中月亮的能指与所指[J].广西师范学院学报(哲学社会科学版),2014(03):1-4.

[114] 沈德康.论藏缅语民族洪水后人类再生神话中的生殖观念[J].四川师范大学学报(社会科学版),2014(04):133-138.

[115] 金官布.神话对志怪小说变形母题的影响[J].青海师范大学学报(哲学社会科学版),2014(02):91-93.

[116] 李晓敏.科拉科夫斯基的神话理论与现代性反思[J].苏州大学学报(哲学社会科学版),2014(04):41-46.

[117] 吴昊.东西方"三身一体"神话现象的比较与阐释[J].天中学刊,2014(03):68-70.

[118] 颜文娟.女娲神话与赫拉神话之文化比较[J].美与时代(下),2014(05):47-48.

[119] 祝鹏程.探寻现代社会剧变中的神话传统:评《现代口承神话的民族志研究:以四个汉族社区为个案》[J].民俗研究,2014(04):153-155.

[120] 李洋.鲁迅《故事新编》中的神话原型解读[J].白城师范学院学报,2014(01):9-11.

[121] 孙静.中西创世神话对比意蕴探微[J].重庆理工大学学报(社会科学),2014(04):120-123;150.

[122] 和肖毅.东巴神话与东巴祭祀仪式的关系[J].长春师范大学学报,2014(07):193-195.

[123] 叶宏,李金发.神话的结构与彝族生态文化[J].西南民族大学学报(人文社会科学版),2014(08):43-48.

[124] 刘倩.希腊神话与中国神话中女性形象的对比分析:以《伊利亚特》和《封神演义》为例[J].赤峰学院学报(汉文哲学社会科学版),2014(07):155-156.

[125] 祝鹏程."神话段子":互联网中的传统重构[J].云南师范大学学报(哲学社会科学版),2014(04):78-85.

[126] 包媛媛.中国神话在电子游戏中的运用与表现:以国产单机游戏《古剑奇谭:琴心剑魄今何在》为例[J].云南师范大学学报(哲学社会科学版),2014(04):86-91.

[127] 李群喜.语言、图腾与始祖崇拜:概论闻一多先生神话学研究[J].淮北职业技术学院学报,2014(03):80-81.

[128] 崔芸.论《西游记》与神话文化的关系:兼谈艺术形象孙悟空[J].新西部(理论版),2014(09):92.

[129] 杨利慧.当代中国电子媒介中的神话主义[J].云南师范大学学报(哲学社会科学版),2014(04):69-77.

[130] 王琼.试论中国神话中的隐喻认知[J].哈尔滨职业技术学院学报,2014(04):54-55.

[131] 明江.中国神话学的文化意义:访中国神话学会会长、"神话学文库"主编叶舒宪

[J].长江大学学报(社科版), 2014 (07): 1-3; 11.

[132] 向柏松.自然生人神话演化传承研究[J].长江大学学报(社科版), 2014 (07): 4-11.

[133] 高立强, 田语.试论藏族神话的原生态特征[J].四川民族学院学报, 2014 (04): 76-78.

[134] 胡冠楠.浅谈台湾海峡两岸射日神话母题[J].黑龙江史志, 2014 (14): 40-42.

[135] 马振宏.论神话原型批评[J].陕西学前师范学院学报, 2014 (02): 56-61.

[136] 德吉梅朵.藏族创世神话与希腊、希伯来创世神话比较研究[J].中国藏学, 2014 (02): 110-116.

[137] 张开焱.中国创世神话类型研究述评[J].湖北民族学院学报(哲学社会科学版), 2014 (03): 1-6.

[138] 唐蒋云露.论壮族姆六甲神话的文化定位[J].传承, 2014 (06): 108-113.

[139] 曹定安.红石岩彝族人类起源神话崖画初探[J].毕节学院学报, 2014 (05): 38-45.

[140] 张舒姗.中国与美洲印第安"乌日神话"比较研究[J].河北北方学院学报(社会科学版), 2014 (04): 42-47; 55.

[141] 张开焱."屠母分尸"隐含的夏人历史传说与神话底本[J].中国文学研究, 2014 (03): 24-29.

[142] 陶思炎.从神话学到民俗艺术学的研究[J].民族艺术, 2014 (03): 5-8; 35.

[143] 赵楠.蒙古族天鹅仙女型神话与满族三仙女神话比较研究[J].民族艺林, 2014 (02): 43-47.

[144] 张树国.后稷神话与西周郊祀的起源[J].杭州师范大学学报(社会科学版), 2014 (04): 103-110.

[145] 尹荣方.《商颂》舞容与《尚书·皋陶谟》神话考论[J].民族艺术, 2014 (03): 113-120.

[146] 陈栋.丁山先生宗族与神话的研究[J].景德镇高专学报, 2014 (02): 23-24; 14.

[147] 叶舒宪."玉帛为二精"神话考论[J].民族艺术, 2014 (03): 36-45.

[148] 石颖, 方艳.敬畏生命:《少年派的奇幻漂流》中的神话原型研究[J].太原大学学报, 2014 (02): 96-99.

[149] 屈永仙.傣-泰民族的泼水节起源神话及其祈雨本源[J].民间文化论坛, 2014 (04): 29-35.

[150] 杨建军.神话考释二题[J].西北民族研究, 2014 (03): 226-227.

[151] 宋茹.中西方神话人物原型比较:以英雄、女神原型为例[J].湖北函授大学学报, 2014 (13): 158-159.

[152] 陈金星.勒内·基拉尔神话观的理论脉络[J].浙江工商大学学报, 2014 (04): 22-27.

[153] 贾学鸿.奥斯里斯神话与《山海经》相关神话的比较:兼论古埃及阿通神教与中土九黎乱德的异同[J].中国文化研究, 2014 (3): 175-182.

[154] 杨文笔.回族神话中"龙神"形象的文化解析［J］.中央民族大学学报（哲学社会科学版），2014（05）：147-153.

[155] 谢璐妍，唐琦.从"两希"神话探索西方文化精神［J］.学术交流，2014（05）：195-198.

[156] 霞敏·海达尔.哈萨克族神话的特点［J］.伊犁师范学院学报（社会科学版），2014（03）：17-18.

[157] 温庆新.中国小说起源于"神话与传说"辨正：以鲁迅《中国小说史略》为中心［J］.南京大学学报（哲学·人文科学·社会科学），2014（05）：134-141.

[158] 张洪友.杰克·苏力的英雄旅程：《阿凡达》叙述结构的神话学根源［J］.长江大学学报（社科版），2014（09）：9-12.

[159] 米尔恰·伊利亚德.炼金术神话与入会仪式［J］.王伟，译.长江大学学报（社科版），2014（09）：1-8.

[160] 何力.希腊神话与世界主要族裔神话对比研究［J］.长江大学学报（社科版），2014（09）：13-15.

[161] 刘毓庆.中国神话的三次大变迁［J］.文艺研究，2014（10）：43-53.

[162] 孙舒景.青海藏族神话故事中的价值意蕴［J］.青海社会科学，2014，（04）：179-182.

[163] 芦婷.女娲神话的移位与唐代诗文中的女娲形象［J］.天水师范学院学报，2014（04）：6-9.

[164] 张海峰.试析《水经注》中神话传说的特色［J］.三门峡职业技术学院学报，2014（03）：63-65.

[165] 夏云.女娲神话的"集体无意识"功能［J］.南通大学学报（社会科学版），2014（05）：78-83.

[166] 王守亮.慎用图腾学说诠释中国古代神话：以禹娶涂山女神话与纬书感生神话为例的考察［J］.青海社会科学，2014（04）：173-178.

[167] 梁力.魏晋南北朝时期帝王政治感生神话探析［J］.太原理工大学学报（社会科学版），2014（05）：63-68.

[168] 王倩.论国外神话图像阐释的意识形态转向［J］.贵州大学学报（艺术版），2014（03）：46-51.

[169] 李红，陈拥琼.汉高祖诞生神话与耶稣诞生神话的比较分析［J］.哈尔滨职业技术学院学报，2014（05）：133-134.

[170] 段友文，陶博.重述神话：华夏民族的集体记忆与精神再造：《碧奴》《后羿》《人间》解读［J］.贵州大学学报（社会科学版），2014（04）：134-138.

[171] 沈德康.死亡的起源：试析藏缅语民族的分寿岁神话与不死药神话［J］.贵州民族研究，2014（09）：60-64.

[172] 安奇贤.野性思维激荡中的生命演绎：《山海经》变形神话探析［J］.哈尔滨学院学报，

2014（09）：65-68.

[173] 韦家瑜.神话传说在广西民俗旅游开发中的作用及应用［J］.旅游论坛，2014（03）：32-35.

[174] 杨柳.从民族神话被改写看民族认同建构的时间性问题［J］.江苏建筑职业技术学院学报，2014（03）：83-86.

[175] 王远明.从多元性到体系化：论康区创世—后创世神话体系［J］.中华文化论坛，2014（07）：154-159.

[176] 张开焱.盘古创世神话起源本土说证据再检讨［J］.宗教学研究，2014（03）：261-266.

[177] 刘茂银.希腊神话对女性形象建构的影响［J］.长江大学学报（社科版），2014（10）：6-9.

[178] 尹伊祎，张泽忠.神话虚构"越界"行为的理论阐释［J］.百色学院学报，2014（05）：124-132.

[179] 李斯颖.从现代人类走出东非到《世界神话起源》：兼论壮族布洛陀、姆洛甲神话［J］.民族文学研究，2014（03）：42-53.

[180] 蔡艳菊.列维-斯特劳斯的神话观［J］.民族文学研究，2014（04）：120-127.

[181] 张正军.日本的太阳神神话研究［J］.宁波大学学报（人文科学版），2014（05）：107-111.

[182] 刘惠萍.玉兔因何捣药月宫中？：利用图像材料对神话传说所做的一种考察［J］.长江大学学报（社科版），2014（11）：1-10.

[183] 韩云洁.羌族神话故事的教育价值探析［J］.牡丹江大学学报，2014（10）：164-166.

[184] 吴晓东.中原日月神话的语言基因变异［J］.民族文学研究，2014（03）：30-41.

[185] 刘文江.西北民间祭祀歌中的神话范型、典型场景与主题［J］.民族文学研究，2014（03）：63-73.

[186] 毛巧晖.《中国神话母题W编目》出版［J］.民族文学研究，2014（03）：177.

[187] 王怀义.论视觉经验与神话意象：以《山海经》为中心［J］.民族艺术，2014（04）：108-112；139.

[188] 王怀义.事象与意象：中国神话呈现方式的类型分析［J］.民族艺术，2014（5）：118-122+132.

[189] 刘宗迪.《尚书·尧典》：儒家历史编纂学的"神话创世纪"［J］.民俗研究，2014（06）：5-10.

[190] 江凌，李辉.易学视野下的呈现之二十二大禹治水神话［J］.中国民族，2014（10）：56-57.

[191] 叶舒宪.从玉教神话到金属神话：华夏核心价值的大小传统源流［J］.民族艺术，2014（04）：34-41；72.

[192] 祖晓伟.神话学视域下的人—马关系［J］.陕西师范大学学报（哲学社会科学版），

2014 (05): 80-84.

[193] 魏秀丽.从中西方神话中的大洪水传说看中西文化异同 [J].文史博览(理论),2014 (08): 20-21.

[194] 吴俊奕.以《史记》为例谈神话的历史化 [J].铜仁学院学报,2014 (05): 69-72.

[195] 叶舒宪.论四重证据法的证据间性:以西汉窦氏墓玉组佩神话图像解读为例 [J].陕西师范大学学报(哲学社会科学版),2014 (05): 71-79.

[196] 汪晓云.《希腊神话》与"酒神之谜" [J].世界宗教研究,2014 (03): 165-173.

[197] 张秀春.神话批评,原型批评:两种原型,两种流派 [J].广州大学学报(社会科学版),2014 (09): 72-77.

[198] 唐卉."神圣的"伊利昂"坚固的"特洛伊:神话历史视阈下伊利昂和特洛伊名源考 [J].中国比较文学,2014 (03): 20-38.

[199] 王迪.我国神话传说中的"信"探赜 [J].学术交流,2014 (10): 35-39.

[200] 宁稼雨.中体西用:关于中国神话文学移位研究的思考 [J].学术研究,2014 (09): 129-134;160.

[201] 刘复耕.拯救与救赎:先秦神话与古希腊神话价值观比较 [J].黑龙江史志,2014 (13): 329.

[202] 李然.那喀索斯神话的现代视角 [J].湖南科技学院学报,2014 (11): 52-54.

[203] 张大丽.希腊神话的没落与拯救:丹论神话与理性的互动发展 [J].宁夏大学学报(人文社会科学版),2014 (05): 100-105.

[204] 黄冬群.神话化的普罗米修斯和历史化的鲧:论普罗米修斯和鲧形象的演变 [J].凯里学院学报,2014 (05): 98-101.

[205] 杨冬梅.论月亮神话及其民俗事象的传播与衍化 [J].齐齐哈尔大学学报(哲学社会科学版),2014 (06): 104-106.

[206] 吴璐婷,王涛.《红楼梦》补天神话探源 [J].求知导刊,2014 (05): 28.

[207] 何力.希腊神话的叙事主题研究 [J].长春工业大学学报(社会科学版),2014 (05): 106-109.

[208] 陈家林.《楚辞·天问》中的神话传说 [J].重庆与世界(学术版),2014 (08): 97-99.

[209] 管新福,杨媛.贵州少数民族神话中的灾难与救世 [J].当代文坛,2014 (05): 127-130.

[210] 李斯颖.侗台语民族的蛙类崇拜及其"神话—仪式"现象解析 [J].创新,2014 (06): 115-120.

[211] 叶舒宪.神话观念决定论刍议 [J].百色学院学报,2014 (05): 1-7.

[212] 陶思炎.从神话学到民俗艺术学的研究 [J].民族艺术,2014 (03): 5-8;35.

[213] 李群喜.试论20世纪西方神话学研究由内而外的转向 [J].淮北职业技术学院学报,2014 (05): 87-89.

[214] 乃日斯克, 那木吉拉. 印欧恋人变植物神话与嫦娥奔月神话之比较 [J]. 长江大学学报 (社科版), 2014 (12): 6-9.

[215] 李斯颖. 世界神话体系及其内涵与意义: 兼论壮族布洛陀、姆洛甲神话 [J]. 长江大学学报 (社科版), 2014 (12): 1-5.

[216] 钟俊昆, 田有煌. 盘古信仰: 从上古神话到客家文化空间: 以江西于都县盘古信仰为考察重点 [J]. 江西广播电视大学学报, 2014 (04): 18-20.

[217] 周玥. 从《楚辞》看鲧禹治水神话中鲧的形象 [J]. 名作欣赏, 2014 (26): 51-52.

[218] 陈欣. 闻一多文化阐释批评下的神话研究 [J]. 湖北第二师范学院学报, 2014 (10): 6-10.

[219] 刘亚虎. 盘瓠神话的历史价值及其在武陵的源起与流传 [J]. 三峡论坛 (三峡文学·理论版), 2014 (06): 105-110.

[220] 高有鹏. 关于中国神话的炎帝神农时代问题 [J]. 西北民族研究, 2014 (04): 44-48.

[221] 徐杰舜. 玉教伦理与华夏文明: 访上海交通大学叶舒宪教授 [J]. 民族论坛, 2014 (11): 35-41.

[222] 张亚辉. 皇权、封建与丰产: 晋祠诸神的历史、神话与隐喻的人类学研究 [J]. 社会学研究, 2014 (01): 174-193; 245.

[223] 王超文. 结构与神话思维: 读《神话的结构》[J]. 西北民族研究, 2014 (04): 141-143.

[224] 张勤. 十八世纪以前欧洲神话研究的主要途径与方法 [J]. 贵州大学学报 (社会科学版), 2014 (06): 155-161.

[225] 叶舒宪. 《天问》"虬龙负熊"神话解: 四重证据法应用示例 [J]. 北方论丛, 2014 (06): 27-31.

[226] 谷颖. 满族三女造人神话与女娲造人神话比较研究 [J]. 古籍整理研究学刊, 2014 (05): 84-88.

[227] 马明策. 论中国神话对中国动漫的影响 [J]. 大众文艺, 2014 (18): 196.

[228] 谷颖. 满族萨满异能神话解析 [J]. 长春师范大学学报, 2014 (11): 105-108.

[229] 黄韧, 汤旭. 从曹主信仰神话看客家文化在南岭民族走廊的传播 [J]. 赣南师范学院学报, 2014 (05): 11-16.

[230] 张亚辉. 亲属制度、神山与王权: 吐蕃赞普神话的人类学分析 [J]. 民族研究, 2014 (04): 77-91; 125.

[231] 尹虎彬. 整体性、逻辑性和多样性的统一: 《中国神话母题索引》述评 [J]. 民间文化论坛, 2014 (06): 104-112.

[232] 袁姝丽. 四川羌族刺绣纹饰与口传神话 [J]. 四川戏剧, 2014 (12): 140-143.

[233] 叶舒宪. 玉教神话与华夏核心价值: 从玉器时代大传统到青铜时代小传统 [J]. 社会科学家, 2014 (12): 126-132.

[234] 占才成. 伏羲女娲与日本神话: 以巡绕合婚为中心 [J]. 外国问题研究, 2014 (04):

28-33.

[235] 李连荣.神山信仰与神话创造:试论《格萨尔》史诗与昆仑山的关系[J].中国藏学,2014(03):190-194.

[236] 黄剑华.略论盘古神话与汉代画像[J].地方文化研究,2014(05):8-28.

[237] 蒋秀云,孙少佩.他者的眼光:海南世居黎族神话的现代性出路[J].大众文艺,2014(24):264-265.

[238] 吴晓东.狗取谷种神话起源考[J].楚雄师范学院学报,2014(11):53-58.

[239] 蒋雪鸿.中国古代感生神话阴阳哲学观念寻迹[J].遵义师范学院学报,2014(06):34-37.

[240] 贺璋瑢.中国古代的性别崇拜与阴阳哲学:从独立女神到对偶神的演变[J].哲学研究,2014(03):61-67.

[241] 余永红,蒲向明.白马藏人神话中的蛙神崇拜及其文化渊源[J].民族文学研究,2014(01):117-124.

[242] 王宪昭.简论神话的民族性[J].民族文学研究,2014(06):21-25.

[243] 苏永前.西王母神格探原:比较神话学的视角[J].民族文学研究,2014(06):102-108.

[244] 陈彦.女神与神女:羌族神话中女神群体形象解读及文化阐释[J].民族文学研究,2014(06):109-116.

[245] 李昊远.藏戏面具中的狞厉美与藏族神话的关系[J].天水师范学院学报,2014(06):120-123.

[246] 余珊.论"夸父逐日"和"西绪福斯"神话的人文意向[J].安康学院学报,2014(06):49-51.

[247] 边蕾.中国古代神话对后世文学的影响[J].船舶职业教育,2014(06):52-54.

[248] 薛杨虹,刘文珍.浅论神话形象的神格特质:中国上古神话和古希腊神话形象比较[J].吕梁学院学报,2014(06):13-15.

[249] 叶舒宪.《山海经》与白玉崇拜的起源:黄帝食玉与西王母献白环神话发微[J].民族艺术,2014(06):19-26.

[250] 朱卿.西南少数民族神话化生母题探析[J].临沧师范高等专科学校学报,2014(04):1-7.

[251] 张全辉.同源共祖,和谐共生:析九隆神话对哀牢族群民族认同的建构[J].时代文学(下半月),2014(12):204-205.

[252] 冯华,高雅杰.试论鄂温克族山神神话类型及其寓意[J].青年文学家,2014(33):180.

[253] 陈爱国.远古神话与中国文化探源[J].非物质文化遗产研究集刊,2014,第七辑:247-266.

[254] 王来法.神话在思维和存在关系问题上的两种倾向：以中国、印度和希腊神话为例 [J].思想政治理论教育新探索，2014（00）：17-28.

[255] 赵智萍.《搜神记》神话、仙话故事研究 [J].青年文学家，2014（12）：22-23.

[256] 郎正，李莉.中国北方满-通古斯语族神话谱系演化研究 [J].西南边疆民族研究，2014（01）：46-51.

[257] 蒲向明.白马藏族神话类型和述说特征研究 [J].阿来研究，2014（01）：268-278.

[258] 董晓玫.中日神话比较：以天地创造神话（创世神话）为中心 [J].考试周刊，2014（41）：29-30.

[259] 杨阳.从巴蜀神话看三星堆文化中鸟图腾崇拜 [J].青年作家，2014（12）：46-48.

[260] 闫家亮.中西神话比较研究 [J].青春岁月，2014（19）：9.

[261] 王怀义.论汉代神话意象的审美特征 [J].中国美学研究，2014（01）：67-75.

博士论文

[1] 张丽红.满族说部之女神研究 [D].吉林大学，2014.

[2] 李莉.神话谱系演化与古代社会变迁 [D].吉林大学，2014.

[3] 张艳.中国三大神话母题研究 [D].山东大学，2014.

[4] 全河守.阿尔泰语系诸民族的原始意象"太阳"比较研究 [D].延边大学，2014.

[5] 杜文平.西王母故事的文本演变及文化内涵 [D].南开大学，2014.

硕士论文

[1] 靳希.《山海经》"神"符号探析 [D].宁夏大学，2014.

[2] 肖凌龙.神话传说元素在中国动画中的应用研究 [D].沈阳师范大学，2014.

[3] 陈洪涓.黄帝神话和檀君神话的神话观比较研究 [D].吉林大学，2014.

[4] 李习艳.闻一多"生命本位"文化诗学研究 [D].湖北民族学院，2014.

[5] 查苏娜.神话对族群跨文化传播的影响研究 [D].内蒙古大学，2014.

[6] 宁丽杰.《淮南子》神话艺术解读 [D].吉林大学，2014.

[7] 姚苑.试论神话穿越题材动画片中的应用价值 [D].西安美术学院，2014.

[8] 邱腾.从《山海经》中的神话、巫术探艺术萌芽期的"DNA" [D].山东大学，2014.

[9] 杜觐位.上古太阳神话研究 [D].重庆大学，2014.

[10] 王文艳.大禹治水神话原型研究 [D].中国社会科学院研究生院，2014.

[11] 祝小玉.神话的互文性分析 [D].曲阜师范大学，2014.

[12] 王秀媛.韩国神话之女神形象及其文化内涵研究 [D].延边大学，2014.

[13] 阿斯儒.蒙古族神话传说与希腊神话对蒙古族与西方儿童文学的影响 [D].内蒙古师范大学，2014.

[14] 杨棣森.广州五羊神话新探［D］.西南民族大学，2014.

[15] 张多.神话意象的遮蔽与显现［D］.云南大学，2014.

[16] 苏江.西汉社会转型视野下的《淮南子》神话研究［D］.广西师范学院，2014.

[17] 王代莲.中越龟神话比较研究［D］.云南民族大学，2014.

[18] 余欢欢.两汉女娲叙事流变研究［D］.广西民族大学，2014.

[19] 杨弃.从两京地区汉墓壁画看汉代神话传说［D］.辽宁师范大学，2014.

[20] 石梁.厄尔神话的命运阐释［D］.中国政法大学，2014.

[21] 杨芳.从"阿瑞斯"到"马尔斯"［D］.山东大学，2014.

[22] 李爱琴.论苏雪林的楚辞神话观［D］.西北师范大学，2014.

[23] 赵澄澄.论人类学视域下神话叙事的流变［D］.西北师范大学，2014.

[24] 鲁小娜.西北神话初探［D］.西北师范大学，2014.

[25] 孔莎.哈萨克神话与汉族神话之比较［D］.伊犁师范学院，2014.